启迪你的智慧,精彩由此展开……

怎样回答：
全球孩子最爱问的为什么

刘光达 ◎ 主编

天津出版传媒集团
天津科学技术出版社　天津人民出版社

图书在版编目（CIP）数据

怎样回答：全球孩子最爱问的为什么：耀世典藏版/刘光达主编. -- 天津：天津科学技术出版社：天津人民出版社, 2015.2（2022.1重印）

（悦读坊/刘光远主编）

ISBN 978-7-5308-9587-0

Ⅰ.①怎… Ⅱ.①刘… Ⅲ.①科学知识—青少年读物 Ⅳ.①Z228.2

中国版本图书馆CIP数据核字(2015)第037928号

责任编辑：房　芳
责任印制：兰　毅

天津出版传媒集团　出版
天津科学技术出版社
天津人民出版社

天津市西康路35号　邮编：300051
电话：（022）23332435（编辑室）
网址：www.tjkjcbs.com.cn
新华书店经销
三河市同力彩印有限公司

开本 787×1092　1/16　印张 27.5　字数 600 000
2022年1月第1版第2次印刷
定价：89.00元

前言 Preface

英国大作家塞缪尔·约翰逊曾经说过:"好奇心是智慧富有活力的最持久、最可靠的特征之一。"孩子都是好奇的,面对纷繁复杂的大千世界,他们可能满脑子都是问题:为什么太空不空?为什么会发生日食?地球是如何形成的?恐龙为什么会灭绝?为什么变色龙会变色?"我"从哪里来?为什么汤冷了以后味道会变淡?为什么电脑不能代替人脑?复活节岛上的石像是谁建造的?修建金字塔的巨石从何而来……千奇百怪的"为什么"吸引着他们不断地追问和探寻。正因为这种天生的好奇是孩子们了解未知世界的方式,所以,科学准确的答案就成了他们揭开好奇之谜的谜底。

你是不是总会被自己的孩子问到诸如此类的问题呢?如果真是这样,你应该感到高兴,因为教育专家研究发现,那些好奇心强、喜欢提问的孩子通常比同龄人有更出众的观察能力和思考能力,也就是我们常说的"聪明孩子"。作为家长和老师,不仅要及时、准确地解答孩子提出的问题,讲解其中原理,更应该鼓励和启发孩子多动脑,善于发现问题,并且积极寻找答案。遗憾的是,你也许会有些力不从心,因为要清楚明白地解答这些看似简单的问题,可真不是一件容易的事。但如果你手中有一本图文并茂的互动式百科类科普专著,里面汇集了全世界孩子最感兴趣且经常感到困惑的问题,由权威人士给出通俗易懂的解答,问题是不是就得到完美解决了?本书是你最理想的选择。

书中的近2000个问题涵盖了宇宙、地球、恐龙、自然、科技、交通运输、军事武器、人体、生活、世界各地、世界奇迹、艺术娱乐、体育运动和世界历史等十几个部分,不仅有自然科学知识,还有人文科学知识;不但包含经典的知识问答,而且融合了各个领域中最新的研究成果,注入更多的时代元素。本书集知识性、科学性和趣味性于一体,以准确生动、通俗易懂的文字形象地诠释每个问题,力求开启孩子的智慧,激发他们强烈的求知欲和探索周围世界的浓厚兴趣,帮助家长给予孩子们更精准更完美的解答。

在体例编排上,结合孩子们的知识结构和阅读习惯,打破一般百科书平铺直叙的说教模式,通过提出千奇百怪的问题来引导孩子积极思考,不局限于"为什么"形式,采用多种方式提问,将科学知识寓于趣味问答之中,以最有效的方式回答孩子们的种种好奇,为少年儿童创造一个良好的互动空间，不仅简洁明晰，且便于随时阅读。书中还辅有小资料板块，加以拓展和延伸，扩大读者知识面，增添阅读趣味。

需要特别指出的是，本书配有1000余幅精美的彩色插图，其中绝大部分为形象逼真、生动有趣的场景照片、手绘图和示意图，与正文内容相辅相成，对相关内容进行说明和补充，使深奥难懂的知识变得直观易懂，让读者获得更加鲜明而具体的认知。既便于孩子们轻松理解文字内容，又为孩子们打开了更广阔的视觉天地，提升其审美愉悦和想象空间。

让孩子得到一本好书，让您得到一个好帮手。走出家庭教育的误区，还孩子快乐的成长天空；创建学习型家庭，营造良好的家庭环境！阅读本书，您会感到亲切，会找到知音，会获得解决家庭教育难题的一把金钥匙；孩子们可以在轻松阅读中掌握知识，在严谨求知中体验快乐，逐一击破每一个"为什么"！

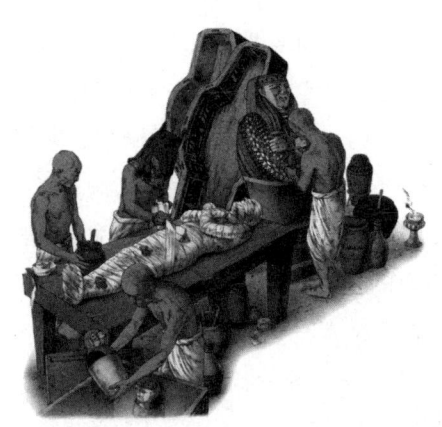

目 录 Contents

宇宙探索

为什么会出现宇宙? ……………………2
太空中的事物为什么能停留在原位? ……2
为什么说光在太空中速度最快? …………2
宇宙为什么在逐渐变大? …………………2
为什么太空不空? …………………………2
太空为什么是黑的? ………………………2
为什么天体都是球形的? …………………3
宇宙中最大的天体是什么? ………………4
为什么有的天体被称为"双子星"? ……4
为什么星星会有明暗的不同? ……………4
为什么说类星体是最遥远的天体? ………4
什么是超新星? ……………………………5
为什么会产生流星? ………………………5
什么是小行星? ……………………………5
为什么恒星看起来很小? …………………5
恒星是在哪里产生的? ……………………5
恒星的能量源自何处? ……………………5
为什么恒星不是一样大? …………………5
恒星为什么有五彩斑斓的颜色? …………5
恒星的寿命有多长? ………………………6
为什么会有彗星? …………………………7
什么是星官? ………………………………7
人类何时开始观测星座? …………………7
为什么每个人看到的星座不一样? ………7
南十字星座为什么有名? …………………7

猎户星座的带纹是什么? …………………7
为什么所有的星系看似不同? ……………7
谁首次意识到不只有一个星系? …………7
星系有多大? ………………………………8
河外星系为什么又被称为"宇宙岛"? …8
我们生活在哪个星系中? …………………8
为什么说太阳系不是银河系的中心? ……8
太阳系起源时发生了什么? ………………9
为什么会产生暗物质? ……………………9
为什么进入黑洞的物质都逃不出去? ……9
制出恒星目录的第一人是谁? ……………9
为什么说太阳是颗不同寻常的恒星? …10
太阳内部是什么? ………………………10
太阳为什么会有耀斑? …………………10
为什么太阳表面会有黑子? ……………10

1

□ 怎样回答：全球孩子最爱问的为什么

为什么会发生日食? ……………………10
为什么日食时不能用眼睛直接观察? ……10
太阳会永远发光吗? ……………………11
为什么不能从地球上看到月球的全貌? …11
为什么说月球"年纪"很大? ……………11
月球表面是什么模样? …………………11
为什么月球上遍布陨石坑? ……………11
为什么会有新月和满月之分? …………11
为什么有时在白天也能看到月亮? ……12
围绕太阳转动的共有多少颗行星? ……12
哪颗行星离太阳最近? …………………13
大行星是由什么构成的? ………………13
其他恒星周围也有行星吗? ……………13
哪些行星已被飞船探测过? ……………13
内行星是由什么构成的? ………………13
为什么火星被称为红色星球? …………13
在火星上如何判断方向? ………………13
为什么说水星与月球最为相似? ………13
为什么说水星非常炙热? ………………14
空间探测器到过水星吗? ………………14
为什么从金星上看不到其他恒星? ……14
为什么金星温度那么高? ………………14
为什么金星看起来会改变形状? ………14
为什么说金星自转的方式很奇怪? ……14
木星是由什么构成的? …………………15
木星表面为什么有大红斑? ……………15
哪些空间探测器造访过木星? …………15
为什么说土星是风力最强的行星? ……15
为什么土星表面总是有很多云雾? ……15
土星的卫星是怎样的? …………………15
哪些行星有行星环? ……………………16
为什么有时候天王星被叫作"新星"? …16
为什么天王星有时被称为"颠倒的行星"? …16
天王星为什么能从撞击中侥幸脱险? …16
天王星有卫星吗? ………………………16
为什么海王星是蓝色的? ………………17
海王星的结构是怎样的? ………………17

"旅行者2号"空间探测器什么时候观测过海王星? ……………………………17
原先的冥王星为什么遭"驱逐"? ……17
为什么说托勒密是古代天文学的权威? …17
为什么说"日心说"冲击了宗教神学? …18
为什么会产生"宇宙大爆炸理论"? …18
为什么称奥尔科夫斯基为"航天之父"? …20
为什么会有太空垃圾? …………………20
为什么有些天文台建在海底? …………20
为什么天文台的观测室是圆的? ………20
在太空中宇航员为什么要靠摆动来称体重? …21
为什么宇航服不会在真空的宇宙中破裂? …21
共有多少人已登上月球? ………………21
飞船首次登陆火星是在何时? …………22
宇航员为什么会飘浮在太空中? ………22
太空飞船为什么能发射升空? …………22
哪个太空飞船首次探测过巨行星? ……22
科学家为什么会向太空发射望远镜? …22
望远镜为什么能观察恒星? ……………22
为什么望远镜会置于山顶? ……………23
为什么说伽利略是透过望远镜观测太空的第一人? …………………………23
射电望远镜为什么可以探测射线? ……23
天文学家在哪里工作? …………………23
空间望远镜有什么特殊之处? …………23
哈勃太空望远镜是怎样观测宇宙的? …24

地球探秘

地球是如何形成的？ …………………… 26
为什么地球与众不同？ …………………… 26
地球是太阳系唯一的岩质行星吗？ …… 26
为什么地球上会有四季？ ……………… 26
从太空看地球是什么模样？ …………… 26
地球上一年有多长？ …………………… 26
地球上最大的陨石坑在哪里？ ………… 26
小行星撞击地球时会发生什么情况？ … 26
地球有多大？ …………………………… 27
地球是什么时候形成的？ ……………… 27
地球为什么和磁铁相似？ ……………… 27
为什么说地球是一个水的星球？ ……… 27
地球如何运动？ ………………………… 27
什么是地壳？ …………………………… 27
为什么说地球内部很热？ ……………… 27
岩石是由什么构成的？ ………………… 27
地球上最常见的元素是什么？ ………… 28
为什么大气中的氧气不能过多？ ……… 28
为什么说大陆不是一成不变的？ ……… 28
地球上有多少个大洲？ ………………… 28
七大洲中哪个最大？ …………………… 28
大陆为什么会运动？ …………………… 29
为什么会有众多时区？ ………………… 29
是谁绘制了第一幅地图？ ……………… 29
热带在哪里？ …………………………… 29
什么是经度和纬度？ …………………… 29
全球定位系统有什么作用？ …………… 29
为什么早期的地图上没有澳大利亚？ … 29
如何区分钟乳石和石笋？ ……………… 30
为什么有的洞穴壁上有图画？ ………… 30
哪种洞是由化学作用产生的？ ………… 30
为什么有些动物生活在洞穴中？ ……… 30
地球上为什么有如此多的山？ ………… 30
为什么测量山的高度以海平面为标准？ … 31

为什么说喜马拉雅山是从海里升起来的？ …… 31
为什么火山会爆发？ …………………… 31
哪座火山发出了最大的响声？ ………… 31
为什么某些火山并不危险？ …………… 31
海水为什么不会把喷涌的海底火山扑灭？ … 32
什么是海啸？ …………………………… 32
台风为什么产生在热带海洋上？ ……… 32
什么是飓风？ …………………………… 33
风向和风力用什么来表示？ …………… 33
为什么龙卷风很难预报？ ……………… 33
为什么会发生地震？ …………………… 33
河流为什么能够塑造陆地的形状？ …… 34
天气为什么能改变地形？ ……………… 34
世界上最大的峡谷在哪里？ …………… 34
为什么会发生雪崩？ …………………… 34
最深的湖是什么湖？ …………………… 34
"五大湖"是指一个湖吗？ ……………… 34
最大的三角洲位于哪里？ ……………… 34
河流为什么可以倒流？ ………………… 35

是什么造就了瀑布？	35
为什么会发生潮汐现象？	35
地球上有几个大洋？	35
最大的洋是哪一个？	35
为什么地球上的大洋没有一个统一的海平面？	35
海水为什么是咸的？	36
海浪为什么能发电？	36
海底是什么模样？	37
为什么海底会有石油？	37
为什么干旱的塔里木盆地会有地下水库？	38
为什么地下水冬暖夏凉？	38
为什么黄土高原有如此多的黄土？	38
世界上最大的沙漠是哪个？	39
所有的沙漠都满是黄沙吗？	39
沙丘为什么可以移动？	39
为什么会形成绿洲？	39
为什么会出现海市蜃楼现象？	39
草原分布在哪些地方？	39
为什么草原适合放牧？	39
草原上生长着哪些动物？	40
什么是"刀耕火种"？	40
森林为什么分很多种？	40
热带雨林经常下雨吗？	40
热带雨林的"天篷"是什么？	40
世界上最大的雨林是哪个？	40
人们怎样利用森林资源？	40
为什么会发生森林火灾？	40
针叶林和阔叶林有什么区别？	41
森林中的动物吃什么？	41
什么是"可持续森林"？	41
大气为什么能保护我们？	41
为什么会形成北极光和南极光？	41
为什么南极比北极更冷？	42
什么是苔原？	42
动物怎样在极地气候下生存？	42
冰川为什么会流动？	42
最厚的冰在哪里？	42
什么是"冰期"？	43
地球的公转位置怎样影响气候？	43
为什么各地区的温度有差异？	43
哪里的大气温度最低？	43
为什么赤道不是最热的地方？	43
天空中最高的是什么云？	43
天空为什么是蔚蓝色的？	43
为什么会发生雷和闪电？	44
为什么刮暴风雪的时候看不到闪电？	44
为什么会下雪？	44
有些高山上为什么终年冰雪不化？	44
为什么夏季常常出现雷阵雨？	45
为什么雨水是一滴一滴落在地上的？	45
雷雨前为什么天气闷热？	45
为什么我国江淮流域有梅雨天气？	46
为什么雨后可以看到彩虹？	46
为什么说雾是靠近地面的云？	47
为什么重庆的雾特别多？	47
怎样预测天气？	47
为什么霞能预兆天气？	47
夏季的清晨为什么会有露水？	47
为什么自然界会存在"蝴蝶效应"？	48
什么是可再生资源？	48
什么是原料？	48

什么是矿物燃料？·················48	水力为什么能够发电？·················49
什么是核能？·····················49	什么是风力发电厂？···················50
人们怎样从地下萃取金属？·········49	什么是水电坝？·····················50
每个国家都有自己需要的能源吗？···49	为什么会形成煤？···················50
为什么天然钻石的形状像一小块煤？···49	世界上最富产黄金的地区在哪里？·······50

恐龙王国

为什么会形成化石？···············52	腔骨龙如何生存？···················55
在哪儿可以"遇到"恐龙？·········52	鳄鱼和恐龙之间有何关系？···········56
恐龙化石出现在哪里？·············52	为什么说阿根廷龙是最重的恐龙？·····56
研究化石前要做什么准备工作？·····52	为什么说地震龙是最长的恐龙？·······56
科学家如何研究化石？·············52	蜥脚类恐龙如何生存？···············56
为什么有些恐龙会被更改名字？·····52	还会发现新的蜥脚类恐龙的残骸吗？···56
最脆弱的是什么化石？·············52	蜥脚类恐龙以什么为食？·············56
足迹为什么能够变为化石？·········52	蜥脚类恐龙如何取食？···············57
恐龙共有多少种？·················53	蜥脚类恐龙为什么会有那么长的脖子？·57
为什么要研究恐龙的骨盆？·········53	蜥脚类恐龙如何消化食物？···········57
为什么不是所有的恐龙都很庞大？···53	蜥脚类恐龙的脚为什么独特？·········57
恐龙蛋有多大？···················53	发现过完整的恐龙骨架吗？···········57
恐龙如何繁殖后代？···············53	第一批大型鸟臀目恐龙是哪种？·······57
恐龙会抚养幼仔吗？···············53	剑龙为什么会在后背上长有碟形骨质甲？·57
恐龙愚蠢吗？·····················53	为什么说剑龙很傻？·················58
大脑最发达的恐龙是哪种？·········53	哪种动物生活在侏罗纪时期的海洋中？·58
恐龙能跑多快？···················54	为什么以捕猎为生的恐龙会长有羽冠？·58
恐龙皮肤的颜色有什么作用？·······54	第一种会飞的爬行动物是什么？·······58
恐龙能辨别颜色吗？···············54	最大的翼龙是哪一种？···············58
雌雄恐龙的颜色相同吗？···········54	所有的翼龙都相似吗？···············58
恐龙筑窝吗？·····················54	角龙共有多少种？···················58
恐龙会发出什么声音？·············54	为什么角龙的进化会如此成功？·······59
恐龙的声音有什么作用？···········54	
恐龙会炫耀自己吗？···············55	
恐龙有嗅觉吗？···················55	
恐龙有味觉吗？···················55	
恐龙的祖先什么模样？·············55	
最早的数目庞大的恐龙是哪种？·····55	

关于角龙的最有名的发现是哪一次? …… 59
角龙会迁徙吗? …… 59
鸭嘴龙为什么得名? …… 59
哪种鸭嘴龙羽冠最大? …… 59
为什么不是所有的鸭嘴龙都长有羽冠? …… 59
鸭嘴龙如何照顾小恐龙? …… 59
鸭嘴龙如何筑巢? …… 59
为什么说甲龙的"盔甲"最多? …… 60
甲龙体型有多大? …… 60
甲龙如何自我保护? …… 60
什么是肿头龙? …… 60
最小的肿头龙是哪种? …… 60
肿头龙为什么会长有如此厚重的头骨? …… 60
恐龙会成群捕猎吗? …… 60
哪种恐龙吃鱼? …… 60
为什么恐爪龙被称为"神秘杀手"? …… 61
恐爪龙的名字是怎么来的? …… 61
为什么似鸟龙没有牙齿? …… 61
暴龙什么模样? …… 61
暴龙的移动速度有多快? …… 61

暴龙会捕食哪种恐龙? …… 61
为什么暴龙的前肢很短小? …… 61
为什么暴龙的头骨如此强韧? …… 61
暴龙是最大的食肉恐龙吗? …… 62
恐龙灭绝前世界什么样? …… 62
恐龙为什么会较短的时间内灭绝? …… 62
是流星将恐龙致死的吗? …… 62
火山爆发对恐龙的灭绝有影响吗? …… 62
是哺乳动物使恐龙灭绝的吗? …… 62
哪些动物跟恐龙一起灭绝了? …… 62

自然奇观

为什么说生物很独特? …… 64
生物可划分为几大类? …… 64
生物是由什么构成的? …… 64
最重的生物是什么? …… 64
什么是物种? …… 64
为什么说觅食是动物最重要的活动? …… 64
为什么有些动物要冬眠? …… 64
为什么有些动物会群居? …… 65
为什么动物要建造自己的巢? …… 65
什么是迁徙? …… 65
为什么有些哺乳动物会孵蛋? …… 65
哪种动物生出的幼崽体型最大? …… 66
叉角羚为什么被称为长跑冠军? …… 66

西伯利亚虎有多大? …… 66
猎豹为什么能跑那么快? …… 66
斑纹鼬为什么会放臭液? …… 67
大飞鼠为什么可以滑翔? …… 67
世界上共有多少种大象? …… 67
有袋动物只生存于澳大利亚吗? …… 67
土豚为什么被叫作挖掘者? …… 68
大马蹄铁蝙蝠为什么听力如此敏锐? …… 68
三趾树懒为什么是最懒的动物? …… 69
水獭如何保持体温? …… 69
为什么有些哺乳动物生活在海洋里? …… 69
南极髯海豹的胡须为什么那么长? …… 70
宽吻海豚为什么被称作冲浪手? …… 70

驼背鲸为什么会唱歌? …… 70
抹香鲸为什么能潜入水下那么深? …… 70
牙齿最多的动物是什么? …… 71
灰鲸为什么能游那么远? …… 71
黑猩猩为什么能使用药物? …… 72
哺乳动物如何生育后代? …… 72
最大的哺乳动物类群是什么? …… 72
最大的鸟是什么? …… 72
飞行鸟类中最重的是什么鸟? …… 73
最小的鸟有多重? …… 73
哪种鸟的翅幅最长? …… 73
所有的鸟都会飞吗? …… 73
鸟类为什么会有喙? …… 73
鸟儿为什么要歌唱? …… 74
什么是雀形目鸟? …… 74
已知最早的鸟是什么? …… 74
史前鸟类有多大? …… 74
早期鸟类还有哪些? …… 74
鸟类怎样利用羽毛隐藏? …… 74
鸟类怎样创造了它们美丽的颜色? …… 74
放大镜下的飞羽是什么样子的? …… 74
鸟类怎样保持羽毛清洁? …… 74
绒羽为什么不可或缺? …… 75

为什么巨嘴鸟的喙非常大? …… 75
火烈鸟进食时为什么头部翻转? …… 75
鹈鹕的喙下为什么有个大皮囊? …… 75
啄木鸟怎样使用它的喙? …… 75
有4只脚的鸟类吗? …… 75
鸭子怎样游泳? …… 75
最大的鸟群是什么? …… 75
哪种鸟在水面行走? …… 76
鸟类怎样抓住树枝? …… 76
走鹃是两条腿动物中奔跑速度最快的吗? …… 76
为什么鹰爪像钩子一样? …… 76
猫头鹰的听觉比人类灵敏吗? …… 76
为什么大怪鸱和蝙蝠很相似? …… 76
牛椋鸟为什么会有这个名字? …… 76
鸟类需要借助工具寻找食物吗? …… 77
哪种鸟类起清洁作用? …… 77
鹰捕获过的最大猎物是什么? …… 77
翠鸟怎样捕鱼? …… 77
哪种鸟类会使用诱饵? …… 77
鸟类消化食物的速度有多快? …… 77
不同的鸟类拍打翅膀的速率也不同吗? …… 77
哪种鸟类在空中飞行的时间最长? …… 77
美洲鸵生活在哪里? …… 77
鸸鹋怎样躲避敌人? …… 78
几维吃什么? …… 78
枭鹦鹉的鸣声为什么如此响亮? …… 78
食肉鹦鹉为什么好奇心强? …… 79
为什么有些鸟群飞行时队伍呈V字形? …… 79
偏远的岛屿上为什么有很多不会飞行
    的鸟类? …… 79
鸟类在迁徙过程中怎样生存? …… 80
还有其他什么动物迁徙? …… 80
燕子和雨燕迁徙到哪里? …… 80
雨燕为什么能飞行时间如此之长? …… 80
生活在海洋上的鸟类喝什么? …… 81
沙鸡怎样防止幼仔被渴死? …… 81
鸟类怎样适应热气候? …… 81

鸟类怎样认路？……………………………81
哪种鸟类生活在水下？……………………82
什么是鸟类的报警信号？…………………82
鸟类在什么时候鸣叫？……………………82
哪种鸟类可以重复人类的语言？…………82
鸟类怎样发声？……………………………82
宽尾煌蜂鸟为什么要喝那么多水？………82
为什么林鸟的鸣叫声很复杂？……………83
纹背螖莺为什么出名？……………………83
雄鸟给雌鸟赠送礼物吗？…………………83
什么是天堂鸟？……………………………83
哪种鸟类是"园丁"？………………………83
为什么凤头䴙䴘要和配偶一起跳舞？……83
军舰鸟的喉囊有什么作用？………………84
游隼为什么能飞那么快？…………………84
哪种鸟类的羽毛最吸引人？………………84
哪种鸟类会缝制巢穴？……………………84
为什么有些鸟类不用为筑巢费心？………84
为什么有些鸟巢建在一起？………………85
鸟蛋是怎样形成的？………………………85
什么是孵蛋？………………………………85
幼鸟容易破壳而出吗？……………………85
幼鸟能飞吗？………………………………85

幼鸟吃什么？………………………………85
杜鹃怎样利用养父母来繁殖后代？………85
为什么说苏格兰乌鸦是最聪明的工具
　制造者？…………………………………86
有些鸟类会给幼鸟特殊的照顾吗？………86
有哪些鸟类从人类生活中受益？…………86
为什么说有些鸟类是有害的？……………86
为什么说现代农业对鸟类有危害？………87
哪些鸟类已经从地球上绝迹了？…………87
爬行动物能长到多大？……………………87
最大的爬行动物是什么？…………………87
变色龙的舌头为什么那么有弹性？………87
为什么变色龙可以改变颜色？……………88
锯鳞蝰蛇为什么杀伤力巨大？……………88
最长的蛇是什么？…………………………88
得克萨斯有角蜥蜴为什么会喷血？………89
壁虎的脚为什么吸附能力那么强？………89
为什么说科摩多龙蜥的口水可以致命？…90
最小的爬行动物是什么？…………………90
乌龟能存活多久？…………………………90
海龟在哪里产蛋？…………………………91
什么是两栖动物？…………………………91
圣十字架蟾的皮肤为什么那么黏？………91
箭毒蛙为什么毒性那么强？………………91
最小的两栖动物是什么？…………………92
树蛙为什么如此耐寒？……………………92
世界上共有多少种鱼？……………………93
电鳗为什么被称作"活电池"？……………93
盲鳗为什么会分泌粘液？…………………93
狗鲨为什么没有硬骨？……………………93
为什么说槌头双髻鲨拥有"电子感受器"？…94
为什么水虎鱼可以很快吃掉动物的肉？……94
腔棘鱼为什么被称为"活化石"？…………94
深海中的鱼是什么模样？…………………94
刺鲀的身体为什么能迅速膨胀起来？……94
什么是"魔鬼鱼"？…………………………95
游得最快的鱼是什么？……………………95

郇鱼为什么吞食速度那么快? ………… 95
为什么说水蛭是最贪婪的吸血者? …… 96
腿最多的动物是什么? ………………… 96
昆虫有什么独特之处? ………………… 97
哪种动物的外壳最大? ………………… 97
为什么说拳击蟹是"带刺的拳套"? …… 97
蜘蛛吃什么? …………………………… 97
喷液蜘蛛为什么会喷唾液? …………… 97
哪种昆虫飞行速度最快? ……………… 98
何为群居昆虫? ………………………… 98
最大的冬眠群体是什么? ……………… 98
白蚁身上的"昆虫之最"有哪些? …… 99
为什么说沙漠蝗虫是最大的破坏群体? … 99
波吕斐摩斯蛾为什么拥有最敏锐的嗅觉? … 99
马达加斯加天蛾的舌头为什么如此之长? …100
沫蝉为什么爆发力超强? ………………100
为什么投弹手甲壳虫会爆炸? …………100
为什么说小小的犀牛甲虫特别强壮? …101
对虾为什么得名? ………………………101
螳螂虾为什么拥有最好的色彩视觉系统? …102
多刺龙虾的幼崽为什么被称作"搭便
  车者"? ………………………………102
章鱼为什么会模仿? ……………………102
为什么说锯鳐是最灵敏的杀手? ………103
为什么蓝海蛞蝓喜欢正面朝下? ………103
为什么蛤、蚌里会长出珍珠? …………104
庞培蠕虫为什么如此耐热? ……………104
为什么说箱形水母是最毒的动物? ……104
最繁盛的是什么植物? …………………105
植物为什么能在水中生存? ……………105
为什么有些植物不开花? ………………105
为什么说植物也要呼吸? ………………106
真菌类如何生长? ………………………106
最高的草是什么草? ……………………106
花朵最大的有花植物是什么? …………106
竹子为什么能长那么快? ………………106
树木为什么能提升体内的汁液? ………107

为什么发芽的植物会向上生长? ………107
为什么有些植物的茎中间是空的? ……107
什么是块茎? ……………………………108
为什么说地球上的氧气源于植物的光合
  作用? …………………………………108
为什么晚上和植物共睡一屋很危险? …108
植物为什么在干燥的沙漠中也能生存? …109
为什么花朵色彩斑斓? …………………109
为什么植物也喜欢"听音乐"? ………109
为什么植物也能进行自卫? ……………109
植物的幼苗为什么要弯向太阳方向? …110
为什么有的植物不怕寒冷? ……………110
现存最古老的无性繁殖生物是什么? …110
为什么植物有喜阳和喜阴的不同? ……111
为什么植物要进行蒸腾作用? …………111
为什么某些植物长有翅膀形或降落伞
  似的种子? ……………………………112
植物如何在多风的山上生存? …………112
现存最高的树是什么? …………………112
为什么树不能长得像天一样高? ………112
为什么有的植物喜欢吃虫? ……………113
为什么某些树木会落叶? ………………113
孢子最多的植物是什么? ………………114
如何区分矮树丛和灌木丛? ……………114
树木为什么会长树皮? …………………114

最大的森林在哪里? ………………………… 114
为什么针叶树会结出球果? ………………… 114
人们为什么大量种植向日葵? ……………… 115
为什么说马铃薯、辣椒、茄子和番茄
　有毒? ……………………………………… 115
自然界中生长的红辣椒为什么那么辣? …… 115
为什么西红柿又叫"狼桃"? ……………… 115
为什么有的花香,有的花不香? …………… 116
为什么夜来香到晚上才放出浓郁的香气? … 116
巨型海芋为什么那么臭? …………………… 116
为什么下雨后地上会长出很多蘑菇? ……… 117
哪些植物是主食的来源? …………………… 117

玉米和大豆间种为什么能增产? …………… 117
最古老的种子植物是什么? ………………… 118
为什么椰子树长在(亚)热带沿海和
　岛屿周围? ………………………………… 118
猪笼草为什么被称作最危险的陷阱? ……… 118
什么植物拥有最古老的叶子? ……………… 119
什么树树荫最大? …………………………… 119
海藻可以食用吗? …………………………… 120
什么植物拥有最大的种子? ………………… 120
为什么说寄生兰不值得信任? ……………… 120
为什么说蓖麻子的种子最致命? …………… 121
螫人树为什么令人疼痛? …………………… 121
冬虫夏草为什么如此神奇? ………………… 121
含羞草为什么一经触动就把叶子合拢? …… 122
牵牛花为什么早晨开花,中午就萎谢? …… 122
夏天中午为什么不宜给花浇水? …………… 123
为什么果实成熟之后会变甜? ……………… 123
为什么仙人掌能在沙漠中生存? …………… 124
为什么天麻没有根和叶子也能生长? ……… 124
大蒜为什么能抑制细菌生长? ……………… 124
为什么称银杏树为"活化石"? …………… 125
为什么王莲能够托住一个六七岁的孩子? … 125
为什么称菠菜为"菜中之王"? …………… 125
为什么夏季多雨瓜果就不甜? ……………… 125
为什么西瓜里的瓜子不会发芽? …………… 126
夹竹桃的毒性为什么那么强? ……………… 126

环境保护

为什么要发布空气质量预报? ……………… 128
为什么要进行环境影响评价? ……………… 128
为什么说环境污染没有国界? ……………… 128
大气为什么会发生污染? …………………… 128
为什么臭氧层不能被破坏? ………………… 129
为什么会刮沙尘暴? ………………………… 130
我国北方的春天为什么风沙特别大? ……… 130

为什么大气中二氧化碳增多会使地球
　变暖? ……………………………………… 130
为什么不能随便焚烧枯枝落叶? …………… 131
为什么汽车尾气会造成空气污染? ………… 131
为什么要推广无铅汽油? …………………… 131
为什么飘尘危害大? ………………………… 132
为什么伦敦烟雾事件中的烟雾会杀人? …… 132

为什么切尔诺贝利核电站会发生核灾难？‥‥132
为什么城市里会出现高楼风？‥‥‥‥‥132
为什么有些城市会发生地面沉降？‥‥‥133
为什么天上会下酸雨？‥‥‥‥‥‥‥‥133
为什么要制定机场关闭的气象条件？‥‥133
为什么极地上空有臭氧洞？‥‥‥‥‥‥134
为什么说海洋是地球生命的保护者？‥‥134
为什么要淡化海水？‥‥‥‥‥‥‥‥‥134
为什么要保护地下水？‥‥‥‥‥‥‥‥135
为什么我国农村要大力发展沼气池？‥‥135
为什么说淡水是宝贵的自然资源？‥‥‥135
为什么要分拣处理城市垃圾？‥‥‥‥‥135

为什么说音乐有时候也是噪声？‥‥‥‥136
为什么生态会失去平衡？‥‥‥‥‥‥‥136
为什么要保护珍稀濒危物种？‥‥‥‥‥136
野生动物面临的最大威胁是什么？‥‥‥137
考拉为什么处于濒危境地？‥‥‥‥‥‥137
为什么浮油会杀死海鸟？‥‥‥‥‥‥‥137
为什么不能随意开荒或围湖造田？‥‥‥137
为什么不能随便引入物种？‥‥‥‥‥‥138
为什么生物方法有利于防治农业病虫害？‥‥138
为什么植物叶子上会出现斑点？‥‥‥‥138
为什么会形成赤潮？‥‥‥‥‥‥‥‥‥139
为什么废玻璃会造成环境污染？‥‥‥‥139
为什么废旧电池不能随便乱丢？‥‥‥‥139
为什么海龟会大量死亡？‥‥‥‥‥‥‥139
为什么说森林是"地球之肺"？‥‥‥‥140
我国为什么要兴建"三北"防护林？‥‥140
为什么会发生厄尔尼诺现象？‥‥‥‥‥141
为什么稻田养鱼会稻壮鱼肥？‥‥‥‥‥141
为什么说甘蔗是"环保卫士"？‥‥‥‥142
特大旱涝灾害为什么可以提前预测？‥‥142
什么是资源回收利用？‥‥‥‥‥‥‥‥142
为什么会有"地球日"？‥‥‥‥‥‥‥143
我国为什么要实行人口控制政策？‥‥‥143
为什么要开发新能源？‥‥‥‥‥‥‥‥143
为什么会提出"可持续发展战略"？‥‥144
为什么环保产业得到迅猛发展？‥‥‥‥144

科技博览

物质是由什么构成的？‥‥‥‥‥‥‥‥146
原子是最小的微粒吗？‥‥‥‥‥‥‥‥146
夸克是什么？‥‥‥‥‥‥‥‥‥‥‥‥146
是什么将原子的各部分固定在一起？‥‥146
为什么所有的原子都不一样？‥‥‥‥‥146
原子为什么会结合在一起？‥‥‥‥‥‥146
原子还可以如何连接在一起？‥‥‥‥‥146

为什么有些原子可以单独存在？‥‥‥‥147
什么是化合物？‥‥‥‥‥‥‥‥‥‥‥147
一种化合物中可有多少个原子？‥‥‥‥147
如何测量物质的力？‥‥‥‥‥‥‥‥‥147
物质还有什么特性？‥‥‥‥‥‥‥‥‥147
什么是天然材料？‥‥‥‥‥‥‥‥‥‥147
使用最普遍的是什么材料？‥‥‥‥‥‥147

锡罐为什么不全是由锡制成的？……147	光线为什么总是沿着直线传播？……151
能量在哪里？……147	光的速度为什么那么快？……151
可以创造或毁灭能量吗？……148	什么是声音？……151
何为能量链？……148	我们能看到声音吗？……151
原子为什么能产生能量？……148	我们能听到多大振幅的声音？……151
原子会移动吗？……148	声音传播的速度有多快？……152
什么是电流？……148	声音为什么能像光一样反射？……152
为什么不是所有的物质都能导电？……148	什么是力？……152
电池是如何工作的？……148	为什么说运动有很多不同种类？……152
发电厂为什么能发电？……149	什么是机械？……152
为什么有DC和AC之分？……149	为什么说机械本身不会产生能量？……152
什么是磁铁？……149	人类何时开始计时？……152
什么会产生磁力？……149	钟表是什么时候发明的？……152
为什么有些物质有磁性？……149	为什么说时间可以静止？……153
为什么说电磁铁的磁力可以控制？……149	世界各地的时间为什么不一样？……153
为什么说磁铁很常见？……149	时间和空间有关吗？……153
电动机为什么能够工作？……149	什么是通讯卫星？……153
电器如何工作？……150	谁首次记录下声音？……153
什么是IC？……150	谁发明了电话机？……153
什么是微芯片？……150	玻璃纤维可以"说话"吗？……154
什么是CPU？……150	什么是莫尔斯电码？……154
什么是放射线？……150	怎样使声音通过电话遍布全世界？……154
为什么有些辐射能以粒子的形式发射？……150	什么时候出现了移动电话？……154
放射能是辐射吗？……150	我们会拥有私人垂直起落飞机或直升机吗？……154
放射线传播的速度为什么很快？……150	什么是"宝丽来"？……154
为什么有些辐射有危害？……150	早期的照相机用胶卷吗？……154
什么是光？……151	谁发明了电视机？……154
光为什么不总是以波的形式存在？……151	彩色电视摄像机的工作原理是什么？……154
为什么存在不同颜色的光？……151	

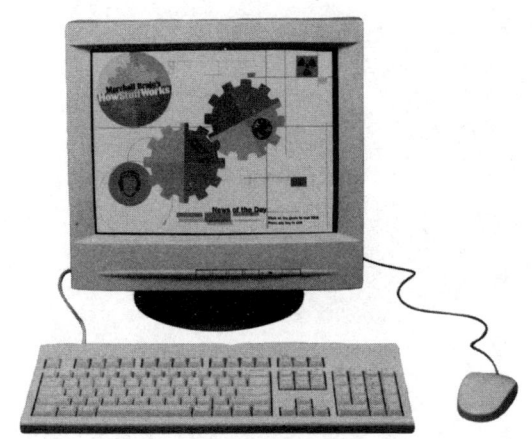

谁制作了第一部电影？……………………154	浪涌电压保护器是怎样起到保护作用的？……163
家用摄像机是什么时候出现的？…………155	为什么雷达测速仪能检查超速驾驶？…………164
CD和DVD为什么能够存储信息？…………155	雷达应用的原理是什么？………………………165
CD刻录机是怎样刻录CD的？……………155	利用IP电话通话的原理是什么？………………165
扫描仪为什么能扫描文件？………………156	为什么能通过远程输入来控制汽车？…………167
复印机是如何"克隆"文件的？…………157	EAS系统是怎样防盗报警的？…………………168
传真机为什么能远程传送文件？…………158	为什么洗衣机会受到大家欢迎？………………170
怎样利用平版胶印印刷术印刷报刊书籍？…159	为什么说医学的进步得益于科技？……………170
为什么说VPN是安全、可靠的沟通方式？……161	为什么计算机会和房间一样大？………………170
喷墨式打印机为什么能在多种材料上进行	谁发明了个人电脑？……………………………170
打印？……………………………………162	计算机有磁盘吗？………………………………170
	机器人可以看见东西吗？………………………170
	为什么说PDA是小型电脑？……………………171
	怎样利用屏幕保护保护电脑？…………………171
	老板是怎样实施工作场所监视的？……………172
	即时通讯是如何快速传送信息的？……………174
	怎样利用加密技术保护信息的安全？…………175
	摄像头是怎样进行监控的？……………………176
	什么是网络？……………………………………176
	怎样用计算机鼠标绘画？………………………176
	为什么发明毡尖笔？……………………………176
	技术为什么很快会过时？………………………176

交通运输

早期人类是如何运输重型货物的？………178	哪一种自行车骑起来最快？……………………179
什么是简易雪橇？…………………………178	可以多人骑一辆自行车吗？……………………179
没发明车轮前人们用什么运输？…………178	自行车能运输什么东西？………………………180
谁发明了车轮？……………………………178	为什么第一辆摩托车是用木头制成的？………180
人们为什么在骑马时用马镫？……………178	摩托车如何能高速行驶？………………………180
马轭怎样帮助人类运输重型货物？………178	山地摩托车有什么特征？………………………180
独轮手推车最早被用来做什么？…………178	在高速行驶中摩托车如何转弯？………………180
自行车是什么时候发明的？………………179	在城市里最适合驾驶什么样的摩托车？………180
前轮大后轮小的自行车安全吗？…………179	什么是"超博"摩托车？………………………180
为什么比赛用的自行车很轻巧？…………179	跨斗式摩托车是怎样发明的？…………………181
山地自行车有什么特征？…………………179	什么是"水上摩托"？…………………………181

第一辆汽车是什么样子的? ……………181	什么是舷外浮材? ……………………185
豪华轿车有多长? ………………………181	双船体优于单船体吗? …………………185
什么是"折皱缓冲部位"? ………………181	哪些船只行驶的速度最快? ……………185
汽车速度有多快? ………………………181	哪些船只适合参加比赛? ………………185
发动机怎么驱动车轮? …………………182	船只能够登高航行吗? …………………186
用什么来防止汽车打滑? ………………182	最早的海船是什么样子的? ……………186
赛车为什么能"固定"在跑道上? ………182	快速帆船是怎样穿越海洋的? …………186
什么叫杆位? ……………………………182	哪种海船是最大的? ……………………186
赛车手如何选择他们的轮胎? …………182	为什么早期蒸汽机船带有船帆? ………186
汽车发动机的动力有多强? ……………182	早期的潜水艇是什么样子的? …………186
在维修区里会发生什么? ………………182	为什么潜水艇有船翼? …………………186
如何进一步提高赛车速度? ……………182	潜水艇是怎样下潜的? …………………186
为什么有很多卡车运载集装箱? ………183	潜水艇上装备有武器吗? ………………186
翻斗车的车斗为什么能翻转? …………183	为什么潜水艇的船体非常坚硬? ………186
一次最多可以驾驶多少辆汽车? ………183	核潜艇有什么作用? ……………………187
铰接式卡车是怎样工作的? ……………183	潜水艇上装备有武器吗? ………………187
怎样驾驶"公路列车"? ………………183	什么叫潜水器? …………………………187
卡车可以运输多重的货物? ……………184	水翼船要在水面起飞吗? ………………187
为什么拖拉机需要很大的车轮? ………184	哪一种水翼是最好的? …………………187
警察使用什么样的汽车? ………………184	水翼是如何工作的? ……………………188
消防车怎样救人? ………………………184	气垫船怎样产生气垫? …………………188
救护车有什么特征? ……………………184	人们使用气垫船来做什么? ……………188
电车是怎样工作的? ……………………184	是谁发明了气垫船? ……………………188
哪种挖掘机最好? ………………………184	气垫船的"气裙"是什么? ……………188
太阳能可以使汽车行驶吗? ……………185	哪艘船是它所处时代中最奇异的船只? ……188
哪辆汽车可以超音速行驶? ……………185	为什么说邮轮是奢华的旅游方式? ……189
最快的交通工具是什么? ………………185	蒸汽机出现之前有铁路吗? ……………189
早期的船只是什么样子的? ……………185	"大男孩"是谁? ………………………189

火车是如何使用电力的？⋯⋯⋯⋯⋯⋯189
世界上速度最快的是什么火车？⋯⋯⋯189
"火箭号"有什么特别的地方？⋯⋯⋯189
"会飞的汉堡"是指什么？⋯⋯⋯⋯⋯189
排障器是什么？⋯⋯⋯⋯⋯⋯⋯⋯⋯189
哪种望远镜围绕我们的星球飞行？⋯⋯190
如何在陡峭的山脉上行驶？⋯⋯⋯⋯190
曾经最大的交通工具是什么？⋯⋯⋯190
火车在海底能行驶吗？⋯⋯⋯⋯⋯⋯190
如何在浓密的云层中发现飞机？⋯⋯⋯190
如何控制飞机飞行的方向？⋯⋯⋯⋯190
在飞机上为什么要使用仪表？⋯⋯⋯190
飞机为什么能高速飞行？⋯⋯⋯⋯⋯191
喷气式飞机怎样"跳起来"？⋯⋯⋯⋯191
世界上最大的客机是哪一种？⋯⋯⋯191
最早的悬挂式滑翔机是什么样子的？⋯191
如何控制悬挂式滑翔机？⋯⋯⋯⋯⋯191
滑翔机怎样起飞？⋯⋯⋯⋯⋯⋯⋯⋯191
能控制滑翔机的降落地点吗？⋯⋯⋯191
什么是微型飞机？⋯⋯⋯⋯⋯⋯⋯⋯191
没有发动机的滑翔机靠什么飞行？⋯⋯191
什么使得直升机能盘旋在空中？⋯⋯191
为什么直升机要安装机尾螺旋桨？⋯⋯192
为什么说直升机适合做营救工作？⋯⋯192
怎样控制直升机？⋯⋯⋯⋯⋯⋯⋯⋯192
什么是自转旋翼飞机？⋯⋯⋯⋯⋯⋯192
航天飞机怎样发射？⋯⋯⋯⋯⋯⋯⋯192
航天飞机能搭载什么？⋯⋯⋯⋯⋯⋯192

军事武器

坦克为什么被誉为"陆战之王"？⋯⋯194
坦克为什么又被叫作"乌龟壳"？⋯⋯194
护卫舰为什么被称为"海上卫士"？⋯195
航空母舰为什么被称为"海上巨无霸"？⋯196
预警飞机为什么是战场上的空中指挥所？⋯196
轰炸机为什么被称为"空中堡垒"？⋯197
为什么激光枪能百发百中？⋯⋯⋯⋯198
机关枪是如何发射子弹的？⋯⋯⋯⋯198
电击枪是如何用来自卫防身的？⋯⋯199
为什么间谍枪很难被发现？⋯⋯⋯⋯201
迫击炮为什么能够翻山越岭？⋯⋯⋯201
云雾弹为什么能够遮天盖地？⋯⋯⋯201
发烟弹为什么能够散布迷雾？⋯⋯⋯202
水雷为什么会有性能各异的种类？⋯⋯202
为什么说巡航导弹长着眼睛？⋯⋯⋯203
为什么电磁炮不用火药也可以发射弹药？⋯205
为什么说在未来的军事冲突中外层空间
　　会成为第四战场？⋯⋯⋯⋯⋯⋯205
为什么气象武器能够呼风唤雨？⋯⋯205
次声武器为什么能够致人于死地？⋯⋯206
为什么贫铀弹会带来巨大的危害？⋯⋯206
为什么称远警雷达为"千里眼"？⋯⋯207
为什么把侦察车(船)称为"浮动情
　　报站"？⋯⋯⋯⋯⋯⋯⋯⋯⋯⋯207
为什么军用侦察卫星是最有效的侦察
　　武器？⋯⋯⋯⋯⋯⋯⋯⋯⋯⋯⋯208
夜视仪能够夜视的原理是什么？⋯⋯⋯208
喷火器是怎样喷出火焰的？⋯⋯⋯⋯210

怎样引爆手榴弹? …………………211
反人员地雷是如何爆炸的? ………213
美国为什么制造"响尾蛇"空对空导弹? …213
战士们为什么要戴钢盔? ……………214
防毒面具为什么状似猪嘴? …………214
防弹衣是怎样做到防弹的? …………215
军队如何利用伪装来隐藏人员和装备? …217
窃听器是怎样进行窃听的? …………218
怎样利用测谎仪进行测谎? …………220
海军航空兵飞行员为什么要用到救生衣? …221
为什么国际公约禁止化学武器的使用? …221
基因武器为什么能使人类面临灭绝的
  危险? ………………………………222
为什么要加强国防建设? ……………222

人体奥秘

我们如何了解人体? ……………………224
什么是器官? ……………………………224
什么是人体系统? ………………………224
人体部位可以替换吗? …………………224
什么是组织? ……………………………224
什么是细胞? ……………………………224
皮肤是由什么构成的? …………………224
皮肤会磨损吗? …………………………225
皮肤有多薄? ……………………………225
头发的生长速度有多快? ………………225
为什么我们会长有指甲? ………………225
人们的头发为什么颜色不同? …………225
骨头有什么用途? ………………………226
骨头内部是什么? ………………………226
骨折后骨头会发生什么? ………………227
有很多不同种类的关节吗? ……………227
滑膜关节内是什么模样? ………………227
骨头为什么会随着年龄变化? …………227
人体有多少块肌肉? ……………………227
肌肉为什么不会做"推"的动作? ……227
肌肉活动的速度有多快? ………………228
是什么在控制肌肉? ……………………228
肌肉为什么会疲劳? ……………………228
为什么人体不能生成更多的肌肉? ……228
我们为什么需要呼吸? …………………228
吸入的氧气到了哪里? …………………229
呼出的气体是什么? ……………………229
人为什么能发声? ………………………229
肺部最小的部位是什么? ………………229
我们为什么需要摄入食物? ……………229
我们共有多少颗牙齿? …………………229
吞咽食物前要做什么? …………………229
胃的主要作用是什么? …………………229
人体最长的器官是什么? ………………229
最大的内脏是什么? ……………………229
心脏为什么能不停歇地跳动? …………230
心脏的跳动速度有多快? ………………230
人体内的血液量有多少? ………………230
血液共有多少种功能? …………………230
肾有什么功能? …………………………230
人体如何排泄废弃物? …………………231
人体每天会生成多少尿液? ……………231
激素有什么功能? ………………………231
血液是人体内流动的唯一液体吗? ……231

什么是免疫系统？·················231
眼睛是如何工作的？···············231
眼睛内什么的数目能达到1.25亿？·······231
我们为什么听不到所有的声音？·········231
鼻子内部是什么样的？··············232
舌头为什么能品尝不同的味道？·········232
神经网伸展开来有多长？·············232
什么是运动神经？·················232
人体为什么有那么多神经细胞？·········232
神经传递信号的速度有多快？··········232
记忆为什么能被存储？··············233
大脑是如何连接到人体上的？··········233
思考是如何发生的？···············233
为什么不是脑子越大人越聪明？·········233
什么是想象力？··················233
睡眠时会发生什么？···············233
婴儿从什么时候开始生长？···········233
卵子从何而来？··················234
精子从何而来？··················234
卵子和精子为什么能够结合？··········234
什么是基因和遗传？···············234
为什么有些特征会遗传？············234
最先发育的为什么是头部？···········234
胎儿心脏何时开始跳动？············234
胎儿能听到声音吗？···············235
胎儿如何呼吸？··················235
生产时会发生什么？···············235

新生儿会做什么？·················235
婴儿何时开始学步？···············236
婴儿何时的生长速度最快？···········236
婴儿何时开始牙牙学语？············236
身体何时会发育完全？··············236
假肢为什么可以活动？··············236
我们为什么能够"看"到自己的骨头？······236
什么是人体扫描？·················237
为什么超声波能检查身体？···········237
X光机是如何使身体"透明"的？········237
MRI是怎样把身体内部看清楚的？·······238
PET扫描不用开刀就能检查身体的原
　因是什么？···················240
怎样通过人工呼吸来急救？···········240
CAT扫描为什么能形成身体的三维图像？···242
为什么矫正眼镜能矫正视力？··········242
人造心脏是怎样延续生命的？··········244

生活万象

为什么热水瓶能保温？··············246
为什么汤冷了以后味道会变淡？·········246
为什么会产生美丽的烟花？···········246
电冰箱为什么能制冷？··············247
为什么用微波炉煮食物时不能用金属
　器皿？······················248

为什么用紫砂壶泡茶优于用别的器皿？·····248
为什么用不粘锅煎煮食物时不会粘锅底？···248
醋泡过的鸡蛋为什么会变大？··········249
为什么刚煮熟的鸡蛋在冷水中浸泡后较
　容易剥壳？···················249
为什么鸡蛋经水洗后容易变坏？·········249

□怎样回答：全球孩子最爱问的为什么

为什么剥掉壳的松花蛋上会有松花？……………250
为什么玉米能被爆成爆米花？…………………250
为什么古时候人们用银制品作餐具和
　疗伤？………………………………………251
火焰为什么总是向上蹿？………………………251
燃烧的油为什么不能用水扑灭？………………251
为什么木材燃烧后会留下灰烬？………………252
为什么脱衣服时会有火花产生？………………252
为什么保鲜膜能使食品保鲜？…………………252
为什么要把牛奶制成酸奶？……………………253
为什么料酒能除腥味？…………………………253
为什么鱼、肉的汤遇冷会结成冻？……………254
为什么茶和咖啡能提神？………………………254
为什么最好蘸着盐水吃菠萝？…………………255
车轮为什么都是圆的？…………………………255
为什么汽车在高速公路上能够高速行驶？……256
消防车上的水枪为什么能喷出高速的
　水流？………………………………………256
为什么汽车轮胎上有各种凹凸不平的
　花纹？………………………………………257
为什么液罐车都采用圆形车厢？………………257
为什么自行车在夏天容易爆胎？………………257
飞鸟为什么会对喷气式飞机造成威胁？………258
在飞机上为什么禁止使用移动电话？…………258
遥控器为什么能遥控家用电器？………………258

为什么移动电话会影响人体健康？……………259
为什么使用含磷洗衣粉会污染环境？…………259
为什么在厨房晾衣服干得更快？………………260
为什么用彩色胶卷能拍出彩色照片？…………260
灯泡发光的原因是什么？………………………261
荧光灯为什么能发光？…………………………261
荧光棒是怎样利用化学反应发光的？…………262
激光器靠什么发射激光？………………………263
怎样把绝缘体变成半导体？……………………264
LED是怎样做到高效节能的？…………………265
为什么太阳能电池能将太阳能转化为
　电能？………………………………………266
商品为什么要使用条形码？……………………268
走马灯为什么能"自行"转动？………………268
不倒翁为什么不会倒？…………………………268
肥皂为什么能洗去污垢？………………………269
为什么卫生球会消失？…………………………269
屋顶为什么常常被设计成三角形？……………270
为什么不同地域的房屋建筑风格也不同？……270
为什么打针前要推掉一点药水？………………270
为什么点燃鞭炮会发出爆响声？………………270
寄信为什么要贴邮票？…………………………271
为什么危险的信号要用红灯来表示？…………271
为什么除草剂能光除草不除苗？………………272
为什么用锤子打不穿柔软的橡皮泥？…………272
为什么衣物会缩水？……………………………272
为什么清澈的水结成的冰总是浑浊的？………272
不干净的雪为什么比干净的雪容易融化？……273
为什么能人为地制造降雨？……………………273
珍珠为什么会发光？……………………………274
玻璃窗在冬天为什么会结出冰花？……………274
水枪是如何向外喷水的？………………………275
彩弹枪发射彩弹的原理是什么？………………276
为什么抛出去的溜溜球能够自动回到
　手中？………………………………………277
冲浪泳池是怎样做到无风起浪的？……………278
电脑下棋时是怎样"思考"布局的？…………279

为什么电子游戏机能受到大众的欢迎？……280
三维眼镜是怎样显示立体图像的？…………281
玩老虎机赢钱的奥秘是什么？………………282
投币式台球桌的内部结构是怎样的？………284
弹球机的内部部件包括哪些？………………285
空手道选手为什么能够劈砖断木？…………287
水塔是怎样解决用水紧张这一难题的？……288
怎样利用内爆法拆除大型建筑？……………289
ATM是怎样进行资金结算的？………………291
组成UPC的数字是怎样得到的？……………292
成品油是怎样提炼出来的？…………………293
冲红灯摄像机是怎样拍摄汽车闯红灯的？…293
怎样制造大屏幕电视？………………………294
洗车行是如何做到"旧"车进"新"车
　出的？………………………………………295
气雾罐是怎样喷出液体的？…………………297
灭火器为什么能灭火？………………………298
热水器能将水烧热的原因是什么？…………299
烘干机是怎样将衣物烘干的？………………300
腐化池是怎样处理废水的？…………………301
缝纫机为什么能穿针引线？…………………302
真空吸尘器吸除灰尘的原理是什么？………303
怎样利用咖啡机在家里制作咖啡？…………304
冰块是怎样在制冰器中制成的？……………305
怎样利用烤架烧烤食物？……………………306
灭虫器是怎样杀死蚊虫的？…………………308
怎样利用锁来保护安全？……………………309

钉子枪发射钉子的原理是什么？……………310
加湿器通过什么方式增加空气湿度？………311
等离子显示器是怎样利用等离子气体成
　像的？………………………………………312
2月份为什么一般只有28天？………………312
正月十五为什么要挂红灯笼？………………313
为什么有腊月二十三送灶王爷的习俗？……313
端午节为什么要划龙舟、包粽子？…………314
壮族人为什么要过歌圩节？…………………314
为什么要把"福"字倒贴？…………………315
傣族人为什么要盖高脚竹楼？………………315
傣族人为什么要过泼水节？…………………316
彝族人为什么要过火把节？…………………317
白族人为什么要喝"三道茶"？……………317
傈僳族为什么要过刀杆节？…………………318
东南沿海居民为什么要敬奉妈祖？…………318
为什么苗族人要过花山节？…………………318
为什么蒙古族要过"那达慕"？……………319
瑶族为什么有赶鸟节的传统？………………319
圣诞节时小孩为什么要在门口挂长袜子？…320
为什么迪士尼乐园会成为孩子的天堂？……320
为什么非洲人喜爱葫芦？……………………321
西方人为什么避用数字"13"？……………321
美国人为什么要过感恩节？…………………322
十字架为什么会成为基督教的标志？………322

世界各地

亚洲的最高点和最低点在哪里? …………324
哪个大洲人口最为密集? ………………324
世界上最大的雨林在哪儿? ……………324
为什么说北美洲经历着最为严酷的气候? ……324
为什么印度通常被看作一个次大陆? ……324
什么是禅院? ……………………………325
僧伽罗人居住在哪儿? …………………325
亚洲为什么会拥有世界上几个最富有的
　国家? ……………………………………325
紫禁城在哪里? …………………………325
谁生活在紫禁城内? ……………………325
唯一横跨欧亚两大洲的是哪座城市? ……325
谁建立了新加坡? ………………………325
非洲最大的城市在哪儿? ………………326
非洲最宝贵的矿藏是什么? ……………326
非洲最高峰是什么山峰? ………………326
非洲沙漠面积有多大? …………………326
马赛人居住在哪里? ……………………326
什么是"雷声中的烟雾"? ……………326
何为祖鲁族人? …………………………326
非洲部分地区为什么闹饥荒? …………327
非洲的野生动物园为什么如此重要? ……327
是哪位非洲黑人领袖为结束种族隔离制度
　而战? ……………………………………327
廷巴克图在哪里? ………………………327
欧洲的边界在哪里? ……………………327
斯堪的纳维亚包括哪些国家? …………327
欧洲最大的国家是哪国? ………………327
为什么说荷兰人曾在海洋里生活? ……327
不列颠群岛由几个国家组成? …………328

克里姆林宫在哪个城市? ………………328
直布罗陀岩山在哪里? …………………328
欧洲最小的国家为哪国? ………………328
为什么要创立欧盟? ……………………328
欧洲的哪个城市曾经是罗马帝国的心脏? ……328
北美最大的国家是哪国? ………………328
4位美国总统的石头雕像在哪里? ………328
纪念谷在哪儿? …………………………329
尼亚加拉瀑布在哪儿? …………………329
阿兹特克人和玛雅人是何许人? ………329
巴拿马运河在哪儿? ……………………329
加勒比海因何得名? ……………………329
格陵兰岛因何得名? ……………………330
谁是美洲最早的居民? …………………330
拉丁美洲指哪里? ………………………330
阿根廷最大的城市是哪个? ……………330
人们为什么要游览马丘比丘? …………330
在哪里可见到棒糖山? …………………331
大部分南美洲人生活在城市还是乡村? ……331
哪个国家是世界上最大的羊毛生产国? ……331
南极洲的现状如何? ……………………331
波利尼西亚在哪儿? ……………………331
什么是艾尔斯岩石? ……………………331
"几维人"生活在哪儿? ………………332
习俗如何变化? …………………………332
哪种语言使用人口最多? ………………332
饮茶在哪儿是一种礼仪? ………………332
为什么世界各地的习俗存在差异? ……332
不同语言间有联系吗? …………………332

世界奇迹

- 摩索拉斯陵墓在哪里? ……334
- 宙斯为什么被称为万神之神? ……334
- 哪座灯塔被称为奇迹? ……334
- 哪个神被供奉在以弗所的神庙? ……334
- 空中花园为什么最具神秘色彩? ……334
- 哪个奇迹被当作废品变卖? ……334
- 为什么要修建大金字塔? ……335
- 罗马人为什么认为修建金字塔纯属浪费钱财? ……335
- 共有多少座金字塔? ……335
- 金字塔是如何修建的? ……335
- 只有埃及存在金字塔吗? ……335
- 什么是阶梯金字塔? ……335
- 希腊人为什么要修建庙宇? ……335
- 庞贝古城为什么会在灸热的灰烬中消失? ……336
- 卫城在哪里? ……336
- 哪根罗马圆柱讲述了一段历史? ……336
- 罗马人为什么要修建水道? ……336
- 罗马圆形大剧场为什么得名? ……336
- 古人为什么要建造圆形石阵? ……337
- 蛇丘在哪儿? ……337
- 为什么史前巨石阵让人们着迷? ……337
- 哪个太平洋岛屿拥有最奇异的雕像? ……337
- 为什么万神殿顶部有个圆洞? ……337
- 沙漠迷图在哪儿? ……337
- 梅登城堡是什么人建的? ……338
- 骑士城堡是骑士建的吗? ……338
- 谁修建了英国最坚固的城堡? ……338
- 哪座城堡坐落于火山之上? ……338
- 红堡在哪儿? ……338
- 津巴布韦城在哪儿? ……338
- 哪座官殿是为将军修建的? ……339
- 白金汉官的历史有多久? ……339
- 冬官在哪儿? ……339
- 哪个皇帝下令修建有1300个房间的官殿? ……340
- 谁是生活在白官的第一任总统? ……340
- 中国人为什么要修建万里长城? ……340
- 罗马最长的长城叫什么? ……340
- 双子塔在哪儿? ……340
- 比萨斜塔为什么出名? ……340
- 世界最大的宗教建筑是哪座? ……341
- 哪座神庙内供有500尊佛像? ……341
- 埃菲尔铁塔建造的目的是什么? ……341
- 英国著名的教堂有哪些? ……341
- 最后的印加人秘密生活在哪里? ……341
- 萨顿骷宝窟的地下埋葬着什么? ……342
- 谁的历程被一座巨型拱门铭记? ……342
- 谁安葬时有兵马俑随葬? ……342
- 哪位古埃及法老的坟墓中藏有赤金面具? ……342

艺术娱乐

氏族部落为什么崇拜动物？……………344
为什么龙是中华民族的象征？…………344
为什么说"六艺"是古代教育的一次改革？…344
四大类乐器分别是什么？………………345
最伟大的作曲家是谁？…………………345
为什么莫扎特被誉为"音乐神童"？……345
为什么帕尔曼会成为小提琴王子？……345
肖邦为什么要把心脏送回祖国？………345
是谁写下了最长的歌剧？………………346
一个管弦乐队最多由多少件乐器构成？……346
谁是第一批走红的摇滚明星？…………346
雕塑家的工作是什么？…………………346
最早的画家使用哪种颜料？……………347
达·芬奇为什么要画鸡蛋？……………347
毕加索是何许人？………………………347
什么是壁画？……………………………347
什么是制陶业？…………………………348
为什么把唐代上釉的陶器称作
　"唐三彩"？…………………………348
什么是维多利亚风格？…………………348

时装产业始于何时？……………………348
谁最先使用了家具？……………………349
第一批摩天大楼建于何处？……………349
世界上给人印象最深刻的是何建筑？…349
世界上最著名的歌剧院在哪儿？………349
为什么说自由女神像是美国的象征？…349
为什么罗马的城徽是狼？………………349
为什么称戏曲演员为"梨园弟子"？……350
为什么龙套是戏曲舞台上不可缺少的
　角色？…………………………………350
为什么邓肯被誉为"现代舞之母"？……351
哪个国家的芭蕾舞最著名？……………351
为什么舞蹈被称为"艺术之母"？………351
为什么芭蕾女演员要用足尖跳舞？……351
木偶表演有多久的历史？………………352
最先去剧院的是什么人？………………352
最著名的无声喜剧演员是谁？…………352
为什么莫里哀会死在舞台上？…………352
为什么说四大悲剧代表了莎士比亚的最高
　成就？…………………………………353
第一个马戏团出现于何时？……………353
为什么说活动照是电影的前身？………354
电影是如何发展而来的？………………354
世界电影业的中心在哪儿？……………354
人们首次观看电视是何时？……………354
美国为什么要设立奥斯卡金像奖？……354
拍板是做什么用的？……………………355
制片人和导演有何区别？………………355
人们在什么时候第一次应用句号和逗号？……355
清末为什么会产生"谴责小说"？………355
什么是彩色稿本？………………………355
哪位著名的小说家公开表演他的作品？……356
小说中最著名的侦探是谁？……………356
刘易斯·卡洛尔最著名的是哪部作品？……356

哪个小女孩在战争期间坚持写日记？……356	英国最著名的文学姐妹是谁？……358
为什么把《荷马史诗》称作"英雄史诗"？……356	罗穆卢斯和瑞摩斯为何许人？……359
	是谁在讲述世界毁灭的故事？……359
古希腊人为什么以雅典娜的名字命名首都？……357	何时发明了文字？……359
	谁是亚尔古英雄的领袖？……359
普希金为什么会死于决斗？……357	圣诞老人叫什么名字？……359
巴尔扎克为什么要拼命写作？……357	谁发明了印刷术？……360
果戈理为什么将创作的原稿付之一炬？……357	印刷如何使文化发生革命？……360
凡尔纳为什么被称为"科学幻想之父"？……358	什么是口述文化？……360

体育运动

为什么运动分为有氧运动和无氧运动？……362	哪个英国国王曾是专业网球手？……365
为什么奥林匹克运动会以五色环为标志？……362	哪项比赛在铁丝网内进行？……365
为什么要在奥运会上点燃圣火？……362	第1届高尔夫比赛在哪里举行？……365
人类为什么要举办奥林匹克运动会？……363	美国和日本为什么要把棒球定为"国球"？……365
为什么要召开世界大学生运动会？……363	为什么说短跑是最早的奥运会项目？……365
为什么比赛中禁止使用兴奋剂？……363	为什么把田径称为"体育运动之母"？……365
谁是站在冲浪板上的第一人？……364	为什么田径比赛要逆时针跑？……366
最快的游泳姿势是哪种？……364	马拉松长跑的距离为什么是42.195千米？……366
什么是"三体船"？……364	为什么会产生障碍跑运动？……367
皮艇和划艇的区别是什么？……364	为什么把中长跑运动员称为"飞毛腿"？……367
第一位滑水的人是谁？……364	为什么接力赛被称为"田径四重奏"？……367
哪项团体运动吸引着最多的观众？……364	为什么4×100米接力赛的百米成绩好于百米赛的成绩？……367
棒球手投球的速度有多快？……364	

为什么会出现竞走运动？……………368
第1届汽车赛在哪里举行？……………368
最著名的自行车赛是哪个？……………368
什么是摩托车高速赛道赛？……………368
拉力赛和汽车赛之间有何区别？………369
哪种球类运动的球移动速度最快？……369
古罗马人蜂拥至圆形大剧场看什么比赛？……369
是谁最早打马球的？……………………369
为什么篮球又被称为"筐球"？………369
为什么把排球称为"空中攻防战"？…370
为什么把足球称为"世界第一运动"？…370
乒乓球为什么又被称为"桌子上的网球"？……………………………371
为什么足球比赛有罚"点球"的规则？…371
登山为什么被称为"勇敢者的运动"？…371
为什么跳高会有多种过杆姿势？………372
为什么说撑杆是撑杆运动的关键？……372
为什么把跳远称为徒手飞行？…………373
为什么跳水有"空中芭蕾"之称？……373
为什么花样游泳被称为"出水芙蓉"？…373
为什么柔道被日本列为"国技"？……374
相扑运动为什么会在日本兴盛？………374
为什么体操运动员赛前要在掌心上抹白粉？…………………………374

 ## 世界历史

最早的人类骨架于何时被发现？………376
人类何时开始制造工具？………………376
火如何改变人们的生活？………………376
人类如何捕猎猛犸象？…………………376
谁在洞穴的岩壁上绘画？………………376
什么是"冢"？…………………………377
最大的古代都市在哪里？………………377
早期人类食用哪些东西？………………377
早期的人类饲养牲畜吗？………………377
早期的人类种植什么样的庄稼？………377
早期的村庄是什么样的？………………377
为什么中国人称自己为炎黄子孙？……377
为什么大禹治水能够成功？……………378
盘庚为什么要迁都？……………………378
为什么把对立的事物称为矛盾？………378
为什么重耳会流亡？……………………379
曹刿为什么能够战胜强大的齐军？……379
孙武为什么要斩杀吴王的两个宠妃？…379
孔子为什么要周游列国？………………379
齐桓公为什么重用宿敌管仲？…………380
勾践为什么能够报仇雪耻？……………381
孟母为什么三次搬家？…………………381
扁鹊为什么不给蔡桓公治病？…………381
为什么墨子可以攻破鲁班的云梯？……382
楚霸王为什么要在乌江自刎？…………382

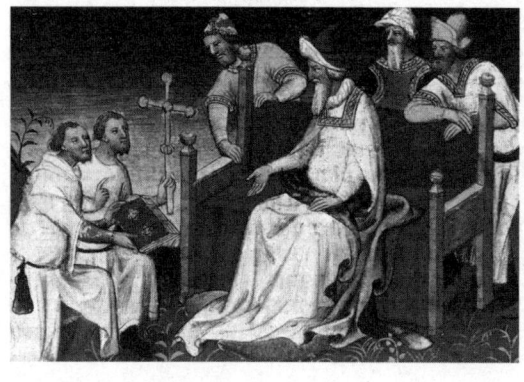

赵武灵王为什么要胡服骑射？……………383
商鞅为什么能够推行新法？………………383
为什么李冰父子要修筑都江堰？…………383
荆轲为什么要刺杀秦王？…………………383
为什么秦始皇被称为"千古第一帝"？……384
为什么要修筑万里长城？…………………384
刘邦为什么能够赢得天下？………………384
为什么有"汉武雄风"之说？………………385
汉武帝为什么要独尊儒术？………………385
为什么王昭君要远嫁匈奴？………………385
张骞为什么要出使西域？…………………386
为什么把刘秀重振汉室称为"光武
　中兴"？……………………………………386
汉朝使者苏武为什么要去牧羊？…………386
班超为什么要投笔从戎？…………………387
刘备为什么要三顾茅庐？…………………387
诸葛亮为什么要七擒孟获？………………387
李世民为什么会发动玄武门之变？………388
惠能为什么能够得到禅宗五祖的衣钵？…388
玄奘为什么要去西天取经？………………388
为什么铁木真被尊称为"成吉思汗"？……389
马可·波罗为什么要游历中国？…………389
郑和为什么要下西洋？……………………389
郑成功为什么能收复台湾？………………390
戚继光为什么能够打败倭寇？……………390
李自成为什么能够推翻明王朝？…………391
努尔哈赤为什么要创立八旗制度？………391
康熙为什么是历史上最有作为的皇帝
　之一？………………………………………391
土尔扈特部落为什么能回归祖国？………391
为什么林则徐力主严禁鸦片？……………391
《辛丑条约》是如何签订的？………………392
为什么会爆发"五四运动"？………………392
谁制定了第一部法典？……………………392
巴比伦城位于何处？………………………392
最早的城镇什么样？………………………393
谁最早发明了文字？………………………393

图坦卡蒙是何许人？………………………393
为什么尼罗河对埃及人如此重要？………393
埃及人崇拜的是什么神？…………………393
谁是埃及最伟大的勇士国王？……………393
印度文明何时繁盛起来？…………………393
摩亨佐·达罗什么样？……………………393
亚历山大为什么如此伟大？………………394
希腊最伟大的哲学家是谁？………………394
何为特洛伊战争？…………………………394
什么是米诺斯文明？………………………394
帕特农神庙里供奉什么神？………………394
罗马人如何掌权？…………………………395
罗马于何时建立？…………………………395
罗马军队为什么会如此强大？……………395
什么是罗马庄园？…………………………395
什么是"网人"？……………………………395
为什么说"条条道路通罗马"？……………395
诺曼底人为什么要入侵英国？……………395
是谁签署了大宪章？………………………396
是谁修建了美洲的金字塔？………………396
印加帝国是怎样灭亡的？…………………396

为什么某些美洲土著人要用活人进行
　　祭祀？ ………………………………… 396
阿兹特克人最钟爱的运动是什么？ ………… 396
什么人征服了墨西哥？ ……………………… 396
谁赢得了阿金库尔战役的胜利？ …………… 396
哥伦布到达的是印度吗？ …………………… 397
哪位英国女王终身未嫁？ …………………… 397
是谁派舰队入侵英国？ ……………………… 397
是谁摧毁了英国的教会制？ ………………… 397
库克航行至哪里？ …………………………… 397
是何原因导致了英国内战的爆发？ ………… 398
伦敦于何时几乎被烧为灰烬？ ……………… 398
克莱夫是何许人？ …………………………… 398
美国为什么要宣布独立？ …………………… 398
什么是工业革命？ …………………………… 398

拿破仑·波拿巴是何许人？ ………………… 398
滑铁卢战役有何标志性意义？ ……………… 398
哪场战争导致美国内战？ …………………… 398
第一次世界大战为什么被称为第一次现代
　　战争？ ………………………………… 399
大萧条指什么？ ……………………………… 399
为什么把独裁统治称为"法西斯"？ ……… 399
为什么盖世太保成了杀人魔窟的代名词？ … 399
为什么说慕尼黑会议出卖了弱小国家？ …… 400
为什么斯大林被称为"铁打的人"？ ……… 400
为什么说斯大林格勒保卫战是二战欧洲
　　战场的转折点？ ……………………… 400
日军为什么要偷袭珍珠港？ ………………… 401
罗斯福为什么下令制造原子弹？ …………… 401
为什么说雅尔塔会议在二战期间很重要？ … 401
为什么说诺曼底登陆是世界历史上规模
　　最大的两栖登陆？ …………………… 402
为什么把美国总统府称为"白宫"？ ……… 402
为什么把美国称作"山姆大叔"？ ………… 403
为什么要成立联合国？ ……………………… 403
为什么鸽子和橄榄枝被当作和平的象征？ … 403
为什么要创立"红十字"会？ ……………… 404
什么是冷战？ ………………………………… 404

宇宙探索

为什么会出现宇宙？

很多科学家坚信宇宙起源于130亿～180亿年前，然而无人能确定宇宙出现的准确时间，这至今还是一个谜。有些科学家认为宇宙最初就像从另外一个宇宙上分离出来的一个"气泡"。其他科学家则认为宇宙中的万事万物都被挤压在一个狭小但温度却奇高的大球内，当球体开始变大，就像气球被充了气一样，宇宙中的万事万物于是开始向外爆发。

太空中的事物为什么能停留在原位？

宇宙中的万事万物——恒星、行星、星云和细小的尘埃颗粒，都是被4种无形的力量聚集在一起的。这些力量分别为重力、电磁力以及两种形式的核力（即弱核力和强核力），正是这些力量将原子的粒子聚集在一起。重力是宇宙中万事万物之间存在的引力，它使月球沿着一定的轨道绕地球转动，也使地球沿着一定的轨道绕太阳转动。物体的质量越大，对其他物体的引力就越大。

为什么说光在太空中速度最快？

宇宙中速度最快的当属光。光是由天体发出的，例如太阳光，它能以大约300000千米/秒的速度在太空中穿行。然而，即使以这样的速度，光线从太阳到达地球也要花费8分多钟的时间。

宇宙为什么在逐渐变大？

科学家能够辨认出很多星系，而且它们似乎离我们越来越远。星系整体并没有移动，只是星系之间的空间在增大。通过测量这个距离增大的速度，科学家们能够计算出万事万物运动到现在所在位置需要花费的时间，因此能够粗略地估计出宇宙大爆炸发生的时间。

为什么太空不空？

物质几乎是与宇宙一同产生的。空间内散布着恒星和星云，它们几乎全是由两种元素构成的：氢和氦。太空中还有其他元素，例如铁、碳和氧，但是只有极少的数量。恒星和行星之间的空间满是太空碎片，这其中包括微小的尘埃和大块的岩石。有些太空尘埃会形成星云，这些巨大的星云

↗ 图为"马头"星云，它是太空中众多的"星工厂"之一，新的天体就是在这些星云中产生的。

便是"星工厂"，新的恒星和行星就是在这里产生的。

太空为什么是黑的？

地球上，白天的天空是亮的，这是因为空气分子能够反射阳光，就像一面面小镜子。但是在月球上没有大气层，所以天空一片漆黑，连星光也消失了。同样的道理，宇宙空间本身也是空荡的，几乎没有能够将光线反射进我们眼睛里的物质，所以我们看到的空间就是黑暗的——即使太阳周围也是漆黑一片。

但是关于宇宙的黑暗仍然存在着疑团：宇宙中所有的天体发出的光为什么不能合在一起形成明亮的光？天空为什么会在晚上变黑？

托玛斯·迪奇斯是16世纪的天文学家，他当时也研究了这些问题，他认为宇宙是无限的，宇宙在各个方向上拓展，在这个无尽的空间里，有无数颗恒星。但是按照他的推理，如果宇宙里充满了恒星，天空被星光笼罩，那么夜空将和白天一样明亮。然而事实并不是这样。迪奇斯终其一生都没能解开这个难题。

威尔海姆·奥伯斯（一位19世纪的天文学家）也花了许多年来思考同样的问题，并且关于天空为什么是黑暗的问题被称为"奥伯斯佯缪"。奥伯斯考虑了很多种可能，最后认为原因是宇宙空间里的尘埃：或许我们看不见远处恒星发出的光，是因为宇宙中的尘埃吸收了这些光。

但奥伯斯死后,天文学家们计算了所有恒星发光的总和,结果发现,这个能量足以让挡在半路的所有尘埃升温发光。也就是说,夜空在闪亮的尘埃的照耀下也变得一片光明。于是,问题又回到了起点。

美国马萨诸塞大学的爱德华·哈里森在他《夜的黑:宇宙之谜》一书中写道:宇宙中的恒星数量并不足以覆盖整个天空,所以夜空是黑的。

借助于强大的太空望远镜,我们可以看到离我们很远的恒星。光从遥远的恒星传播到地球上需要几百万年,所以当我们遥望夜空深处时,就是在回顾历史。最强大的天文望远镜能帮助我们看到某颗在100亿年前发出的光的恒星。

宇宙的历史只有150亿年,天文望远镜越发达,我们就能看见越远的恒星。埃德加·爱伦·坡受到这个理论的启发,写下了许多带有恐怖和超自然色彩的小说、诗歌,其中有《渡鸦》、《告密的心脏》等。1848年,爱伦·坡在《我得之矣:一首散文诗》中写道:在漆黑的夜空深处,我们看到了宇宙诞生前的虚无。

按照哈里森的理论,爱伦·坡的诗刻画了一个真实的宇宙。就像他诗中写的"穿过群星,我们看到了宇宙的源头"。

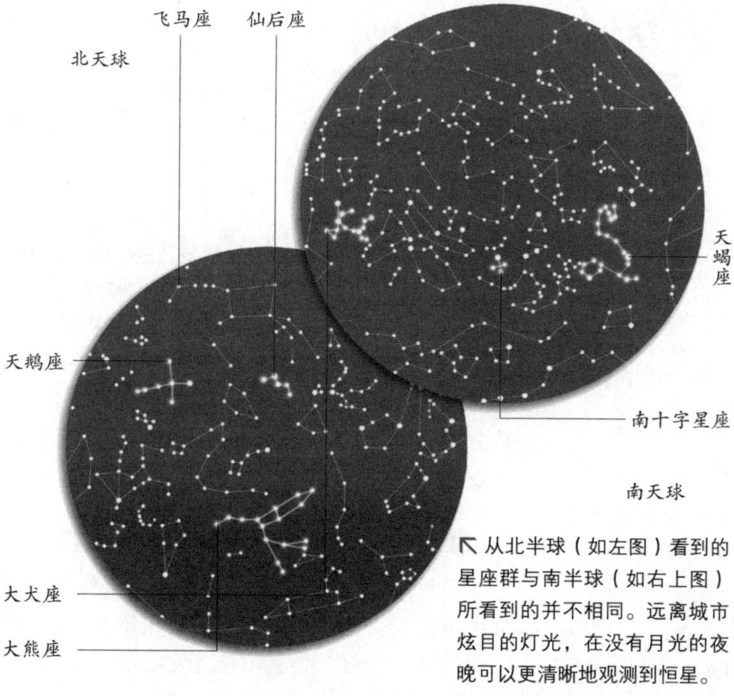

▲ 从北半球(如左图)看到的星座群与南半球(如右上图)所看到的并不相同。远离城市炫目的灯光,在没有月光的夜晚可以更清晰地观测到恒星。

为什么天体都是球形的?

天体并不都是标准的球形,它们只是看上去像是球形,或者说几乎是球形的罢了。

地球就是一个两极稍扁的扁球形;木星和土星由于其密度极高的大气,因而它们的两极看上去更扁。

恒星、行星和其他天体之所以都是球形,而不是正方形或是别的什么奇形怪状的样子,完全是万有引力作用的结果。

任何物体都会对其他物体产生吸引力。依据牛顿定律,万有引力的大小与两个物体间距离的平方成反比,而与物体相互间的位置无关。因而,有限多个不均匀分布的、一样的粒子总是倾向于聚在一起形成球状的团。在行星和恒星形成的过程中,同时还有许多其他力的作用。

假设在宇宙大爆炸后一段时间里,有大量不同的粒子不均匀地分布于宇宙空间中,由此形成了一大片分布不均的物质云,在这片物质云中,粒子彼此吸引,但整体的万有引力却没有达到平衡,就仍有某种扰动力使其旋转。特别地,可能因此而得到一颗伴星,那么两个天体间就有引力相互作用。当然,这其中还涉及电磁学、摩擦和热学等等各方面的复杂问题。

这时,分散的物质云在引力的作用下逐渐聚合在了一起,同时由于其本身的非均一性和某些外力的作用而开始自转,于是便形成了一个大致的(不是完美球形的)旋转天体。它的形状将取决于其自转速度的大小,自转速度越快,其形状就越趋近于扁圆形。此外,这个天体的形状也与其组成物质的密度相关。

如果假设有一个呈标准球形的台球,在旋转中它会保持自己的外形近乎为球形;但若是一个旋转着的充水气球,则会呈两头扁、中间凸出的扁球形。事实上,天体大都有很大的质量和很高的自转速度,赤道附近的物质很可能会因此被甩离该天体,给它来一次"瘦身运动"。被甩脱的"赘肉"可能会四处分散开来,在某些情况下也可能会通过类似的过程形成一颗球状的卫星。

■ 宇宙中最大的天体是什么?

迄今为止人类观测到的最大天体是一个"星系长城",它绵延5亿光年,直径达1600万光年。然而,在宇宙中像这样大小的天体可能还有数不胜数。

■ 为什么有的天体被称为"双子星"?

有些天体,例如太阳,在太空中孤单无依,而其他天体(被称为双子星),却往往有颗与之"做伴"的恒星或"双胞胎"恒星,两颗星因重力聚集在一起。双子星似乎在太空中相互围绕着"翩翩起舞",离得越近,移动的速度越快。然而,有些双子星之间的距离太过遥远,以至于一方绕另一方一周需要花费数百万年的时间。

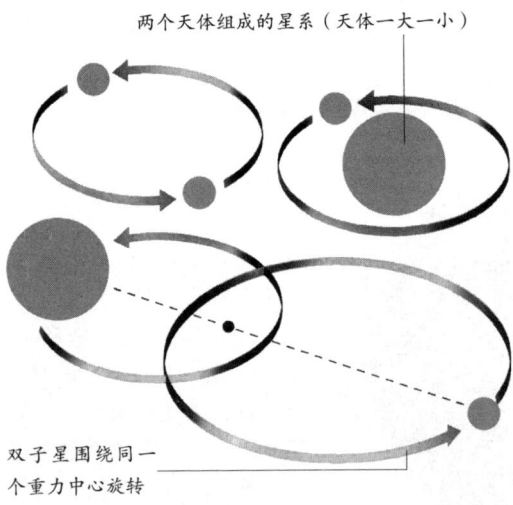

两个天体组成的星系(天体一大一小)

双子星围绕同一个重力中心旋转

↗ 我们的银河系中约有一半天体是双子星,它们围绕着同一点或同一中心转动。

■ 为什么星星会有明暗的不同?

日落之后,浩渺的夜空就成了星星们的乐园,它们闪闪烁烁,忽明忽暗,将整个夜空装扮得异常美丽。可是,如果你细心观察一下就会发现,并不是所有的星星都如明珠般闪亮,有些星星仅仅隐隐约约地闪烁着微弱的光,如果我们不加注意的话,甚至很难发现它们。那么,同处在一个天空下的星星们为什么会有如此大的差异呢?

让我们先用灯泡打个比方。我们知道,功率为60瓦的电灯比在同样条件下的20瓦的电灯亮,这是因为它的发光能力强。那么,按照这种解释,有些星星之所以看上去比较亮,仅是因为它们的发光能力比其他的星星强。这种观点正确吗?事实并非一定如此,因为决定星星亮度的除了它本身的发光能力外,还有另一个原因,就是星星与我们距离的远近。一般来说,星星离我们越近,看上去就越亮。

可是,亮度并不能代表星星的实际发光能力。天空中的亮星,有的可能真的是颗发光能力很强的恒星,但也有的可能只是因为它离我们特别近,才显得亮。相反,有些看上去比较暗的星也不一定真暗,尽管要通过望远镜才能观测到它们,但它们的发光能力可能要比某些亮星还要强许多,只是由于它们距离我们太遥远,所以看上去就显得比较暗。

	星等
金星	−4
	−3
	−2
天狼星(天空中最亮的恒星)	−1
	0
	+1
北极星	+2
	+3
	+4
	+5
肉眼看到的最暗的星	+6
	+7
	+8
双筒望远镜可看到的最暗的星	+9
	+10
	+11
	+12
	+13
	+14
	+15
	+16
	+17
	+18
	+19
天文观测照片中可看到的最暗的星	+20
	+21
	+22

↗ 星等比例示意图

天文学家用星等来衡量恒星的亮度,星等数越小,其亮度越大。非常亮的星的星等是负的。在一个漆黑的夜晚,用肉眼可看到的最暗的星的星等数是6。

■ 为什么说类星体是最遥远的天体?

类星体看似恒星,实则不然。类星体要比星系小得多(直径只有1光年或2光年),但其亮度却高出上千倍。类星体还会发射出无线电波

宇宙探索

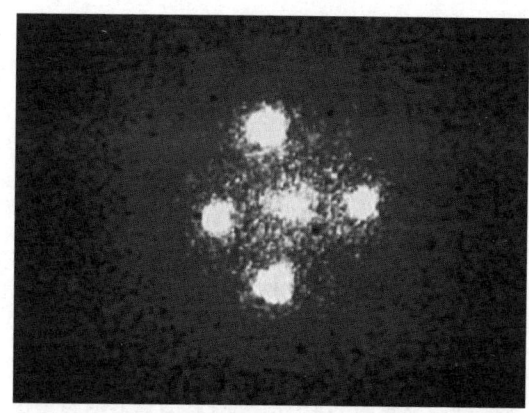

↗ 类星体会以光线、X射线和无线电波等辐射形式发射巨大的能量。由于来自类星体的辐射可能是数十亿年前发射来的，研究这些天体将有助于天文学家了解早期宇宙的更多讯息。

类星体离地球至少有100亿～130亿光年，是宇宙中最遥远的天体。

■ **什么是超新星?**

超新星是由一颗非常"老"的巨大恒星爆炸形成的，它的亮度是太阳的数千倍。恒星爆炸时会引发核反应，在遥远的宇宙另一头也可以观测到。1987年，地球上便观测到了一颗超新星，这实属罕见。

■ **为什么会产生流星?**

常有数百万被称为流星体的微小金属块或岩石块在太空中呼啸而过，并围绕太阳转动。当流星体撞击到地球周围厚厚的大气层时，就会燃烧并在身后留下闪亮的"长尾巴"，并像耀眼的爆竹一样从天空划过。

■ **什么是小行星?**

小行星是指太阳系中体积比大行星的卫星还小得多的星体。一般分布在火星和木星的轨道之间，我们称之为小行星带。大部分小行星看似粗糙的岩石块，表面却有与其他太空颗粒相撞形成的坑洞。

■ **为什么恒星看起来很小?**

恒星是炙热的气体星球。对于地球上的人类而言，恒星只是夜空上的一个小亮点。恒星之所以看似很小，是因为它们距地球十分遥远。事实上，很多恒星都巨大无比，体积是太阳（离我们最近的恒星）的数十倍。太阳是一颗炙热且活跃的恒星，因而闪着耀眼的光芒。

■ **恒星是在哪里产生的?**

恒星是在巨大的星云内产生的。宇宙中每一个星系内都有星云，星云便是"星工厂"，其中的尘埃和气体会在重力的作用下收缩并变得炙热，然后开始以光和热的形式释放能量。于是，一颗新的恒星便产生了。

■ **恒星的能量源自何处?**

恒星的能量来自于核聚变，在这个过程中，大部分氢都会变为氦，与此同时会留有足够的氢来产生巨大的能量。恒星发出的光线分为好多颜色（蓝、橘红、黄和白），能穿过太空。

■ **为什么恒星不是一样大?**

恒星的大小和温度都不相同。太阳是一颗中等大小、炙热的黄色恒星。最大的恒星被称为超巨星，有很多超巨星的体积是太阳的数百倍。

■ **恒星为什么有五彩斑斓的颜色?**

淡黄色的太阳是离我们最近的恒星。宇宙中的恒星可都不是淡黄色的，它们的颜色五彩斑斓，一簇恒星就可以成为珠宝盒了。在宇宙里，一颗

↗ 图中是一个球状星团，它由数百万颗不同年龄和体积的恒星构成。

5

颗恒星就像蓝宝石镶嵌在上面一样，而当中一颗橘黄色的则发出耀眼的光芒。

恒星的颜色取决于它们自身的温度。光是以波的形式传播的辐射，相邻波峰之间的距离就叫作光的波长。光波很短，短到什么程度呢？如果将 1 英寸分成 25 万份，那么一个光波的长度仅相当于其中的几份加起来那么长。

但无论光波多么短，它的变化却足以引起人们视觉上的很大差异，因为波长的变化反映在人眼里就是颜色的变化。比如，红光的波长是蓝光的约 1.5 倍。而各种波长（也就是各种颜色）的光混合在一起就是白光。

日常生活中我们可以发现，当物体的温度改变的时候，它的颜色也会变化。比如，一块冷的烙铁是黑色的，把它放进火炉里，一会儿工夫，它的表面就变成暗红色——加热时间越长就越红。如果继续加热，在熔化之前，它会依次由红变成橘红、黄、白，最后变成蓝白色。

科学家已经发现了物体颜色与温度之间的关系，即温度越高的物体，来自它的辐射的能量越大，波长越短。蓝光的波长比红光短，所以加热能发出蓝光的物体就一定比发红光的物体热。

恒星中的热气体原子发射出光粒子——光子。气体温度越高，光子的能量越强，波长越短。所以，最热、最年轻的恒星会发出蓝白色的光。随着恒星上的核燃料慢慢消耗掉，它们的温度也慢慢降下来，所以年迈的恒星温度都比较低，通常会发出红色的光。而介于两者之间的中年恒星就会发黄光，比如太阳。

太阳距离地球只有 1.5 亿千米，我们可以轻而易举地看出太阳的颜色。但是有些恒星距离地球上万亿千米，比太阳远得多，即使用目前最大倍数的望远镜也很难分辨出它们的颜色。因此，科学家们让来自恒星的光通过一种特殊的过滤器，或者通过一种叫作滤光镜的光学仪器，这些仪器能够显示出来自某个恒星的光里每种波长的光各有多少。

天文学家们可以通过标出什么光的波长强度最高来确定恒星的整体颜色。只要知道了恒星颜色，就可以利用简单的数学换算公式来推断恒星的表面温度，还可以进一步估计恒星的年龄。

■ 恒星的寿命有多长？

恒星的寿命一般可达数十亿年到数百亿年。在其生命历程中，恒星会不停地燃烧并发射出光和热。有些会慢慢变为蓝巨星，爆炸时则会成为超新星。其他较小的恒星当燃料逐渐耗尽时会膨胀，变为体积巨大且明亮的红巨星，之后再萎缩成为白矮星。白矮星是体积小、密度高的恒星，因而难以在夜空中被观测到。白矮星的表面温度可达 8000℃。

↗ 画家笔下的绚丽的夜空

为什么会有彗星？

彗星是与行星类似的、围绕太阳转动的冰块（内含尘埃和岩石）。彗星以很快的速度向遥远的太空运动，通常都会到达太阳系的最外边，因而彗星绕太阳一周可能需要数千年的时间。随着彗星靠近太阳，冰冻的内核温度会升高，从而拖出一条闪闪发亮的"尾巴"。这条尾巴可达数百万千米长，形成一道壮观的风景。

什么是星宫？

一年中，太阳似乎经过天球中的一些恒星，主要有12个星座，称作黄道十二宫。它们就是所谓的占星术中的星宫。它对占星术非常重要，占星家认为星宫会影响人的命运。

人类何时开始观测星座？

2000多年前，生活在中国和巴比伦的天文学家观测到很多星座。恒星令早期科学家着迷，然而当时的科学家没有望远镜，因而仅能命名他们肉眼所能看到的星座。星座的形状和大小都各不相同，如果不用绘画的方式勾勒出恒星连起来后形成的轮廓，则很难辨认出它们被命名的动物或其他形象。有些恒星群不止有一个名字，例如古代希腊人称猎户座为俄里翁（神话中追捕普勒阿得斯的巨人、猎人，后被阿耳忒弥斯所杀），而古代埃及人又将其命名为司阴府之神。

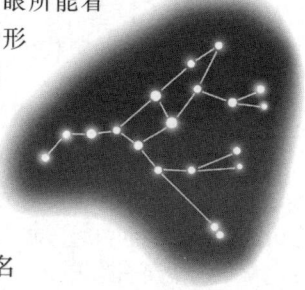

图为北半天球的大熊座。它的其他别名还包括"犁"和"过山车"。

为什么每个人看到的星座不一样？

从南半球（赤道以南）和北半球（赤道以北）看到的星座是不同的。很多星座都是由公元前2000年前巴比伦的天文学家命名的，到公元150年为止，希腊天文学家托勒密已能罗列出48个星座。直到欧洲探险家航海至南半球并观测到北半球无法看到的星座后，才增添了新的星座。夜空中布满了星星，因而难以辨认出各个星座，集中注意力找到最亮的恒星对观测会有所帮助。

南十字星座为什么有名？

南十字星座是最小的星座，却因为特别明亮而闻名。有些星座内只有少数明亮的恒星，因而难以辨认。例如长蛇座是面积最大的星座，然而它因非常昏暗而极难辨认。

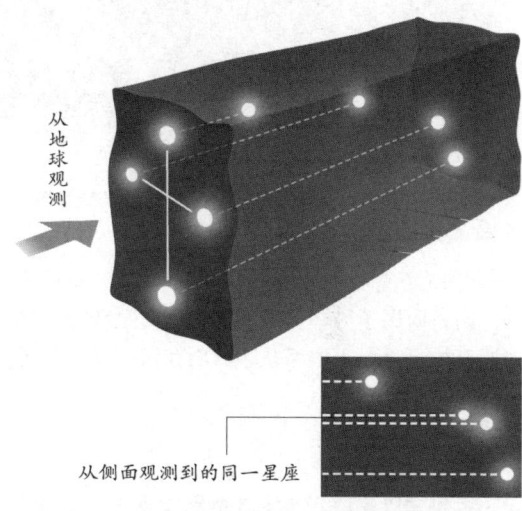

从侧面观测到的同一星座

↗ 从地球上观测，形成南十字星座的恒星离我们的距离似乎相同，但事实上它们距离各异。

猎户星座的带纹是什么？

猎户星座的带纹指的是星座内3颗明亮的恒星。从地球上的任何地方都可以看到猎户座，该星座明亮又易于辨认，因而可以作为很好的向导。该带纹的一头总指向同一个方向，即毕宿五星，而另一头总指向天狼星。

为什么所有的星系看似不同？

星系主要有螺旋形、椭圆形和不规则形等形状。螺旋形星系在核心周围有数个恒星"旋臂"，或者像银河系一样拥有"棒旋"。椭圆形星系就像巨大的焰火的火花一样向各个方向发散恒星。

谁首次意识到不只有一个星系？

美国天文学家埃德温·哈勃于1924年首次意识到宇宙中不只有一个星系。在那之前，人们还都认为宇宙中只有一个非常巨大的星系。哈勃曾探测到银河系外的一颗闪烁不定的恒星，他意

↗ 哈勃发现了很多其他的星系，从而证明了宇宙比任何人想象的都要大。

识到他所研究的安德罗墨达星云并非银河系中的，而是附属于另一个星系。我们肉眼所能看到的所有恒星都属于银河系，然而在银河系之外还有数百万个星系。

■ 星系有多大？

大得难以置信。即使以光速运动，飞船穿越银河系也要花费10万年。一个很寻常的星系中就可能有100万颗恒星，而超级星系则有多达10亿颗恒星。

■ 河外星系为什么又被称为"宇宙岛"？

茫茫宇宙中分布着大量的星体及各类星际物质。就像烟波浩渺的大海是由无数颗水滴组成的一样，宇宙中的星体和星云等各类星际物质的数量之巨也是超乎人们想象的。银河系以外的其他星系，被人们统称为河外星系。河外星系大小不一，外观和结构也显得多种多样。而庞大的河外星系相对于整个宇宙来说，只能算是微不足道的一小部分。

根据天文学家的观测，在苍茫的宇宙空间里，分布着至少超过1000亿个星系。每个星系大概由近1000亿颗恒星，以及弥漫于星际间的大量气体和尘埃组成，每颗恒星的体积都可能和我们的太阳一样大。而我们的太阳所在的银河系只是那千亿个星系大家庭中的普通一员，如同宇宙汪洋中的一个小岛。因此，人们把河外星系称为"宇宙岛"。

■ 我们生活在哪个星系中？

银河系。银河系中大约有2000亿颗恒星，太阳便是其中之一。太阳围绕银河系转动。银河系是如此广大，以至于在过去的2.2亿年里，太阳只围绕银河系旋转了1周。

■ 为什么说太阳系不是银河系的中心？

在中国古代，银河又称天河、银汉、星河，牛郎织女在天河鹊桥相会的美丽传说一直流传到今天。夏天晴朗的夜晚，我们可以看到犹如一条白色飘带的银河横跨天际。那么，我们经常在神话故事中提到的"银河"与天文学上的"银河系"是不是同一个概念呢？

其实银河系是一个由2000多亿颗恒星、数千个星团和星云组成的盘状恒星系统，而太阳系正处于这个系统中。银河系中的大部分恒星集中在一个叫作银盘的盘状结构里。从地球上看去，由于人类的肉眼分辨不出银河系主体部分密集的恒星，而是在晴朗夜空中呈现为一条边界不规则的乳白色亮带，这就是我们所说的银河。所以说，银河只是银河系的一部分，银河系和银河这两个概念是不同的。

↗ 仙女座

1924年美国天文学家哈勃利用当时世界上最大的反射式望远镜——口径2.54米的胡克望远镜，发现了仙女座大星云的造父变星，从而准确地推算出该星云远在银河系之外，是尺度同银河系相当的巨大恒星系统。从此，人类把视野从小小的银河系投入到更为广阔的宇宙空间。

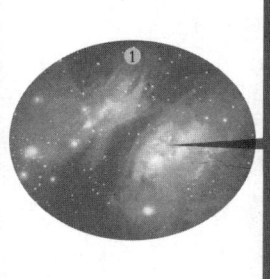
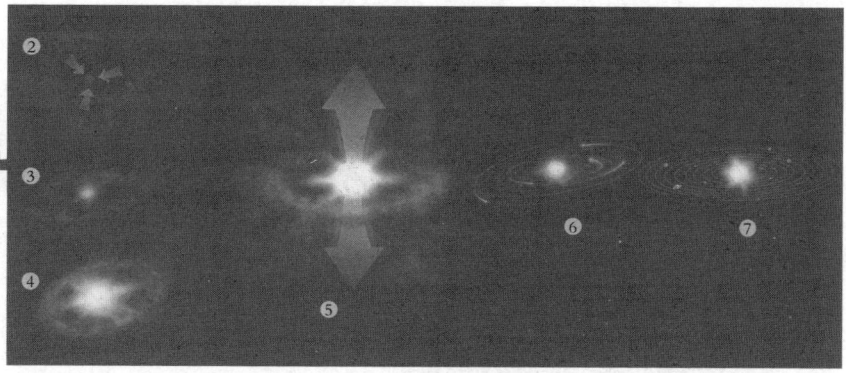

后来，天文学家沙普利先后观测了约100个球状星团。他的统计表明，人马座以内的球状星团占总星团的1/3，而以人马座为中心的半个天球竟分布了90%以上的球状星团。沙普利对球状星团和造父变星进行系统的研究，推出太阳系不在银河系中心，而是处于银河系边缘，银河系的中心在人马座方向。

■ 太阳系起源时发生了什么？

1. 太阳系大约在50亿年前形成，那时宇宙中有许多星云物质，而太阳系是由一块原始星云物质凝聚而成的。

2. 原始星云的局部地区开始变稠变密，物质微粒在引力作用下不断结合，逐渐形成球状体。

3. 球状体收缩变热，之后开始慢慢膨胀，大约经过10万年形成了一个"幼太阳"。

4. "幼太阳"急速旋转，把自身的大量物质剥离到太空中，自己不断收缩变热。

5. 当"幼太阳"自身达到一定温度，就开始了核反应。核反应产生的强大能量能够让它释放星光和射线。

6. 最早被太阳剥离的物质逐渐结合起来，在距离太阳不同的地方形成了许多越来越大的块状体。

7. 大的聚合物演变成今天的行星，一些稍微小的聚合物变成行星的卫星，而更小的则形成了小行星。

■ 为什么会产生暗物质？

银河系看似由明亮的闪闪发光的物质构成，但在银河系周围是旋转着的无法看到的"暗物质"。天文学家认为宇宙中9/10的物质都是黑暗的，并因为它们对宇宙中恒星和星系的重力作用而被证明存在。暗物质是普通物质的残留物，例如在宇宙早期燃烧剩下的恒星物质。

■ 为什么进入黑洞的物质都逃不出去？

任何黑洞可及的物质，而且任何进入黑洞的物质都无法逃出。黑洞是由恒星爆炸后的残留物形成的，无人能看到黑洞，但黑洞有巨大的引力，任何物质和任何光线都无法逃脱。黑洞可将数目巨大的物质吸入一个难以置信的狭小空间内。宇航员在未来可能必须使用"蛀洞"——宇宙隧道（如果确实存在）——来穿越星际间的太空，这样才可以避免被黑洞吸入。

■ 制出恒星目录的第一人是谁？

一个生活在2000多年前名叫伊巴谷的希腊人。他是注意到恒星会改变在夜空中位置（这被称为"岁差"）的第一人。伊巴谷将观测到的恒

谁最早发现地球绕太阳公转？

早期的天文学家认为太阳和太阳系中的其他的行星都绕着地球运行。波兰天文学家尼古拉斯·哥白尼(Nicolaus Copernixus，1473～1543年)最早创立了日心说，他认为太阳位于宇宙中心，地球和太阳系的其他行星都绕太阳运行。日心说对天文学家们奉守的地心说提出了挑战。哥白尼在1543年去世后他的论著才被发表。但日心说却遭到教会长时间的压制反对。

↗ 托勒密将他观测到的恒星都一一记录下来，虽然他没有望远镜。

星一一罗列，并标注出恒星的亮度和位置。伊巴谷有关天文学的作品已经遗失，然而他的观念却被后来的天文学家（例如托勒密）保留了下来。

■ 为什么说太阳是颗不同寻常的恒星？

事实上只因为它比其他恒星离我们更近——仅有 1.5 亿千米；在其他方面，它只是一颗非常普通的恒星。

太阳是一颗体积中等的"中年"恒星。没有太阳，地球将是一个阴暗、寒冷、毫无生机的世界。不过太阳炽热的光芒能损伤眼睛，所以我们无法直视它。

■ 太阳内部是什么？

太阳并不是实心的，是一个密度很大的气体球。它有一个名叫光球层的外层和一个名叫对流层的内层。在对流层以里为太阳最炽热的部分——内核，这里是核反应发生的地方。

能量穿越众多分层，最后到达太阳表面并释放到太空中。没有太阳提供的能量，地球将毫无生机可言。

■ 太阳为什么会有耀斑？

太阳上有时会出现磁暴，向太空中爆发出的炽热的气流即耀斑。耀斑发生时，还会向太阳大气或色球层以外很远的地方释放出光、热和宇宙射线，并会影响地球上的无线通讯。

■ 为什么太阳表面会有黑子？

太阳的光球层或表面上有黑斑，即太阳黑子，它是因太阳磁场改变而产生的，直径可达数千千米。我们所见的太阳黑子的数量在 100 个以内不等，爆发周期约为 11 年。

■ 为什么会发生日食？

当月球阻挡住来自太阳的光线从而导致地球上出现阴影时，便会出现日食。通常情况下，地球上的大部分地方只会看到日偏食。然而，当日全食发生时，白天就会变成黑夜。这个过程大约可以持续 7 分钟，之后，从地球上可以看到日冕。

■ 为什么日食时不能用眼睛直接观察？

每当日食发生的时候，许多人都想观看日食发生的全过程，即它是如何开始、如何发展变化直至最后如何结束的。但是在人们好奇心得到满足的同时，伴随而来的是，许多人因为直接用肉眼观看而导致双目失明，比如，几十年前，德国就有几十人因没有使用东西遮挡光线而导致终身残疾，一生与黑暗为伴。所以人们在观察日食时必

↗ 日全食

↗ 日偏食

须注意,直接用眼睛对着太阳观看是万万不可的!

那么,直接用眼睛看日食会伤害眼睛,甚至使人双目失明的原因究竟是什么呢?

大家都知道这样的常识,用眼睛直接看太阳时,即使只看短短的一刹那,也会给眼睛带来极大刺激,眼前出现一片黑色光斑,很久也难以恢复过来。这是因为眼睛里的水晶体能起聚光镜的作用,眼睛对着太阳看,眼底的视网膜上会聚集太阳光中的热能,就会觉得刺眼。如果超过一定的时间,视网膜就会因被烧伤而失去视力。大部分时间发生的日食都是偏食,月亮挡住的太阳只不过是一部分,剩下的部分发出的光和热仍然和平常一样,所以用肉眼直接看很久的话,烧伤眼睛的可能性是很大的。

■ 太阳会永远发光吗?

1. 在50亿年前,太阳和太阳系其他星体一起诞生。从那时到现在,它一直稳定地发光。

2. 再过50亿年,太阳将会膨胀变热,地球上的海洋将会被蒸发干涸,生物将会灭绝。

3. 随着太阳不断变热变大变红,地球将被烧成灰烬,被太阳外层吞噬。

4. 逐渐地,红色的超大型太阳又开始收缩,最后变成与地球差不多大小的白矮星。

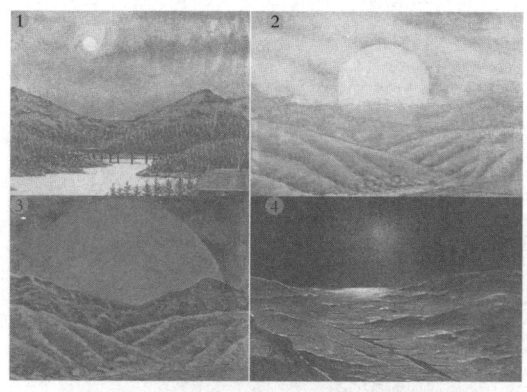

■ 为什么不能从地球上看到月球的全貌?

月球围绕地球公转和绕轴自转所用的时间相同(都是27.3天),因此月球总是以同一面面向地球。直到"阿波罗9号"飞船于1968年环绕月球飞行一周,人们才第一次见到月球的另一面。事实上,月球的另一面和与离地球较近的一面看似完全相同。

↗ 月球可能是在太阳系形成初期,由新生的小行星与地球撞击而产生的。

■ 为什么说月球"年纪"很大?

月球比地球略微"年轻"一些,可能有45亿岁了。有一个关于月球产生的理论解释说月球是由撞击到地球上的一个微型行星形成的——撞击中产生的岩石碎片被抛到太空中,随后聚集到一起形成月球。由于地球的重力,月球被固定在地球周围的轨道上围绕地球转动。

■ 月球表面是什么模样?

月球是个非常宁静的星球,它没有大气层,因而也不会起风。它的表面也没有水,非常干燥,而且满是灰尘。月球表面有很多古老的陨石坑,有些直径可达1000千米。此外,还有高耸的山脉,其高度甚至可与地球上最高峰珠穆朗玛峰相比拟。

■ 为什么月球上遍布陨石坑?

月球上的陨石坑是太空岩石(流星)撞击月球表面产生的。月球表面布满了陨石坑,这些陨石坑就像人在软质黏土上扔石头造成的坑一样。月球没有大气层,所以无法使来自太空的碎片在落到月球表面前燃尽;而且月球上也没有气候变化,所以无法风化岩层。

■ 为什么会有新月和满月之分?

月球围绕着地球转动,由于月球的一侧总是位于太阳光的照射下,而我们看到的是被太阳照亮的一侧，这就意味着月球在一个月的时间内会不断改变形状。这些改变被称为月相。新月时，我们完全看不到月亮；一周后，我们大约能看到半个月亮（渐满）；到了满月时，我们就能看到一轮明月。这之后，月相又开始渐亏；到下弦月时，我们又只能看到半个月亮；到最后，天空便只剩下一弯残月。

■ 为什么有时在白天也能看到月亮？

正是由于你假设自己出于某种原因在白天看不到月亮，才使这个问题显得格外地有意思。其实无论在白天还是夜晚，月亮本身并没有什么不同。

在白天，太阳强烈的光芒掩盖了一切的光亮，因此就算这时候能够看得见月亮，它也往往不为人所注目。但在夜晚，月亮就成了天空中最明亮的物体。

月球一个月绕行地球一周，因此它在一天24小时内呈现不同的景象。地球上每天所能看到的月亮大小即月相取决于在某个特定的时间太阳能照亮的月球表面积。一般说来，除去初一、初二，在农历每个月的上半月，天气晴朗的话，在白天可以看到月亮。白天由于大气层对太阳光有散射作用，因此天空十分明亮。但是月球距离地球足够近且本身也足够大，所以才能反射部分阳光，显得比周围天空亮，使人们在白天也能看见它。

但地球上的人们却无法在白天看到星星。不过，就算空中有耀眼的太阳，在月球上的宇航员也能一样看到星星。这是因为月球上不存在大气

↗ 在农历初八白天看到的月亮

层，太阳光也就不会被散射，所以即便是在白天，你也能看到布满在天空中的点点繁星。

■ 围绕太阳转动的共有多少颗行星？

共有8颗，其中包括地球。这八大行星是由大约46亿年前围绕太阳转动的物质形成的。水星、金星、火星、木星和土星都可以反射太阳光线而发光，因而都可以用肉眼看到。观察天王星和海王星时就需要借助望远镜了。

↘ 围绕太阳转动的行星距离太阳的远近各不相同。

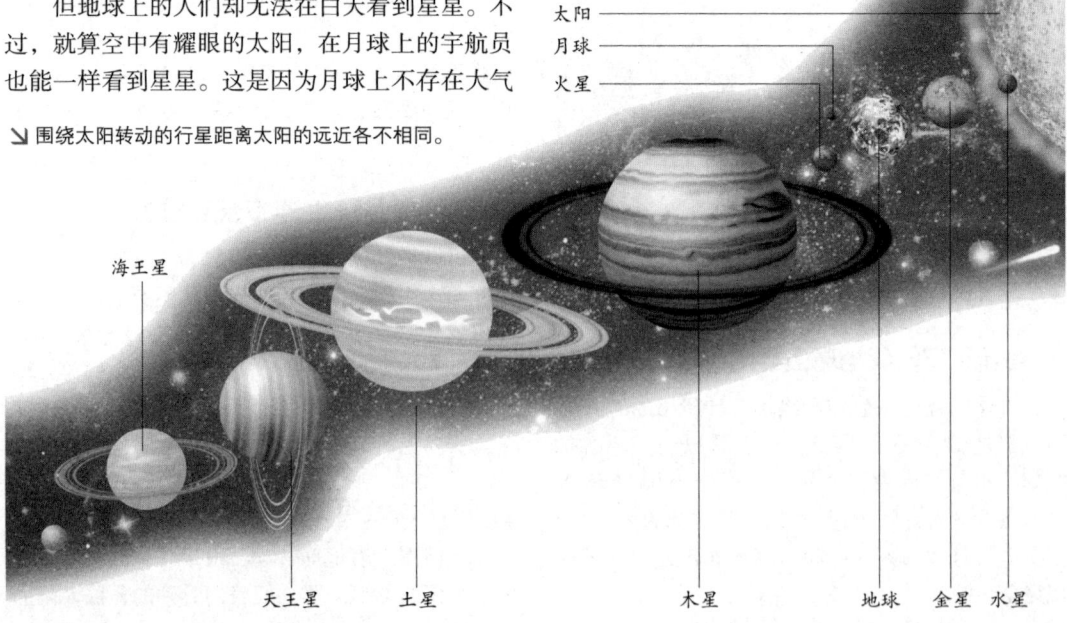

■ 哪颗行星离太阳最近?

水星是离太阳最近的行星。它在距离太阳5800万千米处围绕太阳转动。假设水星离太阳仅有一步之遥,地球离太阳就是两步半的距离。水星绕太阳转动的速度非常快。水星上的一天等于地球上的59天,而水星上的一年只有88个地球日。

■ 大行星是由什么构成的?

木星、土星、天王星和海王星这4颗大行星都是由气体构成的巨大球体。行星共有两种——岩质行星和气质行星,气质行星尽管体积比地球大得多,但密度却不大。

■ 其他恒星周围也有行星吗?

人们曾经认为太阳系是独一无二的,但是科学家已经发现了其他恒星周围也有行星。仙女座U星是一颗遥远的恒星(距地球44光年),其周围便有3颗行星围绕它转动,其中一颗体积是木星的4倍。其他恒星周围约发现20颗行星。然而,这只是目前观测到的又一个类似太阳系的星系而已。

■ 哪些行星已被飞船探测过?

载机器人飞船已从地球发射并飞经水星、木星、土星、天王星和海王星,且在火星和金星上登陆过,而且已经绘制出它们的运行轨迹。最易探测的行星是火星,因为至少火星周围的大气不会在飞船着陆时使飞船变形或熔化。

■ 内行星是由什么构成的?

4颗内行星均是由岩石构成的,有着坚硬的表面。它们都有地壳,地壳下是由炽热、半熔化的岩石构成的地幔层,中心为铁和镍构成的内核。它们都被称为类地行星,外围都有某种大气。然而,水星只有很少的大气,难以阻挡临近的太阳的炙热。其他3颗类地内行星与地球的类似之处也就仅限于此。

■ 为什么火星被称为红色星球?

火星的岩石内含有大量的铁粉,因而看似为红色。这些铁粉被火星大气中的二氧化碳气体氧化,因而实际上火星呈铁锈色。

火星数据

赤道直径:6787千米
平均日距:2.28亿千米
距地球最小距离:0.56亿千米
自转周期:24小时37分钟
公转周期:687天
表面温度:-100℃~0℃
卫星数:2个

■ 在火星上如何判断方向?

如果能到火星上,我们会发现那里和我们地球一样有南极和北极,不过磁场微弱了800倍。所以,使用灵敏度足够高的指南针在火星上仍能够找到路。如果你想要像水手们在几个世纪以前做的那样,根据太阳、行星或是其他星星的位置航行,也是有办法的。在火星上看到的夜空看起来和地球上看到的景象差不多,而通过对恒星的测量和已知的时间,将能把你的位置准确定位在火星表面大约方圆100米之内。

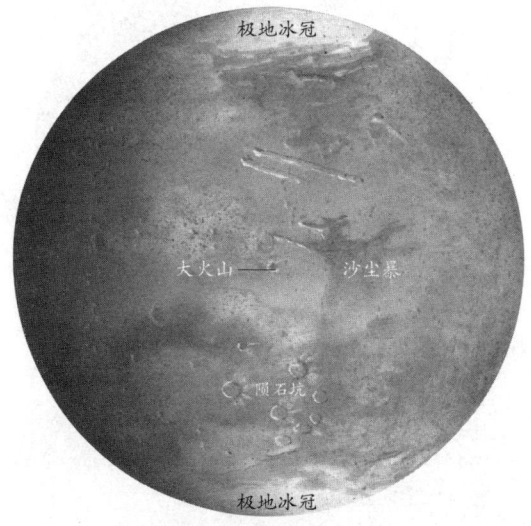

↗ 火星

■ 为什么说水星与月球最为相似?

水星是一个很小的岩石球体,表面上布满了陨石坑。水星外围除了些许液态钠外,所有的气体几乎都被太阳蒸发殆尽。由于没有大气层使进入的碎片因摩擦生热而燃烧殆尽,任何从太空飞向水星的岩石都会撞击到水星表面而形成新的陨石坑。

■ 为什么说水星非常炙热?

水星在绕太阳公转的同时,也进行自转,这使得水星上昼夜周期非常长。水星表面上一点面对太阳照射长达6个月。如此近距离和长时间的照射,让水星表面的温度高达430℃,足以熔化锡和铅这样的金属。

■ 空间探测器到过水星吗?

只有"水手10号"空间探测器到过水星。它是在观测完金星后,于1974年飞往水星的。"水手10号"拍摄到的照片第一次向人们展示了水星和月球有许多相似之处。之后"水手10号"空间探测器又去过水星两次。在1975年3月最后一次观测中,它距离水星表面仅仅有300千米。

↗ "水手10号"空间探测器

水星数据

赤道直径:4880千米
质量:地球质量的0.06倍
平均日距:0.58亿千米
距地球最小距离:0.91亿千米
自转周期:59天
公转周期:88天
表面温度:-185℃~430℃
卫星数:0个

金星数据

赤道直径:12100千米
平均日距:1.08亿千米
距地球最小距离:0.42亿千米
自转周期:243天
公转周期:225天
表面温度:480℃
卫星数:0个

■ 为什么从金星上看不到其他恒星?

这颗行星上有厚厚的大气层(由有毒气体云层构成),遮住了来自太阳和其他恒星的光线,因此其天空看上去是红色的。云层之厚,让人也无法从地球看到金星表面。金星上也有酸雨降落,同样也是有害的,因此迄今还没有航天探测器能着陆在那里连续工作1个小时以上的。

■ 为什么金星温度那么高?

金星的温度高达470℃,这个温度足以熔化某些金属。金星的大气由二氧化碳构成,像毯子一样会将来自太阳的热量滞留。它的作用原理与地球上的温室效应相似,只是产生的结果更严重而已。

■ 为什么金星看起来会改变形状?

从地球上看,我们发现金星会随着时间的推移而改变形状。这是因为金星的运行轨道离太阳比离地球更近。当它在远离地球的一侧时,我们看到金星是圆形的。而当它靠近地球时,它看起来就会变大,但却变成了扇形,最后变成淡淡的新月形。

■ 为什么说金星自转的方式很奇怪?

金星的自转方式很奇怪,方向与地球相反。地球是逆时针方向转动的,金星则是顺时针方向转动,因此如果不是云层的缘故,人类若站在金星上将会看到太阳从西方升起,在东方落下。金星的自转速度很慢,每243天才能自转一周。金星的体积几乎与地球相同,直径均为12000千米,但是它的质量还不到地球的1/5。

木星是由什么构成的?

最大的太阳系行星为木星,但飞船无法在木星上降落,因为木星上根本没有陆地存在,它只是一个主要由氢气和氦气构成的旋转的球体。木星的自转速度是八大行星中最快的,速度之快甚至令大气中的云层都被卷入风速达500千米/小时的强大风暴之中。木星表面可见的大红斑是一种剧烈的风暴,其发生体积有2个地球大小。

木星数据

赤道直径:142800千米
平均日距:7.78亿千米
距地球最小距离:5.90亿千米
自转周期:9小时50分钟
公转周期:11.9天
云顶温度:-150℃
卫星数:16个(已知)

木星表面为什么有大红斑?

木星表面最显著的特征是有一个巨大的、红色的椭圆形地带。这一地带被称为木星大红斑。直到空间探测器近距离观察木星时,天文学家们才发现了这个大红斑。现在我们知道它是一个巨大的旋涡风暴系统,就像地球上的飓风。大红斑直径大约为40000千米,是地球直径的3倍。

哪些空间探测器造访过木星?

"先驱者10号"空间探测器在1973年拍摄到木星多彩的大气层的图片。第二年"先驱者11号"到达,然后飞往土星。1979年,"旅行者1号"和"旅行者2号"开始探索木星,并传回了许多令人惊讶的照片和信息。1995年,"伽利略号"探测器在释放了一颗探测器到木星大气层中后,绕木星轨道做同步飞行观测。

为什么说土星是风力最强的行星?

木星和土星的旋转速度都很快,木星大气层中的气体以高达500千米/小时的速度疾驰,而土星大气层中气体运动的速度则更快,达1300千米/小时,这是地球上飓风风速的10倍。

土星数据

赤道直径:120000千米
光环直径:270000千米
平均日距:14.27亿千米
距地球最小距离:12亿千米
自转周期:10小时40分钟
公转周期:29.5天
云顶温度:-170℃
卫星数:18个(已知)

为什么土星表面总是有很多云雾?

土星表面总是弥漫着一层云雾。由于土星快速自转,土星大气层中的云雾形成了一系列与赤道平行的云带。云带被土星大气层顶部的薄雾覆盖,所以一般不容易被发现。土星主要有3个不同等级的云层,它们之间被空白区分隔。最高云层是由氨气和铵基化合物构成,而最低云层是由水汽和冰结晶构成,它和地球上的云层相似。

土星的卫星是怎样的?

土星的卫星数比其他的任何行星都多,它至少有18颗卫星。这些卫星中只有5颗直径超过1000千米。它们是土卫三、土卫四、土卫五、土卫六和土卫八。最小的是土卫十八,直径只有

——木星的大红斑

↗木星

20千米。至今为止,最大的土星卫星是土卫六,它的直径是5140千米,是太阳系中第二大卫星,也是唯一一颗带有稠密的大气层的卫星。

■ 哪些行星有行星环?

木星、土星、天王星和海王星都有行星环。土星的行星环是最闪耀的,两个边缘之间的距离达27万千米。这些行星环由围绕土星转动的冰块构成,在地球上利用望远镜就可以看到。20世纪80年代,当载有机器人的飞船飞到靠近木星、天王星和海王星的地方时,第一次拍摄到了它们的行星环。

■ 为什么有时候天王星被叫作"新星"?

天文学家研究行星的历史已经有几千年了,他们观测发现行星的运行方式不同于恒星。但是古代的天文学家只能看到五颗行星,直到1781年他们才通过更先进的望远镜发现了另外一颗行星——天王星。天王星是三大"新星"中最早被发现的,之后人们分别在1846年和1930年发现了海王星和冥王星。

天王星数据
赤道直径:51000千米
平均日距:28.70亿千米
距地球最小距离:26亿千米
自转周期:17小时14分钟
公转周期:84天
云顶温度:-200℃
卫星数:15个

■ 天王星为什么能从撞击中侥幸脱险?

天王星向一侧倾斜,可能是差点将其撞毁的太空撞击招致的结果。科学家估计是一颗巨大的小行星撞到天王星上,使其发生倾斜。天王星的一颗卫星"米兰达"看似被撞成碎块,后来却由于重力作用再次聚集到一起。

■ 天王星有卫星吗?

在地球上我们只能看到天王星的五颗卫星,它们是:天卫五、天卫一、天卫二、天卫三和天卫四。这些较大的卫星是由岩石和冰构成的,它们的表面有许多陨石坑和长裂缝。其他十颗小卫星是被"旅行者2号"空间探测器发现的。天卫三是天王星最大的卫星,直径为1600千米。

↗ 天王星

■ 为什么天王星有时被称为"颠倒的行星"?

在太阳系中,所有的行星都在绕太阳公转的同时绕着自己的地轴(一条假想的线,它贯穿星体的南北两极)自转。大部分行星的自转轴与公转轨道面都接近垂直,只有天王星例外,它的自转轴几乎与公转轨道面平行,也就是说它差不多是"躺着"绕太阳运动的。于是人们把天王星称作一个"颠倒的行星"。在运行过程中,天王星的南北两极有时可以直对太阳,所以温度要比其他地方高。这与地球不同,地球的南北两极总是非常寒冷。

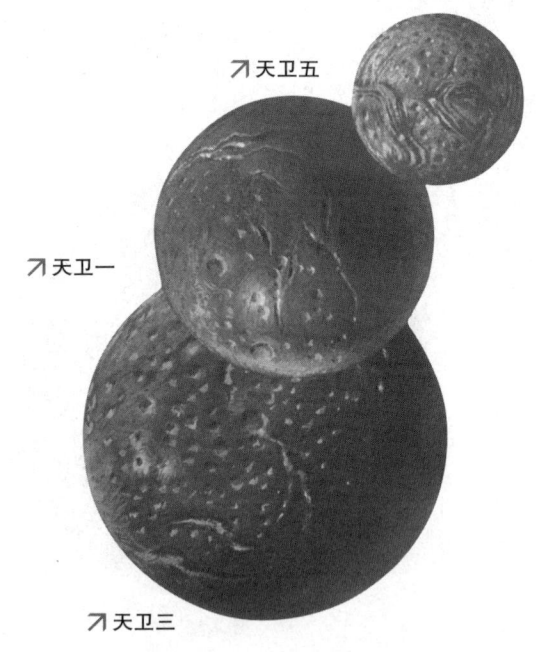

↗ 天卫五
↗ 天卫一
↗ 天卫三

为什么海王星是蓝色的？

海王星表面的颜色和地球一样，都是蓝色的。这是由于海王星的大气层中含有甲烷，它可以吸收太阳光中的红光，从而使来自海王星大气层的光看起来是蓝色的。海王星大气层中有时会出现黑斑，它是海王星上正在发生的大风暴。

海王星的结构是怎样的？

海王星的结构跟天王星相似。它的大气层主要是由氢和少量氦构成。大气层下面是一个大而深的沸腾的海洋，主要由水和甲烷等液态气体构成。中间是一个岩石核，大小跟地球的内核差不多。

海王星数据

赤道直径：49500千米
平均日距：45亿千米
距地球最小距离：43亿千米
自转周期：17小时6分钟
公转周期：165天
云顶温度：−210℃
卫星数：8个

"旅行者2号"空间探测器什么时候观测过海王星？

海王星是"旅行者2号"空间探测器12年旅程的最后一站。它在1977年发射升空，经过漫长的旅行，穿越过海王星大气层5000多千米，于1989年8月24日到达海王星上空。"旅行者2号"距离海王星的距离比观测任何其他行星时的距离都近，而它到地球的距离已经超过40亿千米，它传出的无线电信号需要4个小时才能到达地球。

原先的冥王星为什么遭"驱逐"？

我们知道，70多年来，世界各国的中小学教科书上都写道：太阳系有九大行星。而现在这一说法已被改写。2006年8月24日，在布拉格举行的国际天文学联合大会上，2800名代表投票做出表决：通过新的行星定义，不再将传统九大行星之一的冥王星视为大行星，而将其列入"矮行星"。这意味着太阳系确定只有八大行星，全球的天文教科书都将进行修改。

冥王星是不是大行星，几十年来天文学界一直存有争论。根据国际天文学联合大会通过的新定义，"行星"指的是围绕太阳运转、自身引力足以克服其刚体力而使天体呈圆球状，并且能够清除其轨道附近其他物体的天体。根据新定义，同样具有足够质量、呈圆球形，但不能消除其轨道附近其他物体的天体被称为"矮行星"。因此冥王星被确定为一颗矮行星。

↗ 和地球一样，冥王星也只有1颗卫星——冥卫一，从冥王星表面可以看到这颗卫星。

为什么说托勒密是古代天文学的权威？

日月星辰的构成、运动常常让古人迷惑不解。托勒密（约90～168年）是第一个系统研究这些问题，并因此获得成就的科学家。

在继承亚里士多德等人学说的基础上，托勒密进行了大量的天文观测和大地测量，创立了宇宙结构学说，写出了13卷本的巨著《天文大全》。书中，他进一步发挥和系统总结前人提出的地球是宇宙中心的观点，肯定了地球是一个悬空着的没有支柱的球体，并且区分出行星和恒星，并认定日、月是离我们较近的一群天体，作出了把太阳系从众星中识别出来的关键一步。经过系统的天文观测和计算，托勒密编制了包括1028颗恒星的位置表，并且测算出月球到地球的平均距离为29.5倍地球直径，这个数值在古代是相当成功的。但是托勒密学说中的糟粕——地心说，因为符合人们的经验感觉，所以也长期被人们所推崇。特别是在他死后，他的地心说和《圣经》所说的地球静止不动，上帝把人类安置在宇宙中心的说法相符，因此后来长期被教会利用，成了一个不允许怀疑的教条，统治欧洲思想界达1400年之久。

为什么说"日心说"冲击了宗教神学?

现在,"地心说"已经被人彻底摒弃。可是,"地心说"曾经被奉为真理达一千多年,直到哥白尼(1473～1543年)的"日心说"出现才第一次冲破了宗教神学的束缚,为人类打开了通往自然科学的大门,引起了人类对宇宙认识的革命,人们的世界观也因此发生重大变化。近代自然科学开始的标志也正是它。

↗ 哥白尼

天文学家哥白尼花了他生命的大部分时间在德意志的弗罗恩堡大教堂学习古老的天文典籍,他的理论震惊了世人。

为了取得天文观测数据,哥白尼在他任职的教堂箭楼上,建立了一座小型天文台。不论寒暑,每天他都用自己制造的天文仪器来观测、计算、研究,30年如一日,从没间断。哥白尼根据丰富的观测资料和细致的计算研究,写出了划时代的天文学巨著《天体运行论》,创立了"日心说"。

在《天体运行论》中,哥白尼明确宣布,太阳是宇宙的中心;地球和别的行星一样,是一颗绕太阳公转的普通行星,而且地球还在不停地自转。

哥白尼的结论和《圣经》上的说法完全相反,由于顾忌教会的迫害,不敢公诸于世。这本不朽著作《天体运行论》直到多年以后,才在他的朋友们的帮助下得以出版。

为什么会产生"宇宙大爆炸理论"?

"呜——"火车进站了,司机拉响了汽笛。汽笛声对司机来说,音调是固定的。但是站台上候车的旅客却听到了两种音调:火车的汽笛声先是升高,火车从身边驶过时,音调却又降低了。1842年,奥地利物理学家多普勒解开了这一自然之谜。这一现象被称为"多普勒效应"。它引发了宇宙大爆炸理论的研究。

为什么会有"多普勒效应"呢?多普勒解释说声音实际上是一系列的声波,它是通过空气来进行传播的。声波在声源趋近时被压缩,音调相应地升高;相反,随着声波舒展远去,音调也随之降低。多普勒证实,光波也存在"多普勒效应"。当光源与观测者反方向运动,光源的光波发生谱线红移,波长变长;相反,当光源向着观测者运动时,谱线就向紫端位移,光波也随之变短。

美国天文学家哈勃在20世纪20年代末观测时注意到,除了距离我们最近的星系外,星系在天空中的分布是均匀的,但是谱线红移现象几乎发生在所有星系的光谱中。哈勃认为,如果多普勒效应引起了这种星系谱线红移,那么就意味着星系在远离地球。

几乎同时,另一位科学家哈马逊也在进行相同的研究。他想得到那些更遥远的河外星系的光谱。这些星系更加暗弱,哈马逊表现了极大的耐心和非凡的才能。他先从成千颗闪烁的恒星中选出所要考察的暗弱星系,使其像刚好落在光谱仪的狭缝上。他的工作时间是从深夜到凌晨,在这期间,他要不停地调整望远镜,几乎每几分钟一次,有的时候还需要接连几夜对准同一星系观察,这样辛勤的观测工作,哈马逊进行了28年之久。终于,哈勃和哈马逊在1931年联名发表文章,用扩充的观测资料进一步肯定了"哈勃定律"。

哈勃定律揭示了宇宙在不断地膨胀。但是,1929年刚公布哈勃定律时,哈勃和哈马逊非常谨慎,他们采用星系视退行这一名称。

↗ 哥白尼的天体图

哥白尼的天体图不再把地球当成宇宙的中心,而只给了我们一个"半中心",或者是以太阳为中心。当然,我们现在知道了即使是太阳也不是宇宙的中心,而仅仅是上亿颗星星中的一颗。

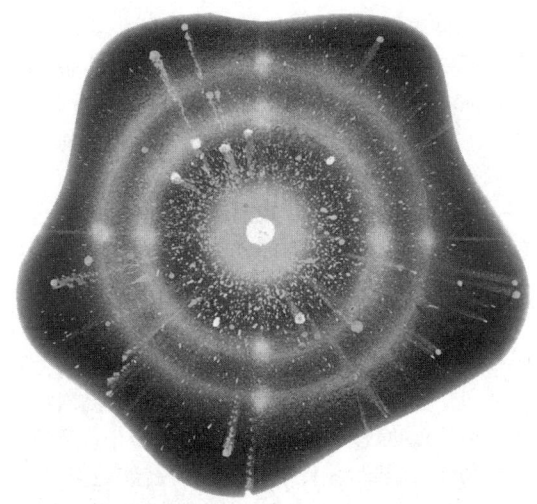

↗ 创世大爆炸示意图

约150亿年前,宇宙经过一次巨大的爆炸,即"创世大爆炸",开始了它膨胀和变化的过程,而这种膨胀和变化至今仍在继续进行着。经过千百万年之久逐渐形成了星系、恒星以及我们今天所知道的宇宙。

其实,早在1917年,荷兰天文学家德西特就证明,由1915年发表的爱因斯坦广义相对论可以得出这样一项推论:宇宙的某种基本结构可能在膨胀,而且这种膨胀速度是恒定的。但是,那时还没有充分证据证明这一说法,对德西特的这种宇宙膨胀理论,科学家们大都持不屑一顾的态度,认为是无稽之谈。

后来,比利时天体物理学家勒梅特根据弗里德曼宇宙模型,把哈勃观测到的现象解释为宇宙爆炸的结果,宇宙膨胀的概念才又一次被提出来。勒梅特还从一个特殊的端点开始考虑膨胀,他进一步提出宇宙的起源是一个"原初原子",也就是我们现在所熟知的"宇宙蛋"。这一说法引起了英国著名的科学家爱丁顿的注意,他提醒科学家们注意勒梅特的文章,这时,人们才注意到宇宙膨胀论。

美籍俄国学者伽莫夫继承并大大地发展了勒梅特"宇宙蛋"的思想。1948年4月,他联合天体物理学家阿尔弗和贝特共同署名发表了一篇关于宇宙起源的重要文章。

他们在文章中谈到,河外星系既然一直在彼此远离,那么,它们过去就必然比现在靠得近,全部星系在更久远的时候靠得更近;可以推测,极早期宇宙应当是非常致密的,那时,宇宙极其地热,而且物质的密度非常大;文章甚至说宇宙最初是一团"原始火球",它发出的辐射在发生爆炸后随着宇宙的膨胀而冷却下来。文章描述了原初宇宙"浑汤"中的基本粒子是如何从氢经过质子和中子的核聚变,又是如何演化成为氦原子的等。

伽莫夫认为当时大爆炸产生的尘埃就是今天人们在地球上和宇宙中发现的原子。通过精确的分析和理论计算表明,在150亿~200亿年以前,大爆炸发生了。根据有关计算还得出,宇宙大爆炸之后,一般有5~10开的残余辐射温度。

现在,"宇宙大爆炸"学说已被科学界普遍接受。

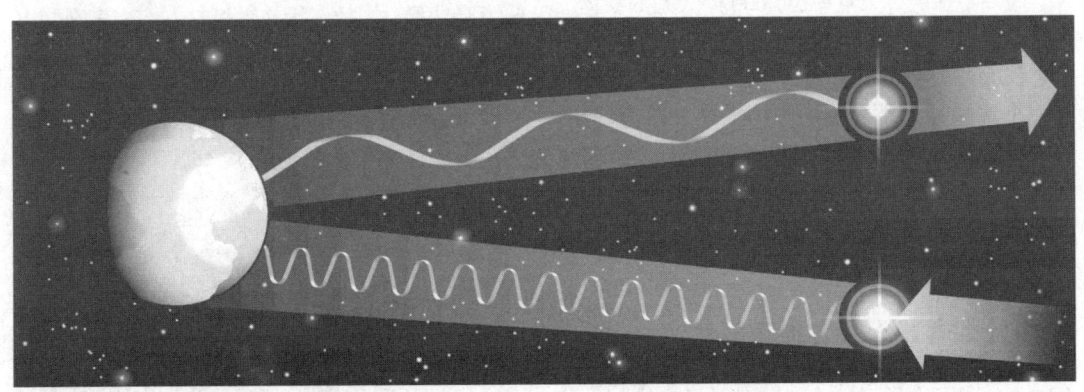

↗ 红移

我们知道星系正在加快速度,远离我们地球所在的银河系而去,因为它们在"红移"。如果一个光源急速地闪过,每一道光波都会从更远一点的地方发射出来,这样才能延伸出去。当光波延伸出去的时候,光看起来更红。大多数远距离的星系都有着非常巨大的红移,它们运动得非常迅速。红移建立在奥地利物理学家克里斯蒂安·多普勒(1803~1853年)观察的基础之上。多普勒观察到,快速运动中的声波也以同样的方式延伸出去。一辆朝向你行驶而来的火车所发出的鸣叫声调很高。当火车从你身边疾驰而过的时候,其音调下降,因为声波变得更长。

为什么称奥尔科夫斯基为"航天之父"?

"地球是人类的摇篮。人类决不会永远躺在这个摇篮里,而会不断探索新的天体和空间。人类首先将小心翼翼地穿过大气层,然后再去征服太阳空间。"前苏联科学家齐奥尔科夫斯基(1857～1935年)曾经这样为我们预言。现在,他的预言已经开始实现。他为航空航天科学的发展贡献了毕生精力,做出了卓越成就,被人们称为"航天之父"。

19世纪末,在飞机还没有升上天空的时候,作为一名中学教师,齐奥尔科夫斯基在实验条件很差的情况下,做出了一流的研究工作。1903年,他的著名论文《利用喷气工具研究宇宙空间》发表了。齐奥尔科夫斯基一生写了700多篇论著,其中不仅包括航空航天的科技论文,还包括一些科学幻想作品和有关语言学、生物学等方面的著作。他还提出了火箭速度公式和多级火箭飞行原理,以及用液体燃料推进剂代替固体燃料推进剂的设想。正是依据齐奥尔科夫斯基的这些航天理论,人们发明了火箭,把宇宙飞船送上了太空。

为什么会有太空垃圾?

因为大量人造物体的逐渐增加,事实上太空正变得相当拥挤,并且由于这些东西互相碰撞而造成了更多的碎片。

做一个估测,太空中有7000个大型的物体,大约位于500～900千米高的位置上。其中2000个是仪表装置,但仅有大约5%在运行。还有4万个小块和碎片是碰撞的产物或是火箭分解后的残留物。还要加上大约300万的微粒,可能是剥离的涂料或是尘埃,其中的一些可能会以28.8万千米/小时——足以使国际空间站的窗子出现裂纹的速度前进。

为什么有些天文台建在海底?

中微子是宇宙空间中一种奇特的基本粒子。它是一种质量比电子还要小得多的不带电的中性粒子,但是它却具有极大的穿透力,可以穿透任何物质,甚至从地球的这一头穿到另一头。

天文学家非常看重它,因为中微子携带着来自宇宙天体的信息,可是,如果我们想在太空中或是地球表面的大气层中捕获它真是太难了。于是,科学家根据中微子的特点,希望能够利用地表的岩石和海水来阻隔来自宇宙的其他粒子,将搜寻、观测中微子的装置移到了地底下和海底,从而密切注视中微子,并设法捕获它。

美国在夏威夷的"特玛姆特"海底天文台,就位于海平面以下4800米深处。清澈的海水被作为汇集光源的装置,同时为了避免水波和发光鱼类的干扰,科学家也动了不少脑筋,对装置作了技术处理,以保证观测效果。

科学家宣称,用海底天文台来观测和接收天体某种信息的效果,是地面天文台所望尘莫及的。比如同样是观测太阳,海底天文台就能观测到太阳核心部分瞬间发生变化的情况,这是任何一架地面望远镜都无法办到的。

为什么天文台的观测室是圆的?

一般房屋的屋顶,不是平的就是斜坡形的,唯独天文台的屋顶与众不同,是银白色的圆形屋顶。

这些银白色的圆顶房屋,实际上就是天文台的观测室,它的屋顶呈半圆球形。

走近一看,半圆球上还有一条宽宽的裂缝,从屋顶的最高处一直裂开到屋檐的地方。走进屋子里看,裂缝是一个巨大的天窗,庞大的天文望远镜就通过这个天窗指向辽阔的太空。

科学家为了便于观测才将天文台观测室设计成半圆球形。因为在天文台里,人们用来观测太空的天文望远镜往往非常庞大,不能随便移动。而天文望远镜观测的目标,又分布在天空的各个方向。因此天文台的屋顶不仅被造成圆球形,并

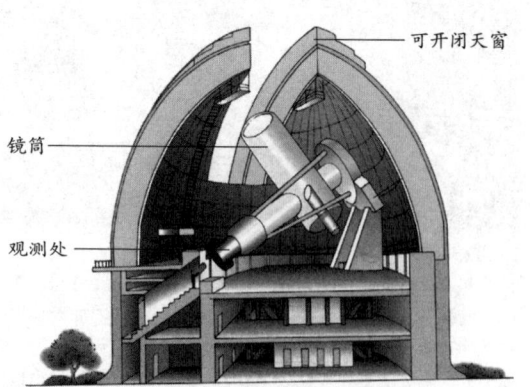

↗ 天文台圆顶观测室

且在圆顶和墙壁的接合部还装置了由计算机控制的机械旋转系统，这使观测研究更方便。这样，用天文望远镜进行观测时，可以根据观测的需要，转动圆形屋顶，把天窗和望远镜转到同一方向，再上下调整天文望远镜的镜头，就可以使望远镜指向天空中的任何需要观测的目标了。

在不用的时候，把圆顶上的天窗关起来，可以保护天文望远镜不受风雨的侵袭。

■ 在太空中宇航员为什么要靠摆动来称体重？

体重对于身体来说是一种将其吸引到地球的力量。如果人在没有地心引力的外太空，那么确实没有重量。但是身体仍然有质量，因为质量是一个物体所包含的物质的数值的量度。当然，重力和质量是相关的：重力是质量和重力加速度的乘积，因此吸引产生的力越大，重量越大，而质量则没有改变。

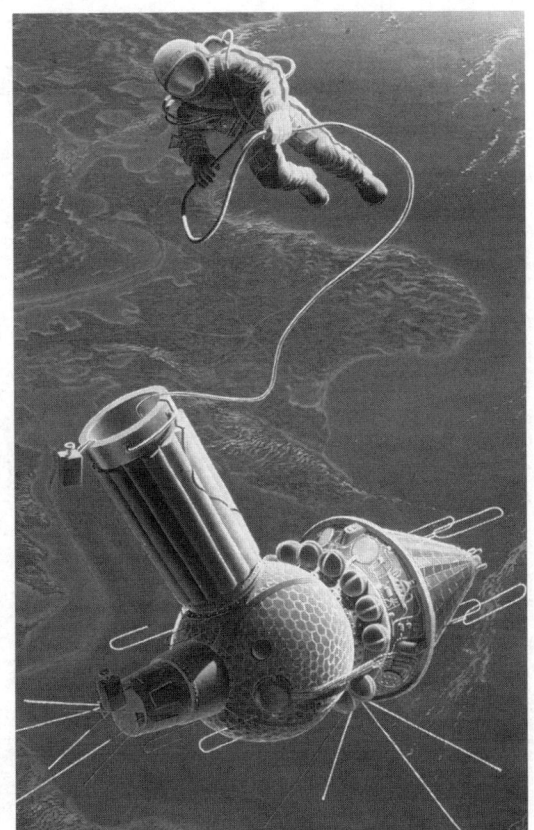

↗ 这是一幅画家画的关于前苏联宇航员阿历克塞·列昂诺夫太空行走的情景的想象图。

在太空中称质量，必须使用一个靠地心引力独立工作的仪器——惯性秤。记住，你的惯性也是衡量你质量的一种方式，或者说你的"质量"越大，你移动起来就会越困难。所以宇航员将他们自己用皮带绑在摆动的仪器上，利用轻微向前向后摆动的惯性秤可以计算出需要多少力才能让他们动起来。由此，宇航员的质量就可以计算出来，并且也可以推算出他在地球上的重量。

■ 为什么宇航服不会在真空的宇宙中破裂？

宇航员身着的宇航服是由数层超强纤维和其他材料制成，它有足够的牢固度，以保证不会在真空的宇宙中破裂。

这9～10层的保护层包括各种材料和织物层，如直纤维（一种结合了凯芙拉纤维防断保护的特富龙纤维）、由涤纶平纹织物加固强化的镀铝迈拉薄膜层、覆有氯丁橡胶的尼龙织物层、涤纶织物、覆有聚氨酯的尼龙织物层、聚氨酯浸渍薄膜、多纤维丝伸展尼龙、内含水冷剂的乙烯—醋酸乙烯管，以及为宇航员穿着舒适而设计的尼龙薄绸衬里。

但是宇航服防护的主要目标并非真空拉力，更直接的威胁其实源自于宇航服密封失效和温度的剧烈变化：微小陨石的撞击破坏会在宇航服上击出小孔，造成内压外泄；宇航员处于地球朝向太阳的一面时宇航服表面温度会急剧升高，相反处于背向太阳的一面时温度则会急剧下降。

宇航服内的生命支持系统为宇航员提供呼吸用的空气并维持温度控制系统的稳定，后背上的背包则用来为生命维持系统提供所需的压力。

1999年"发现号"航天飞机的宇航员进行了太空行走，对哈勃太空望远镜进行修复。

■ 共有多少人已登上月球？

自从"阿波罗11号"的宇航员于1969年首次登上月球起，共有12人登上了月球。从1969年到1972年，美国共向月球发射了7艘"阿波罗"飞船。"阿波罗13号"虽登月失败，但在一场爆炸后仍安全返回地球；其他6次每次都将两名宇航员送上月球。

飞船首次登陆火星是在何时？

两艘美国"海盗号"飞船在1970~1976年间登陆火星。飞船围绕火星旋转,机器人登陆者采集回土壤的样本,并将数据和电视图像发送回地球。1997年,美国"火星探路者号"飞船将一个名叫"旅居者号"的探测器发射至火星。2004年,美国快车轨道将两个探测器发射到火星的不同侧面来探测火星表面。

↗ 美国研制的探测器"旅居者号"于1997年登上了火星。探测器在太空逗留3个月后,停止了工作。

宇航员为什么会飘浮在太空中？

一旦进入轨道,太空飞船和宇航员就会脱离地球引力的作用,因而会感到轻飘飘的,飞船内的任何不固定的东西都会四处飘浮。这可能要花点时间去适应,然而大多数宇航员都很享受失重的感觉。宇航员必须做运动,才能使肌肉和骨骼保持原形。

太空飞船为什么能发射升空？

太空飞船共有两种发射机制:多阶火箭和可重复利用的航天飞机。美国航天飞机于1981年开始执行送飞船进入轨道的任务。它是借助两个固态燃料火箭助推器发射的。助推器会在2分钟后落到地面,而且可以重复使用。8分半钟后,主燃料罐会脱离飞船,而航天器会进入预定轨道。航天器返回地球时,会因为进入地球大气时的摩擦而发热并发光。航天器利用机翼滑翔落到地面。

哪个太空飞船首次探测过巨行星？

美国探测器"先锋11号"于1973年发射,飞经木星后于1979年登陆土星,1986年飞经天王星,并于1989年飞经海王星。"伽利略号"飞船于1995年探测过木星。有些远距离探测器可能会远在太阳系之外永远运动下去。

科学家为什么会向太空发射望远镜？

地球大气模糊了我们观察恒星的视线,因而于1990年人类发射了哈勃太空望远镜,以便为科学家提供一个遥望太空的清晰视角。它在地球高空中特定的轨道内运动,那里的视线非常清晰。哈勃望远镜首次为科学家观测恒星提供了清晰的视角。虽然最初望远镜并没有按预想的那样工作(必须由宇航员进行维修),但取得的效果却是惊人的。

望远镜为什么能观察恒星？

早期的望远镜是折射望远镜,利用一个透镜来采光。1671年,英国科学家艾萨克·牛顿制成了一部利用镜子来采光的望远镜,这是第一部折射望远镜。今天,天文学家使用的大部分光学望远镜都是折光望远镜,而且望远镜都与电脑相连,从而增强了拍摄到的遥远天体的

↗ 航天飞机利用3个主引擎和2个助推火箭的驱动从发射台上发射。它必须达到2800千米/小时的速度才能进入预期轨道并免于落回地球。

图像效果。光学望远镜现在还在用,甚至被用在射电望远镜和太空探测船上。

为什么望远镜会置于山顶?

利用光学望远镜观测夜空需要有一个清晰的视野,然而城市上空因为空气污染、废气的排放和耀眼的灯光而变得灰蒙蒙的,因而,望远镜要置于山顶上的天文台——那里空气较为稀薄和纯净。从太空中观测恒星效果最佳。

为什么说伽利略是透过望远镜观测太空的第一人?

使用望远镜观测天空的第一位科学家为意大利的伽利略·伽利雷。他于1609年发明了望远镜,并利用望远镜观测到围绕木星旋转的4颗卫星,还第一次清晰地看到了月球上的陨石坑。

射电望远镜为什么可以探测射线?

射电望远镜不能采光,但可以接收到来自恒星的不同辐射,例如无线电波和X射线。射电望远镜可以探测到这些肉眼无法看到的射线,能够显示出行星周围的磁场或者让我们透过太空尘埃构成的"云"层观测到更遥远的宇宙。

天文学家在哪里工作?

天文学家在天文台里观测星体。天文台的巨大圆屋顶中装置着大型望远镜,它用曲面镜接收恒星发出的光线。有些曲面镜很大,直径有10

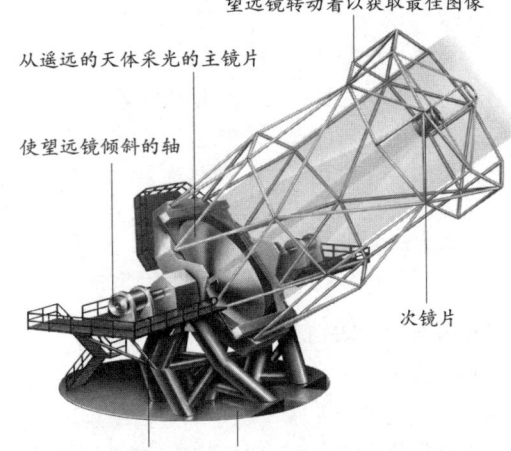

↗ 最大的望远镜可以观测到大约1000亿个星系。大部分现代光学望远镜都是折射望远镜,镜片越大,采集的光越多。射电望远镜也如此,蝶形盘越大,看得越远。

米左右。如今,天文学家已经很少使用这些望远镜来观测星体,而是更多地把它们当作巨型照相机来拍摄照片。大多数天文台被建在大气稠密层之上的高山区,因为那里的空气干净,利于观测星体。

空间望远镜有什么特殊之处?

近年来,天文学家通过空间望远镜获得了许多重要发现。空间望远镜能够在太空中拍摄到更清晰的图像。另外,空间望远镜能够接收不可见光,如无法穿过大气层的X射线。

↗ 天文学家在这样的环境里工作。

◎ **知识链接**

在哈勃太空望远镜上安装了两块太阳能电池帆板，从设计上看非常便于更换。这两块帆板很像两块巨大的便携式投影屏，它们被安装在固定的外框中。如有需要，这些帆板可以轻松被卷起运走，与便携式投影系统的屏幕非常相似。

哈勃太空望远镜是怎样观测宇宙的？

如果你透过望远镜观察宇宙，你能很清晰地看到一颗遥远的恒星或一块星云。借助望远镜，你可以看到几十亿光年以外的地方，可以看到几十亿年前所发生的事情。天文学家们正是借助哈勃太空望远镜（HST）做到这一点的！

和其他望远镜一样，哈勃太空望远镜的一端也有一个带有开口的镜筒。镜筒的镜子可以把光线汇集到它的"眼睛"所在的焦距处。哈勃太空望远镜的"眼睛"是由几个不同的仪器组成的。事实上，正是有了这些仪器，哈勃太空望远镜才成为如此神奇的天文学工具。同时，哈勃太空望远镜也是一艘宇宙飞船。因此，它拥有动力系统，

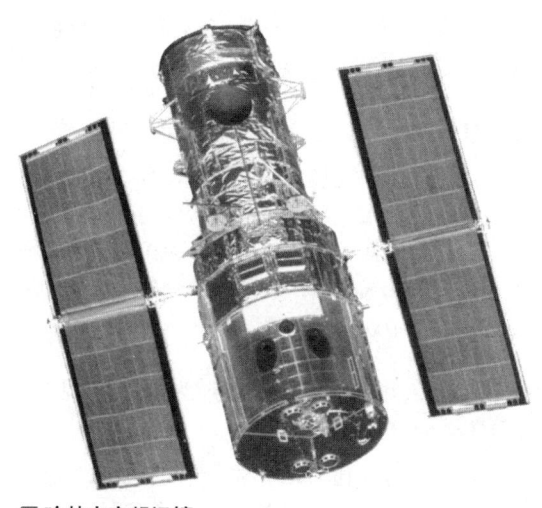
↗ 哈勃太空望远镜

可以在轨道上运行。在我们研究这艘宇宙飞船的系统之前，让我们先来看看哈勃太空望远镜的功能。

光线通过镜筒的开口处进入哈勃太空望远镜，从第一个镜面跳到第二个镜面。第二个镜面通过第一个镜面的中心孔把光线反射出去，落到第一个镜面后面的焦点上。体积更小的半反射半透明的光学镜把光线从焦点处散射到各种科学仪器上。

哈勃太空望远镜的镜片（和大多数大型望远镜一样）由特殊的低膨胀玻璃制成，这种玻璃在温度变化下膨胀和收缩的程度不大。这种玻璃表面涂有纯铝（厚度为 8.3 纳米）和氟化镁（厚度为 25 纳米），可以反射可见光、红外线和紫外线。主镜重 828 千克，副镜重 12.3 千克。

通过观察一个天体不同的波长或光谱，我们可以了解该天体的许多特征和属性。通过 HST 上安装的各种仪器，我们可以看到所有长度的波长。每种仪器都是通过 CCD(电荷耦合器件) 而并非摄影胶片来捕捉光线的。CCD 检测到的光线会变成数字信号，储存到机载电脑中，再传回地球。数字数据经过转化，就成为我们在新闻和杂志上看到的神奇照片了。

↗ 哈勃太空望远镜在空中工作的情景

地球探秘

地球是如何形成的?

科学家认为,地球是由气体和尘埃发展而来的——围绕新生恒星旋转的气体和尘埃在重力作用下挤压到一起形成一个炽热的球体,历经数百万年后,这个炽热的球体逐渐冷却,开始出现岩石地壳。地球周围的大气是由有毒气体(包括甲烷、氢、氨等)转化形成的,这些有毒气体由地球表面的火山喷发而来。历经数十亿年,水分化做雨水从云朵落下,于是地壳的盆地内开始形成海洋,其余的部分便成为陆地。

2.炽热的地球冷却,表面形成地壳

3.气体和水分形成大气

1.尘埃和气体形成一个炽热的球体

4.海洋和陆地形成

↗ 被称为"星子"的岩石块是由围绕太阳旋转的尘埃形成的,星子由于重力作用聚集在一起,从而形成了地球和其他行星。

大约经过了45亿年,地球才发展成今天的模样。

为什么地球与众不同?

地球是一颗岩质行星,它的体积只有太阳体积的百万分之一。

与太阳系的其他7颗行星不同,地球上有水和含氧气的大气层,这为生物存在提供了必要的条件。

地球是太阳系唯一的岩质行星吗?

太阳系的8大行星被划分为两类:类地行星(岩质行星)和类木行星(气体行星和冰质行星)。靠近太阳的4颗行星:水星、金星、地球和火星是类地行星。木星、土星、天王星和海王星是类木行星。

为什么地球上会有四季?

随着地球围绕太阳转动,地球上的不同部分从太阳获得的光照和热量多少各异,于是便有了四季的差异。地球围绕地轴(连接两极、穿越地球的假象线)旋转,而地轴与垂直方向成23°倾斜角。离太阳越近的一侧越温暖,那里就是夏天,反之,便是冬天;而介于夏天和冬天之间的便是春天和秋天。

从太空看地球是什么模样?

它是一颗蓝白色为主的美丽星球,上面还点缀着绿色和棕色。但直到大约500年前,大部分人还认为地球是平的。事实上,地球是个球体,不过不是个浑圆的球体,而是中部略鼓、两极稍扁。

地球上一年有多长?

一年是地球围绕太阳旋转一周所用的时间。地球大约需要经365.24天(途经938886400千米)才能绕太阳一周,这便是地球上一年的长度。其他行星一年的时间或更长或更短,这取决于它们围绕太阳旋转一周所需的时间。

地球上最大的陨石坑在哪里?

地球上最大的陨石坑位于美国亚利桑那州,它的直径达1700多米,几乎有200米深。有时,穿越大气层而未燃烧尽的流星体会撞击到地面上,烧焦的残留岩石便是陨石。

小行星撞击地球时会发生什么情况?

很多科学家认为大约6500万年前一颗小行星与地球的相撞可能是导致恐龙灭亡的原因。

墨西哥的奇科苏卢布陨石坑部分位于海底,直径为300千米,这个陨石坑一定是由一个巨型天体(例如小行星)撞击地球形成的。这样一次撞击可能会导致气候的巨大变化,进而改变地球上的生存状态。有科学家认为,每隔

↗ 小型小行星在到达地球表面前一般都会被地球的大气层烧尽，而大型小行星与地球相撞并摧毁地球的几率则非常小，像图中所示的景象几乎不会出现。

5000万年就会有一颗直径超过10千米的小行星撞击地球。

地球有多大?

地球是太阳系行星中第五大星球，周长为40075千米，重约60万亿亿吨。它是一颗岩质星球，大部分都被水覆盖着，上部则被一层薄薄的大气保护层包围。与木星相比，地球还是很小巧的，木星的体积是地球的300倍还多。

地球是什么时候形成的?

太阳和它的八大行星大约形成于同一时间，即大约46亿年前。地球是从太空中一个旋转的气体和尘埃团发展而来的，而气体和尘埃团是因重力作用挤压到一起的。云团中的大部分物质聚集到中央形成了太阳，而残留的碎片形成了一系列气体球和岩质球，其中的一个岩质球便是地球。

地球为什么和磁铁相似?

地球的磁力是因地球内部活动生成的电流而产生的。地球周围存在一个磁场，向太空中延伸。像所有的磁铁一样，地球也分南北极，这两极的磁力最强。

为什么说地球是一个水的星球?

地球的表面有71%是水，地球上的水分布在海洋中、南北极和高山顶上的冰层里、湖泊和河流中以及大气里。其中大气中的水汽会形成雨雪雹等降落到地面上。地球上降雨最丰富的地区为赤道附近的海岸或岛屿，在西非的部分地区和巴西境内的亚马孙地区几乎每天都有降雨。

地球如何运动?

地球的运动方式分3种。第1种，地球围绕地轴自转。地轴是连接南北极的一条假想线。第2种，地球因太阳的重力作用在太阳周围一定的轨道上围绕太阳转动。第3种，地球是太阳系的一部分，而太阳系所处的银河系以大约250千米/秒的速度在运动，所以地球也在太空中运动。

什么是地壳?

地球的岩石表层即为地壳。"年轻"山脉下的地壳最厚(达40千米)，海洋下的地壳要薄得多，在5～11千米之间。大陆地壳的历史要比海洋下地壳的久远得多。

为什么说地球内部很热?

地壳位于炙热的、半熔化的地幔上，而地幔包裹着内外地核。地核为一个非常炙热的固态球体，约位于地表6400千米之下，并承受着巨大的压力。地核温度很高，而且越往深处温度越高——地核的平均温度达4000℃以上。

岩石是由什么构成的?

岩石是由矿物质构成的，是构成地壳和上地幔的物质基础。按成因可以分为岩浆岩、沉积岩和变质岩。地壳表面以沉积岩为主，大约占大陆面积的75%。

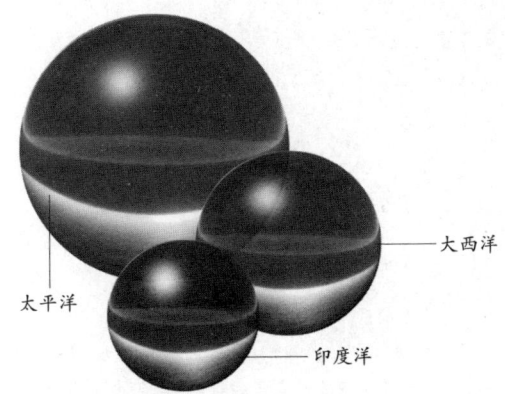

↗ 海洋的水量占地球总水量的97%，三大洋（太平洋、大西洋和印度洋）的总覆盖面积约为3.5亿平方千米。

■ 地球上最常见的元素是什么？

宇宙中最常见的元素为氢，而地球上最常见的元素为氧——约占地球总质量的47%。元素是仅由一种原子构成的物质，宇宙中所有的物质都是由元素构成的。

■ 为什么大气中的氧气不能过多？

地球上的大气是由很多种气体共同组成的混合物，含量最高的是氮气——大约占空气总量的77%；其次是氧气，占21%；其余的2%主要由痕量气体组成，包括氩气、二氧化碳、氦气、氖气、氪气、氙气、一氧化二氮和一氧化碳等。此外，空气里还含有不定含量的水蒸气。

人类离不开氧气，因为氧气维持了机体的运转。早产的婴儿通常会被放入氧气含量比较高的育婴箱，因为他们的肺还没有发育完全，呼吸功能不完善。

育婴箱里的氧气含量通常是30%~40%，这比空气中21%含量要高出很多。对于出现严重呼吸障碍的婴儿，为防止脑供氧不足，有时还需要为他们戴上氧气罩，让他们呼吸100%的氧气。

但是氧气过多同样对人体有害。育婴箱里氧气含量过高会使婴儿血液中氧含量升高，而过高的血氧含量会损伤婴儿眼球里的血管，从而导致视力下降或丧失。

这说明了氧气的两面性。一方面，人类依靠氧气才能生存；另一方面，氧气也会成为危害生命和健康的毒药。

当空气中的氧气与其他元素（像氢、碳）混合在一起时，通常会发生化学反应，叫作氧化反应。在氧化反应中，通常一些构成生命的最基本的有机分子会被分解。

■ 为什么说大陆不是一成不变的？

并非如此。2.8亿年前，所有的大陆曾经是一块巨大的陆地。随着时间的流逝，超级大陆分裂为两块较小但面积仍很巨大的陆地——劳亚古陆和冈瓦纳古陆。劳亚古陆包括今天的北美洲、欧洲和亚洲大部分，而冈瓦纳古陆包括今日的南美洲、非洲、澳大利亚、南极洲和印度。后来，这些陆地分裂漂移后才形成了今日的七大洲。

■ 地球上有多少个大洲？

共有七大洲：非洲、南极洲、亚洲、欧洲、大洋洲、北美洲以及南美洲。每一个大洲都包含着多个国家。仔细观察地图，你可以看到南美洲和非洲似乎可以接合到一起，而事实上它们曾经就连在一起。

■ 七大洲中哪个最大？

亚洲是迄今为止最大的大洲，总陆地面积为4400万平方千米，是欧洲面积的4倍、北美洲面积的近2倍。

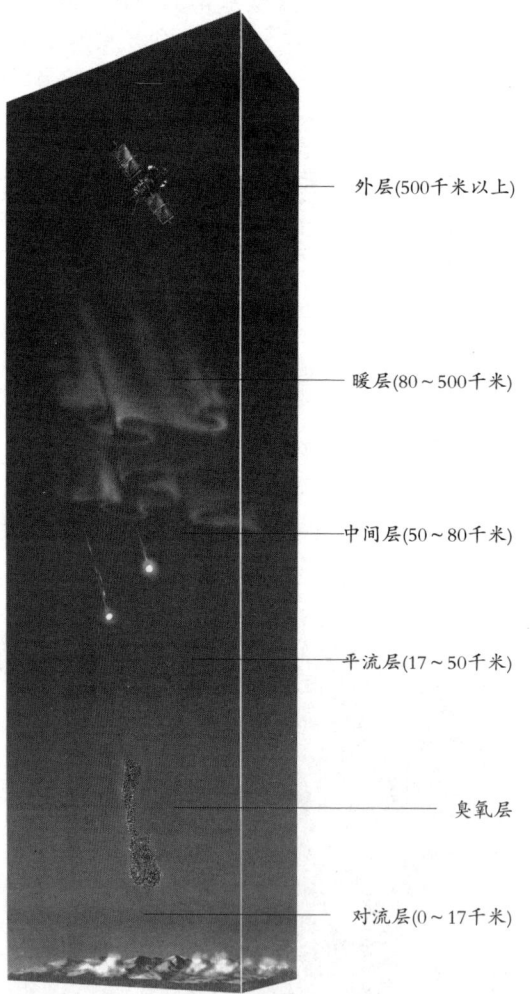

外层(500千米以上)
暖层(80~500千米)
中间层(50~80千米)
平流层(17~50千米)
臭氧层
对流层(0~17千米)

↗ 我们生活在大气的最底层即对流层；飞机在平流层飞行；极光现象发生在暖层；暖层之上便是地球大气与宇宙的过渡层。

↗ 从这个角度可以看到地球仪上的亚洲,亚洲西部与欧洲相邻,是七大洲中面积最大的。

亚洲包括世界上陆地面积最大的国家(俄罗斯)和人口最多的两个国家(中国和印度)。

大陆为什么会运动?

地壳是由弯弯曲曲的岩石板块构成的,岩石板块像巨大的拼图一样在地幔炙热的熔岩层上漂移。地球上共有7个大板块和20多个较小的板块,它们缓慢地发生漂移(以每年1~10厘米的速度)。历经数百万年后,在板块上方的陆地会发生明显位移。

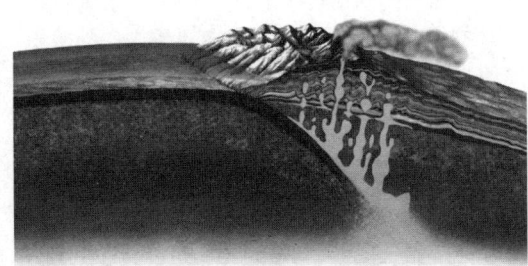

↗ 海洋板块会被推移至其他板块的下方,在下方产生不稳定的移动。岩石由于受到压力会发生褶皱,而岩浆则通过火山喷发的形式喷出地面。

为什么会有众多时区?

世界各地的时间并不是一致的,这是因为地球每24个小时就会围绕地轴旋转一周。当地球的某个地点享受着阳光的沐浴时,遥远的另一侧则笼罩在黑暗中,处于夜晚。世界上共有24个时区,每两个相邻时区的时间相差1小时。美国和加拿大疆域辽阔,横跨6个时区。

是谁绘制了第一幅地图?

大约5000年前,古埃及和古巴比伦人民便绘图表示谁占有哪一小片土地以及河流所在的位置。现存最古老的地图为在伊拉克发现的在泥板上绘制的地图,地图上标注的可能是一个河谷。首幅绘有经线和纬线以确定地理位置的地图大约于2000年前由古希腊人绘制。

热带在哪里?

热带是位于赤道附近南北两侧的区域,而赤道是围绕地球中心的一条假想线。热带的北部区域为赤道至北回归线之间的区域,而南部区域为赤道至南回归线之间的区域。每个区域约有2600米宽,在这里,有阳光直射现象。在地图上,热带约位于北纬23°和南纬23°之间。

什么是经度和纬度?

地图上南北交错的线条形成一个网格,经线是南北向绘制的,而纬线是东西向绘制的。经纬线使在地图上确定位置更为简易。赤道为0°经线,0°经线横穿英国伦敦的格林威治天文台,被称为本初子午线。

全球定位系统有什么作用?

地球周围轨道上配有全球定位系统(GPS)的卫星会告诉旅行者他们所在的位置,而且其误差在几米之内。飞机、轮船和汽车上的电脑会接收到卫星发射出的无线电信号,由此便可以确定所在的具体位置。卫星导航技术于1960年在美国的中转卫星中首次使用,现在,更多先进的全球定位系统变得更为实用。

为什么早期的地图上没有澳大利亚?

这是因为17世纪初之前,北半球并没有人知道澳大利亚。中国和印度尼西亚的海员可能是继大约4万年前土著居民定居那里后第一批造访澳大利亚的人,欧洲海员则是在向亚洲航行的过程中偶然发现澳大利亚的。直到16世纪初,费迪南·麦哲伦和詹姆士·库克船长在南半球航行时,才开始发现大洋洲的各个岛屿,此时这些岛屿上已经定居着波利尼西亚人、美拉尼西亚人和密克罗尼西亚人，他们是在1000多年前从亚洲到达此地后定居下来的。

如何区分钟乳石和石笋？

钟乳石是从洞顶悬挂下来的由矿物质构成的巨大冰柱状物，巴西一处石灰岩洞中的钟乳石可达12米长。石笋是从洞穴地面拔地而起的笋状物，斯洛伐克一处洞穴中的石笋达30多米高。

↗ 钟乳石和石笋是在水的侵蚀作用下由缓慢堆积的矿物质形成的。它们可将洞窟变成一个"地下仙境"，因为到处都是奇形怪状的"石林"。

为什么有的洞穴壁上有图画？

为了躲避恶劣天气和野生动物，史前人类常在洞中生活。有些洞内有这些洞穴居住者绘制的原始图画，其中最著名的为法国拉斯考克斯山洞内的绘画。2003年，在英国诺丁汉郡的克雷兹韦尔峭壁发现了类似的绘画。

哪种洞是由化学作用产生的？

石灰岩洞中，岩石会因化学作用而受侵蚀。石灰岩中的碳酸钙会和雨水发生作用形成弱酸，从而逐渐地分解岩石，使岩石形成裂缝和凹坑，而凹坑会进而演变为洞穴。这种化学"水滴"还会导致钟乳石和石笋的形成和增大以及地下瀑布、河流和湖泊的形成。

为什么有些动物生活在洞穴中？

洞穴可为一部分动物提供栖身之处，这些动物中包括蝙蝠和鸟类等，例如亚洲的金丝雀以及加勒比海的大怪鸮。这些动物白天或晚上在洞穴中栖息，其他时间外出捕食。金丝雀会被同样住在洞穴中的黑蝇蛇吞食。很多昆虫也生活在洞穴中，而且地下湖泊是很多鱼类的家园。很多穴居动物没有视觉，主要靠嗅觉、触觉或回声定位以在黑暗中探路。

地球上为什么有如此多的山？

在人类居住的地球上，陆地面积只占地球表面积的29%左右。但就在这不大的陆地面积中，海拔2000米以上的高山以及高原占11%，而海拔1000米以上的山地，竟有28%以上，面积大约有4200万平方千米。如果再算上丘陵和低山，陆地上的平原几乎所剩无几，为什么会出现这样的状况呢？

这是因为地球像个有"生命"的东西，它不断地运动和变化。地壳自形成以来，自身的物质与能量就不断地发生变化。地壳运动导致岩石变形，海陆变迁，地表形态无奇不有。今天，我们所见的地壳表面面貌，只不过是地壳漫长发展历史中的一个小片断。我国著名地质学家李四光认为：造山运动的主要动力是地壳的水平运动形成挤压，大致分为两种挤压力：一种是地球自转而造成东西向的水平挤压；另一种是不同纬度地球自转的线速度不同造成地壳向赤道方向的挤压。这两种挤压和地壳受力不均所造成的扭曲，最终形成不同走向的山脉。

↗ 石器时代的人们会在洞内绘画，例如这幅画绘制于13000年前的法国拉斯考克斯山洞内的野牛图。

↙ 夕阳照耀下的喜马拉雅山珠穆朗玛峰

由于种种复杂的原因,地球上的高山不但很多,面积很广,而且形状也千姿百态,各不相同。

■ 为什么测量山的高度以海平面为标准?

珠穆朗玛峰是世界上最高的山峰,高达8844.43米。这是不是说它从山脚到山顶的垂直高度有8844.43米呢?答案是否定的,这个高度是从海平面算起的。

那么为什么选择海平面作为高度测量标准呢?

任何事物的比较都需要一个标准。如果在大陆上任取一点,各地的山高都以这点为测量标准的话,那么,在测点还没有都连起来的时候不易测量,同时,这个点的高度和位置也可能由于风吹雨淋或地壳变动而有所变化。因此,人们想到采用海平面作为测量的起点。海平面虽然也会有变化,但年平均海平面的位置却大致不变,而且全国甚至全世界的海平面高度相差无几,海洋还包围着所有大陆和岛屿,所以采用海平面作为测量标准是最方便的方法。为了测量方便,各国都把海平面的位置固定下来称为零点,我国现在的零点是青岛的黄海平均海平面,并在岸上有所标记。根据以零点为标准的测量成果,就可以相当准确地绘制某国、某大陆和全世界的地形图。

■ 为什么说喜马拉雅山是从海里升起来的?

在喜马拉雅山陡峭的崖壁上或幽深的山谷里,已经发现许多古海洋动植物化石,包括三叶虫、笔石、腹足类、腕足类、鹦鹉螺、菊石、瓣鳃类、珊瑚、苔藓虫、海胆、海百合、介形虫、有孔虫、海藻和鱼龙等。这些化石说明喜马拉雅山地区曾经是一片汪洋大海,它是从古老的大海里涌现出来的。

那么,茫茫的一片古海怎样变成了世界上最雄伟的山脉呢?是地壳上升的结果造成了这一切。珠穆朗玛峰北坡海拔5700～5900米的地方发现了生长在百万年前的高山栎和毡毛栎化石。这些植物,现在在我国西南地区海拔2200～3000米的很多地方仍有生长。虽然百万年前的气候状况以及这些植物的生长环境、高度与现在不完全相同,但是据此仍可以粗略估计,喜马拉雅山地区百万年来大约上升3000米,平均每1万年约上升30米。

■ 为什么火山会爆发?

当岩浆从地球深处向上涌动并通过火山口向外喷发时便是火山爆发。与空气接触后,岩浆会变成熔岩,沿着火山的侧面向下流动。有些火山会剧烈喷发,向空中喷射出熔岩和灰尘。

■ 哪座火山发出了最大的响声?

最剧烈的火山爆发发生于1883年印度尼西亚的喀拉喀托火山岛。火山爆发时发出的声响在4个小时后于近5000千米外被听到。喀拉喀托火山喷发引起的海啸导致36000人丧生。

■ 为什么某些火山并不危险?

并不是所有的火山都会爆发。死火山不会再爆发,而休眠火山偶尔才会爆发。某些火山会隆

↗ 富士山是日本最高峰，它由多次火山爆发喷出的熔岩和灰层堆积而成。它最近一次爆发是在1707年。

隆作响，喷出熔岩和蒸汽，但活火山也不会经常爆发。最著名的活火山当数维苏威火山，它位于意大利那不勒斯。这座火山于公元79年爆发时摧毁了罗马城市庞贝，而且在21世纪里几乎必定要爆发。

■ 海水为什么不会把喷涌的海底火山扑灭？

海底火山又叫作平顶海山或是海底山。火山喷出的熔岩在海底岩床上四处流淌，最终被海水冷却，形成枕状熔岩。

在近海面处，当海水遇到熔岩时会形成爆炸性的水蒸汽；而在距离海面2000多米的深处，巨大的压力避免了这一情况的产生。

比如位于冰岛附近的瑟尔塞岛边上的火山喷发时，每3分钟就会发生一次2万~4万吨TNT当量的爆炸。

在1973年，当火山喷发威胁到同样位于冰岛附近的赫马岛的海港的安全时，人们考虑尝试进行类似用海水淹没海底火山喷发的努力。人们试着用管道将海水浇到流动中的熔岩前端，使其在适当的地方被冷却凝结。当部分熔岩已经溢流侵入岛上海港时，人们甚至一度考虑用炸药将熔岩流上相对较冷部分的外壳炸开，让海水冷却内部尚且红热的熔岩，以阻止熔岩流继续向前推进。

然而，专家们经过计算后认为，如果海水在这种情况下与红热的熔岩相遇，爆炸的水蒸汽会将使更多熔岩流的外壳被撕裂，于是将会有更多的海水从中涌入熔岩当中，从而引发链式反应。

专家们担心这样的链式反应会传遍水下整个熔岩流，所引发的爆炸几乎相当于引爆一颗几百万吨当量的氢弹，这无疑会给整座岛屿带来巨大的灾难，而且爆炸产生的巨浪还会对北大西洋沿岸所有的港口造成严重的威胁。

这一提案理所当然地遭到了否决。最终，熔岩流被平息下来，岛上的海港也因此得以保全。

■ 什么是海啸？

深海发生的地震常会引发巨大的波浪，即海啸。这些巨浪的速度高达800千米/小时，在广阔的海洋中无法注意到，然而在浅海，这些巨浪可以生成30米高的巨大水墙，然后冲向内陆，摧毁并淹没途经的任何东西。1948年，人们在太平洋内港时常发生海啸的地方建立了一个警报系统。提前几个小时的预警可以在海啸来临前疏散该区域的人们，最大限度地减少人员伤亡。

↗ 海啸是由于深海地震引起的巨大的、具有极大破坏性的海浪。

■ 台风为什么产生在热带海洋上？

台风就是风力在12级(包括12级)以上的热带气旋，它的产生需要比较高的温度和充沛的水汽。

只有在热带的海洋上才能同时具备这两个条件。首先，热带海洋洋面上气温非常高，低层空气可以充分接受来自海面的水汽。而这些水汽正是台风形成发展的原动力。其次，热带海洋离赤道有一定距离，地球自转所产生的偏转力有利于台风发展气旋式环流和气流辐合的加强。最后，热带海面情况比较单一，同一海域上方的空气，往往能长时间保持稳定，从而有充分的时间积蓄能量，酝酿出台风。

■ 什么是飓风？

破坏性最大的风暴便为飓风，它在印度洋被称为热带气旋，在太平洋被称为台风。飓风袭来时，风以 400 千米/小时以上的速度旋转，然而在飓风中央却是个风平浪静的区域，被称为"风眼"。当飓风袭击陆地时造成的损害很大。

↗ 图为从太空中拍摄的飓风图，照片中的风眼清晰可见。太空中的卫星可检测到海洋上的飓风。

■ 风向和风力用什么来表示？

风指的是空气相对于地面的水平运动，用风向和风力来描述。风向指风的来向，风力就是单位时间内空气的行程，即风速，它是用米/秒或千米/小时表示。在天气图上，风的来向用风矢来表示，其尾端也就是风羽所指的方向就为风的来向，风羽用来代表风速。风羽有三种：即三角旗、长划与短划，它们分别代表每秒 20 米、4 米、2 米。

天气预报中讲的风向、风力，指离地 10 米高处的地面风，气象上把 8 级 (17 米/秒) 以上的风叫作大风。地面以上的风，叫作高空风。

■ 为什么龙卷风很难预报？

美国电影《龙卷风》应该给许多看过它的人留下了极深的印象。龙卷风袭击了农场，庄稼被一扫而空；一棵大树被连根拔起，像一棵草一样被抛到了很远的地方；一头强壮的牛被卷到空中，随风旋转；一辆飞驰中的汽车被风卷起，摔成一堆废铁……这些虽然是电影特技，但的确真实地表现了龙卷风的威力。

龙卷风给人类带来了如此巨大的灾难，那么，能否准确及时地预报出龙卷风的位置和移动方向呢？然而龙卷风来时迅猛，范围又较小，天气图上很难将它反映出来，非常不容易预报。目前，唯一能测出龙卷风动向的是脉冲型激波雷达。这种雷达能发出一种波束，波束进入云层后，与云中的小水滴、冰晶等相遇，被反射接收，自动输入电脑。电脑经处理后，云层的分布、方向和运动速度等数据就会被输出来。根据这些数据，气象工作者即可对龙卷风的形成和发展情况进行预测。气象工作者现在已能根据数据，向将要形成龙卷风的云层发射火箭，促成积雨云降雨，以阻止龙卷风的产生。

■ 为什么会发生地震？

和火山爆发类似，地震也发生在地壳的岩石由于板块运动而承受巨大压力的地方。地震学家利用地震检波器测量冲击波的强度。地震强弱以里氏震级来衡量，从 1(微震) 到 10 (毁灭性震动) 共 10 个等级。现代世界上破坏力最大的一次地震发生于 1976 年的中国，震级达里氏 7.8 级，导致约 25 万人死亡。

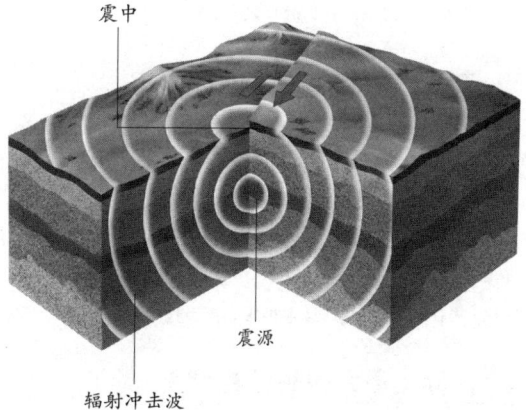

↗ 发生地震时，压力波会由震中向四周辐射。地震是沿着地壳断层（如箭头所示）反方向运动的两个岩层移动的结果。

河流为什么能够塑造陆地的形状?

数千年来,河流会在岩石和土壤之间冲刷出一条河道,并通过它汇入大海或流入湖泊。这些河流会创造出山谷和峡谷,也能缓缓流过平坦的土地,沿着蛇形的曲线蜿蜒前进。河流冲刷一侧河岸的同时也在另一侧堆积淤泥。

↗ 河流蜿蜒前进,流向开阔的水域,例如湖泊和海洋,并在此过程中"雕琢"陆地的形状。

天气为什么能改变地形?

地球上的地形由于侵蚀作用总在发生变化,侵蚀作用是指风、水、冰和霜的"破坏"力所致的岩石和土壤的磨损。在冬天,残留在岩石缝隙中的水会结冰并膨胀,从而导致大块的岩石崩裂。暴雨能冲走斜坡上的土壤,没有树木的斜坡更是如此,因为没有树根牢牢固定土壤。

世界上最大的峡谷在哪里?

科罗拉多大峡谷是地球上最大的峡谷,它是由美国的科罗拉多河冲刷形成的。它长达350千米,有些地方有20多千米宽,而且距今已有数百万年的历史。在大峡谷的某些地方,"年龄"达20亿年的岩层已经裸露出来。

为什么会发生雪崩?

强风、融雪、巨响甚至是在松软的雪上滑雪的人都可能导致雪崩。雪崩发生时,会有数百万吨重的雪以高达400千米/小时的速度落下。最强烈的雪崩发生于世界最高的山脉——喜马拉雅山。

最深的湖是什么湖?

西伯利亚的贝加尔湖有1637米深,其深度大约是北美的苏必利尔湖的4倍。贝加尔湖是一个非常古老的湖泊,约有2500万年的历史,而且是世界上唯一的淡水海豹的家园。非洲的坦噶尼喀湖是世界上第二深的湖泊,但它只有200万年的历史。

"五大湖"是指一个湖吗?

加拿大和美国共同拥有五大湖,是世界上最大的淡水湖群,分别为苏必利尔湖(世界上最大的淡水湖)、休伦湖、密歇根湖、伊利湖和安大略湖。加拿大是世界上拥有淡水资源最多的国家(以面积衡量)。

最大的三角洲位于哪里?

河流与海洋交汇之处因泥沙淤积会形成三角洲。最大的三角洲位于孟加拉国,恒河和布拉马普特拉河在那里形成一个面积近乎英格兰大小的三角洲。位于美国的密西西比河三角洲绵延300多千米,一直延伸到墨西哥湾。

↗ 地球上最大的峡谷为美国的科罗拉多大峡谷,某些地方有1.6千米深。

■ 河流为什么可以倒流？

当涨潮时，涌入的海水会使入海口处的波浪逆流而上，从而使河流倒流（这种逆流波浪被称为潮汐巨浪）。英格兰的塞文河上的潮汐巨浪能以 20 千米/小时的速度逆流而上；中国钱塘江上的潮汐巨浪能达 7 米多高。不过河流一般都因重力作用而从源头（通常位于山上）顺着地势向下流向海洋。

■ 是什么造就了瀑布？

当河流先从坚硬的岩石带上流过再经过易于被流水侵蚀的柔软岩层时就会形成瀑布。坚硬的岩石好比一个台阶，供河流从此倾泻而下。最著名的瀑布包括北美的尼亚加拉瀑布、南美的安赫尔瀑布以及非洲的维多利亚瀑布。

↗ 维多利亚瀑布位于中非的赞比亚和津巴布韦交界处的赞比西河上，气势磅礴的瀑布会产生浩瀚的云雾和雷鸣般的响声。

■ 为什么会发生潮汐现象？

每 24 个小时会历经两次潮起潮落，这是因为太阳和月亮的重力会牵动地球上的水以不同的方式运动。洋流分暖流和寒流，有些洋流受到风力的推动，有些洋流则受到潮汐的影响。陆地也会受到牵引，但是海水更易运动，从而导致巨大的波浪，使海水围绕地球运动并形成潮汐。

■ 地球上有几个大洋？

地球上共有 4 个大洋（太平洋、大西洋、印度洋、北冰洋），它们彼此相连，共同构成一个巨大的水体。最大的 3 个大洋依次为太平洋、大西洋和印度洋，这 3 个大洋在南极洲附近的海域交汇。太平洋和大西洋在面积较小的北冰洋也有

↗ 有些地图将太平洋和大西洋分为南北两个部分并分别进行命名，然而太平洋和大西洋本身都是一个大洋。

交汇。波罗的海等更小的海洋为咸水海，大部分海都会交汇到同一个大洋。地中海不仅通过苏伊士运河与红海相连，还通过直布罗陀海峡与大西洋相连。

■ 最大的洋是哪一个？

太平洋是地球上最大的大洋。地球上约有 45% 的海水储藏在太平洋中，太平洋的海域面积达 1.81 亿平方千米，相当于地球表面积的 1/3。太平洋的海域面积比第二大洋和第三大洋的海域面积总和还要大（大西洋的海域面积为 9400 万平方千米，而印度洋的海域面积为 7400 万平方千米）。

■ 为什么地球上的大洋没有一个统一的海平面？

科学家们将地球看作一个整体，从而计算出平均海平面高度，但该值仅仅是通过对整个地球进行一系列的观察后得出的一个数学平均值。事实上，不仅不存在全球唯一的"海平面"高度值，而且世界各大洋各自的海平面高度还会因为某些因素而不断发生改变。

就拿巴拿马运河来说，运河两端的大西洋和太平洋的洋面就不在同一水平高度上。两大洋虽然经由南美洲大陆底部相互连通，但是由于地球自转的原因，各处的海平面高度也不相同。从理论上讲确实可能开凿出一条"海平面"运河，运河里的水能自主地处于大洋间平均水平面高度上，但这一想法却因为开凿一条如此深度的运河花费太过巨大而被否决了。人们最终采用在运河上建造许多水闸的施工方案作为替代。此外，月球引力（引起地球潮汐现象的原因）对海水的作

用也随着各地与月球相对距离的不同而变化。这也是引起海平面高度不同的原因之一。

海水的流动需要一定时间，而现实情况是海水流动速度的变化往往不及以上几个影响因素变化来得快，因此才会造成海平面高低不同的情况。甚至在某座大岛屿的两侧，也会出现海平面高低不同的情况，比如在加拿大的温哥华岛周围就是如此。

此外，科学家们认为通过河流入海的总水量对海平面高度也有一定的影响。比如有好几条大的河流流入大西洋，但流入太平洋的大河就要少很多。

■ 海水为什么是咸的？

海洋是生命的摇篮，我们的地球表面有70%以上都为海水所覆盖，陆地面积只占很小一部分。另外无数科学家都用大量证据证明了生命最早孕育于海水之中，水是维持生命的必要条件之一。但我们无法直接饮用海水，因为它的味道既咸又苦，对身体没什么好处。那么，能够孕育生命的海水为什么会是咸的呢？

对于海水这种均匀而又复杂的混合液体，科学家们用了一个多世纪的时间才彻底弄清它的化学成分。原来海水里溶解了多种盐类，主要是氯化钠（食盐）、氯化镁、硫酸镁等。海水里究竟有多少盐呢？1984年，海洋专家迪马特博士把从77个不同海域中采集的海水样本进行分析，发现世界海洋的平均含盐量为35‰，也就是说平均每1千克的海水中有大约35克的盐。如果提炼出海水中全部的盐分，并将其铺在陆地上，将有40层楼那么高，而这总体积达23000立方千米的盐完全可以填平整个北冰洋。知道这些，我们也就不奇怪海水为什么那么咸了。

■ 海浪为什么能发电？

随着现代工业和人类社会的发展，人类对于能源的需求量越来越大，而在人类不断地向地球索取的过程中，可循环的绿色能源越来越多地受到人们的青睐，海浪发电便是其中的一种。

据调查，海浪可以以每平方米30000牛的冲击力拍打崖岸，最大时，甚至可以达60000牛。海浪的冲击力十分惊人，可以毫不费力地把13000千克重的巨石抛到20米的高空。它常冲上海岸边，激起六七十米高的浪花。

1952年，一艘美国轮船在意大利西部不幸遭遇了海难。还没有等惊恐中的船员看清究竟，海浪就已经把巨大的船体拦腰折断，其中一截留在波浪翻滚的大海里，而另一截后来被人们在海岸的沙滩上发现。

海浪，竟能把巨轮一劈两半，可见，海浪的破坏力是惊人的。这也启发了科学家，他们设想将这种大自然的力量用来发电。

世界上第一个海浪发电器装置是1964年由日本科学家研制成功的，被称为航标灯。这是因为这种发电装置的发电能力仅够1盏灯使用。虽然仅有60瓦的发电量，但它却为人类利用海浪发电开创了新纪元。

从此，挪威、英国和日本等许多国家都相继研制成功了各种不同的海浪发电装置。

有一种是利用海浪上下运动从而产生的空气流动来发电的浮标式海浪发电装置。这种发电装置的主要构造是一个空气管，管内的水面可以上下运动起到一个活塞的作用。海浪的起伏运动，就带动漂浮在水面上的浮标做上下运动，这就使浮标体内的"空气活塞"里的空气和水面这个"活塞"之间形成一种压缩和扩张的关系，结果空气

↗ 死海水面的白色结晶盐

↗ 海水盐度较高，人们常蒸发海水制盐。

活塞里的空气在压缩之下冲出来，这就是汽轮发电机发电的驱动力。

还有一种与浮标式海浪发电装置相似的固定式海浪发电装置。它的不同之处是空气活塞室被固定在海岸边，使空气活塞室内的空气通过中央管道内水面的上升或下降得到压缩和扩张，从而驱动汽轮发电机组发电。

↗ 海浪摇动浮摆产生动力驱动水泵运转，水泵驱使液体流转动涡轮机发电。

海浪发电装置有三种利用海浪发电的原理：一是通过上下起伏的海浪，利用它们产生的空气流或水流带动汽轮机或水轮机转动，从而使发电机发电；二是通过海浪装置的前后移动或转动，利用这种运动产生的空气流或水流，带动气轮机或水轮机的转动，进而驱动发电机发电；三是将大波浪的低压变为小体积水的高压，然后在高位水池积蓄起来，使其产生一个能驱动水轮机的水力，从而达到发电的目的。

挪威科学家更是大胆提出要人为模仿大自然的海浪，制造更大的海浪来发电的设想。这位科学家的大胆设想，使海浪发电进入一个新纪元。

海浪摇动浮摆产生动力驱动水泵运转，水泵驱使液体流转动涡轮机发电。

海底是什么模样？

海底的地形各异，有山脉、深沟、温泉以及绵延数百米的软泥。在海岸上，陆地逐渐向大约180米深处倾斜，这便是大陆架。在大陆架的边缘，海底在大陆斜坡上陷落，通向海底的最深处——阴冷的海沟。在海底，温泉的局部温度高过沸点（100℃）。

为什么海底会有石油？

作为一种能源，石油在人们的生活和生产中可以说是扮演着极为重要的角色，尤其在工业生产方面，它更是具有其他资源所不可替代的作用。

那么石油究竟是如何形成的呢？科学家们经过研究发现，在中生代和新生代的浅海地区，阳光照射十分强烈，充足的阳光为生命活动提供了有利的条件，又因为浅海地区富含生物生长所必需的液态水、氧气、二氧化碳以及氮、磷、钾等各种营养元素，于是这儿便成了海洋生物聚集、繁衍的理想场所。因此，不计其数的海洋生物就纷纷汇聚到这里来生活。它们死亡以后，尸体基本上都沉到海底。此外，从陆地上流入的河水也带来了大量的淡水生物的尸体，长年沉积于此。久而久之，沉积在海洋底部的生物遗体，在生物化学、热催化、热裂解、高温变质等作用下，渐渐地转变成了石油。因此，在中生代或新生代的地层中往往含有丰富的石油。

↗ 与陆地上一样，海底的地形各异，也有山脊、峡谷和山脉。

为什么干旱的塔里木盆地会有地下水库？

我国新疆维吾尔自治区的塔里木盆地四面被高山和高原所环绕，是一个封闭的盆地，四季风都难以到达。在这里干旱永远是一个十分致命的威胁。

然而，经有关部门多年考察，发现塔里木盆地的地下竟然有巨大的天然水库，仅盆地西部的地下水库每年就可提供 60 亿立方米优质水，相当于黄河的 1/8。

为什么塔里木盆地地下会形成巨大的地下水库呢？

考察表明，塔里木地区有非常长的聚水期。早在 30 万年前，塔里木盆地和柴达木盆地还是连在一起的大海，后来这里的地壳逐渐抬升，但还是个湿润地带，降水比较丰富，草原、沼泽密布。这一时期一直持续了数万年，使得塔里木地区积聚了大量地下水。

后来，南面的昆仑山、阿尔金山和青藏高原，北面的天山不断隆起，塔里木相对沉降成为盆地。四周山地降水和高山冰川融水都源源不断地汇集向盆地，当时曾有河流 100 多条，其中大河有 13 条，这些河流的水在盆地大量垂直下渗，使得地下水更为丰富。

为什么地下水冬暖夏凉？

为什么地下水会冬暖夏凉呢？地下水难道会自动调节温度吗？

地下水一般处于地面以下几十米甚至更深处，它的温度与地下深处的岩石和泥土的温度相近。地下水不会自动调节温度，由于被厚厚的地层所阻隔，地下水不能直接从地面上吸收热量，也难以散发热量，再加上地下水深处的泥土传热也很慢，因此，地下水的温度几乎是不变的。

地下水被抽取到地面上时，由于地面和大气层的温度一年四季变化很大，人对地下水就产生了冷热不同的感觉。冬天气温比地下水的温度低，人们就感到地下水比较热一些；夏天气温比地下水的温度高，人们就感到地下水凉一些。

用温度计去测量地下浅层处的地下水（例如井水）的温度会发现，地下水的温度也是夏天比冬天高，只不过它的温度变化幅度不像地面温差变化那么大，一般只有 3℃~4℃。

为什么黄土高原有如此多的黄土？

如果你到过西北地区，你一定会为那绵亘千里、雄伟壮丽的黄土高原景色而震惊。我国西北部的黄土高原是世界上面积最大的黄土高原，有 54 万多平方千米。如此广袤的土地都为黄土所覆盖，那么这些黄土到底是从哪来的呢？

原来这些黄土的"老家"是中亚以及我国西北一带的荒漠地区。

那么如此之多的黄土又是如何从千里之外来到这里的呢？

长期以来，许多科学家对这一问题进行了孜孜不倦的探索，提出的黄土形成假说达 20 多种。现在影响较大的是水成说、残积说、风成说及多成因说这四种学说。

大多数学者都支持风成说的观点，他们分析了黄土物质的基本特点后，认为黄土高原的形成，是地质历史中一种综合的地质作用过程，存在着三个不同阶段，即黄土的形成、搬运、分选及堆积成土。

究竟什么时候才能真正揭开黄土高原的形成之谜呢？这只能寄希望于科学家的研究了。不过，

↗ 塔里木盆地中部有干旱的塔克拉玛干沙漠。

↗ 黄土高原的地貌，沟壑纵横，蔚为奇观。

随着科学的发展，我们很快就能揭开这一谜底了。

黄土高原的地貌，沟壑纵横，蔚为奇观。

世界上最大的沙漠是哪个？

世界上最大的沙漠为北非的撒哈拉沙漠，它有5000千米宽，面积比澳大利亚还要大。它拥有世界上最大的沙丘，有些沙丘达400多米高。在此地区发现的古人绘制的壁画描绘的多是草原动物，这说明数千年前，撒哈拉沙漠实际上是个较湿润的地区，有湖泊和草原。

所有的沙漠都满是黄沙吗？

地球上只有20%的沙漠满是黄沙，其余的沙漠则布满岩石和沙砾，覆盖着灌木和矮树丛，或者遍布冰雪。阿拉伯沙漠拥有世界上最大的沙丘区域——鲁卡哈利沙漠，在阿拉伯语中意为"空旷的四分之一区"。

沙丘为什么可以移动？

松散的沙子会被风吹起，堆积成波浪状的沙丘。沙子是由不足2毫米宽的细小矿物质颗粒构成的，正如水波一样，沙子也会被吹起，随着"波浪"翻滚，落在较陡的一侧。沙丘便是以这种方式在沙漠上移动的。

为什么会形成绿洲？

绿洲是沙漠中的"绿色岛屿"，是干渴的旅行者的天堂。从水井或地下温泉取水可种植植物，即使在撒哈拉沙漠的地下岩层深处也蕴藏着大量的水。

为什么会出现海市蜃楼现象？

海市蜃楼是一种自然现象，它是虚幻的，同时也是客观事物的实际反映。

海市蜃楼是一种光学现象，多出现在海洋、大湖、大江和沙漠的上空，它是光线在密度不同的空气中发生折射和全反射的结果。夏天没风时，水面的上层空气被晒得较热，密度小；贴近水面的空气由于水的影响，温度较低，密度大。上下两层空气的温度相差较大，密度上稀下密时，周围地平线下的岛屿、城镇、船只等景物的反射光线，通过在空气中的折射和全反射，就会形成正立的影像。在沙漠中，地面由于受灼热的阳光照射强烈增温，靠近地面的空气热得快，密度小，上层的空气热得慢，反而密度大，当上下空气密度相差较大，呈上密下稀时，就会产生倒立的影像。两层密度不同的空气相平行时，蜃楼也可出现。很多密度不同的气层稳定而缓慢移动时，海市蜃楼就会更加变幻多端。

↗ 戈壁沙漠上的海市蜃楼景象

乍一看，远处像有一个大湖。事实上，"湖水"只是天空的影像而已。

草原分布在哪些地方？

世界上有8000多种不同类型的草原，它们分布在沙漠边界、大陆中部比较干旱的地区。不同地区的草原有不同的称谓：欧洲和亚洲的草原叫作"干草原"，南美洲的叫"彭巴斯草原"，北美洲的叫"大草原"，非洲、印度和澳大利亚的叫"热带稀树草原"。

为什么草原适合放牧？

南北美洲、澳大利亚和新西兰的大草原都被用来放牧牛羊。由于草叶是从草的根部长出，所以即使它的顶部被牛羊吃掉了，它也能存活生长。

何时大草原变成过"大沙盆"？

草原气候干燥少雨，长时间的干旱是很平常的。在20世纪30年代，北美中部的大草原由于过度放牧和开垦发生严重的沙漠化现象，所以这一地区就被称为"大沙盆"。

这使草原成为饲养牲畜的最佳场所。草原也可用来种植小麦和玉米等农作物。

■ 草原上生长着哪些动物？

草原上的物种因地区而异。北美草原生存着野牛、猎鹰、野狗和土拨鼠等动物。澳大利亚草原是袋鼠、树袋熊、鸸鹋和笑翠鸟等动物的家。南非草原物种也很多，有非洲象、长颈鹿、狮子和羚羊等。

↗生长在南非草原的动物

■ 什么是"刀耕火种"？

草原适合耕种和放牧，利用价值很大，人们就想出"刀耕火种"的方法来扩展草原。在干旱的季节，人们放火烧毁草木，这样可以促使新植物生长。这个过程就是"刀耕火种"。

■ 森林为什么分很多种？

世界各地有不同种类的森林，森林种类的不同取决于各个地方的气候。在热带地区分布着雨林、季雨林（那里每逢旱季树木就会落叶）和热带稀树大草原。气候较寒冷但降水丰富的地带也可以生长出雨林。在较寒冷的地带混合生长着落叶林（即在冬季来临前落叶的树林）和常绿针叶林（例如杉木和松树）。

■ 热带雨林经常下雨吗？

热带雨林或丛林一般生长在高温多雨的地球赤道附近。那里几乎每天都下雨，为野生生物生长提供了良好的条件。事实上，地球上大约一半的动植物都可以在热带雨林中找到。

■ 热带雨林的"天篷"是什么？

热带雨林分几个不同的层次。最底层的森林地被物主要是灌木、攀缘植物、苔藓和真菌类等。底层缺少阳光，潮湿阴暗，覆盖着树木的腐枝烂叶。"天篷"是由成千上万的成龄树的顶冠构成，它就像是热带雨林的屋顶。许多森林动物，像色彩斑斓的鸟类和猿猴等，都居住在"天篷"上。在"天篷"的少数高大树木上栖息着食肉鸟。

■ 世界上最大的雨林是哪个？

南美的亚马孙雨林。它西起安第斯山脚下，东至大西洋沿岸。西非、东南亚和澳大利亚的东北部也分布着雨林。雨林中布满野生动植物，亚马孙雨林所蕴涵的动植物种类比地球上任何地方都要多。

■ 人们怎样利用森林资源？

森林是人类重要的资源，它能提供给人类木材、食物和药物。木材可以做燃料、建筑材料和造纸原料等。橡胶树的树液可以用来生产橡胶轮胎和手套。森林可以提供咖啡、可可豆、肉豆蔻和胡椒粉等食物。有些树木还可以用来制作药材，例如用来治疗疟疾的奎宁产于金鸡纳树。但是，随着人们越来越多的采伐，热带雨林面临着被破坏的危险。

■ 为什么会发生森林火灾？

因长期没有降雨导致植被非常干燥时可能自然引发森林火灾，然而，人类通常都应该为森林火灾负责，因为用火不慎或故意纵火往往是导致森林火灾的主要原因。很多森林中的树木和其他植物在火灾后很快就可以再生，然而野生动物却会因此受到严重影响。

森林火灾是怎样引起的？

森林火灾的原因很多，比如闪电和人为纵火等，甚至是太阳光被一个空瓶子聚焦升温都可以引发森林火灾。大火在森林中通常以每分钟两千多米的速度蔓延。消防队员不得不借助直升飞机来喷水灭火。有些森林火灾能持续好几个月，会造成非常严重的损失。火灾会让森林附近大量的房屋被摧毁，方圆数千米的空气被污染。

■ 针叶林和阔叶林有什么区别？

落叶树木，比如橡树，到了冬季就会落叶。一棵橡树可以成为300种动物的家。而针叶树木，比如枞树，常年生长着像针一样细长的硬叶，所以针叶树木又叫常绿树木。世界上最大的森林是地处欧亚两洲的针叶林。针叶林分布在冬天较长的地区，而落叶林生长在温带。

■ 森林中的动物吃什么？

落叶林和针叶林主要分布在北美洲、欧洲和亚洲北部。许多生活在森林里的动物以树叶和树种为食。鸟类主要捕食昆虫，也有肉食动物，像野猪就吃老鼠、真菌类和橡树果等。松鼠穿梭于林间，寻找着松果和鸟蛋。小鹿细嚼着树叶，修剪着树木的底层枝叶。狐狸在夜间出没，捕食像野兔和老鼠这样的小动物。

■ 什么是"可持续森林"？

森林能为人们提供很多产品，例如木材、食物、化妆品和药物。针叶林中的松树、云杉和冷杉可砍伐用做木材或造纸。在管理良好的可持续森林中，会种植新的树木以替代被砍伐的树木。令人痛心的是，很多热带雨林被乱砍滥伐，这是因为人们不仅要获得木材，还要清理出空地以便发展农牧业，结果导致被砍伐的森林没有得到补充，只留下树桩散落分布的一片荒地。

■ 大气为什么能保护我们？

在大气中有一层臭氧，它可以阻止来自太阳的有害紫外线，从而形成一个保护层。在大气

↗ 大气是一个保护带，可以使陨星在靠近地球时被烧毁，并为地球上的生命阻挡有害的宇宙辐射。

边缘还有两个圆环形的放射带——被称为范艾伦带，可以为我们阻挡来自宇宙的射线。

■ 为什么会形成北极光和南极光？

北极光和南极光是太阳风（来自太阳的辐射）和大气层撞击所致。大部分有能量的颗粒都会被范艾伦带吸收，然而在南北两极，范艾伦带最为稀薄，颗粒物会与大气层冲撞，在天空中产生壮观的景象。极光会使夜空闪烁出绿色、金色、红色或紫色的光芒。

↗ 北极光常使夜空闪烁着从紫色到闪亮的绿色的美丽光芒。

为什么南极比北极更冷？

南极比北极要相对更冷一些。南极的平均气温只有约 -48.9℃，比北极的平均气温要低 1.7℃。南极洲有记载的最低气温是于 1983 年 7 月 21 日在沃斯托克冰湖测得的，当时的气温只有 -89.4℃。

南极气温较低的原因至少有两个，其一是因为观测站建在海拔 3600 多米的高原上，在如此的海拔高度上空气稀薄，很难留住太阳辐射的热量。太阳一落山，大部分的热量很快就辐射掉了。同时，与四周被大片的浮冰所环绕着的北极不同，南极被广袤的南极雪原所包围着，因此南极大地根本无法留住太阳的辐射能。大部分（大约 80%）的太阳辐射都被南极永久存在的雪被给反射回去了。

什么是苔原？

苔原是北极圈附近的陆地，它位于北半球针叶林带和极地附近的寒冷永冻冰原之间。苔原表层土壤只有在夏季的时候才解冻几个星期，但表层下面的土壤都是永久冰冻。这意味着植被在这里不能扎根太深，所以只有少数的小灌木、苔藓和树木能够在苔原上生存。

↗ 苔原

动物怎样在极地气候下生存？

极地动物都有厚厚的皮毛或脂肪层（鲸脂）来保持体温。极地哺乳动物通常长有较小的嘴和耳朵，避免流失太多热量。企鹅、鲸鱼、海豹和海鸟在海洋中捕食，麝牛在苔原上觅食。北极熊只生长在北极，而企鹅只有南极才有。

冰川为什么会流动？

1827 年，一个地质工作者曾在阿尔卑斯山的冰川上修筑了一座石砌小屋。13 年以后，他发现小屋向下游移了 1428 米。小屋本身是不能动的，是小屋下面的冰川运动，带动了小屋移动。

↗ 移动的冰川

冰川运动和水流很相似，都是中间快、两边慢。如果在冰川上插上一排木杆，不用多久，你就会发现中间的木杆远远地跑到前面去了。许多海洋冰川上出现造型奇特的弧形联拱，就是这个原因。

虽然冰川运动与水流有不少相似的地方，甚至冰川也有漩涡，但是冰川毕竟是冰川，它有自己的特点。最明显的例子是冰川的表面有很多裂缝，这说明冰川有脆性。但是，科学家们通过大量的观测发现，冰川的裂缝深度不超过 60 米，大多数裂缝在远远小于这个深度的地方就闭合了。从中可以看出，至少冰川 60 米以下的部分是有可塑性的。由此，人们把冰川分为两个部分，表面容易出现裂缝的部分叫脆性带，下部柔软的部分叫塑性带。塑性带的存在是冰川流动的根本原因。

最厚的冰在哪里？

格陵兰岛覆盖的冰雪达 1.5 千米深，然而南极洲冰层的厚度为格陵兰岛的 3 倍，能达 4.8 千米深。南极的冰山比北极的冰山更为平坦。最大的冰山于1956年在南极被发现,它有335千米长,97千米宽,和比利时的国土面积差不多。

■ 什么是"冰期"?

"冰期"是指历史上大规模的冰川时期,地球上的部分地区被冰川长久地覆盖。因为极地地区现在被冰雪覆盖,所以我们也处在一个"冰期"。几百万年前,地球上经历过一次"大冰期",冰川几乎覆盖了地球大部分地区。最近一次"大冰期"发生在距今2万~8万年前。

■ 地球的公转位置怎样影响气候?

气候受到许多地理因素影响。例如,高山地区气候寒冷,靠近海洋的地区比内陆地区湿润等。地球在公转轨道上的位置也会影响地球的气候。极地地区十分寒冷,冰雪覆盖。寒带地区一年有好几个月温度都是在零度以下。温带地区有温暖的夏季和凉爽的冬季,也有雨季。亚热带干旱气候下的沙漠地区炎热而干旱,热带地区气候潮湿炎热。

■ 为什么各地区的温度有差异?

地球上不同地区有不同的温度。由于地球是圆球形的,太阳不能均匀地照在地球表面。赤道附近的地区温度总是很高,因为太阳总是可以直射这些地区。在远离赤道的地区,太阳的光线逐渐分散,温度就没有那么高了。虽然赤道地区温度变化较小,但它也有雨季和旱季之分。

■ 哪里的大气温度最低?

任何登山的人很快就感觉到越往高处越寒冷。事实上,在对流层中,海拔每升高100米,气温大约会降低5℃。然而,在高空的大气中并非如此,大气的外层可能比靠近表面的大气层更为温暖。在赤道上方的对流层里,最高的地方气温最低。

■ 为什么赤道不是最热的地方?

地球上什么地方最热?很多人都觉得赤道是最热的地方,因为赤道地区太阳一年到头普照大地。其实,最热的地方不在赤道。在亚洲、非洲、大洋洲和南北美洲地区一些远离赤道的大沙漠里,白天的气温竟比赤道高得多!

原来沙漠里植物十分稀少,水也比较罕见,只有光秃秃的一片沙地,它的热容量小,很快就会升温,沙地本身传热的本领也小,热量很难向下传递,当沙地表面温度很高的时候,下层的沙子还是冷冰冰的,再加上沙地又缺乏水的蒸发耗热作用,所以当太阳一出地平线,沙漠里的温度就直线上升,一到中午,地面就变得滚烫如火烧似的。

另外,赤道上的云层和降雨都比沙漠地方多得多,几乎每天下午都下雨,这样一来,下午的温度更不可能升得很高。而沙漠里多为大晴天,降雨非常少见,炎热的太阳从早晨一直照到傍晚,结果沙漠地区下午的温度就会升得很快很高。

■ 天空中最高的是什么云?

最高的云为罕见的珠母云,它位于24000米的高空。积雨云飘在4500~19000米的高空,更为常见的卷云则形成于大约8000米的高空。最低的云为层云,它形成于离地面1100米的空中。

▲ 天空中不同的云在不同的高度形成。云是由细小的雨滴或冰晶构成的。

■ 天空为什么是蔚蓝色的?

大雨过后的天空澄净得像一泓平静的湖水;雷鸣电闪之后的天空常常变得湛蓝,令人心旷神怡。为什么晴朗的天空总是蔚蓝色的,而且越是晴朗,蓝得越澄澈呢?

难道天空中含有蓝色的气体?或者大气本身就是蓝色的?

原来,地球的表面包围着一层大气,其中悬浮有许多微小的颗粒,如尘埃、冰晶、水滴等。当由红、橙、黄、绿、蓝、靛、紫等有色光组成的太阳光通过这层大气时,波长较长的红、橙、

↗ 蔚蓝的天空飘浮着朵朵白云。

黄色光透射能力较强,能透过大气中的微粒射向地面;而波长较短的蓝、紫、靛等色光,则被悬浮在空气中的微粒散射向四面八方,天空因此呈现出蔚蓝色。

■ 为什么会发生雷和闪电?

在暴风雨中,气流驱使小水滴彼此摩擦碰撞,直到产生电荷。闪电是电荷释放时产生的巨大的闪光。闪电迅速为周围的空气加热,从而引发巨大的轰鸣声,这就是雷。通过记录闪电和雷声之间的时间间隔可以测算出暴风雨经过的距离。例如,如果它们之间间隔 5 秒钟,那么暴风雨就是经过了 1.6 千米。

■ 为什么刮暴风雪的时候看不到闪电?

虽然十分罕见,但是刮暴风雪的时候有时确实也会有闪电。事实上,最大的暴风雪都是伴有闪电雷鸣的,气象学家将这种现象称为"雷雪"。

大部分"普通"的雷暴都是发生在夏天,此时暖湿空气在大气层较低处,而冷空气处于暖空气上方。在这种不稳定的系统中,上升气流创造出雷暴。

这种暴风雨造成的扰流有时造成不同的区域带上不同极性的电荷,两个不同极性的电场为达到电荷平衡产生的放电现象就是我们看到的闪电。与此同时还伴有轰隆隆的雷声,这是由于闪电产生的巨大热量使周围的空气被迅速加热,此时空气瞬间的温度可能比太阳表面的温度还要高,空气受热剧烈膨胀,形成音爆,也就是我们听到的打雷声。

但是,冬天的气候环境一般不具备形成雷雨天气所需的两个特征条件,即温度的垂直分布和低层空气含有大量水汽。只有在最强的暴风雪来临之时,这两个条件才能得到满足:此时有大量的冷空气聚集在暖空气上方,而且近地面空气具有足够大的湿度。

靠海的地区要比内陆地区更容易遭遇雷暴雪天气,这是因为海洋上方的暖湿空气在向内陆移动的过程中与冷空气相遇而形成暴风雨,之后由于受冷空气影响,暴风雨更可能进一步转变成雷雪或雷暴雪的缘故。

■ 为什么会下雪?

小水滴在云中可以凝结成冰晶体。这些晶莹的六边形晶体聚集起来会形成美丽的雪花。冰晶体不断聚集,质量也会不断增大,当云的浮力小于它们的重力时,它们就会落到地面。如果云下面的空气温度低于0℃,冰晶体就会以雪的形式落到地面;如果空气温度高于0℃,冰晶体就会融化变成雨。

↙ 雪花

■ 有些高山上为什么终年冰雪不化?

位于我国西部的一些山脉,比如祁连山、天山、昆仑山、喜马拉雅山这些高山的一些山峰上,常年白雪皑皑,像戴着一顶白帽子,就算是在气候炎热的夏天,这些冰雪也不会融化。在热带地区,比如南美洲、非洲、地中海沿岸地带的许多高山上也是终年积雪,终年不化。造成这种状况的主要原因是高山上气温很低,空气很冷,热量稀少。

但并不能绝对地说凡是高山山顶都堆满冰雪。出现这种情况应具有两个条件:一是有降雪的气候;二是那里有可以堆积落雪的环境地形。还有一个需要说明的问题是:那些山峰上的冰雪也不是绝对地终年不化的。原因之一是如果有强烈的阳光照射,会融化掉一部分冰雪;原因之二是一旦到了夏天,气温升高,冰雪融化将不可避免。但这种情况不会持续很久,当冬天来临时,降雪会大量补充融化掉的积雪,因此,这又将始终保持足够的冰雪存在。

■ 为什么夏季常常出现雷阵雨?

夏天,我们常常看见这样的情况,天空飘浮着一小团、一小团像棉花似的云,那就叫积云,积雨云的前身往往就是这些积云。空气不断上升,能使积云的云块不断增厚增大,形成了浓积云。这时,如配合有合适的条件,浓积云就会向上继续发展,上升到7～10千米以上的高空,变成了积雨云。

在这厚达几千米的积雨云里,包含的水汽、小水滴和冰晶很多,其中有些小水滴和冰晶在云中与云体的发展同步变大,当上升气流无法把它们托住时,就落到地面上来。它们经过气温较高的云层时,其中大水滴变成雨滴,大的冰晶则先变成雪珠,然后又消融成为阵雨。

由于形成积雨云的剧烈的热力对流,比较容易出现于夏季,所以雷阵雨也常常会出现在夏季。又因为由于热力对流所形成的积雨云的剧烈扰动,往往会有闪电现象产生,而且其中上升气流强弱不定,一块积雨云过去后,又移过来另一块积雨云,所以雨量大小不定,变化不定,而且又是一阵阵的,所以叫作雷阵雨。

↗ 雷阵雨的发生过程

■ 为什么雨水是一滴一滴落在地上的?

水蒸气不可见,但总是存在于空气中。云是由水蒸汽组成的,水蒸汽凝结成了小水滴或小冰晶并聚集在一起,才形成了看得见的云朵。

如果空气里有可以黏附的颗粒,水蒸汽就会聚集成小水滴。比如在海洋上空,水蒸汽渗进盐粒就可以形成水滴。或者当温度降到0℃以下,水汽会在灰尘颗粒周围冻凝结成固体,然后随风飘到高空。小冰晶通常来自于普通的灰尘颗粒。而空气里其他的尘埃物质,比如烟尘,也可以成为凝结核。

雨并不是云的一部分,而是当云朵分裂时,从其中分离出的部分形成的。当组成云朵的小水滴或小冰晶增长到一定重量时,就会形成降雨。

气象学家发现水滴可以通过好几种方式慢慢汇聚并变成雨落到地面上来。雨滴的形成方式取决于它们所属的云团种类——暖云团或冷云团。

暖云团是由空气中的小水滴组成的,有时雨滴在到达地面之前就会重新蒸发变成水蒸气。但有时雨滴的个头足够大了,就可以噼里啪啦地落在我们头上。

原本在空气中的水分凝结在粒子上形成微小水滴,几个小水滴结合成较重的水滴后,就会落下来,成为雨。

■ 雷雨前为什么天气闷热?

大部分地区盛夏常常下雷雨。下雷雨需要地面温度高和空气湿度大两个条件。地面上热,靠近地面的空气的温度才能升得很高,从而浮向高空;空气的湿度大,潮湿的空气才能上升到高空,形成雷雨云。只有出现了雷雨云,才有可能发生雷雨。

大气的温度高,水汽多时,地面上的水便难以蒸发,人身上的汗也同样很难干。在浴室里洗澡也会感到又热又闷,同样是由于浴室里温度高、

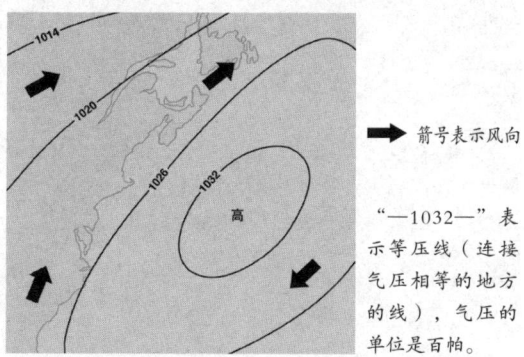

➡ 箭号表示风向

"—1032—"表示等压线(连接气压相等的地方的线),气压的单位是百帕。

↗ 夏季,雷雨前控制当地气候的是反气旋,空气下沉,气压较低,所以会有闷热的感觉。

水汽多的缘故。所以闷热就说明大气里水汽多、温度高,也就说明雷雨即将发生。

有时候天气虽然十分闷热,但却落不下雷雨。这是因为夏天雷雨的范围不大,雷雨可能落在了别处的缘故。

■ 为什么我国江淮流域有梅雨天气？

我国江淮流域每到 6～7 月黄梅成熟季节,常常阴雨绵绵,很难见到连续的晴天,气象学上把这个时期称为梅雨天气。

为什么会出现这种天气呢？

原来,每年 6～7 月间,南方暖湿空气常常向北伸展到长江流域和长江以北的地区。但同时,北方冷空气仍然相当强大,于是,冷暖两种空气就交汇在江淮流域一带。暖空气比冷空气轻,因此它沿着冷空气向北斜向上升,所带来的大量水汽在上升过程中凝结成云,形成一个长条形的狭小雨带,宽 200～300 千米。

南方的暖空气和北方的冷空气,在 6～7 月这段时间里,往往忽强忽弱。如果冷空气更强,雨带就会南移；如果暖空气更强一些,雨带就会北移。因此,雨带一直在江淮流域南北摆动,从而使江淮流域出现梅雨天气。

两股气流交汇的结果是最终南方暖空气愈来愈强,北方冷空气愈来愈退缩,江淮流域的梅雨天气就此结束,紧接着进入炎热的盛夏。

■ 为什么雨后可以看到彩虹？

雨后可能会看到天空中的七色彩虹。彩虹是因雨滴使光线发生折射而形成的,只有太阳位于你身后时,才能看到彩虹,如果太阳高高挂在天空,是不会出现彩虹的。

↗ 太阳光中的每一种颜色折射的幅度都不相同,因此阳光会被分离为光谱的颜色：红、橙、黄、绿、蓝、靛和紫,从而形成彩虹。

↗ 江南梅雨
梅雨时节出门要随身携带雨具,淅淅沥沥的小雨说下就下。

为什么说雾是靠近地面的云?

秋冬季节的夜晚,云少风小。地面的散热速度快、温度下降的幅度大。近地面的空气中,水汽在后半夜和黎明时分容易达到饱和状态而凝结成雾。像云一样,雾中也包含了大量的水汽滴和尘埃,所以雾实际上就是靠近地面的云。

雾大体分为五种,第一种叫作辐射雾,太阳一升高,随着地面温度的上升,空气中容纳水汽的能力增大,雾也就立即蒸发消散了。辐射雾常常预示着当天是个好天气。谚语"十雾九晴"指的就是这种雾。第二种叫作平流雾,是由温暖潮湿的空气流经冷的海面和陆面时,空气低层受冷凝结而成的,这种雾一旦形成,持续的时间就会较长。第三种雾叫作蒸汽雾,当水面是暖的,而空气较冷时,水汽便会源源不断地从水面蒸发出来,遇到冷空气凝结成小水珠,就成了蒸汽雾。这种雾多出现在寒冷的极地。第四种雾是上坡雾,这是由潮湿的空气沿山坡爬升,逐渐冷却使空气的水汽含量达到饱和而形成的。第五种雾是锋面雾,这是冷暖空气交汇时出现的情况。

为什么重庆的雾特别多?

我国的重庆是著名的多雾城市,每年平均有100多天有雾。大雾弥漫时,能见度有时只有几米。

为什么重庆雾特别多呢?原来,重庆位于长江和它的支流嘉陵江的汇合处,空气湿润,全年相对湿度在80%以上。同时,重庆周围有高山阻挡,地面崎岖不平,也没有强风吹过,空气中的水蒸气难以扩散。天气晴朗的夜晚,地面的热量急剧散发,温度迅速下降,靠近地面的潮湿空气中的水蒸气就凝结成无数细小的水滴,在低空飘浮,从而形成了雾。冬季日照时间较短,太阳辐射弱,雾在白天不能完全消散。日落以后,山坡上密度较大的冷空气由于受地形的影响,会下沉积聚在盆地底部,使大雾更易形成。

怎样预测天气?

研究天气系统的科学叫作气象学。气象学家收集世界各地区关于温度、云型、风速、气压和雨雪的信息。除了地面信息,气象学家也能从太空中的气象卫星那里得到精确的气象图片。气象信息被传送到气象站,并绘制成图表。根据这些信息气象学家能够基本准确地预测一周内的天气状况。

为什么霞能预兆天气?

日出和日落前后,天际有时会出现红或橙红色的艳丽色彩,这就是霞。

为什么会产生霞呢?日出和日落时分,太阳光要通过较厚的大气层才能照射到地平线附近的空中。阳光通过大气层时,波长较短的紫色光和蓝色光,发生的散射最强,到达地平线上空时所剩无几,余下的只有波长较长的红、橙、黄色光线。这几种光线经地平线上空的空气分子、水汽和尘埃的散射后,就产生了我们看到的色彩艳丽、美如画卷的彩霞。

空气中的水汽、尘埃越多,彩霞的颜色就越鲜艳。如果这时天上有云块,云块也会"染"上艳丽的色彩。

霞的颜色和鲜艳程度与大气中水汽、尘埃的含量有关,因此霞的色彩与出没能够指示天气变化。谚语说,"早霞不出门,晚霞行千里",就是告诉人们,早霞预兆雨天,晚霞预示晴天。

夏季的清晨为什么会有露水?

夏秋的清晨,草叶、树叶上常常有一颗颗亮晶晶的小水珠,这就是露水。我国古代的人们以为露水是从别的星球上落下的宝水,所以许多民间医生和炼丹术士都注意收集露水,用它医治百病及练就"长生不老丹"。其实,露水并不是从别的星球上降下来的,而是在地面上形成的。

露水的成因可以通过吃冷饮得到说明。吃冷饮时,盛放冷饮的容器外面马上会出现一层薄薄

↗ 草上的露珠

的水珠。这是因为容器外面的热空气碰到器壁而冷却，水蒸气达到饱和状态后，部分水汽在容器外面凝结成小水珠。露水的形成与此类似，在晴朗无云、微风吹拂的夜晚，地面的花草、石头等物体散热比空气快，温度也比空气低。当温度较高的空气碰到地面上这些温度较低的物体时，其中的水蒸气便会凝结成小水珠滞留在这些物体上面，形成我们看到的露水。如果夜间有微风，发生水汽凝结后变得较干燥的空气就会被吹走，湿热空气不断补充过来，从而形成较大的露珠。

■ 为什么自然界会存在"蝴蝶效应"？

天气预报只是某种推测，两三天以内的预报与实际天气状况基本相符，超过一周的预报就会与实际天气大相径庭。

美国气象学家洛伦兹在计算机上制造了一个玩具天气模型，对两组天气状况进行了仔细的研究，他惊讶地发现，输入的微小误差，就会出现"失之毫厘，谬以千里"的结果。由此他认为，只要收集到的气象数据哪怕只有一点点误差（这是不可避免的），通过计算机将会得到令人无法估计的后果。后来，洛伦兹在一次讲演中用形象的比喻说明这一现象："一只蝴蝶在巴西拍动翅膀，会在美国德克萨斯州引起龙卷风。"以后人们就把这种现象称为自然界的"蝴蝶效应"。长期的天气预报失去实际价值的原因正是由于蝴蝶效应的存在。

空间卫星技术收集到的各地天气情况，即使只有微小的误差，也会谬以千里。

■ 什么是可再生资源？

可再生资源是指那些我们使用之后总量不会减少的资源。阳光、风和水都是可再生资源，我们可以通过很多方式利用它们获取能量。煤、石油、天然气和木材都是不可再生资源，有一天它们会被用尽。科学家认为石油和天然气在几十年后就会枯竭。

■ 什么是原料？

使我们的生活更为舒适的天然资源便是原料。比如我们砍伐树木获取木材后可以建造房屋和制作家具；我们开发矿藏（例如铜）可以制造电线；我们开采煤可用做燃料。但很多原料都是不可再生的，也就是说我们不能制造出更多的原料。

■ 什么是矿物燃料？

煤、石油和天然气都是矿物燃料。之所以被叫作矿物燃料是因为它们都是由被化石化的植

↗ 空间卫星技术收集到的各地天气情况，即使只有微小的误差，也会谬以千里。

↗ 石油钻探平台

物和微小动物的遗骸形成的。石油是由生活在数百万年前的海洋生物的遗骸形成的。石油钻探平台通常从深海床里提取石油。钻探平台带有坚硬的钻头能够穿透岩石。当它到达油层，就可以将石油泵起来，通过管道输送到地面。之后石油被分解成汽油和其他产品。

■ 什么是核能？

当微小粒子——中子撞击铀原子时会引起铀原子发生分裂，从而产生巨大的核能。这个过程叫作核裂变。它可以释放出中子和热量，这样就会产生电流。聚变是另外一种核反应，在太阳表面不断发生。

■ 人们怎样从地下萃取金属？

沉积在地表的金属很容易萃取。矿工用炸药破坏掉阻挡的岩层，就可以用铁锹等工具进行采掘了。如果金属在较深的岩层，那么矿工就需要先开掘隧道，再进入隧道中开采金属。建筑用的大理石和板岩都是采石场采掘加工出来的。

■ 每个国家都有自己需要的能源吗？

地球上的矿物原料和能源不是平均分布的。美国、俄罗斯和巴西等国有丰富的矿物原料，但一些国家就需要进口原料。质量较大的矿物原料一般通过海路运输。原油由大型油轮输送。

人类有可能创造新大陆吗？

人类有可能创造新大陆吗？

自从中世纪起，人们就开始填海造陆。在20世纪20年代，荷兰在其附近海域中围筑了一条巨大的水坝，极大地扩展了陆地面积。如今，荷兰大约1/4的陆地都是通过填海造陆的方式开垦的。意大利、日本和英国也在开垦着新的陆地。

陆地开垦
■ 1900年前
■ 1900年后
荷兰

■ 为什么天然钻石的形状像一小块煤？

这是因为钻石和煤都是由碳元素构成的。约有95%的化合物（由两种或两种以上的元素构成的物质）中都含有碳，碳是物质构成的关键元素，这是因为它所含的原子可形成链、环和其他结构，使物质更为强韧和耐用。

■ 水力为什么能够发电？

将水储存在巨大的堤坝，再让它以巨大的速度奔涌通过管道，从而带动产生电流的涡轮机转动就可以发电。发电机是将动能转化为电能的装置。

↗ 输送资源

■ 什么是风力发电厂？

现代风车用于带动被叫作涡轮的发电机。大量的风力涡轮矗立在风力发电场里面。

第一台大型风力发电机是由美国人帕尔莫·普特南（Palmer Putnam）于1940建造的。

■ 什么是水电坝？

建造在水坝里面的水力发电所被叫作水电坝。水坝后面的湖泊通过水坝下面的管道流出，水流可以带动发电机的涡轮不断运转发电。

1895年，世界上第一座水力发电站在北美的尼亚加拉大瀑布正式投入使用。

■ 为什么会形成煤？

煤是2.5亿多年前由史前沼泽林中的植物遗体形成的。经过一段漫长的时期，植物被紧紧挤压，于是便发生变化，成为柔软的黑褐色的类似岩石的煤。煤储藏于矿层或地层中，即煤的上下都为类似岩石的煤。既可以通过挖掘很深的矿井和坑道开采，也可以直接"剥离"地面附近的煤层（被称为露天开采）。

■ 世界上最富产黄金的地区在哪里？

南非的维特瓦特斯兰德金矿的黄金产量约占世界年总产量的50%，这使它成为世界上最富产黄金的地区。历史上，金矿开采者曾多次蜂拥至世界各个地区寻找金矿——最著名的淘金热发生于1849年的美国加利福尼亚州，还有一次淘金热发生于19世纪80年代的南非。

↘ 从右图可知数百万年来煤是如何形成的。很多植物遗体被深深掩藏于岩层的下方，最上方的岩石会挤压下层，使沙子和泥土变为坚硬的岩石，植物的残留物则由泥煤转变为煤。

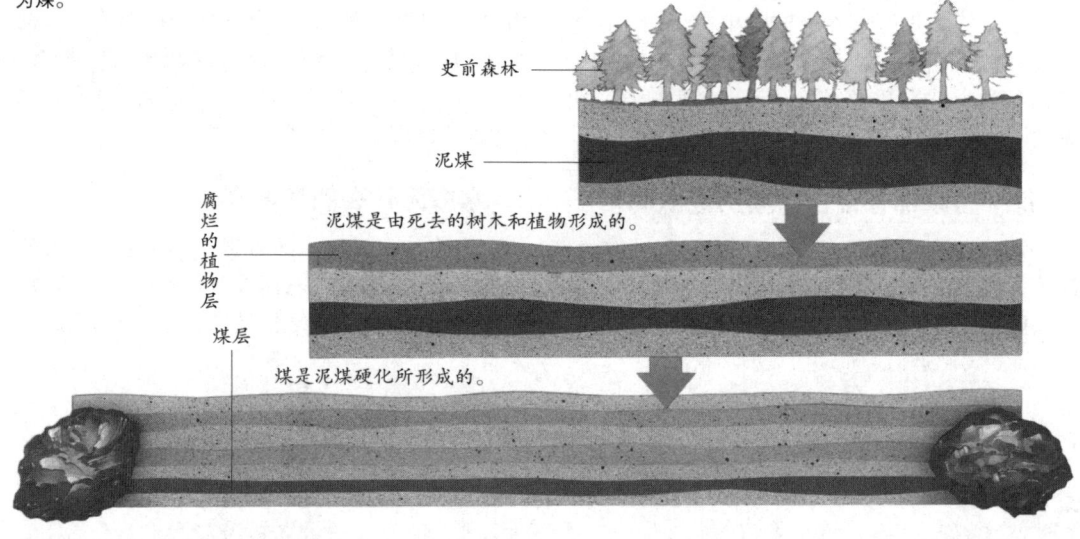

史前森林

泥煤

腐烂的植物层

泥煤是由死去的树木和植物形成的。

煤层

煤是泥煤硬化所形成的。

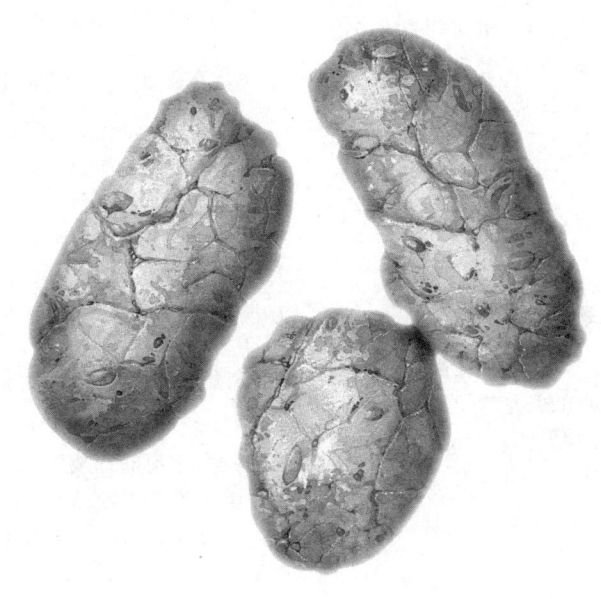

恐龙王国

为什么会形成化石？

在岩层中保留下来的数百万年前的遗体或遗迹就是化石。化石中大部分都是骨头或牙齿，这是因为相比柔软的皮肤或肌肉，这些坚硬的部分更容易保存下来。数百万年后，遗体或遗迹会变成跟石头一样的东西。化石可以非常笨重，但是通常非常脆弱。有时也会发现罕见的皮肤或肌肉的化石。

在哪儿可以"遇到"恐龙？

在自然历史博物馆。很多博物馆都陈列有直立起来的完整且状态逼真的恐龙骨架，从骨架可看出恐龙生存时的大小，以及活动时的动作形态。据化石推测，有些恐龙可以快速奔跑，甚至跃入空中，而有些恐龙只能缓慢行走。

↗ 有些化石是从岩层中挖掘出来的，拼接后再按照此动物生存时的样子使其直立起来。

恐龙化石出现在哪里？

在中生代的岩层中。恐龙死后，它的骨头会被沙子覆盖或陷入泥土中，随后便有可能变为化石。当发生地震或遭遇侵蚀时，这些化石会露出地面，于是便可能被发现和发掘到。

研究化石前要做什么准备工作？

需要清洁化石。古生物学家首先必须将化石从周围的岩石（即母岩）中取出，有些岩石可通过化学药品进行溶解，然而大部分岩石需要利用金属刀和凿使它与化石分离。随后，化石通常会被浸泡在化学药品中以使其不再那么脆弱。最后，化石会被拍照或被细致描绘出。

科学家如何研究化石？

科学家会将化石与其他动物的骨头或牙齿进行对比。如古生物学家会寻找牙齿形状与化石类似的动物，如果两种动物的牙齿相似，那它们可能食用类似的食物。肌肉在骨头上留下的痕迹可以显示出这种动物有多强大，以及它可以向哪个方向移动大腿、脖子和身体的其他部位。

为什么有些恐龙会被更改名字？

科学家在描述化石时有时会犯错，因此一些恐龙的名字有时需要进行更改。例如，1985年，一位美国科学家发现了一种巨型蜥脚类恐龙的残骸，将之命名为巨龙。当他注册此名字时，发现已有另一个科学家使用这个名字命名了另一种不同的恐龙，但是这位美国科学家仍重复注册了这个名字。几年后，他又意识到他所谓的巨龙实际上只是一种大型腕龙，因此之前的名字又被完全弃用。目前一个名叫国际动物命名委员会（ICZN）的科学机构来决定新发现恐龙的命名，该机构的25名成员均由世界各个国家的德高望重的科学家选举产生。

最脆弱的是什么化石？

最脆弱的恐龙化石要数粪化石，即恐龙粪便形成的化石。通过粪化石，科学家从中会了解恐龙摄入何种食物以及摄入物的数量。在某些地区，还可以发现恐龙足迹的化石。

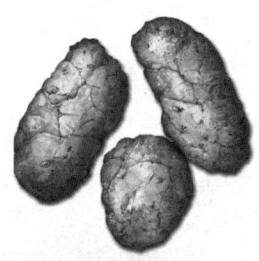

↗ 在世界各地发现化石的地方，发现了数千块粪化石。

足迹为什么能够变为化石？

足迹只有刚刚出现后就被掩埋在沉积物中才会变成化石。如果恐龙在沙滩上潮湿的沙子上留下了脚印，这些脚印可能会被随后来临的潮水带来的沉积物掩埋；或者，洪水会将泥土覆盖在恐龙留在河岸上的足迹上。只有当新的沉积物与足迹所在地的沉积物不同时，足迹才会变为化石，

■ 恐龙共有多少种？

被科学家命名的恐龙达数百种，然而没人确定恐龙共有多少种。有些不同种类的恐龙非常相似，因而一些科学家认为应将其归入同一类，其他科学家认为有些同类的恐龙实际上可以划分为几个种类。目前仍有无数恐龙化石尚埋在地下而未被发掘出来。

■ 为什么要研究恐龙的骨盆？

根据骨盆的形状恐龙可分为2个目。蜥臀目恐龙的骨盆与现代爬行动物类似——"蜥臀"一词意指长有类似爬行动物的骨盆。鸟臀目恐龙的骨盆与现代鸟类相似——"鸟臀"一词意指长有类似鸟类的骨盆。这两个目的恐龙又可以划分为更小的群落，而群落又可划分为许多相似恐龙构成的族。

■ 为什么不是所有的恐龙都很庞大？

并非如此，实际上很多种类的恐龙体型相当矮小。捕猎的细颚龙体型最小，大概只有现代的鸡那么大，重量也仅有2.5千克。细颚龙长着长长的尾巴和脖子，因而它的身体有1米多长，而站立时大约仅有40厘米高。细颚龙行动迅速，以捕食昆虫、蠕虫和小型蜥蜴等为生。

■ 恐龙蛋有多大？

不同的恐龙孵出的蛋的大小也各不相同，这取决于成年恐龙的大小。最小的恐龙孵出的蛋只有4厘米长或者更小，最大的恐龙可孵出曾存在过的最大的蛋——约有40厘米长，也许是由蜥脚类恐龙孵出来的。

■ 恐龙如何繁殖后代？

恐龙产下恐龙蛋，而小恐龙会从恐龙蛋中破壳而出。由于恐龙蛋很脆弱，通常无法变为化石，然而科学家还是发现了不少恐龙蛋的化石。这些化石显示出恐龙蛋的形状与现代鳄鱼产的蛋更为

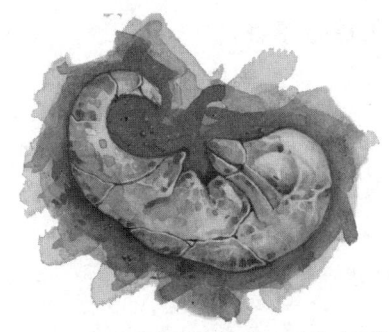

↗ 在几个恐龙蛋的化石中发现了恐龙胚胎的残留物。

相似。大部分恐龙蛋都为椭圆形，巨型蜥脚类恐龙的蛋可能是圆形。

■ 恐龙会抚养幼仔吗？

古生物学家认为有些恐龙幼仔，例如幼年慈母龙，刚孵化出时没有充分发育好，需要成年恐龙用植物叶芽喂养一段时间，直到它们能够自己觅食。而另外一些恐龙幼仔，像幼年奔山龙，在卵中就发育完全了，它们刚孵化出来就可以跑跳了。所以跟今天的许多爬行动物一样，这些恐龙可能一下产出很多卵，小恐龙孵化出来后，就让它们自己照顾自己了。

■ 恐龙愚蠢吗？

有些恐龙的大脑体积非常小，因此可能不甚聪明，然而其他恐龙的大脑体积相当大，表明其非常聪明。南美的一种猎食恐龙捕猎时甚至可以和其他恐龙配合。

■ 大脑最发达的恐龙是哪种？

相对体型大小而言，大脑体积最大的恐龙要数秃顶龙。这种小巧敏捷的捕猎者大约生存于7500万年前的北美，它们的智商也许能与现代鹦鹉相当。其大脑中与眼睛相连的部分特别大，因此它们可能拥有敏锐的视觉。

↗ 秃顶龙是一种行动迅捷的捕猎者，利用发达的大脑可以追踪或伏击猎物。

恐龙能跑多快？

有一族恐龙的奔跑速度非常快，时速可能超过 80 千米/小时。这些似鸟龙外形与鸵鸟类似，可以快速奔跑。它们的骨头很轻，身体纤细，然而拥有长而有力的后腿。有一种恐龙在拉丁文中名叫小盗龙，约有 3.4 米长，四肢比任何似鸟龙都要长，它可能是奔跑速度最快的恐龙。

↗ 速度最快的恐龙能轻而易举地追上速度最快的现代动物。

恐龙皮肤的颜色有什么作用？

皮肤颜色可以帮助动物躲避危险、吸引异性和警示敌人。许多恐龙都会伪装，它们皮肤上的图案和周围的环境相吻合。恐爪龙的皮肤颜色可能是沙黄色，就像今天的狮子，可以与周围的沙土和黄色的植物相吻合。恐爪龙的皮肤上也可能会有斑纹，就像今天的老虎，这样它能够隐蔽在植被中，等待攻击猎物。

恐龙能辨别颜色吗？

没有人能够确定恐龙是否能辨别颜色。但是我们知道有一些鸭嘴龙属的恐龙头部长有冠顶、皱褶饰边和可膨胀的气囊。它们的头部和冠顶可能带有明亮的颜色，让同伴可以轻易地发现它们。鸭嘴龙可能用冠顶向同伴发送信号，现代的一些爬行动物也用这种方式传递信号。所以一些鸭嘴龙很有可能会辨别颜色。

雌雄恐龙的颜色相同吗？

雌雄恐龙的颜色极有可能不同。现代的许多雌雄成年动物，包括一些鸟类和蜥蜴类，都有不同的颜色。雄性动物可以用自己明亮华丽的颜色来吸引异性，也可以警示其他同性。雌性动物的颜色一般比较灰暗单一，这样它们在孵卵和抚养幼仔时就不容易暴露自己。人们刚开始画恐龙时，倾向于把恐龙都画成褐色和绿色的，但是现在人们会把恐龙画成许多不同的颜色。

恐龙筑窝吗？

1. 像慈母龙等一些恐龙就会建造巢穴。慈母龙是群居动物，每年雌慈母龙都会聚集到同一处产卵地建造巢穴。在美国蒙大纳州就发现过一处巨大的恐龙巢穴。

2. 雌慈母龙用泥土围成一个直径大约为 2 米的圆坑，里面铺上植物嫩枝和叶子。

3. 每条雌慈母龙会在窝里产下 20～25 个蛋，然后用更多的植物覆盖在上面保持温度。

4. 雌慈母龙小心地保护着自己的蛋，像伤齿龙这样的偷蛋贼总是想盗取这些恐龙蛋。

5. 小慈母龙用自己嘴上特殊的尖牙咬破蛋壳，破壳而出。

恐龙会发出什么声音？

恐龙的耳朵结构很复杂，善于辨别声音。所以恐龙可能会用许多不同的声音来传递信号。跟今天的爬行动物相似，恐龙会发出嘶嘶声或哼哼声，而大型恐龙则会发出咆哮声。极少数特殊的恐龙，像鸭嘴龙科的恐龙，会通过它们的触角、冠顶和膨胀的鼻孔发出独特的声音。科学家认为这可能跟它们的头颅构造有关，不同结构的头颅能让恐龙发出不同的声音。

恐龙的声音有什么作用？

恐龙在遇到危险时会发出声音警告敌人，也可以利用声音和同伴进行交流。副栉龙在遇到危险时会不断嘶叫，来警示敌人。鸭嘴龙科中的爱德蒙托龙会通过鼻子顶部的一个气囊发出巨大的

恐龙的鼻子怎样发声？

鸭嘴龙科中的副栉龙和赖氏龙头顶都长有空的冠腔。空气从它们的鼻孔进入，经过冠腔，再到达咽喉，所以当它们呼吸的时候会发出鸣响。不同的冠顶会产生不同的声音。

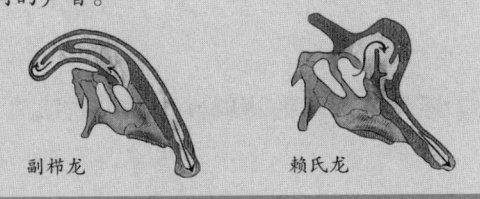

副栉龙　　　　　赖氏龙

咆哮声，来挑衅同性竞争对手。小恐龙一般会发出尖叫声来吸引成年恐龙的注意。

■ 恐龙会炫耀自己吗？

专家们认为，在交配季节雄性恐龙会向雌性恐龙炫耀自己。就像孔雀炫耀自己的羽毛一样，雄性恐龙也会展示自己的冠顶、脊骨和脖子上的褶皱，来吸引异性恐龙的注意，同时也在警告自己的竞争对手。

■ 恐龙有嗅觉吗？

从恐龙的脑化石中，科学家发现恐龙的鼻孔已经得到了充分进化，所以恐龙的嗅觉应该很灵敏。灵敏的嗅觉可以帮助恐龙寻找食物，也可以让恐龙根据同伴身上散发出的气味寻找它们。腕龙在头顶长有很长的鼻孔，科学家推测腕龙鼻孔这样长的原因可能是为了让它们在吃水生植物的同时可以进行呼吸。

■ 恐龙有味觉吗？

许多恐龙都有舌头，同今天的大多数动物一样，恐龙可能也会辨味闻味。爬行动物中的蛇用它叉形的舌头"品尝"空气，来寻找猎物的踪迹。但是至今还没有足够的证据证明恐龙的舌头也有这种功能。

■ 恐龙的祖先什么模样？

恐龙起源于一群名叫祖龙的爬行动物，这群动物中包括鳄鱼和现在已不复存在的几种爬行动物。有一种早期祖龙可能与恐龙的祖先有一定的关系，它约有4米长，拥有强健的肌肉，以捕猎其他动物为生。

■ 最早的数目庞大的恐龙是哪种？

腔骨龙（或称虚型龙）是一种数目庞大的恐龙。在北美已经发掘出数百具腔骨龙的化石，最引人注目的考古发现当数1947年在美国新墨西哥州幽灵牧场的考古行动。科学家发现了这种恐龙整个群落的化石，几乎有100具，其中包括年龄各异（从幼小到年迈）的腔骨龙。成年腔骨龙约有3米长，后腿强健有力，前腿虽短小却有着锋利的爪子。科学家认为这群恐龙是在沙暴中丧生的。

↗ 科学家发现了成群的腔骨龙骨架，因而这种动物很有可能聚居在一起，或成群结伴地捕猎。

■ 腔骨龙如何生存？

腔骨龙以捕猎食草恐龙和其他动物为生。它们可以快速奔跑，长长的尾巴有助于快速奔跑中要改变方向时保持身体平衡。腔骨龙还捕食蜥蜴等小型动物，甚至从一只腔骨龙的化石中发现它的胃中有一只幼小的腔骨龙，据此推断，它肯定吃了它的同类。这种现象被称为嗜食同类，在动物中极为罕见，但现在还不确定腔骨龙是捕食同类作为日常饮食，还是一种个别的行为。这个化石的发现地当时是一处沙漠，因而成年动物吃幼崽可能仅仅是因为食物短缺，不过只有科学家发现了更多的证据后才能对此下论断。

■ 鳄鱼和恐龙之间有何关系？

最早的爬行动物祖龙可能是鳄鱼和恐龙的共同祖先。盾齿龙生活在大约2.5亿年前的南非，它大约可以长到4.5米长，在捕猎其他爬行动物时可以以相当快的速度奔跑。其颌内布满几十颗锋利的圆锥形牙齿，专用于攻击其他动物。盾齿龙和许多类似的动物已经拥有长长的后腿，这成为后来几乎所有的恐龙和鳄鱼的显著特征。

■ 为什么说阿根廷龙是最重的恐龙？

最重的恐龙可能要数阿根廷龙，它生活在大约1亿年前的南美。虽然科学家只发现了它们的部分骨架，但推测这种动物大约有40米长，重量可能达90吨。因此，它们成为曾经存在过的最重的动物。

■ 为什么说地震龙是最长的恐龙？

地震龙长达45米，可能是最长的恐龙。这种动物之所以被这么命名是因为发现其化石的科学家认为它走路时会引起地面震动。地震龙和梁龙类似——梁龙在侏罗纪时遍布世界各地，但后来只生活在东亚地区。

■ 蜥脚类恐龙如何生存？

科学家认为，蜥脚类恐龙生存在多达30个个体的群体中。已发现的足迹化石显示，很多蜥脚类恐龙会沿着同一个方向行走，体型矮小且年幼的位于队伍的中央，这样它们可以得到保护，免受正在捕猎的恐龙的袭击。当确定周围安全时，它们会四散觅食，但必须随时保持警惕。

■ 还会发现新的蜥脚类恐龙的残骸吗？

是的。20世纪90年代，在非洲发现了蜥脚类恐龙中的约巴龙和雅嫩斯龙。科学家只发现了这些巨型恐龙的部分骨架，因而他们必须将之与其他蜥脚类恐龙比较后再重建它们的骨架结构。约巴龙约有21米长，18吨重；雅嫩斯龙体型稍小。2004年，在美国又发现了一种恐龙，它可能是一种新的蜥脚类恐龙，但迄今为止还没有得出恰当的研究结果。

■ 蜥脚类恐龙以什么为食？

蜥脚类恐龙的牙齿相当细小，通常又非常钝，这说明它们只能以植物为食。蜥脚类恐龙必须摄入大量的植物，才能获取巨大身体所需的能量。大约经过了1亿年后这些恐龙的数目变得更加稀少，可能是因为它们食用的植物开始消失的缘故。

↗ 蜥脚类恐龙以植物为食。

科学家获知有花植物也于此时开始出现，因而推测蕨类植物的数目也比先前更为稀少。

■ 蜥脚类恐龙如何取食？

蜥脚类恐龙必须摄入巨大数量的植物，然而它们的牙齿非常小，颌肌肉也很无力。例如雷龙的牙齿长而窄，专家因此认为雷龙的牙齿就像耙子一样，使用时会先咬住满满一口树叶，然后向后扭，将树叶从树上或灌木上扯下。

■ 蜥脚类恐龙为什么会有那么长的脖子？

长长的脖子使蜥脚类恐龙可以够到它要吃的植物。马门溪龙的脖子是恐龙中最长的，约有11米，仅由19根骨头构成。科学家认为蜥脚类恐龙可能只需站在原地，就可以利用长长的脖子从广大的区域获取食物。然后，再向前移动，到达新的进食中心。这也意味着这种动物无需走太多路，因而有助于保存能量。

■ 蜥脚类恐龙的脚为什么独特？

蜥脚类恐龙的体重惊人，然而只能依靠四只脚来支撑整个体重。因此其每只脚都由从脚踝处向外下方伸展的脚趾构成，脚趾之间留有空间。有人认为这个空间填满了强韧的类似肌腱的组织，当脚落下时起着缓冲垫的作用，有助于支撑动物庞大的体重。

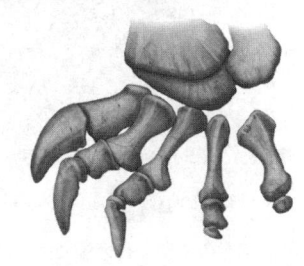

↗ 蜥脚类恐龙的脚大而宽阔，因而可以支撑起巨大的体重。体型较小恐龙的脚则较为窄小，更适于快速奔跑。

■ 发现过完整的恐龙骨架吗？

极少会发现完整的恐龙骨架。若使骨头变成化石，它必须快速掩埋在泥土或沙子中，然而这种情况不常发生。大部分恐龙化石都只由几根骨头构成——当然也发现过一些小型恐龙的完整骨架——这就意味着很多恐龙都是通过部分骨架被了解的。科学家发现部分骨架的直接证据后必须重新构建整个恐龙骨架。他们会寻找类似的恐龙，从而发现遗失的部分，然后将已知的特征与遗失的部分相匹配，从而重新构建出完整的恐龙骨架。

↗ 蜥脚类恐龙长得惊人的脖子有助于这种动物寻找并摄入巨大数量的食物，以满足庞大身体所需的能量。

■ 第一批大型鸟臀目恐龙是哪种？

鸟臀目恐龙的体型一直都很小，而且相当罕见。大约1.6亿年前，出现了一个新的鸟臀目恐龙族，它们属于剑龙类恐龙，数目庞大，在世界各地都有分布。经过大约5000万年的繁盛期后，剑龙类恐龙走向灭绝，并被其他类型的恐龙所替代。体型最大的剑龙类恐龙可以长到大约7米长，生存于北美地区。

■ 蜥脚类恐龙如何消化食物？

蜥脚类恐龙的牙齿和颌过于无力，无法咀嚼摄入的数量巨大的食物，于是它们便将食物囫囵吞下。食物在胃中会被恐龙吞下的石头（即胃石）碾成糊状，然后胃中的细菌会将其中的营养分离，以便恐龙能够消化吸收。现在很多动物还在采用这种消化食物的方法，如有些鸟会在消化系统中保留沙砾，从而碾碎种子或粗糙的植物；鳄鱼也会吞下石头，这有助于将骨头碾碎。

■ 剑龙为什么会在后背上长有碟形骨质甲？

剑龙和其他剑龙类恐龙背部的骨质甲有不止一种用途。其表层的皮肤内布满巨大的血管，如

↗ 剑龙类恐龙是一种大型动物，尾巴上长有尖刺。它们是一种食草动物，尾巴上的武器只是用来自我保护。

果剑龙感觉炎热，会在血管内充满血以降低体温；如果天气过于严寒，剑龙则会站在阳光下，吸收阳光中的热量。剑龙的皮肤还可以改变颜色，正如某些现代爬行动物一样，可以以之向其他种类的剑龙发出信号。

■ 为什么说剑龙很傻？

剑龙的大脑很小——相对自身的体型而言，实际上在所有的恐龙中，它的大脑是最小的。剑龙的脑部只有大约6厘米长，而它的身体却有7米多长，这可能意味着剑龙不是很聪明，然而它们成功生存了数百万年，显而易见它们还是有着足够的智慧。剑龙的髋部分布着大量的神经，有些科学家认为这些神经控制着腿部和尾巴的动作，因而无需大脑来做这个工作。

■ 哪种动物生活在侏罗纪时期的海洋中？

侏罗纪时期有各种各样的鱼，然而最大的动物为爬行动物。现在的陆地在侏罗纪时期大多被温暖而浅浅的海水淹没，生活在海洋中的爬行动物中包括海龟，它可以长到4米长。蛇颈龙有着长长的脖子，因而可以利用其颌紧紧咬住鱼类猎物。鱼龙也是一种爬行动物，可以像鱼一样游泳。

■ 为什么以捕猎为生的恐龙会长有羽冠？

科学家还不确定为什么有些大型食肉恐龙长有羽冠或从头骨上长出角骨。最有可能的解释是羽冠可用来向其他同类恐龙发出信号，也可能有助于恐龙发现猎物，抑或羽冠内含有特殊的腺体。

■ 第一种会飞的爬行动物是什么？

几种不同种类的爬行动物都可以在树木间滑翔，然而第一种进行真正意义上的飞行的脊椎动物为翼龙，即长有翅膀的爬行动物。最早的翼龙为喙嘴龙，它的翼幅约有1.5米长，生活在1.8亿年前的欧洲。正如所有早期的翼龙，喙嘴龙也长着长长的尾巴，尾巴末端有小小的皮肤构成的襟翼。襟翼的作用与飞机上的方向舵的作用相似，有助于动物在飞行中改变方向。

■ 最大的翼龙是哪一种？

北美的风神翼龙是最大的翼龙，也是迄今所知最大的飞行动物。风神翼龙的翼幅约有12米，而且它们的重量惊人，达100千克。据科学家推测，它们的飞行速度可能非常缓慢，在高空的气流中翱翔觅食。这种恐龙是以墨西哥阿兹特克人信仰的羽蛇神来命名的，据说这个神拥有蛇的外表，全身覆盖着羽毛。

↗ 飞行的爬行动物或称翼龙在数千万年来一直主宰着天空，并进化为种类繁多、外形和大小各异的物种。

■ 所有的翼龙都相似吗？

不是。翼龙在存在的数百万年间，逐渐发生着变化，有了显著的进化。最早的翼龙大约生存于2.2亿年前，这是一群小巧敏捷的飞行动物，长有长长的骨质尾巴；最晚的翼龙生存于6500万年前，是一群巨型的喧闹的动物。所有翼龙的翅膀都由四个趾支撑并由与皮肤相连的羽翼构成，而且进化后的翅膀非常长。

■ 角龙共有多少种？

科学家已经确认的角龙约有30种，可能还有很多别的角龙，但目前还没有被发现。早期的角龙相当矮小，而且没有长角，例如原角龙，它大约生活在8500万年前的亚洲。后来的角龙体型增大，长有很多个角，例如8000万年前生活在北美的戟龙。身上长有盔甲的恐龙，例如包头龙，也生存在同一期间。

■ 为什么角龙的进化会如此成功?

多亏了牙齿和颌，才使角龙变得数目众多、分布广泛。头骨后面的巨大装饰物有助于强健的肌肉带动颌运动，而颌内又布满很多锋利的切牙。角龙可以切开并吞下大量植物作为食物，而这些植物是其他恐龙不会去吃的。

■ 关于角龙的最有名的发现是哪一次?

1922年，有一个美国探险队旅行至中亚的戈壁沙漠，探寻古人类的化石。然而，他们发现的却是数百具恐龙化石，其中有一个完整的恐龙巢穴，里面不仅有恐龙蛋，还有雌恐龙。这种恐龙为原角龙，这第一次证明了恐龙会孵蛋，而且雌恐龙会看管巢穴。探险队花费了几个月的时间挖掘并将消息传到外界。当化石抵达美国时，引起了轰动。不久，其他的探险队也直奔戈壁沙漠，探寻更多的恐龙巢穴，然而收获甚微。

↗ 原角龙会守护孵蛋的巢穴。角龙蛋可能会放在露天里接受太阳的照射，以吸收热量保证孵化。

■ 角龙会迁徙吗?

随着季节的更替，至少某些恐龙可能会像现代鸟类和哺乳动物一样从一个区域迁徙到另一个区域。因植物性食物在夏天和冬天于一个地方的可得量明显不同，以植物为食的角龙就有可能为了觅食而迁徙。迄今为止，还没有很多直接的证据证明恐龙有迁徙的行为，然而在当时的沙漠中发现了本应生活在森林中的恐龙的化石。

■ 鸭嘴龙为什么得名?

鸭嘴龙的嘴巴前部宽阔平坦，和现在的鸭子的嘴无异，因此将之称为鸭嘴恐龙。然而，鸭嘴龙的喙锋利有劲，有强健的肌肉带动，这与鸭子柔软的喙不同。

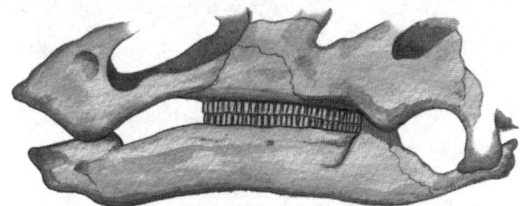

↗ 鸭嘴龙颌上模糊的痕迹显示出这种动物两颊上长有肌肉。

■ 哪种鸭嘴龙羽冠最大?

鸭嘴龙以长有奇怪的多骨羽冠而闻名，迄今所知拥有最大羽冠的为副栉龙，它的羽冠有1米多长。科学家认为其羽冠上覆盖着彩色的皮肤，可用来向其他同类发出信号，也可以用来击退敌人或吸引异性。

■ 为什么不是所有的鸭嘴龙都长有羽冠?

很多种鸭嘴龙头顶上没有任何羽冠。鸭龙有10米多长，约3吨重，和其他鸭嘴龙一样，它与尾巴相连的部分也有强健的肌肉，主要用于游泳。

■ 鸭嘴龙如何照顾小恐龙?

成年鸭嘴龙会将食物带回巢穴给小恐龙喂食。化石显示小恐龙在孵出后的几周里都会待在巢穴内或巢穴附近，成年的恐龙必须给小恐龙喂食，并保护它们远离危险。

■ 鸭嘴龙如何筑巢?

鸭嘴龙在地上筑一个个圆形的土墩以作为巢穴。

1978年，在美国蒙大拿州发现了慈母龙（一

↗ 小恐龙（例如小慈母龙）在孵出后几周内都会待在巢穴内或巢穴附近。

种鸭嘴龙）的成片的巢穴化石，这说明鸭嘴龙会将巢穴建在彼此临近的地方。

■ 为什么说甲龙的"盔甲"最多？

"盔甲"最多的恐龙为甲龙，生活在大约7000万年前的北美。其整个后背都覆盖着坚实骨头构成的"铠甲"，"铠甲"上的尖刺和圆块以不同的角度向外探出。其头上也覆盖着厚厚的一层骨头，即使是眼皮上也有骨质"铠甲"保护。

■ 甲龙体型有多大？

甲龙后背上布满盔甲，是一种大型食草恐龙，可以生长到11米多长，近3米高。它们的双腿非常稳固有力，然而只能非常缓慢地行走。它们的牙齿适于以植物为食，但其上下颌的肌肉很无力，只能进食非常柔软的植物。

■ 甲龙如何自我保护？

甲龙主要依靠身体上覆盖的盔甲进行自我保护，然而它还有一个更为有力的武器可以使用，那就是其尾巴末端由坚实骨头构成的巨块。甲龙可能会利用强有力的尾部肌肉向袭击者挥动这个沉重的"骨锤"，这可以给任何袭击者包括最大的食肉恐龙带来沉重打击。

■ 什么是肿头龙？

肿头龙即头骨顶部有一层厚重而坚实骨头的恐龙。其中的剑角龙大约生存于7000万年前的北美，身体有2米长。和其他肿头龙一样，它也以植物为食，并依靠两条后腿走路。

■ 最小的肿头龙是哪种？

迄今为止，科学家已知的最小的肿头龙为皖南龙，它大约生存于7000万年前的中国。皖南龙大约仅有60厘米长，而最大的肿头龙可以生长到8米多长。由于极少会发现完整的化石，其他肿头龙的体型还无法确定。目前仅发现了肿头龙厚重的头骨。

■ 肿头龙为什么会长有如此厚重的头骨？

因为肿头龙要利用头部进行争斗。当两只剑角龙交战时，它们会低下头，径直扑向对方，然后头部会以巨大的力量撞击到一起——显然厚重的骨头可防止它们受重伤。最终，势力较弱的一方会放弃并退出战斗。

■ 恐龙会成群捕猎吗？

有些小型恐龙，例如恐爪龙，可能会协同捕杀无法单独应付的大型食草动物。腱龙是一种食草动物，大约可以生长到6米长，一只恐爪龙无法将它打倒，然而，几只同时进攻，就可以打败这么大的猎物。不过这种合作要求恐龙有较大的大脑，因为只有这样它们才能理解其他恐龙的行为。

■ 哪种恐龙吃鱼？

重爪龙可能吃鱼，而其他恐龙则不然。重爪

龙的嘴巴里布满细小锋利的牙齿，适于牢牢咬住光滑的物体，例如鱼。其前腿上长有弯曲的爪子，可以在水中抓鱼。这种恐龙的肩膀异常有力，因此它可以利用巨大的拇指上的爪子捕捉巨大的猎物。重爪龙大约生存于1.2亿年前的英国，可以生长到11米长。

为什么恐爪龙被称为"神秘杀手"？

1970年，波兰科学家在戈壁沙漠发现了2块神秘的恐龙前肢化石，他们将之称为恐爪龙。这两段前肢有2米多长，长有大约28厘米长如剃刀般锋利的爪子。除了发现仅有的前肢外，还无人知晓这种恐龙的其他部位是何模样，因而将其称为"神秘杀手"。

恐爪龙的名字是怎么来的？

恐爪龙名字的含义为"可怕的爪子"，是因其后腿上锋利的钩形爪子而得名的。这可怕的爪子位于第2个脚趾，可以前后快速活动。这些爪子是袭击的凶猛武器，可以给对方造成重伤。

为什么似鸟龙没有牙齿？

似鸟龙是一类掠食性恐龙，约有3米长，然而体重仅有150千克。相对于其体型，它们的体重非常小，再加上长长的腿，使它们可以快速奔跑。这种恐龙可能以昆虫、蛋或其他不需要咀嚼的食物为生。

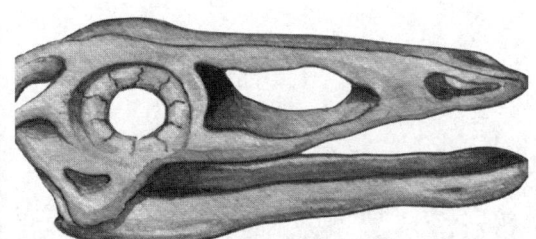

↗ 似鸟龙的头骨显示其上下颌内没有牙齿。

暴龙什么模样？

暴龙仅依靠两条后腿走路，它强大的尾巴可用以平衡身体和头部的重量。它是一种肌肉发达的动物，血盆大口里布满长而锋利的牙齿，上下颌也非常宽大，使它成为可怕的食肉动物。

↗ 暴龙有着圆圆的眼睛，它可能主要依靠视觉进行捕猎。

暴龙的移动速度有多快？

科学家认为暴龙是一种相当活跃的恐龙。它们有着结实发达的后腿，可以快速移动，然而后腿的长度不足以让每一步跨出很远的距离。它们的奔跑速度最快可达到30千米/小时，然而只能维持很短的一段时间。它们通常只以大约5千米/小时的速度行走。

暴龙会捕食哪种恐龙？

暴龙在北美生存时，那里存在数目巨大的食草的鸭嘴龙，暴龙可能就是主要以捕食这种恐龙为生的。暴龙可能也捕食角龙，因为角龙也存在于同一时期，不过其角的保护使它们可以有效防止被暴龙捕食。当然，暴龙也会捕食更大型的食草动物，这样它们才能保证每餐有足够的食物。

为什么暴龙的前肢很短小？

因为暴龙的前肢可能主要用于帮助身体站立起来。暴龙拥有细小的前肢，只有1米长，而它的整体体长可达13米。有人认为暴龙休息时会将前肢支撑在胃部上，站立时，它会收起狭小的前肢，利用有力的后腿肌肉抬起笨重的身体。

为什么暴龙的头骨如此强韧？

暴龙的头骨如此强韧是因为它所采用的捕猎方式。暴龙的头骨在主要的受力点有强有力的骨节加固，因此有些科学家认为暴龙可以张大嘴巴追捕猎物，以便给猎物沉重一击。另外暴龙强韧的头骨也可以防止它受伤。

■ 暴龙是最大的食肉恐龙吗？

不是。迄今为止，科学家发现的最大的食肉恐龙为南方巨兽龙。这种恐龙约有14.3米长，重量可达8吨，比暴龙重2吨。现在仅发现了少量南方巨兽龙的化石，与暴龙一样，它们也很少为人类所知。

■ 恐龙灭绝前世界什么样？

大约6500万年前，世界由恐龙主宰着。在亚洲和北美存在着种类繁多的长有盔甲的恐龙、角龙、鸭嘴龙和食肉恐龙，在其他地区还有蜥脚类恐龙、剑龙和多种食肉恐龙。有些恐龙数目众多，然而所有的恐龙家族都很繁盛，在即将灭绝前没有任何征兆。

■ 恐龙为什么会较短的时间内灭绝？

有过相关研究的科学家还不确定恐龙的灭绝是在一年内还是历经几千年发生的，含有化石的岩石还无法确定时间，不能提供恐龙灭绝的相关信息。然而，我们估计地球上的所有恐龙都是较短的时间内灭绝的。不论是何原因导致恐龙的灭绝，总之地球上的每个角落都受到了影响。

■ 是流星将恐龙致死的吗？

有人认为如果巨大的流星撞击地球，会扬起厚重的尘云和水汽，在数月内阻碍阳光到达地球表面。这会导致植物死去，进而导致包括恐龙在内的大部分动物的灭绝。

■ 火山爆发对恐龙的灭绝有影响吗？

大约6500万年前爆发的火山可能导致了恐龙的灭绝。那时爆发的火山比今天任何火山喷发都要剧烈，火山岩会覆盖数千平方千米的土地，扬起的气体和灰层会影响气候，而气候的改变足以使恐龙灭绝。

■ 是哺乳动物使恐龙灭绝的吗？

有一个理论认为有可能是哺乳动物致使恐龙灭绝的，然而现在已没有人相信。据说白垩纪晚期的小型哺乳动物会偷食恐龙蛋，如果它们吃掉足够多的恐龙蛋，就会阻碍小恐龙的出生，从而导致恐龙灭绝。然而，当时似乎没有足够多的哺乳动物可以做到这一点；而且，如果以恐龙蛋为食的哺乳动物吃光了所有的恐龙蛋，也就断绝了其赖以为生的食物来源，这意味着它们自身也会灭绝。

■ 哪些动物跟恐龙一起灭绝了？

恐龙一起灭绝的还有恐龙时代的许多爬行动物，包括沧龙类、蛇颈龙类、上龙类和翼龙类等，以及菊石等水游贝壳。大部分其他的动植物，像哺乳类、鸟类、蛙类、鱼类和其他贝壳类都存活下来了。并不是所有的爬行动物都灭绝了，像海龟、鳄鱼、蛇和蜥蜴等动物我们今天仍然能见到。

↗ 巨大的流星撞击地球后，所有的恐龙都随之灭绝，几周内地球上的其他生命也都受到了影响。

自然奇观

为什么说生物很独特？

生物能够繁衍，制造出和自己一样的复制品。数百万年前海洋中第一个有生命的细胞完全不同于今天地球上的任何生物，它利用海水中的化学能量制造食物，而且能够繁衍后代。

生物可划分为几大类？

生物可划分为动物和植物两大类。共有5个集群，除动物和植物外，其他3个集群分别为原核生物、原生生物（任何微小的单细胞有机体）以及真菌类。所有的生物都被加以命名以便区分。

生物是由什么构成的？

所有的生物都是由细胞构成的，细胞是一个缩微的化工厂。大部分细胞只能在显微镜下才能观察到。我们的身体以及动植物机体都是由很多细胞构成的，最简单的动植物，例如硅藻，只有一个细胞，而复杂的动植物，例如树木或哺乳动物，则由数以亿计的细胞构成。

↗ 大猩猩是一种灵长类动物，是所有动物中进化水平较高的。然而，与最简单的生命形式一样，它们也是由细胞构成的。

最重的生物是什么？

美国白杨是一种巨大的复合树——树干由一个普通的根系连接起来，重达数千吨——拉丁语中称之为"我传播"。虽然这些无性系中独立的成员相当短寿，但是它们至少有4.7万棵，而且都是雄性的，已经自身繁殖至少1万年了，甚至也许还要长很多很多年。虽然这种无性系分株比较细长，几乎不能长得很高，但是它们所覆盖的面积起码达0.43平方千米。

美国白杨能以正常的性方式进行繁殖，产生种子。但是如果条件不适合种子萌芽，或者白杨被火灾或雪崩毁坏了，它就会选择快速的无性繁殖，从根部或干的下部长出枝条来代替落叶树，并且继续有机生物的传播。事实上，由于它部分具有防火性能，所以在周期的火灾当中还能茁壮成长，消灭了与之竞争的树种。

一棵成熟的根系能发出每平方千米近5000万棵芽，由于每个季节白杨的芽能长1米，所以它很快就超过别的树种。因此，美国白杨在经历了第4纪冰川后成功地在北美洲扎下根来，现在成为了这个大陆上分布最广泛的树种，仅次于世界上分布最广的刺柏属树木。

什么是物种？

一个物种即一种生物。同一物种的雌性和雄性可以繁殖，不同物种的个体之间一般无法繁殖。科学家根据外表和血缘关系将生物进行物种分类。例如，所有的赤狐都属于同一物种，彼此间可以交配。赤狐、灰狐和北极狐以及其他狐狸都归为狐狸属，而狐狸属又可以归入一个更大的犬科。

为什么说觅食是动物最重要的活动？

对大多数的动物而言，觅食是最重要的活动。植物可以利用阳光中的能量自己制造食物，动物却必须四处觅食才能获得身体所需的能量。动物摄入各种各样的食物：植食动物仅以植物为食，肉食动物以捕猎其他动物为生，而杂食动物无论植物性还是动物性食物都可食用。

为什么有些动物要冬眠？

冬眠是有些动物在冬季食物稀少的时候生存下来的一种策略。熊在秋季会吃得很胖，冬季则在舒适的洞穴中睡觉；獾也一直待在地下的住所。有些动物，例如睡鼠，会使身体器官几乎完全停止运转,看似已经死去。冬眠的动物靠体内储存的脂肪过冬,待春天到来,温暖的天气会再次将它们唤醒。

■ 为什么有些动物会群居?

群居是一种很好的保护策略。如果羚羊待在群落里,被狮子捕杀的平均几率就会降低,而且很多双眼睛一起保持警觉要胜过一双眼睛。大象没有真正的敌人(除了人类),但是雌性大象会共同生活在一起,共同承担起哺育幼象的责任。和大多数猫科动物不同的是,狮子会合作捕猎;狼、野狗和鬣狗也是如此。

■ 为什么动物要建造自己的巢?

很多动物都有自己的领地,然而巢穴通常只是哺育幼崽的场所,雌性动物通常会为幼崽准备一个巢穴。鸟儿能建造出最精巧的巢,它们大多在树梢上或灌木丛中筑巢。鱼类,例如雄性棘鱼,会誓死保护自己的幼鱼。最引人注目的哺乳动物的"家"当属河狸在水下的窝巢。河狸的"小屋"是用泥土和枝条筑成的,它为河狸提供了干燥、躲风遮雨并避开陆地食肉动物的安全住所。

■ 什么是迁徙?

鲸、某些鱼类、龙虾、北美驯鹿和蝴蝶等动物都迁徙——即季节性迁移,以寻找稳固的食物供给和最适宜的繁殖场所。最常见的迁徙当数鸟类的迁徙。

刚孵化的幼龟正向深海前进。很多龟在此阶段会被静候的食肉动物捕杀。

森林中的许多动物会在冬季的几个月里冬眠,只偶尔在天气变暖时探出头来。

北美的河狸用折断的树干和树枝拦截水流以形成一个小池塘,在这个池塘里,它们建造一座有水下通道的窝巢。

象群通常由一只老雌象带领,群体成员会共同照看受伤的同类,还会保护幼象免遭狮子等食肉动物的捕杀。

北极燕鸥是飞行距离最长的鸟类。北方处于夏季时,它们会在北极繁殖,然后飞回南方到南极度过北半球的冬季。其来回的行程长达25000千米。

■ 为什么有些哺乳动物会孵蛋?

会孵蛋的哺乳动物是单孔目的鸭嘴兽以及针鼹。这些稀奇古怪的动物只生存于澳大利亚。雌

↗ 北美的河狸用折断的树干和树枝拦截水流以形成一个小池塘,在这个池塘里,它们建造一座有水下通道的窝巢。

性鸭嘴兽会在巢中孵出两个蛋，并在幼崽孵化后哺育它们。雌性针鼹在育儿袋内孵卵，幼崽就在里面长大，并透过毛皮吮吸乳汁。

■ 哪种动物生出的幼崽体型最大？

蓝鲸，它是最大的鲸类。蓝鲸的主动脉很宽，可供一个身材小巧的人匍匐通过。幼鲸出生时就有6~8米长。哺乳动物并非动物中最大的种群，然而相对身体大小而言它们的大脑体积要胜过其他动物。据估计，蓝鲸的寿命达80年之久，它们通常单独行动或三三两两结伴而行，不过加州海岸外某些鲸群内鲸的数量有时达60只之多。

↗ 最大的海洋和陆地动物都是哺乳动物，它们分别是海洋里的鲸和陆地上的大象。

■ 叉角羚为什么被称为长跑冠军？

叉角羚真的很独特，它既不属于羚羊科，也不属于鹿科，而是自成一科。它的奔跑速度很快，而且富有耐力。虽然猎豹是奔跑速度最快的动物，但是没有一种动物能在长距离奔跑中还能保持这么快的速度。例如，叉角羚在长达1.6千米的距离中能保持67千米/小时的速度，它绝对可以得到一枚长跑冠军的金牌。

但是它为什么可以跑得如此快呢？科学家相信，很久以前，它很可能不但被草原上的狼追猎，而且还是现在已经灭绝的既有耐力还奔跑迅速的其他食肉动物的猎物。而且，在一望无际的大草原上根本没有它的藏身之处。

最近的研究揭开了叉角羚的一些生理上的秘密。首先，它有强有力的肌肉，以及相当长的、重量很轻的腿。疾驰时，前腿往前推，后腿支持前腿，朝空中迈出一大步。与其他的哺乳动物相比，它的心脏、肺、气管都要大些，血液里的血红蛋白极其丰富，这就意味着在很短的时间内会有更多的氧气传输到肌肉。它的眼睛大大的，向外突出，有利于看到更广阔的区域，以便发现草原上的食肉动物，这在奔跑时相当关键。但是叉角羚跑得再快也快不过欧洲殖民者的枪火。到20世纪初期，叉角羚的数量已由4000万只锐减到1万~2万只了。

■ 西伯利亚虎有多大？

来自俄罗斯东部和中国的西伯利亚虎，其体型和体重都比狮子大。它是生活在最北部的虎类，厚厚的皮毛在冬天的冰天雪地也能保持温暖。老虎需要大面积的捕猎领地，因此现在野外只有几百只西伯利亚虎幸存下来。

■ 猎豹为什么能跑那么快？

猎豹大部分时间实际上是在休息，躲避炎热，或者隐藏起来不让别的猫科动物发现，或者坐在地势高的地方寻找着猎物。但是，当它出现时，它的行动是突如其来的，让人猝不及防。它偷偷地潜近它的猎物，越靠越近。猎豹几乎能在瞬间就从站立达到疾驰的状态。有一段胶片拍到猎豹仅仅在3秒钟之内就达到80千米/小时的速度，但是有官方纪录一只在肯尼亚的猎豹在201米的距离中时速达到平均103千米/小时。

猎豹能达到如此快的速度是由于它的脊柱相当灵活，它一步跨出的距离是赛马的2倍，距离这么长，以至于在它奔跑当中一半时间4脚都是离地的。它还有其他的特征，包括强壮、引人注目的脚，不能收回的脚爪就像跑鞋的长钉，又长又瘦、富有弹性肌腱的腿，可以在飞奔时突然改变方向，一条长长的尾巴帮助它在奔跑当中保持平衡。

然而猎豹并不总是飞速奔跑的，它通常跑了60秒后就会放弃，一般的追逐距离不会超过200~300米。不到20秒钟，它就会疯狂地喘气，不得不停下来休息至少20分钟让自己缓过气来，使乳酸的合成从它的肌肉里消散。毫不奇怪，它的猎物如黑斑羚、瞪羚奔跑的速度也很快，据记载汤姆森瞪羚的速度为94.2千米/小时，速度之快连猎豹也要保持高度警觉的状态，追上它们并不容易！

斑纹鼬为什么会放臭液？

斑纹鼬发出的臭味能充斥到掠食者或猎物的整个鼻腔里，我们人类的感觉器官没有大多数动物的灵敏，但是如果风正朝我们这个方向吹的话，我们还是能闻到3.2千米远的斑纹鼬身上发出的臭味。也许我们可以尽量使大脑不去理睬某种最令人讨厌的气味，如呕吐物、粪便以及腐烂的物体，但是我们避不开斑纹鼬发出的臭味。其他的动物，包括非洲艾虎、袋獾、狼獾，以及不同种类的臭鼬，当它们遇到威胁或袭击时，也会释放出令人讨厌的气味，但是它们发出的气味的强度和持久度都比不上斑纹鼬射出的臭液。

斑纹鼬射出的那种黄色的油状液体是在它尾巴下面的两块肌肉腺体里产生的，能方位精确地喷射3.6米远。这种液体里面含有令人作呕的气味，就像很臭的烂鸡蛋味。它还能使人暂时失明，如果近距离遭遇到它的话，喷射到衣服上的液体根本无法洗去，最好是把它扔掉。

其他的哺乳动物对这种臭味也很反感，因此斑纹鼬唯一惧怕的掠食者就是大角鹰，因为大角鹰几乎没有嗅觉。斑纹鼬舍不得随便浪费它的臭液，因为腺体要花费两天的时间才能再次充满，于是它们通常会在喷射之前抬起它们黑白相间的尾巴作为警告。但是这样的警告在公路上不起作用，也许这就是汽车才是它们的最大敌人的缘故吧。

大飞鼠为什么可以滑翔？

飞鼠其实并不会飞。它们没有翅膀，不能展翅高飞。但是它们却能够滑翔，与其余5种哺乳动物以及某种蜥蜴和蛇类一样，它们能在树丛中滑翔，以便节约能量，避免在地面上奔跑所隐含的危险。

擅长滑翔的动物（除了会扬帆冲浪的鸟类以外）的滑翔距离长，动作灵活，接近于飞翔。一般会滑翔的动物能从它所停留的树上几乎笔直地滑向它想到达的另一棵树，它们用前腿和后腿之间的隔膜展开来飘浮在空中。但是大飞鼠比它们更灵活，它能通过改变腿的位置来改变方向，还能表演精彩的急速旋转和倾斜转弯。大飞鼠甚至能在它所栖息的山脉上升起的暖气流上滑翔，就像翱翔的飞鸟一样。

它的近亲，大红飞鼠也是相当出色的滑翔家，这两种动物的滑翔距离都超过别的滑翔动物——达110米远。要滑行这么远的距离，达到想要的速度，它们需把腿紧紧靠近身体，然后再降落下来。它们以心跳的速度向地面疾飞，然后展开它们的隔膜开始滑翔。

世界上共有多少种大象？

3种。科学家过去通常会回答"2种"，即大耳朵的非洲象和小耳朵的亚洲象或称印度象。然而最近的研究显示，非洲象实际上分两种：生活在草木茂盛平原的大型象和钟爱森林的小型象。

有袋动物只生存于澳大利亚吗？

不是。新几内亚岛和太平洋上的所罗门群岛也存在一些有袋动物，而在美国存在2种有袋动物（负鼠和负鼠）。身上有育儿袋的哺乳动物被

↗ 斑纹鼬在遇到危险时，先将它的尾巴竖起以示警告，警告无效时它才不得已射出自己的臭液。

□怎样回答：全球孩子最爱问的为什么

↘ 幼袋鼠在母亲的育儿袋中长大，直到有一天育儿袋再也无法容纳下它。

称为有袋动物，包括袋鼠、考拉、小袋鼠、负鼠、袋熊和袋狸等。

■ 土豚为什么被叫作挖掘者？

土豚是世界上最奇怪的哺乳动物之一。如今它没有存活的近亲，但是它的远亲包括大象、海牛和金鼹鼠，而且没有别的动物行动和它一样。土豚在荷兰语中是"土猪"的意思，它体型肥硕，无体毛，进食时使用黏液粘食食物。它夜间活动，灵敏的嗅觉和雷达似的听觉帮助它躲避一些食肉动物的追捕。

土豚最主要的自卫方式是挖洞。在它那强有力的、肌肉发达的腿的尖端长着长长的、像凿子一样的利爪，这使它有可能成为世界上挖土速度最快的动物。据说，它在松软的土壤中挖掘一个洞的速度能超过两个使用铁锹挖土的人。它挖掘的洞在白天不仅可以作为睡眠的洞穴，还可以作为避难所。洞穴很长——通常有10多米，这样可以避免诸如鬣狗之类的掠食者挖出它或者它的孩子。

它的利爪还可以用来挖出坚硬土壤中藏匿的白蚁巢穴。事实上，土豚的整个身体的结构安排都是很适合捕食蚁类的。在夜晚，它的嘴巴朝下贴着地面弯弯曲曲地在大草原中穿行，一旦它觉察到有蚁穴就立即开始挖掘。它的鼻毛长达45厘米，能过滤掉灰尘，舌细长，富黏液，可以快速吸食白蚁或蚂蚁。它的牙齿终生生长，但没有牙根和珐琅质。它们生活在非洲的大部分地区，因为那的白蚁和蚂蚁都很多。

■ 大马蹄铁蝙蝠为什么听力如此敏锐？

在伸手不见五指的黑夜中捕猎并给自己定位需要极好的感官。蝙蝠利用回声定位法能"看清"外部世界，而办到这些也并非难事。它们从嘴或鼻子里发射出高频脉冲波（超声波），然后分析回音，判断出物体的大小、形状、结构、位置以及细微的运动。蝙蝠的鼻子结构有利于集中声音，复杂的耳朵的褶痕能捕捉到回音，从上方来的回音与从下方来的回音分别撞击到耳朵褶痕上的不

↗ 土豚喜食白蚁，它挖洞除了防卫以外，就是寻找白蚁的巢穴了。

同点，并且通过转动耳朵，蝙蝠就能听到从不同角度弹回的声音。

外界的噪音如此强烈，为了避免声音混淆，大多数蝙蝠在发射信号时会将耳朵闭合。以在开阔地觅食的小棕色蝙蝠为例，它能发出110分贝的声波；而在北方生活的长耳蝙蝠捕食周围的昆虫，能发出60分贝的声波。发出低频波（波长较长）的蝙蝠，如大马蹄铁蝙蝠，能收集到远处的昆虫或体型较大的动物的信息；发出高频波（波长较短）的蝙蝠，一般能捕捉较近范围内的飞虫。

很难确定大马蹄铁蝙蝠的听觉是否甚于其他类型的蝙蝠，但是科学家们详细研究过一些回声定位系统，它的定位系统无疑给科学家们留下了深刻的印象。然而许多其他的蝙蝠也有令人难以置信的敏锐听觉，谁是真正的纪录保持者还有待研究。

■ 三趾树懒为什么是最懒的动物？

倒挂在树上的三趾树懒，它一天中睡觉的时间超过20个小时。

三趾树懒有2种生活状态：半睡半醒状态和熟睡状态。它每天能睡20多个小时。据记录，一只树懒最长的寿命是30年，那也就是说，它25年都在睡眠中度过。它不论睡觉时还是清醒时都倒挂在树枝上，不同的是：当它醒着时，它会极其缓慢地摘下树叶，然后用令人难以置信的慢速吃树叶。它沿着树枝移动得相当缓慢，大约0.5千米/小时或每分钟不到14米。

实在有事的时候，它会从树上下来，既迟缓又笨拙——只有这时它才挺直身子，然后一路前进到另一棵树下。有时候，它要去的那棵树在河流或者沼泽地对面，在这种情况下，它会用狗刨式游过去，相比之下，它的泳姿比它走路的姿势优雅多了，但是，仍然相当缓慢。

树懒的新陈代谢与其他哺乳动物相比也是慢节奏的，它早晨醒来晒晒太阳以加速新陈代谢。它的消化也慢，一周只排便1次：排便时，它慢慢地从树上爬下来，又慢慢地挖一个坑，然后排出约占自身体重1/3的大便（包括尿液）。而即使是它那又干又硬的排泄物，其分解的速度也比其他的哺乳动物的要慢得多，大约是它们的1/10。

■ 水獭如何保持体温？

水獭大部分时间喜欢在海面上休息、清理毛发或者进食——把贝类放在肚子上用石头敲开来。因此它既需要浮力又需要足够的能量。为了保持身体的温度，它燃烧热量的速度几乎是我们人类的3倍，它每天至少得吃占它体重1/4的鱼和贝类。大多数海生动物用来绝热的脂肪会使身体太重而无法漂浮在水面上，可是水獭有一层所有动物当中最厚的皮毛，由10亿根毛组成。

细细的、柔软的下层绒毛为了保暖而把空气困在里面，外面被一层长3.5厘米的长毛所覆盖，它的皮毛如此浓密，水根本就渗透不进来。为了使皮毛保持最佳的状态，它一天中有一半时间用来清理自己的皮毛：梳理出脏东西、弄直、排列好、让空气吹到下层绒毛里和涂抹防水油。

小水獭出生时只有一层浮毛——有浮力的下层绒毛，它几个月不能潜水，直到长出成熟的皮毛才能潜水。然而，水獭的这种极其高级的皮毛几乎已经快消失了，因为那些捕猎者为了得到它们的皮毛差不多把它们都捕光了，使它们濒临灭绝。虽然现在它们已经属于被保护的动物了，但是石油的泄漏又成了它们新的威胁。因为一旦水獭的皮毛被石油污染了，它们的皮毛就会失去保暖的作用，它们因此就会死于体温的降低，或者当它们试图清理自己的毛发时因吞食了石油而死。

■ 为什么有些哺乳动物生活在海洋里？

海豹、海豚和鲸都是海洋中的哺乳动物，但几百万年前，它们的祖先生活在陆地上。现在它们的前腿已经变成鳍状肢或扁平附肢，适于游泳，而后腿则以水平的尾鳍或尾片取而代之。海豹和海狮等仍可在陆地上活动，而鲸和海豚现在已进化为完全的水生动物。

↗ 与海豚和其他鲸一样，虎鲸是一种智商很高的动物。

南极髯海豹的胡须为什么那么长？

南极髯海豹大部分时候是夜间出来活动，寻找磷虾和鱿鱼。南极的冬季基本上都是夜晚。它们的胡须很精致地长在两颊上，当它们猎食时，它们的胡须会指向前面、感觉前面的猎物，就像猫猎食时的胡须一样。雄性的南极髯海豹的胡须是所有动物当中最长的，没有人知道其中的原因，也许利用它们来表达它的内心的感情，或者也许只是需要它们来使得它看起来很漂亮——在它的领域里炫耀威风时表明它是最棒的捕猎者。

↗ 留着长长胡须的南极髯海豹在沙滩休憩。

宽吻海豚为什么被称作冲浪手？

宽吻海豚是喜好群居的哺乳动物，它们通常2～15只一起在水里游。生活在深水水域的宽吻海豚群可以联合成一个数十只甚至数百只的大群。它们经常合作搜寻猎物，就像许多群居的食肉动物一样，它们也充满着好奇并且喜欢冒险。它们常常靠近潜水的人员，喜欢和各种漂浮物一块儿玩耍，还与海胆和海藻嬉戏（就像是出于好玩一样把这些"玩具"扔来扔去），有时它们还会离开它们的生活圈，在行驶的轮船前面戏水。

很难说它们与人类没有相似之处，因为它们似乎以那些嬉戏活动为乐，而且它们做出这些举动几乎没有什么实际原因，纯粹是为了玩耍而已。例如，它们在船头戏水，其实就是捕食前或者各奔东西时的娱乐活动。它们毫无疑问喜欢冲浪。在北太平洋西部和印度洋周围，人们看见宽吻海豚向岸边作身体冲浪。有时候它们还会和人类的冲浪者一起竞相冲向沙滩，然后再穿过海浪和水花游回去等待下一次大浪。至于它们的其他游戏和滑稽动作，除了说它们和人类一样纯粹是出于热爱航行之外，不可能再找出别的更好的解释了。

驼背鲸为什么会唱歌？

在驼背鲸进行交配的水域放置一个声音接收器，你会听到变幻莫测的"交响曲"：呜咽声、呻吟声、咆哮声、打鼾声、尖叫声、口哨声。这些奇妙的歌声是由雄性驼背鲸发出的，它们以能唱最长、最复杂的动物歌曲而闻名于世。由于大多数歌曲是在交配的季节才唱，所以人们推测这些歌曲很可能是为了吸引异性的注意以及赶走其他的竞争者。但是这些歌曲也可能还有更加微妙之处，只是我们人类还没有完全了解。

一首歌曲常常能持续约半个小时，当驼背鲸唱完一首歌曲之后，它通常会返回到开头，然后又重新唱一遍。每首歌曲都由几个主要部分组成，或者由几个段落构成，它们通常会按照相同的顺序排列，并且会重复很多次，但是每一次都会得到提炼并改进。一个海域的所有驼背鲸都普遍唱同一首歌，唱歌时还不会与其他即兴创作者合作。也就是说，你有可能在某一天听到的歌曲会与几个月后听到的歌曲不同。这样的话，过了几年，整首曲子有可能会完全改变。

与此同时，其他海域的驼背鲸却唱着截然不同的歌曲。它们也许都在低吟着生活中同样的艰辛和磨难，但是曲调各有特色，以至于专家仅仅通过听它们那富有特色的歌曲就能分辨出哪里的驼背鲸已经被录过音。

抹香鲸为什么能潜入水下那么深？

抹香鲸的举止与其说像呼吸空气的哺乳动物，倒不如说像潜水艇。它们常潜于寒冷、黑暗的海底深处，去猎取深水鱿鱼、鲨鱼或者其他的大型鱼类。

1991年，在加勒比海的多米尼加岛屿附近，科学家发现了一项令人难以置信的记录——抹香鲸可以潜到2000米深的海底。但是，还有间接证据表明抹香鲸还能潜得更深。例如，1969年8月25日，在南非德班市以南160千米处，捕鲸人捕猎了一头雄性抹香鲸。在这只抹香鲸的胃里，人们发现了两只小鲨鱼，据说这种鲨鱼只在海底

自然奇观

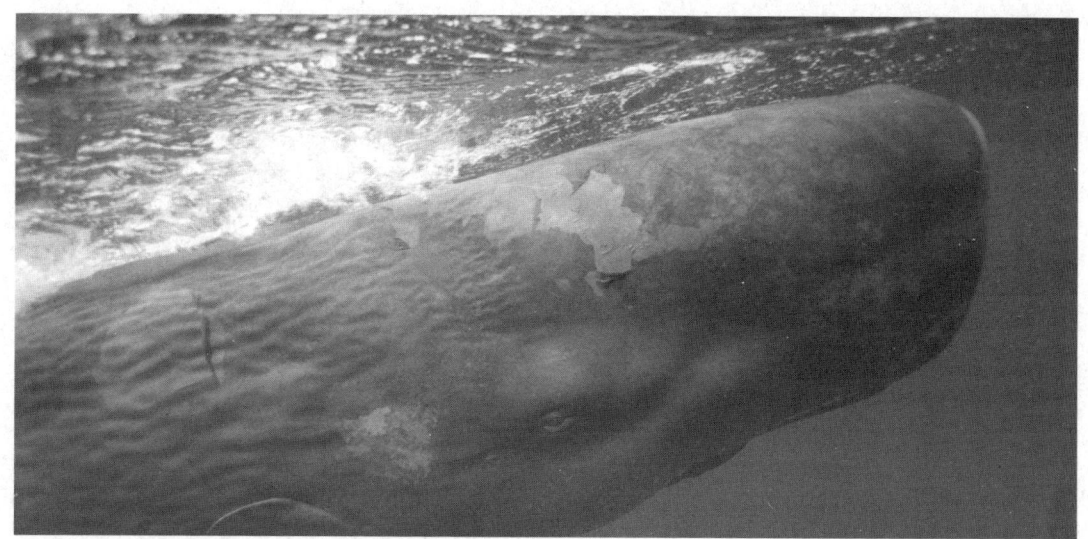
↗ 抹香鲸独特的脑部结构，使它可以潜入2000多米深的海底捕食。

生存。由于那一带水域在48～64千米的范围以内的水深超过3193米，所以从逻辑上可以设想这只抹香鲸在追捕猎物时曾到过类似的深度。

抹香鲸还创造了哺乳动物当中潜水时间最长的纪录。从它开始捕捉那两只小鲨鱼算起到它露出水面呼吸为止，它在水下大约待了1小时52分钟。

■ 牙齿最多的动物是什么？

要说哪种动物的牙齿数量最多还真是个难题。这要取决于你是如何定义牙齿的、牙齿替换的频率如何以及这种动物的寿命多长。我们认为哺乳动物有牙齿（珐琅质的、嵌在下巴里的、一生只换一次），而且哺乳动物当中牙齿最多的可能是纺锤形的海豚了，有272颗。鳄鱼有约60颗，但是这些牙齿要换多达40次，因此它们一生当

中就有2400颗牙了。但是，如果算是牙齿的话，蜗牛和鼻涕虫的就更多了。它们口腔里有一条齿舌，能自由伸缩，往复活动，像锉一样刮取、磨碎食物，并且有很多排，多达2.7万颗。这些牙齿在显微镜下才能看到，由壳质组成，磨损了就会换牙。

鲨鱼的牙齿有规律地松散地嵌在肌肉纤维里，也就是相当于牙床。新老更替的过程中，老的牙齿会不断流血被新的牙齿取代。牙齿数量最多的鲨鱼很可能是鲸鲨，令人惊讶的是，它的口腔就像一个巨大的过滤器。它的口腔里有几千颗细小的、钩状的牙齿，每一颗长2～3毫米，排成11～12排，排列在上下颌。这些牙齿至少一年更换两次。那么倘若鲸鲨的寿命和人类一样长的话，它真的可以称得上是牙齿最多的动物了。

■ 灰鲸为什么能游那么远？

灰鲸每年的往返路程不但是一段令人印象深刻的长途，而且还可能是哺乳动物当中定期迁徙的最长距离。迁移发生在它们夏季的捕食地点阿拉斯加的西部和北部与冬季的繁殖地点墨西哥的贝加-加利福尼亚的一片浅水湖之间。也就是说，每年灰鲸要沿着整条北美洲的海岸线南北洄游一次。

但是还有一种鲸鱼使得灰鲸的这一项纪录受到了质疑——驼背鲸。驼背鲸也是强大的迁徙动物，但是规模不像灰鲸那么大，驼背鲸在大西洋

↗ 鲸鲨的张开的口腔里布满了细小的牙齿，能咀嚼、过滤细小的鱼虾。

71

和太平洋的寒流的捕食地点和暖流的繁殖地点之间游。但是它们确实保持着比其他的哺乳动物要长的迁徙距离。在1990年，一只驼背鲸从南极半岛出发，5个月后人们在哥伦比亚沿岸附近发现了它（这些鲸都被单独用黑色和白色的记号标在鲸尾的裂片下方），往返路程长达8330千米或者是16660千米。

从那以后，还有几只驼背鲸在大西洋和太平洋之间被做了记号，这样可以证明第1只驼背鲸不是迷了路的。但是驼背鲸与北太平洋东部的灰鲸相比在规模上并没有打破灰鲸的迁徙纪录。不管怎么说，灰鲸还有一个更加令人骄傲的特性：它们在数量上恢复的情况是大型鲸鱼当中最好的。在20世纪30年代末，官方下令保护灰鲸，当时只有几百只，据估计现在已有2.6万只。

■ 黑猩猩为什么能使用药物？

众所周知，人类会使用药物，但是人类并不是唯一会使用药物的动物，我们不断发现其他的动物也有医药方面的知识。目前已知最会使用药物的动物是黑猩猩。像人类一样，由于吃得过量或者食物中毒，黑猩猩也会经常犯胃病。它们也会感染寄生虫或者身体不适，而长期处于压力状态也会变得委靡不振。

↗ 黑猩猩不仅能用药物进行自我治疗，还能够不断地尝试、发现新药物。

诸如黑猩猩之类的聪明的灵长类动物，能够使用药物自我治疗并不奇怪。它们通过不断尝试，逐步学会使用药物。在它们所栖息的森林里，药材随处可见。在坦桑尼亚，有人见到患了腹泻的黑猩猩吃苦叶树的叶子来止泻，当地的人用这种树叶来治疗疟疾、变形虫性痢疾和肠虫病。在非洲，人们发现黑猩猩到处寻找一种长着毛茸茸的叶子的植物，它们拔去叶子上的毛，小心翼翼地折叠树叶，卷起来放进嘴里，然后吞下去。通过排泄，树叶会把诸如肠虫之类的寄生虫带出来。

许多其他的动物也具有自我药物治疗的能力。僧帽猴会用有刺激性气味的植物擦它们的毛皮，因为这种植物能愈合伤口以及驱赶昆虫。黑狐猴把从千足虫身上得到的能够杀死寄生虫的化学物质涂抹到毛皮上。大象在产子前也会寻找一种促产的树叶。如果人类对新的抗生素和其他药物的需求不断增加的话，那么这些动物使用的治疗药物就可以给人类提供可借鉴之处。

■ 哺乳动物如何生育后代？

有胎盘的哺乳动物（最大的哺乳动物群）会生下能够活动的幼崽，发育中的幼崽在母体内从胎盘中获得滋养，因此大部分哺乳动物的幼崽出生时已经发育得相当完好，然而它们还需要父母的关爱以迈出人生的第一步。

■ 最大的哺乳动物类群是什么？

答案有些出人意料，是蝙蝠。全世界共有约960种蝙蝠，它们也是唯一真正会飞的哺乳动物。最大的蝙蝠为果蝠和狐蝠，其翅幅有近2米宽，然而大部分蝙蝠都很小巧，只有老鼠般大小。很多蝙蝠在夜间活跃，捕食昆虫，有些蝙蝠则以捕食啮齿目动物、青蛙和鱼为生。夜间飞行的蝙蝠能利用回声定位在漆黑的地方探路，或确定猎物的位置。它们发出高频率的叫声，叫声会以回声的形式从附近的物体反射回来。

■ 最大的鸟是什么？

当今最高最大的鸟是鸵鸟。这种庞大的鸟生活在非洲大陆的中部和南部，它有2.74米高、

↘ 鸵鸟

160千克重。但是鸵鸟并不是地球上曾经存在的最大的鸟类,德罗莫尼斯斯崔特尼鸟(英文名:Dromornis stirtoni)是1500万年前生活在澳大利亚的一种巨型鸟类,它不会飞行,身高达到3米,体重有500千克!

疣鼻天鹅

动物聪明吗?

哺乳动物和鸟类的大脑相对体积很大,也很复杂,它们能够学会很快适应新的环境。而爬行动物和鱼类的大脑就比较小,而且结构很简单,它们更多地依靠本能做出反应。

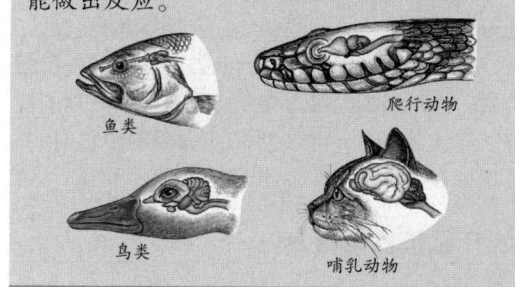

■ 飞行鸟类中最重的是什么鸟?

质量超过15千克的鸟类基本不能飞行。天空中最重的鸟是灰颈鹭鸨(一种产自欧亚大陆、形似火鸡的鸟)和疣鼻天鹅,它们的平均质量在12~15千克之间。天鹅如此的重,以至于它在起飞之前需要在湖面上助跑一段距离。

■ 最小的鸟有多重?

许多科学家都认为迄今为止最小的鸟类是来自古巴的蜂雀。它只有5.7厘米长、1.6克重。10万只蜂雀的总质量才能抵上一只鸵鸟的质量。戴菊莺是英格兰最小的鸟类,质量在4.7~7.0克之间。

■ 哪种鸟的翅幅最长?

在南部海洋上空自由翱翔的信天翁的翅幅最长。它的翅膀长而薄,两个翼尖之间的距离超过3米,这样的翅膀使它毫不费力就可以飞过遥远的距离。不过这种大型鸟类无法轻易起飞,因而常从悬崖顶上的巢进入空气的上升气流中。鹱仅次于信天翁,其翅幅有近3米长。

■ 所有的鸟都会飞吗?

不是。有些鸟空有一双翅膀却不会飞翔,有些会四处跑动或爬行,而有些鸟的翅膀已得到进化更适于游泳。不会飞的陆地上的大型鸟类生活在非洲(鸵鸟)、南美、澳大利亚和新几内亚(鸸鹋和食火鸡),小巧却不会飞翔的鹬鸵生活在新西兰的森林中,那里曾是一种体型更大、不会飞翔的恐鸟的故乡。

■ 鸟类为什么会有喙?

鸟的颚已变为喙,而喙适于捕捉和取食各种食物。爬行动物和哺乳动物都有牙齿,然而鸟类却不同。捕猎的鸟类的喙的形状像钩子,适于撕

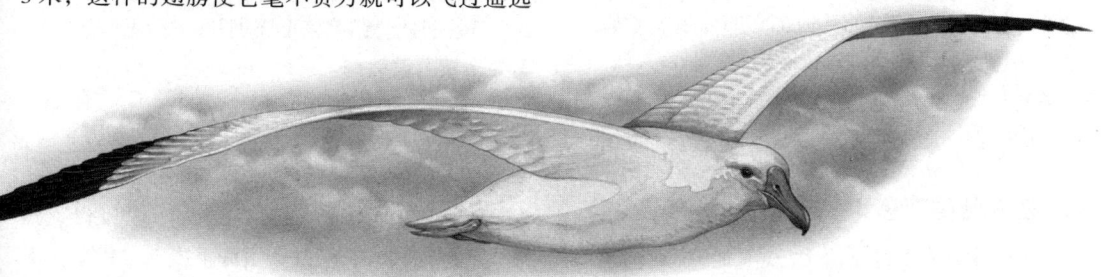
姿态优美的信天翁几乎不用扇动翅膀就可以在广阔的南部海洋的上空自在滑翔。

咬猎物。食鱼鸟中，例如鹭，有着长长的喙，还有些鸟类的喙专用于食用种子、打开果壳、采摘水果以及快速咬住昆虫。有些鸟还以喙为工具筑巢或凿洞。

■ 鸟儿为什么要歌唱？

鸟类歌唱可能是为了告诉同伴它们在哪儿，或召集同伴保护它们的领地——筑巢和觅食的地方，也可能是鸟类警告其他鸟类"禁止入内"的方式，还可以帮助雄鸟在繁殖季节吸引雌鸟的注意。春天的一大早是聆听鸟儿歌唱的最佳时候，不过也有些鸟儿在黄昏时分歌唱。

■ 什么是雀形目鸟？

地球上大约有9200种鸟类，其中5425种是雀形目鸟，即鸣鸟或栖息鸟。雀形目鸟包括像山雀等最常见的庭园鸟类和像产自亚洲的白喉知更鸟等画眉类。乌鸦也属于雀形目鸟。

↗ 白喉知更鸟

■ 已知最早的鸟是什么？

在德国发现了一种原始鸟类的化石，叫作始祖鸟。始祖鸟大约生活在1.5亿年前，虽然它长着鸟一样的骨架和羽毛，但是它的牙齿、骨质的尾巴和翅膀上的爪子仍然没有消失。许多人认为，鸟类是从爬行动物进化来的，始祖鸟的化石就是最好的证据。始祖鸟可能并不擅长飞行。

■ 史前鸟类有多大？

有些史前鸟类非常庞大。迪亚特瑞米亚鸟（英文名：Diatrymia）有2米高，头颅大小跟马相似。它长着钩子一样巨大的喙，用来撕碎猎物。它奔跑的速度比陆地上许多其他动物都快，可以捕杀像马一样大小的猎物。在南美发掘的大约有200万年历史的化石显示了地球上还有更大的食肉鸟类存在过。这种名叫恐怖鸟的鸟类有3米高，每小时能奔跑70千米。

■ 早期鸟类还有哪些？

在中国发现了生活在1.2亿年前的孔子鸟化石。孔子鸟跟现代的鸟类相似，长着喙和完全进化的羽毛。其他大部分化石都是离现在比较近的鸟类的化石。恐龙时代之后的鸟类在外形上跟今天的鸟类基本相似。鱼鸟除了长有牙齿外，其他跟海鸥很像。黄昏鸟是一种有2米高的、不会飞行的潜水海鸟，它看起来跟现代鸟类几乎没有什么区别。

■ 鸟类怎样利用羽毛隐藏？

林地中鸟类的羽毛颜色和图案往往跟周围的环境相吻合，例如鸟鹬。这样它们就可以隐藏在枝叶中躲避敌人。雌性麻鸦把窝筑在水生植物上，它在孵化时把喙指向天空，身体的姿势和颜色使它看起来就像芦苇一样。

■ 鸟类怎样创造了它们美丽的颜色？

鸟类有五颜六色的羽毛。这些色素产生于它们的皮肤中或是它们吃的食物中。比如说，火烈鸟从它吃的微小生物中获取粉红色色素。孔雀的羽毛颜色多变，带有金属光泽，这是由特殊的羽毛色素折射阳光造成的。

■ 放大镜下的飞羽是什么样子的？

飞羽由一根硬直的羽杆和许多细长的羽枝构成，各羽枝又密生着成排的羽小枝，羽小枝上有钩，把各羽枝勾结起来形成羽片。绒羽比较柔软，其羽小枝上没有钩。

■ 鸟类怎样保持羽毛清洁？

鸟类一般用喙梳理清洁自己的羽毛。当这种方法不足以保持羽毛清洁时，它们也会洗澡。如果找不到泥浆，它们就会用泥土或沙子代替，来清除身上的寄生虫。有时鸟类也会利用蚂蚁来清洁羽毛（如松鸦），它们站到蚂蚁洞边时，蚂蚁

↗ 斑鸠在沙浴。

释放出的酸性物质会侵蚀到它们身上，这些物质可以杀死羽毛中的寄生虫。

■ 绒羽为什么不可或缺？

许多鸟类，特别是幼鸟，都在贴近身体处长有一层柔软的绒毛，它们的作用就像包了一层空气的皮衣，可以保护鸟类的身体，也能防御寒冷的气候。

■ 为什么巨嘴鸟的喙非常大？

托哥巨嘴鸟的喙长达19厘米，看上去与它的身体大小不成比例。喙的大小和颜色很重要，作用就像是广告一样，能告诉其他同伴它很健康，正准备求偶。喙也是它们叼取果实的重要工具。巨嘴鸟的喙并不像看起来那么重，它由很轻的角物质构成。

↗ 托哥巨嘴鸟

■ 火烈鸟进食时为什么头部翻转？

火烈鸟进食的方法与众不同，十分奇妙。它先把长颈弯下，头部翻转，然后一边走一边用弯曲的喙向左右扫动，触摸水底取食。由于喙的构造特殊，下喙的沟深，上喙的浅而呈盖形，边缘有稀疏的锯齿和细毛，倒置在水中就像个大筛子

一样，可以快速地将水吸进来和滤出去，并把虾和藻类等食物留在嘴里吞食。

■ 鹈鹕的喙下为什么有个大皮囊？

鹈鹕喙下大皮囊的作用就像渔网。鹈鹕一般贴着水面飞行或漂浮在水面上，当它发现鱼群时，就张开嘴俯冲过去，这样大量的鱼和水都进到皮囊中，之后它把口中的水排掉，只留下食物。澳大利亚鹈鹕的喙长约50厘米，是鸟类中最长的喙。

■ 啄木鸟怎样使用它的喙？

大斑啄木鸟用它的喙凿开树皮，寻找潜伏在树中的幼虫，然后用它的长舌头把虫子勾出来食用。它也用喙在老树上钻洞寻找虫窝。啄木鸟啄洞时头部前后移动速度很快——红头啄木鸟可以达到21千米/小时。

■ 有4只脚的鸟类吗？

在巴西的森林中生存着当今最奇怪的鸟类麝雉。虽然成年麝雉长着一对翅膀和2只脚，但是幼年麝雉除了2只脚外，翅膀上还长着一对爪子。幼年麝雉从窝中掉到树下后，可以用这2只脚爬回树上。幼年麝雉长大后，翅膀上的爪子就消失了。

■ 鸭子怎样游泳？

鸭子（如绿头鸭）的脚趾间有网状的脚蹼，作用就像船桨一样。鸭子的脚在身体的后部，在游泳时可以提供最大的推动力，就像船把推动器放在船尾一样。这样的脚蹼可以让鸭子在水里自由活动，但是到了陆地上它就只能蹒跚行走了。长着网状脚蹼的鸟类还包括海鸥、天鹅和鹅。

■ 最大的鸟群是什么？

人们普遍认为北美旅鸽是世界上最大的鸟群。它们喜欢群居生活,成千上万只聚在一起(有的群体超过20亿只)，它们遮天蔽日，鸟群飞过要花3天时间。但是这一动物在100年前就逐渐灭绝了，最后一只在1914年9月1日死去。

如今，红嘴奎利亚雀成为世界上最大的鸟群。据人们所知，它们还是当今世界上数量最多的

鸟类。数量之多以至于人们无法数清楚它们——人们也无法猜测有多少只。这样说吧：红嘴奎利亚雀的数量如此多，以至于每年南非人都会杀死6500万~1.8亿只，却似乎一点也没减少它们的总数。许多人杀死这种相当漂亮的小鸟，其原因与它们的数量过多不无关系。

红嘴奎利亚雀对粮食作物非常有兴趣，被人们称为"长着羽毛的蝗虫"。它们聚集成群时，就会吃掉农作物，如果周围有谷类作物——稷、高粱、小麦和水稻的话，它们就会在很短的时间内把这些作物一扫而光。红嘴奎利亚雀的天然食物是野生的草籽，作为候鸟，它们能够随着雨水找到草籽。一旦它们发现有大量的草籽，它们会不远数千米飞来，顷刻之间树被大量的羽毛所覆盖，甚至它们合起来的重量把树枝都压断了。它们还吃昆虫，尤其是当它们喂养刚孵出的小鸟时，它们会吃掉很多害虫，这样对当地的农民很有帮助。因此，农民对红嘴奎利亚雀持有两种态度。但是大多数红嘴奎利亚雀并不喜欢害虫的天敌这一角色，当大群红嘴奎利亚雀飞来时，人们就要当心它们会大吃一顿盛宴了。

■ 哪种鸟在水面行走？

水雉觅食的时候，好像是在湖面行走一样。事实上，这只是一种错觉，水雉其实是在水生植物的叶子上行走。水雉不会沉到水里是因为它的脚趾细长，可以覆盖很大范围的面积，从而能够支撑身体的重量。

■ 鸟类怎样抓住树枝？

黏鹀和大多数鸟类一样，脚上有3个朝前的脚趾，一个朝后的脚趾。脚趾的这种排列就像是一个拇指和3个其他手指一样，能让鸟在栖息的时候牢牢地抓紧树枝。

■ 走鹃是两条腿动物中奔跑速度最快的吗？

在许多卡通片里出现过的走鹃是速度极快的"赛跑选手"。在追捕蜥蜴或其他猎物时，它的奔跑速度可以达到34千米/小时。但是速度最快的双腿动物是鸵鸟，它每小时可以奔跑70多千米，足以超过狮子和土狼等捕食动物。

■ 为什么鹰爪像钩子一样？

像金雕等许多食肉鸟类，都用利爪捕杀猎物。一旦被鹰的利爪抓住，像野兔这样的猎物根本无法逃脱。鹰会把利爪深深刺进猎物的身体，争取在最短时间内杀死猎物，以免猎物在垂死挣扎时弄伤自己。

■ 猫头鹰的听觉比人类灵敏吗？

是的。猫头鹰（如仓鸮）圆盘形的脸能够收集微弱的声波，并把它们反射到耳朵处。经过辨听后，它们可以精确地确定声源的位置。所以，它们可以在漆黑的夜里依靠声音来捕捉田鼠。

■ 为什么大怪鸱和蝙蝠很相似？

南美大怪鸱生活在山洞中。光线无法进入山洞，所以大怪鸱不能依靠光来辨别方向。跟蝙蝠一样，大怪鸱用声音来认路。它在飞行时发出一连串的滴答声，每串声音持续0.01秒。声音遇到障碍物会反射回来，大怪鸱可以根据回声定位周围物体，这种方法叫作回声定位。但是大怪鸱的回声定位系统没有蝙蝠的灵敏，它不能精确定位直径小于20厘米的物体。

■ 牛椋鸟为什么会有这个名字？

在非洲人们很容易发现牛椋鸟在水牛和犀牛等大型哺乳动物的身上停留。牛椋鸟在这些动物身上寻找虱子和蛆等寄生虫，同时也吃掉它们的耳垢和死掉的皮肤组织。这样双方都会受益：牛椋鸟获得了食物，水牛和犀牛等动物清洁了皮肤。

↗ 典型的鸟脚

↗ 黏鹀

鸟类需要借助工具寻找食物吗？

诸如䴕形树雀等几种特殊的鸟类借助树木的嫩枝或仙人掌的刺探测虫子洞穴，并用它们挖出洞穴中的幼虫。埃及秃鹰喜欢吃鸵鸟蛋，它们借助碎石敲碎蛋壳。

哪种鸟类起清洁作用？

雄鹰捕捉活的猎物，秃鹫却食用动物死尸。这可能让人觉得恶心，但是秃鹫的行为却对自然界很有益处。清理动物死尸可以防止它们腐烂传染疾病。秃鹫每天在草原上空盘旋，寻找动物尸体。一群秃鹫可以很快"清理掉"一头水牛的尸体。

鹰捕获过的最大猎物是什么？

已记录的鸟类捕杀的最大猎物是红面吼猴，是在中南美洲的原始森林里被一只菱纹鹰杀死的。据记录，1932年，在挪威一只白尾海鹰叼走了一个4岁的小女孩，幸运的是小女孩最后被父母安全救回。

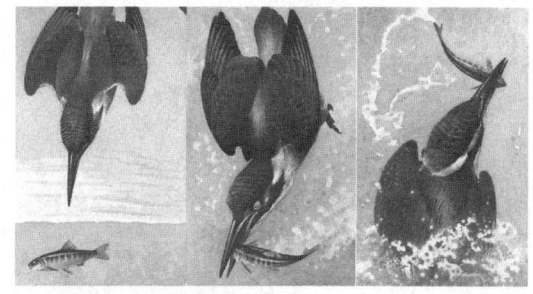

翠鸟怎样捕鱼？

1. 就像钓鱼者一样，翠鸟捕鱼时很有耐心。它站在溪流或湖边的树枝上，等待着小鱼浮出水面，然后进行攻击。

2. 翠鸟俯冲到水中后，会有一层透明的薄膜保护眼睛，也能让它看清目标。

3. 翠鸟紧紧咬住鱼后，会冲出水面落到方便的栖息处，把鱼吃掉。

哪种鸟类会使用诱饵？

鹭类很擅长捕鱼，因为它们长着尖刺状的喙，并且很有耐心。日本的绿蓑鹭有种特殊的本领：使用诱饵。它把羽毛或面包放在水面上，当鱼浮到水面去吃诱饵时，就会被它捉住。

为什么有些鸟类吃石头？

鸟类没有牙齿，所以不能咀嚼食物。它们的胃中有一个砂囊组织，能够磨碎食物。食籽雀长着很大的砂囊，里面储存着它们吞食的沙粒。砂囊肌肉和沙粒的作用就像磨房一样，可以磨碎进入砂囊里的植物种子，使它们容易被消化。

鸟类消化食物的速度有多快？

鸟类消化食物的速度很快。研究表明，伯劳鸟只需要3个小时就可以消化一只老鼠。黑莓含有大量水分，鸟吃完后15分钟就可以把种子排泄出来。

不同的鸟类拍打翅膀的速率也不同吗？

鹭类是翅膀拍打速率最慢的鸟类，每秒只有2～3次。一般鸟类的翅膀拍打速率是每秒钟3～8次。蜂雀盘旋时翅膀每秒钟要拍打78次，看起来就像一个小点。但拍打翅膀速率最快的是苍鹭。

哪种鸟类在空中飞行的时间最长？

少数鸟类会一直待在天上，只有在繁殖的时候才会到陆地上。普通楼燕是极端的例子之一——它吃食、睡觉和交配全在空中进行。楼燕离巢后，要在空中待上两年才会返回。

美洲鸵生活在哪里？

美洲鸵高达1.3米，是在南北美洲发现的最大的鸟类。它主要生活在阿根廷的彭巴斯草原上。在冬季的时候，上百只美洲鸵会成群地出现在大草原上。它们主要吃树根、野果和树叶等食物，有时也捕捉些小动物，例如蜥蜴。

↗ 美洲鸵

不会飞行的鸟类的翅膀有什么作用？

尽管不会飞行，这些鸟类还是长着翅膀。大型的快速鸟类在高速奔跑时用翅膀帮助它们保持身体平衡，例如鸵鸟。它们通过拍打翅膀来散热。几维的翅膀只有4～5厘米长，几乎没有什么作用。翅膀紧贴着它的身体，很难被发现。几维的羽毛也不像其他鸟类的羽毛，看起来更像动物的皮毛。

鸸鹋怎样躲避敌人？

同大部分不会飞行的鸟类相同，鸸鹋独自地生活在陆地上。和它的近亲鸵鸟、美洲鸵和食火鸡一样，鸸鹋也是出色的"赛跑手"，它能超过最快的掠食者。当敌人靠近时，它们也可以用喙进行反击。在澳大利亚，大约生存着100万的野生鸸鹋。

几维吃什么？

几维生长在新西兰，以蜘蛛和甲虫等土居生物为食。几维的视力很差，它在夜里依靠灵敏的嗅觉和敏感的喙觅食。它也能听到动物在土壤里移动的声音。几维的食谱和生活习性和獾很相似。獾是一种很常见的哺乳动物，可以在世界上许多地方发现它。但是在新西兰没有獾，所以几维的食物竞争对手很少。

枭鹦鹉的鸣声为什么如此响亮？

哪种鸟的叫声最响亮要取决于它的听众是谁以及发出叫声的场所。夜莺的歌声能盖过交通的嘈杂声，它的叫声如此响亮（达90分贝），以至于从理论上来讲，听的时间过久会对你的听觉造成伤害。那么更响的叫声，如雄性无翼鸟发出的尖叫声或者中美洲的钟鸟发出刺耳的如钟鸣般的巨响声，则高达115分贝，可以穿透茂密的雨林。但是传得最远的声音很可能是那种低沉的声音。

在欧洲，所有鸟类中当属麻鸻发出的声音最低沉，但是在全世界，很可能这项纪录的保持者要归于新西兰的枭鹦鹉了。尽管人类已经采取了重要的保护措施，但是目前枭鹦鹉已经在两个主要的岛上都灭绝了，其总数也仅仅不到90只。每隔两三年，一般独居的雄性枭鹦鹉便会聚集到它们传统的圆形露天场所———一块挖好的露天场地，展示才能。在这里，它们鼓起胸部和腹部的气囊，开始发出隆隆声，平均每小时1000次，每晚进行6～7小时（因为枭鹦鹉在夜间活动，而且在寒冷的夜空中声音的传递效果最佳）。它们这样持续地叫3～4个月，招来漂亮的雌性枭鹦鹉欣赏它们的舞姿，并且吸引它们与其交配。遗憾的是，由于这种鸟的体型较大，不擅长飞行，现在仅仅在少数的近海岛屿上生活，所以很少有人能听见它们那奇怪的、像雾号（在雾中警告船只的号角）一样低沉的鸣叫声了。

↗ 几维

↗ 枭鹦鹉

食肉鹦鹉为什么好奇心强？

鹦鹉素来极具好奇心，但是在所有的鹦鹉当中，食肉鹦鹉的好奇心是最强的。它们的栖息地在新西兰南部的岛屿上，那里寒冷、多雪，不适合鹦鹉居住，它们只得想方设法寻找食物。栖息在其他地方的鹦鹉在各种果树之间飞来飞去，而食肉鹦鹉则在岩石下、树皮下、灌木丛中、松果中以及壳状物中寻找食物。它们的食物包括树根、嫩芽、浆果或者昆虫的幼体等等。经历了250万年的进化，它们能在山地栖息，并且没有掠食者的威胁，这种情况使得它们对任何事物都充满着好奇。它们对那些从来没有见过的事物尤其感兴趣。因此当人类迁移到新西兰时，它们也开始飞到有新鲜事物的富带以探寻新的食物。

现在食肉鹦鹉对露营地和滑雪胜地很感兴趣。它们个头很大，有着强有力的鸟喙，能撕裂一个帆布的帐篷，而这一切仅仅是出于好奇的缘故。它们还对汽车的橡胶轮胎、尤其是汽车前挡风玻璃上的雨刮充满好奇。据说有一群食肉鹦鹉曾经把一辆游客租来的汽车挡风玻璃上的橡胶条撕掉，导致挡风玻璃掉到车内摔碎了。当游客们回来时，发现他们的衣服、食物以及汽车零件散落在雪地中，而那些鹦鹉们却在用一只空的可乐罐子进行一场足球比赛。鹦鹉们看到了他们就迅速撤退并躲在一边观看，满怀着好奇，似乎想看看游客们的反应如何。

为什么有些鸟群飞行时队伍呈V字形？

像天鹅等鸟类在迁徙的时候队伍呈V字形飞行。这样可以为整个鸟群节省能量。当飞鸟向下扑打翅膀时，在它的翼尖部分附近就产生了一股上升的气流。除了领头鸟之外，每一只在编队中飞行的鸟都能利用邻近另一只鸟所产生的这股上升流，因此它们只需消耗较少的能量就能飞行。领头鸟是轮流来当的，这样可以保证每只鸟都有足够的能量飞行。

↙ 呈V字形的飞行队伍

偏远的岛屿上为什么有很多不会飞行的鸟类？

在不会飞行的鸟类中，只有极少数体形庞大的生活在内陆，其他大部分都生活在偏远的岛屿上。它们开始是飞到岛屿上的，之后它们发现那里没有掠食者，不需要飞行逃避危险，逐渐地它们就进化成不会飞行的鸟类。但是当人们发现这些岛屿后，像渡渡鸟等鸟类就成了水手们的晚餐。

↗ 渡渡鸟被捕杀。

鸟类在迁徙过程中怎样生存？

在迁徙之前，鸟类都会增加自己的脂肪层，为长途飞行储存能量。这会让它们的体重增加30%~45%。滨鹬是一种小型的涉水鸟，迁徙前它的体重会从50克增加到110克。它能持续飞行4000千米，这种长途飞行的能力保证它能够越过撒哈拉大沙漠和地中海等天然壁垒。

翅膀的形状可以告诉我们什么？

鸟类翅膀的形状可以告诉我们它们的飞行方式。翅膀主要有4种基本形状。

敏捷型：这种翅膀短而圆。适合在狭小的空间中飞行，例如树林中。栖息鸟类一般长着敏捷型翅膀，比如说雀类和画眉类。

高速型：这种翅膀短而尖。飞行速度快的鸟类都长着高速型翅膀，例如游隼和绒鸭。

滑翔型：这种翅膀很长。滑翔型翅膀能够让信天翁和军舰鸟等在气流中不费力气地滑行。

翱翔型：这种翅膀很长，呈矩形，翅膀顶端的羽毛间有间隙。翱翔型翅膀能让鹰、秃鹫、鹳和鹈鹕等鸟类随着上升气流高飞。

还有其他什么动物迁徙？

除了鸟类，还有很多其他的动物也迁徙，它们迁徙的原因跟鸟类也相同。王斑蝶每年要飞行3000千米从加拿大迁徙到墨西哥。夏季时座头鲸会在温暖的海域里生活繁殖，冬季时它们就会到北极和南极的聚食场觅食。

燕子和雨燕迁徙到哪里？

一年中的大部分时间燕子和雨燕都在中南部非洲大陆上寻找食物，储蓄能量。到了干旱季节时食物锐减，无法满足它们的需求，燕子和雨燕就会飞到欧洲大陆。而那时恰好是欧洲的夏天，食物资源十分丰富，它们就在那里繁殖生息，3个月之后再返回非洲。

雨燕为什么能飞行时间如此之长？

哪种鸟类的飞行时间最长，这要取决于你怎么看待这个问题了，因为有好几种鸟类有资格胜任这个称号。例如，北极燕鸥是迁徙距离最远的鸟类，1年之内在南极和北极之间往返飞行至少3万千米，而且这段距离是我们在假设它飞行的路线是直线的情况下计算的，可是事实上它飞行的路线并不是直线。还有漂泊信天翁，根据无线电跟踪发现，它能连续飞行1.5万千米，持续33天。还有一种极小的红褐色的蜂雀，体长只有10厘米，相对于其体长而言飞行距离可以算得上最远，即一年飞行7000千米，往返于阿拉斯加和墨西哥之间。

但是对于雨燕而言，它们除了在巢里不飞以外，其他时候基本都在飞行。其实理由很简单：因为它们的腿很粗短，所以在树上栖息很困难，它们通常也嫌麻烦不愿停下来。如果它们在地上停下来的话，就无法平衡身体再次起飞。因此雨

↗ 飞行中的欧亚褐雨燕

燕能一边飞翔,一边吃饭、洗澡、喝水、交配甚至睡觉。8月份起,它们离开欧洲或者亚洲的巢飞往南方,直到次年4月份返回,一路都不会也没有必要停止飞行。

更重要的是,在雨燕1岁时,它并不飞回北方的巢里,这就意味着它在空中要实实在在地待上整整2年,飞行距离几乎相当于往返月球一次。雨燕还是非常繁忙的鸟类。当它们喂养小雨燕时,会在一天之内在觅食地与鸟巢间往返40次,有时候共计飞行1000千米。

■ 生活在海洋上的鸟类喝什么?

咸的海水不能饮用。像信天翁、角嘴海雀、海鸥和海燕等鸟类从鱼类和鱿鱼等动物身上获取水分,同时它们也会吸收大量的盐。不过这些鸟类在喙的底部长着特殊的腺,可以帮助它们除掉多余的盐。它们经常用"打嗝"来排除体内的盐。

↘ 大西洋角嘴海雀

鸟类为什么要结群?

鸟类结群是为了自身安全。比如说,在欧洲有许多种山雀都成群觅食。当一群山雀从树上飞到篱笆上时,雀鹰很难攻击其中的一个目标。因为有许多双眼睛警惕着雀鹰,它很难进行突然袭击。另外,成群的鸟类也容易发现更多的食物。

■ 沙鸡怎样防止幼仔被渴死?

沙鸡生活在亚洲和非洲的干旱地区,它们的巢建在偏远的地方,这样可以避开掠食者,同时也意味着它们远离水源。对于成年沙鸡来说,远离水源并不是问题,因为它们可以飞行很远的距离。为了避免刚孵化出的幼仔被渴死,成年雄沙鸡把自己胸部和腹部的羽毛浸在水中后,飞回巢穴让幼年沙鸡吮吸。

■ 鸟类怎样适应热气候?

在炎热的气候下,鸟类会把自己的羽毛抚平,这样热气就无法侵袭它的身体。它们也会张嘴喘息,让湿气从嘴上蒸发降温。在寒冷的气候下,它们会让自己的羽毛蓬松起来,增加御寒的面积。它们也会通过颤抖来增加氧气消耗,这样可以燃烧更多的脂肪释放热量。在极其寒冷的冬夜,像鹪鹩这些小型鸟类甚至会失去身体一半的重量。

■ 鸟类怎样认路?

小型鸟类为了避开高温,一般在晚上飞行。它们根据星座的位置来辨别方向。大型食肉鸟类在白天借助热气流飞行,它们依靠太阳和地标认路。家鸽等鸟类用它们大脑中同地球磁场一致的指南针来辨别方向。

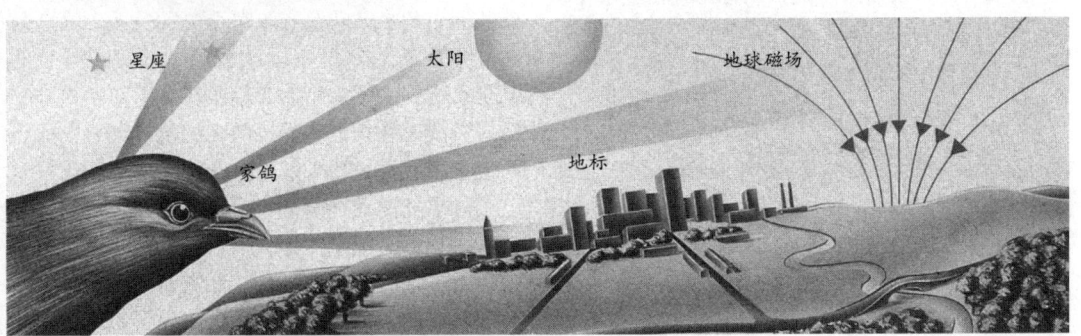

■ 哪种鸟类生活在水下？

在所有鸟类中，企鹅是最擅长在水下游泳的。企鹅游泳的速度很快，它的翅膀就像船桨一样。当它捕鱼时，速度可以达到25千米/小时。在北半球，像企鹅一样的鸟叫作海雀，例如角嘴海雀。它们也可以用翅膀在水下游泳，但是它们也可以飞行，企鹅却不能。

■ 什么是鸟类的报警信号？

如果鸟类发现了准备攻击它们的鹰，它们会发出高声的鸣叫，之后立即躲藏起来。鹰很难追踪这种叫声，但是附近的其他鸟类听到后都会发出相同的叫声，然后隐蔽起来。野翁鸟也跟大多数鸟类一样，会警告地面上的敌人，例如猫。当它发现猫准备偷袭它时，它会发出沙哑的叫声，告诉猫它已经被发现了。

■ 鸟类在什么时候鸣叫？

鸟类在繁殖期会经常鸣叫。雄性鸟类，例如蓝喉歌鸲，会在一个有利的位置炫耀自己的歌喉来确立自己的势力范围。它的鸣叫声传递着两条信息：告诉竞争对手——"走开，这是我的地盘！"；告诉异性同伴——"来吧，做我的配偶！"雌性鸟类会选择发出的叫声最强或旋律最多的雄性鸟类。

什么是破晓时的鸟鸣声？

世界上许多地方的鸟类都会在黎明来临时鸣叫，例如公鸡。至于它们在破晓时鸣叫的原因却没有人确切地知道。有些人认为鸟类在破晓时鸣叫是为新一天的活动做准备，也是与晚上在一起的雌性同伴重新建立联系的一种方式。也有些人认为鸣叫是为了在太阳出来前消磨时间，等到气温升高，它们的猎物出来活动了，这些鸟类才会停止鸣叫。也有可能它们是在自娱自乐。

■ 哪种鸟类可以重复人类的语言？

几种长着特殊发声器官的鸟类能够重复人类的语言。非洲的灰鹦鹉和印度的山八哥都是这方面的专家。但是纪录的保持者却是相思鹦鹉，它能重复1700个单词！

■ 鸟类怎样发声？

北美草地鹨和大多数鸟类一样，用喉咙内的鸣管发声。鸣管就像是鸟类喉咙深处的一对嘴唇，能发出许多种不同的声音。它的作用跟人的声带相似。枭鹦鹉是产于新西兰的一种不会飞的鹦鹉，它能扩张胸部的气囊来加强鸣叫声，人们可以在7千米外听到它的叫声。

↗ 北美草地鹨

■ 宽尾煌蜂鸟为什么要喝那么多水？

如果下面所提到的这种或任何一种别的蜂鸟喝起水来就像鱼类一样，那么你就低估它喝水的能力了。按照宽尾煌蜂鸟的饮水量与体重的比例来说，其饮水量远远大于鱼类。就拿我们所知道的常识来说：淡水鱼不喝水，它们只是通过皮肤吸收水；咸水鱼也不过度喝水。至于蜂鸟，它们喝这么多的水与花朵有不可分割的关系。蜂鸟爱吃花蜜，而花蜜里一般含30%的糖分，其余的都是水分。为了保持人类肉眼所看不清的翅膀的振翅频率飞翔，蜂鸟需要补充大量的糖分，那么它们每天就要吮吸达自身体重5倍的花蜜。

如果任何其他的动物，包括人类，想要喝光自身体重1倍的水，那么他在没喝光之前可能就死掉了。蜂鸟的喙在进化成能吸食大量水分的花蜜的同时，它们的肾脏也进化成了最结实的肾

↗ 正在吮吸花露的宽尾煌蜂鸟

脏。有些水分直接通过它们的身体，不需要进行加工，但是80%的水分还是会进入肾脏，成为被稀释的尿液排出体外。那么宽尾煌蜂鸟有什么特别之处吗？很简单，它们显然在同类之中能力最强，也就是说它们是最能喝水的蜂鸟。

■ 为什么林鸟的鸣叫声很复杂？

像鸫鹟和夜莺等生活在密林深处的鸟类很难找到一个有利的位置来炫耀自己的歌喉，而且它们鸣叫时也很难被发现。因此它们隐藏起来，依靠复杂多变的鸣叫声来告诉其他同伴它们是谁。这些复杂的叫声中传递着大量关于它们身体健康和准备求偶的信息。

■ 纹背蝗莺为什么出名？

纹背蝗莺是一种小巧、稀有和神秘的鸟类，它是杰出的模仿家。雄性纹背蝗莺能够模仿多达100种鸟类的叫声，这些鸟类一半来自于纹背蝗莺在欧洲的繁殖地，一半来自于它在非洲的冬季栖息地。纹背蝗莺的大部分时间都在模仿其他鸟类的叫声，人们很难分辨哪种才是它自己真正的鸣叫声。澳大利亚的琴鸟也是一位模仿大师，它能模仿夜贼警报、电锯声和许多其他机器的声音。

■ 雄鸟给雌鸟赠送礼物吗？

许多雄鸟会向雌鸟赠送食物。这样可以向雌鸟证明它们能够在繁殖期为幼鸟提供足够的食物。同时也加强了配偶之间的联系，为雌鸟在产卵期提供足够的能量。雄性白鹭会为雌性白鹭提供筑巢的材料。

■ 什么是天堂鸟？

天堂鸟生长在巴布亚新几内亚，它的羽毛是所有鸟类中最漂亮的。到了繁殖季节，雄性天堂鸟会在树枝上或地上跳舞，或者扭动自己的身体来吸引异性天堂鸟。蓝色天堂鸟会倒挂在枝头上展示自己绚丽多彩的羽毛。

■ 哪种鸟类是"园丁"？

园丁鸟的雄鸟没有美妙的歌喉，也没有绚丽多彩的羽毛，因此无法用婉转的恋歌和灿烂的羽毛去赢得异性的欢心，但它却具有园丁般的园艺天才和高超的建筑艺术才能，能用草莓和花瓣等装饰物设计建造一个美丽的新婚洞房和"求偶凉亭"，以此吸引雌鸟，因此而得名"园丁鸟"。

■ 为什么凤头䴙䴘要和配偶一起跳舞？

1. 在有些鸟类中，雌鸟会根据雄鸟的舞姿来选择配偶。雄性凤头䴙䴘游到雌鸟身边，跟它一起扭动脖子，从一侧到另一侧，保持方向一致。

1.

2.
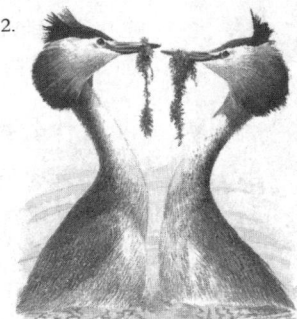

3.

2. 如果雌鸟接受了雄鸟的舞技，那么它们就会跳一支水草舞。对凤头䴙䴘来说这是一种很庄重的舞蹈。跳得时候，双方嘴里都叼着水草。

3. 当雌雄凤头䴙䴘建立了深厚的联系后，它们就会进行交配。并且雄鸟会郑重地向雌鸟赠送食物，为雌鸟产卵提供能量。

■ 军舰鸟的喉囊有什么作用？

军舰鸟是一种涉水鸟，只有在繁殖期才回到陆地上。雄性军舰鸟长着一个可膨胀的红色喉囊，当它找好巢穴后，它就会鼓起喉囊吸引异性。但是其他雄鸟会试图对它进行攻击，让它的喉囊泄气，抢占它的巢穴。

为什么雌鸟的羽毛比雄鸟的颜色灰暗？

雄鸟需要明亮绚丽的羽毛去吸引雌鸟的注意，并打击其他雄鸟，例如黄莺。但是这样的颜色也容易被掠食者发现。雌鸟需要在窝里孵蛋，不能随意飞走，所以非常容易被攻击。灰暗的颜色和周围的环境一致，可以帮助它们伪装。

雌黄莺

雄黄莺

■ 游隼为什么能飞那么快？

飞得最快的鸟类（并且事实上也是所有野生动物中运动得最快的）肯定是一种食肉鸟，很可能就是游隼。当它俯扑或俯冲到水中时，由于它要捕食空中的鸟类，因此游隼的体重超过了1千克，理论上，从1254米的高空向下俯冲时速度最大，即每小时385千米。虽然，它能够飞得多快与它实际上飞得多快这两者之间有差别，但是它在空中俯冲的动作曾被拍摄下来，其速度超过了每小时322千米，这一速度非常接近理论上的最快速度。

↗ 游隼

但是，游隼俯冲的时候有一种奇怪的现象，那就是当它离它的猎物1.8千米远时，它的飞行路线是曲线而不是直线。现在生物学家弄清楚了这其中的缘由。因为游隼的头偏向一边40度时，它的视线是最佳的，但是在快速飞行时要使头调整到这个角度就会影响速度，所以俯冲时为了飞得更快，它宁愿走曲线，这样在飞行时它的头不必偏向一边而能使猎物一直处于它的视线范围之内。

但是这种飞行并不是常规的振翼飞行。现在，漂泊信天翁持有最快的连续飞行纪录：连续飞行800千米以上能达到每小时56千米的速度。但是，信天翁利用"动力翱翔"，控制风力进行滑翔而不需不断地振翼。

■ 哪种鸟类的羽毛最吸引人？

在世界上的许多公园和动物园中人们都可以看到孔雀。雄性孔雀长着非常漂亮的羽毛。孔雀开屏时，绚丽的羽毛竖起来，形成一个美丽的扇形。这样可以吸引雌孔雀的目光。孔雀产于印度、斯里兰卡和巴基斯坦。

↗ 孔雀

■ 哪种鸟类会缝制巢穴？

缝叶莺是筑巢专家。它细长的喙就像针一样，缝叶莺借助此喙将两片树叶缝在一起做成鸟巢。缝叶莺用蜘蛛丝作线，这是非常坚实的材料。

■ 为什么有些鸟类不用为筑巢费心？

并不是所有的鸟类都会精心筑造它们的巢穴。白燕鸥就简单地把蛋产在树枝上。北极燕鸥用鹅卵石堆的低凹处作巢。杜鹃鸟和少数鸭科鸟类会把蛋产在其他鸟类的巢中，借助它们抚育自己的后代。猎鹰会用鸽子或乌鸦遗弃的巢穴。

哪种鸟类用唾液筑巢？

雨燕和金丝燕都长着很大的唾腺，能够分泌大量唾液来黏合稻草和泥浆。出自南亚的洞金丝燕的整个鸟巢都是用唾液做成的，当地人收集它们的鸟巢，然后卖给餐馆做成价格极高的燕窝汤。这让洞金丝燕的巢穴成了世界上最昂贵的鸟巢。

为什么有些鸟巢建在一起？

大约有13%的鸟类是进行群体繁殖的，其中包括93%的海鸟，例如塘鹅。群体栖息地就像一个信息中心，单个鸟类能从其他同伴那里获得最好的食物资源信息。同时也容易防御掠食者的偷袭，甚至可以共同抵抗那些侵略者。

↘ 塘鹅

鸟蛋是怎样形成的？

雄鸟和雌鸟交配后，会在雌鸟体内形成受精卵，受精卵逐渐发育成幼鸟胚胎。同时在雌鸟体内也会生产蛋黄和蛋白，它们可以为胚胎发育提供营养。雌鸟子宫产生的晶体一样的分泌物会形成蛋壳，子宫同时也能分泌色素，让蛋壳表面染上可以用来伪装的图案。各种鸟类每次受精后产蛋的数量也不一样，企鹅每次只产一个蛋，而鹌鹑却可以1次产20多个蛋。

什么是孵蛋？

孵蛋是指鸟类让鸟蛋保持适当的温度，让幼鸟可以在蛋内发育。像海雀等大部分鸟类都是坐在蛋上面孵蛋的。但是苏拉冢雉却有不同的方法：它把蛋用植物和沙土覆盖，利用植物腐烂时放出的热量帮助它孵蛋。

幼鸟容易破壳而出吗？

孵化时，幼鸟要花费很大力气才能打破蛋壳。在蛋内的时候，幼鸟会在喙的顶端发育出一颗牙齿，它可以帮助幼鸟顶破蛋壳。但这是一个很长的过程，可能要花上一整天的时间。幼鸵鸟面临着最艰难的任务，因为它们不得不打碎最大、最硬的蛋壳。

幼鸟能飞吗？

大多数刚孵化出来的幼鸟不能自立，需要父母抚养一段时间，保护它们躲避掠食者。鸟类抚养幼鸟的方式很多，最普遍的就是把幼鸟安置在巢里喂养，直到它们的羽毛发育完全可以学会飞行。燕子就是用这种方式抚养幼鸟。

幼鸟吃什么？

有的幼鸟可以吃没有经过咀嚼的食物，例如乌鸦幼鸟就能吃掉整条虫子，而有的幼鸟却需要父母把食物嚼碎后它们才能吃。随着幼鸟逐渐长大，它们会吃更多的大块的食物，就像人类一样。

杜鹃怎样利用养父母来繁殖后代？

1. 雌杜鹃把蛋产在其他鸟类的巢里，利用它们作养父母来抚养自己的幼鸟。杜鹃在产蛋前，

先把一颗鸟蛋从鸟巢里移出去，以免自己的诡计被揭穿。之后它继续寻找别的鸟巢产蛋。

2. 鸟巢的主人，假设是一对细纹苇莺，很容易被杜鹃的诡计蒙骗，帮它孵化鸟蛋。杜鹃幼鸟最先被孵化出来，它会趁着养父母离开的时候把其他鸟蛋推出鸟巢。

3. 细纹苇莺会像喂养自己的孩子一样喂养杜鹃的幼鸟。由于没有竞争者争抢食物，杜鹃幼鸟生长得很快。不久它的体重就会超过其养父母，细纹苇莺只有站在它的背上才能把食物送到它嘴里。

■ 为什么说苏格兰乌鸦是最聪明的工具制造者？

除了人类以外，还有相当多的动物会利用工具，有时候还会制作工具，例如海獭、啄木鸟等等。一般来说，人们认为动物中最擅长使用工具的是人类的近亲——大猩猩。大猩猩会用石头敲碎坚果，它们还会制作小木棍或者利用小草的草茎在土堆中捕捉白蚁。这些技术是带有"文化"的技术，只能由某些大猩猩所掌握，并且传授给下一代。其制作技术相当复杂：一位人类学家曾经和一群大猩猩在一起待了几个月，他尽力去了解大猩猩寻找白蚁的技术，最终发现了一只大约4岁的大猩猩能熟练掌握这门技术。

但是，说到这种与生俱来的智慧，新苏格兰乌鸦就要超过大猩猩了。在一次实验室所进行的实验中，科学家把一块肉放在一个小篮子里，篮子放在一个透明塑胶圆筒里，旁边还有一根直的铁丝。一只叫作贝蒂的雌乌鸦，用嘴叨着铁丝试图把小篮子吊出来，但是没有成功。于是，它把铁丝缠绕在圆筒的边缘上，用嘴啄铁丝，把铁丝的末端啄成钩状。然后，它回到篮子旁边，用铁丝把篮子钩出来取到了肉。该实验反复进行了几次，贝蒂几乎都取到了肉，但是它又使用了另外两种方法来制作工具。

■ 有些鸟类会给幼鸟特殊的照顾吗？

幼鸟孵化出来后需要父母给予它们照顾和保护。凤头䴙䴘把幼鸟放在自己的背上，等到它们身体足够强壮后才把它们放到水上。大山雀每天要飞行900次去寻找食物喂养幼鸟。但是苏拉家

↗ 凤头䴙䴘

雉就不会为抚养幼鸟费心，因为它们的幼鸟出生后24小时就能自己飞行寻找食物。

■ 有哪些鸟类从人类生活中受益？

当许多鸟类都受到人类活动的威胁时，麻雀和野生鸽子却因为与人类的接触而繁盛起来。它们在城市中找到了充足的食物和居所。在海边岩石上筑巢的野生鸽子的数量持续减少，因为它们在城市中的顶层建筑物上找到了合适的地方来修筑巢穴。

■ 为什么说有些鸟类是有害的？

在非洲中南部，聚集着大量的红嘴奎利亚雀。它们专吃植物种子，破坏了大量的农作物。据统计，全世界共有大约15亿只红嘴奎利亚雀，它们每一天要消耗4500吨粮食。当地居民每年都

↘ 红嘴奎利亚雀

↗ 红头奎利亚雀

要捕杀数以百万计的红嘴奎利亚雀并把它们驱赶到海湾地区。红头奎利亚雀是红嘴奎利亚雀的近亲，它对人类没有害处。由于数量越来越少，红头奎利亚雀在许多地区都被列为保护动物。

■ 为什么说现代农业对鸟类有危害？

从20世纪70年代以来，农业领域已经采用了许多方法来增加农作物的产量。不幸的是，其中的一些方法已经严重地危害了野生物种的生存，特别是鸟类。这些方法包括改变农作物的播种时间和播种方式、大面积使用杀虫剂和化肥以及破坏灌木区等。在英国，自从1975年以来，田间鸟类的数量下降了90%。

■ 哪些鸟类已经从地球上绝迹了？

很遗憾，人类保护鸟类的环境保护计划启动的太晚了。自从17世纪，已经有超过114种鸟类从地球上永远的消失了，其中包括渡渡鸟、候鸽和大海雁。大海雁是一种体形大、不能飞行的海鸟，除了被捕杀作为食物外，大海雁还常常被人们认为是巫师的化身而被杀害。地球上最后一对大海雁死于1844年。今天仍有大约970种鸟类徘徊在濒临绝迹的边缘。

■ 爬行动物能长到多大？

一只大鳄鱼可重达450千克，能存活100多年；最大的蜥蜴要数科莫多巨蜥，长达3米；最长的爬行动物是巨蟒，1912年发现的一条死去的巨蟒长达10米；最重的蛇当数水蟒，重达200千克。

■ 最大的爬行动物是什么？

它是世界上最大的爬行动物，重达1200千克。雄性咸水鳄成熟后可以长到约3.2米，较小的雌性咸水鳄成熟后也可以长到2.2米，但是它们还会继续生长，一直长到100来岁。据可鉴证的纪录，最长的咸水鳄是一只长7米多的雄鳄。但是还有一项相当可靠的记录确实存在，记录了一只长10米多的四足动物曾经在沙巴州的色格玛河边生活过——它的长度是人们根据沙地里它留下的压痕而测出的。但是现在长度超过6米的咸水鳄已经很少见了。

咸水鳄的眼睛、耳朵和鼻孔都长在它那巨大的头顶上，这样它就可以潜伏着等候猎物的到来，同时把它庞大的身体藏在水面下。结实的下巴肌肉使它能产生巨大的咬合力——足够嚼碎猎物或锁住它的牙齿来咬住猎物——因为它能够在水下停留数小时，所以它能轻易地溺死大型哺乳动物。

咸水鳄是不加选择的掠食者，它的猎物包括鱼类、鸟类、其他的鳄鱼，还有哺乳动物，甚至还吃人。一只保护它的领土的雄性咸水鳄或一只在照看小鳄鱼的雌性咸水鳄如果被打扰的话也会变得非常具有攻击性。因此人们在有鳄鱼的地方生活或者游泳，遭到袭击的事件时有发生。它是一种需要给予极大的尊敬的爬行动物。

正在水面上栖息的咸水鳄，如果不注意，可能会以为是一块石头或是一块木头。它拥有极强的耐心，可以一连几个小时一动不动，等待着猎物送上门来。

■ 变色龙的舌头为什么那么有弹性？

在仅仅10秒钟之内，变色龙的身体就会变成一种完全不同的颜色，这真是一件神奇的事。既然这么难的事它都能办到，那么它运用舌头的方式就不足为奇了。

↗ 变色龙行动缓慢，利用脚爪紧紧固定在树枝上。

X光照片和高速录像向我们展示：当变色龙捕捉昆虫时，它的舌头开始的速度相当缓慢，但是后来仅仅在20毫秒之内它就能加速到每秒6米。这个加速度比纯粹的肌力所能达到的速度还要快。当它的舌尖够到了目标时，舌头伸出的长度比它的体长的2倍还要多。它的舌头能粘住它自身重量15%的猎物（个头较大的还能抓住小鸟或者蜥蜴），它舌头上面什么也没有，却比富有黏性的唾液的黏性还要强，可以快速轻易地把猎物拖回来。

那么它是怎么办到这一切的呢？首先，发射的过程：人们发现它舌头的骨头和肌肉有一些弹性胶原质组织，在舌头弹出去之前肌肉伸展开来，和弓弦伸展开来射箭的方式一样。其次，抓取的过程：在舌尖还有一种肌肉，在猎物被袭击之前能立即收缩，舌尖从凸出的状态转变成凹进去的状态，形成一个强有力的吸盘。最后，收回的过程：更多舌头上的肌肉以及特殊的纤维形成"超收缩"，就像一台手风琴砰地关上一样。这一切是在不到1秒钟之内发生的。

为什么变色龙可以改变颜色？

变色龙是生活在树上的蜥蜴，可随着环境变化改变颜色以便自我保护，在受惊或发怒的时候也会改变颜色。变色龙伸直长长的具有黏性的舌头可以捕捉到昆虫，其眼睛还可以独立转动，使它们能环顾四周，从而成为爬行动物中视力最好的。

锯鳞蝰蛇为什么杀伤力巨大？

最危险的动物应该是最具杀伤力的动物。对于人类来说，幸运的是，没有一种蛇想要以人体为食，它们只是在防御时才会杀死人的。杀死人最多的蛇是锯鳞蝰蛇。然而贝氏海蛇的毒性最大，像所有的海蛇一样，贝氏海蛇的毒素已经进化成只针对鱼和鱼之类的动物。它不具有进攻性，没有毒蛇那么显著的毒牙，只是在意外被渔网网住时才会咬人。在致命力方面鸟喙状的海蛇更具危险性，它们栖息在沿海水域，因此与人的接触较频繁。在澳大利亚水域里有许多海蛇，并且澳大利亚的毒蛇数量是世界上最多的。全世界最毒的12种毒蛇澳大利亚就有11种，内陆太攀蛇或猛蛇是最毒的蛇。

↗ 锯鳞蝰蛇

但是澳大利亚并没有陆地蛇类当中最危险的蛇。综合毒液的毒性和产量、毒牙的长度、蛇的性情以及进攻的频率等因素，可以说最危险的蛇应该是锯鳞蝰蛇了。它分布广泛、个头不大（因此很容易被忽视），并且只是在受到威胁时才会采取进攻，但是它很可能是世界上咬死人数最多的蛇。其名字的由来可能是因为当它感到害怕时，它会摩擦它的鳞片，发出拉锯的声音，这样做也许是和大多数蛇一样，想要吓走人，并不想咬他们。而事实上，不是蛇吃掉人，而是更多的蛇被人吃掉。

最长的蛇是什么？

巨蟒的故事到处都有——这是由于许多早期探险家疯狂想象的结果。巨蟒很少静静地待着，人们很难估计或者测量它们的长度。事实上，巨蟒的皮肤故意伸展开来，你根本觉察不到它的身体有任何扭曲。大多数爬虫学者都对巨蟒的长度超过9米的说法持有怀疑态度。

最出奇的莫过于有关南美水蟒的故事了。它很少有能长到6米的，但是很可能人类对它的夸张程度远远超过了任何一种别的动物。水蟒大部分时间都待在水里，因此，它可以支撑庞大的体重（据记录最重的蛇是一条重达227千克的水蟒）。但是1907年珀西·法系特有限公司却声称发现了一条长18.9米的水蟒，很显然是夸张的说法。

但是雌网纹蟒确实常常可以长到6米,并且长度还会随着年龄长,大蟒可以活更长的时间。事实上,最长的蛇的纪录是一只雌网纹蟒,推测大概长10米,是于1912年在印度尼西亚的西里伯斯岛被杀死的。

一条大的雌蟒非常强壮,当它紧紧缠住猎物时,它能使一只大型的哺乳动物窒息而死,并且能一口把它吞掉。其实,至少有一个关于网纹蟒的传说是可信的,那就是它的胃可容纳一个成人。但是,有关它的长度的最高纪录很可能要停留在过去,因为大部分的蛇在世界各地都被捕杀,几乎来不及长到成年就被杀死了。

得克萨斯有角蜥蜴为什么会喷血?

被当地人们敬畏了上千年的得克萨斯州有角蜥蜴有一系列能耐,它主要以蚂蚁为食。如果它一天吃200个蚂蚁就意味着要在外暴露很长的时间,而且吃太多把胃胀大了会使自己遇到敌人时很难逃脱。

这种蜥蜴可以依靠自身的"盔甲"防御。它有伪装色,如果危险来临,它会一动不动。它的角和背上的刺能刺穿蛇或鸟的咽喉,当它遇见一种产于北美大草原的小狼以及狐狸和狗时,它也可以通过发出嘶嘶声或把自己鼓大来恐吓对手。有角蜥蜴最称奇的防御是从眼睛后的凹处喷出污秽的血液,很有效果。不过只有自己受到危险袭击时才喷出,毕竟喷出自身1/4的血液也会危及自身。

这些防御手段却无法对付当地人类的攻击,它那奇怪的外形和颜色已经吸引了许多爬行动物收藏者。而它那保持不动的习性又极易被东西碾过。人们引入的一种有角蜥蜴不能吃的奇异的火蚁正逐步替换有角蜥蜴赖以生存的当地蚂蚁,这对有角蜥蜴的生存有着致命的影响。

壁虎的脚为什么吸附能力那么强?

许多人都认为壁虎会悬挂在天花板上或者任何一种别的物体表面上,主要是由于它的吸力或者依靠爪子和吸附能力的帮助。事实上,它们的吸附能力之大令人难以置信。

壁虎的每只脚上都覆盖着数百万微小的脚毛,称为刚毛,每根毛上都有上千花椰菜状的纤维,称为腺毛。当这些腺毛张开时,它们是如此地靠近物体表面,以至于在它们的分子和物体表面之间产生了微弱的电荷,使得它们与物体表面紧紧地吸在一起,因为正极与负极互相吸引。壁虎的脚趾不能弯曲的构造使得这种吸附能力变得更强。爬行时,这一构造使得它们能在1秒钟之内4脚交替运动15次。它们脚上的数百万的腺毛都能产生分子力,分子的力量如此强大,以至于它们一只立在玻璃上的脚能负荷40千克的重量。

↗ 正在喷血以自救的得克萨斯州有角蜥蜴

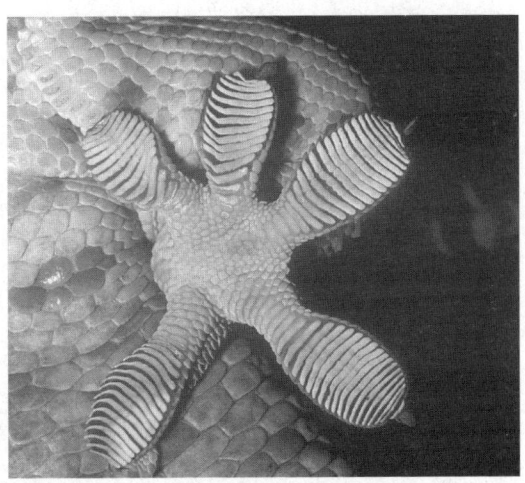
↗ 特殊构造的爪垫能让壁虎在各种物体表面自由地爬上爬下。

壁虎脚上的构造还包括一种自我清洁的成分：任何粘在刚毛上的污垢走了几步路之后就会自动掉下来，这是因为污垢和刚毛之间的吸力不如物体表面与污垢之间的吸力大。壁虎的吸附能力给技术专家带来了灵感，从而研究出一种用于太空的有脚微型机器人的胶带，这种胶带能自我清洁，易于分离。但是蜘蛛几乎肯定能更早达到这一目的，因为用同样的分子结构，它们能负荷起自身170倍的重量。

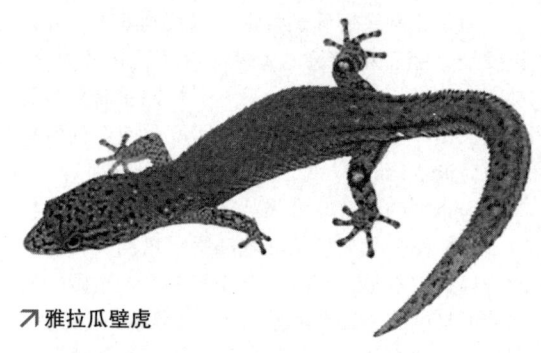

↗ 雅拉瓜壁虎

■ 为什么说科摩多龙蜥的口水可以致命？

科摩多龙蜥以其体型巨大而闻名：雄性体长一般在2.2米以上，有些甚至达到3.1米。不过这种蜥蜴相对来说身材比较细长。一种来自新几内亚的巨蜥长2.7米，其中其尾巴占了2/3的长度。

但是科摩多龙蜥是最重的蜥蜴，平均体重60千克，最大达80千克。科摩多龙蜥是一种可怕的食肉动物。它那大而锋利边缘呈锯齿状的牙齿利于切断与撕碎猎物，但它的秘密武器是带致命细菌的唾液。动物一旦被其咬伤，也许能够幸运逃脱，但几天之内就会因细菌感染而死。科摩多龙蜥则借助其敏锐的嗅觉找到该猎物，这也使其成为超级食腐动物。虽然按今天的标准科摩多龙蜥是大型动物，但与它的祖先相比都像侏儒（弗洛里斯岛过去还生存着其他的侏儒，包括现在已经灭绝的大象，据悉是被科摩多龙蜥捕食光的）。在澳大利亚曾经生存着一个真正的大怪物巨蜥，重达617千克，身长6.9米，但这个种类在大约4万年前已经灭绝。科摩多龙蜥对于人类没有太大的威胁，除非受到攻击，否则不会袭击人类。无论其有无致命的唾液，科摩多龙蜥都足以成为一种令人恐惧的巨蜥。

■ 最小的爬行动物是什么？

如果你想寻找非常小和非常大的新物种，那么很可能在岛屿上能找得到它们。说到岛屿，没有比加勒比海诸岛更适合的地点了。在那里人们发现了2种世界上最小的爬行动物。第1种是圣戈达岛壁虎，于1964年在英国圣戈达岛上被发现。1998年人们在多米尼加共和国的雅拉瓜自然公园的贝塔岛发现了另一种壁虎——雅拉瓜壁虎（以这个地名而命名的）。这两种壁虎从它们的嘴尖到尾部平均只有1.6厘米长。

体型如此小的优势就意味着它更容易隐藏自己，而且也不需要太多的食物。当岛上食物匮乏时，它更易生存下来。但是由于个头儿太小，它的体表面积相对于身体体积而言就较大，这样的话，这两种壁虎都会面临因为蒸发而脱水的危险。雅拉瓜壁虎在岛上森林里的潮湿的树叶堆里急速地爬来爬去，以微小的昆虫、蜘蛛和螨虫为食。事实上，科学家认为它很可能已经占领了陆地上被蜘蛛占据的裂缝。由于它所生存的大部分森林已被砍伐，它很可能不久就会被归为西印度群岛上仅剩下的10%的原始森林中的珍稀动物了。

■ 乌龟能存活多久？

长达100年以上。1777年前由库克船长送给汤加（太平洋西南部一岛国）统治者的乌龟一直活到了1965年，因此它至少活了188年。乌龟的行动缓慢——它们携带着保护性的外壳，因而无须到处奔波，这种缓慢的生活方式意味着乌龟仅仅消耗非常少的能量，因此它们依靠很少的食物就可以存活。

↗ 刚孵化的幼龟正向深海前进。很多龟在此阶段会被静候的食肉动物捕杀。

海龟在哪里产蛋？

海龟会在海滩上产蛋。雌海龟会在海滩上挖个洞，将蛋产在洞内，用沙子覆盖好后，便游回海洋。当小海龟破壳而出后，会向海洋前进，因为留在海滩上只会落入海鸟等食肉动物之口。海鸟似乎知道海龟何时会破壳而出。

什么是两栖动物？

两栖动物中包括青蛙、蟾蜍、蝾螈和火蜥蜴等，它们能在陆地或水中生存。然而，即使大多数时间生活在干燥的陆地上，大部分两栖动物都会返回水中产卵。卵会孵化成蝌蚪，蝌蚪会渐渐长出四肢，变成成年动物，然后便能够同时在陆地和水中生存。两栖动物是史前时代第一批向大陆迁移的动物。

↗ 青蛙在水中交配，然后产出一团胶状卵。

圣十字架蟾的皮肤为什么那么黏？

澳大利亚有一些世界上最奇怪的生物，也许因为它位于一个奇怪的大洲的缘故吧。许多其他种类的两栖动物都不能生存在这个地方，这里内陆炎热、荒芜，一连数年持续干旱，而圣十字架蟾却能在如此严酷的气候环境中生存下来。它用强壮的后腿在土壤中挖洞，在洞中熬过炎热的白天。当旱季到来时，它就会在地底下挖一个1米多深的大洞，然后在洞中夏眠，一直睡到雨季来临。

和它的近亲蟾蜍一样，圣十字架蟾的皮肤里也有独特的腺体。当它遭到打扰或侵犯时，这些腺体就会分泌出一种奇特的体液，就像胶水一样。数秒钟之后这种胶状物就会变硬，黏性比其他的胶水强5倍。这种胶状的分泌物在对付蚂蚁的进攻时最为有效，甚至有些大的蚂蚁立即就被粘在了圣十字架蟾的皮肤上。此外，像所有的青蛙和蟾蜍一样，圣十字架蟾也每周蜕一次皮，并且把它吃掉。对于蟾蜍来说，最大的快乐莫过于吃掉攻击它的蚂蚁了。

澳大利亚的科学家们正在尝试着制造出像圣十字架蟾的分泌物一样黏的胶水。这种胶水将用来粘塑料、玻璃、纸板，甚至金属。更重要的是，它还能用来修补软骨的裂缝以及其他的身体组织。因此，它也许会成为一种令人惊奇的黏合物，一种能帮助外科医生处理最难愈合的伤口的胶水。

箭毒蛙为什么毒性那么强？

这种个体很小的青蛙用它体内的有毒物质进行防御，因此被归类为有毒动物（有毒动物就是指那些利用身体的某一部位，如尾巴、螯、刺或者牙齿等等，作为武器向其他动物投放有毒物质的动物）。只有当箭毒蛙受到攻击时，它的毒液才会令掠食者中毒，因为它并不希望受到伤害。箭毒蛙通体鲜亮，其中以黄色或者橙色最为耀眼，似乎在炫耀自己的美丽，其实是在警告掠食者有极大的危险。

事实上，这种金黄色的箭毒蛙很可能是世界上最毒的动物。它皮肤内的毒液毒性非常强，任何动物只要沾上一点毒液，就会中毒，甚至死亡。1只箭毒蛙分泌的毒液可以使100多人致命。虽然这种仅仅分布在哥伦比亚地区的毒蛙直到1978年才被科学家发现，但是印第安人很早以前就发

↗ 金黄色的箭毒蛙

现了这种毒蛙,并且用它们皮肤内分泌的毒液去涂抹他们的箭头和标枪,然后用这样的毒箭去狩猎,可以使猎物立即死亡。

这种金黄色的箭毒蛙是从其他动物那里摄取蟾毒素(也可称作蛙毒)的,很可能是依靠食用一些小的甲壳虫获得的,而甲壳虫又是通过植物获取的毒素。相比之下,我们人工繁殖的青蛙却不会有毒,大概是因为它们不食用有毒的昆虫的缘故吧。箭毒蛙在白天很活跃,除了某种蛇以外几乎没有别的敌人,因为那种蛇对它的毒素有免疫力。令人惊奇的是,在新几内亚岛上也发现了某种鸟的皮肤和羽毛里含有与箭毒蛙相同的毒素。两种距离较远的地方发现出同样机理的毒素,很可能要归结于某种小甲壳虫了。类似于哥伦比亚的甲壳虫,它们也含有这种蟾毒素。

■ 最小的两栖动物是什么?

如果你是巴西人,你肯定会说巴西的金蛙是最小的两栖动物。如果你是古巴人,那你肯定会说伊比利亚山地蛙是最小的了。两者的平均长度都约是1厘米。但是考虑到古巴还有几种别的动物来竞争这个称号——包括德塔斯·得·朱丽亚蛙,是以发现它的山脉名而命名的,还有更适当的,叫作黄带小蛙,看来把这项纪录给古巴是很公平的。因为那里确实盛产小型蛙类。事实上,古巴的两栖动物占加勒比海的两栖动物总数的1/3,而且令人惊讶的是其中94%的两栖动物在世界上其他地方没有——但是,有许多种类由于森林的砍伐、外来的入侵者如鼠和猫,或者采矿业而面临着灭绝的威胁。

伊比利亚山地蛙是1993年古巴生物学家阿尔伯特·爱斯特德发现的,当时他正在进行一次考察,打算寻找那种非常罕见的有着象牙鸟喙的啄木鸟(他很可能是最后一位于1986年在古巴看到这种大鸟的人了,虽然后来有人在美国的阿肯色州再次发现这种鸟)。他是通过伊比利亚山地蛙发出的鸣叫声来确定它们的位置的。当他看到它的古铜色的带状纹和紫色的腹部,他就确定这是一种有待于研究的新物种。大多数科学家现在都认为它是世界上最小的四脚动物——这也意味着它是最小的四脚脊椎动物。

■ 树蛙为什么如此耐寒?

有一种非洲蚊子相当适应在干旱的条件下生存,附带说明一下,它可以抵抗人为设置的-270℃的酷寒。许多其他昆虫也能在低温环境中生存,但能够长期抵抗寒冷,恐怕只有南极的细菌了。

最耐寒的较高级动物是树蛙,它的耐寒本领使得它比其他两栖动物生得离北极更近,更能在融雪期的池塘里栖息,大概这能使它处于优势,能在池塘干涸之前就迅速繁殖。

当气温下降到0℃以下,蛙的肝脏就把肝糖转变为葡萄糖,葡萄糖有抗冻的作用。在-8℃以下,血液把葡萄糖输送给重要的组织以防止内脏被冻。此时,蛙内65%的流体被冻,没有血液的内脏实际上也停止活动,甚至眼球和大脑也凝

↗ 伊比利亚山地蛙

固了，像死了一样（有一种乌龟也可以做到，但只是暂时的）。当开始解冻时，蛙的心脏又开始跳动，并向全身输送含有凝固蛋白的血液，这有助于使被冰晶刺破的伤口的血凝固。此蛙通过这种方式能很快恢复活力，而体内被冻僵的寄生虫居然也复活了，真令人惊奇啊！

■ 世界上共有多少种鱼？

鱼是数目最多的脊椎动物，共有22000多种，其中约有1/3生活在淡水中。鱼可以分为3大类：无颌鱼（例如盲鳗）、软骨鱼（鲨鱼和鳐）以及硬骨鱼，其中硬骨鱼是数量最多的。

■ 电鳗为什么被称作"活电池"？

提起电鳗就让人想起"活电池"。电鳗能长到2米多长，但是它的器官都挤满在头部后面，剩下80%的身体都是产生电流的装置。在电鳗的尾部堆满多达6000个专门适合发电的肌肉细胞（或者称之为电路板），这些细胞并排地生长，就像电池的电极一样。每一个电路板都能发出低压脉冲，加起来可以达到600伏特，足以使人失去知觉。电鳗身体的尾端为正极，头部为负极。在游泳时它的身体一直保持笔直的状态。它用那长长的尾鳍做推动，从而可以保持身体周围有一致的电场。

电流几乎会影响电鳗的每一个举动。它不但会用高压电击晕或杀死猎物，还会用电流与其他电鳗进行交流，并且还会用电子定位器（一种电子反馈系统）探测水中的物体以及其他生物。鱼和青蛙是它最主要的猎物，电鳗能探测到这些动物或其他生物所产生的极其微弱的电流。电鳗的视觉不发达，但是这对它的影响不大，因为它主要在夜间活动，而且喜欢住在黑暗的水域里。

其他会放电的鱼类还有与之相关的刀鱼，它们周围会产生微弱的电场，使之能感觉到物体和猎物，并与同类进行交流。电鳐和电鲶也会放电，但是它们都不如电鳗放的电流令人震惊。

■ 盲鳗为什么会分泌粘液？

盲鳗的样子像鳗鱼，长0.5～1米，没有鳍、颌、鳞、脊椎，也没有视力。虽然不属于真正的鱼类，但它却有腮，并且在产生黏液方面还甚于鱼类。对于鱼类而言，薄薄的一层黏液可以调节

↗ 盲鳗分泌的黏液能将掠食者牢牢粘住，使其窒息而死。

身体与水中的盐分和气体之间的平衡关系，而且还能驱逐寄生虫以及保持游水的速度。但对于盲鳗而言，黏液还是一种武器。

盲鳗的体形很普通，看起来甚至有点恶心。它一般生活在海面以下大约1200米的海底，以一切能战胜或搜寻到的生物为食。当它看中了合适的猎物时，通常就会从猎物的口中滑进其腹腔，然后用它锯齿状的牙齿刮食猎物，直至彻底吃光为止。

然而，与它受到威胁时的所作所为相比，这还不算什么。当面临危险时，它身体两侧的腺体会分泌出黏液，这些黏液聚集起来与海水发生反应，产生出一团团的黏液，其黏性数百倍于原来的分泌物。这些黏液还很有韧性，里面含有数千条又长、又细、又结实的纤维，使得正在进攻它的掠食者或者不幸的过路者被黏液紧紧粘住，窒息而死。盲鳗自身也陷入同样的困境，但是它有办法从中逃脱出来：它把自己绑成一个结，然后伸展身体解开这个结，在这个过程中设法找到自己的出路。

■ 狗鲨为什么没有硬骨？

狗鲨是一种小型鲨鱼，所有的鲨鱼都有由软骨构成的骨架。软骨和骨头类似，但比骨头易于弯曲，也没有骨头坚硬。鲨鱼有着触摸起来像砂纸般粗糙的皮肤。与硬骨鱼不同的是，它们没有鱼鳔，因而它们无法在不游泳的情况下漂浮起来。

↘ 狗鲨是大白鲨的体型较小的近亲。

为什么说槌头双髻鲨拥有"电子感受器"?

在某种程度上,所有的鲨鱼都能接收到水中猎物的微弱电讯,以利于捕食。对于大多数鲨鱼而言,它们的这种感觉一般只起到辅助的作用,真正起决定性作用的通常是听觉、嗅觉和视觉。尤其在袭击前的那一瞬间,这些感觉系统能充分发挥作用。但是对于槌头双髻鲨来说,这种接收电讯的能力是至关重要的,这也许就是它们头部的形状(头骨呈铁锤状)如此古怪的原因之一吧。

鲨鱼有特殊的电子感受器,感受器由数百个微小的、黑色的小孔组成,称为"劳伦茨尼器"。劳伦茨尼器是一条很深的信道,富胶质,能把接收到的微弱电讯传导到每个感觉孔的神经末梢。普通鲨鱼的吻部和下颚处都遍布着这种感觉孔,那些黑色的小孔看起来就像清晨刮脸的人傍晚已长出的短髭,感觉有些奇怪。

槌头双髻鲨也有许多感觉孔,它们分布在双髻鲨的长方形头部下侧,这些感觉孔就像金属探测器一样能扫描布满沙粒的海底。用其他方式无法找到的猎物,用这种方法却往往十分灵验,像黄貂鱼和比目鱼都喜欢埋藏在沙子里,静静地一动也不动,而且没有什么特别的气味,其他掠食者根本就发现不了,但槌头双髻鲨用感觉孔却能发现它们。

槌头双髻鲨不仅能探测到水中猎物的身体和海水交互作用产生的微弱的直流电,甚至连猎物心脏跳动引起的肌肉收缩而产生的极其微弱的交流电也能感觉到。8种类型的槌头双髻鲨比大多数其他种类的鲨鱼感觉更灵敏,其中最大型的槌头双髻鲨,大约有6米长,也许是感觉最灵敏的鲨鱼。

为什么水虎鱼可以很快吃掉动物的肉?

小型水虎鱼有着剃刀般锋利的牙齿,可以大块大块地将肉咬下。这种小型鱼生活在南美的河流中,与大多数食肉鱼不同的是,水虎鱼成群地捕食。一群水虎鱼在几分钟内就可以将一头猪身上的肉剥去,只剩下一具残骸。

腔棘鱼为什么被称为"活化石"?

腔棘鱼是海洋中的活化石。科学家原本认为这种鱼7000万年前就已经绝迹,然而1938年在东非发现了一条腔棘鱼。后来,在印度洋东侧印度尼西亚群岛不远处也发现了腔棘鱼。

深海中的鱼是什么模样?

有些看起来非常奇怪。它们的世界黑暗而阴冷,因为阳光只能照射到大约750米深处,食物也很稀少,因此很多深海鱼有着大而宽的嘴,以确保捕捉到任何靠近的猎物。有些深海鱼利用"钓竿"吸引猎物,还有很多深海鱼有着特殊的器官,可以发射出"自造光",以便在黑暗中确定位置。

刺鲀的身体为什么能迅速膨胀起来?

这也许是有最多普通名称的生物了。仅仅在英语里,它就可以叫作有刺的河豚、箭猪鱼、气球箭猪鱼、棕色箭猪鱼、泡泡箭猪鱼、斑点箭猪鱼、跳远箭猪鱼、树篱猪鱼和气球鱼。所有这些名字都与它的防御硬刺有关,或者与它的膨胀能力有关,或者两者兼而有之。当它处于松弛状态时,它看起来相当普通。但是如果它受到攻击,它就会迅速使自己膨胀起来,变成一只全身带刺的球体,比它原来的体积大3倍,就像一只篮球,上面钉满了数百枚又长又细的钉子。它是通过快速吸进大量的水到肚子里办到这一切的。

它的胃在进化的过程中已经逐渐变得没有用处了(食物不在胃里消化,而是通过胃直接进入

↗ 槌头双髻鲨通过其灵敏的"电子感受器",能探测到埋藏在沙子里的猎物。

↗ 刺鲀身上长满尖刺，当它遇到危险时，身体便极速膨胀，长刺也会迅速竖起。

肠子），当它的身体没有膨胀时，胃就折叠成褶皱状。事实上，胃的褶皱里又有褶皱，褶皱包着褶皱，这些褶皱只能在显微镜下才能看见。

当刺鲀觉察到危险时，它立即吸入大量的水，胃就会展开，皮肤也膨胀，鳞片——平常的时候紧紧贴着皮肤——这时会突然像刺一样弹起来。它不仅不再需要胃的正常功能，而且还不需要大多数骨骼（特别是肋骨，肋骨很明显会影响它的身体的膨胀），除了脊椎以外。与刺鲀腹部膨胀相似的口腔膨胀也能用于防御：如与刺鲀亲缘关系最近的同科动物扳机鱼，也会吸入水，然后朝着海胆喷射出水，同时翻转身子以掩盖它们柔软的腹部。

■ 什么是"魔鬼鱼"？

"魔鬼鱼"是巨大的蝠鲼的别名。蝠鲼看似非常凶狠，过去的海员讲述蝠鲼的故事时，会说

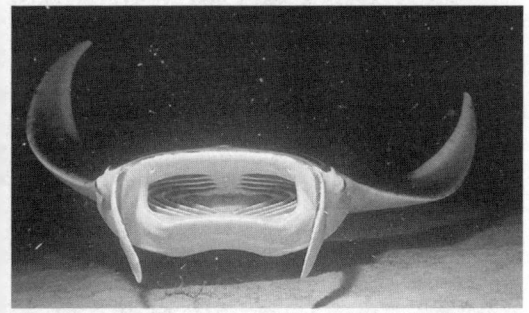

↗ 图中的蝠鲼是最大的鳐鱼。鳐鱼是一种拥有扁平身体的深海鱼类，常被与鲨鱼相提并论。

到蝠鲼从海底跃起，用鱼鳍覆盖船并将船拖到水下。事实上，蝠鲼是一种温顺的巨型鱼，甚至可以容忍潜水员将梯子系在它的身上。蝠鲼拥有宽阔的鳍，这使它毫不费力就可以在水中游泳，并使用头上的"钓饵"引诱浮游生物进入其张开的嘴巴。

■ 游得最快的鱼是什么？

要测出鱼类的游泳速度是一件相当难办的事情，因为没有人能举行一场公开的鱼类游泳比赛，我们只能依靠渔夫们的估计。旗鱼的掠食者的行为以及它的身体构造都表明它具备快速游泳的条件。它的鼻子像喷气机，吻部似长箭，这种"流线型"的结构使它前进时遇到的阻力很小。毫无疑问，它的游速很快，据记录一只旗鱼在3秒钟之内就把一名渔夫的线放出了91米远，比全速奔跑的猎豹的速度还要快（虽然估计陆地上的跳跃速度与水中的全速游泳速度并不完全一样）。

游泳速度紧排在旗鱼之后的其他的鱼类按顺序排列有：箭鱼、枪鱼、黄鳍金枪鱼和蓝鳍金枪鱼。旗鱼以及其他的游得快的食肉动物游速快的秘诀就在于它们的肌肉组织。旗鱼有大量的白色肌肉（有利于加速，而不是为了耐力），还有大块的红色肌肉（需要更多的氧，但是有利于保持较快的游速）沿着侧腹向前推进。由红色肌肉纤维产生的大量热量被血液动脉的特殊的网状物保留住，使得血液比外面的水的温度要高。它还能把血液传到大脑和眼睛，这有利于它发现并追踪在又冷又深的水中的猎物。

人们发现它那大大的背鳍的实际功能就像船帆一样，在急速转弯时能帮助它控制方向，当它在围捕猎物时大大的背鳍使它的块头看起来更大。它在水面上时，背鳍起到船帆的作用，当它暴露在阳光下的时候，背鳍还能帮助体内的血液变暖。

■ 鮟鱇鱼为什么吞食速度那么快？

一条很小的鱼发现一条比它还小的鱼缓慢地、诱人地朝着一块珊瑚礁游去，当它冲向那条"小鱼"时，它感觉到一股强大的吸力，一切都变黑了，这也将是它意识到的最后一件事情，因为它成为鮟鱇鱼的猎物了。

↗ 伪装巧妙的鮟鱇鱼晃动着眼前的"钓饵",等待猎物前来。

鮟鱇鱼的种类有 43 种,有不同的颜色(具有会随着周围的环境而变色的功能),大小也不尽相同,还有各种各样的伪装手段:有的看起来像海绵,有的看起来像有一层外壳的石头,有的像一簇簇的海藻,还有的像在水面上漂浮的、柔软的块状物。但是它们都有一个共同点,那就是它们都有能力使自己看起来像无生命的或者其他的有生命的物体。它们还有一个背鳍已经演变成钓鱼竿,有一根线和假的钓饵,假钓饵还会像鱼儿、蠕虫或小虾一样地摆动。它们的嘴能像巨穴一样张开,吸起东西来就像喷气飞机引擎的前端,然后又闭起来,整个过程仅仅需要 1/6 秒。

鮟鱇鱼伪装自己的方法多种多样,富有独创性,看起来都极其丑陋。但是它们的演变并不是为了取悦人类的感官。它们只是演变成一种这样的动物:能张大嘴巴,一口吞掉它们的猎物,速度比任何其他的食肉动物都要快(吞食的速度以及具体动作甚至要等到发明了高速摄影技术时才能知道)。鮟鱇鱼能完整吞掉比它们自身体积还要大的动物,这在食肉动物中并不多见。当然,它们还是世界上最高明的伪装者。

■ 为什么说水蛭是最贪婪的吸血者?

世界上最贪婪的吸血动物不是吸血蝙蝠。产自美洲热带地区的吸血蝙蝠,实际上并不是吸食其他动物的血,而是舔食它们的血。如果吸血蝙蝠发现了大型的哺乳动物——尤其是牛、猪和马,就会在它们的皮肤上咬一个口子,然后喝流出来的血。吸血蝙蝠的体型并不大,平均体长约 7 厘米,

每只蝙蝠一晚只能吃几汤匙血液。因为它的唾液里含有抗凝血剂,所以它飞走后被咬过的那只动物的伤口还会流一会儿血。

然而,世界上最大的吸血动物——水蛭,体长达 46 厘米,具有惊人的吸血能力。一只非常饥饿的水蛭需要吸食自身体重 4 倍的血液才能吃饱。一只较大的亚马孙水蛭平均重约 50 克,有记录表明还有重 80 克的水蛭,其重量比几汤匙血重多了。像吸血蝙蝠一样,亚马孙水蛭也以大型哺乳动物的血为食。当那些动物一进入水中,水蛭就开始攻击它们,并用抗凝血剂使它们血流不止。与此同时,水蛭还会向其猎物注入麻醉剂,致使被攻击的动物毫无知觉。

所有的水蛭都是环节动物,它们与蚯蚓属于同一纲,无论大小,都由 32 节构成。亚马孙水蛭的尾部几节长着攻击猎物的吸血器,而它身体的每一节都有自己独立的神经中枢。因此,每只水蛭都有 32 个大脑。

■ 腿最多的动物是什么?

虽然"milli"的意思是"1000","pede"的意思是"脚",但是千足虫并没有 1000 只脚。百足虫每 1 节有 1 对腿,而千足虫每 1 节都有两对腿。事实上,千足虫的每 1 节都是由两节融合在一起的。可是它们生下来时只有几节,每蜕一次皮就会长出一些腿,渐渐地越长越多。这么多又短小又强健的腿使得千足虫的举力和推力都很大,所

↗ 在岩石上爬行的千足虫

以它虽然行走缓慢，却很有力。食肉的百足虫扁扁的，行走时紧贴着地面，速度很快。而大多数千足虫都是圆柱形的，像推土机一样，它们会给腐烂的植物挖洞穴掩埋（这对于植物的循环利用很有价值），遇到危险时不是逃跑，而是把身子蜷成螺旋状。

千足虫的每一对足都会随着前足和后足的步伐缓慢移动，像波浪似的。雌性千足虫发现自己数百条腿随着身体在地面上拍打的节奏很性感，雄性千足虫在交配前也经常拿脚抚摸雌性千足虫作为前奏。雄性千足虫还有一对"性交腿"，或者叫生殖足，可以把它的精液传到雌性千足虫的生殖器官内。这么多条腿很利于清洁，大多数千足虫对于清洁相当挑剔，它们大部分空余时间都会用来擦洗和抛光，甚至专门用一对足来为触角当刷子。

■ 昆虫有什么独特之处？

昆虫都有 6 条腿，其身体可以分为 3 部分：头部、胸腔部和腹部。所有的昆虫都有特定的共同特征：头上有眼睛、口器和一对触角或触须。大部分昆虫都有翅膀。

■ 哪种动物的外壳最大？

温暖海洋中生存的巨型蛤蜊的外壳有一米宽，是最大的。昆虫都有坚硬的躯体，还有很多动物，例如蜗牛和鸡心螺，有着精美的装饰性外壳。甲壳类动物（螃蟹、龙虾和虾）也都有外壳。和昆虫一样，甲壳类动物也是节肢动物（腿部有关节的动物），而且大部分节肢动物都生活在海洋里。

■ 为什么说拳击蟹是"带刺的拳套"？

在海洋里大家互相帮助是很普遍的事，最有名的例子就是寄居蟹和海葵，海葵带刺的刺丝囊能保护寄居蟹，同时寄居蟹多余的食物会给海葵吃。拳击蟹似乎比寄居蟹更得寸进尺。因为它们个头特别小——壳的长度只有 1.5 厘米，所以是许多动物的猎物。它们遇到对手时就会用双螯挥舞着微小的、带刺的海葵来击退对方。拳击蟹挥动着海葵，就像拳击手带着手套一样，每一次刺戳都会刺痛对手或者令对手死亡。有人曾经看到

↗ 手握"海葵手套"的拳击蟹绝对是一名出色的"拳击手"。

一只拳击蟹击退过一只蓝环的章鱼，可见它的防御是非常有效的。拳击蟹之间也是用海葵作为进攻的武器，但是它们之间的斗争只是出于好玩，几乎不会用海葵触及对方，而是用自己的腿来进行格斗。

当一只成熟的拳击蟹到了要蜕皮的时候，它就必须放下海葵，等到它的新外壳长硬之后，它又会去抓新的海葵。如果它只找到 1 只海葵，那它就会把这只海葵一分为二，海葵也很乐意被分成两只。令人奇怪的是，在面对要捕食拳击蟹的动物时，海葵似乎并不反对被拳击蟹抓起并挥舞着进攻，至少我们从没见海葵临阵脱逃过。我们很难理解，对于海葵来说，得到所需的食物难道会比能自由活动更好？不过，由于拳击蟹利用海葵来刺昏动物，因此海葵能得到足够的食物作为回报，也许正是这个原因才使得海葵宁愿生活在拳击蟹的双螯中吧。

■ 蜘蛛吃什么？

所有的蜘蛛都是食肉动物，大部分蜘蛛都以昆虫和其他小生物为食。蜘蛛以各种各样的方式捕捉猎物：有些靠追逐捕猎，但是很多蜘蛛都编织丝网作为陷阱，以诱捕猎物。流星锤蛛会从丝线上悬下一个黏球，黏球散发出一种类似雌蛾发出的化学气味，以吸引雄蛾飞到近前，雄蛾一旦粘到球上，便动弹不得。

■ 喷液蜘蛛为什么会喷唾液？

与喷液蜘蛛亲缘关系最近的同科蜘蛛是有毒的棕色隐遁蜘蛛。像棕色隐遁蜘蛛一样，喷液

蜘蛛也只有6只眼睛（蜘蛛类本应有8只眼睛），而且视力相对较弱，但是它们的诱捕技术弥补了视力的不足。它们的主要感觉是触觉，两条前腿比其他6条腿稍长，行走时，两只前腿轻拍前面的地面，以感觉是否有可吃的食物。

与所有的蜘蛛一样，喷液蜘蛛也铺设通往地面的道路，它们定期用快速干燥的丝固定这些道路，以免从上面掉落——这就像登山运动员的绳索一样。许多蜘蛛能分辨是昆虫还是别的蜘蛛路过它们铺设的线路，有些蜘蛛还能用它们前腿上敏感的绒毛来侦察。那些并没有真正接触它的网的生物它都能感觉得到——就像听觉器官一样，但是它们只是感觉而已，并没办法采取行动。可是喷液蜘蛛呢，它们一旦确定了猎物的方位，就会把后腿立起，朝猎物喷射唾液。

喷液蜘蛛的唾液能喷射比身体长5倍多远的距离，而且分毫不差，极其准确。它们喷出的是一种丝和毒液的黏性混合物，这些混合物能使猎物眩晕并被粘住而无法动弹，然后喷液蜘蛛急忙赶过去，咬住猎物，同时从口中注入更多的毒液，最后再享用它。这种蜘蛛需要远距离杀死猎物的原因之一很可能是：它们的个头相当小，下巴不能张开得足够大，一口只能咬住猎物的一条腿或者一只触角。而且，这种黏性的唾液还能使它们捕捉到移动得比它们快的猎物。

■ 哪种昆虫飞行速度最快？

昆虫世界中飞得最快的当数蜻蜓，在追逐猎物时它的速度可达90千米/小时。仅次于蜻蜓的是肤蝇，飞行速度约为50千米/小时。大黄蜂的飞行速度约为18千米/小时。

■ 何为群居昆虫？

有些种类的昆虫组成群体生活在一起，这使它们成为一种群居昆虫。群居昆虫包括蜜蜂、某些黄蜂、所有的蚂蚁和白蚁。在这些昆虫中，所有的成员都为群体的利益而工作，协同筑巢、觅食和哺育后代。蚂蚁利用外激素共同劳动，外激素可以在蚂蚁群中发出信号。一个蜂巢中有1只

↗ 蜜蜂用蜂蜡做成蜂巢，蜂巢的卵室中含有从蜂后所产的卵孵化而来的幼虫。

蜂后，多达6000只工蜂，以及数百只可以繁殖的雄蜂。蜂后专门负责产卵。

■ 最大的冬眠群体是什么？

每年的八、九月份，在北美生活的君主蝴蝶就会从它们的基因里获得一种神奇的信息。它们会停止它们平常的路线，要么开始检查太阳的位

↗ 成千上万的君主蝴蝶紧紧地挤在树干周围。

置,要么感应地球的磁场(没有人能确切的知道),然后振翼飞向南方。到11月份为止,它们到达莫斯科中部的山里——数目大成千上万只密密麻麻地分布在杉树林中。这是世界上最大群的昆虫迁徙:事实上落基山脉所有的君主蝴蝶都参与到这次迁徙活动中了。

白蚁身上的"昆虫之最"有哪些?

白蚁是群居类昆虫,其按群体生活在一起,某些白蚁是杰出的建造师,能在土丘上建造巨型巢穴——已知的最高的白蚁巢穴有近9米高。令人惊讶的是,修建巢穴的白蚁居然什么都看不到,而保护巢穴免受敌人进攻的白蚁竟然也如此。白蚁蚁后可以存活50年之久,因而白蚁成为寿命最长的昆虫。

为什么说沙漠蝗虫是最大的破坏群体?

一大群落基山脉的蝗虫曾经覆盖的最小面积相当于英格兰、苏格兰、威尔士和爱尔兰的总面积,它们曾给北美洲西部的开拓者带来过巨大灾难。1875年8月15~25日,当蝗群飞过内布拉斯加州时,估计总质量有250亿~500亿千克。不可思议的是,这一种蝗虫于1902年就已经灭绝了。

现在,沙漠蝗虫成了最大、最广泛地具有破坏性的昆虫群体。1954年,科研人员曾在肯尼亚用侦察机测量得知,一个蝗群就能覆盖200平方千米的面积。那还只是在同一个地区的几个蝗群中的一个而已,而把所有蝗群合起来则会覆盖1000平方千米,厚达1.5千米,估计有5000亿只蝗虫,重量约10万吨。

这种动物最奇怪的一点是它基本上是独居的。大多数时候它是普通的、绿色的蚱蜢(蝗虫基本上就是迁移的蚱蜢)。但是当沙漠条件改变时,昆虫的行为也发生改变。有时当天气较往常湿润时,更多的蚱蜢就会孵化出它们的卵。小蚱蜢互相撞击,互相摩擦,这种撞击和摩擦会促使个体释放出一种"群聚的信息素"(一种由动物,尤其是昆虫分泌的化学物质,会影响同族其他成员的行为或成长,因此它们开始聚集在一起。大量的蚱蜢朝一个方向行进。这一阶段会持续大约一周,然后它们长成成虫开始飞行,于是蝗灾就产生了。蝗群会在哪里出现并不很明确,但是如果它们在阿拉伯半岛繁殖的话,就会飞过非洲,沿途经过的农作物将遭到严重破坏。

波吕斐摩斯蛾为什么拥有最敏锐的嗅觉?

许多动物依靠嗅觉去寻找食物或者配偶,甚至以此来辨别周围的路径。有些动物居住的环境使得它们的某些感觉器官很少使用,如大部分在黑暗中活动的动物就很少利用它们的眼睛,而在嘈杂环境中生活的动物就很少利用它们的耳朵,因此它们更加依赖嗅觉。

有些动物,如鲨鱼可以有针对性地利用它们的嗅觉,它们对那些与进食或者繁殖有关的气味特别敏感。事实上,嗅觉对于鲨鱼是如此重要,以至于它们的嗅觉器官被称为"游动的鼻子"。它们的嗅觉接收器可以进行微调,以便接收很小浓度的血液和其他化学物质的气味。还有许多其他的动物也有类似的嗅觉接收器。有些鲶鱼有超级的接收器,它们能嗅出水中一百亿分之一的化合物的气味。

但是,蛾子,尤其是雄性的蛾子,很可能是嗅觉最灵敏的记录的保持者。它们利用触角导向

↗ 波吕斐摩斯蛾

目标追踪性别信息素（一种由动物，尤其是昆虫分泌的化学物质，会影响同族其他成员的行为或成长），或者由雌性蛾子释放出的化学物质，就能判断出这些雌蛾是否适合产卵。有些雌蛾会故意弯曲运动路线，释放出少量的信息素，这样一来，只有那些触觉极其灵敏的雄蛾才能找到它们的踪迹。嗅觉灵敏度的最高纪录保持者很可能就是波吕斐摩斯蛾：它的触角只要接收到一个信息素的分子就能在大脑中产生反应。

■ 马达加斯加天蛾的舌头为什么如此之长？

这可能是世界上最著名的舌头了。它首先引起科学界的注意是由于达尔文的想象力。达尔文是19世纪最伟大的自然哲学家和进化论之父。1862年，他分析出了彗星兰花的一个样本，这种兰花生长在马达加斯加岛上的森林树荫里。它的花朵很大，蜡质，呈白色，星形，在夜晚能散发出强烈的、甜甜的香气。吸引达尔文的是它的花蜜在花冠的底部，大约长30厘米，他认为这种结构一定与某种特殊的昆虫授粉者相匹配。

他知道这种白色的、夜晚会散发出香气的花很吸引蛾子，在1877年他写道："在马达加斯加岛肯定有种蛾子，它们长着长'舌头'，通过舌头来吸取花蜜，并且能伸到30～35厘米的长度！"

↗ 马达加斯加天蛾通过细长的舌头来吸食花蜜。

因为这种兰花没有给昆虫提供着陆点，它很可能是一种一直盘旋的天蛾。当时达尔文的观点受到嘲笑。但是在1903年，人们发现了马达加斯加的天蛾，它确实长有与彗星兰花的花冠长度相匹配的长舌头。

多年来，在野外这两个物种之间的关系没有被确定，但是人们最近观察到天蛾在兰花上停留，并且带走了花粉。还有一个更神奇的事是，彗星兰花有近亲，它的花冠长约40厘米，这表明还有一种蛾子有待发现，它的舌头会更长。

■ 沫蝉为什么爆发力超强？

昆虫里面最适合跳高的是跳蚤，其中以猫蚤跳得最高，能跳24厘米高。这项技能使得它们能在走动的哺乳动物身上跳来跳去以觅食。但是，还有别的不太出名的跳跃者能轻易地超过它们，那就是沫蝉。沫蝉是一种吸食植物的小虫，当它需要新鲜树液时就能飞到或者跳到新的植物上。如果遇到威胁时，它们有一种爆发性的逃跑方式。极细微的振动或者触摸就会使这些小虫以极快的速度跳走，速度之快令人咋舌，以至于如果碰到你的脸的话，都会伤到脸。

大"股"肌肉控制着它们最长的后腿（它们藏在翅膀之下），肌肉极富弹性。它们腿上特殊的隆起使它们可以保持不变的竖起的姿势，而此时"股"肌肉慢慢收缩，使得大腿能突然打开并快速弹起，整个身体向前射出。一只沫蝉能在千分之一秒之内加速到每秒4米的起跳初始速度，承受大于体重400倍的重力（而人类乘太空火箭进入轨道时最多只能承受其体重5倍的重力）。相比之下，一只普通的跳蚤也只能承受其体重135倍的重力。但是跳蚤也值得在这里记下一笔，即使它的生活方式也只是进行跳跃而已。

■ 为什么投弹手甲壳虫会爆炸？

在昆虫界，蚂蚁几乎无所不能，但它们并不总是成功。投弹手甲壳虫对付蚂蚁的方法很奇特，那就是用爆炸的方式。也就是说，当一只蚂蚁、蜘蛛或者任何一种别的掠食者带有敌意地咬住这种甲壳虫的腿时，它们立刻就会发现自己被一股化学喷雾所轰炸，这股喷雾就像沸水一样热。

那么，如此微小、冷血的生物是如何产生爆炸的呢？这完全是由其体内的化学物质引起的：

自然奇观

↗ 投弹手甲壳虫正利用化学武器进行防御。

在这种甲壳虫的腹部末端有两个完全一样的腺体，它们并列地分布在两边，在腹部的尖端有开口，这就是投弹手甲壳虫的天然微型燃烧室。每个燃烧室都有一个内室和一个外室，内室含有氢的过氧化物和对苯二酚，外室含有过氧化氢酶和过氧化物酶。当内室的化学物质被迫通过外室时，这些化学物质之间就产生了化学反应，于是投弹手甲壳虫就有效地制造了一次爆炸。

爆炸所产生的液体含有现在被人类称为p-苯醌的刺激物。这种高压沸腾的液体从甲壳虫腹部的末端喷出，同时伴随着一声巨响，声音之大连我们人类都能听见；液体的温度也足以烫伤企图攻击甲壳虫的掠食者。更令人惊讶的是，投弹手甲壳虫的腹部还能朝任何一个方向做270°的旋转，这样它就能准确射中它的对手；如果旋转270°还对不准的话，它就会越过背部射击，先击中一对反射镜，然后液体通过反射镜跳弹到所需的角度，最终射中对手。科学家认为投弹手甲壳虫的神奇之处就在于它们是自然界唯一一种能混合化学物质引起爆炸的昆虫。

为什么说小小的犀牛甲虫特别强壮？

犀牛甲虫属于金龟子科，这个科的许多动物都特别强壮，有的能滚动巨大的粪球，有的可以杀死别的昆虫。但是犀牛甲虫应该是最强壮的：有人做过实验，一只犀牛甲虫能把自身体重850倍的重量举到背上，远远超过了一只大象的相对力量。

即使这个记录有点夸张，但是我们对于犀牛甲虫的力量却不应怀疑。雄性犀牛甲虫以它们的叉形触角而出名：一只巨大的触角在头上拱起来，一只较小的触角朝上拱起与它相对应。当雌性犀牛甲虫准备交配时（它们长期待在地下，以植物为食，很可能见不到雄性犀牛甲虫），它们会散发出一阵迷人的信息素，吸引雄性犀牛甲虫飞进去。这时候它们就用触角互相碰撞。最大的、最重的以及最长的雄性犀牛甲虫——它们吃的食物是最好的，可能最有希望成为父亲，养育后代，然而它们必须向旁观的雌性犀牛甲虫证明自己。决斗中的雄性犀牛甲虫首先点头互相威胁，然后以头碰撞，举起对方并且投掷出去，胜利者最终会得到交配的权利。雄性犀牛甲虫身体越大，它的触角也就越大，肌肉和钳子越强壮，就很有可能获胜。但是越大不一定越好。有种有触角的金龟子甲虫，雄性甲虫的触角很大却只有很小的生殖器。

对虾为什么得名？

对虾的虾体透明，也有人称它明虾，每年春夏之季，原先散居黄海海域的对虾，从四面八方游向渤海海域，产卵繁殖，虾仔在严冬来临之前，又纷纷集中沿原路回游，进入黄海，回到南部水温较高的海域。由于它们的称呼中有个"对"字，许多人以为它们总是雌雄相伴，形影不离，犹如鸳鸯一样成双成对，恩恩爱爱。这其实是一个误解。渔民捕获的对虾，往往是雌多雄少，并且悬殊极大，根本谈不上一对一对的。那么，对虾是这一名称从何而来的呢？

对虾的真名叫东方对虾或中国对虾。据说过去的渔民统计捕捞成果时，往往不论雌雄，每两只算一对，以"对"计数，而不是用"千克"来计算。在市场出售时，也常常把两只虾放在一起，仿佛雌雄成对，并且按"对"论价，既美观又醒目。时间久了，"对虾"这个名称便流传下来了。

成年的雌虾体型庞大，从额剑顶端到尾巴末端，长18～23厘米，有些"长个子"可达26厘米。它除体表长满甲壳外，身上其他的地方都是味道鲜美的肉。雌虾一般体重60～80克，大一点竟有150克，相对来说，雄虾比较小，但体长也在15～20厘米之间，体重30～40克。正因为对虾如此肥硕丰满，所以在北京等地对虾又有大虾之称。

螳螂虾为什么拥有最好的色彩视觉系统？

螳螂虾主要因它那有弹性的、像手臂一样的钳螯的力量大而出名：一只体型较大的螳螂虾一拳能击穿一只贝类的壳。但是它还有一个更加令人惊讶的本领可能鲜有人知：它有着复杂的色彩视觉系统，尤其是生活在万花筒似的珊瑚礁周围浅海滩的螳螂虾。

科学家们在各种各样的动物之间进行色彩视觉系统的比较时，采用的方式是，数它们眼睛里的色彩感光器。例如：大多数哺乳动物有 2 类，灵长目包括人类，比其他哺乳动物稍微强些，有 3 类色彩感光器，而大多数鸟类和爬行动物有 4 类。但是螳螂虾则至少有 8 类色彩感光器，它们能看到紫外线波段内的许多种色彩（包括数千种色彩的梯度），而很多色彩我们的肉眼根本无法看到。人类能看清楚大约 1 万种颜色和色彩梯度，而螳螂虾能看到的色彩比人类的多许多倍。显然这种本领在珊瑚礁周围是非常有用的，因为那里的许多生物都善于利用色彩做伪装。

它们的视觉除了能看到很多色彩之外还有更加特别之处。它们还有两极化视觉系统，比我们用感光器产生的任何物体都要复杂。它们的眼睛突出，还能自由地转动360°。这些复眼有数千只，每一只复眼都能从 3 个角度感知物体，使它能深入地观察物体。我们人类需要把所有的视觉器官调动起来，用两目视觉来观看物体，而螳螂虾仅仅一只眼就有更加精确的三维视觉。

↗ 螳螂虾独特的视觉系统能看到比人类丰富得多的色彩。

多刺龙虾的幼崽为什么被称作"搭便车者"？

当你是自然界中的极小生物时，你就必须拥有独创性的能力才能到处活动。许多体型极小的节肢动物（节肢动物门无脊椎动物，包括昆虫、甲壳纲动物、蛛形纲动物和多足纲节肢动物）选择免费搭乘在别的生物身上的方式到处活动。

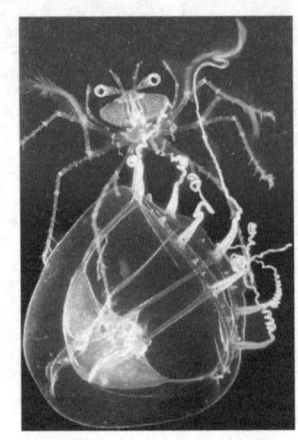

↗ 骑在水母背上旅行的多刺龙虾的幼虾

加利福尼亚的多刺龙虾的幼虾开始只有 3.8 厘米大小，需要在开阔的海洋里旅行数月，大约要经历 11 次蜕皮才能长大为成虾。那么在此期间，为了避免被掠食者捕获，它白天会躲在较深的海底。但是如果要到达数百或数千千米远的成虾觅食地的话，它就会搭乘在一种浮游的水母身上，利用这种水母的躯体作为航行的交通工具，这样一来，它就不需要借助于水流了。

还有些其他的搭乘者更加无礼。例如有一种螨类生物（蜱螨目的任何一种小的乃至微小的蛛形纲动物），它喜欢悬挂在一种"保幼蚁"的头部下面，这种生物体型和蚂蚁一般大。当它饥饿时，它就会敲打蚂蚁的头，蚂蚁便会反刍出一种含糖的食物，这样一来，它不仅得到了一个寄居地，而且还可以获得免费的食物。藤壶（一种蔓足亚纲的海洋甲壳类动物）比它还要厚颜无耻。它寄居在雌水母身上，却会把雌水母卵巢的所有东西全部吃光。但是作为一名寄居的揩油者，它们也有烦恼的事，那就是要完全依赖所选择的寄居生物，如果太贪婪，就会造成两者都死亡。

章鱼为什么会模仿？

如果你是一只中等体型的掠食者，那么章鱼就是在海里最适合食用的动物了。它结实多肉，没有外壳、骨头、刺、毒或者任何让你吃得不舒服的防御机理。事实上，大多数类型的章鱼最佳

自然奇观

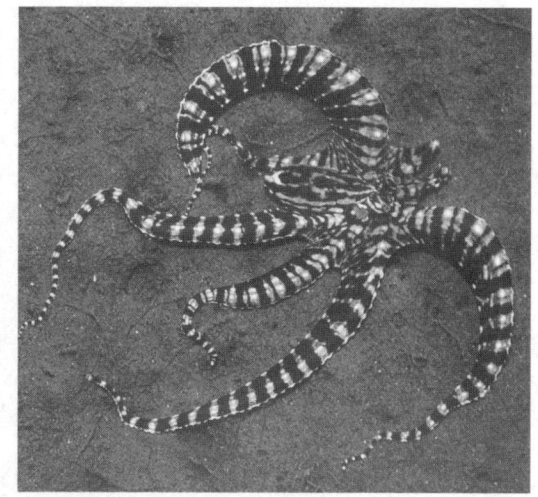

↗ 善于伪装的模仿章鱼

的防御手段就是白天尽可能地藏起来，晚上才出来觅食。

20世纪90年代初期，两名澳大利亚的水下摄影师正沿着印度尼西亚的弗洛里斯岛拍摄，竟然在大白天的一个阴暗处看到了一只章鱼，这令他们非常惊讶。实际上，他们第一眼看到的是一只比目鱼，仔细一看才发现其实是一只中等大小的章鱼，它8条腕足蜷起来，两只眼睛向上，制造似鱼的假象。章鱼的脑袋很大，视力极好，能变色和变形。模仿章鱼正是利用身体的这些特点把自己伪装成一种完全不同的生物。

后来水下摄影师还发现了更多这样的章鱼。现在人们已经拍摄到模仿章鱼变形后的各式各样的照片。它们可以伪装成各类生物，如海蛇（模仿章鱼把6条腕足朝下藏到洞里，两条腕足威吓似的在水中随波起伏）、独居蟹、黄貂鱼、海百合、海参、蛇鳗、海星、魔鬼蟹、螳螂虾、黏鱼、大颚鱼、水母、蓑鲉和沙葵等。当模仿章鱼伪装成别的生物时，经常会发生这种场面，一只比目鱼突然伸出章鱼的腕足，把猎物缠到洞里，然后在那里享用猎物。

■ 为什么说锯鳐是最灵敏的杀手？

锯鳐在它那灵敏、扁平的大鼻子（或称吻）的边缘长满了锯齿状的外露利齿。通过左右游动，锯齿被用做撕扯浅海鱼类的武器。尽管锯鳐通常被认为是一种行动迟缓而温驯的动物，但很多鱼类诸如鲻和青鱼常在海底被它猎杀。在浅而浑浊的水中，锯鳐利用它的锯齿捕食甲壳类和其他猎物。由于不停地捕食，锯齿容易受到磨损，但它会不断地从牙床生长以保持牙齿的锋利。

与它的近亲鳐鱼相似，锯鳐善于在海底伪装，又与它的远亲鲨鱼类似，它以一种波浪形的方式在水中游泳，并且与它们一样，它的颌部完全由软骨组成，无任何硬骨组织，牙齿呈锯齿状。它还有一点与它们相似的地方，就是它也有一套叫作"劳伦茨尼器"的电子系统，长在它的锯齿上和头上。有了这个系统，锯鳐便能通过猎物身上发出的电场准确地找到猎物的藏身之处。

雌性锯鳐面临的一个问题就是生育带锯齿的小锯鳐，不过这些小锯鳐的锯齿被一层膜所包裹着，这样就能够避免出生时伤害到母体。现在所有的锯鳐（可能有7种）都面临的问题是生存的浅滩被污染和开发，以及被过度捕捞而濒临灭绝。

■ 为什么蓝海蛞蝓喜欢正面朝下？

不像大多数同科动物，蓝海蛞蝓没有视力，一生当中都在海平面上正面朝下地漂浮着，触手像手掌一样张开，胃里的空气产生浮力。它表面上看起来很温顺，其实它有着令人致命的防身武器——刺细胞，并且它还会掠食其他动物。它外

↗ 蓝海蛞蝓悠闲地在海中漂浮着。

表的美丽还是一种伪装：背部呈海蓝色，朝上使得它不会被俯视的鸟类发现；正面呈银白色，朝下使得它不易被仰视的鱼类看见。

不久，它就会被拖入到一个旋涡中，这里有许多动物一排排地不断涌来，使得它有机会碰到猎物。它最爱吃的食物有又大又有防卫武器的葡萄牙僧帽水母，以及比它体型稍小的水螅型珊瑚虫。蓝海蛞蝓一旦碰上一只猎物，它就会通过刮擦猎物的软组织吮吸猎物。不知何故，它不用攻击猎物就能吃掉其触须，并且能反复利用自己的刺细胞，同时将它们合并成为像手指一样的突起。

只有在交配时它才会不采取通常的倒置姿势。它是雌雄同体的动物，当与它交配的伴侣同它交换精液时，它们会转过身体，拥抱着互相爱抚，显得十分恩爱。

■ 为什么蛤、蚌里会长出珍珠？

珍珠的母亲，是海洋中的蛤、珍珠贝和淡水中的蚌等贝类。

一般人都会想当然地认为：蛤、蚌越大，里头的珍珠也越大。然而事实却不是这样的。蛤、蚌只有在寄生虫寄生或有外物侵入体内时，才能孕育出珍珠。

掰开一个珍珠贝或蚌一看，在它贝壳的最里层，即"珍珠层"，有一道美丽而富有光泽的、珍珠般的光彩，这就是由外套膜分泌的珍珠质。

当寄生虫钻进蛤、蚌坚硬的贝壳里时，为防护自己不被进一步侵扰，蛤、蚌的外套膜就迅速分泌出珍珠质，紧紧包住这个入侵的敌人。

有时，一些沙粒掉进蛤、蚌里，短时间内蛤、蚌又没法把它们排出去，饱受痛痒刺激的蛤蚌就会从外套膜分泌出珍珠质来逐层包围它们。经过很久的一段时间后，沙粒外面就被包上了很厚的珍珠质，这样就形成了一粒粒圆圆的珍珠。

■ 庞培蠕虫为什么如此耐热？

庞培蠕虫生活在地球上最黑暗最深的地狱般的环境里——类似于烧水锅炉，它的热能可在1秒钟之内融化蠕虫。它还要承受能把人压碎的压力，以及被浸泡在有毒硫黄和重金属的液体里。庞培蠕虫生活在海底2～3千米的冒烟区周围，这些喷射的烟从火山带的热液喷口涌出，所产生的化学物质达300℃高温，遇冰凉海水温度陡然下降。

为了在这样的环境下生存，需要超级蠕虫战略。为了适宜居住，蠕虫制出纸样的化学隔热管子，就像一块热毯子，通过从背面秘密喂养富糖的胶状物，生成由丝状细菌形成的羊毛物，这毯子还能化解管子出口处液体的毒。

与火山口处生活的管虫不一样，庞培蠕虫有内脏和唇，唇向上延伸去捕获生长在该区的细菌。但是没人知道这种动物能在最高多少摄氏度的环境下生存。除去细菌以外，它的器官组织经历温度的阶梯变化，尽管可以使头（主要是鳃）离开最热的水，但它的尾巴却要经受80℃的高温。为了能利用蠕虫的这种本领为人类造福，科学家正努力揭开它生存的秘密。

■ 为什么说箱形水母是最毒的动物？

有人说箱形水母是世界上最毒的动物，但这要取决于你的理解了。你是说它是你可能见过的最毒的生物？或者是说它能杀死的人比其他的生物多？还是说它所含有的化学物质是最毒的呢？当然，一只箱形水母所含有的毒液足够杀死60人，而且很多人一旦被刺中就会立即死亡。

虽然箱形水母无意去杀人，但它是个捕猎者。一只成熟的箱形水母有一个普通人的头那么大，有的触须长达4.6米，触须上布满了毒刺细胞。箱形水母主要以鱼类为食。它非常活跃（不像其他种类的水母），在海水里喷气推进式地追寻着

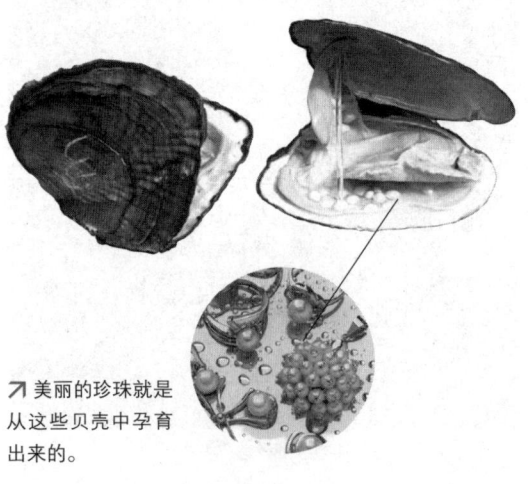

↗ 美丽的珍珠就是从这些贝壳中孕育出来的。

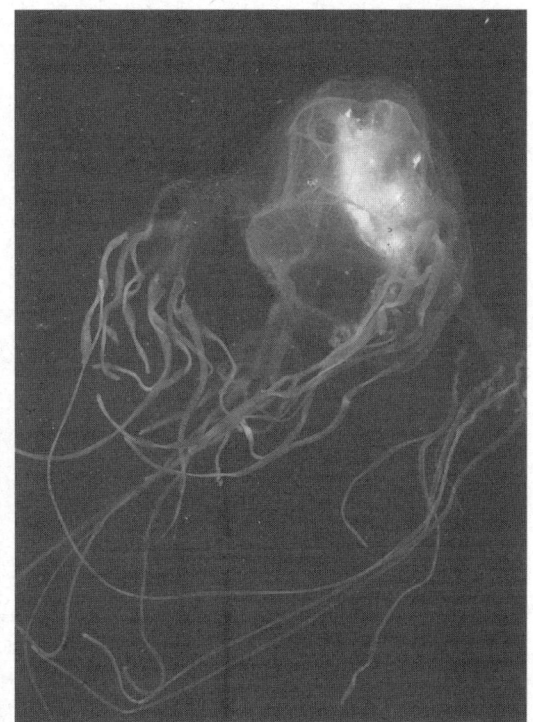

↗ 在海中游弋的箱形水母

猎物。它周身都是透明的，使得鱼类以及人类都无法发现它那致命的触须。

箱形水母大约有4束触须，每束10根，大部分都超过2米长，每根触须大约有300万个毒刺细胞。这种毒素会影响心肌和神经，还会破坏其他组织。箱形水母攻击的目的只是为了快速地杀死鱼类，所以攻击后它并不逃走。但是如果一只箱形水母遭遇到了人类，它也许会出于自卫而攻击人类。一旦被它刺中，会引起极度的疼痛，由于没有解药，受害者在仅仅几分钟后就会死于心力衰竭。此外，箱形水母的毒刺细胞在攻击时并不受大脑控制，而是受身体和化学物质的刺激。奇怪的是，毒刺并不能刺透女性的紧身衣，于是在"防刺服"被使用之前，救生员在海滩巡航时穿的就是紧身衣。

■ 最繁盛的是什么植物？

被子植物——草、仙人掌、树、豆类、藤本植物、马铃薯以及很多野生和花园内种植的花。花有助于植物繁殖，还要确保种子得到传播——通过吸引蜜蜂等动物或借助风等。最大的有花植物科为兰科，达17000种；其次是豆类，有16000种；再次是菊科，有14000种。

■ 植物为什么能在水中生存？

植物的90%以上都是水分，因此只要能获取阳光，就能够在水中很好地生存。有些植物漂浮在水面，还有一些植物在池塘或细流的底部扎根。海洋中生长的海藻非常粗糙，在波浪的重击下也可以存活，海滩上潮起潮落间干燥或浸泡的"洗礼"也不会难倒它。

■ 为什么有些植物不开花？

苔藓和蕨类植物都不开花。它们产生孢子而不是种子，孢子会落到地面上，发育为原叶体结构，而正是这种结构产生出雄性和雌性花粉囊，以便生成新的植物。针叶树也不开花，它们是裸子植物，球果中含有花粉和种子。

雌性和雄性花粉囊可能位于同一株植物上（例如针叶树），或者位于不同的植物上（例如铁树目裸子植物）。

↗ 有花植物、无花植物和真菌类在森林中共生。

叶子从空气中吸取二氧化碳制成葡萄糖

叶子释放出二氧化碳

叶子释放出氧气

叶子吸收氧气用来呼吸

↗ 植物有自己的呼吸特点，白天与夜晚进行着不同的呼吸运动。

■ 为什么说植物也要呼吸？

白天，植物进行光合作用，吸收二氧化碳，吐出氧气。到了晚上，阳光没有了，光合作用停止，这时，植物就只进行呼吸作用，吸进氧气，吐出二氧化碳。

那么植物又是怎样进行呼吸的呢？

植物与人不同，它全身都是"鼻孔"，每一个细胞都能进行呼吸，气体通过植物体上的气孔完成呼吸。呼吸作用要消耗一些有机物。这种消耗实际上就是用吸进去的氧气分解有机物。有机物分解以后，把能量释放出来，作为植物生长、发育等生理活动不可缺少的动力。

植物的这种呼吸作用叫作"光呼吸"，和光合作用有密切的关系，光呼吸要消耗掉光合作用所产生的一部分有机物。

■ 真菌类如何生长？

真菌从其他植物中获取营养，或者从死去、腐烂的物质（例如伐倒的树）中获取营养。真菌类不含叶绿素，因而它们无法像绿色植物一样自己制造营养，相反，它们可以在任何纤维素构成的物质（例如食物、衣服、木家具，甚至是旧书，尤其在潮湿的地方）上生长。

■ 最高的草是什么草？

竹子看似树，但实际上是一种巨型草。它是最高的草（可以生长到25米），也是生长速度最快的植物，一天最快可以长1米。草只开非常小的花（没有花瓣），构成了通过风授粉的一个植物科。地球上共有1万种草。

■ 花朵最大的有花植物是什么？

花朵最大的有花植物属于东南亚的一种难闻的大花草属植物，其直径达1米的花朵气味类似腐肉，可以吸引昆虫。有些有花植物体积巨大，例如加利福尼亚的中国紫藤枝干达150米长，每年可以开150万朵花。

■ 竹子为什么能长那么快？

竹子是一种奇怪的植物。它们是高大、茂盛的草，开始时，大约1250种不同类型的大多数竹子都一直在长高。一旦它们成熟了，它们就停止生长，不管它生存多久（有些竹子要存活100年以上）。它们会发出更多的嫩芽。这样一来，一片竹林，当它们停止长高时，就会变得密不透风了。

竹子的花期也很古怪。许多种类的竹子一生当中（7～120岁之间）只开一次花，开完花就会死亡。也就是说，一种竹子的每一棵竹子播种和死亡几乎发生在同一时期（这对于大熊猫就是个特别的问题了，它们除了竹子以外什么也不吃，那么每30～80年它们就会面临全面的饥荒，因为这时当地的竹子都开花了）。

↗ 生长茂盛的龟甲竹

竹子对于人类而言也很重要（有1500多种文件是用它记录下来的），世界上有多达40%的人离不开它。至于龟甲竹，它具有巨大的能量，开完花后还能继续存活，并且被人类作为农作物广泛种植，它是长得最高的大型竹子之一，而且很可能还是长得最快的竹子。据记录一根嫩芽仅仅1天就能长1米，即每小时长4厘米，8周后就又长了20米。它真的是你能亲眼看着长大的草木哦。

树木为什么能提升体内的汁液？

树木体内的水分和溶解矿物质通过木质部这种细胞被提升上来，在叶子中合成的养料则通过韧皮部这种细胞被输送到植物的各个部分。

从本质上来说，输送树汁的任务主要还是靠木质部来完成。木质部是一个由许多毛细管组成的输送网络，它连通着根部和植物的每一个末梢，将从根尖吸收的水分和矿物质连续不断地输送到植物体内各处。毛细管由单个的植物细胞首尾相接而成，每个细胞的开口数从一个到数个不等。

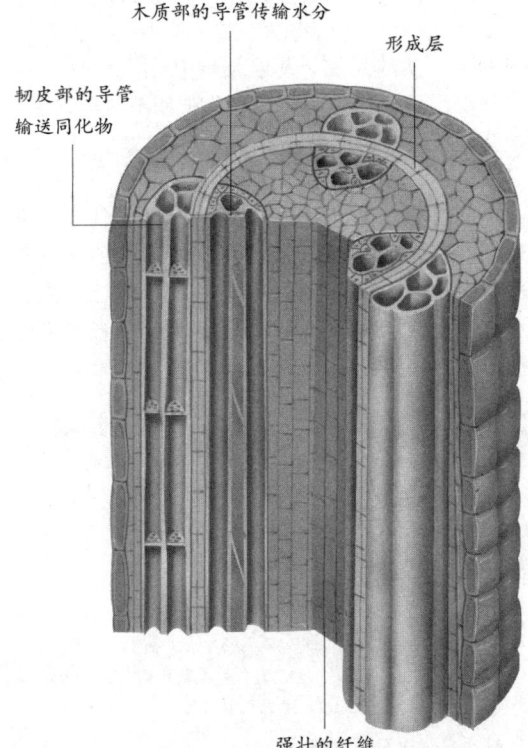

↗ 茎里面富含的导管和纤维对于传输养料和水分具有重要的作用。

毛细管的直径非常小，以至于管内被输送的水只能以分子的形式流动。

叶片上长有气孔以供气体交换之用，以利光合作用。当气孔张开的同时，水分也会因为呼吸作用而散失。由于叶片中水分的散失，植物体内的水分会受到向上的拉力。

要维持这种巨大的升力并同时使管内的水流不至于断流，需要有两种力的作用。一种是水分子和细胞壁之间的黏附力，只有当管径极其细微时才能产生这种力；另一种是水分子之间强大的内聚力。

根据实验结果，黏附力和内聚力可以轻而易举地把水提升到100米以上的高度，这一高度的树木的代表是加利福尼亚红杉树——106米左右。

不过枫糖浆可算是一个特例，因为在枫树汁液的输送过程中还包含了树干中压力的因素。

从深秋到春天，当树叶全部掉落时候，树干细胞在整个白天里进行新陈代谢。虽然人们尚未对该过程形成充分全面的认识，但就目前所知，代谢过程中产生的二氧化碳会在细胞的间隙中聚集，挤占树汁原本占据的空间。夜晚，二氧化碳溶解于树汁中，在局部形成小真空，产生的力促使根部从土壤中吸取更多的水分。

一旦春天来临，树木开始长出新的叶子，常规的循环过程重新占据主导地位。此时树干中的压力作用不再是输送水分的主要驱动力，枫糖浆也停止流动了。

为什么发芽的植物会向上生长？

这是因为它们的叶子必须接触到阳光。植物最初只是土壤中的一块球根或一粒种子，但即使头朝下种植，根部也会在重力作用下开始向下生长。发出的新芽中包含着叶片，会向着阳光生长，以便为生长中的植物提供养料。

为什么有些植物的茎中间是空的？

有些植物如小麦、水稻、竹子、芦苇等，茎的中间是空的，这是因为，这些植物的茎中央的髓部已经萎缩消失了。

植物学家研究发现，这些植物的茎原先也是实心的。但是，茎中间变空对植物很有利，所以植物在长期的进化过程中，茎逐渐地变空了。

↗ 水稻从幼苗到成熟,茎逐渐地变空了。

为什么茎变空对植物有利呢?

根据力学原理,同样分量的材料,如果是中央空而较粗的话,往往比中央实而较细的支柱支持力要强一些。植物的茎为了加强机械组织和维管束,从而变得较粗,所以减少甚至消失柔软的髓部,形成管状的结构。这样,它的支持力既大,又节省了材料。

禾本科植物,如小麦、水稻、芦苇、竹子等是进化最快的植物,大部分禾本科植物的茎都是中空的。

什么是块茎?

块茎是茎秆上粗大膨胀的部分,在地下生长。最有名的块茎植物要数土豆。直到16世纪初,首批欧洲探险家将土豆带回国内,土豆才被欧洲人所熟知。土豆上面的芽眼会生出细小的芽,如果埋入土中可以生根发芽。

为什么说地球上的氧气源于植物的光合作用?

地球上这么多的氧气,究竟是怎么来的呢?

研究发现,大气中的氧气全部来源于地球上植物的光合作用。

光合作用,通常认为是在太阳光的照射下,植物利用叶绿体中的叶绿素吸收阳光,将水分子分解成氢和氧,从而放出氧气,同时还原二氧化碳合成有机物。

光合作用得以顺利进行的必要条件是叶绿体中的叶绿素的催化作用。在通常的情况下,要把水分子分解成氢和氧需要有很多能量,例如,需要把水加热到差不多2000℃,或者给水通以很强的电流,才能够将水分子分解。可是由于叶绿素在一般的温度下就很容易达到这个目的。在叶绿素的催化下,将水分解所需要的只不过是普通的可见光这样相当微弱的能量。植物利用这一点所吸收的光能的效率达到30%以上,有关研究人员认为,在理想的情况下,它的吸收效率接近于100%。

为什么晚上和植物共睡一屋很危险?

答案很简单,因为绿色植物也要吸收氧气进行呼吸作用。呼吸作用就像是光合作用的镜像。总的来说,光合作用需要在有光线的情况下进行,因此为了平衡,植物在晚上需要吸收氧气。

不过,只在当植物体积非常巨大,而且整个卧室密不透风,没有足够的氧气供给的情况下,才可能会引发真正的危险。相比之下,同屋而睡的另一个人所消耗的氧气量要远远多于一株植物所消耗的量。

光合作用与呼吸作用中气体交换的规律是由18世纪末荷兰植物学家詹·英根豪斯首先发现的。自从约瑟夫·普利斯特利发现氧气的存在和揭示出植物能利用二氧化碳制造氧气之后,把鲜花摆放在病房里以"净化"空气就成为一种时尚。

英根豪斯对上述流行的做法产生了怀疑。他通过实验证实,会制造氧气的只有植物的绿色部分,而且还必须处于强烈的阳光之下才行;花朵和其他非绿色部位,以及如果把绿叶放置在黑暗的环境中,都和动物一样只会消耗氧气。

↗ 叶片光合作用示意图

植物的叶是一座名副其实的"养料加工厂",地球上所需要的氧气就是它们通过光合作用制造出来的。

在需要氧气的呼吸作用中，植物从空气中吸取自由氧，利用从有机物中释放能量的化学反应；糖类和氧气发生化学反应，生成二氧化碳、水，释放化学能。在光合作用中，二氧化碳和水在光能的条件下被生成糖类和氧气。

白天，虽然呼吸作用和光合作用都在进行着，但是光合作用的进行速度要远快于呼吸作用，而且呼吸作用产生的二氧化碳又迅速被用于光合作用之中，因此光合作用反应多出来的氧气则进入到空气中。夜晚，光合作用停止，而呼吸作用继续进行，因此绿色植物才会吸收氧气，产生二氧化碳。

■ 植物为什么在干燥的沙漠中也能生存？

有些沙漠植物有着长长的根，可以直达地下深处的水源，其他植物则在粗粗的茎干和厚厚的叶片中存储水分。沙漠植物看似已经死去，然而一旦下雨，它们便焕发出勃勃的生机，竞相生长开花，于是沙漠中会出现短暂的繁荣景象。

↗ 只要偶尔有降雨，仙人掌就可以在沙漠中存活。

■ 为什么花朵色彩斑斓？

这是为了吸引动物将花粉从一株植物传播到另一株植物。这种花粉传播的方式被称为异花传粉。主要的花粉传播者为昆虫，它们会被花朵的颜色和气味吸引，不过昆虫看到的颜色和我们人类不同：红色的花朵在蜜蜂眼里发灰，而白色的花朵又发蓝。在世界的某些地区，鸟儿、蝙蝠、啮齿动物甚至是有袋动物也会传播花粉。

■ 为什么植物也喜欢"听音乐"？

大家都知道，植物的生长离不开阳光、水、空气、土壤等。植物只有生活在适宜的环境里，并被施以充足的养料，才能长得快、长得好。如今，科学家又有了新的发现：植物居然也喜欢"听音乐"。这是怎么一回事呢？

有人通过实验发现，每天早晨给黑藻播放25分钟音乐，用不了10天，黑藻就会繁殖得极为茂盛。假如每天早晨为含羞草播放25分钟古典歌曲，它的生长速度会明显加快。灌木受音乐刺激后，也会变得枝繁叶茂。据观察，烟草、凤仙花、金盏菊等都比较喜欢"听音乐"。

原来是声波的刺激促进了植物的生长。大家都知道，植物的叶片表面分布着许许多多的气孔，它们是植物与外界环境进行气体交换和蒸发水分的"窗口"。当音乐响起时，植物叶片表面的气孔受到声波的振动刺激，其开放度会变大。气孔增大后，植物增加吸收了光合作用的原料——二氧化碳，光合作用因此更加活跃，越来越多的有机物质形成；同时，这也增强了植物的呼吸作用，植物的生长因此获得了更多能量，植物因此更加生机勃勃。

■ 为什么植物也能进行自卫？

有些植物的自我保护能力令人惊讶，它们不但会欺骗敌人，而且会联合起来进行防御。

科学家们对植物的这种自我保护方式产生了兴趣。通过长期的观察和研究，他们发现，植物的自我保护行为不仅仅限于对付昆虫的袭击，对于妨碍自己生存的其他植物，它们同样也会表现出自我保护的行为。科学家们曾做过这样一个实验：他们从种植着野草的花盆里取出一些水，浇到另一个花盆的苹果树的根部，经过观察，发现苹果树吸收这些水后，生长速度明显地减慢了。科学家们从这个实验中得出一个结论：野草能够分泌一种对苹果树有害的化学物质，从而抑制了苹果树的生长。

植物是没有意识的，但是，植物的这种自我保护行为却又像是有意识的，这是为什么呢？为什么植物普遍都有自我保护机能？对此，科学家们只知道，它们独特的自我保护方式是自然选择的结果。其具体过程和原因仍在研究之中。

↗ 向日葵的花茎可以随着太阳方向的变化而转动。

■ 植物的幼苗为什么要弯向太阳方向？

植物的幼苗总是随着太阳的方向生长。这是怎么回事呢？

经过多年的努力，1993年，化学家们从幼苗的尖端得到了好几种物质。这些物质，能够有效地促进植物的生长，加速背太阳一面的幼苗细胞分裂生长，从而促使幼苗朝太阳的一面"弯腰"。这便是植物的幼苗为什么总是弯向太阳方向的原因。化学家们将这些奇妙的物质称作"植物生长素"。

既然这种"植物生长素"这么好，那么它能不能用来提高农业生产力呢？天然植物生长素在植物中的含量微乎其微。在700万棵玉米幼苗顶端，含有的植物生长素只有千分之一克。科学家们开始尝试着制造植物生长素。

功夫不负有心人，到目前为止，已经发现了多达上百种的植物生长激素，它们在促进农作物的生长方面作用很大，它们能加速庄稼的生长，使其早点开花、早点结果，且能防止成熟的果实脱落、防止种子发芽等等。

■ 为什么有的植物不怕寒冷？

自然界中，有一些植物是不怕严寒侵袭的，这就是耐寒植物。被人们称作"岁寒三友"的松、竹、梅即使在零下四五十度的温度下也不会冻坏。此外像娇嫩的白菜，要在-150℃才会结冰，萝卜等可以经受-20℃的温度而不结冰。它们究竟有什么能够抵御严寒的法宝呢？

直到最近，一些科学家们才揭开了这层神秘的面纱。植物体内的水分有普通水和结合水两种。所谓"结合水"，仅仅看其化学组成，和普通水没有太大的区别，只是普通水的分子排列顺序相对凌乱，可以到处流动，而结合水的分子却在植物组织周围排列得十分整齐，和植物组织亲密地"结合"在一起。令人难以相信的是，化学家发现，其实结合水的性质和普通水的区别很大，比如普通水在摄氏零度就开始结冰，但结合水却比普通水的结冰温度低得多。寒冷的冬天，植物体内减少的只是普通水，而结合水的量却保持不变，这样结合水所占的比例反而提高了。由于结合水的结冰温度要比摄氏零度低得多，因此耐寒植物当然就可以在严冬中傲视冰霜了。

■ 现存最古老的无性繁殖生物是什么？

金冬青树这种非比寻常的灌木是大约70年前被一位自学成才的自然学者德尼·金发现的。当时他在塔斯马尼亚岛西南部的一座山谷里淘

↗ 金冬青树

锡。但是那块地方最近被火烧掉了，这种植物就再也没被看到了。后来，在 1965 年，金在一处凉爽的山脉上的雨林地区又发现了一些这样的灌木。它被确认为新的种类，属普罗梯亚木科（它最近的近亲在智利，表明过去澳大利亚和南美洲曾经连接在一起），将它命名为金冬青树就是为了纪念金。

这种树不结果，它的遗传上是三倍体的（通常生物都是有两对染色体，而它有三对染色体）。因为它不能通过性来繁殖。它那迷人的花朵从来不结籽，它只能通过根发芽才能长出一棵新的植物。这也就意味着所有 600 棵左右的植物都是同样的遗传基因。

特别的是，在同一地区搜集到的这种树的叶子化石看起来与活的叶子一模一样，科学家通过碳－14 测量法，发现它们至少有 43600 岁。正因为此，以及它会无性繁殖，生物学家相信现在的金冬青树和化石中的树是同一种树。这种最古老的无性繁殖的树种，打败了石炭酸灌木（11700 岁）和以前的记录保持者北美越橘（大约 12000 岁）。当智人（人类的现代种类）和穴居人同时出现时，金冬青树就开始出现了，但很不幸的是，这种古老的树现在正面临着灭绝的危险。

■ 为什么植物有喜阳和喜阴的不同？

自然界中的植物通常有喜阴和喜阳的不同，在外部形态和内部生理构造上喜阳和喜阴植物最为显著的区别要算叶片了。

↗ 喜阳植物
喜阳植物的叶子一般小而密，能够充分地反射光线进行光合作用。

↗ 喜阴植物
喜阴植物的叶子不是很多，但是叶片一般较大，这样能够很好地吸收太阳能。

喜阳植物的叶片较厚而粗糙，叶面包含着很厚的角质层或蜡质，能够反射光线；这种植物的气孔通常小而密集；叶绿体虽然小，但数量较多。喜阳植物叶片的这些结构特征能使叶子在强烈的光照之下，很好地吸收太阳能，就是在没有阳光的情况下，也能产生一定的光合作用。

与之相反，喜阴植物叶片的构造一般是叶大而薄，角质不发达；叶肉细胞和气孔比较少，有较发达的细胞间隙；阴生植物中叶绿体的数量比阳生植物要少一半，但叶片形状较大。这就使得阴生植物在荫蔽湿润的环境下，对微弱的阳光也能有效地吸收和利用。

尽管植物有喜阳和喜阴的差别，但离开了阳光，喜阴植物也无法存活下去。生长环境的不同使得阳光的照射不同，从而使植物有了喜阳和喜阴的差别，这是植物对大自然的适应。

■ 为什么植物要进行蒸腾作用？

植物一生吸水重量常常超过植物自身重量的数百倍。例如，一株玉米或者向日葵一生要吸水 200 千克以上。所以，植物所吸取的水分最终存储在植物体内的并不多，大约 98% 的水分都散失掉了，那么这些水分是如何散失的呢？

原来，植物的表面布满了气孔，例如每平方厘米的紫花苜蓿叶面，上表皮有 16900 个孔，下表面有 13800 个孔。不同植物气孔的分布是不一样的，陆地上的植物，气孔多分布在叶片的下面，而浮在水面上的植物，如睡莲和荷花等，气孔则多分布在叶片的上面。这些小孔如同一个个的泉眼，无时无刻不在蒸腾散失水分。据测算，一般情况下，植物白天每小时 1 平方米的叶面积，能够蒸腾散失掉 15～20 克水分。在夜晚的时候失水的速度放缓，在 1～20 克之间。可以想象遍野的植物每天要散失掉多少水分！但是这不是植物对水的浪费。植物的蒸腾作用是植物正常生理代谢和物质交换的必要手段，它对植物来说至关重要。

首先，蒸腾作用为植物吸收和运输水分提供了动力。叶片的水分散失掉后，叶片细胞液的浓度自然就会提高，于是就产生了向叶脉细胞吸水的动力，这样叶片就向茎吸水，茎又向根吸水，迫于强大的压力，根不得不向土壤吸水。其次，水在从根部向叶片运输的过程中,把溶解于水中的各种养料也一并带到了植物全身。最后,蒸腾作用还能够帮助植物降温散热。植物向动物一样也怕烈日的烤晒,为了不至于被烤焦,植物就通过蒸发水分把热量从体内散发出去,以保持一定的恒温。

■ 为什么某些植物长有翅膀形或降落伞似的种子?

这是为了确保风能够将植物的种子带到离母株尽可能远的地方。如蒲公英的种子非常轻,很容易就被风吹起;其他植物,例如枫树,长有翅膀形的种子,从树上落下时能像直升飞机的螺旋桨一样旋转。

↗ 蒲公英会长出蓬松的种子头。吹落蒲公英许下心愿时,你已帮助这种植物传播了种子。

■ 植物如何在多风的山上生存?

苔藓、灌木和某些开花植物紧贴地面生长,从而可以抵御山区的狂风和严寒。它们有着长长的根,可以将植株紧紧固定在地面上,并尽可能多地摄取水分和营养。最适宜在阿尔卑斯山上生存的植物是针叶树。

■ 现存最高的树是什么?

至高巨树现在也许是世界上最高的树,并且是最高的活着的生物体。这项最高纪录确实被报告过——一种在澳大利亚的维多利亚生长的巨型山地桉树。1855年一棵被砍倒的这种树经测量高达114米。如今这种巨型山地桉树生长在塔斯马尼亚州高约97米。现在最高的树是加利福尼亚红杉。

红杉被大量地砍伐,因此很可能以前的高度比现在的还要高。但是究竟有多高呢?2004年科学家根据计算,还考虑到诸如地球引力以及水的摩擦力的限制等因素,推算出加利福尼亚红杉很可能能长到122~130米之间。

一棵树有50或60层楼一样高是什么样子呢?首先,这些树会发出整棵树的新芽,被称为复树干。有一棵被研究的红杉的树冠覆盖了整个森林——有209根复树干。它们中的大多数相当小,但是最大的直径达2.6米、高40米。在树干的分杈处和大树枝上聚积了大量的土壤,从那里长出蕨类植物、灌木以及别的树,而不是红杉。上面还有大量的昆虫、蚯蚓、软体动物,甚至还有相当大的蝾螈。

在加利福尼亚洪堡红杉国家公园有数量众多的红杉树,它们大都生长得比较高大,其中不乏上百米高的巨树。

■ 为什么树不能长得像天一样高?

如果你生长在农村,就会发现身边的许多小伙伴都是爬树高手,这些活泼的孩子把每一颗高大的树木都看作是征服的对象,他们经常会爬到树上去摘鸟窝,会爬到树上摘李子。对于家长来说小孩子爬树是一件危险的事情,但是对于他们自己来说却是最刺激的事情。如果能有一颗长得像天一样高的大树就好了,那样这群天不怕地不怕的孩子就能顺着大树到天上去游览了。

如果有一颗大树长得像天一样高,会发生什么情况呢?它会不会闯祸把天空戳个窟窿呢?

我们已经知道了宇宙中除了星体，空空如也，而古人所谓的"天高"只不过是地球到太阳之间的距离罢了。如果地球上的一颗大树能够一直长到太阳上，那么也许我们的小"爬树高手"不辞辛劳，真的能够顺着大树到太空中去游览一番呢！我们知道太阳到地球的平均距离约为1.5亿千米，地球上的大树能不能长这样高呢？

是的，这是根本不可能的。

科学家们推算出，世界上最高的大树也不会超过130米。这个高度与1.5亿千米比较起来，实在是不值一提。为什么会这样呢？科学家们通过仔细的研究后得出结论，主要原因是重力，它阻碍了水被顺利地运输到树顶。植物通过蒸腾作用，将水从根部运输到树顶，因此测量树木顶部组织中水的张力，就成为确定树木高度极限的重要依据。美国一所大学的博士曾带领一批"爬树运动员"，爬上了现今世界上最高的5棵树，并从树顶取回了样品以供研究。在这5棵树中最高的一棵树是生长在美国加州的红杉树，它高达106米左右，相当于30多层大厦的高度。在这些树的顶端，他们找到了极度缺水的树叶，它们与在极端干旱的沙漠中生长的植物的叶子非常相似。尽管这些树扎根湿润的土壤，但是重力制约了水的运输。博士研究发现，水从这些树的根部运输到顶端，整个过程大约需要24天的时间！所以，地球上树木的高度极限是122～130米，如果超过这一高度，树木的顶端将无法得到水，光合作用自然也不能开展。

■ 为什么有的植物喜欢吃虫？

众所周知，食草动物都以植物为食。但如果说有的植物吃动物，你一定会觉得太不可思议了。不过，世界上真的有"吃"动物的植物，它们就是食虫植物。

在沼泽地带或潮湿的草原上生活着一种叫"毛毡苔"的植物猎手，沼泽地带的小虫和蚊子多得数不清，它们都是毛毡苔捕获的对象。毛毡苔呈淡红色，叶子有一枚硬币大小，上面长着许多既能伸开又能合拢的绒毛。一片叶子上有200多根绒毛，它们像一根根纤细的手指，似乎随时准备抓住猎物。在绒毛的尖上有一颗闪亮的小露珠，这是绒毛分泌出来的黏液，散发出蜜一样的

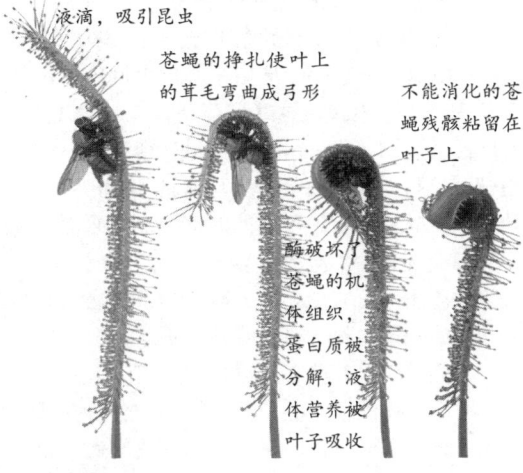

→ 粘胶捕捉

茅膏草植物的叶子上覆盖着红色的布满腺体的茸毛，这些茸毛能分泌出透明清澈的粘性液体。昆虫被闪光的小粘液滴吸引着落而被粘住。昆虫的挣扎会刺激旁边的茸毛向其弯曲缠绕。当叶子将猎物完全包围后，植物就释放出消化酶，将昆虫溶解。

香味。昆虫闻到香味禁不住诱惑，就会迅速飞过来，碰到绒毛时，绒毛上吸引昆虫的黏液就会粘住昆虫。这时候绒毛就像手一样握起来，抓住昆虫，不让它跑掉。接着，绒毛又分泌出可以分解昆虫的蛋白酶。然后毛毡苔的叶细胞就把消化后的营养吸收到植物体内。一切结束后，它的绒毛又伸开来，等待着新的"猎物"。

为什么这些奇怪的植物喜欢吃虫子呢？一些科学家认为，这也许跟它们生存的环境有关。食虫植物一般分布在贫瘠的地方，例如生长在酸性沼泽地、泥炭地上、水里、平原、丘陵或高山上。这些地方一般缺少养分和阳光，为了生存，它们不得不学会吃虫子，这种捕虫的本领使它们能获得更多的营养，从而更好地生存下去。当然这只是一种猜测，许多问题还有待于科学家的进一步研究。

■ 为什么某些树木会落叶？

落叶林带的树木会通过落叶保持体内水分，因为它们的根部无法从冰冻的土壤中汲取足够的水分。落叶林生长在夏季温暖而冬季寒冷的地区，像橡树、山毛榉、枫树、岑树和栗树等，当夏季过去秋季来临时，树叶就会变色并开始脱落。

孢子最多的植物是什么？

大多数较大的菌类植物通过从特殊的实体——蘑菇和伞菌——向空中释放大量的极其微小的孢子进行繁殖，这些实体是长在地面上的。有些菌类利用动物、水甚至植物来帮助它们传播孢子，但是大多数的菌类还是依靠风帮它们吹走孢子，有时候会吹到很远的地方。孢子通常通过特殊的会膨胀的细胞而释放出来，这也就意味着大多数孢子不可有干死的风险。当条件达到湿润的状态时，这些蘑菇和伞菌通常就会生长。

然而，大马勃菌不用寻常的方式，即从菌褶或小孔上散播大量的孢子。相反，它会向内散播，使孢子保持非常湿润，然后逐渐释放出来。如果达到足够湿润的状态，它仅仅在1周左右的时间之内就会成熟，同时膨胀到巨大的体积——有时候达到1米多高。随后它便开始裂开，加上偶尔会遇到动物的碰撞和摩擦，它在数周内甚至数月内把千万亿以上的孢子释放到风中。这种传播孢子的方式并不是最有效的，因为大多数孢子既不会散播到很远的地方，也不会存活下来，这可能也是它需要产生如此大量的孢子的原因吧。但是如果只有几个孢子在条件有利的（有丰富的氮）、附近草原上安定下来的话，那么就算大功告成了。并不是所有的孢子都能长成大马勃菌，这其实是件好事。因为如果它们都存活的话，那么经过了几代之后，大马勃菌的数量就会达到世界上现有菌类的许多倍。

↗ 树木和灌木混杂的森林是动物栖息的好地方。

树丛和灌木丛枝叶浓密，常在离地面很近的地方蔓延生长。园林工人经常会种植灌丛玫瑰、结果实的矮灌木（例如醋栗）以及装饰性的矮灌木（例如倒挂金钟、杜鹃花和北美杜鹃）；矮树丛则能为野生动物提供有用的庇护，尤其是鸟类和小型哺乳动物受益颇多。

树木为什么会长树皮？

树皮可以保护树的木质部。它可以留住树内的水分，使树木不会干枯；还可以保护树木免受昆虫和寄生虫的侵害，并抵御严酷的天气。树皮的外层很粗糙，是一层已经死去的外壳；内层却柔软而富有生命力，可以通过细小的管道运送水和养料。

最大的森林在哪里？

最大的森林是巴西的热带雨林和西伯利亚的亚寒带针叶林。很多树在一起生长便成为树林。地球上曾有60%的陆地被森林覆盖，然而人类却砍伐了很多古代森林以作他用。森林是很多植物和动物的家园。

↗ 生长在温带草地上的大马勃菌

如何区分矮树丛和灌木丛？

矮树丛非常矮小，但却和树很相似；相对而言，灌木丛枝叶更加繁茂，通常也更为矮小。矮

为什么针叶树会结出球果？

雄性球果会产生花粉，而雌性球果会产生黏性配子，以吸引花粉。所有的针叶树都会结出球果，种子是在雌性球果内生成的，并通过风进行

传播。大部分针叶树四季常青,最适宜在亚寒带气候中生存。典型的针叶树包括云杉、松树和冷杉等。

■ 人们为什么大量种植向日葵?

向日葵可生产出有用的食品,例如葵花籽油和葵花籽。它还能给艺术家带来灵感,而且满是向日葵的田野是一道亮丽的风景,因为满眼都是灿烂的黄花。总之,向日葵是一种很有用的植物,得到了广泛种植。

■ 为什么说马铃薯、辣椒、茄子和番茄有毒?

在一些茄科植物中会产生一类叫作配糖生物碱的有毒化学物质。虽然马铃薯和番茄的植株也是相当有毒的,但是人们平常吃的都是茄科植物可食用的部分,而且食用的量也尚未达到使人中毒的程度。

↗ 马铃薯

对于含有大量配糖生物碱的马铃薯品种来说,成人如果吃掉1.36千克的马铃薯(大约6个半烤马铃薯)就会感到身体不适,儿童更是只要吃0.68千克就有可能生病。但如果是还没有成熟的马铃薯,只需上述分量的1/12就能使人中毒。

人们已经在马铃薯中发现了约20种的配糖生物碱,不过真正让人头疼的只有两种:α茄碱和α卡茄碱。这两种毒素不仅会导致消化道疼痛,而且还都是能干扰神经传导的神经毒素。对于某些品种的马铃薯来说,哪怕只有一丁点儿的嫩芽从芽眼里面冒出来,它都是有毒的。

番茄中含有一种叫α番茄碱的配糖生物碱,红辣椒、绿辣椒和茄子中都含有茄碱。不过根据动物实验的结果来估算,大约2040克茄子和辣椒或者150个小番茄中毒素累计的总和才可能够达到足以使人致命的剂量,而完全成熟的番茄其实根本没有毒性。相反,不到57克的番茄叶却可能置人于死地。

■ 自然界中生长的红辣椒为什么那么辣?

红辣椒的辣味能使辣椒只被鸟类吃掉,而令其他动物对其望而却步。无论是辣椒等灌木,还是木本植物或者草本植物,任何植物的果实只要其颜色是鲜艳的红色或橙色,里面包含许多小小的种子,而且果实本身是长成一整个,不会裂成好几块的,那么基本上大多数都是被食果鸟类吃掉的。

这类植物的种子适合于被鸟类四处传播,而且不少辣椒,特别是野生辣椒对鸟类有着莫大的吸引力。因此科学家们才会猜想辣椒中所含的辛辣成分就是为了让吃了辣椒的动物感到火辣辣地难受,从此只有鸟类才会吃辣椒,其他动物都不由得对它敬而远之。

其中一个典型的例子要数长在美国西南部和墨西哥地区的雀辣椒了。雀辣椒也叫鸟辣椒,是辣椒中的一种,因鸟类会贪婪地吞食它的果实而得名。鸟类似乎对雀辣椒等这一类野生辣椒情有独钟,而且吃的时候也不会像我们人类一样被辣个半死。

不过墨西哥胡椒和几乎所有在市场上能买到的辣椒都不是野生辣椒,而是经过人工种植,培育出不同颜色、形状、辛辣程度的辣椒,有的甚至只是为了让辣椒长得更大而已。鸟类所钟爱的辣椒其果实个头要小得多,每个大概只有豌豆荚大小。

■ 为什么西红柿又叫"狼桃"?

自从哥伦布发现美洲新大陆后,欧洲的探险家们纷纷到美洲去探险。有一支英国的探险队来到了南美洲,这支探险队里的一位英国公爵见到了一种奇怪的植物——它的茎叶很像土豆的茎叶,它结的果子却又红又大,圆润可爱。公爵很喜欢,当地土著人告诉他这种野生植物叫"狼桃",是有毒的,不能吃。

↗ 西红柿颜色鲜红漂亮,味道鲜美。

公爵在回国的时候，挖了几棵"狼桃"，种在花盆里带了回去。为了讨好女皇伊丽莎白，公爵将这几株植物献给了女皇。伊丽莎白下令将"狼桃"栽在了皇家花园里。

从此以后，"狼桃"就在英国的花园里生长起来。由于它的果子鲜红漂亮，很好看，情侣们常常将它作为爱情的信物互相赠送，并且给它起了个好听的名字，叫"爱的苹果"。

一个画家决心亲口尝试"爱的苹果"，为此，他还给亲人们留下了遗嘱。然而，画家吃了以后不但没有中毒，而且感到味道鲜美。这样，"狼桃"就变成了人们爱吃的一种蔬菜和水果了，它的名字也由"狼桃"变成了"西红柿"。

■ 为什么有的花香，有的花不香?

在自然界中，并不是所有的花都是香的，有些花就没有香味，为什么会有这种情况呢?

花之所以有香气，是因为花朵中有产生香味的油细胞。油细胞能够分泌具有香气的芳香油，通过油管不断地分泌出来，并且在常温下能够随水分而挥发，散发出诱人的香气，所以芳香油又被称为挥发油。因为各种花的挥发油不同，所以散发出来的香气也就各有特点。芳香油在阳光下散发得很快，因此，阳光好的时候，花的香味更浓，散发得也更远。有些花朵虽然没有油细胞，但是它的细胞在新陈代谢的过程中，也会不断地分泌一些芳香油。还有一些花朵的细胞不能分泌芳香油，而是含有一种配糖体，配糖体本身虽然没有香气，但是，当它在酵母作用下分解时，同样能散发出香气来。因此，花儿是香还是不香，主要在于花里有没有油细胞，有没有配糖体。由于不同的植物品种的挥发油中又含有不同的物质，因此有些花闻起来香，而有些花则闻起来不香。

■ 为什么夜来香到晚上才放出浓郁的香气?

植物以白天开花居多，并且花开时就放出香气。而夜来香只有到了夜间才散发出浓郁的香气来。这是为什么呢?

很多植物，都是依靠昆虫传粉繁殖后代的。依靠白天活动的昆虫来传授花粉的植物，在白天花开。夜来香是靠夜间活动的飞蛾传授花粉的，在黑夜里它利用散发出来的强烈香气，引诱飞蛾。夜来香在长期的进化过程中逐渐形成了这一适应环境的特性。

与一般白天开花的花瓣构造不同，夜来香花瓣上的气孔有个特点：一旦空气的湿度大，它就张得大，散发的芳香油就多。由于夜间空气比白天湿润，所以气孔就张得大，放出的香也就更浓。夜来香不但在夜间，就是在阴雨天，香气也比晴天浓，那是因为阴雨天空气湿度大的原因。

■ 巨型海芋为什么那么臭?

时我们人类所厌恶的气味对于有些动物来说，它们并不讨厌。事实上发出臭味的巨型海芋可能是最高和最重的花了，它那难闻的气味能让

↗ 生长在苏门答腊岛西部原始森林里的巨型海芋

那种吃腐肉的昆虫和黄蜂兴奋,它的气味对我们是否有害还在检测之中(在这方面它还有竞争者,甚至包括比它更大的花),但是巨型海芋产生大量的恶心气味却能使人晕倒。

巨型海芋的花由花瓶状的佛焰苞(一种包含或衬托花簇或花序的叶状苞)组成,至少有1.2米高,从巨大的块茎上快速生长,重量可达80千克,最终长成肉穗花序,穗由上千朵细小花朵组成,花高2.4米以上,由于如此奇怪的外形,人们因此给这种海芋植物取了个科学名字——"巨大的变形阴茎"。气味主要来自穗的上部,为了能传播得更远,穗在夜晚散发出类似氨气、腐肉、臭鸡蛋气味的同时,也散发出热量和蒸气,气味散发每次持续8小时左右。

这种气味吸引了那些传授花粉和爱吃腐肉的昆虫。但是人们很少看见它被传授花粉,可能是因为它每隔3~10年才开花,而且花期只有2天的缘故吧。

一旦花朵枯萎,犀鸟便会传播它的种子,花朵被高达6米的巨型叶子所取代。该叶子可制成食物,直到有一天该块茎长成另一朵发臭的花。

为什么下雨后地上会长出很多蘑菇?

蘑菇喜欢生长在温暖潮湿的树林下和草丛里,在土壤干燥、瘠薄的地方蘑菇是不会生长的。

为什么下雨后地上会长出很多蘑菇?

蘑菇是一种低等的真菌类植物,它没有种子,依靠孢子来繁殖,孢子散布到哪里,就在哪里萌发成为新的蘑菇。

蘑菇自己不会制造养料,只能利用它的菌丝伸到土壤或腐烂木头中,吸取养分来维持生命。所以蘑菇生长的地方常常阴湿温暖而富有机质。

蘑菇是由子实体长大而成的。孢子产生菌丝,吸收养分和水分之后产生子实体,子实体起初很小,等到吸足水分后,在很短的时间内就会伸展开来。因此,在下雨以后,蘑菇长得又多又快。

哪些植物是主食的来源?

主食构成了个人饮食最大的一部分,其主要来源包括水稻、小麦(制成面包和面条)和土豆。小麦和土豆在西方国家非常普遍,而非洲和亚洲的人们主要以水稻、玉米、木薯和山药为主食。

玉米和大豆间种为什么能增产?

玉米和大豆种在一起,是很合得来的。原因是玉米和大豆"脾气相投"。

玉米个子高,喜欢阳光,根比较浅,主要吸收利用上层土壤里的养料,生长期中需要氮肥比较多。而大豆比较耐阴,根扎得比玉米深,能够吸收利用下层土壤里的养料,需要氮肥不多,却需要大量的磷、钾肥。因此玉米和大豆种植在一起,不但不相互争夺养料,反而很合得来,能够充分利用土地和阳光。

大豆根上有根瘤菌寄生,能吸收空气中的氮气,产生氮肥,可以供给玉米,因此,这两种作物种在一起都能长得茂盛,比单独种的产量还要高!

开始形成

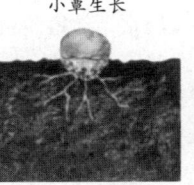
小草生长

外皮开裂

帽盖下面的小气孔,暴露在空气中

帽盖长大,且气孔溢落出孢子

↗ 蘑菇的生长过程示意图

最古老的种子植物是什么？

银杏树是最终的幸存者。当1945年广岛的原子弹爆炸时，事实上这座城市的所有植物都被毁坏了，包括一棵特殊的银杏树也被烧死，受到了辐射。在1946年春天，这棵树的残余部分竟然发出了一个新芽。如今它长成了一棵非常健康的树，长在离爆炸中心1千米远的一座寺庙的土壤里。

银杏树在时间上早于许多植物——例如花朵。当银杏树首先在2.8亿年前出现在地球上时，那时候还没有被子植物——还没有能开花并把种子包入到果实里的植物。其实，作为银杏属家族中的成员之一——最后的幸存者——银杏树刚好处于原始的裸子植物、松类和原始的蕨类植物以及最早的开花植物之间。它经历了翻天覆地的火山的灾害、小行星的碰撞和全面的环境变化，这些变化使得与银杏树早期的同时代的所有植物都逐渐消失，或者进化成别的物种。

银杏树遇到的最大的灾难是冰川。几次巨大的冰川期使得它们于700万年前在北美绝迹，300万年前在欧洲绝迹。但是冰川没有来到中国的东南部的部分地区，并且正是在这些地方它们赢得了一个最新进化的物种——智人的支持。树木被古代的中国人发现，并且被他们种在庭院里。

↗ 银杏

现在，虽然野生的银杏树可能已经灭绝了，但是它们在世界各地的各大城市生长旺盛，因为它们能抵御空气污染，还有治病的疗效。

为什么椰子树长在（亚）热带沿海和岛屿周围？

椰子树几乎都是沿着海岸和岛屿周围而生长的。这是为什么呢？原来这和椰子树的生活习性有关系。植物为传播后代，会采用各种不同的方法散布。除了人为的传播以外，有些利用动物（如小鸟）来传播，有些利用风和水来传播，椰子就是利用水来传播种子的。

椰子外果皮是粗松的木质质，中间由坚实的棕色纤维构成，椰子成熟落下来，会像球一样漂浮在水面上，而不会烂掉，有时椰子会随海水漂流数千里，碰到浅滩或被冲向岸边后，如果条件适宜，它们就生根发芽，安家落户，重新定居。这就是热带沿海和岛屿周围会长出椰子树来的原因。

猪笼草为什么被称作最危险的陷阱？

猪笼草有许多不同的品种，但都是昆虫的陷阱。其边缘处十分润滑，它们从掉入叶笼里的昆虫尸体中获取养分，为花和种子提供氮。猪笼草最复杂的部位是它们像藤一样的叶子。每一个猪笼草的叶端都有一个像伞一样的盖子，叶笼里分泌着许多消化酶。这种叶子色（通常是红色）、香（花蜜的香味，后来变成腐烂的尸体的气味）、味（很好吃的茸毛）俱全，当昆虫爬到它润滑的边缘，便会无一例外地滑进这致命的陷阱里，很可能还会陶醉在它芳香的蜜腺里。

猪笼草的两部分（叶笼和盖子）都很润滑，哪种昆虫容易被哪个部分吸引住就要看情况而定了（爬行类昆虫容易被长在地上的叶笼所吸引，飞行类昆虫则容易被悬在上面的盖子所吸引）。猪笼草的内壁有许多润滑的蜡质，掉进去的昆虫将很难爬出去。还有些猪笼草更甚一步，它们的表面有一层水，使得昆虫一下就滑到了它们的叶笼里。有些猪笼草还会耍诡计，当它们的叶笼干燥时，蚂蚁会被它们散发的蜜汁的香味所诱惑，蚂蚁们不会立即进去，而是去通知同伴们来分享食物。当蚂蚁们返回时，猪笼草的叶笼已经变滑润了，最后所有的蚂蚁都掉进去了。

自然奇观

↗ 猪笼草

缩在叶子上,既可以顺着叶子向下流到根部,又可以通过气孔或叶孔被吸入。有时候千岁兰用光合作用(植物保存食物的方法)的特殊方式来储存水分。叶子张开气孔,吸入二氧化碳,而且它们不像大多数植物那样在白天,而是在晚上,因为那时候温度是最凉的,通过蒸发(通过气孔蒸发)它们不会失去水分。然后它们以特殊的酸的方式储存碳原子,等到太阳出来时,它们就能进行光合作用了——以光作为能量来源,把碳合成为碳水化合物。

千岁兰不会开花,而是像其他的裸子植物(针叶树、银杏树、铁树目裸子植物、种子蕨)一样长出球果。它们要么是有花粉的雄性球果,要么是作种子的雌性球果。它们都会产生一种黏性的流液——假如是雌性的,就能捕获花粉,假如是雄性的,就能吸引昆虫来传播花粉——综合了开花植物和不开花植物的特征。

还有一类猪笼草与一种长着特殊的腿的蚂蚁有共生关系。这种蚂蚁能在叶笼里进进出出,帮助猪笼草找来昆虫的尸体,它们吃掉尸体,留下排泄物给猪笼草,因此它们加速了猪笼草的氮的释放。

■ 什么植物拥有最古老的叶子?

千岁兰这种植物基本上在一根短小的、碗状的茎上只长2片叶子。每一片叶子都会长得很老很老。它们带状的叶子会不停地生长,而不会死去。但是由于受到风的吹打,它们超不过6米长——否则,它们有可能长到200米——有时候会被风吹裂或纠缠到一起了。

千岁兰通常长在很靠近海岸的地方,这样有利于吸收在夜晚从大西洋涌过来的雾水。湿气浓

↗ 千岁兰

■ 什么树树荫最大?

在公元70年,伟大的自然史学家之一,老普林尼写道:"在印度有一种树的特性是它能自己种植。它把自己强有力的胳膊伸到土壤里……"他写的是不定根,这就是印度榕树拥有世界上最大的树荫的秘密。

像许多无花果树一样,印度榕树能从枝干上发出根来。当树枝继续生长时,这些根会像柱子一样支撑树枝。在印度加尔各答的植物花园被小心照顾的一棵榕树。有2800条支持根,是世界上最大的印度榕树。在亚洲南部,印度榕树被人们仔细地照顾着,并且成为人们聚会的场所——作为市场、学校或者村庄集会的地方,事实上,它们的名字就来源于"商人"或"商贸",因为那里正是英国商人与当地人进行交易的地方。

还有其他的以不定根而出名的无花果树是"绞死树",它从别的树的树荫下生长出来,然后长出根将树缠绕起来。最后,它把那棵原来依靠的树缠死,只剩下一棵高大的无花果树。无花果树的成功之处部分在于它们的根的适应能力很强,但是这些根并不总是不定的。当它们像正常的树那样生长时,它们也像树根一样吸收土壤中的水分:当根较细的时候,根就会向外扩展,根长长了就会直接深入到土壤里。有一棵南非的无花果树的根深达120米。

海藻可以食用吗？

海藻富含维生素和矿物质，很多海藻吃了后都对人体有益。在威尔士，一种被叫作紫菜的海藻煮沸会变成胶状物质，油炸后可当作"紫菜面包"食用。日本人最早种植海藻，他们在浅浅的海床上成排地钉上木桩以便固定海藻。海藻收割后，可制成各种各样的食品。如果你看到食物包装上出现琼脂、褐藻胶或角叉胶的字样，你应该知道这些食品中含有海藻。

什么植物拥有最大的种子？

这些所谓的复椰子在它们生存的岛屿还没有被人类发现时就给人类留下了深刻的印象。它们过去曾被冲到印度洋的海滩上，水手们曾在海面上捡到过它。在1743年塞舌尔群岛被发现以前，人们普遍认为这些复椰子是一种长在海底的巨树的果实——因此得名"海椰子"或"海上的坚果"。后来，它们被认为来自于马尔代夫群岛，由此得到它的学名。还有一种理论是它们来自伊甸园的性交之树，而且理由是显而易见的：它非常像一位妇女的腰胯部分。很自然的，它们还被认为是催情剂。

现实也是相当奇怪的。海椰子树生长得十分缓慢。它发芽后9个月才长出第1片树叶，第1朵花长出还要过60年时间（有雄性和雌性海椰子树）。两瓣突出的果实要10年才能成熟，树完全成熟长到约30米高可能要经历100年。完全成熟的叶子长度能达到6米。至于坚果，它们可食，还非常像椰子。但是，现在人们已经不可能吃得到它们了。因为海椰子树如今已濒临灭绝，它们的坚果有时候被卖到植物园，每一个的售价都达到800多英镑。

↗ 寄生兰依靠自身的寄生能力，不需要制造营养便可生存下去。

为什么说寄生兰不值得信任？

我们知道，自然界中的万物都是相互合作的。但是所有的社会都存在着欺骗现象，植物界也不例外。没有菌类的帮助，大多数绿色植物都不能生存下来，因为菌类可以与这些绿色植物互相交换所需的养分。事实上，菌类能在陆地上生存也正是因为它们与绿色植物的这种共生关系。有迹象表明，早期的陆地植物生有根仅仅为了能与真菌或菌丝的根部相互合作，以形成菌根关系，利于自己的生长。

大多数植物之间都有良好的合作关系，绿色植物通过叶绿素制造出碳水化合物提供给菌类，再利用菌类从土壤中吸取养分。某些植物，特别是兰花，它们的种子发芽不需要自身制造营养，而是依靠土壤里的菌类为其提供。一株兰花能繁育出数百万粒又轻又小的种子，这与兰花很容易成长是分不开的。

然而有些兰花却耍欺骗手段：它们利用菌类与树木的共生关系，只是吸取养分而不提供任何养分与之交换。这种兰花通过真菌的菌丝插入树皮中，吸取树中的养分。因为不劳而获，也就不能产生叶绿素，所以它们的颜色不是绿色，而是乳白色，像寄生兰就是这种颜色；或者棕褐色，像燕窝兰就是这种颜色。还有些兰花，如西方的

↗ 海椰子

珊瑚兰，颜色是血红的，甚至还有紫色的。这些兰花的不足之处就是，离开了菌类，它们就会死亡。如果将来菌类进化得不需要与其他植物共生的话，那么这些兰花该如何生存下去呢？

■ 为什么说蓖麻子的种子最致命？

在植物中蓖麻籽产生的毒素很可能是最致命的，毒性是氰化物的6000倍，数千年前就被人们当作一种神奇的植物。它的神奇就在它的种子里。种子的50%由丰富的油脂构成，但是为了防止油脂被吃掉，里面还含有蓖麻毒素。蓖麻毒素对于几乎所有的动物来说都是一种极具毒性的天然蛋白质。还有少量的蓖麻毒素存在于蓖麻叶中。这种毒素，一旦被吸收，就会抑制动物体内蛋白质的合成，使细胞逐渐坏死和凋亡。

对于人类，中毒后死亡过程要稍微长些，最终会出现痉挛、肝脏和其他器官坏死等症状，目前科学家还没有研制出有效的解毒剂。最常见的中毒途径是误食了蓖麻籽。蓖麻毒素可以以气态，即气溶胶的方式出现，或者存在于物体或水中，或者肌肉注射而导致中毒。1978年，保加利亚著名的不同政见者乔治·马尔可夫便是被一把涂抹了蓖麻毒素的雨伞刺中而中毒死亡的。由于蓖麻毒素生产原料来源广泛，提取制作方法简便，因而蓖麻毒素很可能被用于生化战争。

↗ 蓖麻籽的用途广泛，不仅可以用来炼油，还可以提炼出高致命性的毒素。

然而，蓖麻油也同样容易提炼，早在4000年前人类就将其作为灯油或者制作肥皂的原料，还广泛用作许多疾病的治疗药物。今天，蓖麻油用于高级润滑油、纺织品的染色、印刷油墨、蜡、上光剂、蜡烛和蜡笔等产品的制作工艺上。据分析蓖麻籽保护性的化学成分的构成甚至能为肿瘤的治疗提供可鉴之处。

■ 螫人树为什么令人疼痛？

诚然，任何一棵树都有可能会出现在你身边，并且许多树你如果食用了就会中毒，但是除此以外，还有一种树，你只要从它身边擦过就会引起难以忍受的剧痛，这种树就叫螫人树。我们在世界的许多地方都可看到它，但是唯有分布于澳大利亚的螫人树最毒，能引起最持久的疼痛。在澳大利亚有6类螫人树，其中2类——北部的树叶会发光的螫人树和南部的巨型螫人树，它们长得很大，跟大树一样。另外4类则长得像灌木丛。在这6类螫人树当中，据说最令人疼痛的是长得像灌木丛、树叶像镶了花边的螫人树。但是目前这种树已经被破坏得差不多了。

它们除了根部以外，周身乍看起来就像覆盖着一层绒毛，其实这些绒毛状的东西是大量的小玻璃纤维，内含毒素。你只要一碰到此树，就会导致皮肤被许多玻璃纤维螫伤。这些玻璃纤维刺入皮肤就像一根根的针，而且无法拔出来（有时候澳大利亚的急救用品箱里就有一种蜡质的除毛工具）。中了这种毒会引起发热、发痒、肿胀，有时候还会起水泡，据说只要一接触到受伤处就会产生难以忍受的疼痛，可恶的是这种疼痛还会持续数年，难以消失。这种玻璃纤维能渗透到大多数的衣服内，有时候还会通过空气传播。奇怪的是，这种刺并不螫伤所有的动物，昆虫甚至有些当地的哺乳动物还以这些树叶为食。而受其困扰并把它带到澳大利亚的很可能是狗、马和人类。

■ 冬虫夏草为什么如此神奇？

虫子能够变成草吗？这看起来是不可能的事情，但是冬虫夏草又是怎么回事呢？古人说它冬天的时候是虫子，夏天的时候变成草，然后到了冬天又变回虫子，果真是这样吗？

冬虫夏草，简称虫草，它产于我国西南海拔超过3000米的山区，最早见于药书《草本从新》

和《本草纲目拾遗》。它具有较高的医用价值，清朝时期曾与人参、鹿茸并列为中药三大补品。18世纪20年代，法国的一个科学考察队在我国的西藏自治区发现了冬虫夏草，但并没有弄清楚它的奥秘，直到100年以后，英国的植物学家才揭开了它的庐山真面目。

原来，冬虫夏草并不是一种植物，也不是一种动物，而是属于昆虫纲、鳞翅目、蝙蝠蛾科的蝙蝠蛾幼虫感染虫草菌属的真菌后形成的一种物质。蝙蝠蛾的幼虫生活在地表以下的土壤中，以适合它们口味的植物根系为食，幼虫在生长发育过程中，受到土壤中虫草真菌的侵袭而感染生病。在感染生病初期，幼虫表现得比较痛苦，它惊恐不安、到处乱爬，最后钻到距离地表3～5厘米深的植物根部，头朝地表而死。真菌的菌丝以幼虫体内的组织为食，在幼虫体内不断生长，渐渐地幼虫的体内就成为了一个充满菌丝的躯壳，幼虫虽死，但躯壳保存完整，冬季发现时仍然像一条虫子。如果这个时候被挖出来，就称之为"冬虫"。

寒冬过后，到了第2年春暖花开的时候，幼虫体内的真菌迅速发育，到了春夏之交的5～6月份，从幼虫的头部就长出一根长约2～5厘米的真菌子座，子座的顶端不断膨大，子囊孢子充满了囊壳。子囊孢子完全成熟后，就会从子囊壳中散发出来，再去感染地下的其他幼虫。露出地面的真菌子座，形如刚出土的嫩草，故被称为"夏草"。

因此，冬虫夏草并不是古人所解释的那样，虫子能变成草，草还能变成虫子，而是被病菌感染的幼虫尸体留在地下，地表上却长出像草一样的真菌，冬虫夏草是由幼虫的尸体和地表上的真菌所共同组成的。

■ 含羞草为什么一经触动就把叶子合拢?

轻轻地碰一下含羞草的叶子，它就会把叶子合拢起来，垂下去。含羞草真的会动！这真是一件奇妙的事。触得轻，它动得慢，折叠的范围也小，触得重，它动得快，不到10秒钟，所有的叶子就会全折叠起来。

为什么含羞草会动呢？原来这全靠它叶子的"膨压作用"。在含羞草叶柄的基部，有着一个充满水分的薄壁细胞组织——叶枕，一触动含羞草，

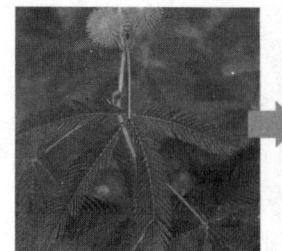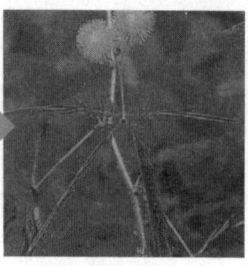

被碰触前　　　被碰触后

↗ 含羞草叶子的膨压作用会使它"害羞"。

叶子震动，叶枕下部细胞里的水分就会立即向上部与两侧流去。于是，叶枕下部像漏了气的自行车胎一样瘪下去，上部像打足气的皮球似的鼓起来，叶柄也就下垂，合拢了。在含羞草的叶子受到刺激合拢的同时，就会产生一种生物电，将受到刺激的信息传递给其他叶子，其他叶子就跟着依次合拢起来。当刺激消失后，叶枕下又逐渐充满水分，叶子就重新张开恢复原状。

不光含羞草，蜘蛛也是靠膨压作用行动的，蜘蛛的腿里不是肌肉，而是一种液体，通过灵活地调节液体的压强，蜘蛛的8只腿进退自如。

含羞草和蜘蛛腿的膨压原理，给了科学家和工程师们很大的启示，他们利用"膨压作用"制造出了灵巧的机械手，自动卸车斗也会在膨压推动下翻起料斗。

■ 牵牛花为什么早晨开花，中午就萎谢?

清晨的花园，牵牛花张开紫色、白色、红色的小喇叭迎接太阳，给小朋友们带来许多欢乐。到中午时，它已经萎谢了。第二天，又一批花朵开了。

牵牛花为什么早晨开花，中午就萎谢了呢？

生物的生活习性是经过长时期的自然进化而形成的，但也受周围环境比如阳光、温度、湿度的影响。早晨的空气湿润，阳光柔和，对牵牛花最为适宜，这时牵牛花花瓣的上表皮细胞比下表皮细胞生长得快，于是花瓣向外弯曲，花就开了。到了中午，阳光强烈，空气干燥，娇嫩的牵牛花花朵因缺少水分而只好萎谢了。

除了牵牛花，我们还可以看到其他一些花开的时间也比较有趣，比如葫芦和夜来香的花一定要在晚上开等。假如我们调查一下各种植物的开花时间，还可能做出一个由花卉指示时间的钟。

自然奇观

↗ 牵牛花
夏天的早晨，牵牛花们早早地就张开了小喇叭。

读者朋友们，睁大眼睛，到自然界中去寻找，说不定你们还会发现更多有趣的现象呢。

夏天中午为什么不宜给花浇水？

浇花要注意时间，如果在中午浇冷水，往往会给花造成伤害。所以，有经验的花农，总是在傍晚或清晨给花浇水。这是有道理的。

↗ 浇花要注意时间。

夏季天气炎热，尤其是中午，气温往往很高，土壤温度也逐渐升高。由于水的比热大，加上水在吸收和散发热量时温度变化较小，所以水温总是比气温低。在炎热的中午浇冷水，高温度的土壤会骤然降温，而这时气温仍相当高，由于温度变化过大，娇嫩的花会因过度的刺激而受伤，甚至死亡。

在早晨和傍晚，气温较低，浇水后土壤温度与气温差异小，不至于引发死亡的危险。如果在阴天，什么时候浇水也就不重要了。

为什么果实成熟之后会变甜？

果实是植物的子房，与人类女性身上的卵巢具有同样功用。女性身体里只有两个卵巢，可是植物身上却可以密密麻麻地长出成百上千个子房。见过深秋的苹果树吧？每根枝条上都挂满了红彤彤的苹果。

苹果花朵里的子房包含了胚珠。胚珠就是植物的卵细胞。胚珠授粉之后，会长成种子。与此同时，包被着胚珠的子房就发育成果肉。每个苹果中央都有棕色的种子，每粒种子里都包含着可以用来孕育下一代的信息。

地球上的生命，无论是动物还是植物，都拥有一个共同的使命：繁衍生息。所有的生物都希望它们的种族能够长盛不衰，希望它们自己特有的基因可以一代代传递下去，并不断壮大规模。但一株蓝莓，长在无人光顾的偏僻角落，怎么才能把自己的种子传播到另一个草场去？答案是利用动物。四只脚的动物能跑，带翅膀的动物会飞，它们可以将种子带到邻近的草场甚至更远的地方。

四处传播未发育成熟的种子是毫无意义的。因此，植物聪明地利用了动物的感官——视觉、嗅觉、味觉，使它们在种子成熟了之后再来拿。

以草莓为例，在种子成熟之前，草莓是绿色的，躲在绿色的叶子下，很难被动物发现。即使有黑熊发现了草莓果实，好奇地尝上一颗，又硬又涩的味道也会让它头也不回地走开。这样其余的种子就保存下来了。

一旦种子成熟了，草莓就会变成鲜红色，在绿色叶子的对比下格外显眼。除此之外，它还会变软，变甜，成为一种使动物们垂涎三尺的水果。草莓是如何实现这个转变的呢？草莓会在种子成

↗ 成熟的苹果味道很甜。

熟之后分泌出一种催化酶，这种酶可以分解果实纤维，让它变得软嫩多汁。有些水果可以生成催熟酶，促使淀粉和葡萄糖转变成蔗糖和果糖。有些果实则从自身植株体内吸取糖分。

遇到这么可口的食物，动物们一定狼吞虎咽起来了。它们在迁徙途中吞下带有种子的果实，然后把它们带到远方。种子随着动物的粪便排出，在他乡安家落户。如果恰巧环境适宜，它们就在这里生根发芽，繁衍生息。

果实在成熟后变甜是生物界中动物与植物间共同进化的典型例子。植物想出了巧妙的方法利用动物为自己繁殖后代。

为什么仙人掌能在沙漠中生存？

仙人掌喜欢生长在干旱的沙漠里。在干旱的环境中，仙人掌逐渐形成了自己独特的抗旱特征：茎肥厚多汁，发达的薄壁组织细胞善于贮藏水分；茎的表皮由厚而硬的蜡质或生有密集的绒毛覆盖，从而避免和减少阳光照射，降低水分蒸发。

仙人掌根系庞大，吸收水分的能力很强，善于收集微量的水分。一遇降雨，它就会在表土层长出许多新根，大量吸水。仙人掌的大根有很厚的木栓组织保护，能在灼热的沙石上顽强生活而不会干死。有些大仙人掌的寿命可达数百年。

仙人掌是仙人掌科植物的统称，共有2000多个种类，有掌形、球形、柱形等多种形态。美洲的墨西哥是仙人掌的故乡，也是仙人掌生长最多的地方。墨西哥人把仙人掌作为自己国家的象征，在国旗、国徽上都有仙人掌。

为什么天麻没有根和叶子也能生长？

天麻多生于荫蔽腐殖质多的林下或灌木丛中，特别是在森林被破坏后的空地上经常能够见到。它们没有根，没有叶，全身没有叶绿素，不会进行光合作用，也无法吸收水分和无机盐类，这样的植物是靠什么长大的呢？原来，天麻生长有它自己的秘诀：吃菌！

在林子里到处弥漫着一种名叫蜜环菌的真菌，这种真菌因其菌盖是蜂蜜色、有环状的菌柄而得名。蜜环菌的菌丝带无孔不入，专靠吸吮其他植物的养料为生，腐烂木材，危害森林。当遇到天麻时，菌丝也同样把块茎包围起来。但是，一物克一物，天麻的细胞里有一种特殊的酶，能把钻到块茎里面来的菌丝当作很好的食料消化、吸收掉，这样一来真菌反而成了天麻的食物，有了蜜环菌的喂养，天麻即使不需要根和叶也一样可以成长得很好。这样，在漫长的进化过程中，根和叶慢慢退化了。

大蒜为什么能抑制细菌生长？

在英国历史上曾发生过一场少有的大瘟疫，病死者不计其数。唯独有一家人逃过劫难，原来，这家人喜食大蒜，平时食用不断。

大蒜能杀菌、预防疾病是因为它含有"蒜素"。这种物质具有很强的杀灭各种真菌、细菌、病毒的能力。科学家做过这样一个实验：将大蒜捣烂，用吸管吸取蒜液，滴入培养了许多白喉杆菌的培养器皿里，一段时间后在显微镜下观察，只要是有蒜液的地方，白喉杆菌都不能存活。蒜素的杀

↗ 仙人掌的茎肉柔嫩多汁，可以用来抵御干旱。其茎上像针一样的刺则能够有效地防止食草动物的啃食。

↗ 青蒜

菌威力极强,大约是青霉素的100倍。在第二次世界大战期间,前苏联医生利用大蒜制剂挽救了无数卫国战争的勇士们的宝贵生命。

大蒜还含有锗和硒等微量元素,对预防心脑血管疾病和癌症也有很大功效。由于大蒜中的硒能保护心脏、减少胆固醇、治疗高血压,所以经常食用大蒜的人患冠心病的几率很小。锗能增强人体中巨噬细胞的消化能力,巨噬细胞不仅能消灭有害病菌,还能吞吃癌细胞,起到抗癌、防癌的作用。

■ 为什么称银杏树为"活化石"?

银杏在3亿年以前已在地球上诞生了。到1.7亿年前,银杏极为茂盛,银杏林覆盖了地球上大部分土地。在大约1.4亿年前,由于新生植物种类的滋生和繁衍,银杏开始衰退。到了3000万年前,地球上发生了多次大面积冰川运动,冰川掩埋了许许多多的植物,银杏在欧洲和北美洲遭到灭顶之灾,成为埋在地下的化石。在亚洲大陆,银杏也几乎绝种。由于我国的山脉多为东西走向,阻隔了冰川,华中和华东一带只受到冰川的局部侵袭,因此,银杏在我国侥幸地生存下来了,成为我国特有的珍品树种,被称为"活化石"。

由于它本身的原因,银杏树分布广但数量少。银杏在我国有个俗名叫"公孙树",意思就是说,爷爷种下树苗,孙辈才能吃到果子,说明银杏树是一种生长非常缓慢的树。

■ 为什么王莲能够托住一个六七岁的孩子?

在南美洲的亚马孙河流域,生长着世界上最大的王莲。王莲的叶子直径有2米多,最大的可达4米。叶的边缘向上卷起,像一个巨大的盆子。叶子正面呈淡绿色,十分光滑,背面呈土红色,密布着中空而坚实的粗壮叶脉和刺毛,成为坚固的支撑,能防止动物破坏。叶子里面有许多充满气体的洼窝,从而使叶子获得了很大的浮力。一个二三十千克重的孩子坐在上面玩耍也不会有危险,即使在上面均匀地铺上75千克的沙子,也不会沉没。

王莲的花很大,花朵直径可达30~40厘米,中心鲜红,边缘雪白,非常好看,傍晚开放,第二天早晨闭合。第二天傍晚再开时,花色逐渐变为淡红到紫红色。花的雄蕊和柱头离得较远,依靠香味吸引昆虫替它传授花粉。

■ 为什么称菠菜为"菜中之王"?

菠菜的故乡在波斯。两千多年前,波斯人种植菠菜,用来食用。唐代贞观二十一年(公元647年),尼泊尔国王那棱提婆把菠菜作为礼物派专人送到中国长安,从此,中国有了菠菜。菠菜营养价值很高,古代的阿拉伯人把菠菜称作"菜中之王"。

每千克菠菜含蛋白质达24克,脂肪达3克,钙达1030毫克,维生素C达380毫克,还有丰富的铁质。

营养专家认为,100克的菠菜就能满足人体24小时对维生素C的需要。菠菜对胃和胰腺的分泌功能也有良好作用。

■ 为什么夏季多雨瓜果就不甜?

夏天,大量的瓜果上市,成为人们消暑解渴的佳品。

可是,如果夏季阴雨天气多,瓜果的味道就不那么甜了,甚至还会有点酸味,这是为什么呢?

一般的瓜果除了水分以外,主要就是糖分,所以我们吃起来感到甜。糖分是由叶子通过光合作用生产的碳水化合物,贮藏在果实里。如果光照充足,贮藏的碳水化合物就多。

↗ 充足的光照，可以保证果实甘美的味道。

↗ 葡萄喜阳，如果雨水太多，葡萄就不会丰收。

如果果实的成熟时期多阴雨天气，光照时间不足，果实里贮存的糖就少了，自然就不甜了。

为什么西瓜里的瓜子不会发芽？

一些植物，像采摘后的油菜，假如荚角里的油菜籽遇到适当的温度和湿度，它就会发芽、破荚而出。可奇怪的是，西瓜却不是这样的。不管它有多熟，其种子也绝对不会在瓜内发芽。这样的怪事不仅仅发生在西瓜身上，大部分瓜果类和蕃茄等果实的种子也同样具有这样的奇怪特性。这是什么原因呢？

原来，西瓜果实的浆汁中，含有大量咖啡酸、阿魏酸之类的酚类物质，它们会抑制种子生长。植物体内的吲哚乙酸酶在它们的作用下含量增加，大量的吲哚乙酸也会因其催化而产生。吲哚乙酸可以促进植物细胞的分裂和细胞伸长。浓度的大小与其作用关系密切，一般在 $1 \times 10^{-6} \sim 100 \times 10^{-6}$ 这样的低浓度时会促进生长，而在 $100 \times 10^{-6} \sim 150 \times 10^{-6}$ 这样的高浓度时则抑制生长，甚至杀死植物。植物体内能量的转化、ATP 的生成还会受到咖啡酸和阿魏酸的干扰，因此种子在萌发时就不能得到必需的能量供应，从而处于被抑制状态。如果西瓜子离开了浆汁包裹的瓜瓤，又经过水的冲洗，抑制种子发芽的物质就会被除掉，种子就有可能正常地萌发。在西瓜播种前，瓜农为了提高种子的发芽率，往往将种子泡在冷水中 4~5 小时，这样便可搓去其表面黏液。

夹竹桃的毒性为什么那么强？

夹竹桃的毒性非常厉害，可以说是最毒的植物之一。甚至只要在一个装饰性的小水池里落入几片夹竹桃的叶子，池水就足以能毒死一条前来饮水的狗。

夹竹桃的任何部分都具有相当的毒性，不过最毒的还是它的种子，其次是叶子和花——尽管如此，这些部分还是剧毒无比。甚至它的茎也相当的危险。夹竹桃的种子、茎、叶、花会分泌出浮白色的汗液，其中含有一种叫夹竹桃甙的有毒物质，误食会中毒。

被人们广泛使用的装饰性夹竹桃可分为两种：欧洲夹竹桃和黄花夹竹桃。前者是在公路的绿化带中常用的粉红色夹竹桃。

上述两种夹竹桃都含有好几种加强心脏功能的配糖体，它们的作用与洋地黄类似，但是毒性更大，能导致生物迅速死亡。除了扰乱心脏功能之外，它们还可能引起呕吐和腹泻等各种胃肠道症状。

对种植在人和动物周围的夹竹桃必须精心照料，修枝整理时也应格外注意。喂得很饱的动物一般不会对夹竹桃的叶子感兴趣，但是也有的会不顾叶子的味道十分苦涩，照样大嚼大咽，结果因为吃得太多而中毒。

夹竹桃全株具有剧毒，中毒后的症状有恶心、呕吐、昏睡、心律不齐，严重的话连失去知觉或死亡都有可能，所以面对夹竹桃，只要欣赏就好，可别动手喔！

↗ 西瓜是夏季消暑的好水果，所以世界各地都有种植。

环境保护

为什么要发布空气质量预报？

从1997年6月5日起，我国向社会发布重点城市空气质量周报，1998年5月开始日报工作。但周报、日报所提供的信息是已经"过时"的空气环境质量，不能满足人们的需求。1999年9月24日大连市在我国率先向社会发布空气质量预报。

空气质量预报与天气预报一样，是为了让有关方面事先对空气污染情况有所了解，使一些污染物排放量大的单位和对空气污染敏感的人事先采取相应的预防措施。城市的空气污染要经历这样一个过程：从污染源排出的污染物，在大气中运送扩散，最后对污染对象产生作用。这个过程本身要受到气象条件的限制。比如在夏天，遇到气温高、相对湿度低、风速小的天气，加上强烈的阳光辐射作用，汽车尾气中含有的大量的氮氧化物和一氧化碳，积累到一定浓度，就可能有光化学烟雾事件的发生。

现在空气质量预报已成为城市污染的一项重要控制措施。

↗ 城市空气质量预报
纽约是世界上最早进行空气质量预报的城市之一。

为什么要进行环境影响评价？

真正的环境保护应该是保护，而非治理污染这种事后的弥补行为。较为有效的预防手段之一就是环境影响评价。

环境影响评价是指对可能造成的环境影响进行预测和估计，包括对建设项目、区域开发计划及国家政策实施后可能对环境造成的影响的一种评价分析，又称环境影响分析。大中型工厂、大中型水利工程、矿山、港口及交通运输建设工程、大面积开垦荒地、围湖围海的建设项目都是影响评价的对象。还有对珍稀物种的生存和发展产生

↗ 海洋污染
原油漏入大海，造成海洋污染，使无辜的企鹅受到伤害。

严重影响或对各种自然保护区和有重要科学研究价值的地质地貌产生重大影响的建设项目，以及开发区域的计划，国家的长远政策等也在影响评价的对象之列。实施环境影响评价，最大的益处就是可以领先于建设和开发活动，正确判断这些活动将要给周围环境带来的影响，以便及时采取措施，最大可能避免这些影响发生，免于陷入今后"先污染，后治理"的不利境地。还可以强行制止那些会产生较大影响、而又无法避免和克服这些影响的建设项目的实施。

为什么说环境污染没有国界？

人类生存的地球，时时刻刻都在进行着物质的循环和能量的流动，这些循环和流动有的我们看得见，有的则看不见。举些例子来说明，进行光合作用的绿色植物，吸进二氧化碳，氧气被放出；水体中的水草吸收水里的营养物质；吃了水草的食草鱼类又被食肉的鱼类吃掉等。在这些物质与能量的循环流动中，也会有污染物质的参与。通过降雨排入大气中的污染物会进入土壤中，进而被绿色植物吸收。接着动物也会将这些污染物与绿色植物一起吸收进体内。通过食物链，污染物质可以在生物体内不断地流动、转化、堆积。因而我们可以说，在整个生物圈，物质的迁移转化是没有国界的，污染也是没有国界的。

大气为什么会发生污染？

人类的许多活动，尤其是工业生产和交通运输，已经严重污染了大气环境。每年因工业生产排放出高达5亿吨的颗粒物，颗粒物上还黏附着许多有毒有害的金属、无机物和有机物。不仅如

↗ 工厂的排放物严重污染了大气。

此，人类排出的污染物在大气环境中还有各种化学反应产生，生成更多的污染物，形成二次污染。

空气中只含有 1100 万吨二氧化硫，而人为活动排放到大气中的二氧化硫却已经超出这个量的 10 倍。全世界因燃烧煤而排到空气中的硫氧化物已达 2 亿吨，这使得全球许多地区降酸雨，酸雨毁坏了大片大片的森林。工业生产和生活中有大量的煤、石油、天然气等燃料被消耗掉，排放出大量二氧化碳，使地球大气中二氧化碳体积分数从原来的 315×10^{-6} 上升到 352×10^{-6}，导致产生全球温室效应，使海平面上升，气候异常。

大气污染物对人体危害极大，它常常导致产生肺气肿、支气管炎、肺癌等疾病。因此这种变化不仅对人类健康构成危害，而且已经使全球气候变暖，破坏臭氧层，使整个地球生态系统受到严重损坏。

■ 为什么臭氧层不能被破坏？

大气层中 20～48 千米处，是环绕着地球的臭氧层。空气里的大部分氧分子（O_2）由两个氧原子组成，而每个臭氧分子（O_3）内包含 3 个氧原子。

阳光对于臭氧的形成起到了重要的作用。阳光里的紫外线在穿过大气层的过程中使普通的氧分子分解。自由的氧气单原子与邻近的氧分子（O_2）结合，就形成了臭氧分子（O_3）。

臭氧层的臭氧浓度极低，如果将延伸 30 千米的臭氧分子集中到一起压缩为固体层的话，厚度仅为 3 毫米。

在地面附近也会存在臭氧。阳光会与汽车尾气或工厂排出的烟中的化学物质发生反应生成臭氧。地面附近的臭氧含量会在闷热的烟雾天里达到警戒水平。吸进臭氧分子对身体是有害的，因为臭氧分子会对肺部形成伤害。练习长跑的人如果过多地吸入含有臭氧分子的污染的空气，会感到肺部疼痛，呼吸困难。生长在公路两侧的树木和其他植物往往会因为臭氧污染而生长缓慢。

但是大气层几十千米处的臭氧层不但不会对我们的健康构成威胁，相反还保卫了我们人类的健康。臭氧会吸收来自宇宙中的紫外线：紫外线会使我们的皮肤颜色变深；如果接受了过多的紫外线照射，我们的皮肤会被灼伤，甚至患上皮肤癌。

从 20 世纪 70 年代起，科学家们一直关注臭氧层的变化。他们发现含氯氟烃会破坏臭氧层，而含氯氟烃被广泛地应用于冰箱、空调和气溶胶罐中。每次使用发胶、摩丝、空气清新剂时，或者当冰箱和空调被送去维修或报废时，都会有含氯氟烃气体泄漏进入空气。

滥砍滥伐会导致土地荒漠化，从而引起沙尘暴。

科学家认为，含氯氟烃气体在空气中会慢慢地向上飘，最终进入臭氧层。在太阳辐射的作用下，含氯氟烃会放出氯气。氯气会分解臭氧分子，生成普通的氧气分子（O_2）。如果这个反应不停地进行下去，臭氧层终究有一天会从地球上永远消失！

据估计，臭氧含量每下降1个百分点，到达地面的紫外线就会上升2个百分点，同时皮肤癌的发病率会上升3~6个百分点。紫外线对人体的免疫系统也会造成伤害，使人们更容易患上疟疾一类的疾病。此外，紫外线还会破坏植物细胞——从树木到庄稼。

科学家们还担心，臭氧层变薄会导致全球范围内的气候变化，而此后的一系列结果将不堪设想。臭氧层有保温作用，而随着臭氧层逐渐变薄，臭氧层附近的空气温度下降，会导致全球风模式的变化，从而导致气候变化。随之而来的可能是长期干旱、庄稼歉收、粮食短缺，甚至大饥荒。

据科学家计算，即使全世界人民都行动起来，采取一切可行的措施阻止破坏臭氧层的活动，使臭氧水平恢复到从前的水平也需要一百多年的努力。

为什么会刮沙尘暴？

沙尘暴又叫黑风暴，本来只是发生在沙漠地区的自然现象。因为沙漠地区有大量的流沙，为沙尘暴提供了沙源。但是近100多年来，由于过度垦荒、过度放牧，严重破坏了地球上的植被，结果，沙尘暴的范围日益扩大，危害加重。

除了上述不合理做法外，人口的增长和农村向城市化的发展，还导致了滥砍滥伐。原来在沙漠、沙地周围的天然荒漠林也因此被破坏掉了。这些起着控制沙漠、防止沙地扩展作用的树木，因为人类需要土地和木材遭到大量砍伐。甚至有些人把花费大量人力栽植的各类防沙人工林以及灌木林也都砍伐了。这些被砍伐一空的空地很容易退化为沙尘暴的发源地。

如今，要想保护土地、保护资源、保护我们的生态环境，我们最先需要做的便是退耕还林，退牧还草，大力开展植草和植树造林活动，同时加强环保教育，提倡爱护树林，保护水资源。还有，推行计划生育，继续控制人口的盲目增长。只有通过这样一些综合治理，才有可能逐渐减轻沙尘暴的强度以至最后消除沙尘暴的危害。

我国北方的春天为什么风沙特别大？

我国北方的春天常常沙尘满天，美好春光因此大为逊色。那么，天空中的沙尘是从哪里来的呢？

我国华北平原的西边紧挨着黄土高原，西北方又是著名的戈壁沙漠。黄土高原和沙漠中到处是质地疏松的沙土，一旦风吹起这些沙土，就把它们挟带到空中。春天，我国北方经常刮来自西伯利亚的西北风，当它经过戈壁沙漠和黄土高原时，就挟带起沙土南下，使华北平原沙尘满天。同时，华北春天雨少而风大，有些地方会出现大量松土，部分沙尘就是由此引起。

我国不仅北方会刮风沙，南方有时候也会有这样的天气，天色带着灰黄，太阳变得模糊，空中黄沙满天，屋子里的桌子和椅子上都会落上一层极细的薄沙。这种情况出现的最根本原因是我国地面植被破坏严重，国土森林覆盖率太低。

为什么大气中二氧化碳增多会使地球变暖？

我们居住的地球可算是个大温室，靠着大气中的二氧化碳透光和隔热。

几乎完全可以让可见光透过,但对长波的红外光,特别是那些波长12~18微米的红外光,却能够强烈吸收,这是二氧化碳的一个特性。这一特性使得靠近地表大气层中的二氧化碳就像温室中的玻璃和塑料薄膜,阳光可以射进,但热量却散射不出去。这种作用称为"温室效应",可使地表的气温升高。

伴随着煤、石油、天然气等含碳燃料的大量燃烧,二氧化碳含量在大气中不断增加,"温室效应"自然会增强,随之而来的就是地球气温的升高。据科学家们预测,今后的50年中,大气中的二氧化碳含量每增加一倍,地球气温将升高3℃,地球气候将明显变暖。

为什么不能随便焚烧枯枝落叶?

焚烧枯枝落叶等垃圾,都是不完全燃烧,它们在燃烧的过程中,向大气中排放多种有害物质,包括气体、液体和固体。气体中含有一氧化碳、二氧化碳、水蒸气、氮氧化物、硫化氢、甲烷、甲醛、丙烯醛等物质。水滴、酸雾等,是枯枝落叶等垃圾燃烧过程中向大气排放的有害液体。如果聚氯乙烯等含氯废塑料制品焚烧时,就会产生有毒的气体——氯化氢。氯化氢与水蒸气生成白色的强酸性盐酸烟雾,能腐蚀皮肤和黏膜。燃烧时产生的固体微粒主要有炭黑、粉尘和烟黑。

有机化合物在600℃~900℃且供氧不足时极易生成一系列的多环芳香烃,其中不少有致癌作用。这些致癌物质常常附着于烟尘微粒上随风进入大气,进入人的肺部,使人们患癌症的可能性大大上升。这些飘浮在大气中的致癌物质随雨雪降到地面后,会造成水和土壤的污染。

为什么汽车尾气会造成空气污染?

汽车尾气一般由以下成分构成:一氧化碳、碳氢化合物、氮氧化物、碳烟、二氧化碳、二氧化硫等。

燃油燃烧不充分产生的一氧化碳能抢在氧气之前结合人体的血红细胞,使进入人体组织的氧气大大减少,因而对人造成极大危害。

↗ 受汽车尾气污染的植物叶子

碳氢化合物是汽车的燃油蒸发或不完全燃烧的产物,它所包含的200种物质中许多是致癌的。

氮氧化物是在汽缸的高温下空气中的氮和氧发生化学反应而产生的。这种物质毒性很强,对人和植物都会造成不良的影响,还会形成酸雨和光化学烟雾。

碳烟也是汽车尾气中所含的物质,包含很多种微粒在内,其中许多是致癌的。值得注意的是,尾气中所含的二氧化硫,严重危害人体呼吸系统,可导致气管炎和哮喘病等的发生。

另外,大量的二氧化碳也自汽车尾气中产生,全世界每年有300亿吨二氧化碳排放,汽车排放的占了7%,二氧化碳是导致温室效应的一个重要因素。

为什么要推广无铅汽油?

大气的铅污染,90%以上是由汽车尾气造成的。降落到地面后,大气中的铅及其化合物会造成水体和土壤等的污染。

铅及其化合物可对人体造成极大危害,它们可以随饮水、食物进入消化道,经呼吸道进入肺,四乙基铅还可由皮肤侵入体内。侵入体内的铅,在骨骼中沉积,排出体外的只有少量。当体内的铅蓄积超过一定浓度时,就会引起铅中毒,面色苍白、头晕、乏力、关节疼痛等是铅中毒的一般病症,严重的铅中毒病人会得贫血症,这是因为铅干扰了血液中血红蛋白的合成代谢。

↗ 焚烧枯枝落叶会引起大气污染。

实际上，汽车排出的含铅废气，成了非常严重的环境污染源，防止和减少汽车尾气造成的铅污染十分必要。我国的北京、上海等城市使用无铅汽油是最好的办法，它们分别从1998年6月1日和10月1日起开始推广无铅汽油。据科学家们估计，如果所有汽车均使用无铅汽油，大气中的铅含量可迅速减少为原来的10%～20%，城市空气将变得清爽洁净。

■ 为什么飘尘危害大？

飘尘颗粒细微，能长期在空气中飘浮，含有多种有毒金属和致癌物质。随呼吸进入人体呼吸道的飘尘，可引发慢性气管炎，而进入肺部的飘尘会引起肺尖埃沉着病和硅沉着病，甚至引发肺癌等严重呼吸系统疾病。飘尘还会使日照减弱，大气能见度降低，使空中多云、雾等。用重量法、透光率法和分散测定法可以测定飘尘浓度。除可测定飘尘浓度外，大流量采样器还可以测出飘尘中其他有害物质成分。

居住区大气中飘尘最高容许浓度为一次性每立方米50毫克，平均每天每立方米0.15毫克。1952年12月5日至8日发生在伦敦的烟雾事件中，空气中颗粒物浓度最高达每立方米4.46毫克，是平时的10倍，有4000人死亡，以后的3个月中还有8000人丧生。

↗ 各种各样的浓烟中含有许多对人体有害的飘尘。

■ 为什么伦敦烟雾事件中的烟雾会杀人？

1952年12月5日，发生了震惊世界的伦敦烟雾事件，直到5天以后的傍晚，浓雾才逐渐散去，但是在这场持续了5天的浓雾中，已有4000人死亡。在以后的3个月中，又有8000多人死亡。

为什么伦敦的这场烟雾会"杀人"呢？

人们最后通过多方调查才弄清，大气中的二氧化硫、水滴(雾)和粉尘的共同作用，才形成了这场浓雾。煤烟中的炭粒是粉尘的主要来源，二氧化硫、二氧化硅、氧化铝等成分形成雾滴的核心，对空气中的二氧化硫产生催化作用，使其发生氧化反应，生成三氧化硫，这就是对人类健康和生命形成严重威胁的"硫酸雾"。硫酸雾里所含的大量有毒气体和粉尘不但会吸入肺里，黏附在肺细胞上，还会进入人体血液，流遍全身，造成极大的危害。

■ 为什么切尔诺贝利核电站会发生核灾难？

1986年，前苏联切尔诺贝利核电站发生了一场核灾难。这是因为这座核电站在设计上存在一些弱点，以及若干重大的人为错误造成的。在进行试验时，反应堆发生了爆炸，放射性气体全部由堆内进入了大气。堆芯中有3%至4%的裂变产物被释放到外界，131碘和137铯占10%～20%。

大量的急性照射迅速引发了辐射病，人开始出现呕吐、出血、感染、脱发等症状并导致死亡。共有31名电站运行人员和应急救灾人员因受严重辐射在这次核事故中死亡。事故发生后从污染地区疏散13.5万居民到其他地方，其中约有5万人是居住在切尔诺贝利附近的普里皮亚特镇居民。现在那里有一支几千人的队伍从事放射性生物学的研究工作。

■ 为什么城市里会出现高楼风？

高楼林立的城市里不时有高楼风发生，对很多人造成危害，但究竟这类风是怎样出现的呢？

众所周知，太阳的照射会使空气升温膨胀，造成大气层内部的气温和气压不断变化，这样就形成了气流。气流的运动就形成风。

在一般情况下，风遇到地面障碍速度就会减小，方向也会发生改变，但往往在近地面处产生"湍流"，紊乱交错，这种湍流在楼房高密的大城市会"扶摇直上"，到500～600米的高处又会向下运动。当下冲气流到达两幢大楼之间狭窄的通道处时，就会产生"狭管效应"，而后到达建

环境保护

↗ 城市里高楼林立。

筑物的底部,又沿着马路和巷道冲袭;一到拐弯处则迅速旋转,风力陡然增大;而在凹形的转角处,风速虽然变小,但会产生压力极大的地面风暴。高楼风不仅会刮倒行人,掀翻汽车,还会摧毁建筑物。

■ 为什么有些城市会发生地面沉降?

我国的天津,从1959年到1982年城市地面下降了2.5米,而在日本的东京、大阪两城市地面年沉降速度曾超过20厘米。

这些城市的地面为什么会下沉?

正常的地壳运动引起的地面沉降,速度极为缓慢。当前之所以会出现工业城市地面下沉的现象,主要是因为地下水的大量抽取。这些工业城市工厂集中,深水井开凿得多,地下含水层中地下水被抽走,形成空隙。含水层中的孔隙受上部的土层压力压缩,地面沉降现象便出现了。

地面沉降,会使地下管道扭曲折断,造成道路起伏不平,码头淹没,海水倒灌,不均匀下沉会使建筑物产生裂缝甚至倒塌,极大危害工业生产和城市建筑,给人们生活带来严重影响。

■ 为什么天上会下酸雨?

一般天上下的雨都是中性的,可是有一种特殊呈酸性的雨——酸雨,飘进眼睛会刺痛人的眼睛,落到手臂上会像小虫"蜇"人。通常我们用pH值来表示酸碱度,pH值越小,酸性越强。我们称pH值小于5.6的雨为酸雨,重庆曾测到过pH值为3.10的雨水。

酸雨是大气污染造成的。在生产和生活中,人们燃烧煤炭和石油,生成的二氧化硫和氮氧化物进入大气后,与阳光、水汽、飘尘共同作用后发生一系列的化学反应,生成硫酸、硝酸或硫酸盐、硝酸盐的微滴,飘落在空中,遇到雨雪随之一起落下,就成为酸雨和酸雪。

酸雨现象已被公认为是一个全球性的环境污染问题。

■ 为什么要制定机场关闭的气象条件?

在飞机起飞、降落和飞行三个环节中,哪一个环节最易发生事故?早在20世纪60年代,在航空业最为发达的美国就有这样的结论：飞行事故约56%发生在飞机着落时，起飞时事故发生率为19%，两者占全部事故的3/4。正是这一发现使得人们认识到，要降低飞行事故发生率，就必须制定机场关闭的气象条件。

经过大量的飞行调查与气象对比观测，航空专家提出机场关闭的气象条件应该是：小于1000米的能见度，云的高度低于100米，超过12米/秒的侧向风速，在这些条件下机场就得关闭。这一措施的实施使得飞行事故明显地减少，大大提高了安全系数。可见制定机场关闭的气象条件十分必要。

■ 为什么极地上空有臭氧洞？

臭氧层是指离地球表面10~50千米的同温层中的一层气体。臭氧分子O_3由3个氧原子组成，能吸住99%以上的太阳紫外线，可以充当地球上人类和其他生物的"保护伞"。但是近几年，科学家们在南极上空的臭氧层中发现了一个"大洞"，又在北极上空发现了一个19~24千米深的小"臭氧洞"。这些发现都表明，地球的这把"保护伞"已被严重破坏。另外还有发现说，全球的臭氧层都有变薄的趋势。

天上为何会出现"臭氧洞"？多数科学家的观点是，极地上空的"臭氧洞"是人"戳"的。确切地讲，是氟利昂。随着现代工业的发展，特别是冷冻厂和家用电冰箱的不断增多，大量氟利昂冷冻剂被使用，大量的氯氟烃被排放到空气中。与其他化学物质不同，这种物质不能在低空分解，反而要飘浮升入同温层，与紫外线作用产生出游移的氯原子，夺去臭氧中的1个氧原子（1个氯原子能破坏近10万个臭氧分子），氯原子使臭氧变成纯氧O_2，于是"臭氧洞"就在空中出现了。而"无形杀手"紫外线就会趁机直射，危及地球上的人类和生物的生命安全。

■ 为什么说海洋是地球生命的保护者？

人和动物生存都需要氧气，地球上最大的氧气供应地是海洋。在太阳光的照射下，生活在海洋表层的浮游植物中的叶绿素与水和二氧化碳发生反应，生成有机物和氧。每年海洋植物可生产约360亿吨氧，为大气中氧的70%。

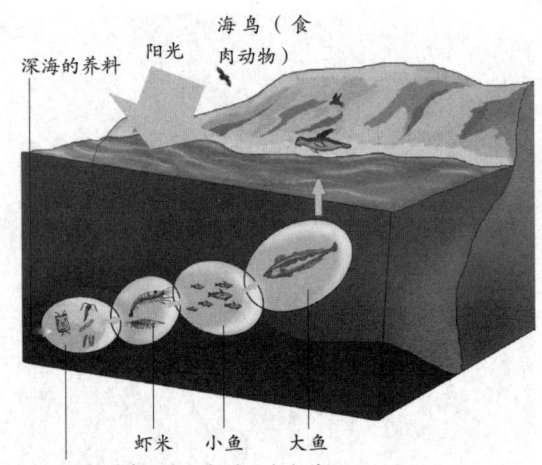

↗ 海洋食物链图

海洋又是地球上最大的"净化器"，像肾脏一样，它能过滤、净化和分解地球上的许多有害物质。因为它具有巨大的体积、奔腾不息的海流和咆哮澎湃的波浪，所以海洋具有非凡的自净能力。海洋处于地球表面的最低处，人类排放的各种污水、废弃物，直接或经江河携带，最终归入其中。大海在其能力范围内，像一个巨大的净化器，稀释、分解，最终将污染物消灭。大海除了能保持自身的清洁，还能帮助人类处理大量的垃圾。因而海洋又被称为"地球生命的保护者"。

■ 为什么要淡化海水？

"没有水就没有生命"这句话足以显示出水对生命的重要性。我们通常所说的水，是能够提供给人们生活饮用的。但是它却是一种不可再生资源，自从人类社会进入"工业化"社会以来，因为滥用水资源，导致大量水资源流失，所以，人类在节约用水的同时，又在发展海水淡化。

我国虽然是一个水资源丰富的国家，但由于水资源分布不均匀，往往在我国沿海地区，以海水淡化为主要内容的海水直接利用正成为缓解水资源紧缺问题的途径之一。据不完全统计，全国淡化的海水年产量目前已超过400万吨，成为天津、舟山等地重要的工业用水和生活用水的基本来源。天津是我国直接利用海水最具规模的城市之一。20世纪80年代中期，大港电厂两套多级闪蒸淡化装置投入使用，可以日产淡水6000吨，

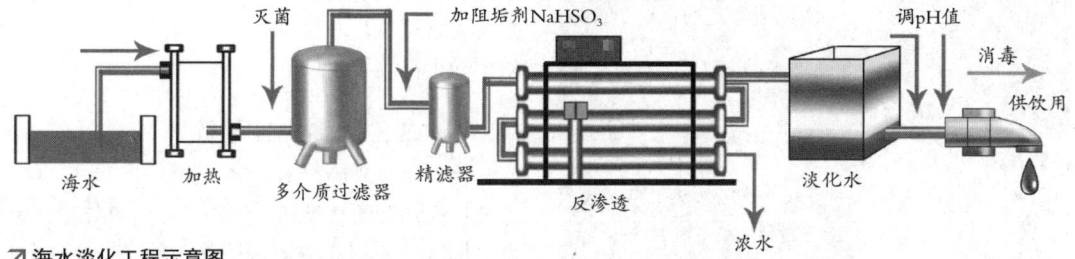

海水淡化工程示意图

年产淡水总量约为219万吨,占全国淡化海水的一半,每年节约的淡水价值350万元。

海水的淡化,极大地缓解了我们的工业用水和生活用水。随着海水淡化技术的不断进步,占地球面积2/3的海洋,将为人类提供更多的资源。

为什么要保护地下水?

不同于地表水,地下水有两个特点:一是在地下独自流动,不受大气降水的直接影响。受地下周围环境的限制,地下水流量小、流速慢、水温低。地下水的这个特点使污染物质不易扩散和稀释,也不利于污染物质的分解和转化。因而地下水的自净能力低,无法像地表水那样向周围环境迅速扩散。二是潜藏在地下,与外界环境不接触,接触不到阳光,难以进行曝气净化和生物净化的过程。因而,一旦受到污染,地下水要经过相当长的时间才能恢复原来的洁净。

经济的发展、人口的激增以及城市化的扩展,使得地下水的污染日益严重。被污染的地下水又会影响工业生产,并对人们的健康形成严重危胁。因此,我们要保护地下水。

为什么我国农村要大力发展沼气池?

解决我国农村燃料不足、改善农村环境的一种切实可行的途径,就是发展沼气池,生产沼气。

有机物质发酵后产生的可以燃烧的气体称为沼气,主要成分是甲烷。农村里有很多秸秆、杂草、树叶、人畜粪便等,这些都是制取沼气的好原料。

沼气的热值比煤气高出80%以上。如直接以秸秆作燃料,一个5口之家平均每天要消耗25千克秸秆,而将秸秆发酵制成热效率高的沼气,每天可节省燃料42.4%,仅需要消耗14.4千克秸秆。沼气是一种干净的能源,以它做燃料,对于减少环境污染十分有利。而且沼气是可再生能源,用之不竭。沼气池中残留的沼渣,是优质的有机肥料,又是猪、鱼、鸭很好的饲料。

为什么说淡水是宝贵的自然资源?

当前全世界包括中国在内有100多个国家存在缺水现象,有26个国家尤为严重,40%的人正在遭受缺水之苦。

非洲自20世纪70年代起,干旱持续了长达20年。大地生烟、禾苗枯死、河井枯竭,持续饥荒。

全球有1/2的石油资源储存在海湾国家。尽管那里石油流成河,淡水却极为珍贵,这些国家被迫以昂贵的石油来蒸馏淡化海水,用远洋巨轮装来瓶装矿泉水。

中东和非洲除外,南亚、中美洲这些原本水源充足的地区,却也闹起了水荒;东欧、美国、日本也时常遇到水源供应危机;受到缺水威胁的还有加拿大、俄罗斯这些地广人稀的国家。淡水的供给在全球国际关系格局中成了一个重要的影响因素。

为什么要分拣处理城市垃圾?

现在一些国家尽可能地对垃圾进行再生利用、创造财富,他们采用对垃圾回收、分拣、处理加工、焚烧和综合利用的方法来实现这一目的。

先是对生活垃圾进行分类收集。无利用价值的垃圾通过科学填埋和焚烧等方法进行处理。将无利用价值的垃圾进行减害化处理之后,再运到填埋场,用推土机或压路机压实,覆盖一层土,再放一层垃圾,这样逐层填埋,最后覆一层30厘米厚的泥土,这就是科学填埋法。在2~5年后,可在上面钻孔取沼气,沼气可用于发电。

近年来一些发达国家普遍采用焚烧法来处理垃圾。通过高温燃烧处理,垃圾被焚化,只剩原来体积的5%的残灰,废物的数量大大减少。在

↗ 德国比勒费尔德的一个垃圾焚化炉

焚化过程中还可消灭各种病原体，有毒物质得到了无害化处理，焚化的热量还可用于蒸汽发电。而且焚化过程是在安装有除尘和除烟装置的焚化炉中封闭进行的，可以防止垃圾焚烧时污染大气。

■ 为什么说音乐有时候也是噪声？

工厂里机器的轰鸣声、道路上汽车的喇叭声、建筑工地里混凝土的搅拌声，以及街坊邻居的喧闹声，这是我们通常理解中的噪声。但事实上，音乐有时也能成为噪声。音乐成为噪声有两种情况：第一种情况是音乐本身对人体健康的危害，例如节奏强劲的摇滚乐、迪斯科等，这些受到许多人青睐的音乐对于人的自主神经、判断能力以及行动等都会产生很大的影响，长时间处于这种节奏强、刺激性的音乐中，人会出现身体病态反应，如血压不稳、心血管异常、肠胃溃疡等，严重的还会导致休克、神经错乱等；后一种情况则是当你在开大音量欣赏音乐时，对周围的其他人来说，就可能是一种噪声，因为这种声音干扰了他们的正常学习或工作。

■ 为什么生态会失去平衡？

在一个正常的生态系统中，总是不断地进行着能量流动和物质循环，生产者、消费者和分解者之间在一定时期内都保持着一种动态的平衡，这种状态就叫生态平衡。自然生态系统中的平衡，还表现为相对稳定的生物种类和数量。

生态系统能保持动态的平衡，是因为内部具有自动调节的能力，对污染物质来说，就是环境的自净能力。然而，一个生态系统的调节能力是有一定限度的，超出限度范围，调节作用就会失效，生态平衡就会被打破。之所以引起生态失衡，主要是因为人类活动使自然环境发生剧烈变化，或是生态系统中有害物质过多，自然系统的调节功能发挥不了作用的结果。

破坏生态平衡有自然原因，也有人为因素。如火山爆发、山崩海啸、水旱灾害、地震、流行病等自然灾害以及人类对自然资源的不合理利用。

■ 为什么要保护珍稀濒危物种？

据有关资料记载，近2000年来全世界已经灭绝了上千种野生动物，而且其灭绝的速度由于人为的作用和自然环境的改变而变得越来越快。目前，濒临灭绝的野生动物已达1700多种，其中有1000多种鸟类，300多种兽类，138种两栖爬行类以及193种鱼类。

要知道，一个物种一旦灭绝，将永远不会复生。人类防病治病的药物有半数是从野生动物和植物中发现并提炼出来的，且许多药物目前还没有替代品，如生产小儿麻痹疫苗要利用猴子的肾脏。而且自然界的生物还赋予人类许多发明创造的灵感，比如鸟类的飞行、蜂房的构造等。虽然目前科技发展水平有限，但有一点可以肯定，即多保存一个物种，我们的子孙后代就将多继承一份有用的财富。物种资源的急剧减少和灭绝以及自然环境的恶化，使自然生态的平衡受到严重影响，害虫、鼠类也因缺乏天敌而大量繁殖，森林、草原和农田受到越来越严重的危害，人类本身的利益和生存受到了威胁。因此，保护珍稀动物，

↗ 噪声

即使是音乐，但是如果音量过大，有时也可能成为一种噪声，对人的正常活动造成干扰。

环境保护

↗ 熊猫喜欢爬树登高，用坚固的牙齿和有力的颌肌嚼植物叶和竹枝。

不仅仅是对珍稀动物物种的丰富多样的遗传物质的保护，而且也是对人类自己的一种保护。

为保护和拯救这些珍稀、濒危野生动物，世界各国联合制定了一系列相关措施和条约。1975年《濒危野生动植物物种国际贸易公约》生效，全世界有 80 多个国家缔约。1981 年 4 月，中国正式加入该公约。对于动物界乃至整个地球的那些珍稀、濒危物种来说，这无疑是个福音。

■ 野生动物面临的最大威胁是什么？

栖息地的丧失是濒危动物面临的最严重的威胁。例如，热带雨林被砍伐以获取木材或开发为工业用地后，大部分依赖雨林为生的野生动物就无法在这里生存了。它们无法找到食物，也无法繁衍后代，因而它们的数目开始下降。很多消失的物种为昆虫和其他从未被科学家研究过的无脊椎动物。农业耕作方式的改变、房屋的建造、海边旅馆的兴起以及过度狩猎等也都对野生物种构成了威胁。

■ 考拉为什么处于濒危境地？

因为它们的食物特殊。这种澳大利亚有袋动物只吃桉树叶，而只依赖一种食物的动物是非常脆弱的。如果桉树林被砍伐，考拉将无法找到其他可以生存的地方，也无法获得任何可以食用的东西。中国的大熊猫也面临着类似的问题——大熊猫主要以竹子为生，竹子的短缺就意味着大熊猫将挨饿。

■ 为什么浮油会杀死海鸟？

与被油污染的水面接触的海鸟，由于羽毛受到油的浸污将无法飞行，这意味着海鸟将无法捕猎获得食物，因而不久就会死去。有些鸟被人类挽救，清洁干净羽毛后还能够再次飞翔，最终回到野生世界中。

■ 为什么不能随意开荒或围湖造田？

为了扩大耕地面积，增加农作物的种类，提高农作物的产量，人们积极垦荒种地、围湖造田。但是，这样做必须先仔细研究所处的生态环境，否则必然会造成生态平衡的破坏，并引发各种灾害，反而造成对农业生产的不利影响。

↗ 开荒垦地应该以不影响生态环境为原则。

137

杞麓湖位于云南省中部的通海县境内。为了增加粮食产量,当地人1956年开始在湖滨山头上开荒种粮,在湖的四周围湖造田,扩大土地种植面积。到20世纪80年代,湖面面积已从4667公顷减少到1333公顷,而水量则下降为17000万立方米,仅为原有水量的1/10。乱砍滥伐森林更是造成了严重的水土流失,遭到严重破坏的生态环境会使气候发生较大改变,这一地区的旱灾因此频繁地发生。

一寸厚的地表土层,在正常农业生产条件下,大约需要超过100年的时间才能形成。而水土流失可导致每亩耕地年均流失量达2吨以上;冲进农田的大量泥沙,可使良田变沙、变黏、变酸、变毒,造成农作物减产;泥沙冲入水库和渠道,会使蓄引水的效能受到损害,对安全防洪造成危险;冲入江河湖海的泥沙会淤塞河床,阻隔航道。

围湖造田首先是加快了湖泊沼泽化的进程,使湖泊面积不断缩小,地表径流调蓄出现困难,导致旱涝灾害频繁发生;其次是水生动植物资源衰退,湖区生态环境劣变,使水生动植物的种类下降,数量减少。

随意开垦荒地或是围湖造田,后果往往不堪设想。

■ 为什么不能随便引入物种?

地球生物圈中生物种类繁多,分布和生存得井然有序,如果在协调、稳定的生物生存环境里引进或消灭一个物种,就会切断食物链,使生物之间的平衡被打破,造成很大的损失和混乱。

1787年,一位叫菲利浦的船长将一些仙人掌带到澳大利亚种植。澳大利亚本来没有仙人掌这种植物,于是它们便大肆蔓延开来。到1925年,演化成了近20个野生品种的仙人掌占领了大片土地,成了当地一大灾害。以后,为了遏制仙人掌的横行,人们特意从它的原产地引进了食用这种植物的昆虫,才使灾害得到控制。

因此,外来物种的引进要谨慎,事先一定要进行可行性试验,并且要引进天敌与之配套,否则就会导致生态灾难。

■ 为什么生物方法有利于防治农业病虫害?

农药产生严重的副作用,而用生物方法防治害虫却具有安全、有效、无污染等优点。生物防治害虫就是利用有益的昆虫和病原微生物防治农业、林业病虫害,达到以虫治虫、以菌治虫和菌治病害的效果,例如,赤眼蜂、金小蜂、瓢虫、草蛉虫等昆虫可被用来防治各种粮食、棉花、油料作物以及林业的虫害;杀螟杆菌、苏云杆菌等微生物则可用于防治玉米螟、松毛虫、稻包虫等;井冈霉素、春雷霉素、内疗素等抗菌素,可用来防治水稻纹枯病、稻瘟病、谷子黑穗病、苹果腐烂病等。在南方水稻产区,除虫还可使用放养小鸭的办法。遇到稻飞虱大量繁殖的时期,把成群的小鸭放到田间捕虫,除虫率高达80%。农民们用这种方法,在除虫的同时又喂养了鸭子,可谓一举两得。

■ 为什么植物叶子上会出现斑点?

据科学家研究发现,叶子上出现斑点是日趋严重的大汽污染的结果。化工厂、冶炼厂、水泥厂、钢铁厂、火力发电厂以及汽车、火车等排放出二氧化硫、氟化氢、氨气、乙烯、臭氧、氮氧化物等大量有害气体,严重伤害了一些植物,叶子上出现斑点就是大气污染的结果。

进行气体交换的器官是植物的叶子,它与大气直接接触,因而大气污染物对植物造成的伤害主要表现在植物的叶子上。由于各种大气污染物的不同,植物叶片表现出的受伤症状也不同。

↗ 仙人掌的繁殖能力很强,很容易四处蔓延。

鸡爪槭树叶 喜马桦树叶 榕树树叶 刺槐树叶 七叶树树叶

↗ 不同的植物对大气污染的敏感程度也不同

而且，不同的植物对大气污染物的敏感程度也不同，苹果树、樱花、悬铃木对二氧化硫较敏感；而烟草、紫荆对氟化氢的敏感程度则高一些；对氯气很敏感的则有向日葵、大麦、番茄，可以将植物的这些特性应用于大气污染的指示、报警和监测。

■ 为什么会形成赤潮？

赤潮发生的主要原因是环境污染，这是大多数科学家所持的观点。

工业污水、生活污水大量排放流入海洋，就会使海洋中的磷、氮等营养盐和铁、锰等微量元素及一些有机化合物含量迅速上升，就会出现"富营养化"现象。营养物质过多会使藻类、鞭毛虫等生物加快繁殖速度。经过 25 次分裂之后，一个鞭毛虫细胞能产生 3300 万只鞭毛虫，一滴海水中可滋生 6000 个。当这些赤潮生物大量死亡后，海水被"染"红。

当出现赤潮时，海洋中的鱼类会因缺氧窒息大批死亡，另外，一些赤潮生物如鞭毛虫，会在水中放出毒素，鱼类等生物会因毒素中毒而死亡。

■ 为什么废玻璃会造成环境污染？

失手打碎一个玻璃杯，在家里算不上一件大事，把碎屑一扫，扔进垃圾桶就行了。可是千千万万堆玻璃碎屑，却是一件不小的事，因为很不容易被微生物分解的碎玻璃，会引起严重的环境污染问题。按它们在环境中分解期的长短，造成环境污染的物质可分为久存的和非久存的两大类。废旧塑料和玻璃碎屑一样，都是久存在环境中数十年甚至数百年不变的污染物质。一旦进入环境中，这些久存的污染物质并不因风吹雨打或微生物作用而被分解。因而碎玻璃已被列入世界上最难消除的公害物质之列。不少地区由于在泥土里有大量的玻璃屑散布和积累，使很多人受到了伤害。随着玻璃工业的发展和人们生活水平的提高，产生了大量废旧玻璃制品，成了可与"白色污染"（废塑料污染）并列的新公害。

■ 为什么废旧电池不能随便乱丢？

当我们用完一节电池后，往往随手就把它丢掉了，其实这是一种错误的做法，因为一节小小的电池也会对环境造成不小的破坏。

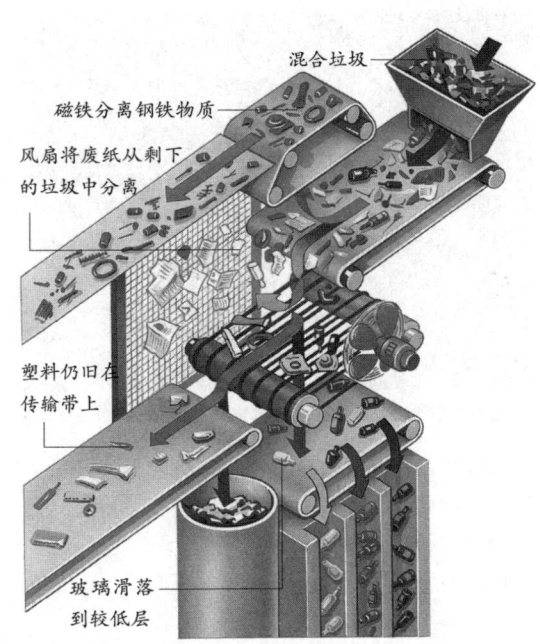

↗ 废物回收装置

废旧电池往往具有潜伏的、长期的危害性。试验显示，一枚小小的碱性纽扣电池，一旦其中的化学物质渗入水中，将会污染 600 立方米的水体；而一节普通的 5 号碳电池可以污染一平方米的土地，使其寸草不生。

因此，我们不能将废旧电池随便乱丢，而是要积攒起来进行回收，利用它们还可以提取锌等稀有金属。这样，既节约了能源，又保护了环境。

■ 为什么海龟会大量死亡？

1983 年，在世界上不少地方都发现有大量海龟死亡。是因为海洋里的食物越来越少，海龟吃不饱而饿死了吗？

这一奇怪现象引起了科学家的重视。他们通过调查研究最终发现了造成海龟大量死亡的元凶——塑料袋。解剖海龟的尸体时发现，在海龟的胃中有许多塑料袋，最多的一只海龟体内竟有 15 只塑料袋。喜欢吃海蜇的海龟错把丢弃在海洋中的塑料袋当作海蜇吞入肚中，结果遭此厄运。

问题是，海水里那么多的塑料袋是从哪儿来的呢？原因在于，人们在相当长的时间内将浩瀚

海龟在清澈得几乎透明的海水里遨游。

的海洋当成了无底的垃圾箱，扔进了各式各样的垃圾，垃圾中就有日常生活中使用的塑料制品，这种污染被人们称为"白色污染"。白色污染会严重影响海洋环境，并造成一系列的恶果，海龟大量死亡就是一个典型的例证。

为什么说森林是"地球之肺"？

森林可以维持空气中的二氧化碳和氧气平衡，还能将有毒有害气体自空气中清除出去，因此被人们称为"地球之肺"。

大气中的氧气，对生物的生存极其重要。人可以很多天不吃不喝，却一刻也不能停止呼吸。地球上绝大多数的氧气是由森林中的绿色植物提供的。在进行光合作用时，绿色植物能吸入二氧化碳，呼出氧气。当然，绿色植物也要呼吸，不过它在阳光的照射下的光合作用大约相当于呼吸作用的二十几倍。绿色植物因而成了氧气的"天然制造厂"。

森林有很强的净化大气的作用。森林中的植物能有效清除二氧化硫、氟化氢、氯气等有害气体。

1亩森林的叶片全部展开，会有75亩土地一样大的面积。加上叶片上绒毛多，叶片还能分泌黏液和油脂，使得空气中的各种污染物能被森林拦截、过滤和吸附。

森林确实称得上是"地球之肺"，离开了森林，一切生物都将难以呼吸，也很难生存下去。

我国为什么要兴建"三北"防护林？

1978年11月，国务院作出决定，兴建"三北"防护林，即在我国西北、华北和东北（简称"三北"）风沙危害和水土流失严重的地区，建设一个大型的防护林体系工程，以减少水土流失，防止土地进一步沙化。这一工程要经过70年才能最后完成。

"三北"地区大部分是干旱、半干旱地区，植被稀少，少雨干旱，地表裸露，蒸发量大，生态平衡早已打破，风沙滚滚是常见的事。黄土高原地区因夏秋季节集中的暴雨，每年流失的水土面积就达43万平方米。平均每年流入黄河的16亿吨泥沙，直接威胁着黄河两岸的人民群众的生命安全。

在保护原有森林植被的基础上，"三北"防护体系采取多种途径，如飞机播种、人工造林、封山封沙、育林育草等有计划、有步骤地建造防风固沙林、水土保持林、牧场防护林、水源涵养林，以及薪炭林、经济林、用材林等各种林木保护带，使得乔木、灌木、草本植物相补充，林带、林网、片林相结合，农业、林业、畜牧业协调发展，真

树根有助于固土

树林具有水土保持作用。

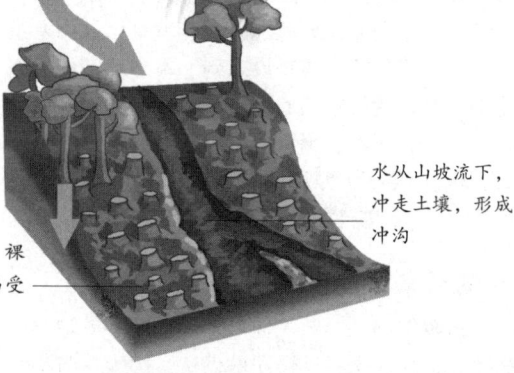

砍伐森林，裸露的土壤易受到侵蚀

水从山坡流下，冲走土壤，形成冲沟

正改善"三北"地区的生态环境,促进农、林、牧、副业的全面发展。

为什么会发生厄尔尼诺现象?

20世纪80年代以后,人们经常会听到一个与气候有关的新名词,即"厄尔尼诺现象"。到底什么是"厄尔尼诺现象"呢?各国科学家在长期地分析研究后一致认为,如果赤道中段和东段一带太平洋大范围的海水温度异常升高,月平均海表温度上升0.5℃,且持续时间超过3个月,就叫作一次"厄尔尼诺现象"。

厄尔尼诺现象会给人类带来巨大的灾害。如1982~1983年,厄尔尼诺现象横行全球。夏威夷群岛遭遇特大飓风,房倒屋塌;北美洲大陆热浪与暴雨交替出现,当地居民处于"水深火热"之中;中国一向四季温暖如春的华南、西南地区冬天奇冷,而以严寒著称的东北地区冬季气候温暖,全国北旱南涝。20世纪80年代末期,再次发生了全球性的厄尔尼诺现象。进入20世纪90年代,厄尔尼诺现象越来越频繁,越来越嚣张,严重威胁着人类的生产和生活。

直到目前为止,科学家们依然没能彻底弄清厄尔尼诺现象发生的原因。在学术界,以下三种观点是较为盛行的。

一、地球内部因子论。这种观点认为,地球内部的变化是引发厄尔尼诺现象的原因。另外,海底火山爆发、海底地震等都可能引发厄尔尼诺现象。

二、天文因子论。这种观点认为,海水和大气附在地球表面,并且随地球快速地向东旋转,在赤道上,线速度可达465米/秒。地球自转速度有时会突然减慢,此时便会出现"刹车效应",海水和大气因此获得一个向东的惯性力,赤道地区自东向西的海水和气流在惯性力的作用下减弱,厄尔尼诺现象因此便会发生。

三、大气因子论。这种观点认为,赤道太平洋受信风影响,形成了海温和水位西高东低的形势。与此同时,信风又因受到赤道太平洋西侧的上升气流和东侧的下沉气流的影响而加强。一旦信风因某种原因减弱,太平洋西侧的海水就会回流到东方,赤道东段和中段太平洋的海温因此会异常升高,厄尔尼诺现象也就发生了。目前大多数人持这种观点。

随着科技的发展和科学家经验的积累,在过去的几十年中,对厄尔尼诺的研究工作已取得较大进展。科学家们依靠装有仪器的卫星和浮标,不仅可以十分容易地观测到海洋的"风吹草动",而且可以预测厄尔尼诺的发生。

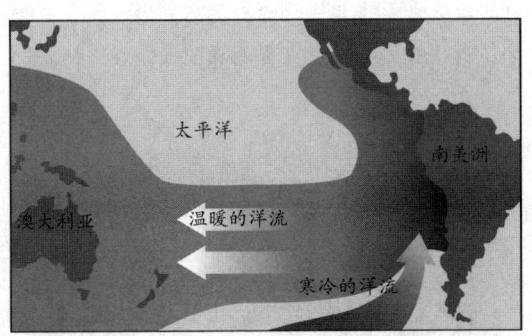

正常情况

厄尔尼诺

↗ 厄尔尼诺是指太平洋洋流间或出现的逆转现象。在正常情况下,表面洋流向西流动,为东南亚地区带来湿热的气候,秘鲁海岸冷海水上泛带来丰富的饵料,鱼类生长条件优越。在厄尔尼诺期间,温暖的洋流向东流动,造成美洲洪涝灾害频繁,东南亚地区干旱少雨。

为什么稻田养鱼会稻壮鱼肥?

稻田养鱼,是我国南方山区和丘陵地区传统的一种农田生产方式,被称为"稻底鱼",是经过长期实践,劳动人民创造出来的一组优良的农田生态系统。

我国传统农业以施有机肥料,如人畜粪便、稻秆、绿肥等为主,当有机肥施入水田后,会有很多微生物和浮游生物滋生,这都是鱼类的好饵料。稻田里养的鱼,以浮游生物和田中杂草为食,鱼不但不与水稻争肥,还为水稻提供了自己的粪便和食物残渣等有机肥料。因而,稻养鱼,鱼养稻,稻米之田变成了"鱼米之田"。

稻田养鱼，在水中生活或落入水中的害虫可被鱼类捕食，从而减轻水稻受害的程度，减轻化学农药的用药量，缓解农田环境的污染。因而作为生物防治的一项措施，稻田养鱼能够起到改善农田环境，维持生态平衡的作用。

↗ 成熟的甘蔗

为什么说甘蔗是"环保卫士"？

甘蔗属禾本科。除了吸收土壤中的一些矿物质外，甘蔗主要吸收大气中的二氧化碳。甘蔗每天二氧化碳的吸收量比水稻多一倍以上，而且它也能吸收高浓度的二氧化碳。在正常情况下，空气中的二氧化碳体积分数只有 300×10^{-6} 左右，但即使周围的二氧化碳体积分数少于 $50 \times 10^{-6} \sim 100 \times 10^{-6}$ 时，对二氧化碳吸收力强、利用率高的甘蔗也能照常吸收。而在周围二氧化碳体积分数少于 50×10^{-6} 时，水稻便无法摄取了。盛夏季节，甘蔗甚至能够吸进高达 10×10^{-4} 的二氧化碳。因为吸入量大，所以除了吸收自己呼出的二氧化碳外，甘蔗还能将周围的二氧化碳大量吸收以满足自身的需要，同时释放出氧气。

氟化氢、氯气和氯化氢都是一些有害于人体的气体，甘蔗对它们也有较强的抵抗性。

甘蔗还能以造纸厂的废水为肥料，减少这些废水造成的环境污染，保护环境。

所以说，甘蔗不仅是一种好吃的水果，还是与环境污染相抗争的"环保卫士"。

特大旱涝灾害为什么可以提前预测？

1965年，《地球学报》第2期发表了关于对长江下游旱涝趋势做展望性研究的文章，文章作者是上海气象局的两位高级工程师，他们对 1963～1993 年 30 年间的旱涝情况作了展望。结果跟预测的情况基本相同，而 1987 年的大旱和 1991 年的洪涝便是有力的证据，要想知道长期预测的秘密就要从中国的历史开始研究起，首先就必须收集大量资料。然后，将灾害分成大旱、旱、正常、涝、大涝 5 个等级，并用坐标图表示出 5 个点。做出历史上旱涝灾害的趋势性和准周期性图。而 1965 年以前的旱涝变化与历史上 950～1000 年旱涝变化极为相似，然后根据历史上旱涝变化趋势，对 20 年到 30 年较长时期气候进行预报。但并不是每次根据旱涝变化曲线做外推预报，都是对的。因为未来的变化也有未知数，有时并不是按历史上出现的规律发展的。

随着现代电子技术的发展，用超大型电子计算机来预测未来旱涝的变化趋势，将被提到重要的位置，我们相信，灾害准确预报的时代将要来临了。

↗ 洪涝给人们带来了巨大的灾难。

什么是资源回收利用？

地球上的很多原料资源已经被用尽。在人们抛弃的废弃物中，有些可以回收利用，制造新的产品。比如说旧的玻璃瓶可以被挤碎熔化后生产出新的玻璃产品。铝罐、塑料袋、玻璃瓶、旧报纸、纸盒子和旧衣服都可以被回收利用。

为什么会有"地球日"?

1962年,美国女生物学家雷切尔·卡森出版的《寂静的春天》一书促使人们开始觉醒,从而掀起了一场反污染、反公害的"环境保护运动"。

1970年4月22日,美国1万所中小学、2000所高校及全国各大团体共2000多万人,在一些国会议员、社会名流和环境保护工作者的组织带领下,举行了大规模的集会、游行等宣传活动,要求政府为环境保护采取有力措施。这项活动迅速在全世界产生强烈反响。4月22日因而成了世界环境保护史上的重要一天,被命名为"地球日"。第1次"地球日"活动取得的极大的成功,有力地推动了美国乃至世界环保事业的发展。美国国会在随后的几年时间里,先后通过了有关环境保护的28个重要法案,并于1963年成立了国家环保局。在世界范围内的"地球日"活动促使联合国1972年召开了第1次人类环境会议,环境规划署也因此成立。

地球孕育了生命,也孕育了人类,是全人类乃至地球上所有生命共有的"家"。为了我们共同的家园,"地球日"活动不会终止,它会让越来越多的人感悟到日益严重的环境问题,并逐步采取行动,促使全球环保工作的全面启动。

↗ 保护地球宣传画

我国为什么要实行人口控制政策?

我们只有一个地球,根据生物学家的推算,地球上的食物尽其量也只能养活80亿人。但是如按目前的人口增长速度计算,在不久的将来,地球上的食物不仅不够我们吃,甚至我们连住的地方都会成问题。

而我国人口众多,资源虽然不算贫乏,但平均下来,每人所拥有的资源就很少了。因此,要

↗ 控制人口

鼓励一对夫妻只生一个孩子的宣传画,这是我国控制人口的一项重要政策。

加速我国经济发展和保护环境,控制人口的意义十分重大。

控制人口可以使国家负担得以减轻,积累增加。人口众多直接造成消费大的后果,尤其是我国作为纯消费者的众多年轻人口,其消费量更是巨大。统计结果显示,从出生到16岁,不仅家庭要负担孩子一大笔费用,国家在每个人身上花费的平均费用,农村为1600元,城市则高出2倍。

控制人口对于提高全民的科学文化水平十分有利,有利于改善生活和解决就业问题。另外,对于现有自然资源的保护,防止生态环境进一步恶化也十分有利。

为什么要开发新能源?

新能源之所以"新",是相对于已成熟的、常规的能源而言的。出于实际需要,我们要开发新能源。因为,已经探明的不可再生能源的储量十分有限。煤、石油、天然气的储量至多只够人类几百年节省地使用。在很多发达国家,水力资源也几乎耗尽。而社会的发展、人口的增长、环境的恶化、资源的减少,又需要越来越多的能源供给。怎样才能获得持久和强大的能量,确保子孙万代的需要呢?只有开发新能源。

开发新能源的课题很多,但现在看来,只有太阳能和核能比较可靠。

太阳还有80亿年旺盛的生命,因而可以将

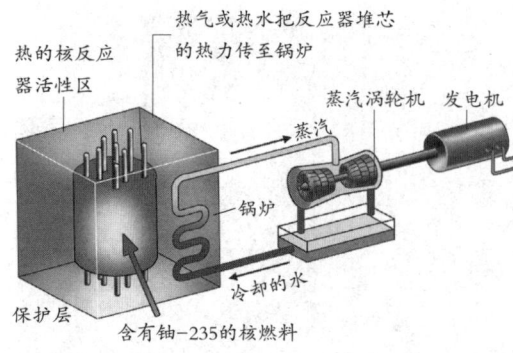

↗ 核能发电示意图

它转换成电力或其他二次能源,包括生物能源、氢能源等,使未来世界对能量的需要得到满足。利用太阳能有很光明的前景,但尚需技术上和经济上的重大突破。

核能是比较强大而集中的能源,它是新能源开发的一个重要而有意义的课题。

■ 为什么会提出"可持续发展战略"?

"既能满足当代人的需求,又不对满足后代人需求的能力构成危害的"发展被称为"可持续发展"。1987年由世界环境与发展委员会向联合国提交的一份题为《我们共同的未来》的报告中提出了这个概念。

可持续发展的目的是实现可持续经济、生态和社会三方面的协调统一。它要求人类在发展中讲究经济效率、关注生态和谐、追求社会公平,最终达到人类的全面发展。这表明,可持续发展虽然起源于环境保护问题,但作为一个指导人类走向21世纪的发展理论,它已经超越了单纯的环境保护范围。它将环境问题与发展问题有机地结合起来,成为一个有关社会经济发展的全球性战略。改变传统的以"高投入、高消耗、高污染"为特征的生产模式和消费模式,是可持续经济发展的要求。如果能做到保证清洁生产和文明消费,就能保护和改善地球生态环境,以可持续的方式对自然资源进行利用,降低环境成本,在地球承载能力之内从事人类的发展活动,维护可持续生态。

总而言之,经济可持续是可持续发展的基础,生态可持续是条件,最终目的是社会可持续。

■ 为什么环保产业得到迅猛发展?

1972年,人类环境会议向全世界发出了"只有一个地球"的呼声,促使第一次环保高潮到来,我国就从那时起开始发展环保事业。1992年召开的联合国环境与发展大会上,《21世纪议程》被提出,从而拉开了又一次环保高潮的序幕,各国开始充分重视日益严重的环境问题,将之作为核心问题对待,一个以"崇尚自然、保护环境、促进持续发展"为核心的绿色革命时代到来了。环保产业不仅仅是"为使环境不受污染而对工业生产过程中有害于环境的物质进行末端处理",而且它已贯穿于生产全过程,要实现清洁生产和循环使用资源、能源,使有害污染物减少,包括产业的选择、厂址的勘定、厂区的设计、产品包装、营销等都属于环保产业,这一新兴产业已成为真正意义上的绿色产业。

自20世纪90年代以来环保产业得到迅猛发展,被称为高科技"朝阳产业"。

↗ 太阳能飞机
太阳能飞机不仅无污染,而且降低了成本。

科技博览

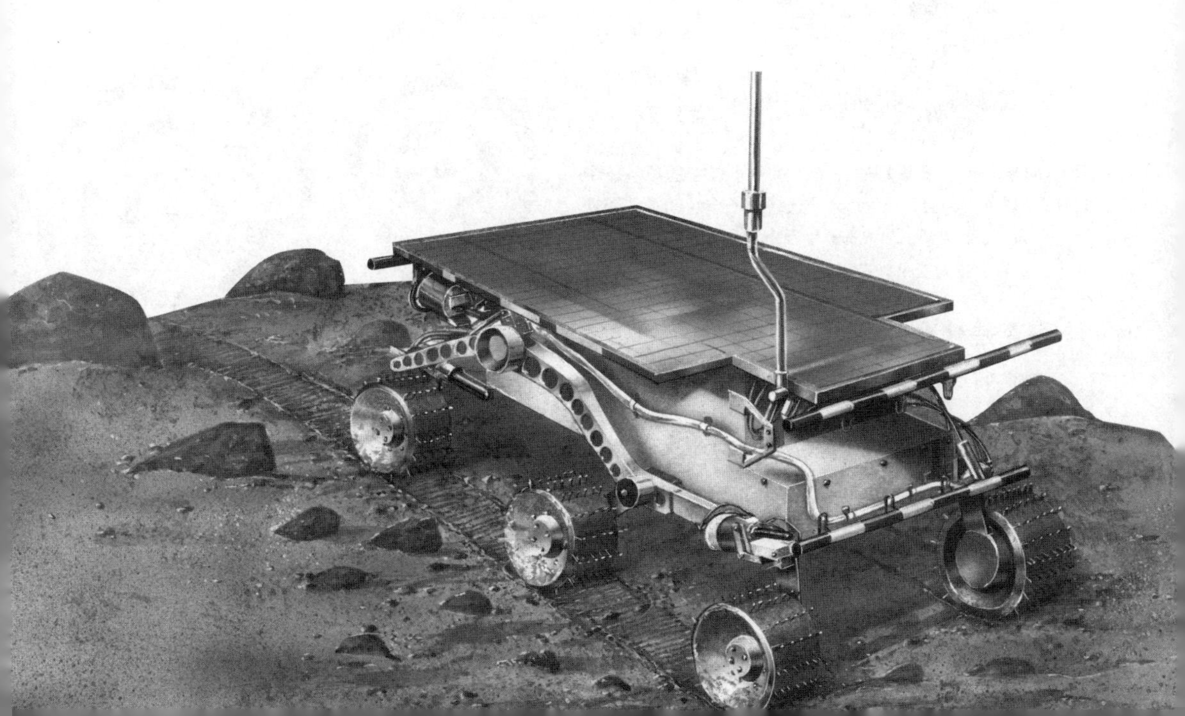

物质是由什么构成的?

所有的物质都是由原子构成的。如果你能将物质分割成越来越小的块,物质就会因为太小而看不到。然而,如果一直切割物质,在最强大的显微镜下,最终你会看到物质的最小构成单位——原子。

原子是最小的微粒吗?

不是,每个原子都由更小的次原子微粒构成。次原子微粒分为3类,即质子、中子和电子。质子和中子一起构成了原子的中心——原子核,电子则围绕原子核高速转动。如果原子分裂,它就不再具有最初物质的特性。

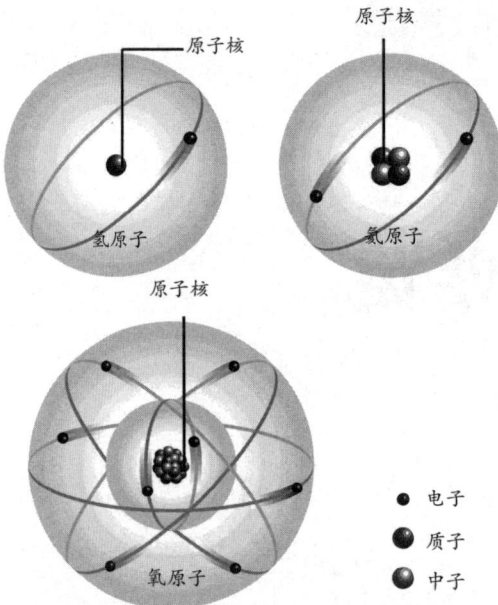

↗ 结构最简单、量最轻的原子为氢原子,它的原子核中只有1个质子,而且只有1个电子围绕原子核转动。氦仅次于氢,只有2个中子、2个质子以及2个围绕原子核转动的电子。氧原子较为复杂,中子、质子和电子各有8个。

夸克是什么?

有些科学家相信次原子微粒是由更小的物质即夸克构成的,例如,1个中子是由3个夸克构成的。另一些科学家则认为原子、夸克和所有的其他物质都是由更小的叫作能量弦线的振幅能量构成的。假设原子有地球那么大,一个能量弦线就是一根鞋带的大小,这些能量弦线可以连接成超级能量弦线,延伸的长度甚至可以超过很多原子。科学家现在正在探索能量弦线是否真正存在。

是什么将原子的各部分固定在一起?

质子和中子通过一种基本的引力即强大的核力团结在原子核内。质子带正电荷,电子带负电荷,中子则不带电。正电质子会吸引负电电子,并将电子固定在原子核附近。大部分原子都有相同数目的质子和电子,以使它们的电量可以互相平衡,因而原子不带电,呈中性。

为什么所有的原子都不一样?

每一种化学元素都是由同一种原子构成的,但和其他元素的原子则是不同的。因此,在一种元素例如碳元素中,所有的原子都相同,并有着相同数目的次原子颗粒。氧原子也是这样,然而氧原子与碳原子则是截然不同的,二者次原子颗粒的数目也不一样。如上表所示共有100多种化学元素,其中约有30种元素是人造元素。

原子为什么会结合在一起?

原子通常会结合或连接在一起形成分子。某些情况下,原子之间的距离非常近,会共用电子,因此电子有时会围绕一个原子转动,有时又会围绕另一个原子转动,这便是一个共价键。飘浮在空气中的氧原子两两通过共价键结合在一起于是形成了氧分子。

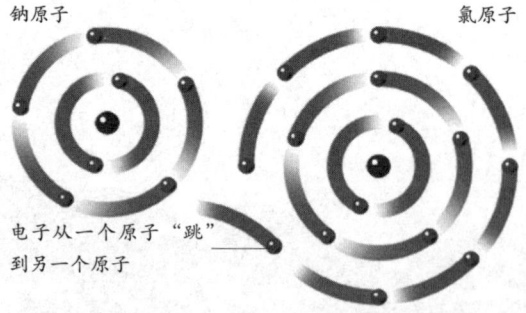

↗ 在离子键中,一个或一个以上的电子会从一个原子转移到另一个原子。例如氯化钠的分子就是以这种方式形成的。

原子还可以如何连接在一起?

一个或一个以上的电子可以从一个原子"跳"到临近的原子,这便是离子键。钠和氯元素的原子是通过离子键形成氯化钠分子的。电子带负电,因此失去电子的钠原子就成为正离子，得到电子的氯原子则变成负离子。正离子和负离子之间相互吸引，于是钠和氯便紧紧固定在一起。

■ 为什么有些原子可以单独存在？

地球上很少有原子单独存在，少数几个例外便是惰性气体——氦、氖、氩、氪和氙，"惰性"意味着这些气体"不活跃"。这些气体只占空气中很小的一部分，它们的原子都有它们所需的电子，无需与其他原子共享或交换电子，因而它们很少与其他原子连接或结合，彼此之间也如此。

■ 什么是化合物？

化合物分子是由不同化学元素的原子构成的，而非仅由同一种元素的原子构成。例如，氧分子（O_2）不属于化合物，而盐分子（NaCl）就是一种化合物，这是因为它是由两种或两种以上的化学元素构成的。大部分的日常物品都是由化合物制成的。

■ 一种化合物中可有多少个原子？

这个数目因化合物而不同，少到几个，多至数百万个。某些物质，例如盐，每个分子中只有2个原子。其他物质，例如塑料和木头，则含有巨大的分子，每个分子由数百万个原子构成。这些物质中很多都建立在碳元素的基础上，碳可以和4种以上的其他元素相结合，因此可以形成数千种不同的化合物。尤其常见的是碳氢化合物，而由碳、氧和氢3种元素构成的物质被称为碳水化合物。

■ 如何测量物质的力？

力分很多种，因而测量方法也各不相同。张力可以抵制拉长或伸展的力量，压缩力可以抵制压或挤的力量，而扭力可以抵制扭转的力量。这些不同力的测量可以通过将物质的碎片放到一个强有力的机器即液压测试台上，对其进行拉伸、挤压或者旋转，直到物质破裂或破碎。每一种物质或材料都是3种不同的力的结合体，适用于不同的用途。

■ 物质还有什么特性？

物质还具有弹力或屈曲性，这个特性恰好与硬度或刚性相反。弹力与弹性有关，弹性是指材料在弯曲后能回到最初形状的性质。密度是物质的另一特性，密度是指单位体积物质的质量。耐久力是指材料能够持续使用的时间。材料还可以根据其导电能力进行划分。

■ 什么是天然材料？

天然材料是指从我们周围的自然界中发现的材料，它非人造或生产而成。木材是一种天然材料，在家具器皿的制造以及建筑中发挥着重要作用。不同种类的石头也得到了广泛应用，尤其在大型建筑中更是如此。天然纤维，例如棉花，可以纺织成衣服、窗帘和其他物品。

↗ 木材经常用于房屋或船只的建造，这是因为它是一种结实耐用的材料，可以长久抵制强风暴等自然因素的侵蚀。

■ 使用最普遍的是什么材料？

使用最普遍的材料是钢铁，而钢铁是以金属铁为基础、由不同物质构成的混合物。纯金属也有广泛用途，例如质量非常轻的铝可制成多种物品，大到航行器，小至饮料罐，铜则常被用来制成电线。现代产品中大部分材料都是经过不同的工艺流程制成的，而非单纯从自然中获取。

■ 锡罐为什么不全是由锡制成的？

只有锡罐的外壳是由锡构成的。锡罐的主要成分是钢，但是钢会生锈，因此钢罐的外面会镀一层薄薄的金属锡。锡不会生锈，对下层的钢可以起到保护作用。

■ 能量在哪里？

能量无所不在，万事万物中都存在能量。能量具有多种形式。化学能是能在化学反应中释放出来的能量，食物中也储存着化学能，当食物被摄入人体后会产生供人体消耗的能量；势能即存储的能量，可以随时被用来转化为动能；太阳能来自太阳；还有很多其他形式的能量。

■ 可以创造或毁灭能量吗？

科学的基本法则认为能量既不能无中生有，也不会无故消失，这个法则对整个宇宙都适用。然而，能量可以从一种形式转化为另一种形式。例如，火箭起飞时，燃料的化学能会转变为其他形式的能量，例如热能、光能、声能和动能。能量也会扩散，并逐渐减弱，当我们说"使用"能量时，其实意指将某些能量转化为我们能利用的另一种能量形式。科学家认为能量是守恒的，总的能量不会发生变化。

■ 何为能量链？

能量链即不同形式的能量向可利用的另一种能量形式的转化。例如，从地下深处挖掘出的煤中储存着化学能，煤燃烧时，这种化学能会转化为热能，而热能可用来制造出水蒸气；水蒸气可以带动涡轮转动产生动能，而这种动能通过发电站的发电机又可以转化为电能；电能会被传送至家庭和办公室等布满灯、电视和电脑等电器的地方。

↗水车可将流水的动能转化为有用的机械能，从而驱动机器转动做功。

■ 原子为什么能产生能量？

能量可以由物质或质量生成，原子或构成原子的粒子可以产生能量。构成原子的不同粒子，例如中子，当不再以当前的形式存在时，会产生很大的能量。有关物质和能量转化的科学规律是，任何过程或事件，自始至终的总物质和能量不会发生变化。

■ 原子会移动吗？

这取决于原子所在的物质或物体。如果是固体，例如铁或木头，原子几乎处于完全静止的状态，只会围绕一个中间点轻微移动或振动。在液体中，例如水或油，原子可以四处移动，然而它们彼此之间的距离不会改变。在气体中，原子甚至可以很快的速度运动，并改变彼此之间的距离，因而气体的体积既可以增大也可以缩小。

■ 什么是电流？

电流即原子中的微小带电粒子电子的运动或流动。电子围绕原子中央的原子核运动，如果电子得到足够的能量，会从一个原子中分离出来，跳跃至下一个原子，依次类推。这些移动的电子代表着能量，如果数十亿电子沿着同一方向从一个原子跳跃至下一个原子，便形成了电流。

■ 为什么不是所有的物质都能导电？

只有某些物质可以导电。导电的物质被称为导体，大部分金属，尤其是银和金，都是很好的导体。很多物质不会导电，相反，它们对电流有很强的抵制力，被称为绝缘体。绝缘体包括木头、玻璃、塑料、纸张、卡片以及陶瓷等等。电线中心通常会有导电的金属线，外面则包着一层塑料外壳从而防止漏电。

■ 电池是如何工作的？

电池能将化学能转化为电能。原子之间的化学键中蕴含着能量，如果化学反应中化学键破裂，化学键所含的能量会传递到原子中的电子上，使电子发生移动。同样的情形也发生在电池内，然而前提是电子有地方可去，例如沿着电路移动。

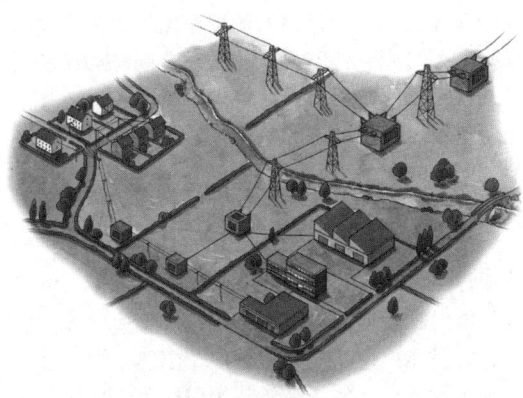

↗ 发电站的电流会沿着地面上高高架起的电缆或深埋在海底的电缆传送到四面八方。变压器可改变电压，能从几万伏减小至工厂所用的几千伏以及家庭、办公室和学校所用的几百伏。

发电厂为什么能发电？

某些发电厂会燃烧煤炭、石油或天然气产生热能，热能将水煮沸并产生水蒸气，而水蒸气会带动涡轮的扇形叶片或转轮转动。涡轮与发电机相连，而发电机内部是一个磁场，当发电机在磁场中转动时，会在电线中产生电流。在水电站，流水会带动涡轮的叶片转动；在风力涡轮机内，推进器似的涡轮则会被风吹动而发生旋转，从而产生电流。

为什么有DC和AC之分？

DC指直流电，而AC指交流电。直流电沿着同一方向稳定流动，而交流电流动时会快速改变方向，每秒钟电流方向会改变50～60次。电池产生的是直流电，大部分的电器使用的主要电流则是交流电。

什么是磁铁？

磁铁是一种会产生磁力的物体。可以感受到磁力的区域被称为磁场。磁铁上有两个地方的磁力最强，即磁极，两个磁极一个被称为北极或正极，另一个则被称为南极或负极。当两块磁铁靠近时，北极和北极会相互排斥，而北极和南极则彼此吸引。磁力的基本法则为同极相斥，异极相吸。

什么会产生磁力？

磁力是由能产生电力的相同的带电粒子的运动形成的。电子绕着原子核在一定的轨道上旋转运动，同时原子核也在运动。电子旋转通常是任意的，但在磁铁中，电子的运动是规则的，因此会有数以亿计的"电子军团"一起运动从而产生磁力。

为什么有些物质有磁性？

↗ 富含铁的岩石即磁铁矿或天然磁石具有天然性。纤长的磁铁可用做确定方向的磁针。

具有磁性的物质即可以被磁铁吸引的物质。最常见的具有磁性的物质为铁；钢的主要成分为铁，因此钢也具有磁性。很多不太常见的金属只有很弱的磁性，例如镍和钴，更为罕见的金属，例如钕、钆和镝也具有磁性。

为什么说电磁铁的磁力可以控制？

电和磁是同一种基本力量即电磁力的两个部分。当电流在电线中流动时，周围会产生磁场；如果将电线缠成圈，并在中间放入一块铁，会形成一个磁力更强的磁场，即电磁场。有电流通过时磁场会存在，而切断电流后磁场转瞬就会消失。

为什么说磁铁很常见？

磁铁可以简单使用，例如用于将纸张固定在器具上（例如冰箱）、固定刀具、收集和保存别针和钉子，以及利用磁铁自动关门。喇叭里也置有巨大的磁铁。电磁铁还被应用于很多设备，例如遥控汽车、门锁、发电机和电动机、磁带、电视机、电脑和磁盘驱动器中。

电动机为什么能够工作？

利用磁力的吸引和排斥作用来工作。电动机内部的电线圈置于两个临近的磁铁之间，当有电流通过时，电线会变成电磁铁，它的磁场会和周围磁铁的磁场产生相互作用，于是磁铁间吸引和排斥的力量会使发动机转动起来。旋转的开关即转接器使电线中的电流每转一圈就改变一次方向，从而保持发动机一直旋转。

▇ 电器如何工作？

电器利用电子或电流进行工作。吹风机、汽车中央上锁系统、食品加工机和微波炉等电器的内部通常都置有活动的部件，例如电动机、电磁体和齿轮等等。它们都是机电设备，因而由电进行驱动。晶体管等电子设备除了电子外别无可移动的部件，由于体积太小，一般无法看到。

▇ 什么是IC？

IC 为集成电路。集成电路上所有的部件和线路同时制造而成，并充分连接或结合在一起。线路虽然微小，却由数千个独立的部件构成，开关、电阻器、电容器和晶体管等部件都是通过线路板上的电线或金属条连接在一起的。

↗ 印刷电路板（简称PCB）完全是由在特定位置或"印刷"到绝缘板上的金属连接器构成的。微芯片和其他部件都是通过将金属"腿"插入插孔内连接到线路板上的。

▇ 什么是微芯片？

芯片是一小片半导体材料（例如硅），而所谓微芯片意味着芯片上集成电路的所有部件和线路都很微小。这种材料的微小部件既可以导电也可以绝缘，而这取决于气温的变化、电流的存在与否以及附近的磁力。

▇ 什么是CPU？

CPU 是中央处理器（Central Processing Unit）的缩写。中央处理器的微芯片是电脑等电器的"大脑"。信息以每秒数百万的微小电子信号输入中央处理器，中央处理器内的微电路可以依据电路设计中设立的一套法则对信号进行分析或处理，从而决定下一步做什么。处理的结果会以更多的电子信号传送到设备的不同部分。

▇ 什么是放射线？

放射线是指不稳定元素衰变时，从原子核中放射出来的有穿透性的粒子束。众所周知，放射线、放射性物质是有害的，人体受到放射线的照射，有可能出现某些有害效应。当然，放射线也能为人类造福，如医院常使用射线用于人体某些疾病的治疗和诊断，可起到独特效果。

▇ 为什么有些辐射能以粒子的形式发射？

有些辐射是以粒子的形式发射的。有一种辐射被称为 α 射线，它是从原子内部发射出的粒子流。每一个 α 粒子都有 2 个质子和 2 个中子构成（与非常轻的气体氦的原子核类似，氦原子核中也含有两个质子和两个中子）。还有一种为 β 粒子，每个粒子中含有 1 个电子（或与之相对的正电子）。

▇ 放射能是辐射吗？

是的，放射能是原子发射出的能量。由于亚原子粒子失去平衡，这种能量并不稳固。天然拥有一定比例的不平衡原子的物质包括镭、铀和钍。这些物质会放射出 α 和 β 以及 γ 射线，其中 γ 射线是波长极短的电磁波。

▇ 放射线传播的速度为什么很快？

放射线是宇宙中传播速度最快的。它的电磁波中含有光线，而在真空中光的传播速度最快，约有 30 万千米/秒。很多电磁波的传播速度都有这么快，相当于 1 秒之内绕地球 7 次。

▇ 为什么有些辐射有危害？

一般而言没有危害。然而某些辐射具有一定的危害，例如太阳发出的紫外线会导致晒伤和皮肤癌，X 射线过强则会损害生物中的微细胞，进而导致疾病、肿瘤和癌症。然而，如能谨慎使用，X 射线可用来破坏生长的癌细胞，这被称为放射疗法。辐射过强可能会导致烫伤、疾病以及很多其他的不良后果，然而在日常生活中，大多数的

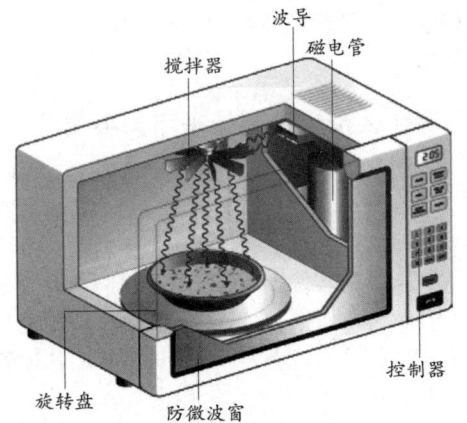

↗ 微波炉中的磁电管可以产生一种名叫微波的辐射。微波的波长达20厘米，微波在搅拌器的扇叶上反弹或反射，从而在微波炉内均匀扩散。

辐射都会在数量和力度上被加以控制，以使其不会对生物造成危害。

■ 什么是光？

光是一种能量，我们将它想象为一种辐射能量，即电磁能。它是电和磁的结合，因而，光波在形式上与电波、微波、红外线、紫外线、和X射线相似。光波波长很短。

■ 光为什么不总是以波的形式存在？

光也能以"小捆"的形式存在，它和激光枪发出的子弹流有相似之处。出于某些目的，科学家将光看成一种持续不断的能量，会如波浪般上下浮动着移动。出于其他目的，科学家还将光视做名为光子的能量单位，这在科学中被称为光的"波粒二象性"。

■ 为什么存在不同颜色的光？

光的颜色取决于波长。最长的波长770毫微米（即0.00077毫米），我们的眼睛将这个波长的光识别为红色；最短的波长为400毫微米（即0.0004毫米），我们的眼睛看到的是紫色；波长位于两者之间的波构成所有其他颜色的光，即橙、黄、绿、蓝以及靛青色的光。

■ 光线为什么总是沿着直线传播？

如果没有受到阻碍，光是沿着直线传播的，而如果光线射到不同的物体或物质上，会出现不同的情况。如果物体是透明的，例如玻璃窗或水，光线可以继续传播。光从一种透明的物体进入另一种透明的物体，会发生弯曲即折射。如果物体不透明，例如木门，光线会反射回去。

■ 光的速度为什么那么快？

光是宇宙中已知的传播速度最快的——近30万千米/秒，所有的电磁波都以这个速度进行传播。然而这只是它们在真空中的速度，光穿过透明物质（例如水和玻璃）时的速度会减慢。

■ 什么是声音？

声音是一种物质或物体震动时产生的能量。震动的物体，例如一个扩音器，会产生或高或低的震动波，这些震动波能穿过空气到达我们的耳朵。因为声音是一种运动，因此页是一种能量。

■ 我们能看到声音吗？

我们无法看到空气中的声波，然而我们能看到发出巨大声音时在固体（例如扬声器或引擎）上产生的振动，我们还可以看到声音穿过液体（如水）时产生的涟漪。然而，我们只能听到频率为20～20000赫兹的声音。蝴蝶的翅膀以10赫兹（即每秒10次）的速度拍打，这个频率过慢因而不足以产生我们能听到的声音。蜂鸟的翅膀拍打的频率达100赫兹，这个频率足以产生嗡嗡的声音，然而我们却无法听清楚。

■ 我们能听到多大振幅的声音？

我们的耳朵只对振幅20～20000赫兹的声音有反应。振动的速度或频率会影响音调的高低：

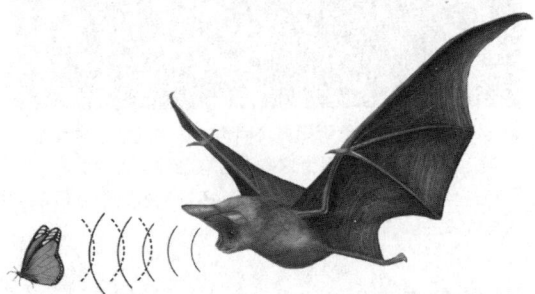

↗ 蝙蝠发出的尖叫声和咔嗒声大多为超声波，因音调过高，所以我们的耳朵无法觉察到。这些声音会从物体上反射回来，蝙蝠根据回声可以在飞行或捕猎时避免碰到树叶或树枝，也可以确定猎物的位置。这种方法被称为回声定位法。

低频率的声音,例如卡车或火箭的轰鸣,低沉而有回响;高频率的声音,例如鸟鸣,听起来很清脆。我们周围充满了低于20赫兹或高于20000赫兹的声音,然而我们都无法听到。

■ 声音传播的速度有多快?

声音的传播速度取决于它所通过的物体。它在空气中的传播速度因气温、气压和湿度的不同而有所差异,平均速度为344米/秒。声音在液体(例如水)中以大约1500米/秒的速度传播,在固体中的速度则更快,如通过塑料的速度为2500米/秒,通过某些玻璃的速度为6000米/秒。

■ 声音为什么能像光一样反射?

声波遇到墙和门等坚硬、光滑、平坦的表面会发生反射,这与光遇到镜子会反射是一个道理。如果声波在原声发出1/10秒以后返回,我们会听到另一个声音,这被称为回声;如果原声和回声之间的间隔小于1/10秒,回声会和原声混合在一起,使原声拉长。

↗ 从一个原声有可能听到多个回声,这种现象通常发生在山洞、山谷或峡谷,因为这些地方有各种各样的表面可以反射声音,而且声音会在崖壁之间多次反射,使我们多次听到回声。

■ 什么是力?

力为能使物体移动或试图使物体移动的推、拉或其他作用。踢球时,脚上的力会使球移动,脚的动能会传递或转移到球上。如果用脚踢墙,脚的动能无法使墙移动,但却转化为挤压到脚的动能。

■ 为什么说运动有很多不同种类?

运动种类的不同取决于物体运动的方向或路径。最简单的一种运动为直线运动;转动是沿着曲线运动,例如汽车的转弯;圆周运动是曲线运动的特例,物体像轴上的轮子一样同中央一点始终保持同样的距离;往复运动则是一种在中间点两侧的来回运动,例如引擎中的活塞或者扬声器中的振动。

■ 什么是机械?

在基础科学中,机械是一种利用很小的力就可以移动很大的物体即重负的设备,如坡道(斜坡或斜面)、杠杆、楔子、滑轮、螺丝钉、车轮和车轴。4种简单机械的例子可参见右上图。另外坡道虽增加了重物运动的距离但使重物的移动更轻松,滑轮则通过改变力的方向和距离来移动重物。所有机械都是这些简单机械的不同组合。

■ 为什么说机械本身不会产生能量?

机械不可能无端创造出能量或使物体发生运动。当你利用撬棍拔出钉子时,你的手毫不费力就移动了很大的距离,而杠杆的另一端只移动了很小的距离。这便是我们所知的机械的优势,它可以将一个大任务分解为很多个小而简单的任务,使它变得更容易完成。很多机械都装有发动机或引擎,它们可以提供力量,因而我们无需耗费自己的肌肉力量,就可以轻松完成任务。

■ 人类何时开始计时?

至少1万年前,也可能更早,古代人便会记录每天的日出和日落,每月月亮改变的周期,以及每年的季节更替。他们利用这些天然的规律发明了日历,并以此预测重大事件,例如何时河流会泛滥,何时是祭拜某一神灵的良辰吉日。

■ 钟表是什么时候发明的?

与今天类似的滴答作响的钟表发明于14世纪初期。之前的几个世纪,人们依赖于简单的计时方法,例如沙漏或日晷。自15世纪初起,探险家经常做长途航行，为了确定他们所在的位置，需要准确测量时间。于是在 18 世纪，工程师约翰·哈里森发明了一系列精确钟表（当时它是专用于在海上测量经度的）。即使在摇摆的船上，这些钟表的精确度都可以达到每年 30 秒以下的误差，这样便开创了一个准确计时的新时代。

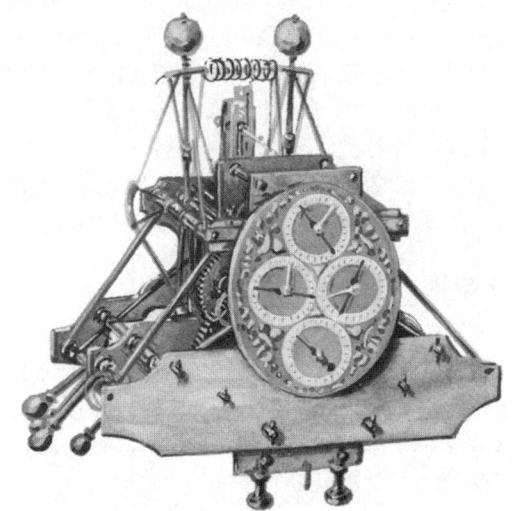

↗ 约翰·哈里森凭借1759年发明的钟表赢得了1万英镑的奖金。这个奖是由英国政府于1714年为了鼓励准确计时设备的发展而设计的。

为什么说时间可以静止？

现代科学预测时间可以静止。我们习惯于时间有规律地流逝，日复一日，年复一年，每一秒都保持一样的长度。然而根据艾伯特·爱因斯坦的理论，时间可以改变速度——物体移动的速度越快，时间的流逝就越慢。当然，这里所说的速度是极快的，而如果物体能以光的速度运动，时间就有可能停下来。

世界各地的时间为什么不一样？

这是因为地球大约每 24 小时会自转一周的缘故。例如当太阳刚刚从英国升起时，在澳大利亚太阳已经落山，而美国则是深夜。世界分为不同的时区，有些国家位于一个时区内，而更多的国家可能跨越几个时区。游客在跨时区旅行时需要调整手表才能知道当地的时间。有些时区分界线在岛屿或天然国界附近会发生弯曲。

时间和空间有关吗？

有关。在现代科学中，它们是同一个物体的四个方面。其中有三维为物理空间——长度、宽度和高度，而第四维为时间。例如，为了描述泥石流，水流的长度、宽度和高度都要进行测量，同时也要加上日期和时间，否则某人可能会在泥石流不会发生的干燥季节赶往察看，如此一来，其他的测量就变得毫不相干了。

什么是通讯卫星？

通讯卫星是专门设计用来接收广播节目、电话和电视节目等信息的，这些信息通常以向上传输的方式发送到卫星上，然后卫星会将信号加强或扩大，并再次以电波的形式发送回去。这些卫星可用做转发器至广大区域的很多接收器。大部分卫星都在固定轨道上与地球同步运行。

谁首次记录下声音？

1877 年，著名的美国发明家托马斯·爱迪生（Tomas Edison）制造出一台可以记录声音的机器。用波浪线的形式把声音记录在锡箔柱上面。第一句被记录的话就是"玛利有一只小羊羔"。

谁发明了电话机？

1875 年，苏格兰裔美国发明家亚历山大·格罗汉姆·贝尔（Alexander Graham Bell）发明了用金属丝传递人们话音的方法。一年以后，他制造出第一部电话机，几个月后电话机遍布整个美国。

谁发明了收音机？

1895 年，意大利人古列尔莫·马可尼（Guglielmo Marconi）制造出第一台真正的收音机，它利用无线电波发送信息。它的机器通过制造强大的电火花来产生无线电波。人们称这套系统为无线的，因为它的信号是通过空气而不是线体传递。1901 年，古列尔莫·马可尼首次发出一个横跨大西洋的信号，20 年后，公共收音机广播正式开始。

■ 玻璃纤维可以"说话"吗？

光学纤维是将玻璃纤维缠入缆线中，它可以传导光线。1976年，查尔斯·高锟（Charles Kao）和乔治·霍克汉姆（George Hockham）发明了利用光学纤维以光速传递电话信号。第一部光学纤维电话线于1977年在美国建成。

■ 什么是莫尔斯电码？

在电话发明之前，人们利用电报机传递信息。它使用一套长短不一的电子信号编码序列——原点和破折号。它是由美国人塞缪尔·莫尔斯(Samuel Morse)发明的。

■ 怎样使声音通过电话遍布全世界？

通讯卫星的轨道环绕地球，接受信号并将信号发送到千里之外的接受者。1962年，第一颗通讯卫星（"电星"）正式进入轨道并运行。它可以传递12条电话线路或转播一套电视频道。今天的卫星可同时传递数以千计的电话和多套电视频道。

■ 什么时候出现了移动电话？

20世纪80年代初期，计算机使电话摆脱了电话线而发展成为无线、可移动的。一套低功耗广播站系统把移动电话与电脑网络相连，并时刻追踪移动电话的使用者。

■ 我们会拥有私人垂直起落飞机或直升机吗？

在不远的将来可能会拥有。现在仅有一种实用型垂直起落飞机——英国的名叫"鹞"的多功能歼击机。拥有更新设施的美英联合设计的歼击机（简称JSF）耗时数年，耗资几十亿美元制成。很多显要人物或富翁现在都拥有私人直升机，然而驾驶直升机需要有一定的技术，对维修、保养和安全性也都有严格的限制，这意味着在不远的将来它们不可能变得像汽车一样普及。

■ 什么是"宝丽来"？

1947年，美国人埃德温·兰德（Edwin Land）发明了宝丽来照相机，它可以直接成像，立等可取。它用一种小巧的塑质纸张作为胶片取代了传统的胶卷。照相机内部是一张胶片和一盒用于成像的化学物质，出相的同时这些化学物质会被喷洒到胶片上面。照相和出相的全过程只需要1分钟而已。

■ 早期的照相机用胶卷吗？

早期的箱式照相机通过一个透镜将光线聚集到照相机后侧的金属或塑制底板上面。光使底板上的化学物质发生变化，几分钟后图像就形成了。1888年，美国人乔治·伊士曼(George Eastman)首次研制出了胶卷。

■ 谁发明了电视机？

1926年，苏格兰发明家约翰·洛吉·贝尔德（John Logie Baird）首先将电视公开于众。他那原始的机器是由一个旧箱子、纺织针、咖啡罐和自行车灯组成的。第一个图像是一个15岁孩子的模糊的脸。

■ 彩色电视摄像机的工作原理是什么？

20世纪50年代，彩色电视机开始销售。彩色电视摄像机将荧屏上播放的光分成三种映像——红色、绿色和蓝色。三种光分别被转变成电子信号，并连同声音信号一起被记录到胶片或者带子里面。彩色电视机又将这些信号转变成彩色图像。

■ 谁制作了第一部电影？

美国人托马斯·爱迪生是制作移动的画面的第一人，但是法国的奥古斯特·卢米埃尔（Auguste Lumiere）和路易·卢米埃尔（Louis Lumiere）兄弟首次将"电影"播放给观众收看。1895年，两

↗ 垂直起落飞机，例如"鹞"和JSF，都是垂直起落的航天器，而喷气式飞机的气流从倾斜的管口喷出，管口可以拉下来以方便起飞或降落，或者移动到后方以方便向前飞行。

兄弟制作了 10 部电影，并制造出播放机器在巴黎的俱乐部和咖啡馆里面播放。

■ 家用摄像机是什么时候出现的？

1956 年，录像带被发明。20 世纪 60 年代，便携式摄像机出现。现代轻便摄像机于 20 世纪 80 年代开始销售。便携式摄像机淘汰了从前的照相软片，而采用磁带录制图像和声音。

■ CD 和 DVD 为什么能够存储信息？

CD 和 DVD 在光亮的下表面以螺旋状分布的凹槽内存储着信息。一张 CD 盘有 30 亿个凹槽，而凹槽所在的轨道连接起来约有 5 千米长。一张 CD 可以存储大约 70 分钟的高音质音乐、多达 700 兆的电脑数据或大致相同数量的信息。一张 DVD 有更多、更小的凹槽分布在不同的垂直层，可以存储 47 亿字节（即 4700 兆），足以存储一部完整的电影和它所含的声道。这些凹槽可以被激光束读取。

■ CD 刻录机是怎样刻录 CD 的？

CD 以数字的形式储存音乐及其他文件。从另一方面说，碟片上的数据由一系列的 0 和 1 代表。在传统的 CD 中，这些 0 和 1 是由碟片反射面中上百万的细小突起和平坦表面代表的。这些突起和平面排列成连续的螺旋轨道，宽约 0.5 微米，长约 5 千米。

为了阅读这些信息，CD 播放器用激光束扫过这些轨道。当激光越过平坦表面时，光束被直接反射到激光装置的光学感应器上面。CD 播放器将这翻译为 1。当激光越过突起表面时，光束被散射从而不会照射到感应器上。CD 播放器把它翻译为 0。

为了生产这些 CD，制造商创造出突起的模子，并且把模子按压到空白 CD 的丙烯酸表面。这个过程对于批量生产上百万张相同的 CD 来说，成本低廉，但是对于偶然为之的消费者来说，代价高昂。家庭 CD 刻录机从另外一个角度解决了这个问题。

空白 CD 的表面没有任何凹凸的部分。相反，在感光染料层上面，还覆盖有一层光滑的反射金属层。

当碟片是空白的时候，染料是半透明的。光

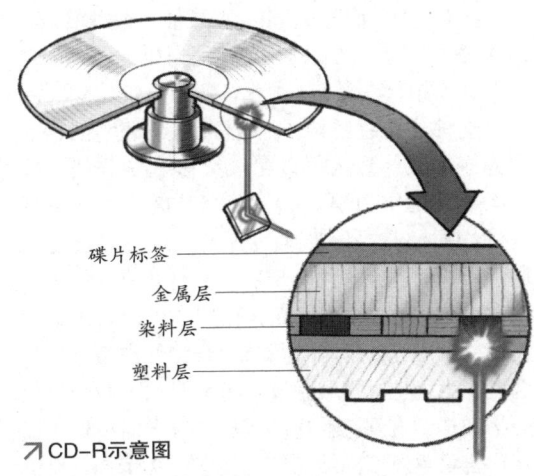

↗ CD-R 示意图

线可以射穿碟片，并且在金属层的表面反射。但当你加热染料层的时候，它就变成不透明的了。它的颜色变暗，直到光线无法透过碟片。一台 CD 刻录机具有可移动的激光束，和普通的 CD 播放器一样。但除了普通的读取激光之外，它还具有刻录激光的功能。刻录激光的强度很大，可以使染料层的颜色变暗。

在碟片转动的时候，刻录机向外面移动激光。底部的塑料层有预先刻好的轨道，从而可以引导激光沿着正确的路径移动。

通过调整转动的速度和激光束移动的速度，刻录机保持激光以恒定的速度沿着轨道进行运动。为了记录数据，刻录机需要以 1 和 0 的特定方式开启或者关闭激光刻录束。在需要编码为 0 的地方，激光把材料的颜色变暗，需要编码为 1 的地方，就保持原来的透明状态。

通过对 CD 碟片上轨道进行选择性的处理，刻录机能够制造出与可读取的标准 CD 播放器一样的碟片。当染料处于半透明状态的时候，播放器中激光束的光线就会反弹回感应器，和在传统 CD 中光线遇到平坦的表面时的反应是一致的。所以，即使 CD-R 碟片上面没有凹凸的部分，它也可以像标准 CD 一样进行读取。

与磁带、软盘和其他存储介质不同，一旦你在 CD-R 碟片中填满了内容，你就不能再使用它重新记录信息了。

CD-RW 碟片却把可重写式碟片的想法向前发展了一步，它具有可清除功能，能够让你在不需要的信息上面覆盖其他信息。这些碟片是基于相变技术而制成的。

在 CD-RW 碟片中，相变因素是一种由银、锑、碲和铟几种物质组成的化合物。通过加热到一定的温度，你能够改变这种化合物的形式。

这种化合物的结晶体形式是半透明的，而非晶态的液体形式可以吸收大多数的光线。在一个崭新的空白碟片上，可刻录区域中所有的这种物质都是晶体形式，所以光线可以透过这层物质投射到上面的金属层，并且被反射回光感受器。为了在碟片上编码信息，CD 刻录机使用它的刻录激光的强大热量将化合物加热至融化的温度。为了把 0 编码到碟片上面，刻录激光将化合物加热，直到它融化。而擦除激光的热量可以让化合物重新回到结晶体的状态，从而有效地清除所有的 0。

和传统的 CD 一样，CD-R 和 CD-RW 碟片能够储存任何种类的数字信息。但为了使刻录的信息能够在任何一台播放器上读取，数据需要以特殊的方式进行排列。刻录机程序能够按照标准的格式来编码信息，这样才能方便任何播放器来读取信息。

■ 扫描仪为什么能扫描文件？

在过去的几十年中，扫描仪已经成为办公室中不可缺少的设备。无论你扫描文件还是照片，扫描仪都可以轻松地把图像传到你的电脑里面，这样你就可以操作图像或者把图像通过邮件传给别人。

如果仔细比较的话，扫描仪和数码照相机之间没有真正的区别。两种设备都是拍出照片，然后将其储存成电子文件的形式。它们只是以不同的方式来完成这个任务。数码照相机可以在瞬间对三维世界进行拍照，但通常分辨率较低。扫描仪所产生的是二维物体的图像，如一张纸或者一幅照片，但分辨率很高。由于分辨率的原因，扫描仪产生一幅图像可能需要 1 分钟的时间。高端扫描仪的分辨率惊人的高。每平方厘米的扫描照片和大多数数码照相机照片所含的信息是同样多的。

任何扫描仪的核心部分都是一个直线的 CCD（电荷耦合器件）阵列，并由它捕获图像。CCD 是细小的感光二极管组合，它能够把光子转化成电子。这些二极管被称为光点。每个光点都是感光的：撞击单个光点的光线越明亮，那个点产生的电荷就越大。CCD 上的光点数量控制了扫描仪的水平分辨率。

你所要扫描的文件图像通过一系列镜子、过滤器和透镜才能到达 CCD 阵列。这些部件的具体配置决定于扫描仪的类型，但是基本状况是差不多的。

当你把文件放在玻璃板上，并且盖上盖子之后，一盏灯会照亮文件。新型扫描仪中的这盏灯可能是冷负电极荧光灯或者是氙灯，而老式扫描仪中可能是一款标准的荧光灯。

扫描头（包含镜子、透镜、过滤器和 CCD 阵列）在文件上面缓慢移动，与步进电动机相连接的带子控制了这种运动。扫描头连接着稳定器杆，以确保此次传送中没有摆动或者变形（单次文件的完整扫描）。一个有角度的镜子把图像反射给另外一面镜子。在一些扫描仪中只有 2 面镜子，而另外一些扫描仪则使用 3 面镜子。每面镜子都有轻微的弧度，这样才能把它所反射的图像聚焦到更小的表面上。最后一面镜子把图像反射到透镜上面。透镜通过过滤器再将图像聚焦在 CCD 阵列上面。

根据扫描仪的不同，过滤器—透镜排列也会不同。一些过滤器使用 3 次传送扫描法，每次传送中都使用处于透镜和 CCD 阵列之间不同颜色的过滤器（红色、绿色和蓝色）。当 3 次传送完成之后，扫描仪软件把 3 个过滤图像合成一个全色图像。

如今，大多数扫描仪使用的是单次传送方法。透镜把原来的图像分裂成 3 个小一点儿的版本。每个小图像通过一种颜色的过滤器（红色、绿色或者蓝色），再投射到 CCD 阵列的不同部分。扫

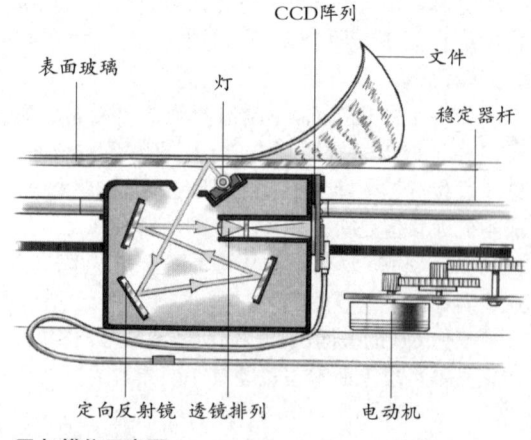

↗ 扫描仪示意图

描仪把CCD阵列上3个不同部分的图像合成一个全色图像。

如果扫描仪的分辨率是600dpi（dpi指单位面积内像素的多少），那么CCD阵列就会拥有5100个光点。步进电动机能够将扫描头按照1/600英寸的距离进行移动。如今很多高端的扫描仪拥有超过2000dpi的分辨率。

扫描文件仅仅是这个过程的一部分。为了使扫描后的图像有用处，它需要被传送到电脑中。扫描仪通常使用以下3种连接。

并行端口。

SCSI（小型电脑系统）接口。

USB接口。

你需要在电脑上安装驱动程序，这样才可以与扫描仪对接。大多数扫描仪使用一种普通的TWAIN语言。TWAIN驱动成为任何支持TWAIN标准的设备和扫描仪之间的译员，这就意味着这种设备不需要明白扫描仪内部的细节就可以与扫描仪直接相连。例如，你可以从扫描仪的Adobe Photoshop上获取图像，因为Photoshop支持TWAIN标准。

■ 复印机是如何"克隆"文件的？

走进任何一家办公室，你都会发现复印机。对于大多数公司来说，复印机是一台必需设备，就像办公桌和板凳一样不可或缺。

使用复印机之前人们需要做如下步骤。

（1）打开复印机盖子。

（2）把要复印的文件面朝下放在玻璃上面。

（3）选择你需要的选项（印数、放大和颜色）。

（4）按动开始按钮。

这时候，复印机内部发生的事情让人惊奇。复印机依据一个基本的物理原理进行工作：异性电荷相吸。

在小时候，你可能玩过静电和气球。复印机就是很好地利用静电的一种机器。在复印机内部有一个特殊硒鼓，它和气球的作用相当，你可以使它带上静电。在复印机里面有一种很细的黑色粉末，称为墨粉。这个硒鼓一旦带上静电，就可以吸引墨粉颗粒。硒鼓和墨粉的3种情况就可以让复印机发挥神奇的作用。

硒鼓可以选择性带电，所以它只有一部分能够吸引墨粉。

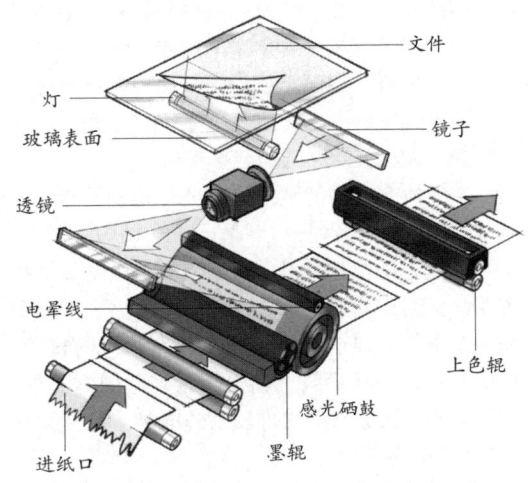

↗ 复印机结构示意图

墨粉对热量敏感，所以松散的墨粉颗粒一旦离开硒鼓，就会被吸附到带有热量的纸张上面。

硒鼓或者带子，是由光电导材料制成的。

复印机产生图像，并通过静电的形式形成在硒鼓上。原来文件上黑色的部分，在硒鼓上就形成了静电。原来是白色的部分，不会形成静电。你想要的就是让文件上的白色区域不要吸引墨粉。复印机的这种选择是通过光来完成的，它的英语单词中的photo就是希腊词语"光"的意思。

如果你把复印机拆开，你可能会被里面繁杂的部件惊呆。实际的影印过程仅仅依赖于几个关键的部件。

感光硒鼓或带：硒鼓基本上是一个金属辊子，是由半导体材料制造的光电导材料覆盖，如硒、锗和硅。

电晕线：这些电线携带高电压，并将电压以静电的形式传给硒鼓和纸张。

灯和透镜：复印机使用一个普通的旧白炽灯或者紫外线灯来照射材料原件。与灯组件相连的镜子将反射光通过透镜照射到下面的硒鼓上。

墨粉：墨粉是很细的、带有负电荷的塑料粉末。

上色辊：上色辊把墨粉图像溶化并且按压到纸张上。

为了让复印机发挥它神奇的作用，光电导材料的表面必须由电晕线镀上一层正电荷。当你按下开始按钮的时候，一个强光灯将光线照射到你要复印的文件上面，同时硒鼓也开始转动。当光从文件的白色区域反射出来的时候，镜子把这束光反射到硒鼓的表面。就像热天穿着黑色衣服一样，原来的文件上面的黑色区域吸收了光，因此在硒鼓上面相应的区域不会显现出来。

在光所照射到的硒鼓的部分，光子的能量将电子撞击出光电导原子。

异性电荷相互吸引，所以覆盖在光电导材料表面的正离子就吸引了自由的电子。一个正离子和一个电子相结合，就形成了一个中性的粒子。带电粒子只待在硒鼓上面光线没有照到的部分，因为它不是被原来的文件反射过来的，暗区就被正文和插图所代替了。

硒鼓上暴露的区域轮流转过覆盖着墨粉的辊子，细小的墨粉颗粒被按压在硒鼓的表面。塑料墨粉带有负电荷，因此会被硒鼓表面的正电荷所吸引。电晕线掠过纸张，从而使纸张的表面带电。

硒鼓上新覆盖上墨粉的区域旋转到能够和带有正电荷的纸张相接触的程度。纸上带电区域所产生的引力要比覆盖在硒鼓的表面的墨粉的引力还要大，因此墨粉颗粒在硒鼓经过的时候仍然会吸在纸上。

为了使墨粉把图像成在纸张适当的位置，整张纸卷过上色辊的热辊子。热量把墨粉中的塑料成分溶化，从而把颜色融合在纸张上面。

■ 传真机为什么能远程传送文件？

走进任何一家公司，无论大小、科技水平如何，你都会找到一台传真机。一旦和一条普通电话线相连，传真机就能够把文件传给其他人，几乎是在瞬间。即使拥有快递和电子邮件，没有传真机的帮助来进行工作也是难以想象的。

虽然传真机直到20世纪80年代才变得普遍，可在一个世纪之前它就曾以这样或那样的形式出现了（第一个传真专利是在1843年获得的）。如果你回过头看看以前的设计，你就能够很好的了解今天的传真机是怎样工作的了。

大多数的传真机带有一个转动的硒鼓。要发传真的时候，你把一张纸放在硒鼓上，已印好的一面向外。机器的其他部分以如下方式工作。

有一个带有透镜和灯的光传感器。

光传感器与支杆相连，并且面朝纸张。

当纸张在硒鼓上转动的时候，支杆向下运动至纸张的上面，并且从一端扫至另外一端。

换句话说就是，早期的传真机的工作原理类似于机床，只是支杆上面带了个光传感器。

光传感器能够聚焦并且观察纸张上很小的点，大约0.25平方毫米。纸张可能是黑色的，也可能是白色的。硒鼓在转动的时候，光传感器便可以逐一检查纸张的线条。在做这项工作的时候，光传感器可能是逐步实施的，也可以盘旋进行。

为了通过电话线来传送信息，传真机使用一项非常简单的技术：如果光电管检测到的纸张的某一点是白色的，传真机会发出一种音频；如果是黑色的，传真机会发出另外一种音频。例如，传真机可能会发出800Hz的音频来代表白点，发出1300Hz的音频代表黑点。

在接收端，会有一个类似的转动的硒鼓设备，以及一种可以在纸上标记的笔。当接收端的传真机听到1300Hz的音频时，它会把笔放置在纸上面；而当它听到800Hz的音频时，它会让笔离开纸张。

现代传真机没有转动的硒鼓，而且要更快一些，但是它的工作原理与以前的传真机是差不多的。

在发送端，某种传感器阅读纸张。现代传真机通常拥有一个进纸系统，所以它能够很容易的传送多页文件。传真机以标准的方式对观察到的黑点和白点进行编码，因此它可以通过电话线来传送信息。

在接收端，拥有一个可以在纸张上面标记黑点的系统。

你在办公室可以找到的一种典型传真机的正式名称为CCITT（国际电报电话咨询委员会）或者ITU—T（国际电信联盟远程通信标准化组）Group 3 传真机。Group 3 标记告诉我们关于传真机的4个问题。

它可以与任意的Group 3 机器进行沟通。

它的水平分辨率为8像素/毫米。

它有两种不同的垂直分辨率。

（1）标准：3.85 行 / 毫米。

（2）良好：7.7 行 / 毫米（另外还有超级分辨率。它并不属于官方Group 3 标准，但是却比较常见，这种分辨率为15.4 行 / 毫米）。

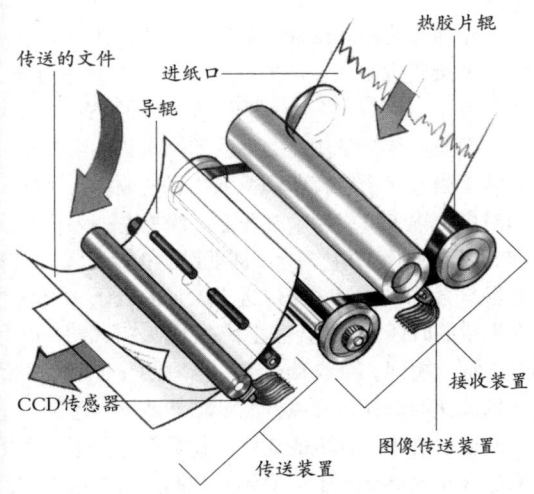

↗ 传真机结构示意图

它的最大数据传送率为每秒 1.44 万字节。如果线路中有很多噪音的话，传送率会降至 1.2 万字节、9600 字节、7200 字节、4800 字节或者 2400 字节。

传真机一般拥有一个 CCD（电荷耦合器件）或光电二极管传感阵列。它包括 1728 个传感器，8 像素 / 毫米，所以它可以一次扫描整个文件。纸张由一个小的荧光管照亮，这样传感器就拥有了一个好的视野。图像传感器用来寻找黑色或者白色。因而，文件的一行可以被 1728 个字节来代表。在标准模式中，文件具有 1145 行。那么整个文件的大小就是：

1728 像素 / 行 × 1145 行 = 最大 200 万字节信息

为了降低需要传送的字节数，Group 3 传真机使用 3 种不同的压缩技术。

MH（霍夫曼版）。

MR（读出改进版）。

MMR（二次读出改进版）。

这些技术的基本理念就是试图寻找颜色相同的字节。例如，如果一页纸上的行全是白色，那么现代传真机就会传送 12 字节，而不是扫描出所有的 1728 字节。这种压缩可以通过至少两种因素降低传送时间，对于很多文件来说，可以节省更多时间。一张含有白色部分较多的文件传送起来只需要几秒的时间。

文件扫描后的字节通过电话线进行传输，然后到达接收装置。字节随后被解码、解压，并且被重新排列成扫描前文件的模样。通常有 5 种方式来印刷传真，这取决于接收装置的不同。

热敏纸：当传真机在 20 世纪 80 年代开始进入办公室的时候，那时大多数的机器使用热敏纸。这种纸覆盖着化学物质，遇热就变成黑色。

热胶片：热胶片使用一纸宽的墨带，墨带上面的墨遇到热量的时候就会溶化到纸上面。从物理上说，它比热敏纸要复杂很多，但是比喷墨要容易很多。

喷墨：这项技术与喷墨打印机的技术相同。

激光打印机：这项技术与激光打印机的技术相同。

电脑打印机：传真实际上是由传真调制解调器（了解 Group 3 数据标准的调制解调器）接收的，然后作为图形数据被储备在电脑硬盘上，最后传送到电脑的普通打印机上。

怎样利用平版胶印印刷术印刷报刊书籍？

杂志印刷的时候，一旦内容和打印格式确定了，平版胶印印刷是最常用的印刷过程。它含有 3 个生产步骤：印刷前、印刷执行以及装订。为了说明这几个步骤，我们就以普通图书为例来进行说明，看看印刷由始至终的全过程。

每印刷一张纸都要从创作的过程开始。作家、编辑、图片设计者和艺术家是杂志、报纸、小册子、传单、目录以及其他印刷品创作的开始。

图书的创作小组在图书出版几个月前就开始工作了，取定文章的主题并且安排作者、编辑，并且促使整个过程进行下去。

当每篇文章写过、编辑好，并且通过最后一道美工的时候，这些文章就被以电子稿的形式发给图片设计者来设计页面的安排。图片设计者决定每页上的内容，与文字相关图片的位置，以及在某些出版物中广告的位置。通常，要在有限的页面里决定图片与文字的匹配并不那么容易。和制作电影时一样，有些材料也会被舍弃。

最后，完成页面设计、编辑和修改之后，整个文件的数字打印文件就制作好了。打印文件包含杂志印刷之后的模样的页面设计，通常被拷贝在 CD 上面。

平版胶印印刷术的原理非常简单：墨和水不

会混合。图像（文字和图片）被放置在板子上面，板子先要被水浸湿，然后再浸入墨中。墨水布满了有图像的位置，而水处在没有图像的位置。然后图像就被转移到了橡胶垫上面，然后再由橡胶垫印到纸张上。这就是为什么这种印刷过程也被称为胶印的原因：图像不是直接从板子到纸张上面的，就像在凹版印刷中那样。

下面让我们来看看印刷过程中的步骤。

步骤1：印刷前

在印刷之前，文件必须被蚀刻在铝制的板子上面。在板子上面，一种化学反应在板子上面覆盖了一层喷墨材料。

每一种基础颜色如黑色、青色（蓝色）、洋红（红色）和黄色，都有各自独立的板子。即使你在印刷后的印刷品上面可以看到很多种颜色，但是所使用到的颜色也只有这4种（这也叫作4色印刷过程）。

步骤2：印刷执行

用来印刷本书的印刷过程被称为轮转平版胶印印刷。纸滚源源不断地通过进纸口送袋。每个纸滚的重量一般在1吨左右。这些纸要经过4个不同的印刷机，每个印刷机带有不同颜色的板子，然后还要经过一个炉子来烘焙墨迹。纸张在印刷后被切割成合适的尺寸。轮转平版胶印印刷术还可以使用单纸张印刷机来印刷已经被切割过的纸张。

卷筒纸轮转印刷机的印刷速度非常快，并且使用的纸张也很大。印刷速度可以达到每小时5万印数。1印数相当于一张全印刷纸的面积。

即使1吨纸滚用完之后，印刷机也不会停止运转。当卷筒纸轮转印刷机在缘垛的驱动下运转的时候，辊子可以咬合在一起。缘垛是一系列延伸到塔架里面的辊子。一旦纸滚上的纸用完了，缘垛就会进入塔架，再拉进来大量的纸张。当咬合发生的时候，纸滚会停止转动1秒左右的时间。就在那个瞬间，纸自动进入。当刚刚咬合的辊子开始加速的时候，缘垛开始从塔架落下，落下来的速度取决于印刷机的速度。在操作过程中，印刷机操作人员从来不需要调整控制，所有的一切步骤都是自动化的。

我们前面说过，水和墨从来不会混合在一起，这是平版胶印印刷术的基本原理。在印刷执行的过程中，墨通过一系列辊子分布在板子上面。在印刷机上，板子先是被水浸湿过，然后又浸过墨。辊子把墨盘中的墨喷到板子上面。

板子上的图像区从墨辊上沾到墨。水辊可以确保板子上没有图像的地方不要上墨。每个板子把图像传到了橡胶垫上面，再由它传到纸张上。所有这一切都以高速进行。

纸张在被水和墨浸过后会有一点儿湿润。显然，这个过程中存在着墨点污染的危险。把纸放在炉子上烤一下可以避免这一点。炉子是燃气的，它内部的温度保持在175℃~205℃。经过炉子之后，纸张迅速接触一系列大金属辊子，上面带有冷却水流过。这种冷却辊能够把纸张的温度立即降下来，并且使墨嵌入到纸张中。

4个独立的印刷机把颜色印在纸上。如果每个印刷机的板子的位置不够恰当，图像的聚焦就会出现问题，而且颜色也会错误。定位就是把板子排列到恰当位置的过程，书页上面的定位标记在这个过程中发挥了作用。电脑对印在印刷纸张上的定位标记进行拍照。每个板子拥有两个它自己

↗ 平版胶印印刷示意图

有9种主要的印刷术如下：

★ 平版胶印印刷术：商业印刷的主要方法。

★ 雕版印刷术：为制造良好的办公用品而使用的方法。

★ 热熔印刷术：凸版印刷，用于制造办公用品。

★ 复印技术：拷贝和复制。

★ 数字印刷术：现在使用有限，但是正在渐渐普及。

★ 凸版印刷术：最初的古登堡过程（现在几乎不存在）。

★ 丝网印刷术：用于T恤和广告牌印刷。

★ 苯胺印刷术：通常用于包装印刷，例如易拉罐商标。

★ 凹版印刷术：用于数量极大的杂志和邮箱广告印刷。

的标记。电脑阅读每个标记，并且对每块板的位置做出调整，从而达到完全对准的程度。当印刷机高速运转的时候，这个过程每秒能进行几个循环。

颜色控制对墨色在纸张上的混合程度进行调整，从而达到最合适的色泽。电脑能够控制流向每个印刷机的墨量，此外印刷机操作人员也可以做出相应的调整。

步骤3：装订

装订指的是用钉书钉或者胶水把印刷好的纸张装在一起，这样就得到了最后的印刷品。假如每册有6页，然后一共要印刷上百万册这样的书，你要把它们按照正确的顺序排好，然后进行装订。并且你还得在至少一天之内完成这项工作。这就是装订时所面临的任务。

一种叫订书机的机器把印刷好的书页收集（称为压书贴机）并且整理好。然后，机器把书钉钉进标记从而把书装订起来。

订书机的最后一个部件是刀子，它的作用是用来修剪书页。最后，图书就可以写上地址，然后邮寄给读者了。

当你收到一本图书的时候，它看起来是如此简单。现在你应该明白它的所有印刷步骤了！

■ 为什么说VPN是安全、可靠的沟通方式？

专用网络是由专用配线构成的网络。例如，如果你的房间里有3台电脑，它们之间可以通过你安装的内部网络进行沟通。如果你需要将自己的家庭网络和你哥哥家的网络相连，你需要从院子里接出一条线（如果你们的房子相邻），或者从电话公司租借一条专用电话线（如果你们相隔很远）。因为网络是专用的，完全由个人的线路和专用电话线构成，所以没有人能够接进它。

基本上，VPN（虚拟专用网）是使用公共网络的专用网络，从而能够连接遥远的站点或者用户。VPN并不使用专用的现实连接，如租借的电话线，而是使用虚拟连接，从公司的网络连接到遥远的站点或者员工。

常见的VPN类型如下。

远程访问：也被称为虚拟专用拨号网络。这是用户和局域网相连的连接，通常由公司需要和远程专用网络相连的时候使用。

动态地址：通过租用的设备和大规模的加密，公司可以通过公共网络如因特网同多个固定网点连接。动态地址VPN可能是如下任意一种。

（1）内部网：如果公司拥有一个或者多个远程站点，都需要和VPN连接，他们可以创造一个内部VPN使局域网与局域网相连。

（2）外部网：当一家公司与另外一家公司关系紧密的时候（例如合作伙伴关系或者供应商和客户关系），他们之间可以建立一个外部VPN，从而使局域网和局域网相连接，这样能够使所有的公司在同一个共享环境中工作。

设想你生活在海洋中的一座岛屿上面。在你的周围有上千座其他的岛屿，有些很近，有些很遥远。通常情况下你需要从你所在的岛上开动一艘渡船，这样才能到达任何一座你想去的岛。当然，驾驶渡船过海意味着你没有一点儿隐私，你所做的一切都会被其他人看到。

如果说局域网就是一座座的岛屿，那么网络就是海洋。乘渡船到其他的岛屿就好比通过网络与其他网络服务器或者其他设备相连。你对组成网络的线路和设备无法控制，就像你无法控制渡船上的其他人一样。如果你使用公共资源来连接两个专用网络，你肯定会担心安全的问题。

↗ VPN类比示意图

继续我们的类比,你所在的岛决定建起一架桥来连接另外一座岛,这样人们就有了更加便捷、安全、直接的通道到达另外的岛。建造和维护这座桥的花费很高,即使你所要连接的岛离你的岛很近。但是因为你急需一条连接两岛的可信而安全的通道,最终你还是决定建造这座桥。当你想和第二座更远一点儿的岛屿连接,需要再造一座桥的时候,你会发现代价过于高昂,让你无法承担。

这就像专用线路一样。桥梁(专用线路)同海洋(网络)是分离的,但是可以连通岛屿(局域网)。许多公司都会选择这种连接方式,因为在连接远程办公室的时候,它更加可靠、安全。但如果办公室非常遥远的话,花费就会十分的高昂,就像在非常远的岛屿之间建造桥梁一样。

那么,VPN是怎么连接的呢?利用我们的类比,我们可以给每位居民一艘自己的潜水艇。我们假设这些潜水艇具有一些非常惊人的特点。

它们速度很快。

无论你到哪儿,它们都易于携带。

它们可以把你完全隐蔽,不被其他船只或者潜水艇发现。

它们可以信赖。

它们造价低廉。一旦购买了第一艘潜水艇之后,再购买新的就花费很少了。

虽然这些潜水艇在海洋里同其他交通工具一同航行,但当岛屿上的居民需要隐蔽并且安全的来往于两岛之间的时候,它们是必备的工具。这就是VPN的工作原理。通过网络,每个网络的远程用户都能够以安全可信的方式进行交流,并与专用局域网相连接。VPN可以轻而易举地升级,以适应更多的用户,连接更多的站点。

■ 喷墨式打印机为什么能在多种材料上进行打印?

从20世纪80年代后半叶喷墨式打印机的出现至今,这种打印机越来越受欢迎,而价格却跌落了很多。现在,你在专业人士的办公室或者家庭当中都可以发现这种打印机,因为它可以打出彩色图像,而且物美价廉。

不同类型的喷墨式打印机通过不同的方式来形成墨点。目前,打印机制造商拥有两种主要的喷墨技术。

热泡打印机(通常被称为泡沫喷墨)使用微型的电阻器来产生热量,而这些热量使墨水蒸发并且产生气泡。当气泡膨胀的时候,一些墨水就从喷管中喷到了纸上。当气泡破裂的时候，就会产生一个真空空间，这就使更多的墨水从墨盒进入打印头。通常一个打印头包含 300 个或 600 个细小的喷管，并且它们能够同时喷出墨点。

压电打印机使用压电晶体，晶体位于每个喷管的墨盒后部。晶体接收到细小的电流之后就会发生振动。当它振动的时候，它促使少量的墨水从喷管喷出，再把更多的墨水吸到墨盒中填满墨盒。

打印头装置是任何喷墨式打印机中的主要动力。它包含下列部分。

打印头。

墨盒。

打印头步进电动机。

带子。

稳定器杆。

打印头包含一系列喷管，它们能够把墨盒中的墨汁喷洒出去。步进电动机可以在纸张上面来回移动打印头装置。

进纸装置使纸张穿过打印头装置。它含有一个纸盘或者进纸器、辊子和一个进纸步进电动机。步进电动机给辊子提供能量，这样辊子才能够让纸张以精确的速度进入，从而产生整齐而持续的图像。

一个小型但是复杂的电脑控制着步进电动机，并且把通过端口进入打印机的所有数据翻译出来。

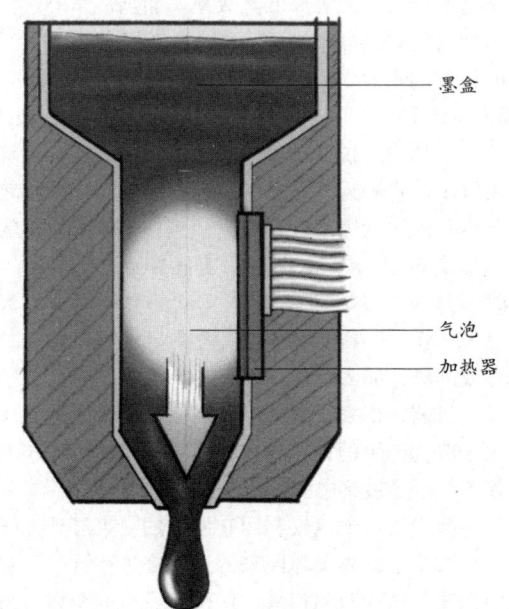

↗ 热喷墨系统示意图

连接打印机和电脑最常用的方式便是通过并行端口，但是大量的新型打印机使用的是 USB 接口。一些打印机则选用串行端口或者小型电脑系统接口的连接方式。

让我们看一下打印过程，来了解这些技术是怎样合作的。

（1）点击"打印"，然后选择"开始"。

（2）你的电脑将信息传送给打印机。

（3）控制电路启动进纸步进电动机，这样就使辊子把纸盘里的纸送入打印机。当里面有纸的时候，纸盘或者进纸器中一个小的触发器装置就会被按下。如果触发器抬起来了，打印机的灯就会显示"没纸"，并且向电脑发出警报。

（4）当纸进入打印机之后，并且固定在开始的位置时，打印头步进电动机会通过带子来带动打印头装置在纸张上面来回移动。电动机在打印头每次向纸张上面喷墨的时候会停留极为短暂的时间，然后再向前前进极为微小的一步，再次停留一会儿。这个步进的过程如此迅速，以至于看起来像是连续的动作。

（5）每次停留都会留下无数个点。打印头喷洒出精确含量的四分色（青色、品红、黄色和黑色）颜色，从而产生可以想象得到的任何颜色。

（6）每个完整喷墨过程之后，进纸步进电动机把纸张向前挪动很小的一步。由于不同型号的打印机，打印头可能重新启动回到纸张的初始边进行喷墨；而大多数情况下，打印头只会反方向运动，往回进行第二次喷墨过程。

直到整张纸上的图像都被打印完毕，这个过程才会停止。每台打印机打印一页纸的时间各不相同。

■ 浪涌电压保护器是怎样起到保护作用的？

浪涌电压保护器是电脑系统中至关重要的一部分，它能够保护你的电脑中的所有电子元件不受浪涌电压的影响。浪涌电压能够烧毁电脑的电源，以及与电脑电源相连接的所有其他元件。

电流通过电线以某种电压传送到家庭中。浪涌电压，或者瞬间变化的电压，是指高于正常电压的陡然增加。

所有的事物都能够产生浪涌电压。例如，如果一台大型的电动机突然停止工作，便可以产生浪涌电压。闪电也可以产生浪涌电压。电气栅格的某处设备损坏也会引起浪涌电压。变电站的线路故障和下沉的电线都是问题。把电从发电厂带到我们的家和办公室中的运输系统极为复杂。有很多可能出现问题的地方，以及很多潜在的威胁，导致不平稳的电流供应。在如今的配电系统中，浪涌电压是难以避免的问题。

当电压突然升高的时候，有两种情况可能发生。如果电压足够高，它会产生电弧（两个电极之间的空气电离），这可以迅速将元件烧坏。危险较小的浪涌电压使大量的电流流过电脑中的元件，而且元件的热量也会增加。即使增加的负荷不会很快烧毁元件，它也会缩短元件的使用寿命。

标准的插座含有3个孔，导向3条电线。火线从供电处传来电流。零线和地线是接地的，也就是说，它们与大地相连，所以电压为零。

浪涌电压保护器的作用是把火线上多余的电量转移到零线和地线上去，这样浪涌电压才不会通过电源连接的设备。

在一个标准的保护器中，一个压敏电阻（可变电阻）或者MOV承担了这项工作。MOV是由一片金属氧化材料夹在两片半导体材料中组成的。一片半导体连接火线，而另一片连接零线。这些半导体具有可变电阻，它们的变化取决于电压。当电压低于某一水平时，这些半导体的作用相当于电阻，没有足够的力量来推动其中的电子进行运动。而电压升高之后，这些电子就能够克服阻力运动，从而可以产生电流。

一旦多余的电量被转移到MOV中并且通到了地上，火线中的电压就恢复到正常的水平，这样MOV中的电阻又会升高。简单来讲，MOV连接着电线和大地。在正常的电压下，比如110伏，没有电流通过MOV。而在相当高的电压之下，MOV就会开始导电。通过这种方式，MOV改变浪涌电流的方向，而使正常强度的电流继续为连接电源的电器通电。可以打个比方，MOV就好比对压力敏感的阀门，只有在压力很大的时候才会打开。

■ 为什么雷达测速仪能检查超速驾驶？

许多人都有超速驾驶的记录。为了抓捕超速者，绝大多数新型警车都配有专门的雷达测速仪。

像声波一样，雷达波有着某一特定频率。当雷达测速仪与汽车都处于静止状态时，雷达会产生与

↗ 激光雷达测速仪

原始信号相同的两股回波。这是因为雷达发出的每部分信号在碰到汽车时都会被同时反射，便产生了一模一样的原始信号。

但当汽车在移动过程中，每部分无线电信号在不同的空间点上被反射，也就改变了回波的模式。当汽车远离雷达测速仪时，汽车的运动会将反射波拉长，或者降低其频率。而当汽车驶近雷达测速仪时，汽车的运动则会压缩反射无线电波的长度。回波的波峰和波谷合并在一起能够看出：频率在增加。

雷达测速仪基于频率变化的大小，能够计算出汽车朝它驶近及远离时的速度。它还必须将警车本身的运动因素计算在内。例如，如果警车的时速是80千米，而雷达测速仪显示汽车的运动时速是30千米，那么汽车运动的实际时速应为110千米。如果雷达测速仪没有显示汽车向它驶近或远离，那么汽车的时速应该同警车相同。

目前，许多警察部门开始使用激光雷达测速仪来取代传统的雷达测速仪。激光雷达测速仪的基本要素是被集中的光线。

激光雷达测速仪利用它发出的一束红外光线打到汽车上，再反弹回来的过程来进行计时。它用光速与这段时间相乘，便得出汽车的距离。与传统的雷达测速仪不同，激光雷达测速仪不用计

算波频率的变化。它在短时间内发射出许多红外激光束来收集多个距离数据样本,通过对比这些样本,它可以计算出汽车的行驶速度,而且相当精确。

■ 雷达应用的原理是什么?

雷达是一种我们身边都在使用的东西,虽然一般来说是看不见的。空中交通管制使用雷达来跟踪不管在地面还是在空中的飞机,并引导飞机平稳着陆。警方使用雷达来探测驶过的摩托车驾驶者的速度。军方利用雷达来探测敌方位置并引导武器进行打击。气象学家则利用雷达来跟踪风暴、飓风级龙卷风的动向。这一切说明,雷达是一项极其有用的技术。

我们知道回声能够被用来计算物体的距离,而且也知道回声的多普勒频移可以被用来计算物体运动的速度。因此,就有可能制造一种"声音雷达",而这就是声呐(声音导航和测距)。潜艇和舰船时刻都得利用声呐来进行导航和确定目标方位。一艘潜艇的主动声呐系统发出声波脉冲来穿过水域,碰到物体后反射回潜艇。由于已知声音在水中传播速度,声波碰到物体并反射回来的时间,艇上的电脑就能够很快计算出潜艇到目标之间的距离。但声音在空气中会产生一些问题。

声音在空气中不能传播很远,大概最多也就能传播 1.6 千米。

几乎所有人都能听到声音,所以"声音雷达"肯定会影响到其附近的人(虽然你可以使用超声波代替可以听见的声音来避免绝大多数这种问题)。

由于回声可能会非常微弱,它应该很难被侦测到。

由于这些问题,雷达使用无线电波取代了声波。无线电波能够传播很远的距离,而且人类是看不见的。另外,它们在本身很微弱的情况下,可探测性依然很强。例如,你可以考虑一个被设计用来对飞机进行探测的雷达。该雷达的发射机开机后,发射出时间很短的高密度高频无线电波脉冲。这种发射一次可能仅仅持续几微秒的时间。雷达随即关闭其发射机,开启其接收机,并接收回波。雷达计算回波返回雷达站所用的时间,与回声的多普勒频移的原理是一样的。

无线电波是按光速进行传播的,其速度为 300 米/微秒左右。因此,如果该雷达拥有一个好的高速时钟,它就可以非常精确地计算出飞机的距离。利用特殊信号处理设备,雷达还能够精确地计算出多普勒频移,并得出飞机的速度。

陆基雷达较之空基雷达而言,承受着更多的干扰。当一部警用雷达发出无线电波脉冲后,它会接收到各种物体的反射,如篱笆、桥梁、山脉和建筑物等。将这些干扰物排除的最简单的方法就是识别出该干扰物有没有发生多普勒频移。警用雷达只搜索多普勒频移信号,由于雷达波是高度集中的,因此它只盯一辆汽车。

■ 利用IP电话通话的原理是什么?

如果你经常拨打长途电话,你就在不知道 IP 电话是什么的情况下使用它了。IP 电话,在工业中被称为 VoIP(网络协议通话),是通过一条数据网络来通话。虽然你可能听说过 VoIP,但是你大概不知道有许多传统电话公司已经在用该技术来连接它们的区域办公室了。

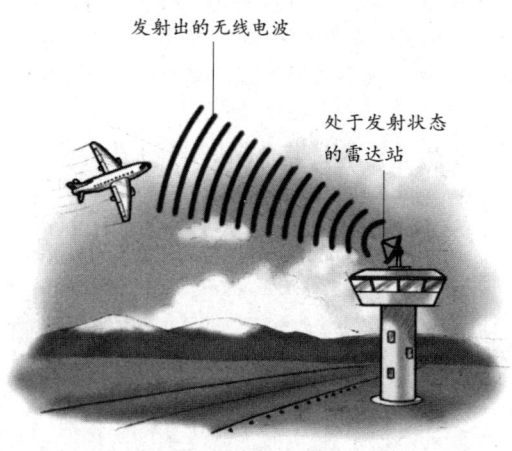
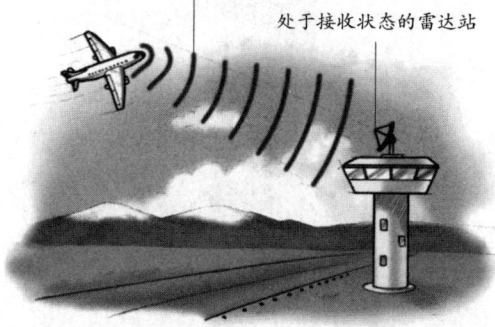

↗ 雷达站发射、接收无线电波示意图

电话网络目前依靠的是一种被称为线路转接的系统。一般来说，当双方在通话时，该连接会在通话期间一直保持着，直到通话结束。由于你是在连接两个方向上的两个点，所以该连接就形成了电路。

但在网络上，这种连接方式是不一样的。如果你要保持与正在阅读的网页的持续连接，你的网络连接速度就会大幅降低。与简单的发送和接收信息不同，两台处于连接状态的电脑会在全部通话时间中不断互相传输着数据，无论数据有用与否。这样的系统不能算是有效的系统。为了取代这种系统，数据网络利用一种被称为包交换技术的信息交换方式。

线路转接技术使连接开启并保持连接，而包交换技术只开启连接并维持到它从一个系统发送完一个小块的数据，也就是一个包，到另一个系统为止。这个过程中都发生了以下事情：发送方电脑将数据分割成一些小包，并在包上注明要发送到的网络位置。当接收方电脑收到这些包后，便将其组合起来，形成原始文件。

包交换技术是非常有效的。它能最大限度地减少维持两个系统连接所用的时间，这样就减少了网络的荷载。它还能将正在通信的两台电脑解放出来，使它们同时还能够接受来自其他电脑的信息。

VoIP 技术就采用了这种包交换方式，这是因为它比线路转接系统有更多优势。例如，包交换方式允许同时有几个通话的电话占据着网络空间，而线路转接系统则只允许有一个通话占据着网络空间。使用 PSTN（公共交换电话网）技术，一个 10 分钟的电话需要定制整整 10 分钟的传输时间，其流量为每分钟 128K 字节。而利用 VoIP 技术，相同时间的电话只需 3.5 分钟的传输时间，其流量也仅为每分钟 64K 字节。这样，就在这 3.5 分钟内空出剩下的每分钟 64K 字节的流量和其余 6.5 分钟内每分钟 128K 字节的流量。基于这样的评估，使用这种系统的单个电话可以很容易地同时再接入 3～4 个电话。这个例子还没有将利用数据压缩技术的因素包括在内，该技术还将进一步减少每个电话的流量大小。

包交换技术最引人注目的优势之一大概就在于数据网络已经对该技术十分了解。通过对该技术的移植，电话网络就立即获得了与电脑相同的通信能力。当然，拥有通信的能力与了解通信的方法是两个截然不同的问题。如果电话需要通过网络与诸如电脑等其他设备进行通信，则需要使用一种共同语言，这种语言被称为协议。

VoIP 系统使用两种主要的协议，这两种协议都为使用 VoIP 系统相互连接的设备确定路径。同时，它们还包含了音频编解码器的规范。编解码器是编码器－解码器的简称，可以将音频信号转化为一种易于传输的压缩数字格式，并能够将其再解压回原来音频信号进行播放。

第一个协议就是 H.323，一种由 ITU（国际电信联盟）创立的标准。H.323 是一种综合且相当复杂的协议，它能够提供实时的、交互式的视频会议，数据共享和类似 IP 电话技术的音频应用。作为一系列的协议，H.323 实际上结合了许多为特殊用途而设计的个体协议。

H.323 的替代协议随着受 IETF（网络工程任务组）支持的 SIP 的发展而出现。SIP 是一个更为流线化的协议，是专门为 IP 电话设计的协议。由于比 H.323 协议更小且效率更高，SIP 在处理问题时可以利用现有的各种协议。例如，它可以利用 MGCP（媒体网关控制协议）来建设一个连接到 PSTN 的网关。

你使用 VoIP 技术通信可以有 4 种方式。如果你有一台电脑或是一部电话，你就可以使用这 4 种方式中的一种，而不用购置其他新的设备。

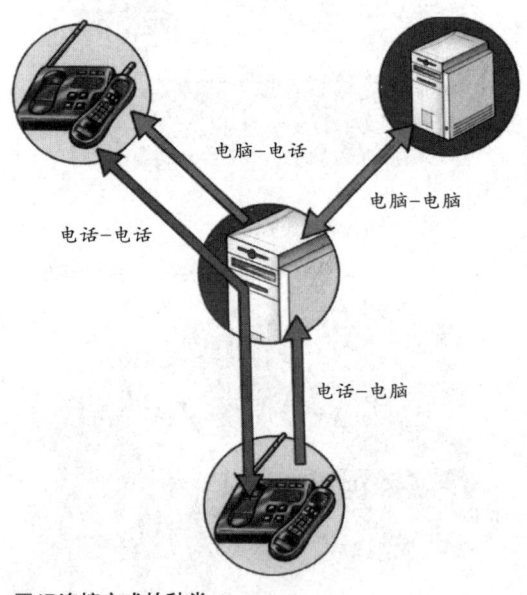

↗ IP 连接方式的种类

电脑－电脑：这肯定是最简单的利用 VoIP 的方式，你甚至不需要支付长途话费。有几家公司目前提供免费或超低价的使用这种 VoIP 技术的软件。你需要的一切就是该软件、麦克风、音箱、一块声卡和有效的网络连接，推荐你使用速度较快的连接方式，如使用电缆或 DSL（数字用户环线式调制解调器）。你除了要交给网络服务提供商的每个月普通的费用之外，使用电脑－电脑通话方式无论距离多远，都不用交纳其他的费用了。

电脑－电话：这种方式允许你可以通过你的电脑给任何人打电话。同电脑－电脑方式一样，它需要一个客户端软件。该软件通常都是免费的，但通话时则需要按分钟来支付一笔较小的费用。

电话－电脑：有几个公司正在提供特殊的号码或电话卡，并允许一个标准电话用户将电话拨叫至一个电脑用户。但这种方式的不利因素在于，该电脑用户必须安装卖方的软件并使其在电脑上处于运行状态。这种方式的优点在于，其价格较之传统长途话费要便宜很多。

电话－电话：通过使用网关，你就可以直接与世界上任何一部电话相连接。在使用一些公司提供的折扣服务时，你必须先拨通该公司的网关之一。然后你可以输入你想拨打的电话号码，随即该公司便利用其基于 IP 技术的网络帮你连接至被拨叫人。这种方式的不利因素在于，你必须首先另拨一个特殊号码。该方式也有好的因素，就是一般其费用要比标准的长途话费便宜。

■ 为什么能通过远程输入来控制汽车？

如果你的钥匙链上有一种远程输入设备，那么你在第一次使用它时很可能会产生许多问题：它是如何在距离车子 6 米远的地方打开车锁的？它的安全性如何呢？你能够利用它开启别人的车锁吗？别人能不能利用自己车子的远程输入设备开启你的车锁呢？

你装在钥匙链上或是用来开启车库门的饰物事实上是一个小型无线电发射机，当你按下装在饰物上的按钮时，向接收机（安装在汽车或者是车库内）发送密码。在汽车或车库内有一个无线电接收机，其频率被调整到发射机所使用的频率上（现代系统典型的频率为 300～400MHz）。这种发射机与无线电控制的玩具中的发射机类似。

↗ 远程输入设备

在 20 世纪 50 年代所使用的最早期车库开门器中，其发射机还是极其简单的。当车库开门器被人们广泛使用后，如此简易的系统却产生了一个很大的问题，那就是使用一个发射机，任何人都可以开着车打开任何车库门！当时它们所用的频率都是一样的，毫无安全性可言。

到了 20 世纪 70 年代，车库开门器开始变得稍微复杂了一点。这些型号有了一个控制芯片和一个 DIP（双列直插式插件）开关。在一个小插件中的 DIP 开关包含 8 个小型开关并焊接在电路板上。通过设置在发射机内部的 DIP 开关，你可以控制发射机发射出的密码。只有接收机的 DIP 开关调到与发射机相同的状态，才能够打开车库门。这就提供了一定程度的安全，但还不够。DIP 开关的 8 个小开关一共只能形成 256 种不同的组合，这对于几个邻里之间车库门来说是较为安全了，但是对于提供真正的安全，还远远不够。

这种发射机仅仅由两个晶体管和几个电阻器组成。这个由 9 伏的电池提供电量的发射机就像无线电发射机那样简单。它的工作原理和构造与低电压对讲机的发射机一样。从这时开始，远程输入发射机已经变得复杂起来了。

目前利用汽车上配置的远程输入系统，安全是一件大事。如果人们能够在超市拥挤的停车场中轻易地打开他人的汽车的话，那么这将成为一个大问题。由于无线电扫描仪的扩散，你需要阻止人们截获由你的发射机发射出的密码。如果他们能够截获你的密码，他们就能够轻易地将其转发来打开你的车锁。

↗ 远程输入设备的内部构造

如果你想了解现代汽车的钥匙链式远程输入控制器的内部构造,你将会看到所有的一切都被小型化了。其中有一个小型芯片负责产生密码用于发射,还有一个小银罐(大约有裂开的豌豆大小)就是发射机。

任何现代控制芯片都在使用一种被称为跳跃密码(又称滚动密码)的技术来提供安全。跳跃密码是一个随机的数字,每次控制器被使用过之后,它就能够"跳跃"或"滚动"为一个新的数字。采用40位滚动密码的系统能够产生1万亿种可能的密码。以下就是该密码是如何工作的。

发射机的控制器芯片有一个存储器,里面保存了当前的40位密码。当你按下钥匙链饰物上的按钮时,它便会发送该40位的密码和功能码(控制汽车进行锁门、开锁或打开后备箱等动作),告诉汽车你要干什么。

接收机的控制器芯片也有一个保存着当前40位密码的存储器。如果接收机接收到了相应的40位密码,那么它便会执行由发射机发射时所要求的相应功能。如果没有接收到正确的密码,那么它将没有任何反应。

发射机和接收机都使用同样的伪随机数发生器。当发射机发送一个40位的密码时,它便利用该伪随机数发生器来产生一个新的密码,并将其保存在存储器中。另一方面,当接收机接到一个有效密码时,它也利用该伪随机数发生器来产生一个相同的40位密码。利用这种方式,发射机和接收机保持着同步。接收机只有收到有效密码时才能够打开车锁。

如果你离车有1千米远,而又不小心按下了发射机上的按钮,那么发射机和接收机就不能够再同步了。因为发射机已经产生了一个新的40位密码。接收机解决上述问题的方法就是接收256个由伪随机数发生器按顺序生成的有效密码。利用这种方式,你的3岁孩子可以连续"不慎"按发射机按钮达256次,接收机依然可以接收发射信息并执行被请求的功能。不过,如果发射机按钮在没有连接到接收机的情况下,被连续按下257次,那么接收机将完全忽略你的发射机,它将不再工作。这时你就需要看看汽车的《用户手册》并找到如何进行重新同步的方法。

由于被赋予了40位密码,4部发射机,伪随机数发生器提供的256级防不同步系统,你的发射机打开其他人车锁的机会仅有十亿分之一。当你考虑到所有汽车制造商采用的不同的密码系统及最新的采用更多位数密码的系统,那么你就会发现几乎不可能用一把遥控钥匙打开其他车的锁。

■ EAS系统是怎样防盗报警的?

我们总是能在超市里看到"偷一罚十"的标志,但是超市还是不得不与偷窃作斗争。超市对付这类犯罪的最有效的工具就是防盗报警系统,也就是被广泛应用的EAS(电子商品监视)系统。虽然EAS系统有可能被取代,但目前它仍十分流行。

在如今的超市中,通常有以下3种EAS系统。
射频EAS系统。
电磁EAS系统。
声磁EAS系统。

在每个系统中,超市在商品上加上特殊的标签。这些标签可能是可任意使用的纸标签、卡片,也可能是可重复利用的塑料标签。

当消费者购买商品之后,收银员会让这些标签失效,或者直接摘掉标签。如果标签仍旧有效,或者没有摘掉标签的话,当这件商品通过超市门口周围区域的时候,门上的警报器就会发出警报。

EAS系统的使用并不能完全消除商品被偷窃的行为。然而,据专家估计,一个有效的防盗系统的使用,可以使偷盗行为减少60%甚至更多。即使窃贼得以携带仍然带着标签的商品脱身,标签仍然必须被去掉,但这就没有当初那么容易了。一些EAS系统的标签含有特殊的墨囊,一旦强制或者非法去除它的话,它会污染里面的物品。

射频EAS系统是美国如今使用最为广泛的EAS系统，并且它的标签和标志也变得越来越小。

射频EAS系统的原理非常简单。一个商标，通常是一个小型的可任意使用的电路或者天线，它被粘到商品上面，并且负责接收由发送天线（通常在门的一边）发出的特殊频率。一个临近的接收天线（门的另外一边）接收标签的回应。接收机处理标签的回应，并且会激发警报。

两扇门之间的距离，或者叫作基座，可以达到2米。射频EAS系统的操作频率通常从2~10MHz（每秒上百万圈）不等。大多数时间里，射频EAS系统使用频率扫描技术，从而可以应对不同的商品标签频率。

有时候，发送机和接收机都处在同一个天线框架里。它们被称为单系统，可以使用脉冲或者连续扫描技术，或者两种技术交互使用。

实施射频EAS系统有不同的方法。最基本的一点是，标签上有一个螺旋形的铝丝和纸粘在一起。天线的末端是一个小的二极管或者电阻器，它能够使标签发射出无线电信号，来回应其接收到的无线电信号。要去除标签的时候，一股强烈的射频脉冲（比门上所发射的要强很多）把二极管或者系统中的电阻器烧毁。烧毁的标签在通过门口时不会发射出信号，门因此也不会发出警报。

电磁EAS系统在欧洲较为普遍，经常被用于零售连锁商店、超市以及图书馆当中。在这项技术中，一条有黏性、含金属的磁条被粘在商品的后面。这条磁条在收银处不会被取下，只需要使用特殊的高磁场性扫描仪使之失效即可。

电磁EAS系统的磁条的好处在于其成本低廉，对于图书馆来说它是最理想的选择，在那里书会被借出一段时间，然后才会被返还。

电磁EAS系统通过使用发送天线所发出的低频磁场来工作。磁条吸收磁场的能量，并且产生独特频率的无线电波。这种无线电波又被邻近的接收天线吸收。当接收天线识别出特殊的信号时，报警器就会发出警报。

由于磁条的反应较弱、频率较低（通常在70Hz~1kHz之间），而电磁EAS系统的磁场很强，它的天线比其他EAS系统中所使用的天线要大一些，而入口基座间的最大距离为1米。同样，由于频率较低，磁条可以直接粘贴在金属的表面。这就是为什么电磁EAS系统在五金店中很受欢迎的原因。

磁条发出的信号变化取决于磁条是否被磁化。通过把磁条经过磁场，你可以很简单地反复磁化磁条，或者给它消磁，因此磁条可以反复使用。

声磁EAS系统能够被用于宽阔的出口以及商品进出频繁的地方。它通过发送机产生监视区域，在这个区域中检查标签。发送机以脉冲形式发出一种无线电信号（约为58kHz），以激活监视区域中的标签。当脉冲结束后，标签会作出回应，发出一种单频信号。

接收机会检测到这个信号。一个微型电脑检查被接收机检测到的信号，以确保它是否处于正确的频率范围中，与发送机的时间同步，级别恰当并且重复频率正确。如果满足了所有的标准，警报器就会报警。要使声磁EAS系统的标签失效，收银员只需要给它消磁。

声磁EAS系统的标签具有高磁致伸缩性，这就意味着当你把它放入磁场时，它的体积会缩小。磁场的磁力越大，金属就会变得越小。

通过磁场来驱动标签，标签的体积可以缩放。如果标签被机械重复频率驱使的话，它就会像音叉一样，吸收能量然后发出响声。

↗ 3类防盗设备

当你带着有效的标签穿越大门时,发送机识别出该物体后就会使它发声。发送机停止之后,标签会继续响一段时间,接收机将接收这个频率。如果接收机听到重复频率,它就会检测到这个标签,警报器就会发出警报。

为什么洗衣机会受到大家欢迎?

日常生活中最受欢迎的电器为洗衣机。在大部分发达国家,很多家庭都有洗衣机,有些人则使用洗衣店的工业用洗衣机。洗衣机利用旋转的滚筒清洗衣服,洗衣完毕后会用清水将衣服甩干。快速旋转可以甩掉过多的水,衣服可以直接取出悬挂晾干。

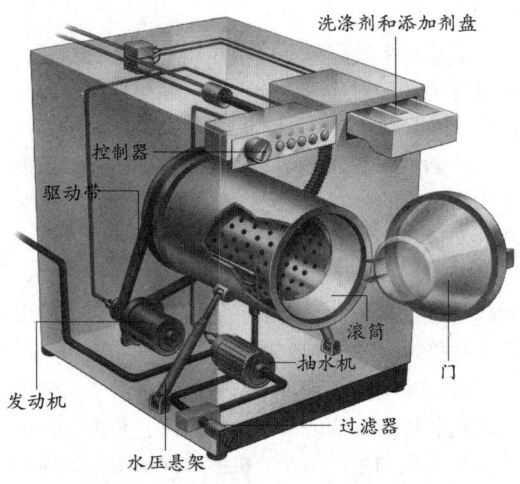

↗ 在西方国家,例如英国,大约每2个家庭中就有一户有一台洗衣机,大约每3个家庭中就有一户有一台洗碗机。图为滚筒洗衣机的构造示意图。

为什么说医学的进步得益于科技?

科技在现代医学的很多方面都发挥着非常重要的作用。例如,内诊镜是一种可以插入人体的弯曲自如的管子,通过它可以观察到人体内部从而得到一个更为详细准确的诊断。照亮内部的光线沿着导光纤维到达内窥镜的头端,而光学纤维是比人的头发还要薄的透明玻璃或塑料构成的可以捆扎或弯曲的纤维。图像可以通过另一条导光纤维从内窥镜头端传送到目镜和显示屏。此外还有很多种扫描仪可以看到人体内部。

为什么计算机会和房间一样大?

1945年,美国人约翰·莫希利(John Mauchly)和普罗斯波·艾克特(J.Prosper Eckert Jr)制造了第一台专有自动计算机(ENIAC)。这台计算机有两间屋子那么大,重量相当于5头大象。之所以这么巨大,是因为它由19000个手掌大小的电子管构成并控制着它的运转。20世纪50年代,由于晶体管代替了电子管,计算机逐渐变小了。

谁发明了个人电脑?

1978年,史蒂文·乔布斯(Steve Jobs)和史蒂文·沃滋(Steve Wozniak)制造了第一台个人电脑。最初只有少数人买得起个人电脑,但是现在个人电脑已经普及到世界范围的学校、办公室和家庭中。

计算机是怎样工作的?

所有的计算机都是把所要处理的信息转变成分类的电子信号数字。在现代的计算机中,信号就是代表1的"on",或者是代表0的"off"。所有的数字、字母和图像都转变成带有1和0的序列(叫作"二进制码")。一台计算机利用这些数字可以进行快速计算,并将这些数字转变成人们可以理解的词语和图像。

计算机有磁盘吗?

用于计算机运转的程序一般是以电脉冲的形式储存在磁盘中的。1970年,美国国际商用机器公司(IBM)研发出塑料"软盘"。1983年,光盘——一种激光读取的塑料涂覆金属磁盘开始销售。计算机光盘可以储存大量的信息。

机器人可以看见东西吗?

1962年,美国制造出第一台电脑控制的工业机器人。20世纪80年代,同样是在美国,第一台可以通过电子眼"看见"事物的机器人出现。

今天，一些装备激光视觉系统的机器人可以看见事物和听见声音。

■ 为什么说PDA是小型电脑？

虽然最初是作为数字日历使用的，但PDA（个人数字助理）现在已经发展成为计算器、游戏机或者随身听等机器的结合体。

PDA是小型的便携式台式电脑，而且它的功能一直都在逐渐增强。这么多的东西是怎样装进这个小机器中的呢？为什么只用两节电池就可以维持它工作一个月的时间？

PDA和台式电脑最大的区别在于CPU（中央处理器）。如今，典型的台式电脑的处理器每秒运转1~3GHz，消耗20~75瓦。而PDA能够运转15~600MHz，其消耗的能量极低，只有0.5瓦或者更少。

因为处理器运转如此缓慢，PDA的软件就需要简化。与台式电脑和笔记本电脑一样，PDA依赖于控制系统来管理一切事物。PDA的控制系统以及其上的其他设备，都没有个人电脑那么复杂。它们一般都拥有更少的命令，而且储存量也更小。

PDA中的一切都是针对低能耗而设计的。它的显示器通常是一个LCD（液晶显示器），几乎没有背景灯。LCD基本上不耗费能量，存储器的能耗也很低。和台式电脑不同，PDA没有硬盘驱动器。它把基本的程序储存在一个ROM（只读存储器）上面，这样即使机器坏掉或者没有电量它也不会受到影响。你的数据或者后来安装的程序都被储存在RAM（随机存取存储器）上，这种设计使PDA具有许多个人电脑所没有的优势。当你打开PDA的时候，你所有的程序立即就可以启用。你不需要等待下载任何应用软件。对于文档的修改可以自动保存，所以你不需要发出保存指令。当你关闭机器的时候，数据也是安全的，因为PDA能从电池消耗一部分电量来保存RAM的内容。你所要注意的唯一一件事就是警惕电池没有电量。所有的PDA都具有扩展坞，使你可以把它上面的内容下载到台式电脑里面。这样的话，即使电池没电了，你也可以把存储在电脑中的内容再重新装入RAM。

PDA拥有几种LCD。与台式电脑和笔记本电脑的LCD只能作为输出装置不同，PDA的显示器可以同时输出和输入。让我们来看看它是怎么工作的。

PDA最酷的一项技术就是它输入数据的方法。它的屏幕既可以作为输出装置，也可以作为输入装置。它使用LCD来显示信息。但在LCD的上方有一个触摸屏，通过它你能够运行程序或者输入信息。

你可以把PDA的屏幕想象成为一个多层的三明治。上层是薄薄的塑料或玻璃，塑料或者玻璃层漂浮在薄薄的绝缘油上面，油的下层涂有导电物质。

当你用指示笔接触屏幕的时候，塑料层被按压下去，通过隔层接触到玻璃层（称为触地）。这就引起了电压场的变化，并且被触屏的驱动软件记录下来。驱动每秒扫描屏幕上千次，来检查是否有数据输入。如果输入了数据，驱动会将数据发送给需要它的应用程序。通过这种方式，当你按动触屏上的按钮使用程序或者在屏幕上滑动指示笔的时候，PDA就会知道。

■ 怎样利用屏幕保护保护电脑？

当你连续几分钟不使用电脑时，屏幕保护就将启动。它或许只是一个空白的屏幕，或者是一些滚动显示的不规则的图形。但确切来讲，屏幕保护到底是什么呢？它的目的是什么？它是如何知道什么时候应该启动的呢？

让我们看看屏幕保护是怎样在电脑上运行的。虽然系统命令和具体的细节可能不同，但是这个过程在其他电脑上是基本一致的。

↗ PDA

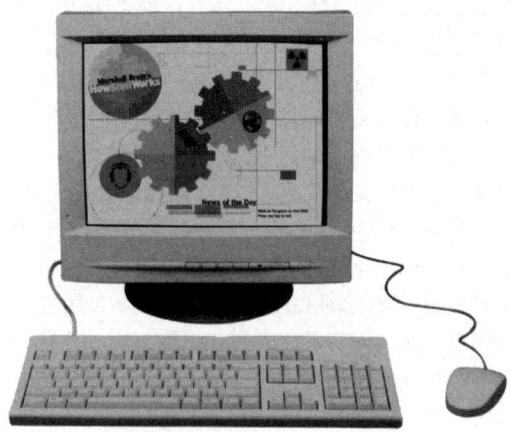

↗ 电脑上的屏幕保护

（1）操作系统持续监控系统中各种部件的活动。当它看到屏幕保护设置中显示键盘和鼠标闲置超过一定时间后，就会做好开启屏幕保护系统的准备。操作系统向前台应用程序发出特殊的指令，询问其是否可以开启屏幕保护系统。如果前台应用程序还有一个电脑辅助训练的窗口开启，那么它会告诉 Windows 不要运行屏幕保护。另外其他的应用程序应当对这个指令做出积极的回应。

（2）然后 Windows 检查屏幕保护系统是否被精确确定。如果输入是空白的，那么它将会忽略指令，执行屏幕保护。但是如果显示一个文件名，它将试图下载该文件。只要显示的文件是真实的屏幕保护，程序就会执行并且在当前的桌面上显示屏幕保护图像。

（3）屏幕保护继续运行，直到 Windows 检测到键盘或者鼠标上有输入情况。对于大多数屏幕保护来说，移动鼠标或者按动任意一个键就会结束屏幕保护。但是，有些屏幕保护也可以设置密码，只有某些键被按下，或者鼠标移动某段特定的距离之后，屏幕保护才能够结束。这个特色在互动型屏幕保护中非常有用。

（4）当 Windows 检测到输入需要，结束屏幕保护的时候，它会检测密码保护是否开启。如果密码保护开启的话，一个对话框就会弹出来，要求你输入用户名和密码。如果没有要求输入密码，屏幕保护就会结束。

虽然密码保护能够提高安全性，我们仍需要认识到 Windows 的屏幕保护拥有自己的密码对话框，并且需要系统提供密码和用户信息。如果你对屏幕保护的来源不信任的话，一定要谨慎使用密码保护功能。黑客能够并且已经制作出屏幕保护，利用系统安全这一弱点来截取密码。

■ 老板是怎样实施工作场所监视的？

你得承认这一点：你曾经在工作的时候使用电脑访问一些和工作无关的网站。根据 2000 年 9 月的统计，超过 70% 的成年网民至少有过一次上班时访问和工作无关的网站的记录。在工作时间，他们发送私人电子邮件、玩游戏、购物、关注股票信息并且参加网络赌博。

不要以为这些在网络虚拟空间中进行的活动不会被注意到。根据研究表明，在 4000 万美国员工中，有超过 1/3 的人的电子邮件和网络活动处于监视之中。通过一个简单的软件应用程序，你的老板可以进入你的电脑察看你在某段时间内的行为。无论你是否因为浪费了工作时间而感到内疚，你的电脑可能都会处在监控之下。你可能在毫不知情的情况下就被监控了起来，没有任何制度规定老板在监控员工的时候需要发出通知。

电脑网络管理者数年来一直使用包嗅探器来监控他们的网络，并且展开针对性测试和故障检修。从根本上讲，一个包嗅探器就是一个程序，它能够探测到网络中所有传递的信息。数据流在网络中来回传送，这个程序便能够"嗅到"每一个包裹。包裹指的是为了便于在网络上传递，而从一条信息中分割出来的一部分。

◎ 知识链接

屏幕保护最初是设计用来防止磷光体烧毁电脑显示器的。早期的显示器特别是单色的显示器，当同一图像显示时间过长的时候就会出现问题。用来显示像素的磷光体在长时间显示后会在某一速率发光，那样的话，它们将使显示器玻璃表面褪色。褪色的点在将来显示图像的时候会非常的暗淡。显示器技术的进步以及显示器耗能的降低，使屏幕保护变得不再需要。但是我们却仍然在使用它们，或许是因为它们很有意思，而且还可以在我们离开电脑的时候保护我们的隐私。

通常来说,一台电脑只监视与它有关的包裹,而不理会网络上传递的其他包裹。但当包嗅探器安装在一台电脑上之后,嗅探器的网络界面就调到不加选择的状态,这就意味着它将监视所有的信息。信息量的多少很大程度上取决于电脑在网络中所处的位置。处于网络独立分支上的客户系统传送的信息量可能很少,而主服务器中流通的信息量则很大。

包嗅探器通常可以通过两种方式建立起来。

不过滤:捕获所有的包裹。

过滤:只捕获包含特殊数据的包裹。

含有目标数据的包裹在传送的同时会被复制到硬盘上面。这些硬盘上的数据会被仔细分析,以获得特殊的信息。

当你和网络连接后,你就进入了由你的ISP(网络服务器提供者)所维持的网络。ISP的网络与其他ISP的网络相互沟通,才构成了网络的基础。嗅探器在你的ISP的一个服务器上,因此它可以监控你所有的上网行为。

你所访问的网站。

你在网页上浏览的内容。

你的电子邮件的接收者。

你的电子邮件的内容。

你从网上下载的内容。

你所使用的流动文件,如声音、图像以及网络电话。

根据这些信息,老板能够看到员工上网的时间,以及他们所浏览的网络内容是否健康。

桌面监控程序的工作原理与包嗅探器有些不同,它能够监视到你在电脑上面的一切行为。

当你每次从键盘输入信息的时候,无论是打字还是在开启新的应用程序,一个个信号都会传递出来。这些信号被安装在电脑上的桌面监控程序拦截。收到这些拦截信号的人能够看到每个输入的字母,并且还能看到使用者的屏幕画面。

桌面监控程序能够记录每一次敲击。当你打字的时候,键盘就会向你所使用的应用程序发出信号。这个信号能够被拦截,或者发给安装程序的人,或者被记录下来以文本形式发回。这个安装程序的人通常就是系统管理者。

老板可以通过桌面监控程序阅读你的邮件,或者在你的屏幕上打开任何程序。通过拦截发给电脑显卡的信号,桌面复制软件能够捕捉你的电脑上的图像。这些图像会被通过网络发给系统管理者。一些重新打包的程序包括报警系统:当使用者浏览目标网址或者传送不合适的文本时,系统管理者就会接到报警。

↗ 工作场所监视示意图

即时通讯是如何快速传送信息的？

在网络成为潮流之前，许多人已经在网上使用电子公告板及网上服务了。公告板可以看成是一种简单、独立的文本格式的网站，人们通过使用调制解调器来接入该网站。一旦接入，用户通常利用一系列的目录菜单来作为引导，以查询网站的内容。若想接入另一个电子公告板，用户则需要断开与目前相连接的网站，重新用调制解调器拨号至另一个电子公告板。

网上服务本质上是一种大型电子公告板，进入需要收费。在网络诞生之前，网上服务是普通人在网上与其他人通信或联系的主要方式。

电子公告板和网上服务模型最吸引人的地方大概要数其创造出的各种虚拟社区了。一些网上服务供应商使其用户在使用网上聊天室时能够做到即时通话或即时通讯。网上聊天室实际上就是一种软件，它允许一个群体中每个人打出的字都可以被整个聊天室的人看到，而即时通讯则是一种仅供两人使用的网上聊天室。

即时通讯真正出现在网络上是在1996年11月。当时 Mirablis 公司发明了 ICQ，一种每个人都可以使用的有效的免费即时通讯系统。

ICQ 是短语"I seek you(我找你)"的缩写，是一种利用软件的实时工具，称为客户端，被安装在用户的电脑上。当你上网时，客户端一旦运行，便会直接连接到 ICQ 服务器。

下面就是使用 ICQ 的具体过程。

（1）你需要到 ICQ 软件的下载网页去下载一份该软件的免费客户端，安装在你的电脑上，安装好后运行该程序。

（2）客户端会尝试连接 ICQ 服务器。它利用一种如 ICQ v5 的专利协议来进行连接。协议简单地规定了客户端与服务器之间以何种方式进行对话。在电话通话中，协议就是拨叫者拨出号码，接听者听到铃响，接起电话并说："喂。"这样谈话就开始了。ICQ 客户端与服务器之间也有其自己所遵循的标准协议。

（3）一旦客户端连接到服务器上，你就可以通过输入用户名和密码来登录服务器了。

（4）客户端向服务器发送本机的连接信息（IP地址和分配给该客户端的端口号码）。它也向你提供在你 ICQ 联系名单上的每个人的姓名。

（5）服务器创造出一个临时文件，该文件拥有你的本机连接信息和你的 ICQ 联系人名单。服务器接下来将检测你的联系人名单中是否有人目前已经登录到服务器上。

（6）如果服务器发现你联系人名单上有人已经登录的话，它就会向你的电脑所使用的客户端发出该联系人的连接信息。同时，服务器也会把你的连接信息发送给你的这些已登录的联系人。

（7）如果你的 ICQ 客户端收到了在你联系人名单上某个人的连接信息，那么在名单上此人的状态便会改变为"在线"。

（8）你如果点击一个在线的联系人的名字，就会弹出可输入文本的一个窗口。你将信息输入窗口并点击"发送"，以此来与该联系人通信。

（9）由于你的 ICQ 客户端包含该联系人电脑的 IP 地址及端口号码，你的信息会直接发送到他的 ICQ 客户端上。所有的通信都是直接在两个用户的 ICQ 客户端中进行的。

（10）该联系人收到你的实时信息并做出回答，你们两个人都可以在其电脑上看到。ICQ 窗

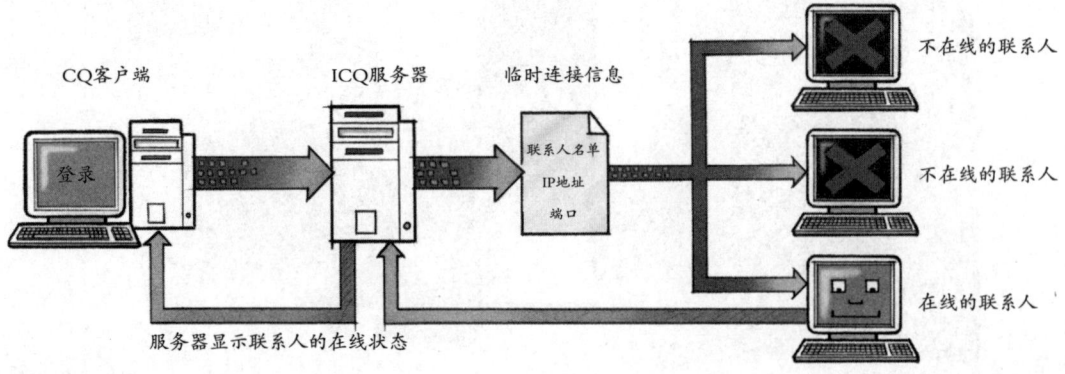

↗ ICQ示意图

口就会展开，形成一个包括两人完整谈话内容的滚动对话栏。

（11）当对话结束后，你就可以关闭该窗口。

（12）最终，你下线并退出 ICQ 客户端。当这种情况发生时，你的 ICQ 客户端便会向 ICQ 服务器发送一条结束登录的信息。ICQ 服务器接到信息后，也会向所有你联系人名单上在线的人发送一条信息来提示你已经下线。最后，ICQ 服务器将删除你的 ICQ 客户端上连接信息的临时文件。在你在线的联系人的 ICQ 客户端上，你的名字会显示为"下线"状态。

虽然在一些具体功能细节上有所不同，但 ICQ 系统的基本操作和运行步骤已经被市场上所有其他即时通讯软件所采用。ICQ 软件依然非常流行。事实上，网上服务供应商 AOL 公司已经于 1998 年 6 月收购了 Mirablis 公司，从而 ICQ 也就成为 AOL 拥有的一套网上服务中的一部分。

■ 怎样利用加密技术保护信息的安全？

随着网络惊人的增长及其改变我们工作、生活方式的承诺，它已经使许多经营者和消费者兴奋起来。但是，网络到底安全到什么程度已经成为一个令人关切的问题，特别是当你在网络上发送敏感信息的时候。

电脑加密技术是基于密码学的技术。密码从古至今都在使用。在数字化时代以前，政府是密码的最大用户，特别是在军事领域。已证实的最早的加密信件可以上溯至罗马帝国时期。目前绝大多数密码都是依靠电脑的，因为电脑能够制造几乎无法解密的复杂密码。

绝大多数的电脑加密系统都属于下列两大类中的一类。

对称密钥加密技术。

公共密钥加密技术。

对称密钥加密技术是指在你知道哪些电脑将要进行互相对话的时候，你就可以对每一台电脑安装一个秘密的加密和解密密钥。发送方的电脑利用密钥来加密发出的信息，接收方的电脑利用同样的密钥来解密该信息。

这里是一种极其简单的对称密钥加密系统。你先将发送给朋友的信息加密，加密方法是按照每个字母顺字母表向后延伸两个的方式进行，这样在该信息中，原来的 A 成了 C，B 成了 D，以此类推。同时，你已经告知这个朋友密钥为"后移 2 个"。这样你的朋友在接收信息后就可以将其非常轻易地解密了。其他看到这则信息的人都将只看到一堆无用的东西，而一旦有人破译或掌握了密钥，那么他们也就能够解密该信息。对称密钥系统在发送密钥时最容易遭到攻击。

公共密钥系统利用两个独立的密钥：一个所有人都可以得到的密钥和一个只有接收方才能知道的密钥。为了传递信息，发送方利用公共密钥将信息加密并将其发送出去。只有接收方的电脑用其特有的密钥才能够解密该信息。

为了能够将公共密钥加密技术推广至安全网络服务器，需要一个不同的途径。这就是为什么会用到数字签名了。一个数字签名基本上是一段包含被网络服务器所信任的独立来源的信息，被称为认证授权。认证授权充当着发送方和接收方电脑都信任的中间人的角色。它在确认了每一台电脑的身份无误后，就把每台电脑的公共密钥提供给双方，以便信息能够双向流通。

在浏览器上，当你在使用安全协议时，你就能够以各种不同的方式描述一条信息。你将注意到

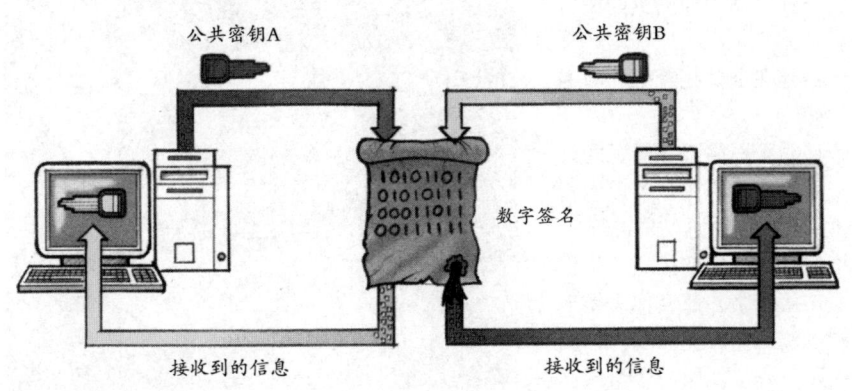

公共密钥示意图

在地址栏中的 http 会被 https 所取代，同时你也会在浏览器窗口底部的状态栏中看到一个小挂锁标志。

公共密钥加密技术占用了大量的电脑处理能力，因此绝大多数电脑系统都采用了公共密钥加密系统与对称密钥加密系统相结合的方式。当两台电脑发起谈话时，其中一台电脑先制造一个对称密钥，然后用公共密钥加密技术将其发送至另一台电脑上。随后，两台电脑就可以利用对称密钥加密技术进行通信了。一旦谈话结束，两台电脑都将废弃为这次谈话准备的对称密钥。任何一次新的对话都将使用一个新制造的对称密钥来进行，而其他过程则与上面所述相同。

■ 摄像头是怎样进行监控的？

摄像头的种类从傻瓜型一直到专业型，可以对小到一只咖啡杯、大到一个宇宙飞船发射场进行监控。还有许多商业摄像头、私人摄像头和路况摄像头等。

摄像头与其他许多东西一样，其构造有简单的型号，也有复杂的型号。一个简单的摄像头由一个数字摄像头连接上你的电脑组成，能很容易经由 USB 接口与电脑连接。

一个软件连接到摄像头上，并且定时从摄像头抓拍图像。例如，该软件可以每隔 30 秒的时间抓拍一幅静态图像，随后会将图像转化为一个普通的 JPEG 格式的文件并上传至你的网络服务器上。

将一张标准的 JPEG 格式的图片放到网页上是非常简单的，但它需要浏览者手工刷新图片才能看到。将其加上 Java 描述语言功能或是 Java 程序后，你就能够创造一种自动为你网页的浏览者进行刷新的系统。

如果你的网络服务器是在别处托管的，将需要以下步骤。

将框架自你的电脑移动至网络服务器上的能力，虽然其他几种比较受欢迎的协议也可以进行这类移动，不过通常利用文件传输协议来进行。

将你的电脑与网络相对一致的连接。如果你在绝大多数时间都需要连接网络，那么你需要连接至网络服务商的调制解调器。你还需要为你的电脑配一个专用电话线路，或是使用一个全天候与网络相连接的电缆调制解调器。

■ 什么是网络？

世界范围内的任何地方的计算机都可以通过一条电话线和一台叫作调制解调器的配件实现连接。这种网络，被叫作因特网或者网络，拥有 4000 万的使用者。20 世纪 60 年代，美国政府设计出因特网，用做战争时期的一种安全通讯方式。

■ 怎样用计算机鼠标绘画？

计算机鼠标让我们可以通过屏幕上的指针来向计算机发号命令。设计师可以使用鼠标在屏幕中的图片上添加新细节。计算机鼠标是由道格拉斯·恩格尔巴特（Douglas Englehart）于 1964 年在美国发明的。他也发明了一种用脚来操作的"鼠标"，但是这项发明并没有被广泛应用。

■ 为什么发明毡尖笔？

日本发明家发明了毡尖笔是因为他希望柔软的笔尖可以使人们的书法更加优美。第一批毡尖笔于 1962 年在日本开始销售。

■ 技术为什么很快会过时？

科技会频繁更新，使现有的技术很快过时。例如，50 多年来，一直使用乙烯基唱片播放录音，磁带也流行了大约 30 年。但后来，CD 取而代之，再后来，MP3 播放器又出现了，它可以在微芯片中存储声音。科技界就是这样不停地产生更为快速和有效的新产品。

↗ 新技术会很快淘汰旧有技术。

交通运输

早期人类是如何运输重型货物的？

古代世界的许多建筑，例如埃及金字塔，都是用重达数吨的巨大石块建造的。至今我们也无法确切地知道当时的人们是用何种方法把这些石块运到工地的。他们有可能是把石块放在滚木上搬运或者放在雪橇上在木滑道上拖运。他们可能用木头铺建出光滑的道路，让雪橇在上面更顺利地滑动。

什么是简易雪橇？

北美洲的土著居民经常要四处打猎和采集食物，许多人使用一种简易雪橇来运送货物。他们把两根用来支撑帐篷的木棍系在受过特殊训练的狗的身上，然后把行李绑在木棍上运输。

没发明车轮前人们用什么运输？

达官贵族们出门时会乘坐"轿子"——一个固定在两根平行原木上的座位。人们使用驮畜来运载重型货物——欧洲人使用骡子和驴子，而南美洲的人们使用美洲驼。

谁发明了车轮？

世界上第一个车轮大约出现在公元前3500年的美索不达米亚平原，位于底格里斯河和幼发拉底河之间（现代的伊拉克境内）。人们把厚木板钉在一起，制成一个坚固的圆盘。这种车轮非常结实但也特别沉重，它们被用在手推车或战车上。

人们为什么在骑马时用马镫？

早期骑马的人们特别擅长使用腿和膝部控制马匹。马镫可能发明于公元前200年的印度，它的出现让人们可以更加简单地控制马匹。马镫是从马鞍上延伸下来的绳索，供骑马人把脚放在上面。马匹非常灵活，在战争中被广泛使用。另外，战士们很少需要用手控制战马，这样他们可以使用更多的武器。

马轭怎样帮助人类运输重型货物？

以前马匹运输货物时需要佩戴绳套，这给马匹的气管造成了很大的压力，让它们呼吸困难。中国人发明的马轭解决了这一难题：马轭系在马匹的肩部和脖颈上，远离马匹的气管。这种马轭使得马匹能够比以前多运输3倍重的货物。

独轮手推车最早被用来做什么？

中国人发明了独轮手推车，它是一种很简单的木制交通工具，最初被用来运载行人。现代的独轮手推车在设计上依然与它们类似——车身前

↗ 早期运输方式

端有一个车轮，后端有两根支撑木腿。然而，今天人们使用独轮手推车来运输小件的货物，不再运送行人了。

■ 自行车是什么时候发明的？

18世纪90年代，自行车在法国发明，但是，它是通过人的双脚推动行走的。1817年，德国人德莱斯（Baron von Drais）制造出前轮转向自行车。1839年，苏格兰人麦克米兰（Kirkpatrick MacMillan）设计了带有踏板和带动后轮的曲柄自行车。

■ 前轮大后轮小的自行车安全吗？

这种前轮大后轮小的自行车出现在1870年。想学会驾驶它可不是一件简单的事情，许多人需要扶着梯子爬到车座上，即使坐到了车座上也很容易摔下来。尽管如此还是有很多人购买了这种自行车。他们喜欢这种创意，与马匹不同的是自行车不需要饲养和照料。

■ 为什么比赛用的自行车很轻巧？

自行车的框架质量越轻，你需要蹬脚踏板的力量就越小，自行车的速度就越快。正因为如此，设计师们才用非常轻的材料制作自行车的框架，例如铝合金。窄小的、无纹理的车轮胎减小了车轮和地面间的摩擦力，可以使自行车的速度更快。

■ 山地自行车有什么特征？

由于要在乡村的山路上行驶，山地自行车必须十分结实。山地自行车拥有坚韧的金属框架，轮胎表面带有很深的条纹来提供更好的抓地性能，不同档位的齿轮能使山地车在上下坡的时候都很方便。

↗ 山地自行车

■ 哪一种自行车骑起来最快？

为了提高速度，专业的比赛自行车通常被设计成近似流线型。自行车的框架、车轮和把手都被设计成可以减少空气阻力的形状。设计师们通常使用一些既结实又轻便的高科技材料，例如碳化纤维来制造比赛用自行车。甚至连运动员本身都接近于流线型——他们戴着特殊的头盔来减少空气阻力。

■ 可以多人骑一辆自行车吗？

有些人喜欢骑双人自行车，然而在19世纪末期，人们制造出了可以让更多人同骑的自行车，例如四人自行车。一辆法国产的"迪卡不雷特"自行车甚至可以同时供10人使用。

↖ 比赛用的自行车

怎样骑独轮车？

独轮车只有一个车座、两个脚踏板和一个车轮。骑独轮车需要把身体的重心放在车座上，然后再前后蹬转脚踏板来保持平衡。初学者一般会让两个朋友扶着他来蹬转脚踏板，通常经过几个小时的练习后他就可以独自掌握平衡了。技能娴熟的人可以骑着独轮车玩篮球、曲棍球或做其他表演。

自行车能运输什么东西？

亚洲的许多地区的大部分人们买不起汽车，而三轮车却是十分普遍的替代品。三轮车后面通常连着一个小车斗，可以运输货物，许多人就靠用三轮车运送货物谋生。也有后面带有座位的脚踏三轮车，车主可以用它来搭载乘客赚钱。

为什么第一辆摩托车是用木头制成的？

1885 年，德国工程师戴勒姆研制出了第一辆摩托车。他采用木制摩托车很可能是因为当时很多装置都是由木头制造的。然而当这辆摩托车在 1903 年的火灾中被烧毁时，他可能会后悔当初自己的决定。

摩托车如何能高速行驶？

摩托车特别是那些用于专业比赛的摩托车，都拥有体积庞大、马力强劲的发动机和可减少空气阻力的流线型外形。摩托车的车座位于车身后部，而车身前部的手把很低，这种设计能让驾驶员在驾驶时把头部和肩部压低，从而最大程度地减少阻力，让运动员们能够赢得宝贵的比赛时间。

山地摩托车有什么特征？

山地摩托车能在泥泞颠簸的道路上高速地行驶。山地摩托车拥有牢固的框架和厚实的、带有较深花纹的轮胎。它也装备了较大挡泥板，可以防止被车轮带起的泥浆和石块伤到驾驶员。良好的减震装置可以减少部分震动，然而山地摩托车驾驶员仍要经历颠簸的行驶旅程。

在高速行驶中摩托车如何转弯？

摩托车驾驶员在转弯的时候会让车身倾向弯道。在摩托车比赛中，选手在高速行驶转弯时会让摩托车倾斜很多，以至于我们觉得他们就要摔倒了。但是专业车手们清楚将车身倾斜到什么程度会让他们以最快的速度和最精确的线路转过弯道。

在城市里最适合驾驶什么样的摩托车？

对于大多数人来说，在城市里驾驶"速可达"或者机动脚踏两用车是最理想的选择。"速可达"最早出现在 20 世纪 40 年代的意大利。直到今天它们依然很流行，因为它们价格经济，并且容易驾驶。"速可达"的发动机很小，但是对于交通繁忙的城市街道来说它的马力已经足够了，因为在这样的路况下你无法快速行驶。通常情况下，"速可达"发动机的噪音都很小。

↗ 摩托车

什么是"超博"摩托车？

"超博"摩托车是一种座位很矮，把手很高，拥有一个长长的铁叉支撑前车轮的摩托车。大多数"超博"摩托车一开始并不是这个样子，它们都是普通的摩托车，当被车主们按照自己的要求改装后才成为这样的模样。车主需要拆开普通的摩托车，改装之后再重新组合起来，经过

交通运输

↗ "超博"摩托车

这样一番过程,一辆独一无二的"超博"摩托车就诞生了。

跨斗式摩托车是怎样发明的?

当初人们发明跨斗式摩托车是为了摩托车驾驶员能够更舒适地搭载乘客。然而之后不久就出现了一种新型摩托车比赛项目——跨斗式摩托车比赛。比赛中,坐在摩托车边斗中的选手必须通过不断移动自己的身体重心来确保高速行驶中的摩托车保持平稳。

什么是"水上摩托"?

"水上摩托"是一种小型机械,就像是行驶在水面上的摩托车,有时也被称作喷气滑水艇。喷气滑水艇能够乘载 1~2 人,可以在水上快速行驶。它从船尾喷水产生向前的动力,工作原理跟飞机上的喷气式发动机相似。

第一辆汽车是什么样子的?

世界上第一辆真实的汽车只有三个车轮,是由德国工程师卡尔·本茨在 1885 年制造的。它有一个小型的汽油发动机,放置在旅客座位的下边。发动机给后轮提供动力,汽车最高时速可达 15 千米/小时。奔驰公司继续制造了许多其他款式的汽车,最终成为世界上第一汽车生产商。

豪华轿车有多长?

那些想给别人留下深刻印象的人们,往往会选择乘坐大型轿车。在轿车中没有比 30 米长的加长豪华轿车更长的了。普通的加长豪华轿车通常是 8 米长左右,因此它们在街道中转弯的时会很困难。在世界上的大型城市中,豪华轿车通常用来显示车主的声名和财富。

什么是"折皱缓冲部位"?

现代汽车设计为乘客在撞车时提供了很多保护措施。车体四周用金属框架固定,确保撞车时车身内部不会受到挤压。汽车的前部和后部被设计成在撞车时可以发生褶皱变形,用来缓冲一部分撞击力,这些部分被称作折皱缓冲部位。

汽车速度有多快?

英国人理查德·诺伯(Richard Noble)把经过特殊改造的火箭发动机应用于汽车上,发明了世界上速度最快的流线型汽车。他最新型的汽车——超音速推进号(如下图),在 1977 年创造了新的世界记录,时速达到令人难以置信的 1220.86 千米/小时,这个速度比音速还要快。

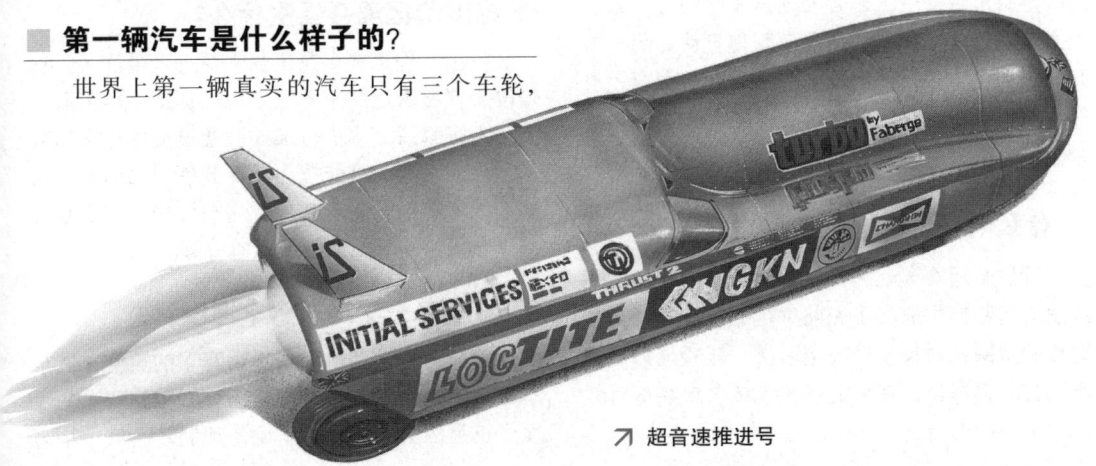
↗ 超音速推进号

181

发动机怎么驱动车轮？

大多数汽车的发动机都放置在前端，然而它只驱动后车轮。一个叫作传动轴的长杆连接着发动机和后车轮的车轴。在发动机和传动轴之间有一个变速箱，它能使驾驶员选择低档慢速或者高档高速。

用什么来防止汽车打滑？

在潮湿的路面上，汽车很容易打滑。因此人们在轮胎表面设计了防滑凹槽。路面上浸到轮胎下的水会经过防滑凹槽被挤压出去。现代的轮胎已经加宽，以此来降低汽车打滑的风险。

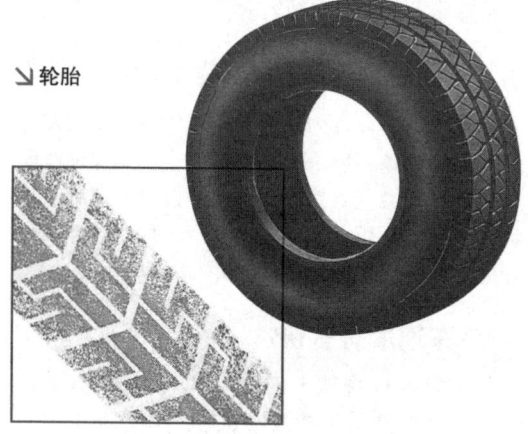

↘ 轮胎

人们能发明出低耗能的汽车吗？

汽车制造商们正试图设计低耗能的汽车。它们已经设计了一些质量轻、耗能小的汽车和电力汽车。然而电力汽车使用的电能也是通过原煤和原油产生的，因此这些汽车实际上并不节省能源。将来有一天，我们也许能够驾驶表面覆盖光感电池的太阳能能汽车。

↘ 太阳能汽车

赛车为什么能"固定"在跑道上？

一级方程式赛车的车身比其他任何车辆都低，外形更接近于完美的流线型。车身的外形如此重要是因为两方面的原因：一方面是因为流线型的车身可以使空气很容易地从车身经过，减少阻力（空气阻力）从而使赛车跑得更快。另一方面是因为气流通过外形特殊的前端和尾翼时，会产生压力，把赛车压向跑道，使得赛车可以一直紧贴跑道行驶。

什么叫杆位？

杆位是指赛车起跑排位的第一个位置。赛车选手的起跑排位取决于先前举行的排位赛，排位赛按照单圈耗时长短来决定名次。耗时最短的赛车手将获得杆位，其余的赛车手按名次高低排在杆位选手的后面。

赛车手如何选择他们的轮胎？

在干燥的天气里，赛车手们会选择"光头胎"。光头胎是表面较宽但是没有螺纹。它们在干燥的场地上性能良好，轮胎发热时胎面会变黏，从而帮助赛车更好地抓紧赛道。在潮湿的天气里，由于光头胎抓地效果不好，赛车手们通常使用防滑轮胎。

汽车发动机的动力有多强？

大多数种类的汽车拥有小型的四缸发动机，他们被设计成在达到或者接近公路最高时速限制时运行良好，这种最高时速限制在英国是113千米/小时。赛车的时速要高出很多。一级方程赛车拥有动力强大的十二缸发动机，最高时速可以达到322千米/小时。

在维修区里会发生什么？

一级方程式赛车在比赛中要进入维修区，它是位于赛道附近的服务区。在比赛中，赛车最少要进入维修区一次进行加油。通过使用特殊的装备，技能高超的维修技师能在数秒中之内对油箱加油或者更换轮胎。此外，这些维修技师通常都可以在很短的时间内修复机械故障。

如何进一步提高赛车速度？

安装大型发动机可以提高赛车的速度，但是车身重量也会随之加重，从而会影响到赛车的速度。正是因为如此，赛车设计师们才会集中精力设计更完美的流线型车身。同时他们把目标锁定在那些更轻、更坚固的新型材料上,例如碳化纤维。设计师们利用电脑在理论上先尝试新发明,然后再把它们应用到实际的赛车上进行检验。

■ 为什么有很多卡车运载集装箱?

集装箱是一个巨大的金属盒子,一般有两种标准规格。卡车可以运载这两种类型的集装箱。同时起重机也被设计成标准的体型,可以把这两种集装箱吊到轮船上。

■ 翻斗车的车斗为什么能翻转?

为了能够翻转车斗,翻斗车使用功率强大的水压系统。压力被作用到一种液体上,这种液体再把压力传送到车斗底部的活塞上。当压力释放的时候,车斗就会落下,回到原位。

■ 一次最多可以驾驶多少辆汽车?

你1次只能驾驶1辆汽车。然而现代运输卡车1次最多可以运载9辆汽车。这种运输卡车的顶层尾部可以降低,等汽车开到上面后,再慢慢升起。更多的车辆可以被放到低层空间。底座和锁扣能够固定汽车,防止它们在卡车行驶时移动。

■ 铰接式卡车是怎样工作的?

铰接式卡车由两部分组成。前面的部分叫作拖头,包括发动机和驾驶舱。后面的部分叫拖厢,可以放置货物。中间有一个铰盘将两部分连接起来。和同样长度的一体式卡车相比,这样的设计能够使卡车的行动更加灵活。用电缆把车厢的刹车系统和车灯连接到拖头,这样使得司机能够控制所有的部分。

■ 怎样驾驶"公路列车"?

公路列车从正面看和其他的卡车很相似,而当它后面长长的车厢进入你的视野时,你就会明白这种庞大的车辆会为什么叫这个名字了。

驾驶这种卡车同驾驶其他卡车没有什么区别,然而当司机需要转弯的时候,他必须往相反的方向尽力弯转,才能使后边的车厢准确地转过弯道。这种公路列车通常出现在那些拥有许多又长又直的公路的国家里,比如澳大利亚。

↗ 公路列车

↗ 运载9辆汽车的运输卡车

↗ 卡车

■ 卡车可以运输多重的货物？

工地中使用的卡车通常是世界上较大的一些汽车。许多卡车可以运载超过 100 吨的货物。最厉害的"怪兽"卡车可以运载 330 吨的重量，这相当于一个火箭的重量。

什么是"巨无霸"？

"巨无霸"是指那些大型的运货卡车。这个词语是源自印度神话中一个神灵的名字。这位神灵在印度的宗教神话中负责拉动运输重型货物的货车。根据传说，崇拜者们会冲到这种货车的车轮底下。因此，人们把那些能够用车轮碾碎物体的大型卡车称作"巨无霸"。

■ 为什么拖拉机需要很大的车轮？

拖拉机的后车轮之所以那么大，是因为它可以分散车身的重量，使拖拉机不会陷进松软的泥地里。这些巨大的轮胎很厚，而且表面有宽大的条纹，能够增加与地面的摩擦力，从而牢牢地"抓住"地面。许多拖拉机都有强大的马力，人们可以把农场里的机械设备直接挂在它的后面。

■ 警察使用什么样的汽车？

为了能很快地穿过交通繁忙的地段，警察使用摩托车。警察还有用于控制暴乱的装甲车。警车上装有警灯和警笛，可以用来警示道路上的其他车辆。警车车厢内可以放置各种设备。警车驾驶员是经过特殊训练的，他们可以安全高速地驾驶车辆。

■ 消防车怎样救人？

消防车有许多种类型。一些消防车上有云台和梯子，消防员可以把它们升高到 30 米的高空中，来营救那些被大火困在楼上的人。一些消防车上装有水泵，可以在 1 分钟内喷射出多达 2840 升的水。

■ 救护车有什么特征？

救护车是带有专用医疗设备的有盖货车。在运送病人或伤员去往医院的途中，医护人员可以在救护车内为他们提供急救措施。救护车必须能让人很轻易地辨认出，因此救护车也有警灯和警笛，醒目的"救护车"字样通常都被反写在车前，这样其他司机就可以在汽车反光镜中看到。

■ 电车是怎样工作的？

从外表上看，电车很像普通的公共汽车。但是它们不使用柴油发动机，而是使用电力发动机。电车的顶部有两根长长的、顶端带有滚轮的"手臂"，滚轮连接在上方的两根电线上，用来给电车提供电能。电车只能行驶在上方有电线的区域里。

■ 哪种挖掘机最好？

JCB 是功能最多的挖掘机。它的一端装有平铲，可以把平地上的物体举起；另一端装有挖铲，可以用来掘地或抓取货物等。JCB 挖掘机装备着

↘ JCB 挖掘机

结实的轮胎和牢固的钢铁支撑架,可以防止机器在处理重型货物的复杂操作中产生倾斜。两端的平铲和挖铲都采用液压装置,这意味着驾驶员只要在驾驶室里敲击一系列按钮就可以控制它们向任何方向移动。

■ 太阳能可以使汽车行驶吗?

工程师们正在试验使用一种新的能量来带动汽车发动机——太阳能。一些汽车依靠太阳能电池行驶。在环澳大赛中,其中一些太阳能机车的时速达到了140千米/小时。

■ 哪辆汽车可以超音速行驶?

1997年,安迪·格林驾驶英国喷气式SSC发动机驱动的汽车驰骋在美国内华达州黑岩沙漠上。他以超音速的速度行驶,最高时速能达1227.985千米,刷新了最快的陆地行驶速度记录。这辆汽车中两个劳斯莱斯"斯佩"系列205号喷气式引擎发挥了重要作用,使其速度超过了喷气式飞机。SSC发动机以最快的传统发动机驱动的汽车——1998年产的麦凯伦F-1赛车——3倍以上的速度运行。

■ 最快的交通工具是什么?

火箭和太空船是最快的交通工具,其中太空船的时速已超过24000千米。最快的喷气式战斗机的时速超过了3000千米,而民用喷气式飞机只能以900千米/小时的速度飞行。在陆地上,电力驱动的高速火车的时速达300多千米。海上客用气垫船的时速达70~80千米,而快速客船的速度为40~50千米。大部分汽车的时速都能达到150千米,但是限速和拥挤的公路意味着旅行通常更为缓慢。

■ 早期的船只是什么样子的?

最初的船只由一些容易寻找和加工的材料制成的。人们把芦苇紧紧地绑在一起做成结实的、不漏水的小船。另一种早期的船只是独木舟,它最初是由数千年前的史前人类发明的,直到今天世界上一些地区的人们仍在使用独木舟。人们用石制工具把树干中间挖空,或者用小火把多余的木头烧掉,就可以做成一条独木舟。

■ 什么是舷外浮材?

装有舷外浮材的船只是指那些在吊杆一端绑有木制漂浮物的船只。人们使用舷外浮材是为了让船只能够在海上更加平稳地航行。普通狭小的独木舟很容易在海里倾覆。舷外浮材不会给船只增加太多额外的重量,却可以确保船只更加平稳快速地航行。

■ 双船体优于单船体吗?

船体是指木船或轮船的主体结构。带有双船体的船只叫双体船。这种船很宽,可以配备宽大的船帆,这意味着双体船能够在海中高速行驶。双体船是在数千年前由太平洋小岛上的居民发明的,今天双体船被人们广泛应用于帆船比赛和休闲娱乐中。

↗ 双体船

■ 哪些船只行驶的速度最快?

行驶速度最快的船只是高速游艇,它们配有圆滑的流线型船体和大马力发动机。而高速游艇中速度最快的是水上滑艇,它高速行驶时可以飞离水面。船只最高速度的世界记录是511.11海里/小时。这一记录是由澳大利亚人肯·沃贝(Ken Warby)驾驶水上滑艇所创造的。

■ 哪些船只适合参加比赛?

人们使用各种船只比赛,从小巧的舢板船(一种没有甲板的小船)到大型游艇。比赛分成不同等级,便于同一种船可以互相竞争。许多比赛用的船只都是用结实轻便的材料制成的,船体的外型通常是呈流线形。船帆的大小对于船速很重要。

■ 船只能够登高航行吗？

在船闸的帮助下，船只登高航行是可能的。船闸是带有闸门的运河或河流的组成部分。船闸管理员先打开低处的闸门，等船只行驶进去后再关闭，接着让高处闸门外的水流进来，直到船只所处的水面和高处闸门外的水面一样高时，再打开高处的闸门让船只行驶出去。当船只往低处的河段行驶时，只需执行相反的过程。

■ 最早的海船是什么样子的？

世界上最早的海船大约出现在5000年前的地中海地区和埃及的尼罗河流域。它们木制的桅杆上挂有独立的方形船帆挂，船体是由木头制成的。它们是靠船尾部的大型船桨驱动航行的。

↗ 早期的海船

■ 快速帆船是怎样穿越海洋的？

快速帆船是19世纪最快的海上交通工具。它们通常从中国运送茶叶到欧洲。快速帆船拥有圆滑的流线型船体和多面船帆，能够在海上快速航行。一艘快速帆船从澳大利亚的墨尔本到英国的伦敦只需要航行85天。

■ 哪种海船是最大的？

超大型油轮是世界上最大的海船。这些庞大的海船重达50万吨，长约450米。理论上人们还可以建造出更大的海船，大约可以达到一百万吨，然而世界上还没有一个港口可以容纳这么大的海船。

■ 为什么早期蒸汽机船带有船帆？

在蒸汽机船上保留船帆有以下原因：在顺风的时候可以借助船帆航行，船只在只填装一次煤炭的情况下能够航行得更远，这会为船主在购买煤炭上节省开支。此外由于可以使用船帆航行，船主可以运载少量的煤炭从而留出更多的空间来运载货物。

■ 早期的潜水艇是什么样子的？

早期的潜水艇是一个木制的小型船舱，仅仅可以容纳一个人。驾驶者通过把手和脚踏板来控制它。脚踏板可以推动两个螺旋推进器，一个用来下潜和上浮，一个用来推动潜水艇向前行驶。海龟号是一艘著名的早期潜水艇，它建成于1776年的美国独立战争时期，被用来在英国军舰底下放置炸药。

■ 为什么潜水艇有船翼？

潜水艇拥有小型的"翅膀"，叫作船翼。这些船翼可以向上和向下活动，从而帮助潜水艇上浮和下潜。这种船翼也可以倾斜到潜水艇的两侧来帮助潜水艇改变行进方向。

■ 潜水艇是怎样下潜的？

潜水艇的船体有两层墙壁，在这两层墙壁之间有一个巨大的容器叫作压水舱。当压水舱内充入空气的时候，潜水艇就会和普通的船一样浮在水面上。当艇长准备下潜时，压水舱就会渐渐充满海水，这样就会增加潜水艇的重量使它潜入海底。而当潜水艇准备上浮时，压缩空气就会被释放到压水舱中，把里面的海水排挤出潜水艇。

■ 潜水艇上装备有武器吗？

大部分的潜水艇都是军用装备，用来在海洋里巡逻。潜水艇有的时候也许会被迫向敌人的船只开火，因此它们装备着一种特殊的导弹叫作鱼雷。鱼雷用自己的推进装置在水下行驶，通常需要行驶很远的距离才能攻击到敌人。

■ 为什么潜水艇的船体非常坚硬？

潜水艇下潜的深度越深，海水给予潜水艇的压力就越大。1960年，两位科学家下潜到10911

交通运输

↗ 潜水艇

米深的马里亚纳海沟——地球上已知的最深的海底峡谷。为了不被海水的压力压碎,他们的潜水艇"里雅斯特号"必须要十分坚固。

核潜艇有什么作用?

下图中的核潜艇是由甲板上的核反应堆提供动力的。使用核能源的好处是潜水艇几乎可以在不用补充能源的情况下行驶无限距离。这在战争时期显得尤为重要,因为有些时候潜水艇需要离开港口行驶数千千米。核潜艇的缺点是维护起来很困难,花费也很高,而且核反应堆产生的核废料必须要谨慎地处理。

潜水艇上装备有武器吗?

大部分的潜水艇都是军用装备,用来在海洋里巡逻。潜水艇有的时候也许会被迫向敌人的船只开火,因此它们装备着一种特殊的导弹叫作鱼雷。鱼雷用自己的推进装置在水下行驶,通常需要行驶很远的距离才能攻击到敌人。

什么叫潜水器?

潜水器是一种小体积的潜水艇,它被用来完成各种水下工作,例如探险、做海洋生物学探索、维修海上钻井平台和安装管道等。有一些潜水器是被远程控制的,"深水之星第四代"潜水器可以在超过1200米深的水下进行工作。

水翼船要在水面起飞吗?

水翼艇拥有一整套的翼状物,使得船体在航行的时候可以离开水面。水翼艇接触水面的面积越小,受到的阻力就越小,它就可以航行得更快。水翼艇的效率很高,因此它也降低了油耗。

哪一种水翼是最好的?

水翼是指水翼艇底部延伸到水下的鳍状物或者翼状物。水翼有两种主要类型:一种是完全浸在水下的,一种是伸出水面的。水翼浸在

鱼雷

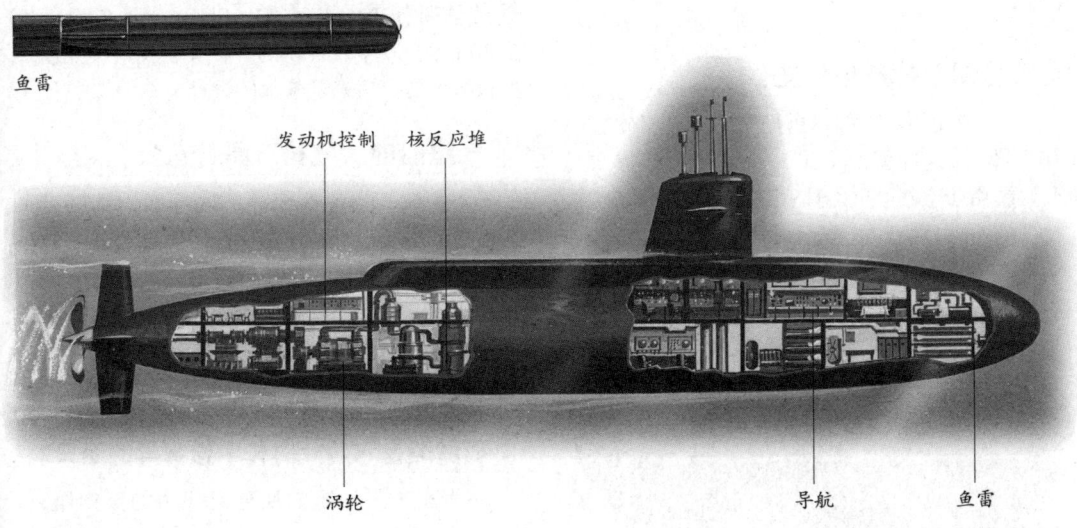

发动机控制　核反应堆

涡轮　　　　　　　　　　　　导航　　鱼雷

↗ 核潜艇

↘ 气垫船

水下的水翼艇十分流行，它使用自动控制系统，可以高速行驶在波涛汹涌的海面上，而水翼伸出水面的水翼艇在船体发生倾斜时就十分有用了。当船体发生倾斜的时候，倾斜的一边就会接触到更大面积的水面，从而会获到更大的浮力来把船体扶正。

■ 水翼是如何工作的？

当水翼艇加速的时候，海水在水翼的上方流过，形成一种特殊的弧度来提供向上的冲击力。水翼艇的速度越快，水翼提供的向上的力量就越大。

■ 气垫船怎样产生气垫？

气垫船使用巨大的风扇把空气吹进船体底部（如下图），这样就产生了一个气垫让船体在上面漂浮。由于空气会从船体底部的边缘向外泄露，

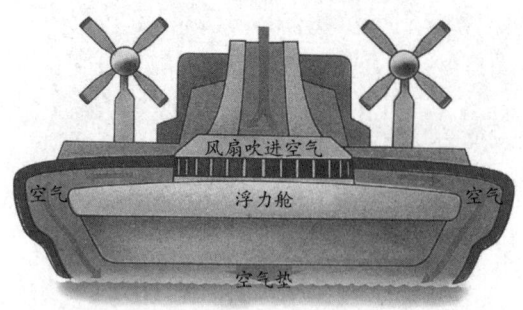

所以只要气垫船在移动就要保持风扇在运行，这样才能防止船体落入水中。

■ 人们使用气垫船来做什么？

气垫船通常被用来搭载乘客和汽车。它们是完成这种工作的理想工具，原因是气垫船能短程高速行驶。有时军方也会使用气垫船来穿越各种复杂的地形。

■ 是谁发明了气垫船？

气垫船又叫气垫式运载工具，是由英国工程师克里斯托弗·科克雷（Christopher Cockerell）在20世纪50年代发明的。科克雷当时使用吹风机和两个易拉罐来试验他的设计。

■ 气垫船的"气裙"是什么？

大多数气垫船在船体的底部四周都围有一整圈活动的橡胶带，这些橡胶带就叫作"气裙"。"气裙"能够使气垫船升起得更高，同时它也十分灵活，能让气垫船在波涛中高速行驶时更容易保持平稳。"气裙"同时也可以防止一些空气从船体底部逃逸出来。

■ 哪艘船是它所处时代中最奇异的船只？

"大东方号"是它所处时代中的巨型船只。它有1.9万吨重、211米长，后来40年建造的船

只都无一能及。它由英国工程师埃萨莫德·布鲁内尔于1858年设计完成,是唯一一艘由蒸汽发动机驱动螺旋桨的船只。船上还有桨轮来加力全速航行。

为什么说邮轮是奢华的旅游方式?

邮轮可以提供超级奢华的服务,被誉为"漂浮的酒店"。史上最大的一艘邮轮为"女王玛丽二世号",它于2004年1月开始运营。它可以承载2700名乘客,最高速度达55千米/小时。船上供游客使用的设施包括14个酒吧和俱乐部、6个餐馆,还有赌场、剧院、游泳池甚至是天文馆。

蒸汽机出现之前有铁路吗?

早在1550年,德国的矿主们就用行驶在铁轨上的货车从矿洞中运输石头、煤块和铁矿石。这种货车可以用马匹在前面拉,也可以让矿工在后面推。大部分早期的铁路都很短。

"大男孩"是谁?

"大男孩"是历史上工程师们制造出的最大的蒸汽机车。20世纪40年代期间,它们行驶在美国联合太平洋铁路上,把大量的重型货物运到落基山脉上。"大男孩"全长40米,最高时速可达130千米/小时。

火车是如何使用电力的?

许多火车的顶部都是同电缆相连的,电缆输出的电能驱动发动机运转,带动火车前进。设计师们在火车和电缆间使用了带有可调节弹簧的特殊连接装置,当火车上山时弹簧会变得松弛。

世界上速度最快的是什么火车?

是法国的高速火车(简称TGV),它一般以约300千米/小时的速度行驶,然而在1990年,它以515千米/小时的速度打破了世界纪录。现代的高速火车时速为19世纪30年代首辆蒸汽火车的5倍。蒸汽火车的最快时速为202.73千米,这是1938年由英国伦敦东北铁路公司的蒸汽机车"绿头鸭"实现的。磁悬浮列车速度超乎寻常,因为它是由强劲有力的磁体悬浮于磁轨上行驶的。早期的磁悬浮列车出现于德国和日本。1996年,一辆磁悬浮列车开始在美国佛罗里达州的迪士尼乐园试运行。2002年,一辆德国产的磁悬浮列车在中国上海的行驶速度超过了430千米/小时。

"火箭号"有什么特别的地方?

"火箭号"是一辆著名的火车机车,它是由英国的工程师乔治·斯蒂芬森(George Stephenson)在1829年设计的。在新建成的利物浦和曼彻斯特的铁路上举行的一次比赛中"火箭号"成了最后的赢家,它当时的最高时速是46千米。

"会飞的汉堡"是指什么?

1933年,新型的柴油机特快车首次投入使用,行驶在德国的柏林和汉堡之间的铁路线上。这种火车外形圆滑呈流线型,最高时速可以达到175千米,在当时获得了巨大的成功,人们形象地称之为"会飞的汉堡"。后来它们被推广到德国的其他铁路线上,一直使用到20世纪60年代。

排障器是什么?

在美国最早出现铁路的时候,铁路周围并没有修建保护栅栏,所以铁路上经常会出现牲畜。一种叫作排障器的防护装置被安装在蒸汽火车头前,它们可以把牛群安全地推到车轮两边。第一辆装有排障器的火车头是造于1831年的"公牛约翰号"。

↗ 安有排障器的火车

哪种望远镜围绕我们的星球飞行？

太空望远镜。在地球上用普通望远镜仅能观测到模糊的天体，这是由于中间隔有大气层的缘故。哈勃空间望远镜于1990年被发射至预先设定的轨道以便天文学家能够将宇宙看得更清楚，它在约600千米的高空围绕地球飞行。

如何在陡峭的山脉上行驶？

在山脉地区，人们会在两条正常的铁轨之间放置第三条铁轨，称为齿轨。齿轨和火车车厢底部的齿轮（也称作小齿轮）紧紧相扣。这样就可以把火车紧紧地扣在铁轨上。缆车在高塔之间的缆绳上行驶，在需要避免和地面接触的地方仍被使用。

曾经最大的交通工具是什么？

曾经制造的最大的交通工具为两辆马里恩履带式车，这是由美国航天航空局用来将火箭和航天飞机移动至发射位置的巨型拖拉机。履带式车满载时每辆重达8000吨——约是最大的垃圾倾倒卡车的15倍。履带式车的开发是为了将组装好的土星火箭从装配楼运送到发射台。

火车在海底能行驶吗？

可以。在英国和法国之间的海底隧道（欧洲隧道）中，火车就能行驶。这里共有3条隧道——2条铁路隧道和1条较小的服务隧道，隧道在海底的部分长度在14千米以上，而在地底的部分长达30千米。开凿海底隧道的想法于19世纪初首次被提出，但是直到1994年，第一列高速火车才正式驶入欧洲隧道。

如何在浓密的云层中发现飞机？

飞行调度员需要跟踪数百架飞机在天空中的飞行路线，从而避免飞机在空中相撞。大部分飞机他们都不能用肉眼直接看到，原因可能是在夜间、天气状况很坏或者飞机飞得太高。因此飞行调度员使用雷达，它可以利用从物体表面反射回的无线电波来确定物体的方位。在机场调度塔的雷达屏幕上，飞机只被显示为一个圆点。

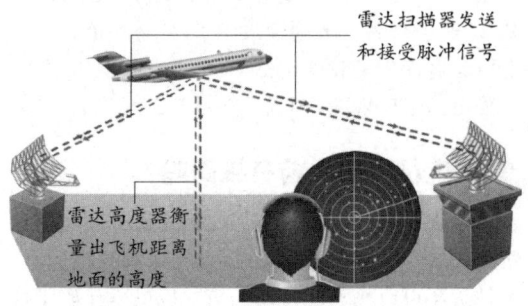

如何控制飞机飞行的方向？

机翼和飞机上的尾翼带有可以移动的副翼，叫作升降舵，飞行员可以在飞行过程中的任何时间来调节它。通过操纵驾驶舱里的控制杆，飞行员可以改变升降舵的角度，从而使飞机上升或者下降，左转或者右转。

在飞机上为什么要使用仪表？

现代飞机是一部集合了各种不同系统的复杂机械，例如发动机、液压系统和升降舵等。飞行员在飞行时需要知道所有系统的工作状况，而仪表就为飞行员提供了这些答案。此外，航行仪表能指示出飞机当前的飞行高度、飞行速度和飞行方向。

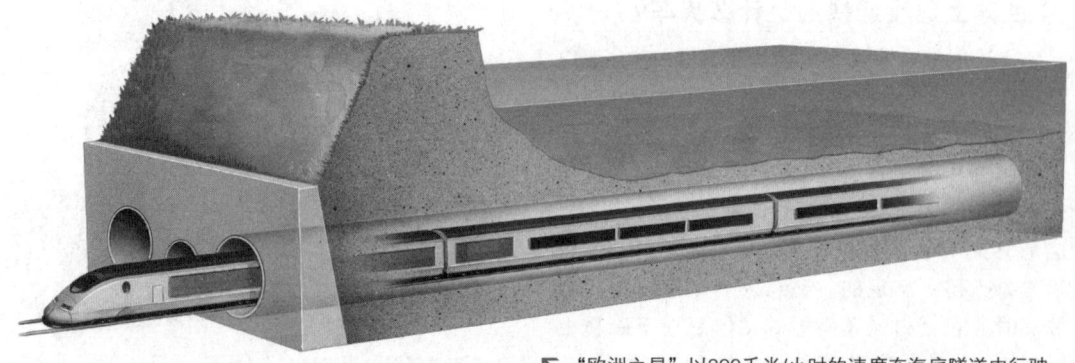

▶ "欧洲之星"以300千米/小时的速度在海底隧道中行驶。

■ 飞机为什么能高速飞行？

最快的飞机通常都配有喷气式发动机，它能够产生强大的动力，原理跟气球放气时的情况相似。发动机把燃烧燃料产生的气体从尾部排出时会产生了强大的后作力，这种力的反作用力就会推进飞机向前飞行。

■ 喷气式飞机怎样"跳起来"？

可以垂直起飞和降落的飞机适用于那些没有跑道的地方。世界上第一架能够垂直起降的飞机是英国的鹞式战斗机，它被称为垂直起降喷气飞机。它的喷气发动机的喷嘴在飞机正常飞行时是向后的，而当飞机需要垂直起飞时喷嘴可以旋转朝下，为飞机提供垂直动力，这样飞机就能"跳起来"了。

■ 世界上最大的客机是哪一种？

最大的客机一般是那些拥有很宽机体的超级喷气式飞机。其中最早最著名的就是波音747客机，它通常被称作巨型喷气机。波音747客机全长大约有70米，能乘载500名左右的乘客。它的飞行速度可以达到1000千米/小时。

■ 最早的悬挂式滑翔机是什么样子的？

第一架悬挂式滑翔机是模仿鸟儿的翅膀做成的，结果失败了，原因是它的设计过于注重机翼的上下扑打而不是滑行。德国发明家奥托·李林塔尔（Otto Lilienthal）试验了固定机翼的滑翔机，在飞机操纵方面作出了重要的贡献。在1896年一次试验中，奥托不幸坠地身亡。

■ 如何控制悬挂式滑翔机？

最早的悬挂式滑翔机是通过驾驶者改变自己身体的重心来改变飞行方向的。比较现代的悬挂式滑翔机带有可移动操控面的尾翼，驾驶员可以手动控制飞行方向，跟其他的动力飞机相类似。

↙ 滑翔机

■ 滑翔机怎样起飞？

滑翔机上没有发动机，因此滑翔机需要其他动力装置牵引助跑来达到起飞速度。通常人们会使用马力强劲的汽车或者是普通的飞机来牵引滑翔机。当滑翔机获得了足够的上升力时，飞行员会自行解开牵引绳，让滑翔机在天空中平稳的飞行。

■ 能控制滑翔机的降落地点吗？

和动力飞机一样，滑翔机的机翼和尾翼带有操控面，因此飞行员可以精确地操控滑翔机的飞行。此外，它们还装有空气刹车装置。当滑翔机降落时，空气刹车装置可以伸到机翼外帮助滑翔机立即减速降落。

■ 什么是微型飞机？

微型飞机是配有小型发动机的飞行器。它一般只能搭载1~2名乘客，采用最轻的材料制成，通常使用铝合金的骨架和塑料的机身。有些微型飞机带有固定的机翼，然而大多数微型飞机和悬挂式滑翔机一样，拥有可移动机翼。超轻型飞机是一种更小更轻的微型飞机。

■ 没有发动机的滑翔机靠什么飞行？

不仅仅只有翼型可以为滑翔机提供上升力，在没有发动机的情况下滑翔机也要依靠热气流保持飞行。跟鸟类一样，飞行员在飞行时要寻找热气流。热气流向大气层的上方移动，因此它们会为滑翔机提供向上的动力。经验丰富的飞行员可以在热气流上方翱翔数小时之久。

■ 什么使得直升机能盘旋在空中？

直升机没有机翼，但却有一套或多套呼呼作响的旋转桨，称作螺旋桨。螺旋桨保持高速旋转，它的作用就像一个巨大的推进器将直升机拉向天空。这种上升力降低了直升机前进的速度，因此通常情况下直升机的飞行速度比其他飞机都慢，大约在130~240千米/小时之间。

■ 为什么直升机要安装机尾螺旋桨？

如果没有机尾处的螺旋桨，直升机只能在空中绕圈旋转。机尾螺旋桨可以产生和主螺旋桨方向相反的动力，从而有效防止机体旋转。机尾螺旋桨还可以用来控制直升机的飞行方向，驾驶员通过改变螺旋桨的角度或者倾斜度，就能改变直升机的飞行方向。

■ 为什么说直升机适合做营救工作？

直升机是所有飞机中最机动灵活的。在技能高超的驾驶员手里，直升机可以飞行得很慢，可以很轻易地改变飞行的方向，甚至能直接盘旋在一点之上，这样营救人员就能使用绞盘把下面的人拉上飞机。直升机还可以在十分狭窄的地方降落，因此它能够到达地形复杂的营救地点。

■ 怎样控制直升机？

直升机驾驶员通过改变动叶片的角度来控制直升机。在驾驶员座舱中装有两种操纵杆：集中俯仰操纵杆和周期变距操纵杆。它们可以帮助飞行员把变动叶片调节到正确的位置，从而实现直升机的升、降、盘旋甚至后退。

■ 什么是自转旋翼飞机？

旋翼飞机的前端带有一个普通螺旋桨来提供前进的推动力，同时它还拥有一个水平螺旋桨。旋翼飞机的螺旋桨不像直升飞机主螺旋桨那样动力强劲，它们在飞机起飞的时候自由旋转，为飞机提供更多的上升力。旋翼飞机是由工程师万迪拉·西耶瓦（Juan de la Cierva）发明的，在20世纪30年代期间很流行。

■ 航天飞机怎样发射？

航天飞机是由一对火箭推进到天空中。两架火箭中间带有一个巨大的燃料罐，可以为火箭提供燃料。当航天飞机成功脱离地球大气层时，火箭使用降落伞返回地面，然后再被回收使用。用完的燃料罐将被丢弃。

■ 航天飞机能搭载什么？

航天飞机的体积十分庞大，它可以搭载宇航员和大量科学实验设备，在航天飞机进入运行轨道后，宇航员会利用这些设备进行实验。航天飞机也可以搭载人造卫星，卫星会被释放到预定轨道上绕地球做同步运行。人造卫星可以用在通信通讯和气象预报中。

军事武器

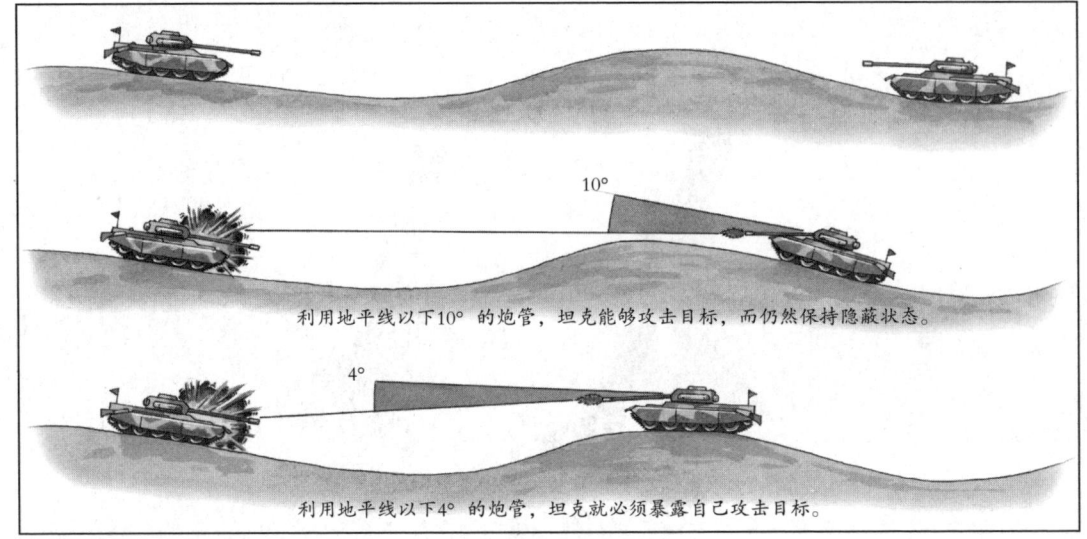

利用地平线以下10°的炮管,坦克能够攻击目标,而仍然保持隐蔽状态。

利用地平线以下4°的炮管,坦克就必须暴露自己攻击目标。

↗ **坦克战术**

利用地形,经验丰富的坦克兵能够定位敌人。他们可以在不暴露自己的情况下攻击敌人。如果主火力可以压得足够低,他们就可以在这个位置攻击敌人。如果坦克向前推进,炮弹仍然使用同一角度攻击敌人的话,就会暴露自己而遭到敌人坦克的攻击。

■ 坦克为什么被誉为"陆战之王"?

作为一种火力强大、装甲坚固、机动快速的陆战武器,它既能在陆上驰骋,也能在水中浮渡和潜行。

坦克都带有整套的火控系统。火控系统包括火炮瞄准镜、激光测距仪、电子弹道计算机、双向稳定器、夜视仪、无线电传感器、电子或液压操纵系统、控制与显示装置等。无论白天还是黑夜,停止还是行进状态,火控系统都能又准又快地确定火炮射击的方向和距离,保证火炮迅速地瞄准和击毁敌方的目标。

坦克的车体和炮塔上有许多小窗,这些小窗上安有潜望镜、主动红外夜视仪、微光夜视仪、被动红外夜视仪等光学仪器,它们就像一只只明亮的"眼睛",使车里的人可以看到坦克外部的情况。坦克拥有一双"铁脚板"——履带,即使是在一般轮式汽车难于通行的地域,它都可以通行。坦克能够攀登80厘米到1米高的垂直崖壁,能够跨越2.5～3米宽的壕沟,此外,还能爬30度左右的陡坡。

■ 坦克为什么又被叫作"乌龟壳"?

坦克这种装甲武器我们并不陌生,在一战中,英国人首次将坦克用于战斗,发挥了巨大作用。但坦克是怎么研制出来的呢?

在第一次世界大战中,为了突破堑壕、铁丝网、机枪火力点构成的防御阵地,就需要研制出一种火力、机动、防护三者有机结合的新式武器。但是怎样才能制造出这种行动自如而且防护性强的武器装备呢?

我们都知道,乌龟身体的外面包着一个厚厚的龟甲,当遇到危险时,乌龟就会把头和四肢缩到龟甲里。这个特殊的龟甲虽然使乌龟爬得很慢,但其防护能力却很强。

乌龟的龟甲分背甲和腹甲两部分。背甲呈拱形,虽然很薄但非常坚固,它的跨度很大,

↗ 第一次世界大战期间,英军发明的坦克首先投入战场,大大震慑了敌人。

军事武器

↗ 中国新一代主战坦克

碾成了肉酱。而逃命的德国兵被坦克两侧的机枪成批地扫倒。跟随在坦克后面的英法联军步兵对溃逃的德军穷追不舍,被坦克吓破了胆的德军士兵,纷纷举起白旗投降。

坦克在一战中的非凡表现,对战场的局面产生了极大影响。同时,坦克也被载进了军事史册,其"乌龟壳"的称呼也流传了下来。

包含许多力学原理。虽然它的厚度只有2毫米,但即使是一个成年人站在上面也压不碎,用铁锤来使劲砸,也不容易砸碎它。龟甲的这种特性引起了武器专家的兴趣,他们便模仿它制造出了坦克。

武器专家们从龟甲的特殊的结构中受到启发,他们根据龟甲中的力学原理,制造出了世界上第一辆坦克——"小游民"。它以美国的一种履带式拖拉机为基础原形,车体和履带被加长,并在上部的三角钢架上铆上10毫米厚的钢板,形成乌龟壳形状。"小游民"坦克诞生后,并没有参加过实战,但它的诞生却是坦克发展史上的一个里程碑。

在第一次世界大战中,坦克首次被投入战场。1916年9月15日黎明,英法联军向索姆河畔的德军阵地进行攻击。他们先炮轰德军阵地,炮火一停,英军的秘密武器,即新生产的49辆"大游民"坦克,便粉墨登场了。但是由于故障多,到达前沿阵地的只有18辆,它们发出"轰隆隆"的巨响声,直冲向德军阵地。

德军见许多巨大的钢铁"怪物"冲他们而来,不知是何物,以为来了"魔鬼",吓得都慌了神。他们慌忙用重机枪对"钢铁怪物"进行射击,没料到子弹反而被弹了回来。枪弹不入的钢铁"怪物"在战场上所向无敌。德军炮火抵挡不住坦克,坦克却冲到了德军阵地前。坦克上的大炮进行轰炸了,德军阵地在炮弹的狂轰滥炸下,化为一片火海。铁丝网等障碍物被坦克宽大的履带冲垮,战壕被轻易越过,那些碉堡等防御工事也一个个被坦克碾碎,许多来不及逃跑的德军士兵被坦克

■ 护卫舰为什么被称为"海上卫士"?

护卫舰是一种比驱逐舰吨位小、航速低、火力弱的水面舰艇,主要用来护卫运输船队和两栖舰船编队。此外,还负责两栖作战中的火力支援、巡逻警戒和攻击敌方水面舰艇等任务。现代护卫舰以导弹护卫舰和轻型护卫舰为主。

导弹护卫舰的主要装备是舰对舰、舰对空和舰对潜导弹,有的还配有反潜直升机,主要用来执行护航、反潜、巡逻、警戒等任务。它的排水量一般为1000~4000吨,航速一般为25~35节。

受到第三世界国家普遍重视的轻型护卫舰,同时具有导弹艇和护卫舰的特点。它的主要装备是76毫米以下口径火炮和反潜武器,它排水量较小,一般为500~1000吨,最高航速可达30节。主要用于近海作战、巡逻、警戒、护航等任务。

↗ 美国诺克斯级护卫舰

航空母舰为什么被称为"海上巨无霸"？

航空母舰像陆地上的坦克一样，是海上军事活动的碉堡和大武器库。它的威力巨大，功能完备，在海陆、海空战争中具有举足轻重的地位，因此被人们形象地称之为"海上巨无霸"。

航空母舰上通常停放着上百架具有各种战斗能力的飞机：有专门进行投弹轰炸的飞机，有发射导弹的飞机，有进行侦察的飞机，还有垂直起落的飞机、预警飞机等。舰上的火炮和导弹发射架，专门与来袭的导弹、敌机和舰艇作战。航空母舰上还另外携带了核武器。优良的配备使航空母舰具有了其他任何舰艇都难以匹敌的攻击威力。

现代航空母舰以其担负的战斗任务不同，又可分为3类：攻击型航空母舰、通用航空母舰和反潜航空母舰。攻击型航空母舰的甲板上停放着大批的战斗机和攻击机，适于大规模的海、空战。它能对敌方的重要目标进行轰炸，也能攻击敌方舰船，活动范围大，攻击力强，而且排水量在三类航空母舰中也是最大的。通用航空母舰在攻击型航空母舰的基础上同时带有一批反潜设备和一些反潜直升机，因此这种航空母舰具有很强的独立作战能力。反潜航空母舰肩负着同敌方潜艇作战的主要任务，因为这种航空母舰上载有反潜机、垂直起落飞机和一批反潜设备。另外，它还可以用于支援登陆部队作战。

航空母舰按排水量大小也可分为3类：大型航空母舰排水量在6万吨以上；小型航空母舰排水量小于2万吨；排水量居于2万至6万吨之间的为中型。

虽然航空母舰身躯体重，可这一点也不影响它的航速，每小时航速可达56～93千米，比起一般千吨以上的驱逐舰一点也不差；而且，由于航空母舰庞大笨重，所以有很强的抗风浪能力，12级台风也不能妨碍它安全航行。航空母舰携带的大量燃料，使其具有很高的续航能力，在远离港口独立作战中，可以连续航行1万多海里。如果把核动力作为航空母舰的推动力，则它航行时间和航程都会变得更长。

但作为海上巨无霸的航空母舰，也存在一定的缺点：由于目标大，容易引发起火爆炸，而且作战行动也受到限制。航空母舰今后的发展方向是小型化。设计家们已提出一些新的设想，他们考虑在航空母舰上应用气垫技术，使它的航速提高到100节，这样就能取消弹射器和拦阻索，也大大缩短飞机的起飞和降落时的滑行距离。另外，有人为提高潜艇的隐蔽能力，还大胆设想将航空母舰与潜艇结合起来。伴随着科技的发展，在不远的将来，如果上面这些方案能够实现，航空母舰将拥有更加惊人的威力。

预警飞机为什么是战场上的空中指挥所？

在提供情报信息方面，侦察飞机和侦察卫星做得已经足够好了，可是，还有一种预警飞机比它们在高空中工作更便利、更出色，以致被称为"空中指挥所"。

预警飞机在机身上比普通飞机多背了一个像蘑菇一样的大圆盘。圆盘中装着搜索雷达和敌我识别器的天线，这个直径达7米多的大圆盘实际上就是特制的天线罩。看上去笨拙的大个头圆盘其实很灵活，它能在360度的各个方向扫描搜索，每分钟就能绕轴旋转6圈。也就是说，它敏锐的"眼睛"向上还可以看到太空里飞行的人造地球卫星并

↗ 一艘巨型美国航空母舰成了小型拖船的海港。

军事武器

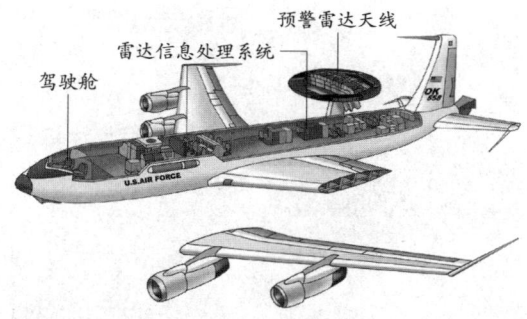

↗ 预警飞机

预警飞机是装有远程警戒雷达,用于搜索、监视空中与海上目标,并可引导己方飞机执行作战任务的飞机,第二次世界大战后期,美国海军把当时最先进的雷达搬上了小型的TBM-3W飞机上,改装成了世界上第一架空中预警机试验机AD-3W"复仇者",它于1944年首次试飞。

与其协调合作,向下能发现低空飞行的各种活动目标,以及雷达和导弹阵地的布防等情况,而且还能看到地面的坦克、卡车的调动,甚至能看到潜艇的通气管和潜望镜。因此预警飞机真可谓是现代战争中理想的空中指挥所,装着能同时跟踪和识别250个目标的电子侦察设备,在引导自己一方的飞机攻击目标时,能迅速计算出15个目标的各种参数,使命中率几无差错。

预警飞机不仅识别目标多,运算参数快而准,而且,它与侦察卫星等相比,在高空中看得更远。令人难以置信,它还能同时发现300多个机载或地面雷达,并指挥无人驾驶飞机进行电子干扰,或者去摧毁它们。实际上,用预警飞机作战,等于把一个指挥中心搬上了天空,因为在高空飞行的预警飞机直接联系了海、陆、空三军,使它们以最快的速度协同作战,协调整个战场的防空、侦察、空运、营救、护航和空中支援等活动,成为兼管"警戒、控制、通信"三项任务的空中指挥所。例如在1982年的中东战争中,以色列一架美制E-2C空中预警飞机,飞到黎巴嫩贝卡谷地的导弹发射基地和叙利亚国内机场,在9千米高空中进行监视,并将那里每种情况的数据立即传送给自己的作战飞机。结果,以色列的飞机几分钟内就将叙利亚的19个导弹基地、200多枚地对空导弹和几十架飞机全部炸毁了,从而使以色列完全掌握了作战的主动权。

↗ 美国E-2C"鹰眼"预警飞机

■ 轰炸机为什么被称为"空中堡垒"?

轰炸机的载弹量很大,多是亚音速飞机,能投掷包括常规炸弹、鱼雷、核弹在内的各种炸弹,也能发射空对地导弹。轻型轰炸机载弹3~5吨;中型轰炸机载弹5~10吨;重型轰炸机载弹10~30吨。轰炸机的威力惊人,美国的B-52飞机,能在几秒钟之内投下100多枚炸弹,破坏范围可达长1500米、宽400米,轰炸形成的弹坑间隔15~20米,弹坑的直径6~7米,深约3米。几架轰炸机投下数十吨的炸弹,就能把一个中小城市炸毁。

轰炸机投弹方式主要有低空投弹、中空俯冲投弹、高空水平轰炸等。美国的B-1、B-2A、B-52、俄罗斯的图-26等都是现在世界上比较先进的轰炸机。

↗ 美国B-52轰炸机

■ 为什么激光枪能百发百中？

激光枪用激光当子弹，射击单个敌人，可使之失明、死亡或因衣服着火而丧失战斗力，也可射击激光或红外测距仪、夜视仪的光敏元件，使其损伤、失灵。

激光枪包括激光器、激励源、击发器和枪托4部分，能够与步枪一样方便灵活的使用。还有一种枪是用激光进行瞄准的，激光照到目标上后，子弹会顺着激光射向目标，百发百中。如果这种枪再安装上红外望远镜探测器，就能在漆黑的夜晚射中1600米以内的目标。

还有一种外形和大小与派克钢笔相仿的袖珍式激光枪，重量仅0.5千克，能够像钢笔一样带在身上。它能在距人几米处毫无声响地烧毁衣物，烧伤皮肉，不知不觉中使人毙命，还能在十几米外使人失明。

↗ 利用激光进行瞄准，提高了射击的准确率。

■ 机关枪是如何发射子弹的？

利用机关枪，士兵们可以每分钟射出几百发子弹。退一步说，机关枪革新了国家发动战争的方式。虽然它们在历史上被赋予了十分重要的角色，但令人吃惊的是其构造是那么的简单。这些武器在精确制造上有着卓越的表现，但其工作只遵循几条基本的原理。

与左轮枪、来复枪、或其他现代枪炮一样，机关枪以子弹作为弹药。子弹由一个起爆雷管、一些推进剂和一个弹头组成。枪栓实质上是一个用来击发子弹的弹簧式活塞。当弹簧带动枪栓前进时，枪栓推动子弹进入枪膛（燃烧室前面的区域）。扳机延伸至撞针，撞针击发起爆雷管，雷管点燃推进剂，推进剂爆炸时产生的气压将弹头推出枪管。

使用标准的来福枪时，你在每次射击后需要将枪栓拉回，以退出弹壳，塞入新子弹，再进行下一次射击。机关枪的一个基本设计思路就是用推进剂的爆炸力带动一个小的机械装置来完成上述动作。只要射手向后扣动扳机且弹药是有效的，子弹的爆炸力便使所有机械运动起来以保持持续射击。如果射手松开扳机，枪就会停止射击。

你可以将机关枪内所有的装置看作是一条自动化装配线。不同种类的机关枪，其特殊的装置布设有着很大的差别。但你可以从检验一种代表

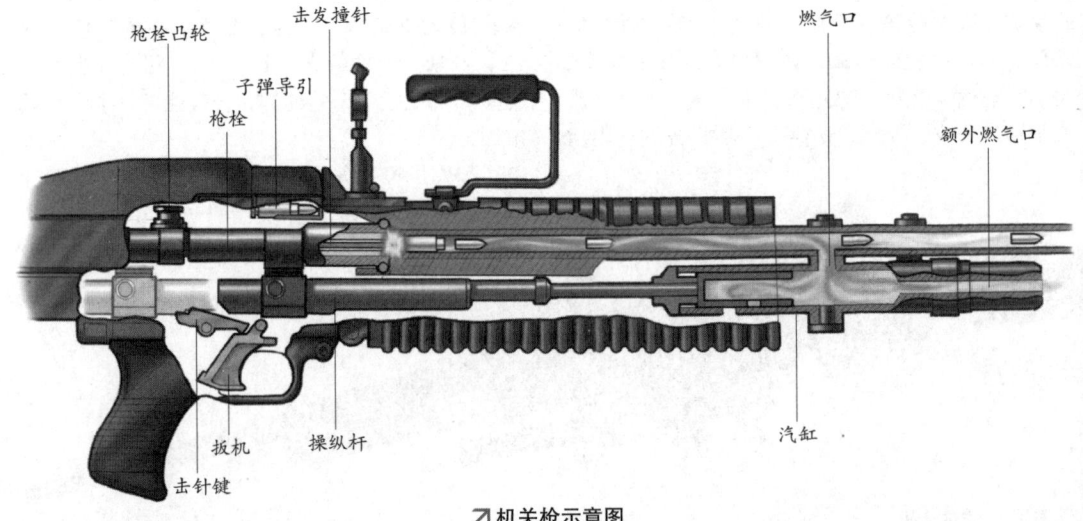

↗ 机关枪示意图

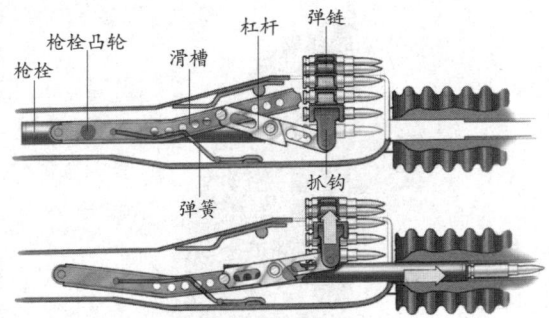

↗ 弹链供弹示意图

◎ 知识链接 ——

加特林式机关枪由在一个气缸内的6~10支枪管组成。每支枪管都有其后膛和撞针系统。在使用加特林机关枪时，用转动摇把来带动气缸内的枪管转动。每根枪管都在到达气缸顶端时经过供弹槽下方，此时另一枚新子弹便会落入后膛并完成装填。

每根撞针都有一个凸起的小头部，用来卡住枪身内倾斜的阴膛。当每根枪管在气缸内旋转时，阴膛拉动撞针向后，将其挤在绷紧的弹簧上。就在一枚新子弹刚刚上膛后，撞针的凸头便滑出阴膛，弹簧也随之将其弹向前方。这时，撞针撞击子弹，将弹头射出枪管。当每根枪管旋转到气缸底部时，剩下的弹壳便从弹射口掉落。

性型号来知晓其工作原理。附图是一种简单的导气式、弹带供弹的轻型机关枪。

该型枪的主要驱动装置为操纵杆与枪栓。气缸中爆炸产生的气压推动操纵杆向后运动。连接操纵杆与枪栓的为一滑动装置。

弹链供弹的机关枪通过供弹机将连接好的子弹一枚枚送入枪膛。连接在枪栓顶部的凸轮使供弹机运转。当枪栓移动时，凸轮在一个长型带阴膛的滑槽中，先向后再向前滑动，这个滑槽连接在一个绕轴旋转的杠杆上。这个杠杆连接在一个专有弹簧的倒钩上——操持在弹链顶端上的弯形夹状物。当杠杆向左转动时，倒钩便伸出并卡住一枚子弹。当杠杆向右转动时，倒钩便将弹链拉入枪内卡好。

在枪内部，弹链上的下一枚子弹位于子弹调整装置上。当枪栓向前滑动时，它就会卡住子弹并将其推离调整装置。调整装置则卡住金属弹链不使其向前运动。

位于枪栓前部闭合凸耳边缘的退壳器卡住子弹底部的边沿。当其向前运动时，枪栓推动子弹进入装弹斜道。斜道将子弹下压，以致其快速移动至退壳器边缘，与枪膛成一条线。当枪栓被推入枪膛时，位于闭合凸耳内的凸耳便进入枪身中的螺旋阴膛，凸耳在槽内转动并卡进膛中。

当枪栓锁住时，操作杆和与其相连的滑动装置保持着运动。其中，滑动装置将撞针顶出枪栓，并撞击雷管。这时雷管爆炸，引起推进剂爆炸，然后子弹便射出枪管。当弹头经过导气口时，爆炸产生的热气进入起稳压器作用的气缸，并将带动操纵杆后退。

操纵杆退回撞针，然后将枪栓推回枪后部。当操纵杆与枪膛脱离时，闭合凸耳向反方向再次旋转。此次扭转动作使退壳器将空弹壳从枪膛中抛出。枪栓与相连的子弹迅速向后移动，经过装有弹黄的弹射装置。弹射装置把弹壳从退壳器上弄松并旋压出抛壳窗。然后这整个一系列过程又从新开始！

有许多自动武器，例如突击步枪，利用弹夹而不是弹链供弹。弹匣是一个在底部装有弹簧条的容器。弹簧将一叠子弹一颗一颗地向上推至枪膛中的机械装置中。弹匣使用起来相对更轻、更方便。但与弹链不同，弹匣只能装少量的子弹。

不管你是否听到或看到过机关枪，这项技术在你的生活中有着深远的影响。拥有机关枪，你可以摧毁国家、镇压革命、推翻政府，也可以结束战争。机关枪是人类历史上最重要的发明之一。

■ 电击枪是如何用来自卫防身的？

执法部门和军队需要使用非致命性武器，以确保在制伏暴徒的同时避免平民的伤亡。

我们倾向于将电看成是一种对人体有害的力量。如果你被闪电击中，或者你将手指伸进插座中，电流足以使你致残，甚至有可能致死。但如果电压很小，就不会对人体造成什么伤害。事实上电是人体中最有用的要素之一，人几乎做任何事情都需要用到体内的电能。

例如，当你想要弯腰系鞋带的时候，你的大脑便会从神经元发出一种形式的化学电能，直达

飞行的泰瑟枪

泰瑟枪与其他普通电击枪的工作原理类似,唯一的区别是它的两个电极不是固定的。它们被安置在长长的导线末端,该导线与电路相连。扣动扳机便会将枪内的压缩气瓶打开,发散的气体会在电极后部产生压强,并将两个电极发射至空气中,连接的导线拖在后面。这些飞行的电极也被称作泰瑟枪。

电极上装有一些小倒钩,这样在发射后电极就可以抓在攻击者的衣服上。这时电流便通过导线进入攻击者体内,与其他传统电击枪一样电击他。

这种电击枪在设计上最主要的进步就是,你可以在相当长的距离上电击攻击者,比较典型的距离为4~6米。它的缺点是你只能发射一发子弹,因为在每次发射后,你都需要卷起导线并重新安装,并且还得再安装一个新的气瓶。

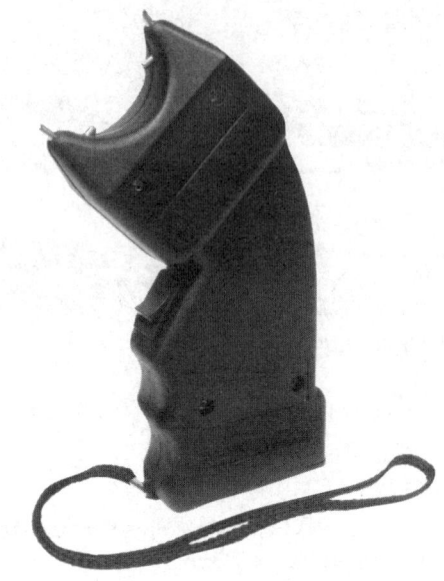

↗ 电击枪

肌肉的动作进行控制,而且他自己也会处于混乱和不平衡状态。他的身体会暂时处于部分麻痹状态。

电流能够产生与人体电信号相仿的脉冲频率。这样,电流就会使攻击者的肌肉在短时间内大量做功。但这种信号没有指明做功的具体运动方向,所以这种做功纯粹是为了消耗攻击者的能量储备,从而使其变得十分衰弱以致无法行动(理想状态下)。所有这些都是发生在细胞级别的微

你的臂部肌肉。同时,电信号便会通知神经元来释放一种化学通信物质:神经传递素,把信息传递至肌肉细胞。这种化学物质使肌肉向正确的方向收缩用来将鞋带系上。

通过这种方式,身体的不同部位利用电能来互相联系。这真有点儿像电话系统或网络。特殊模式的电通过各种线路来传递可识别的信息。

电击枪的基本原理就是将人体内部电流的这种通信打乱。电击枪能够产生高伏特数、低安培数的电流。用简单的话来说,这就意味着在电荷后有很大的压力,但强度不大,也就是压强不大。

当你将电击枪触及攻击你的人并按下开关后,电荷就会进入他的身体。由于有着较高的电压,电荷会穿过厚重的衣物和皮肤,但由于电流强度只有3毫安,电荷不足以对攻击者的身体造成伤害,除非你需要多电他一段时间。

高伏特数的信号会将许多混乱的信息倾倒进攻击者的神经系统。这将导致发生下列事情。

电荷会与攻击者的脑电波相结合。这就像将一股外部电流接入电话线:原始信号将会被不规则的噪音所混合,很难从其中破译出任何信息。如果这些通信线路断掉的话,攻击者便很难对其

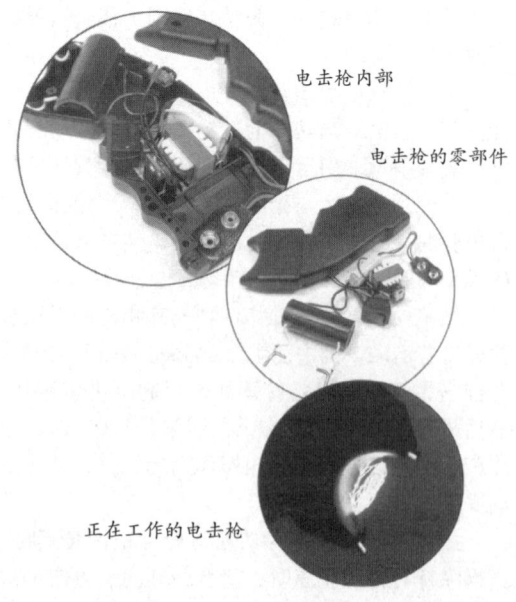

电击枪内部

电击枪的零部件

正在工作的电击枪

观运动,所以你看不见它在发生,即攻击者不会发生颤动或抖动。

电击枪的最终目的是使攻击者无法行动,你可以将电作用于他的肌肉和神经。由于人全身布满肌肉和神经,所以你将电击枪接触攻击者的哪个部位就不那么重要了。电击枪的效能取决于各种电击枪的型号、攻击者的身材,以及他的意志力。电击枪的效能还取决于你将电击枪接触攻击者的时间长短。

■ 为什么间谍枪很难被发现?

间谍枪往往制作得十分精致,还常常巧妙伪装,十分便于秘密携带。

手杖枪一度比较流行,它看起来像一件精美的工艺品,带有雕刻得十分华丽的玉制手柄。手柄拧下来就会发现这是一支手枪,有些手杖枪还带有刺刀。

烟盒枪的外观和普通香烟没有区别,但揭开锡纸,烟盒枪里面露出的却是一根6.35毫米口径的枪管。烟盒枪的侧面装有压杆式触发器,手指一按,子弹就会射出。打火机枪的枪管才1.27厘米长,能够和触发器一起隐藏在打火机的盖子里。

做成钥匙式样的钥匙枪,它的柄打开后能装填子弹,指扣触发器则安装在钥匙柄上。

公文箱枪和普通手提包看起来没有多大差别,而里面却装着一支短管的带有消音筒的来复枪。箱子的提手下有一个铜环,扣动铜环会使触发杆启动扳机,从箱子的小孔中就会射出子弹。公文箱枪的声音很小,一般不易觉察。

■ 迫击炮为什么能够翻山越岭?

迫击炮重量轻,操作简便,便于运载,可以和步兵一起翻山越岭。它的弹道弯曲,适于射击遮蔽物后的目标和水平目标,在短兵相接的场合能发挥巨大的威力。迫击炮主要用来近距离对敌方实行火力压制,是团、营装备的主要兵器。

1904年日俄战争中迫击炮首次出现。当时日军逼近俄军的要塞阵地,俄军的远射程火炮无法发挥作用,而轻武器火力小,俄军士兵无奈之下将小炮架起,炮口仰高后发射了一种超口径长尾形炮弹。结果,炮弹在空中划出一道弧线后正好落在日军的堑壕附近,歼灭了来犯之敌。

↗ 中国军事博物馆内陈列的迫击炮

早期的迫击炮采用超口径炮弹,后来才出现了能装填在炮管里的水滴状的同口径炮弹。这种炮弹尾部装有片状尾翼可以防止弹头在空中飞行时翻滚。

■ 云雾弹为什么能够遮天盖地?

云雾弹俗称窒息弹、气浪弹,学名叫"燃料空气炸药炮弹"。

云雾弹爆炸后,先是冒起一团团可将方圆几十米的地面覆盖住的云雾,云雾紧接着发生爆

↗ 云雾弹爆炸后的战场一片混乱。

炸，产生高温和强大的冲击波，并大量消耗空气中的氧气。高温和冲击波可把灌木丛一扫而光，摧毁坦克，燃烧一切可燃物。暴露在地面上的人员则会被严重烧伤或者被冲击波的气浪抛到远方。人员躲在非密闭掩体或洞穴里，也会因氧气的大量消耗引起暂时缺氧而呼吸困难，以致窒息死亡。

云雾弹第一次出现是在1967年的越南战场，之后立刻引起了世界各国的重视。最初出现的云雾弹是母弹内装3枚子弹的子母弹型，每枚子弹装填有数十千克燃料空气炸药，并配有引信、雷管和传感器等。母弹从飞机上投掷下来，经过1~10秒钟后，被引信引爆，释放出3枚子弹，子弹在阻力伞的作用下缓慢地接近目标，在目标上空进行第一次爆炸，炸出液体炸药使其在空中扩散并迅速与空气混合形成云雾，直径约15米、高2.4米。约0.1秒后，子弹进行第二次爆炸，使云雾发生爆炸，可在大面积范围内产生相当于21个大气压的爆炸冲击波。

■ 发烟弹为什么能够散布迷雾？

发射一发发烟弹就可以产生宽10~30米、高20~50米、持续时间20~60秒的烟云；发射数发发烟弹，就会在较宽的范围内形成一道浓密的"烟墙"，这样，敌人的视线就会被挡住，敌方观察所、指挥所、炮兵阵地和火力点上的敌人就会失去我方目标，从而给我方军队创造有利的战机，能够掩护部队集结、转移，或接近敌人进行突袭。此外，发烟弹还用来试射、指示目标、确定目标区域的风速、风向等。

发烟弹由引信、弹壳、发烟剂和炸药管组成。

↗ 战场上使用发烟弹能产生扑朔迷离的隐蔽效果。

弹壳的外形与榴弹相似，一般用强度不高的钢或钢性铸铁制成，少量炸药就可以把它炸开。发烟剂一般用黄磷、三氧化硫、氯黄酸等发烟物质制成。由于黄磷燃烧时能生成烟雾块，烟云浓度大，遮蔽能力强，因而应用范围较广。

炸药管是用金属制成的内装炸药的管壳，用以炸裂弹壳而抛出发烟剂。发烟弹被发射到目标区域后，引信引爆炸药管里的炸药，炸开弹壳，将发烟剂抛散到空气中。发烟剂遇到空气后，就会不断地生出滚滚浓烟。

■ 水雷为什么会有性能各异的种类？

水雷可以长期埋伏在水下给那些触碰它的舰船以不备之击，它还可以像导弹一样，主动追踪并击毁水下潜艇。在历次海战中水雷都得到了大量使用。在朝鲜战争、两伊战争以及1991年爆发的海湾战争中，水雷都发挥了巨大作用。水雷被人们形象地称作"水中伏兵"。水雷家族成员众多，个个都威力巨大，但这些水雷家族的成员却也是"性格"各异。

触发水雷是最早的水雷，它以头上伸出的几个触角而闻名，作为一种能漂浮的"刺猬"式的球形炸弹，舰船触碰到它的任何一个触角，都会引发爆炸。为什么这种水雷的触角碰不得呢？这与这种水雷的引爆机制有关，因为水雷的触角被舰船碰弯时，装在里面的电雷管与电池之间的电路立即就被接通了，电雷管产生火花，引起爆炸。

磁性水雷随后问世，它沉在海底，而不是悬浮在水中的某一深度，这使扫雷器很难扫到它。因为舰船是钢铁制造的，它在地球磁场的影响下，也会产生具有一定强度的磁场，所以当它在磁性水雷上方经过时，雷上的磁接收器就会接收到舰船磁场，然后装在水雷上的电雷管与电池之间的电路就通过控制仪器接通，引发水雷爆炸。这种水雷的爆炸场所虽然是在海底，但由于水的不可压缩性，可以把爆炸时所产生的巨大压力传到较远的地方，敌舰在水面一样会被炸毁。

音响水雷问世较晚，由于它尾部装了一个耳朵状的音波接收器，所以被人形象地称为"长耳朵水雷"。它的这只音波接收器"耳朵"能接收舰船螺旋桨和发动机发出的声波后将它们变成电信号，激活电路，使水雷爆炸。

↗ 水雷威力无穷。　　　　　　　　　↗ 音响水雷

水有这样的特性：在流速越小的地方压力就越大，而在流速越大的地方压力就越小。蚝雷，就是利用水的压力变化这一特性来引爆的。在蚝雷上都装有一个压力传感器，当舰船在它上方通过时，由于船的航行造成了船底水流速度加快，水压变低，它就会接收到水压降低的信号，并随即接通电路，引爆水雷。

此外更高明的是一种外形像火箭的"自动上浮水雷"。由于它里面装有超声波发生器和计算机，当舰船在它上方经过时，它就把超声波发生器产生的超声波反射回来。计算机在根据反射回波测定目标的距离后，就启动了水雷上的发动机，水雷上浮，引发爆炸，击毁敌舰。

随着科技的发展，形形色色的水雷不断地被研制和开发出来，其科技含量也越来越高，不久的将来水雷家族中也许还会有更奇特的成员问世。

■ 为什么说巡航导弹长着眼睛？

1991 年的海湾战争中，以美国为首的多国部队大规模空袭了伊拉克和伊拉克占领的科威特境内的军事目标。刚开始，美国就从海面舰艇上发射了一种首次使用的"战斧"式巡航导弹，用来对伊拉克的重要军事目标进行攻击。这种被列为美国的新式战略武器的小巧导弹在海湾战争中的实战命中精度为 15～18 米。

"战斧"导弹的远距离攻击为什么会这么精确呢？这是因为"战斧"导弹有一个独特的会认地图的优点，它能按地图标明的路线飞行，从而使它击中目标的准确率变得很高。

那么"战斧"这种巡航导弹是如何认地图的呢？原因在于装备在这种导弹上的"等高线地形匹配系统"，这是一种读地面地形图的装置。这种装置储存着导弹飞向目标途中经过的全部陆地

↗ 巡航导弹
一颗设计精巧的核巡航导弹正在自动追踪目标。

地形的数字信息,而这些信息大多数是由间谍卫星或间谍飞机在和平时期拍摄的。当导弹飞距目标11~13千米时,这种读地面地形图的装置才开始工作。认地图装置开机后,认地图装置中储存的信息和导弹内的摄像机在飞行过程中摄取的导弹下方的陆地地形信息进行比较,这样导弹离目标的距离有多远,便可以计算出来,导弹距飞行前确定的航线的偏差也能计算出来。然后这些计算数据被输送给导弹的控制系统,导弹受到正确的操控就往正确航线上飞行了,这种对偏差的纠正一直持续到飞达目标为止。

除了这一显著优点外,"战斧"式巡航导弹在其他方面也相当出色,它的重量只是同射程的巡航导弹的1/10,身长仅2.9米,但却能将2000千米远的目标击毁。它有飞机一般的流线型外形,其发动机和飞机一样采用空气喷气方式,直接从大气中获取燃烧所需要的氧,这一措施使它的体积和重量有效地减小了。

体积和重量的减小,使巡航导弹一方面有效地减少了对敌方雷达波的反射面,降低了被敌方发现的几率;另一方面,重量轻、体积小使发射、储存、运输和维修等也方便了不少,发射前导弹的弹翼和尾翼还可以折叠起来。

导弹在水面上飞行,高度为20米左右;在丘陵地带,高度约为50米;在山丘地带,高度为100米;接近目标之后,保持小于20米的飞行高度。这种巡航导弹也适于低空突袭,可以维持在15米以下的低空飞行高度。它不但命中率高,而且还可以从舰艇上、空中、水下和陆上进行发射。巡航导弹发射后,先采取高空飞行,由于高空阻力小,这样做可节省大量的燃料。导弹的飞行高度在到达敌方上空后便自动降低,这样做不易被敌方雷达发现。另外,这种导弹还可以自动避开高山,敏捷度极高。

美国对"战斧"导弹情有独钟,"战斧"屡次被作为打头阵的先锋和主要攻击武器是与它本身的优越性能密不可分的。"战斧"导弹的优点是空军轰炸机所不能比拟的。首先,这种导弹是在敌防空区外发射的,这样发射人员就避免了很多危险。其次,这种导弹的制导系统使它能躲避敌方火力。再者,这种导弹的发射可在远离陆地的军舰上进行,不需要任何海外基地的使用权。

人们在形容"战斧"这类高精度的巡航导弹时,常说它们是长着眼睛的,这一点也不足为怪。这类科技含量高、精度高、具有突出优越性能的巡航导弹已被广泛应用于现代战争中,随着更多高新技术被应用于武器制造中,相信更先进的、精度更高的巡航导弹在不久的将来就会被研制出来。

↗ 巡航导弹
一艘舰艇正发射"鱼叉式"巡航导弹。

■ 为什么电磁炮不用火药也可以发射弹药?

电磁炮不用火药,一样可以击毁坦克,拦截导弹。这种炮结构比一般火炮简单,它只有两条十几米长的铜导轨,五分硬币大小、几克重的"炮弹"装在两条导轨之间。导轨接上电源后,一按电钮,炮弹就飞速射出,能够从几十米外的厚钢板中一穿而过。

为什么电磁炮小小的弹丸能穿透厚厚的钢板呢?这与飞机在空中飞行时碰上小鸟能被撞个洞的道理是一样的。电磁炮弹丸虽小,但速度比普通枪弹的速度快四五倍,达到每秒6000米左右,这样电磁炮弹就具有比较大的动能,撞击钢板时会有足够大的穿透力。

同电动机通电后能飞速旋转的道理相类似,电磁炮弹丸的高速度也是由电磁场产生的。弹丸相当于电动机的转子,两条导轨相当于定子,电流接通后,就会产生强大的电磁力,将重量很轻的弹丸迅速从导轨上发射出去。

■ 为什么说在未来的军事冲突中外层空间会成为第四战场?

人类在借助航天技术进入广漠无垠的外层空间的同时,一些国家的军备竞赛也有了新的领域。由此,在未来的军事冲突中,陆、海、空以外的第四战场——外层空间有可能步入战争。

外层空间所发生的军事对抗叫航天战,它包括外层空间及其同地面、空中之间的攻防行动。航天战主要取决于军用航天器。这类武器大致可分两类:一类是支援地面军事力量的卫星,包括通信卫星、导航卫星、测地卫星等,它们作为现代军事力量的耳目、神经,正在对地面军事行动产生越来越大的影响;另一类是能攻击敌方航天器的反卫星系统,包括反卫星卫星和激光、粒子束武器等各种空间能束武器。

未来的航天战将逐渐形成一套新的战略战术作战原则和方法,并将在从作战指挥到战斗保障方面形成一个独立的组织体系,最终将产生一支新的军种——航天军。

■ 为什么气象武器能够呼风唤雨?

20世纪40年代起,大气层中的冷、热、干、湿、风、雨、云、雪、霜和雷电等各种气候开始被人类用作武器,服务于战争,显示出超群的威力。1943年,美军在意大利伏尔特河岸制造了长5千米、高1.6千米的人工雾障,掩护部队顺利完成了渡河任务。20世纪70年代的越南战场,美军则利用人工雾障掩护南越情报人员向北方渗透;在预定地域上空喷洒大量雨催化剂,形成滂沱大雨,导致山洪泛滥,交通中断,给越军的军事行动带来很大的困难。

有人还设想采用科学方法,增加敌国的降雨量,制造人为的洪暴;或者通过控制上游天气,使下游的敌国出现连年的酷旱。在敌国播撒吸收阳光或地面长波辐射的物质,使敌国境内产生酷热或奇寒。向预定催化的云团中播撒强酸性化学药剂,从而在人工降雨时腐蚀敌方的地面雷达、坦克、大炮等武器装备。还有人设想,用人工方法影响台风的

↗ 美国小型空间动能武器:这是一种利用发射高超速弹头的动能直接撞毁目标的武器,主要由拦截弹头和高速发射装置两大部分组成。

气象武器能给敌方人为制造恶劣天气，使其军事行动不能顺利进行。

前进方向，将它引向敌国，从而对敌国人员和军事设施造成毁伤。

■ 次声武器为什么能够致人于死地？

自然界中充满了各种各样的声音。声音音调的高低由声音的频率决定，频率的单位是"赫兹"。声音频率高于2万赫兹的叫超声波，低于20赫兹的叫次声波，人耳都听不见。不同的声波对人的生理感觉、精神状态会造成截然不同的影响。优美深情的歌声使人心旷神怡；雄壮嘹亮的冲锋号使战士们斗志昂扬；各种噪声却会影响人的健康。频率低于20赫兹的次声，会对人体产生严重伤害，特别是频率低于7赫兹时，能使人肌肉痉挛，全身颤抖，呼吸困难，神经错乱。次声强度达到一定程度时，会使人脱水休克，失去知觉，血管破裂，内脏损伤，最后导致死亡。

次声对人体产生危害的原因是它的频率同人体肌肉、内脏器官的固有振荡频率吻合，会引起肌肉及内脏器官的共振。1906年，一支沙俄军队迈着整齐的步伐通过一座大桥时，大桥产生了强烈的共振，导致桥梁断裂，造成了悲剧。次声武器杀伤人员的奥秘就是共振原理。

由于人耳听不见次声，所以人们也称次声武器为"哑巴武器"。

■ 为什么贫铀弹会带来巨大的危害？

贫铀弹是一种具有很强放射性和毒性的新型穿甲弹，它的这种巨大危害主要来自于贫铀弹的制造原料——贫铀。

贫铀的性能是其他金属所不能替代的，它密度极高，达18.9克/厘米^3；强度高，韧性也高，硬度更是其他金属所不能比拟的，高达钢的2.5倍。它是生产核反应堆燃料时的副产品，所以和铀-235一样，它也具有一定的放射性。贫铀虽然不会产生像核弹那样巨大的爆炸，但它具有放射性，对人有长期的影响，可以使人出现长期疲劳，肌肉疼痛，记忆退化和失眠等症状。除此之外，毒性也是贫铀的一大特性。这是因为它本身是有毒的化学物质，犹如铅、汞等有毒的重金属一样，人体无法自主排出这样的有毒金属。而它们一旦进入人体就会不断聚集，并损伤内脏。

贫铀是制造穿甲弹的理想材料。20世纪60年代初，美国就用贫铀合金制成了穿甲弹。一般情况下，贫铀合金都是用作穿甲弹芯的。

由于高速碰撞，弹芯在袭击装甲车的过程中，会产生高达900℃的高温，而在空气中作为弹芯的贫铀合金燃烧的温度较低，约为400℃。靠射击后获得的动能，贫铀穿甲弹就能把坦克的防护装甲击穿。在弹芯穿透装甲后，破碎的弹芯就自行燃烧，在车内破坏坦克的内部设备并杀伤乘员，从而形成较大的杀伤破坏作用。

这还不足以表现贫铀弹的强大威力和独特之处，更为严重的是贫铀燃烧时会形成淡黄色烟雾状的氧化铀尘埃，这是一种具有放射性污染的物质。随着这些尘埃状的氧化铀的扩散，对周围环境和各种生物的生存都将造成巨大的损害，一旦人员将污染的空气吸入体内，还会造成放射性尘埃在体内照射，形成内杀伤，严重的甚至导致死亡。只不过每一枚穿甲弹的污染区域较小，而实际上它的放射性污染并不亚于原子弹爆炸后的污染。

目前，一些国家也在积极进行贫铀穿甲弹的研制，有的已被作为部队装备投入使用。令人担忧的是，如果将强辐射性如此强的武器投入到战争中，它对人类和其生存环境的危害是巨大的。科学技术能够造福人类，但也存在潜在的危险。不过，我们相信人类既然能够创造这样具有强大威力的武器，就一定有能力使它们最大限度地向对人类有利的方面发展。

↗ 远警雷达装置

为什么称远警雷达为"千里眼"？

远警雷达即远程警戒雷达。军事上远距离监视的任务由远警雷达担任。远警雷达能及时将入侵的敌机、导弹情况报告给指挥机关，甚至还可以对国境线外敌人飞机、导弹的活动情况进行监视。它的主要特点就是看得远。

要使雷达看得远，必须提高雷达发射机和接收机的灵敏度，装备大的天线。因此，远警雷达一般都比较庞大，其探测距离多在四五百千米以上。

两倍音速的飞机通常10分钟可以飞400千米，如果远警雷达的探测距离为500千米，那么从发现敌机到敌机飞至雷达上空，就有12分30秒的时间，从而为歼击机、高炮部队、导弹部队做好战斗准备提供了宝贵的时间。

为什么把侦察车(船)称为"浮动情报站"？

侦察船一般装有先进的侦察器材和通信设备，能大范围收集陆地或船上发射的电磁信号，破译对方通信内容，判断部队的部署和作战意图，能侦察对方雷达及通信设备的位置和性能，提供准确的电子战情报，从而被称为"浮动情报站"。

侦察船往往伪装成货船、油船或其他船只的形式，通常在敌方领海附近和公海上游弋，有时长时间跟踪尾随敌舰以获取重要情报。

装甲侦察车也被称为"浮动情报站"，它体积小，重量轻，既可水陆两用，也能在复杂地形上驰骋，最高车速可达每小时80~100千米。它装有激光目标指示器、热象仪、微光电视、雷达等先进的侦察设备，昼夜都可以对敌方实施侦察，侦察范围大、质量高。此外，它还拥有一定的自卫能力。

↗ 法国潘哈德ERC型装甲侦察车

法国ERC装甲侦察车配有90毫米口径火炮，最大速度95千米/小时。这种六轮车辆与正常的四轮车辆相比，可以更为有效地执行越野任务，在1990~1991年的海湾战争中曾经使用过。

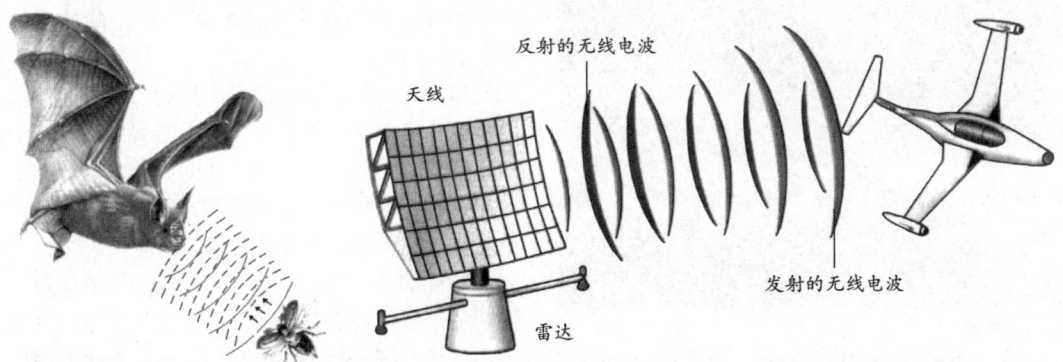

↗ 受蝙蝠超声波捕捉原理启发发明的雷达

□怎样回答：全球孩子最爱问的为什么

■ 为什么军用侦察卫星是最有效的侦察武器？

军用侦察卫星是现代军事侦察中应用最广、本领最大的侦察武器。它主要包括照相侦察卫星、电子侦察卫星、导弹预警卫星、海洋监视卫星等四种。

侦察卫星侦察情报的速度很快。近地轨道上的侦察卫星，每秒飞行七八千米，一个半小时左右可将地球一圈侦察完毕。这一速度比现代超音速飞机的速度快了一二十倍。

侦察卫星居高临下，视野开阔，侦察范围很大，能够获得很多情报。相同俯角时，卫星所观察到的地面面积是飞机所观察到的地面面积的几万倍。用高空飞机对我国拍照一遍，需要拍摄约100万张照片，历时需要10年，而采用卫星则只要500余张照片，几天时间就能够完成。

卫星侦察可以自由飞越地球上任何地区，不受国界、地理和气候条件的限制，使用现有交通工具不易达到的深山密林、戈壁沙漠、南北两极以及茫茫海洋都可使用卫星进行侦察。所以，地球任何重大的地面目标和军事行动都很难瞒过卫星的眼睛。

↗ 人造卫星
人造卫星上安装的现代照相机能够拍摄非常清晰的图像，而且能够拍摄到世界任何一个地方。

■ 夜视仪能够夜视的原理是什么？

想到夜视，第一个进入你脑海的也许是你看过的电影中的场景：某人戴着一副夜视镜，在伸手不见五指的黑夜里，在没有光线的建筑物内找人。这时你可能会想："这东西真的管用吗？真的能在黑暗中看见吗？"答案是绝对肯定的。利用合适的夜视器材，你可以在伸手不见五指的黑夜看清站在距离180米以外的人。

为了更好的了解夜视，你必须对光有一定的认识。光线中能量的大小取决于光线的波长：波长越短，其能量也就越高。在可见光中，紫外线的能量最高，红外线的能量最低。与可见光光谱红光一侧紧紧相邻的是红外线光谱。

红外线光可以被分离成3个组成部分。

近红外光：近红外光与可见光最接近，它的波长范围是0.7~1.3微米。

中红外光：中红外光的波长范围是1.3~3微米。中红外光与近红外光广泛应用于电子设备上，其中包括遥控器。

热红外光：热红外光是红外线光谱中最大的一部分，它的波长范围是3~30微米。

热红外光与其他两种光线最关键的区别在于，它是被一种物体放射出来而不是被反射回来的，是由于物体的原子能级发生了变化才被放射出来的。

原子的运动是永恒的，它们不停地振动、运动和旋转，就连组成椅子的原子也在不停地运动。原子被激发后呈不同的状态，换句话说，它们可以拥有不同的能量。如果我们将大量能量作用于原子，原子就可以从其所谓的基态能级脱离，移动到受激发的高于基态的能级。被激发的程度取决于以热、光或电等形式作用于原子的能量的多少。

所有生命体都需要能量，除此之外，类似发动机、火箭等的许多非生命体也需要能量。能量的消耗产生热量，热量使处于受激发状态的原子射出光子。这种光子是某种形式的光，属于热红外光谱。热成像技术就是利用了这种红外放射。

物体的热量越高，红外光子放射的波长就越短。一个物体随着热量的升高，它甚至可以发出可见光子，刚开始是红彤彤的，然后依次显现出橙色、黄色、蓝色，最后变成白色。

目前共有两种典型的热成像仪。

未冷却热成像仪：这是一种最典型的热成像仪，它的红外探测器部分被安装在一个在常温下工作的装置内。这种系统在其工作状态下噪音很小，启动感应迅速，并装有内部电源。

低温冷却热成像仪：低温冷却热成像仪的价格较为昂贵，并且更容易受客观工作环境的影响，使用时不加注意也容易导致损坏。这类系统被安装在一个低温容器内，其温度保持在0℃以下。这类热成像仪的优势在于其令人难以置信的高清晰度和由于使用低温冷却相应设备造成的高热敏性。低温冷却系统能够探测到300米以外0.1℃的温度变化，这种能力足以看清在此距离内的持枪人！

虽然热成像仪对探测人或工作在近乎绝对漆黑时效果绝佳，但它只能制造样子非常奇怪的图像，还可能丢失许多恒温的无生命物体的图像。所以绝大多数夜视装备利用了图像增强技术。

图像增强技术被大多数人认为是夜视。图像增强系统通常被称为"夜视仪"。夜视仪的工作依赖于一根特殊的管子，就是所谓的图像增强管，它被用来收集和放大红外线和可见光。

下面是对图像增强技术工作原理的介绍。

（1）一个被称为物镜的普通透镜用来收集周围的光线和一些近红外光。

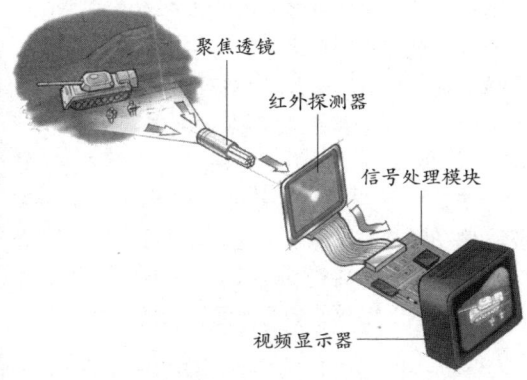

↗ 热成像技术示意图

以下是热成像技术的工作原理。

（1）一种特制的透镜将视线范围内所有物体发出的红外线光聚焦。

（2）聚焦的光被扫描之后，探测器装置创造出一种非常具体的温度图像，这就是所谓的温谱图。探测器阵列只需 1/30 秒就可以获取用来制作温谱图的温度信息。视线内几千个点被探测器阵列测量出来。

（3）探测器装置制作出的温谱图被转换成电子脉冲形式。

（4）脉冲被发送至一个信号处理模块，该模块是一块装有专门芯片的电路板，它可以将元件信息转换成视频数据。

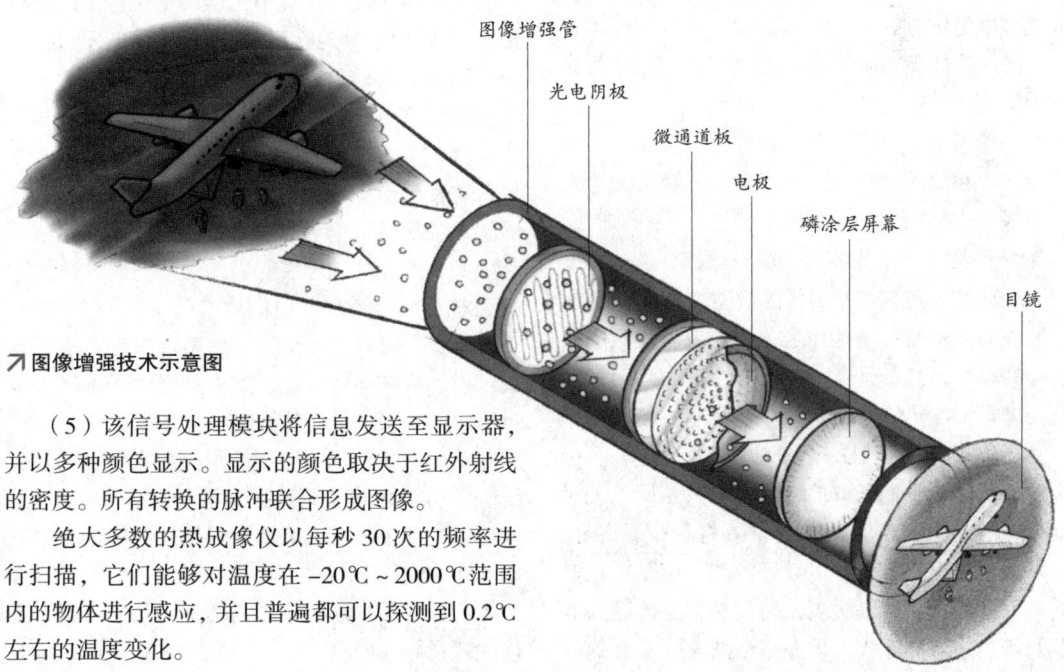

↗ 图像增强技术示意图

（5）该信号处理模块将信息发送至显示器，并以多种颜色显示。显示的颜色取决于红外射线的密度。所有转换的脉冲联合形成图像。

绝大多数的热成像仪以每秒 30 次的频率进行扫描，它们能够对温度在 −20℃ ~ 2000℃ 范围内的物体进行感应，并且普遍都可以探测到 0.2℃ 左右的温度变化。

3大类夜视设备

夜视设备可以分为3大类。

★ 观测式夜视仪：普通的观测式夜视仪为手持型或装配在武器上的，为单目型夜视仪。由于其为手持型，不像老旧的护目镜式夜视仪那样不便，它在以夜视状态观察特殊物体与正常目视状态间的转换相当方便。

★ 护目镜式夜视仪：虽然护目镜式夜视仪也能够手持，但多数情况下均佩戴在头上。护目镜式夜视仪为两眼并用型，并以不同的类型装配单反式镜头或立体式镜头。它在持续观察状态下相当出色，例如走动在漆黑的建筑物内时。

★ 摄像机式夜视仪：利用夜视技术的摄像机可以将图像发送至显示屏进行播放，或者将图像发送至录像机进行录像。当需要在固定位置长久保持夜视能力时，就可以使用摄像机式夜视仪，例如可将其安装在建筑物内或直升机上。目前多数新型便携式摄像机都有夜视功能。

（2）被收集来的光线被发送到图像增强管中。在绝大多数夜视仪中，图像增强管的电力由两块或更多电池供应。

（3）在图像增强管中，光电阴极被用来将光能中的光子转换为电子。

（4）当电子穿过图像增强管时，管子中的原子释放出相似的电子，并利用管子中的MCP（微通道板）对电子的原始数量进行数以千倍的加乘。MCP里面有一个小玻璃盘，该玻璃盘有数以百万计、利用纤维光学技术制作的微通道。MCP被安装在真空中与玻璃盘相连，并在玻璃盘两端设有金属电极。每条通道的长宽比约为45∶1，且都被用来当作电子倍增器。

（5）当光电阴极的电子撞击MCP的第一层金属电极时，它们在玻璃微通道中被金属电极对间5000伏的电压骤然加速。电子在穿过微通道时，每条微通道可以释放数以千计的其他电子。这期间利用的原理叫级联次级发射。基本上，原始电子与管道边缘相碰撞，使原子活跃并促使其他电子进行释放。这些被释放出的新电子再与其他原子碰撞，这样就创造出一条反射链：虽然只有几个原子进入管道，却有许多电子释放出来。

（6）在图像增强管的末端，电子撞击带有磷涂层的屏幕。这些电子保持着它们通过通道时的位置，由于它们与原始光子保持着同样的队列，便在屏幕上投影出了完美的图像。这些电子的能量使磷光体达到活跃状态，并释放光子。磷涂层在屏幕上形成的绿色图像反映出这就是夜视特征。

（7）绿色磷光体图像通过另一个透镜目镜进行观察，它能够使你放大并聚焦图像。夜视仪可能是与类似监视器的电子显示器相连，或是直接通过目镜进行观察。

■ 喷火器是怎样喷出火焰的？

火是世界上最有用的自然现象之一，同时也是最危险的自然现象之一。考古学的证据表明早期的猎人用火来烤食猎物，有些部落用火来攻击其他人。在历史上，火被证明是非常有效的，甚至可以说是一种破坏性武器。

喷火器的基本设计目的就是发射燃烧的燃料以散播火焰。现代喷火器出现在20世纪早期，但其初始想法其实早在数千年前就已产生。

在第一次世界大战中，德国军队重新设计并使用了现代化的喷火器。到第二次世界大战结束前，同盟国与轴心国的军队在战场上都使用了一定规模的喷火器。

这期间最显著的创新就要数手持型喷火器了。这种外形比较像枪的武器与一个置于背包内的燃料罐相连。背包由3个圆柱形的罐子组成，其中两个外侧的罐子装有以油为原料的可燃性液体燃料，成分类似以前的"希腊火"。这些罐子都有旋盖，可以方便地补充燃料。中间的罐子装有可燃性压缩气体，如丁烷。这个罐子将气体通过压力调节器送至与其相连的两根管子中。

其中一根管子连接到结构非常简单的点火系统上。另一根管子则连接到两个外侧的罐子上，使压缩气体进入并灌满罐内可燃性液体以上的空间。压缩气体还对罐内的燃料形成一股向下的强大压力，将燃料经软管排出罐外，并注入喷火器内的燃料储存器内。

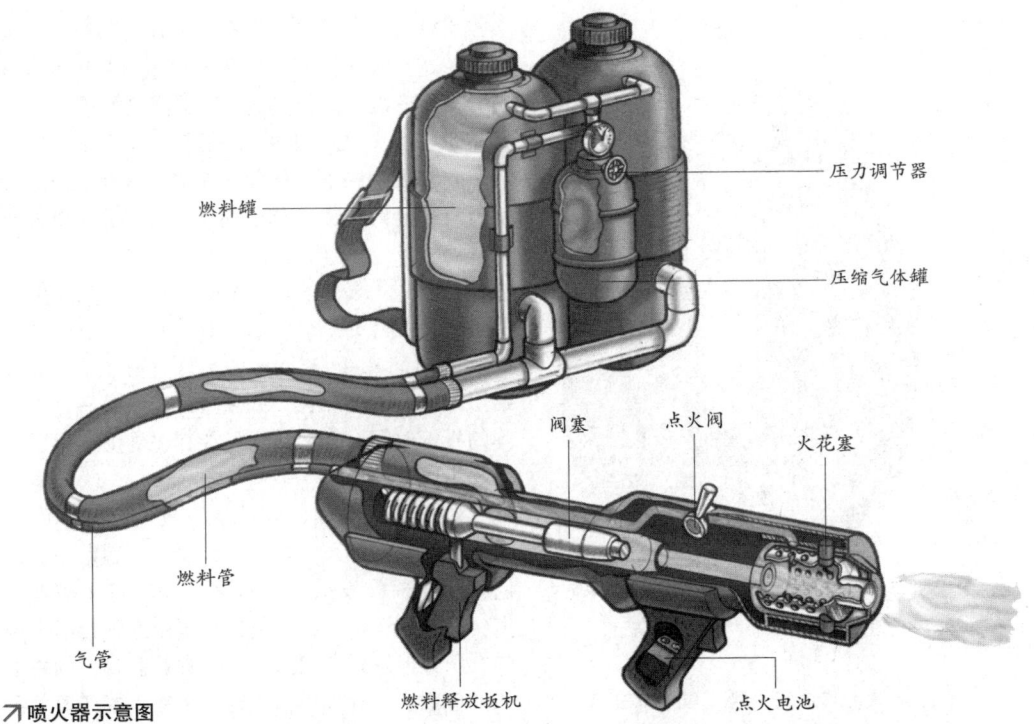

↗ 喷火器示意图

喷火器的枪室内有一根长杆，长杆的末端有阀塞。枪体后部的弹簧将长杆推向前方，并将栓塞压入阀门位置。这样就可以在松动扳机时阻止燃料喷出喷嘴。

当使用者扣下扳机时，长杆及其末端的栓塞便被拉回。随着阀门的打开，压缩的燃料就会喷出喷嘴。这样的喷火器的有效射程最远可以达到45米。

当燃料离开喷嘴时，还要经过点火系统。多年来，已经有许多种点火系统被应用在喷火器上，其中比较简单的一种系统是高阻电线。当电流经过这些电线时，它们会释放大量的热能，使经过的燃料达到燃点。对于图中的喷火器来说，其点火系统略微复杂一些。

当点火阀门打开时，背包中间的圆柱体罐子中的可燃性压缩气体经过一条较长的软管进入喷火器内，并到达它的末端。在这里，可燃性压缩气体从一些小孔中被释放出来与空气混合，并进入喷嘴前方的燃烧室。这种喷火器还有一对火花塞，由位于喷嘴前方的便携电池供电。在准备射击时，使用者将点火阀门打开，并按动火花塞的按钮。火花塞随即在喷嘴前产生小火花，点燃喷射的燃料，火焰便喷射而出。

在两次世界大战和越南战争时，坦克上就安装了上述类型的喷火器。一般来说，这种喷火器的旋转泵或活塞泵都直接由坦克发动机提供动力，将燃料抽入喷火器中。由于有更强大的动力，安装在坦克上的喷火器的射程更远，而且由于有更大的燃料罐，其火力的持续性也更强。

时至今日，虽然军队仍然在使用这种武器，但该技术运用在民用方面更多一些。例如，林业工作者用喷火器来制造防火带，农业工作者用它们来清理土地。一些汽车发烧友将能量较小的喷火器置于汽车尾部，在汽车发动时放出绚丽的火球。摇滚明星和其他一些娱乐圈人物经常用喷火器作为其精彩的焰火表演的一部分。

怎样引爆手榴弹？

手榴弹是一种便携式小型炸弹。由于使用了延时引信，手榴弹成为战场上令人难以置信的利器。士兵可以拉动引信，掷出手榴弹，并在它爆炸前的4秒内脱离其杀伤半径。

手榴弹作为战争的一部分已经有上千年的历史了，它最早是中国人在公元1000年左右发明的。欧洲人通过吸取多方技术，在15～16世纪左右也发明了自己的手榴弹。

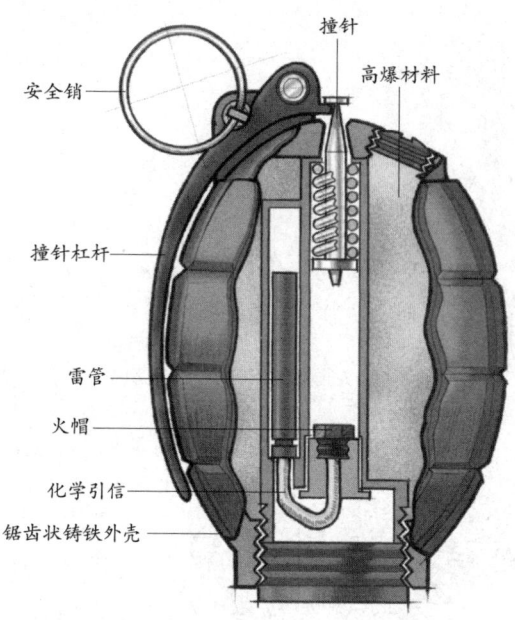

↗ 手榴弹示意图

（图中标注：安全销、撞针、高爆材料、撞针杠杆、雷管、火帽、化学引信、锯齿状铸铁外壳）

20世纪初新模式战争的出现，使手榴弹的作用大放异彩。由于拥有可靠的能够延时爆炸的点火系统，手榴弹在现代战争中扮演了必不可少的角色。

手榴弹主要分为两类：延时式和触发式。

延时式手榴弹是指在拉动引信后一定时间（一般是几秒）才爆炸的手榴弹。下页图示为我们展示了这类手榴弹的一种传统设计。

手榴弹的外壳为铸造的锯齿状铁器，并附带有化学引信机械构造。引信被装有爆炸物的贮存器包裹着。

用来触发引信的是一个弹簧撞针。通常情况下，撞针被安在手榴弹顶部的撞针杠杆所固定住，撞针杠杆又由安全销所固定。在使用手榴弹时，士兵握紧手榴弹，使撞针杠杆被手榴弹弹体推起，并拔出安全销，最后掷出手榴弹。

当安全销被拔出后，除士兵的手外没有东西来固定撞针杠杆。因此，一旦士兵掷出手榴弹，撞针杠杆便会飞出，使撞针处于自然状态。这时，弹簧将撞针弹向下方的火帽，在撞击时点燃火帽，产生小火花。

产生的火花会点燃延时装置上的缓慢燃烧材料。大约在4秒后，延时材料会被烧尽。

延时装置的末端连接在一个类似胶囊的盛有少量爆炸物的雷管上。延时引信末端的燃烧材料会点燃雷管中的爆炸物，在手榴弹内部产生一次爆炸。这次爆炸能够点燃在手榴弹侧部的爆炸材料，产生一次更大的爆炸，使手榴弹爆开。

手榴弹外壳产生的金属碎片像子弹一样飞出，并在射程内击中任何人或物。这种手榴弹可能还有额外的锯齿线和小钢珠，用来造成更大的碎片伤害。

延时式手榴弹有许多显著的进步之处，但它的不可预测性却是个问题：有一些化学延时引信的燃烧时间从2~6秒不等。这就有了大问题：给了敌人反击的机会。如果士兵没有掌握好手榴弹的投掷时间，那么敌人可能在爆炸前捡起手榴弹并扔回来。

触发式手榴弹就像是从飞机上扔下来的炸弹，它们都在触及目标时发生爆炸。通常，士兵们使用手榴弹发射器以很高的速度将手榴弹掷出。一些装在枪上的发射器用一个空弹药筒来掷弹。用其他发射器发射的手榴弹都有自己的雷管和推进剂。与导弹类似，这种用在手榴弹发射器中的手榴弹有着内建的推进系统。

触发式手榴弹直到发射前都必须解除装药。由于它们通常都由手榴弹发射器发射，因此必须拥有自动化装药系统。在一些设计中，将手榴弹推出发射器的推进剂同时也能够触发手榴弹的武器装置。在另一些设计中，手榴弹在飞行过程中的加速或旋转可以使雷管进入工作模式。

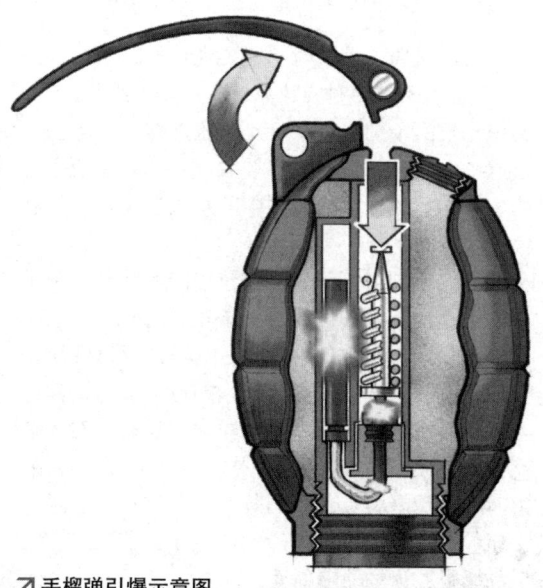

↗ 手榴弹引爆示意图

触发式手榴弹有着自身的流线型设计：弹鼻、弹尾和一副弹翼。位于弹鼻的撞击触发器由带弹簧的可移动板组成，并连接在面向内部的撞针上。同延时式手榴弹一样，触发式手榴弹的引信有一个火帽和一个雷管爆炸物，用来点燃主装药。

当触发式手榴弹解除装药时，一些带弹簧的受力销将引信固定在手榴弹的弹尾末端。而引信固定时，点火销就没有足够长以够到火帽。因此，当触发板不慎被下压时不会发生危险。

一旦点火，手榴弹便开始像被掷出的橄榄球一样旋转。这种运动取决于弹翼的形状和位置，以及在手榴弹发射器内的膛线。

手榴弹的旋转产生了一股离心力，这股离心力将受力销推出。当手榴弹运动得足够远时，销会离开了引信装置并弹向手榴弹的弹鼻部分。当手榴弹击中目标时，弹鼻中的可移动板推进，使点火销触及火帽。火帽爆炸点燃雷管中的爆炸物，并最终点燃主装药。

■ 反人员地雷是如何爆炸的？

地雷是一种战争工具，它可以保护一定范围内的区域，或者可以延迟敌人的进攻。一颗地雷就像是一个原始的机器卫士，当某人离它足够近时便会爆炸。这些机器卫士不够智能，例如它们不能分辨敌友。但在军队保卫据点时，地雷是一种低廉的方式。

反人员地雷是为了迫使敌方步兵在经过特定区域时改变行军路线或退回而设计的。这种地雷可以杀死士兵，并由压力、拉发线或遥控等方式来触发。另外还有智能地雷，它们能够在一段特定时间后自动变为哑雷。

经常使用的反人员地雷可分为3类。

爆雷：爆雷是最常见的地雷，被埋设在地下不足3厘米处，在人踩到其压力板后被触发，此时的压力在5~16千克之间。这种地雷会摧毁附近的东西，例如人的脚和腿。

跳雷：通常在埋设时将其触发装置突出地面，并采用压力或拉发线触发方式。当跳雷被触发时，其点火装置点燃推进装药，将地雷弹射1米左右的高度。此时跳雷才点燃其主装药，对人的胸部或手部造成伤害。

裂雷：这种地雷能够向四处或某个特定方向散射碎片（这类地雷被称为指向性裂雷）。裂雷

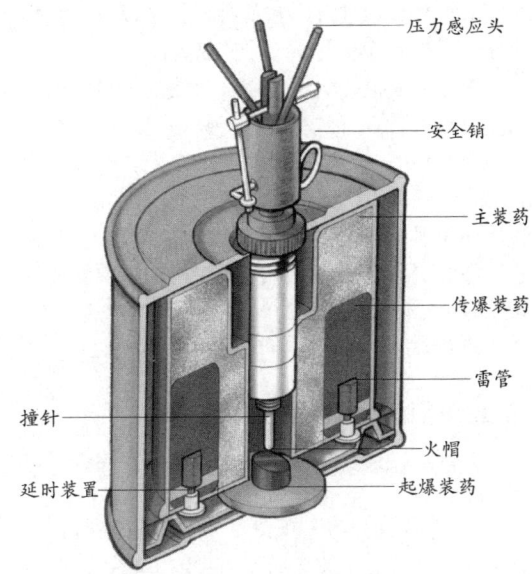

↗ 反人员地雷示意图

的杀伤半径能够达到200米以外，并可以在稍近一点儿的距离上使人致死。裂雷中的碎片可以是金属也可以是玻璃。裂雷的发射方式既可弹射也可以埋在地下。

■ 美国为什么制造"响尾蛇"空对空导弹？

"响尾蛇"导弹是美国军方在响尾蛇的启发下发明的一种用来追捕飞机的空对空导弹。

响尾蛇游动的时候尾部的鳞片会因摩擦而发出响声，"响尾"因此得名。响尾蛇在捕食时，不用眼睛去看，而是根据感觉到的红外线的强弱程度来判断被猎捕者是何物及其位置的远近。当

↗ 美国"响尾蛇"ATM-9L近程空对空导弹，它的射程在20千米以内。

老鼠从它身边跑过时,它就会根据老鼠身上发出的红外线马上觉察出来,并迅速捕捉。

导弹专家根据响尾蛇用红外线追踪目标的原理,设计制造了一种空对空导弹,取名"响尾蛇"。

"响尾蛇"导弹头部的最前端装有红外线探测接收装置。飞机尾部喷出的气流温度高,释放的红外线强,导弹头部的红外探寻装置接收到强的红外线信号后,就会通过导引机构追踪释放红外线的飞机。只要飞机的发动机向外喷射热气流,导弹就会紧追飞机不放,直到将其击中。

■ 战士们为什么要戴钢盔?

头盔是怎么发明出来的呢?它与铁锅有一定的渊源。

第一次世界大战期间,一群法军正在营地里准备吃饭时,突然德军的炮弹如雨点般打来。顿时,营地浓烟滚滚,炮声隆隆,弹片乱飞。士兵们惊慌极了,军营里乱成一团。然而,一个名叫阿拉特的法国战士却临危不乱,一眼看见附近的铁锅,便有了主意。他爬过去,将铁锅盖在自己的头上,趴在地下。袭击过后,阿拉特发现他的战友都牺牲了,尸体狼狈地倒成一片,而他自己仅受了点轻伤,并无大碍。

后来,阿拉特把他用铁锅保全性命的办法讲给来视察的一位将军听。将军深受启发,他命令迅速成立一个研究小组,进行头盔的研制。很快,该部队就制造出了一种用锰钢制造的钢盔,它能挡住子弹和弹片的袭击。

第一次世界大战中的英国头盔	1944年第4代英国头盔	1944年英国伞兵头盔
英国通用第6代头盔	第二次世界大战中的美国钢盔	美国通用PASGT诺梅尔克头盔

↗ 各种不同的头盔

目前,俄罗斯、南非、以色列已经研制出配有瞄准装置的军用头盔。飞行员只要戴上这种头盔,哪怕目标不在飞机轴线方向,也可以发射导弹,摧毁目标。以色列国防军1985年开始实践运用DASH显示瞄准头盔,它既能捕捉偏离机头方向的目标,还能知道飞行员所锁定的目标信息以及雷达所追踪到的目标标志。此外,如果飞机安装惯性导航设备,地面目标也能清晰地被看见。飞行员通过它可以知道飞机的高度、速度、方位等信息。飞行员在双座战斗机中,使用DASH头盔可以"一心二用",一面攻击地面目标,一面又可发射导弹对空中目标进行拦截。

2000年初,德国国防军在举行的虚拟战场"实弹"演习中使用了一种头盔,叫"魔术"头盔。这种头盔可以让士兵切身体会战场上的真实情景,知道自己是否"阵亡"或"受伤"。

"魔术"头盔不仅有军事用途,而且也用在大型精密加工设备的维修、诊断和保养中。例如,美国瓦里安联合公司生产的主要是离子注入器,离子注入器构成部件有8000个,它平均每工作80小时就需要进行维修或例行保养。由于它每个小时能生产晶片200只,而且每个晶片上有225只集成芯片,这些晶片价值高达7.5万美元。为防止损失太大,它不得不一直不断地工作。为解决上述问题,瓦里安公司提供一项新服务,即使客户在千里之外,也用不了几分钟即可获得专家的诊断和故障处理意见及维修指导。

客户购买的离子注入器一旦发生故障,客户的技术人员只要将"魔术"头盔戴上,利用头盔上的一个微型数字电视彩色摄像机、耳机、话筒和两个显示屏,从显示屏上就能够看到由电视会议系统从工厂传来的图像,可与远在千里外的专家通过图像进行商讨。技术人员利用头盔可以拿起工具和零部件让专家诊断,专家把故障部位指出,技术人员可从头盔上看到,然后在专家的指导下,对仪器进行维修。

随着科技的不断发展,不仅头盔的应用领域越来越多,其自身功能也越来越全。

■ 防毒面具为什么状似猪嘴?

第一次世界大战期间,德国与英法联军为夺取比利时伊伯尔的地盘而展开了殊死搏斗。英法联军凭着坚固的工事,誓死抵抗,击退了德军一次又一次进攻。

1915年4月的一天,夕阳西下,英军第五阵地沐浴在暗红色的晚霞之中。这时,一股西北风从德军阵地方向吹来,一个英国士兵将脑袋探出掩体,看见在对面弯弯曲曲的德军阵地前沿上,突然有一股黄绿色烟雾升起。这位英军士兵见后,大声呼喊,其他的英军士兵都探出头来,好奇地看着那奇特的烟雾。

烟雾在西北风的推动下形成一人高的烟墙,快速向英军阵地飘去。英军士兵还不知道他们正面临一场灾难,仍然对这股烟雾议论不停。当黄绿色的烟雾飘过阵地时,英军士兵立刻嗅出了有一股难闻的、带有强烈刺激性的气味,令人无法忍受。阵地上顿时人人都不停地流眼泪、鼻涕,咳嗽声不断,每个人都感到像有一只无形的手在掐住自己的脖子一样透不过气来,不一会儿便头晕目眩,两腿一软倒了下去。

原来,德军为了打破欧洲战场长期僵持的局面,首次使用了化学毒剂。他们在阵地前沿放了5730个装有氯液的钢瓶,当顺风时,便向英法联军阵地敞开了瓶盖,释放出180吨氯气,导致英法联军中毒达1万余人,其中丧命的就有5000多人。然而,当地的野猪却安然无恙。

此事引起了生物学家的兴趣,在反复研究和试验后,他们发现野猪在闻到刺激性气味时,会拼命地用嘴巴拱地。土被拱松后,便将嘴巴埋入泥土中,含有毒气的空气经过土壤颗粒过滤后,危害就消除了。因此,野猪幸运地逃过了这次灾难。

英国军事科学家深受启发,他们研制出了世界上第一批像猪嘴巴一样的防毒面具。这种面具是用木炭颗粒做滤层,内装可以过滤毒气的材料,后经多次改进,防毒面具采用的过滤材料更为先进,具有更大的吸附化学毒剂的本领,但原理和形状并没有改变。

■ 防弹衣是怎样做到防弹的?

人类穿戴盔甲的历史可以上溯到数千年前。原始部落的人出门打猎前将兽皮系在身上起防护和保暖作用;中世纪的战士在上战场前,也都佩戴金属盔甲以保护躯干。到了15世纪,西方世界的盔甲变得更为复杂。在那时,穿戴合适的盔甲,你可以做到近乎无敌。

随着16世纪枪、炮等热兵器的发明,盔甲这种无敌于天下的状况消失了。这是因为子弹的能量足以击穿好几层薄金属板。当然,你可以增加传统金属盔甲的厚度,但这样很容易使盔甲变得十分笨重,导致人无法穿戴。直到20世纪60年代,工程师们才发明出一种值得信赖的防弹衣,而且这种防弹衣穿戴起来较为舒适。与传统盔甲不同,这种软式防弹衣不是由金属板制作的,而是由高级纤维织物制成的,这种织物能够被缝成背心和其他柔软的衣物。

现代防弹衣分为两类:硬式防弹衣和软式防弹衣。

硬式防弹衣是由硬陶瓷或金属板制成的,工作原理与中世纪骑士使用的铁质盔甲基本相同:其坚硬程度足以将子弹挡住或弹开。

虽然硬式防弹衣比软式防弹衣提供了更多的保护能力,但却要笨重得多。当有较高概率遭袭

↗ 带防毒面具的士兵

威胁时,警察和军事人员们可能会穿戴这种硬式防弹衣。但在平时,他们则穿戴软式防弹衣。有些软式防弹衣在提供保护的同时,还拥有很强的舒适性,就像穿普通衬衫或夹克一样。

作为防弹衣的核心装置,一块软式防弹材料在工作时就像普通的网一样。为了了解该防弹衣的工作原理,我们首先来想一下足球球门的构造。球门后方有一张球网,这张球网是由许多长度较长的绳索组成,它们互相交错在一起,并系在球门框和边框上。当你将球射向球门时,球具有一定量的动能,并具有一定的向前的惯性。当球撞击网底时,它在该撞击点被球门绳索弹回。每条球门绳索都由门框一边伸展至另一边,通过增大受力区域,分散了在足球撞击点产生的能量。

能量能够被分散到远处是因为绳索都交错在一起。当足球撞击处于水平设置的绳索时,这条绳索便会拉动所有与其交错的垂直设置的绳索,这些垂直设置的绳索又会拉动所有水平设置的绳索。通过这样的方式,整张球网都用来分散足球的撞击力,无论撞击点位于何方。

如果你将一块防弹衣材料置于高倍显微镜下,你能够看到类似球网的结构。长长的纤维丝线能够交错成一张相当严密的网。当然,子弹运行的速度比足球要快得多,因此制作防弹衣的材料就需要更加坚韧。最常见的制作防弹衣的材料就是杜邦公司的凯夫拉纤维。凯夫拉纤维的质量很轻,就如同寻常衣物的纤维一样,但它比一块同样质量的钢要坚硬5倍。当有物体绞进这张严密的网时,它能够吸收极大的能量。

当你将足球射入球门时,球网会被撞到很靠后的位置,并逐渐使球滑落。球网是一个很好的设计,因为它能够阻止足球冲破阻挡并直接落地。但是防弹材料并不能被撞得如此向后,因为这样一来防弹背心便会沿撞击点向后运动较长的距离,从而对穿戴防弹衣的人造成伤害。由于撞击集中在一块较小的区域,这种情况下造成的钝伤会引起一些内部伤害。

防弹背心需要将钝伤分散至整件背心,这样某一点的压强就不会太大了。要做到这一点,防弹材料必须编织得很紧。一般来说,纤维个体是弯曲的,这样可以增强它们的密度和在每一点的厚度。为了使其更加坚硬,材料被涂上一层树脂物质,并被两层玻璃膜夹在中间。多层带这样夹层的玻璃网构成了防弹背心的防护体系。

当然,身穿防弹衣的人依然能够感觉到子弹的撞击力,但这是作用在整个躯干上的撞击力而不是在某块较小区域内的。如果一切都正常的话,被子弹击中并不会受到很大的伤害。

由于单一一层防弹材料无法做到被撞击后变形的距离小于合适值,所以防弹背心由多层不同材质所组成。每一层网都可以降低一点儿子弹的速度,直到子弹完全停止。这种材质还能够使子弹的撞击部位变形。最终,弹头全部散开,如果此时你冲着墙抖防弹衣的话,会有撞击形成的粉末落下来。这个大量消耗子弹能量的方法,我们称之为"蘑菇式"。

一定要注意的就是,没有一种防弹背心能够做到完全无法穿透,没有一件防弹衣能够保证你在攻击中毫发无损。目前有许多种类的防弹衣,它们在性能上有所差异。

通常,防弹衣中防弹材料层数越多,其提供的防护力也就越强。有些防弹背心能够依需要来增加防弹材料的层数,其中一种常见的做法是在防弹背心内外增加一些口袋。当需要增强防护力时,可以往口袋中插入金属或陶板。

在美国,防弹衣是依据其防护能力来分级的。虽然警察在有能力利用高级防弹衣获得强力防护

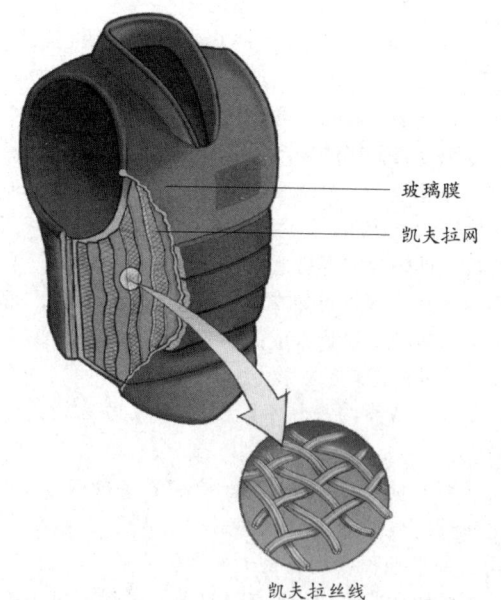

防弹衣示意图

防护力的分级

在美国由法律规定的标准来测试和评估防弹衣。专家们会将新设计的防弹衣进行评估,将其归为7个防弹衣等级中的一个。其中Ⅰ级代表防护力最低,Ⅶ级代表防护力最高。

大多数软式防弹衣的设计属于Ⅰ~Ⅲ级防弹衣范围,而高级的防弹衣普遍含硬式防弹衣装置。低级的防弹衣能够防御小口径子弹的射击,因为这类子弹的撞击力较弱。某些高级的防弹衣可以防护威力较强的散弹枪的射击。

时,却穿戴Ⅰ级防弹衣的做法显得有些奇怪,因为它只能抵御相对较小口径子弹的射击,但穿戴低级防弹衣的决定却有很好的借口。通常,高级防弹衣比起低级防弹衣来说体积臃肿并且相当沉重,这就导致了一些问题。

警察在穿戴笨重的防弹衣的同时却丧失了灵活性,这就阻碍了他们的正常工作。

攻击方更为关注重型防弹夹克而不是薄薄的防弹背心,而且更倾向于向没有防护的部位瞄准。

重型防弹衣的穿着不适感容易使警察将其脱掉,从而导致没有任何防护能力。

■ 军队如何利用伪装来隐藏人员和装备?

在许多军事环境下,士兵们期望做到完全隐身。如果能够这样做,他们便可以悄悄潜伏至敌人眼皮底下,并发动突然袭击。完全程度上的隐身目前还不能够做到,所以在目前情况下,士兵们便利用军事伪装来隐藏自己。

伪装的功能极其简单:在敌人前隐藏你和你的装备。最基本的伪装就是士兵在战场上穿戴的那一种。传统的伪装服含有两种基本元素:颜色和图案。

伪装材料采用不光亮色系为颜色,这样便可以与周遭环境的主要颜色相匹配。在丛林作战中,伪装服采用的主要颜色通常为绿色和黄色,这样可以与丛林中的树叶和泥土相匹配。在沙漠作战中,部队主要采用一种茶色系列伪装服。雪地伪装服则以白色和灰色为主要颜色。为达到完全伪装的目的,士兵们还将自己的脸涂成与伪装服相同的颜色。

伪装材料可能只采用一种颜色,或者是采用多种相似颜色拼凑混在一起(迷彩)。迷彩服的设计原理是为了制造一种视觉上的干扰。杂色图案上曲折的线条能使士兵身体的线条轮廓隐蔽起来。

隐藏轮廓是伪装技术的核心。当人脑发现另外一个人时(比如由于他的移动),人脑能够迅速锁定他的轮廓,并看清他。当你发现并盯上一名穿着伪装服的人时,这个人站着,看起来很奇怪,因为你以前没看见他。但当伪装服再次使他的轮廓变得模糊时,他就又一次的消失在你面前。好的伪装服能够与周遭环境很好地融合在一起,并使观察者费很多时间才能辨清轮廓线条。

在现代战争中,隐藏单个士兵只是其次重要的,因为观察者的距离相当远。自第一次世界大战起,对抗中的双方已经开始用战斗机从空中来搜索对手了。为了能够将大部件——装备与工事隐藏起来,躲开空中的侦察,地面部队必须进行大范围的伪装。

绝大多数的军用装备涂抹为暗绿色和黄色,这样可以与天然树叶很好地混合在一起。另外,士兵们携带有伪装网并将其罩在军用车辆上。士兵们还接受临时将天然树叶拼接起来当作伪装服的训练。

↗ 海军陆战队武装侦察队员涂着迷彩妆,身着伪装服,头顶树枝。

↗ 美国F-117隐形战斗机

伪装船只则比较困难，因为它们总是浮在一大片单色的海洋背景上。在第一次世界大战中，军队意识到很难将船只的颜色与周遭环境"混合"起来，但能够降低攻击对船只造成的影响。在1917年发明的伪装色设计中，以扰乱航迹的方式达到了上述目的。伪装色类似一种立体涂抹图案，由许多几何形状混在一起构成。就像伪装服上的斑点一样，这种设计使人很难分辨出船只的真实轮廓，并区分出船只的右舷与左舷。如果潜艇或船员无法得知对方船只的航向，那将使他们很难准确地用鱼雷进行瞄准。

虽然在过去几百年间伪装技术有了长足的发展，但同时反伪装技术也经历了重大发展。目前，军队已经可以利用热成像技术来发现从人或物体上释放的热量。另外，军队还可以利用雷达技术、图像增强技术、卫星拍摄技术和复杂的监听装置来探测敌人。现代伪装技术必须与这些技术相对抗。

一些高级伪装服可以散发热量并保温，这样热信号不会形成热成像。在船只中，最主要的热源是发动机运转产生的。为减少热量的散发，现代船只可以将废气先置于水中冷却然后再行排出。一些坦克上也有废气冷却系统。

为对付能够放大微光（包括低频红外线）亮度的图像增强技术，军队已经发明了复杂的烟幕技术。厚重的烟云形成大幕，使光线无法穿过，从而使烟幕后的物体达到隐身的效果。还有类似的系统使用喷嘴在船只周围制造一道持续的水雾，以防止船只被发现。

军队使用隐身技术使装备躲避雷达的探测。隐形装备的表面是由许多平面构成的，它们按特定的角度拼接在一起。这些平面能够使雷达波发生偏转，使雷达波在照射平面之后不能沿照射路线反射回雷达站，而是反射至另一个角度并沿该方向散发出去。装备也可能被涂上吸波材料来减少雷达波反射时的能量。

窃听器是怎样进行窃听的？

窃听器常常出现于间谍电影和犯罪电影中。在影片中，间谍和歹徒知道有人在窃听他们的电话，于是便使用暗语谈话，并保持警惕以发现窃听器。在现实世界中，我们对窃听器接触得不多。大多数时候，我们都认为我们的电话线路是安全的。而且在大多数情况下，它们的确是安全的，这只是因为它们没有足够的必要被窃听。如果有人想偷听电话，那么他很容易就可以接入几乎任何电话进行窃听。

想了解窃听器是怎么回事，你首先需要了解一下电话的基本知识。如果你观察一下电话线内部，就会知道电话技术是如何的简单了。当你将电话线的外层剥开,你可以看到两条铜线,一条被绿色塑料覆盖着,另一条被红色塑料覆盖着。为将两处的电话连接起来,你只需要用到这两根电线。

这两根铜线将你说话时起伏的声波转化为起伏着的电流。电话公司则负责将这种电流在电话线中传输。

这种起伏电流到达电话线另一端的接听者那里并且驱动电话听筒。在国际电话网络中传输时,这种电流经常被转化为数字格式的信息以方便其被快捷地传送至更远的地方。如果你忽略整个进程中的这一步骤,你可以想象你和远方朋友间的电话连线是一个由两条铜线构成的很长的电路,并且是闭合电路。与其他电路相同,你可以在电路的任何一段上面增添更多的荷载(由电路供电的部分)。这就同你在电话插孔中插入一部电话分机的道理是一样的。

这是一个非常普通的系统,因为它非常容易安装和维护。不幸的是,它也很容易遭到滥用。当电路带着你的谈话从你家中出发,穿过邻居家和几个配电站,最终到达接听的另一端时,人们可以在线路的任意一点像接电话分机那样接入新的听筒设备。在窃听器中,比较典型的是使用窃听器录制你的谈话或是将其传送至接收器。

这就是窃听器的全部:将一个窃听装置接入电话间载有信息的电路。

一种简单的有限窃听是使用普通的电话。从某种程度上说,当你在房间内拿起电话分机时,你就相当于在窃听自己家的电话。当然这不能被认为是窃听,因为谈话中没有什么秘密。

间谍们也在做同样的事情,不过他们想使自己的窃听活动隐蔽化,使被窃听者不易察觉。最简单的方法就是将接入电话线的接收装置延伸至室外。为设计一种可供窃听的电话,间谍只需要将一段电话线(用来插入插座中的电话线)的外皮剥开,使红色和绿色电线暴露出来。接着,间谍会将电线的另一头接入听筒,并将暴露的线头拴在暴露出来的电话线上。

以这种连接方式,间谍能够利用被窃听者的电话线来实施被窃听者使用电话线的所有行为。间谍可以接电话,也可以打电话。大多数的间谍都将窃听装置的麦克风关闭,它一般只作为一个窃听装置使用。否则,被窃听者就可以听见间谍的呼吸声,从而导致发现窃听器。

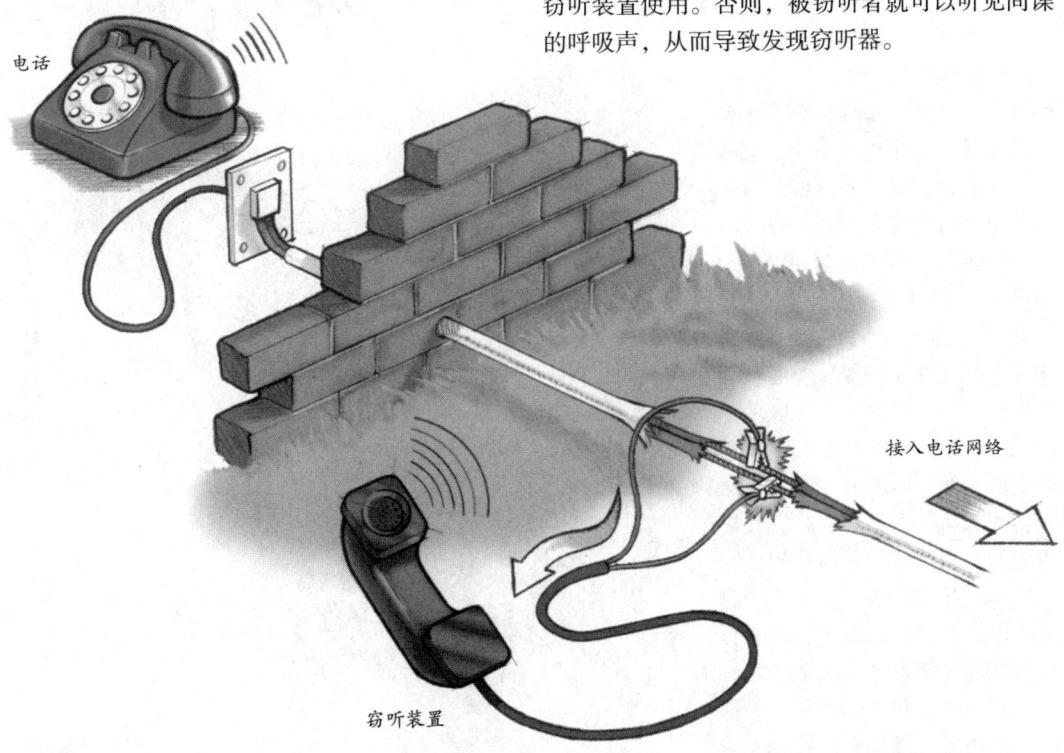

↗ 窃听器示意图

这类窃听器易于安装，但存在一些严重的缺点。首先，间谍必须了解被窃听者何时会使用电话，这样他到时便可以在窃听器旁窃听。其次，间谍必须待在窃听器旁边保持窃听状态以窃听发生了什么。很显然，很难预测何时何人会拿起电话，而且一直在电话公司终端箱处游荡也不是最好的窃听途径。由于这些原因，间谍们通常利用更为复杂的窃听技术来窃听。

另一种选择则是在电话线上接入一些特殊类型的录音机。这些录音机的工作原理就像家里的无人应答电话录音机，它能够从电话线接收电子信号并将其解码为电磁脉冲记录在录音带上。间谍能够很容易地用一个普通的磁带录音机和一些电线制作这样的窃听装置，唯一的问题是他必须使录音能够持续以录下所有的谈话。由于绝大多数磁带每面只能录音30或45分钟，这个方案并不比基本的窃听器好到哪儿去。

为了使其能够发挥作用，间谍需要一个装置来使录音机只在接通电话时才会启动。听写使用的声控录音机能够很好地满足这样的要求。一旦电话线上的人开始说话，该录音机便会启动；当电话被挂断时，录音机也随之关闭。

即使有了这种接通启动系统，磁带依然会很快用完。因此，间谍们不得不经常回到窃听器旁更换磁带。为了能够更为隐蔽地窃听，间谍需要一种能够从远处接收电话信息的方式。

这种解决方式便是利用无线窃听器，它可以接收音频信息，并将其以电波形式传播至空气中。一些无线窃听器安装有微型麦克风，可以直接扩大接收的声波。由于电话本身已经有麦克风，典型的无线窃听器并不需要用自身的麦克风。无论间谍将无线窃听器置于电话线的任何位置，它都能够直接接收电流。电流经过无线电发射机，该装置会将音频信号传输至附近的无线电接收机上。接收机会将声音传至一个话筒播放出来，或是将其储存在磁带上。

通常，间谍会将无线窃听器直接放在被窃听者的电话听筒内的电线上。因为人们几乎不会检查自己的电话内部，所以这是一个绝好的窃听器藏身之处。当然，如果一个人已经发现有窃听器并开始寻找时，在电话听筒中的窃听器就会很快被找出来。

怎样利用测谎仪进行测谎？

测谎仪是一种由医学仪器组成的工具，用来监控人体内发生的各项变化。当被测人被问及一个具体事件时，检查人员会将他的心率、血压、呼吸频率和皮肤电活动（如出汗，附图是在测试手指出汗程度）等与正常值做对比。发生波动和起伏就意味着被测人在说谎。

测谎仪在近几十年间有了突飞猛进的发展。在过去许多年里，测谎仪就像你在电影里看到的那些用小针在单条卷轴纸上划线的工具。这种测谎仪被称为模拟测谎仪。时至今日，绝大多数的测谎仪已经采用了数字技术，以前的卷轴纸已经被复杂的运算法则和电脑监视器所取代。

当被测人坐在为测谎准备的椅子上时，他身体的一些特殊位置会被接上几个传感器和电线，

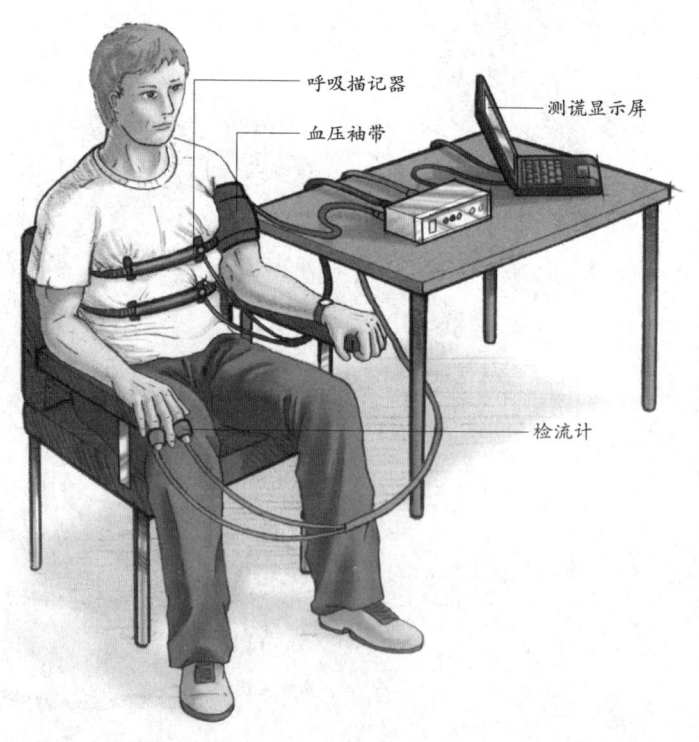

↗ 测谎仪示意图

它们是用来监视生理活动的。欺骗性行为会引起生理上的变化,这些变化会被测谎仪探测出来或是被熟练的检查人员察觉到。检查人员有时也被称作是法庭心理学家,负责察看被测人某次生理活动的起伏幅度。以下是一台典型的测谎仪需要测试的生理活动清单。

呼吸频率:用两台呼吸描记器(充满空气的橡胶管)绕装在被测人的胸部和腹部。当胸部或腹部的肌肉扩张时,橡胶管中的空气会被挤出。在模拟测谎仪中,被挤出的空气作用于一个风箱,该风箱是一个像手风琴式的设备,当橡胶管扩张时便会缩短长度。风箱还连着一个机械臂,该机械臂连着一支墨水笔。当被测人呼吸时,笔便会在卷轴纸上进行标记。数字式测谎仪也需要用到呼吸描记器,不同的是它使用变频器来将被挤出的空气的能量转换为电子信号。

血压或心率:血压袖带被绑在被测人的胳膊上,测试管从袖带一直延伸到测谎仪。由于胳膊脉搏跳动会发出声音,声音会影响气压将管中的气体挤出,这根管子也连在一个连着笔的风箱上。对于数字式测谎仪来说,这些信号也会被变频器转换成电子信号。

皮肤电阻反应:也称皮肤电活动,基本上是一种测量指尖上出汗的方法。指尖是身体上最容易渗水的部分之一,也是最容易发现出汗的地方。这种方法的原理是我们压力越大时出汗就越多。指板也称检流计,连接在被测人的两根手指上。这些指板是用来测量皮肤的导电性。当皮肤上有水时(比如出汗),它将比干燥时更容易导电。

一些测谎仪还能够记录四肢的活动。当检查人员提问时,安装在被测人身体上的传感器会在一条自动移动的纸上划单线,以检测四肢是否移动。

■ 海军航空兵飞行员为什么要用到救生衣?

海军航空兵的飞行员救生衣易于识别,能产生较大的浮力,还能够防止鲨鱼的袭击。它多为背心式,胸围设有 4 个填充木棉的浮囊,浮囊的突出部设有吹气管,落水人员可通过自行吹气增加救生衣的浮力,使上半身浮出海面。救生衣设有电台的挂钩和装有染色剂、抗风火柴、防鲨剂、急救包等物品的救生物品袋。飞行员发现空中有

↗ 海军航空兵飞行员在进行海上救生演练。

飞机寻找自己时,可使用海水染色剂染红海水以使救援人员尽快发现自己;漆黑的夜晚时,可点燃抗风火柴指示自己的位置;发觉可能遭受鲨鱼袭击时,可用防鲨剂保护自己;如果身体已经受伤,则可用急救包自行包扎。另外,物品袋内还有一定数量的海水淡化剂、救生口粮和供落水人员判断方向的指南针。

美军飞行员救生衣是世界上最先进的救生衣,它配有无线电信标机,飞行员一旦在海上跳伞,无线电信标机便会自动发出军用紧急呼救信号,报告呼救者的位置。救援飞机收到呼救信号,便可立即跟踪前往出事地点进行救援。

■ 为什么国际公约禁止化学武器的使用?

1915 年 4 月的一天,在德国军队和英法联军作战的比利时的伊伯尔地区,一道黄白色的气浪在德军的阵地上升起,并向英法联军的阵地吹去。英法联军很快有人咳嗽、打喷嚏、流泪不止,甚至窒息倒地,阵地内顿时一片混乱,许多官兵丢下枪支、火炮,逃离战场,德军从而一举占领英

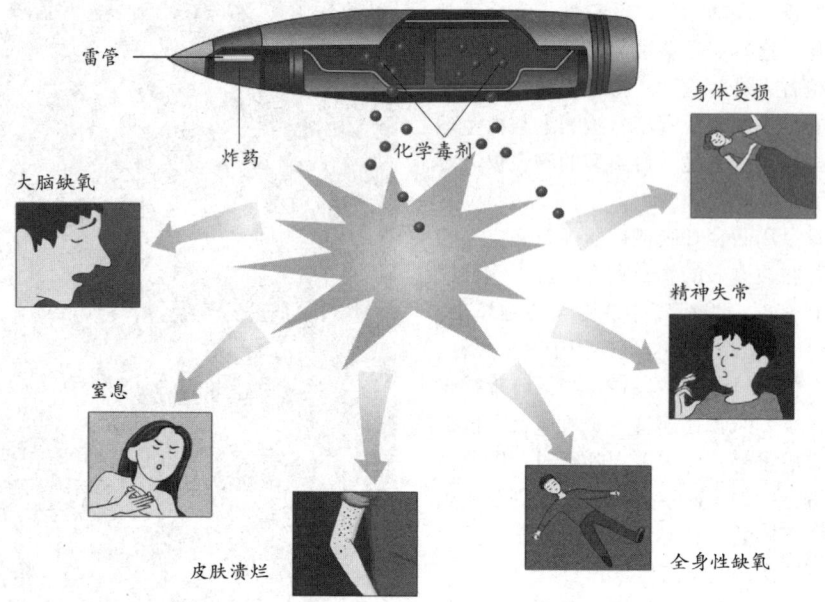

▲ 化学武器对人的各种危害

法联军的阵地。这次化学战使英法联军1万余人中毒，其中5000人死亡。

这次化学突袭是化学武器第一次用于战场，此后化学战的规模逐渐变大。据统计，第一次世界大战的交战国共使用了45种毒剂，毒剂总重量达12.5万吨，共有130多万人受到了化学毒剂的伤害。

由于化学武器对于人体有巨大的伤害，世界人民强烈谴责给人民带来灾难的化学战。1925年禁止化学武器的国际公约在日内瓦通过，但有些国家从不遵守这项公约，并未停止化学毒剂的使用和研究，第三代化学武器已经有所发展。

■ 基因武器为什么能使人类面临灭绝的危险？

利用遗传工程学的方法，人为改变致病微生物的遗传基因，从而培养出危害性更大的新的生物战剂，这就是基因武器的奥秘。转移生物战剂中"致病力强的基因"，可以制造出致病力更强的战剂；或转移"耐药的基因"，可以制造出更耐药的战剂；一起转移几种有害的基因，就可以制造出危害更大的生物战剂。

已有报道表明美国已经完成了具有抗四环素作用的大肠杆菌的遗传基因和具有抗青霉素作用的葡萄球菌的拼接，拼接的分子被引入大肠杆菌中，从而培养出对上述两种抗菌素都具有抵抗作用的新大肠杆菌。前苏联也研究把剧毒的眼镜蛇毒素的基因和流感病毒基因的拼接，企图培育出具有眼镜蛇毒素的新流感病毒。人们如果受到这种新病毒的袭击，会同时出现流感症状和蛇毒中毒的症状，导致瘫痪和死亡。

■ 为什么要加强国防建设？

国家为捍卫领土主权的完整和安全，对外来武装侵略和颠覆进行防备、抵御所进行的军事及与军事有关的政治、外交、经济、科技、文化等方面的建设和斗争被称为国防，国防是维护国家稳定与安全的根本保证。

国防与国家同时产生。中国奉行的国防战略是积极防御战略。

现代国防不再仅仅着眼于准备和打赢战争，而是更多地将重点放在遏制和防止战争，国防力量虽仍以军事力量为主体，但其他非军事力量对国防产生的作用在不断上升，国防力量的增强对国家综合国力的依赖性越来越大；军事与非军事手段的结合运用是现代国防发展的基本方向。

国防渗透到社会生活的各个方面、各个领域，国防必须依靠全民、全社会的力量来完成。建立现代化国防，是我国国家建设的一项宏伟目标。

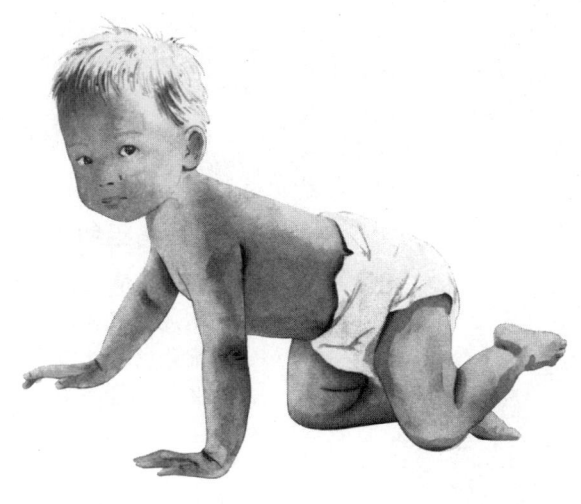

人体奥秘

我们如何了解人体？

每一年，现代医学都利用数百种复杂的仪器来测试和探寻人体的更多奥秘。这些仪器包括扫描仪、显微镜和电子监控器等。扫描仪和 X 射线仪可以看到人体内部，对血液和其他人体部位做的化学测试可以显示其中所含的物质，显微镜可以显示出最小的细胞甚至是基因，电子仪器，例如心电图和大脑监视器，则可以在纸张或显示屏上显示波形图以便医生进行检查。

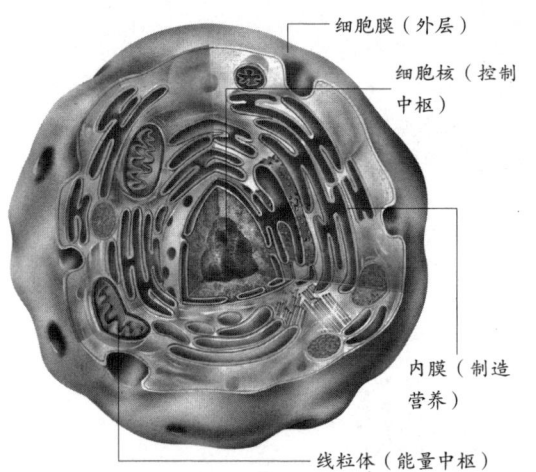

↗ 典型的人体细胞太小，没有显微镜无法看到。然而，人体细胞中还含有更小的被称为细胞组织的部分。

什么是器官？

人体器官包括心脏、大脑、胃和肾等，是人体的主要构成部分。人体内最大的器官是肝脏，而整个人体最大的器官为皮肤。几个器官通常会作为一个人体系统通力合作。

什么是人体系统？

人体系统是通力合作完成一系列工作或特定工作的一组器官，它们可以保证人体正常运转。例如，心脏、血管和血液构成循环系统，使血液在全身循环，为每一个细小的部位提供氧和养料等必需的物质，同时收集排泄的废物。

人体部位可以替换吗？

有些人体部位成功替换后还可以使人行动自如。例如，胯部、膝盖、肩膀、肘关节以及任意一根手指受损后都可用金属或塑料的人造关节替代；破损的骨头可以用板、条和钉加以固定；有些血管可用人造的塑料血管替换；内脏，例如心脏、肺、肝或肾，也可以替换。新的器官通常来自已死亡的人，他们在生前同意捐献器官。

什么是组织？

组织是所有同一种细胞或完成相同工作的细胞的群体或集合。例如，肌肉组织可以收缩促使运动，神经组织可以传输神经信号，而结缔组织可以填充与其他组织之间的缝隙。大部分器官都是由几种不同的组织构成的。

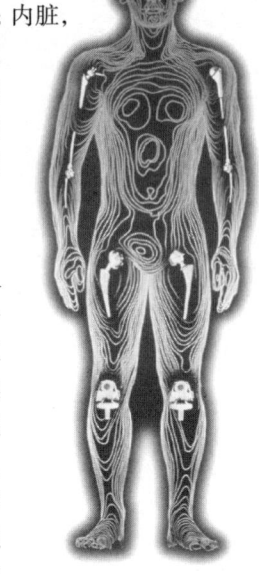

↗ 有些人体部位，例如骨头和关节，可以由坚韧的塑料、不锈钢或钛制成的人造骨头和关节替换。

什么是细胞？

细胞是人体最小的有生命的单位。他们像是微小的积木，有着不同的形状和大小，执行不同的任务。一共约有 200 种细胞，例如神经细胞、肌肉细胞和血细胞，而完整的人体含有 500 多亿个细胞。

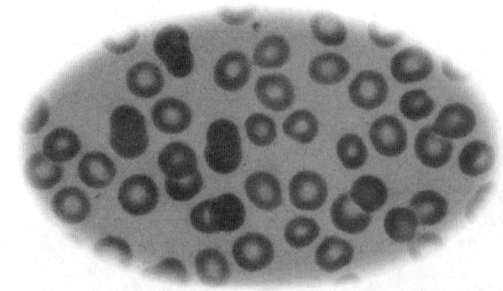

↗ 在光显微镜下，放大约1500倍后，红细胞看起来像灰色中心的水滴。

皮肤是由什么构成的？

像身体的其他部位一样，皮肤是由数十亿个微小的细胞构成的。皮肤分两层，即外层的

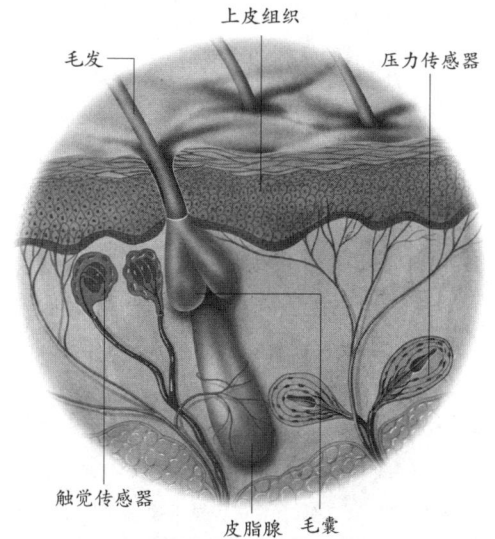

↗ 表皮是皮肤粗糙的外层，大部分都是由死细胞构成的。下面的真皮含有毛囊、汗腺、细小的血管、弹性蛋白的微纤维和胶原质。

表皮和表皮下方的真皮。表皮较粗糙，耐磨损；真皮比表皮厚，含有数百万个微小的传感器，可以觉察出皮肤上多种不同的触觉。

■ 皮肤会磨损吗？

皮肤会磨损，然而又总会长出新的细胞以替代磨损和被摩擦掉的细胞。表皮底部的微小细胞会不停地产生新的细胞，这些细胞逐渐向上移动，随着表皮细胞死去，其会与粗糙的角蛋白结合形成耐磨损的表皮。整个表皮会逐渐地磨损并替换以新的细胞，大约每4个星期会全部更换一次。

■ 皮肤有多薄？

皮肤基本上有0.5～5毫米厚。最薄的皮肤位于眼睑以及身体上其他脆弱敏感的部位，最厚的

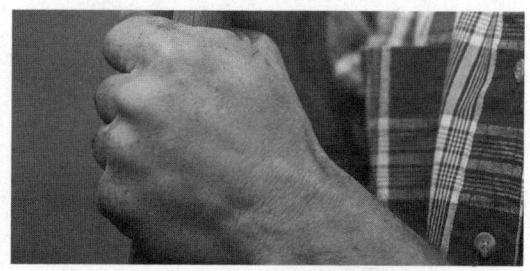

↗ 从事繁重的体力劳动时，双手承受的摩擦要远远大于普通劳动，表皮可能会形成老茧（皮肤的硬结组织）以防止出现更多的损伤。

皮肤位于脚后跟——那里的皮肤厚度可达5毫米以上，经常走路和光着脚走路的人其脚后跟的皮肤甚至更厚。脚后跟皮肤增厚是为了适应压力并防止双脚受到更多的损伤。

■ 头发的生长速度有多快？

对大部分人而言，如果不剪头发，四五年后，头发可以长到1米长。头发会自然而然地从毛囊脱落——毛囊是真皮上头发生长的细小凹点，然而脱发并不意味着会变成秃头，这是因为毛囊会迅速长出新的头发。头发上的毛囊会在不同时间脱发生发，因此大部分人都会长出足够多的头发。

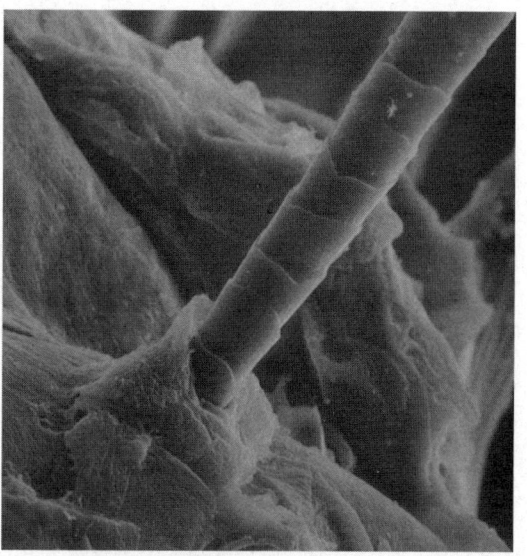

↗ 只有毛囊底部的头发才是活跃和可以生长的，长出皮肤外的头发其实已经"死"去，是由紧密粘在一起的扁平细胞构成的。

■ 为什么我们会长有指甲？

指甲是指尖外侧形成的坚硬外层。指甲可以防止灵活的指尖过于弯曲，从而能够轻而易举且毫无损伤地感受、按压或捡起细小物品。指甲从根部生长，根部位于皮肤下方，沿着手指缓慢向外生长。

■ 人们的头发为什么颜色不同？

头发颜色取决于父母的遗传基因。头发和皮肤的颜色都是由天然色素决定的，这种天然色素存在于表皮底部的黑色素细胞。某些人的黑色素

↙ 黑头发是由很多黑色素着色的。

↗ 浅色头发含有很少的黑色素。

↖ 红头发含有类胡萝卜素的着色物质。

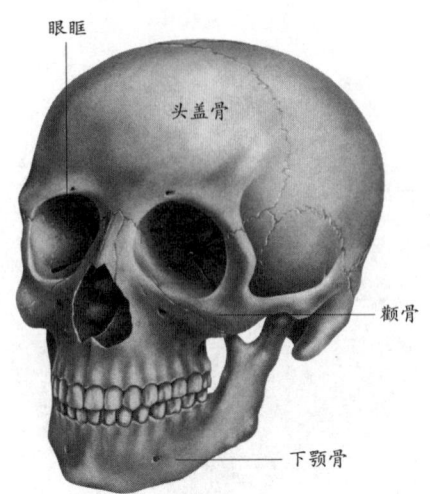

↗ 头骨由22块骨头组成(其中包括下颚),它们通过名为骨缝的关节连接在一起。图中隐约可见的波形线条便是骨缝。

细胞更为活跃,会生成更多的黑色素,因而皮肤较为暗沉,通常情况下头发也比较黑。

■ 骨头有什么用途?

骨头在人体内部形成一个骨架,而骨架使人体可以直立起来,使四肢强壮有力,并保护很多内部器官。手臂和腿上的长骨头可用做坚硬的杠杆,因而当肌肉拉动骨头时,骨头会推、抬或做出其他动作。头骨在脆弱的大脑外会形成一个坚硬的外壳,而脊椎、肋骨和胸骨则在心脏和肺部周围形成强有力的笼状物。

■ 骨头内部是什么?

一般的骨头分3层,它们都是由胶原质、矿物质和骨髓构成的。骨头外面是一层压缩的外壳或称硬骨层,其中含有矿物质的晶体。例如,钙和磷酸盐能增加骨头的硬度,胶原质纤维则可使骨头在压力下发生轻微的弯曲。中间一层为海绵状或网状的骨头,像蜂巢一样有细小的空间。在骨头中心,果冻似的骨髓能生成新的血液细胞。

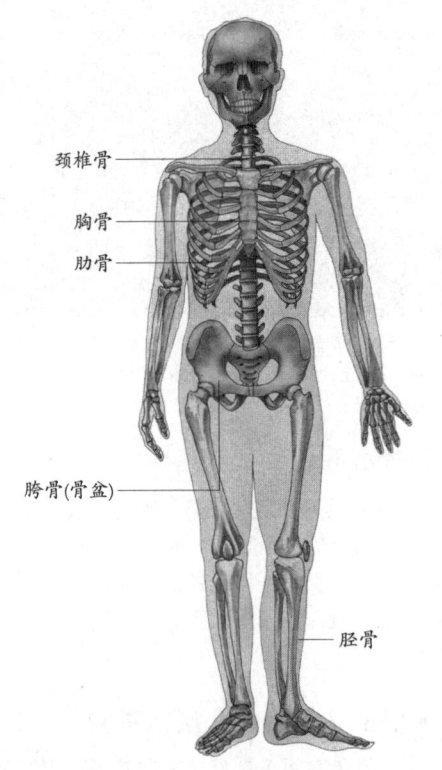

↗ 人体共有206块骨头,其中每只胳膊上有32块骨头,每条腿上有31块骨头,头上有29块骨头,脊柱和胯部有26块骨头,胸腔内有25块骨头。

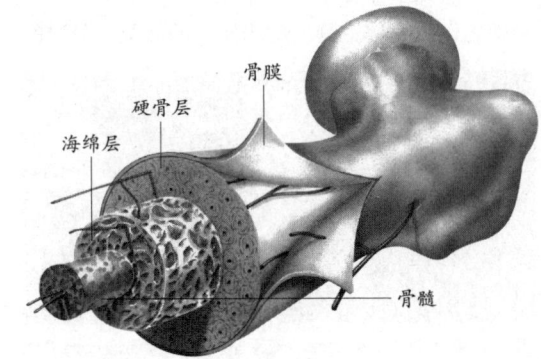

↗ 一般而言,骨头由一个坚硬的外层、一个海绵状且类似蜂巢的中间层、中心的骨髓以及细小的血管和神经组成。

■ 骨折后骨头会发生什么?

骨头会立即开始自我修复!骨头是由活组织构成的,一旦骨头错位的部分由医生移回原位,名叫造骨细胞的微小细胞会开始生成新的骨头,从而将折断的地方缝合。几个月后,骨头会修复如初。

↗ 经常锻炼和运动有助于保持关节的柔韧性和灵活性。

■ 有很多不同种类的关节吗?

是的,有很多不同种类的关节,例如滑膜关节(利于运动)和接缝的关节(不利于运动)。滑膜关节存在于全身,尤其在肩、肘、胯和膝盖处,可完成不同种类的运动,而运动的类型取决于关节自身的构造。肘关节和胯关节是铰链关节,只允许做来回运动。肩膀和胯部是球窝活节,具有更高的柔韧性,可做扭转的动作。

■ 滑膜关节内是什么模样?

在滑膜关节内,骨头末端覆盖着一层光滑的物质——油样的滑膜液,该液体是由关节外的袋形覆盖物即滑膜囊生成的,可以滋润软骨,使运动更为流畅,消除任何摩擦和损耗。韧带是将骨头和关节固定在一起的由强韧组织构成的带状组织,可防止骨头移动过远的距离或发生脱节。

■ 骨头为什么会随着年龄变化?

和成年人相比,婴儿的骨头更加柔软,韧性也更好。受到压力时,儿童的骨头更易弯曲,而非骨折,这对他们很有益,因为他们容易摔倒或磕碰到。婴儿的骨架中含有340块以上的骨头,而成年人只有206块骨头,随着人的成长,某些骨头和其他骨头融合形成一块骨头。20~45岁之间,所有的骨头都得到充分发育,并处于最强韧的时候。这之后,骨头开始变得僵硬而脆弱,因而不易弯曲,容易发生骨折。

■ 人体有多少块肌肉?

人体约有640块肌肉。最大的肌肉位于躯干、胯部、肩膀和大腿,移动时,你会发现这些肌肉从皮肤下凸出来。与之相比,某些肌肉则要小得多,例如每一个眼球后都有6块丝带形的肌肉,因而眼球可以旋转着观察四周。

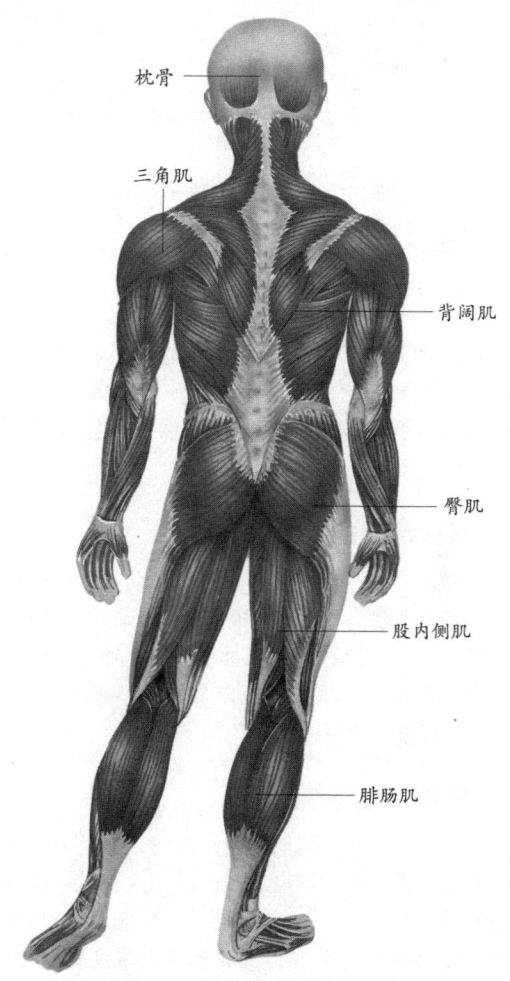

↗ 皮肤下最上层的肌肉被称为表层肌肉,其下方先是中间层肌肉,然后是深层肌肉,其中深层肌肉邻近骨头。

■ 肌肉为什么不会做"推"的动作?

肌肉只会拉动或收缩。大部分肌肉都很纤长,末端与骨头相连。肌肉收缩时,会拉动骨

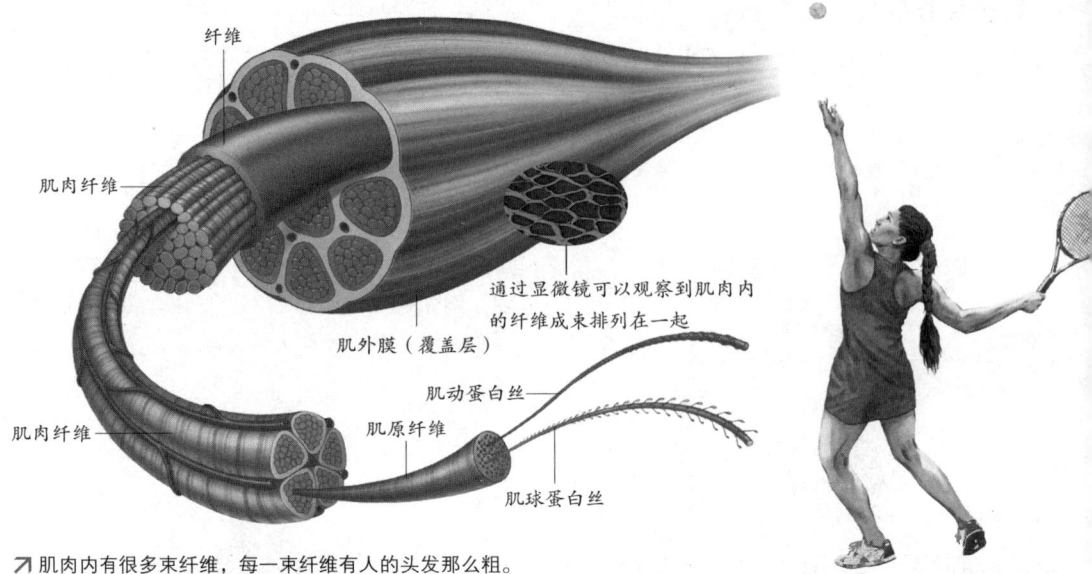

↗ 肌肉内有很多束纤维，每一束纤维有人的头发那么粗。每一根肌肉纤维都由更为细小的肌原纤维构成，而肌原纤维中含有肌动蛋白和肌球蛋白两种物质构成的丝状物。这些肌肉纤维彼此紧密排列，使肌肉更为致密。

↗ 作为网球运动员，不只手臂的肌肉，就连脖子、后背和腿部的肌肉都在运动，从而保持身体的平衡和柔韧，以便运动时减少损伤。

头并使骨头移动，从而带动身体部位运动；然后，骨头另一侧的肌肉会收缩，再拉动骨头返回原位。肌肉成对或成组合作以使身体部位来回运动。

肌肉活动的速度有多快？

非常快——眨眼般快。肌肉活动的速度取决于肌肉的类型。手指、面部和眼睛上"快速抽动"的肌肉不到 1/20 秒就可以抽动一次，速度快但很快就会疲劳，而"缓慢抽动"的肌肉（例如背肌）抽动速度慢，但可以保持较长的时间。

是什么在控制肌肉？

大脑沿着神经向肌肉发出信号，指挥肌肉何时收缩、收缩多大幅度以及收缩多久，从而达到控制肌肉的目的。幸运的是，人之初，我们就学会了很多常见的动作，例如走路、说话和咀嚼，因此我们几乎不假思索就可以完成这些动作。此时大脑仍在控制肌肉，只是控制肌肉的为大脑的下半部分或无意识的部分，即不需要集中精力或只利用潜意识。即使站立也需要肌肉力量，这是因为脖子和后背的肌肉拉紧才可以保持身体平衡和直立。

肌肉为什么会疲劳？

血液可将氧气和能量运送到肌肉从而保证肌肉的活力，然而有时血液的流动太慢，肌肉会因此感到疲劳。如果心脏无法快速供血以激发肌肉的活力，肌肉会因供应耗尽而变得疲劳，再也无法运作。同时，繁忙的肌肉还会产生废弃物即乳酸，乳酸要由血液带走，如果供血不足，乳酸会在肌肉中堆积，从而可能会导致抽筋。

为什么人体不能生成更多的肌肉？

然而人体通过锻炼和活动，可以增大肌肉，并使肌肉变得更加健康、更加强韧，也更富有力量。锻炼还可以加快心脏供血速度，增大肺部呼吸力度。事实上，心脏的大部分都是肌肉，而呼吸动作也是由肌肉带动完成的，因此，任何形式的运动都有助于保持身体肌肉的健康。

我们为什么需要呼吸？

为了使氧气进入人体。人体需要氧气进行体内的化学反应，而且每一个微小的细胞内都会发生化学反应。氧气可以将高热量物质葡萄糖分解并释放出生命进程所需的能量，而由于人体无法储存氧气，必须不停地从空气中获取新的氧气供给。

吸入的氧气到了哪里？

通过鼻子后顺着喉咙进入气管，然后沿着支气管进入胸膛中的两个肺叶——以上这些人体部位便构成人体的呼吸系统。呼吸有时被称为呼吸作用。

呼出的气体是什么？

呼出的气体中，多数为二氧化碳，少数为氧气。吸入的空气中有21%为氧气，而呼出的气体中仅有16%为氧气。然而，吸入的空气中几乎没有二氧化碳，但呼出的空气中二氧化碳所占的比例比氧气还要多4%。二氧化碳是分解葡萄糖产生能量的过程中产生的一种废弃物，如果二氧化碳在人体内堆积，会产生毒性，因而，血液会收集二氧化碳，并通过肺泡呼出体外。

人为什么能发声？

当你谈论、唱歌、哼唱和尖叫时，这些声音是由喉内的声带发出的，而喉位于气管的顶部。当空气穿过气管时，会通过声带之间的狭窄缝隙，使声带振动发出声音。用力呼气会使声音更大，拉长声带则会使声音更为高亢。

肺部最小的部位是什么？

是肺泡。肺泡的形状很像缩微的气球，每个肺中大约有2.5亿个肺泡。每个肺泡都包裹在更小的网状血管——毛细血管的下方，肺泡中的氧气轻而易举就可以渗入毛细血管中的血液中，然后通过血液循环运送到身体各部位。

我们为什么需要摄入食物？

为了提供生命所需的能量，以及为了获得人体生长、保养和整体健康所需的多种营养。摄入食物并将之分解为易于被人体吸收的细小部分的过程即为消化，10个或10个以上的人体主要部位构成了消化系统，它们通力合作共同执行消化任务。随着吞咽下的食物在消化系统内运送，食物中所含的营养元素会逐渐被吸收到人体内。

我们共有多少颗牙齿？

人体一共会长出52颗牙齿，但并不是同时长出来的。出生后长出的20颗牙齿会一直生长到三四岁，它们被称为乳牙。从六七岁开始，它们会自然脱落，并长出32颗牙齿。这些牙齿比乳牙更大更强韧，被称为固齿或恒齿。

吞咽食物前要做什么？

牙齿将食物咬成小块后会加以咀嚼并使之与唾液混合，从而使食物变成柔软且易于吞咽的小块。食物被吞咽至食道——一根由肌肉构成的管道，从而使食物进入胃中并与胃液混合在一起。

胃的主要作用是什么？

胃主要用于分解食物。胃是由肌肉构成的袋状物，可将食物挤压、碾碎并压榨成柔软的浆状物，还可以对食物添加被称为胃酸和酵素的强化学物质，将之分解为粥状的食糜。

人体最长的器官是什么？

通过胃后，半消化的食物会流入人体最长的器官——6米长的小肠。小肠卷曲着位于下体的中部，它可以添加更多的酵素和其他化学物质，将食物分解为最小的营养元素。这些营养元素会渗透过小肠内层进入血液，并运送至全身供人体使用。

最大的内脏是什么？

肝，它位于胃的右侧。富含营养元素的血液会流入肝，在肝中得到处理或发生变化，以便能

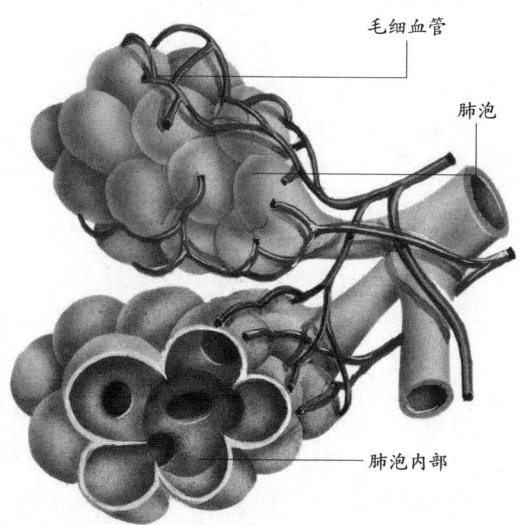

↗ 最狭窄的气管末端有成群或成束的肺泡，包裹在毛细血管下。它们占肺部总体积的1/3。

够储存在人体或被人体利用。肝的左侧、胃的下方为胰，它可以生成强有力的消化液，而该消化液会流入小肠。胰每天会生成大约1.5升消化液。

血液就会被泵入血管中，并使血管凸起来，这个凸起的过程可以在手腕上感受到，被称为脉搏。医生会测量出心跳过程中以及心跳间隔期的血压，以此判断心脏的健康程度。

■ 人体内的血液量有多少？

人体体重的约1/12为血液，这意味着大多数成年人体内有4~6升的血液。血液中约有55%为血浆，而血浆中溶解有氧、营养元素和数百种其他物质。血液中其余的45%由微小的血细胞构成。

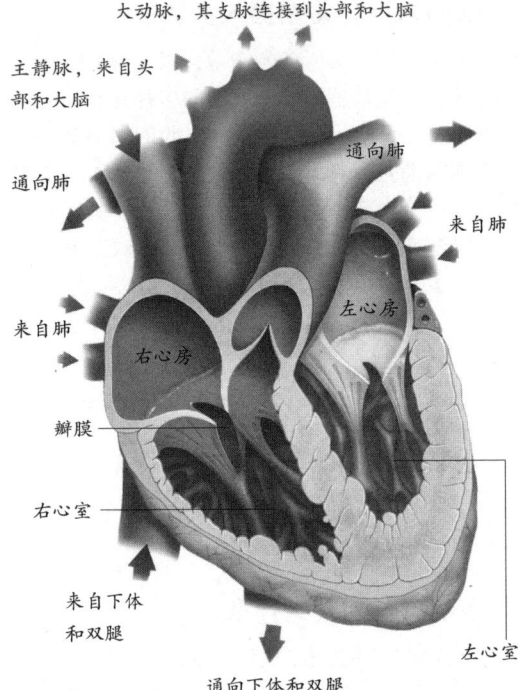

↗ 心脏内有4个腔。每一侧上方有一个心房，可以接收来自静脉的血液，下方各有一个厚壁的心室，可将血液泵至动脉中。

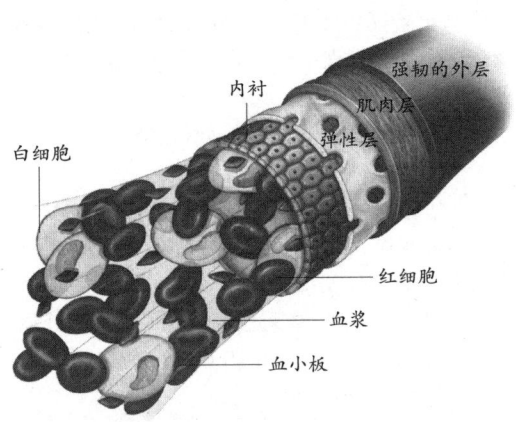

↗ 红细胞是人体内数目最多的血细胞，呈中间凹陷的圆形。白细胞会包围并攻击病菌，因而会改变形状。血小板体积更小，与细胞碎片类似。

■ 心脏为什么能不停歇地跳动？

人在有生之年，心脏的跳动永不停止。心脏是一个由肌肉构成的袋状物，不停地对全身进行血液供给。心脏泵分左右两个部分。右心脏泵可将利用过的血液送至肺以获取氧气。血液流回左心脏泵后，被泵至全身以输送氧气，最后再返回右心脏泵从而完成一次完整的血液循环。血液约需要1分钟的时间就可以完成整个循环过程。"单向"的瓣膜可确保血液沿着正确的方向流动。

■ 心脏的跳动速度有多快？

休息时，心脏跳动的速度为每分钟60~75次，大量运动后，心脏的跳动速度可以提高到每分钟130次或以上，之后再恢复到休息时的速度。心跳的速度视身体的需要而不同。心脏每跳动一次，

■ 血液共有多少种功能？

血液有100多种功能。一个最为重要的功能便是通过几十亿个红细胞运送氧。血液还可以分配营养元素，运送很多天然物质。这些天然物质被称为激素，它可以控制人体内的化学反应，在全身传播热量，运送可抵抗疾病的白细胞，以及收集二氧化碳和其他废弃物。

■ 肾有什么功能？

人体有两个肾，肾会生成包含废弃物的液体即尿液。每一个肾内有100万个具有过滤作用的微小肾单元，每一个肾单元内都有一束细小的毛细血管，可将水和很多物质运送至狭长的环形管道。在这个管道内，某些水分和物质会返回人体，只留下废弃的水和其他物质（即尿液）。尿液会从肾出来并沿着输尿管进入膀胱。

人体如何排泄废弃物？

人体排泄废弃物的方式主要有3种：呼吸、排便和排尿。呼吸会排出人体内的二氧化碳，排便可以排泄小肠内未经消化或剩余的食物和水分，排尿则可以排出一定量的含有从血液中渗出的尿素和其他废弃物的液体。

人体每天会生成多少尿液？

人体平均每24小时会生成大约1500毫升尿液。尿液在膀胱内聚积，待到大约有300毫升时，人就会有尿意，然后尿液会沿着尿道排出体外。人体产生尿液的多少有很大的差异，这取决于饮水量的多少以及水分是以汗挥发还是以尿液排出。

激素有什么功能？

激素是人体内天然存在的化学物质，可以控制内部化学反应，并确保器官和系统协调合作。激素是在名叫内分泌腺的器官内生成的，并通过血液运送到全身，然而每种激素只指挥或影响特定的人体部位即不同的目标器官。

血液是人体内流动的唯一液体吗？

不是，淋巴液也流经全身。淋巴液会运送新陈代谢的废弃物和白细胞，其中白细胞可以吞噬细菌等有害物质。不过淋巴液和血液不同，它只能单向流动。淋巴液最初只是细胞和组织周围或间隙里的液体，它们聚集在名叫微淋巴管的细小管道中，这些微淋巴管共同构成了主淋巴管。最大的淋巴管会在心脏附近将淋巴液全部送入主淋巴管中。人体内有1～2升淋巴液。

什么是免疫系统？

免疫系统即人体的自我防御系统，它可以攻击入侵的细菌从而起到预防疾病的作用。很多白细胞都参与对病菌的抵抗，如巨噬细胞是巨大的白细胞，它可以吞噬细菌。淋巴细胞可以生成名叫抗体的物质，而抗体可以粘到细菌上并使之丧失致病的能力。白细胞在淋巴结（有时被称为淋巴结）内的数目尤其巨大。

眼睛是如何工作的？

眼睛可以将它看到的光线的亮度和颜色转变为电子神经信号代码并传送到大脑。光线会穿过眼球前方圆盖形的透明角膜，然后通过瞳孔——瞳孔位于眼球前部含色素的环形薄膜即虹膜中间。虹膜在强光照射下会使瞳孔变小，从而防止过多的光线进入眼睛并损伤眼睛内部。

眼睛内什么的数目能达到1.25亿？

被称为杆状细胞和圆锥细胞的微小感光细胞。当光线照射到这些感光细胞上时，会产生神经信号。1.2亿个杆状细胞在昏暗的光线下也能看清楚，只是无法辨别颜色，而600万个圆锥细胞只能在较亮的光线下工作，而且能分清颜色并看清细节。所有这些感光细胞都位于曲面上，而这个曲面只有拇指尖大，比书页还薄，它被称为视网膜。视网膜位于眼球的内侧。

我们为什么听不到所有的声音？

对于我们的耳朵而言，有些声音因过高或过低而无法听到。然而某些动物，例如狗和马却能听到这些声音。空气中的声波会沿着管状耳道传

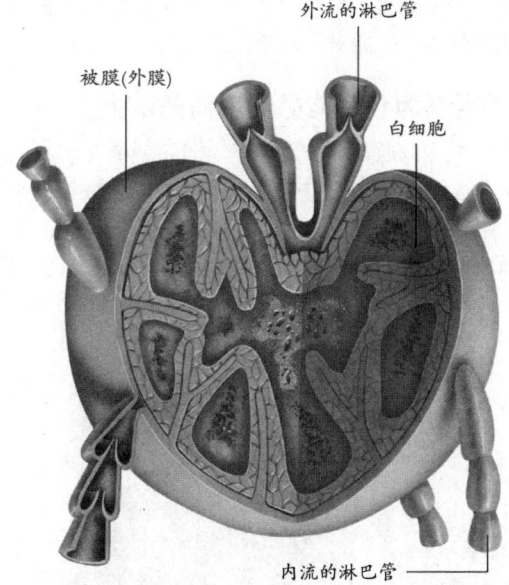

↗ 淋巴结的宽度从不足1毫米到大约20毫米不等，淋巴结中含有淋巴液，淋巴液可以通过淋巴管在全身缓慢流动。人体患病时，淋巴腺会大幅度变大或膨胀，这是因为淋巴中充满了抵抗疾病的白细胞的缘故。

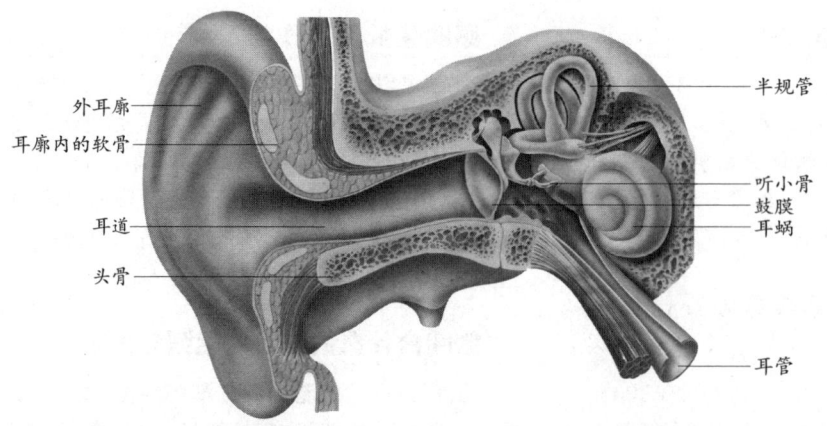

↗ 声波的振动会沿着耳道传播到鼓膜,然后沿着细小的听小骨传播到卷曲的耳蜗,而耳蜗可将声波的振动转化为神经信号。

播,敲击鼓膜并使之振动,产生的振动再沿着三个细小的骨头即听小骨传播到耳朵深处耳蜗内的液体中从而产生神经信号并发送到大脑。

■ 鼻子内部是什么样的?

鼻子内部为名叫鼻腔的气室,它有两个拇指大小。在鼻腔顶部为两片嗅觉上皮细胞,每一片有拇指指甲大小。携带气味的颗粒物会悬浮在呼入的空气中并落在嗅觉上皮细胞上,从而使细胞向大脑发送神经信号。然而,数百万嗅觉上皮细胞中任一个仅能对几种颗粒产生反应。

■ 舌头为什么能品尝不同的味道?

吃东西时,分布在舌尖、舌头两侧和后方的大约1万个味蕾会感知食物中名叫香味分子的细小颗粒。每一个味蕾约含有25个味觉细胞,如果香味分子落到对应的味觉细胞上,细胞就会向大脑发送神经信号。舌头品尝味道的方式与鼻子闻气味的方式相似。

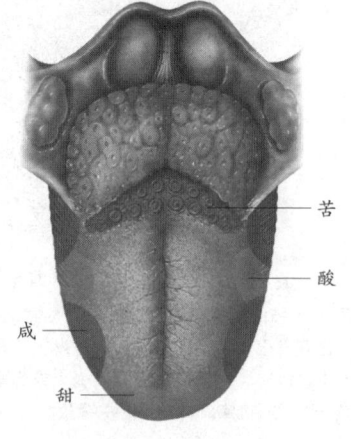

↗ 舌头尖上的味蕾主要感知甜味,舌头两侧的味蕾主要感知咸味,再后面的部分感知酸味,而舌根部主要感知苦味。

■ 神经网伸展开来有多长?

人体神经网有众多复杂的分支,如果所有的神经(包括只有显微镜下才可以观察到的最细小的神经)可以首尾相连,伸展开来的距离可以达到地球到月球距离的一半长。神经像光亮的灰色绳索,是由很多更为细小的部分即神经细胞或称神经元构成的,神经细胞或神经元彼此之间可以传递信息。每一根神经都有一层粗糙的膜,可以防止神经被挤压或扭结。

■ 什么是运动神经?

运动神经可将来自大脑的神经信号传送到人体的其他部位,大部分神经信号会传送至肌肉,指示肌肉何时收缩、收缩多大幅度以及收缩多久,有些运动信号会传送到腺体,例如汗腺、唾液腺和泪腺,指示它们释放出所含的物质。感觉神经则以另一种方式传送信号,即将来自眼睛、耳朵和其他感觉器官的信号传送至大脑。

■ 人体为什么有那么多神经细胞?

达数千亿个,其中大脑中就含有1000亿个神经细胞。每只眼睛通向大脑的视觉神经含有100多万个神经纤维,其他神经也有数目如此庞大的神经纤维。此外,某些神经细胞可以通过神经键将信息传递到1万多个神经细胞,因此神经信号在全身的通道的数量可以多到无法想象——而且神经之间的连接总是在发生变化。

■ 神经传递信号的速度有多快?

传播最快的信号(例如从皮肤传来的警告伤害和疼痛的信号)的速度可达100米/秒以上,这样一来,人体可以快速做出反应,从而避免受伤。信号传播速度的快慢与神经的类型和其所传递的信息有关,其他信号(例如控制胃和消化道的信号)的传播速度则很慢,只有1米/秒。

■ 记忆为什么能被存储?

大脑内其实也没有特定的"记忆中枢",但是很多部位可以合作存储记忆。一个名叫海马状突起的弯曲部位在将短期记忆(例如我们只需记住几秒的电话号码)转变为长期记忆(几个星期或数月后仍不会忘的记忆)中发挥着重要作用。

■ 大脑是如何连接到人体上的?

通过脊髓。脊髓是人体的主神经,从大脑底部向下延伸并进入脊椎骨。脊椎上又分出31对神经,这31对神经再向两侧延伸连接到人体内部。从大脑本身也分出12对神经,它们主要连接到眼睛和耳朵等器官上。这些神经被称为脑神经,有些脑神经会延伸到胸腔。

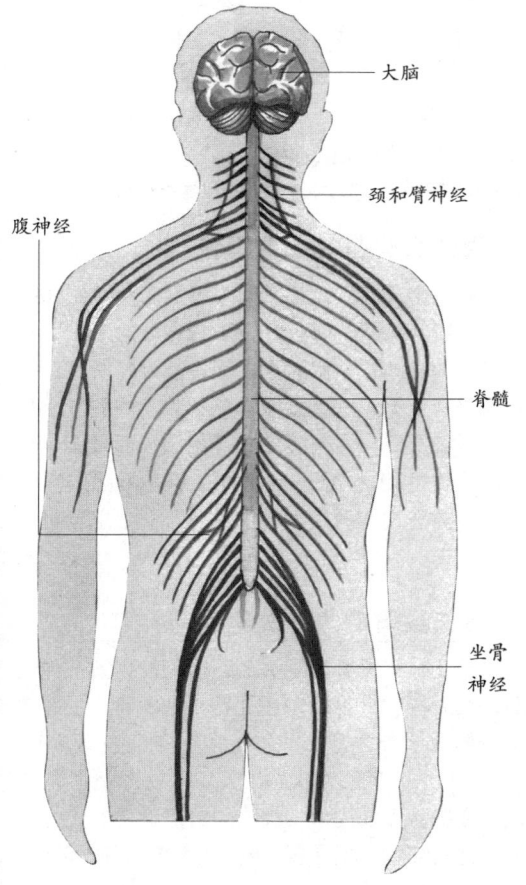

↗ 神经系统可以控制并协调全身的化学反应和活动。它的主要构成部位为大脑和主神经即脊髓——被称为神经中枢,以及从中枢神经上分支而来并遍布全身的数百个神经,后者被称为末梢神经系统。

■ 思考是如何发生的?

思考之所以发生是神经信号在大脑内很多不同的部位之间传递的结果,而大脑内实际上并没有专用于思考的部位。大脑皮层尤为重要,它是很大的突出部位(被称为脑半球)褶皱的灰色外层。在脑半球下方是大脑的下半部分,这个部分与潜意识或意识没有太大关系,更多地与"自动进程"(例如控制心跳和呼吸)有关。大脑后方体积更小、位置更低的褶皱部位为小脑。小脑组织传递到肌肉的神经信号,从而确保所有的人体动作都流畅而协调。

■ 为什么不是脑子越大人越聪明?

脑子的大小与聪明与否无关。人的聪明程度取决于我们所说的"智力"的高低。有些人在数学或科学方面并没有特别之处,但可能在音乐或绘画方面才华横溢,或在投资或交际方面有非凡能力。每一个人都有不同的能力、特长和行为方式。

■ 什么是想象力?

想象力是我们能够想象眼睛所见——甚至闭上眼睛也能看见——的情景和景象。大脑皮层的不同部位接收来自不同感官的信息,来自眼睛的信息会传送至大脑皮层的后下方即视觉中枢,在这里大脑处理眼睛看到的事物。运动中枢也被称为皮层运动区。

■ 睡眠时会发生什么?

EEG(脑电图扫描仪)可以记录大脑的神经信号或脑电波,结果显示出睡眠时大脑仍能评价最近发生的事件和记忆,并决定哪些不太重要可以遗忘。在特定的时间,人体的肌肉会发生抽搐,眼球会来回转动。眼睛的这种现象被称为眼球速动,此时人正处于梦境中。

■ 婴儿从什么时候开始生长?

每个人都是由一个受精卵发育而来的,这个受精卵十分微小,是由两个细胞即母亲的卵子和父亲的精子结合产生的。人体在之后逐渐发育,细胞的数目会增长至几十亿,但这些细胞都是由最初的细胞分裂产生的。

■ 卵子从何而来？

卵子位于妇女体内的圆形器官卵巢内，在小腹的两侧各有一个卵巢。每一个卵巢都含有数千个卵子，每个月，都有一个卵子会发育成熟并准备受精。成熟的卵子会释放到输卵管中，然后缓缓进入子宫，这个过程被称为排卵。子宫内膜很厚，充满血液，如果卵子与精子结合，这里能对其进行滋养。若没有受精，卵子和子宫内膜就会通过阴道排出，即形成月经。

■ 精子从何而来？

精子是在男子体内形成并存储的。男子的睾丸会不停地产生精子，睾丸位于小腹下方的阴囊内。睾丸每天会产生数百万个精子，精子发育并存储在一个名叫附睾的迂回的管道中。精子大约可以存活1个月，如果精子没有在性交过程中被释放出体外，会逐渐死去，而且会在新的精子产生时被分离出去。

■ 卵子和精子为什么能够结合？

在性交过程中，精子会进入女性的阴道进而进入子宫，在这里可能有一个成熟的卵子。这个过程从男性体内开始。首先男性体内数百万个精子会从睾丸和附睾开始沿着输精管到达尿道，其中尿道位于阴茎内。含有精子的液体会离开阴茎末端，然而受精时只有一个精子可以和卵子结合以产生新的生命。

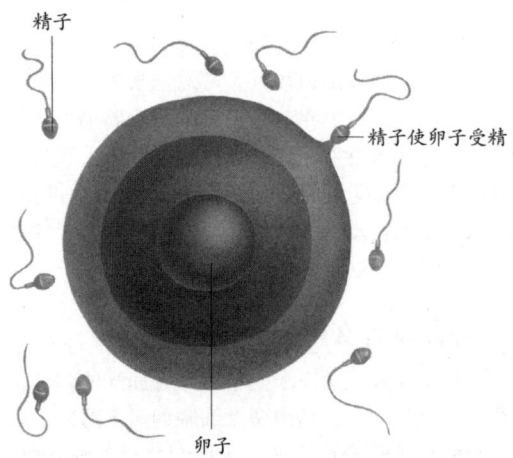

↗ 在女性的输卵管内，很多精子会快速摇动尾巴游向卵子。然而，只有一个精子可以和卵子结合，将它的遗传物质（DNA）注入卵子中。

■ 什么是基因和遗传？

基因会指示人体如何发育并实现生命进程，而遗传是指将父母的基因传给子女。基因是以DNA（脱氧核糖核酸）这种化学物质的形式存在的，卵子内含有母亲的基因，而精子内含有父亲的基因。当卵子和精子受精结合时，二者的基因会合二为一，于是受精卵便开始发育成一个婴儿。

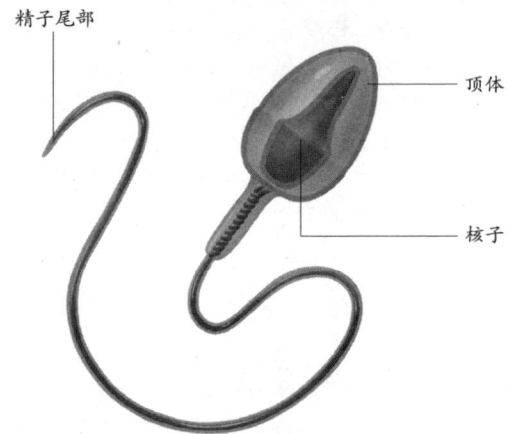

↗ 一个精子有一个圆头，里面含有遗传物质（DNA）。

■ 为什么有些特征会遗传？

有些生理特征是从父母遗传而来的，例如眼睛、皮肤和头发的颜色，鼻子和耳朵的形状以及成年后的身高等。然而，某些特征可以通过几个基因进行控制，这就意味着孩子头发的颜色或耳朵的形状并不一定与父母一方相似，而可能与祖父母或外祖父母中的一个相似。同卵双生的双胞胎虽然拥有相同的基因，在外形特征上也会略有差异。

■ 最先发育的为什么是头部？

胎儿最先发育的是头部，即先发育大脑和头部，然后再发育躯干，这之后才是四肢。生命是从受精卵的分裂开始的，受精卵会分裂为2个、4个、8个，以此类推。几天后，就分裂产生数百个细胞，而几周后，细胞的数量就达到数百万个。这些细胞日积月累，便形成人体的各个部位。

■ 胎儿心脏何时开始跳动？

胎儿的心脏仅仅4周后就开始跳动，然而此时胎儿还没有完全发育成形。从受精之时到8

周，这段时间的胎儿被称为胚胎，肺、肠和其他部位也大约于此时成形。事实上，到8周为止，所有主要的部位都已形成，甚至连手指和脚趾也不例外。然而此时微小的身体仅有一颗葡萄大小。

■ 胎儿能听到声音吗？

四五个月时，胎儿可能会因为外面大声喧闹而受惊，导致突然移动，这表明其已能听到声音。从受精后的第8周起到生产之前的大部分时间里，胎儿都在生长，体积在不断增大，较小的身体部位（例如眼皮、手指甲和脚趾甲）也在逐渐发育。子宫内一片漆黑，胎儿看不到任何东西，然而即使眼皮合着，眼睛仍在活动。

■ 胎儿如何呼吸？

胎儿并不呼吸——它由袋形的隔膜和液体包围并保护着，然而，它仍需要氧才能维持生存，不过它所需的氧来自母体。婴儿的血液沿着弯弯曲曲绳子似的脐带流动至子宫内膜上的胎盘，胎儿的血液从母体血液的附近流过，这就易于使氧渗入或扩散到胎儿的血液中，然后胎儿的血液会沿着脐带返回至胎儿的身体。胎儿也是以同样方式获得营养的。

■ 生产时会发生什么？

生产临近时，子宫壁上强有力的肌肉开始收缩，从而挤压胎儿从子宫口或子宫颈通过——怀孕期间，子宫颈是紧闭着的，然而此时子宫颈开始变宽以便胎儿通过——子宫的持续收缩会推动胎儿沿着产道向外运动直到出生。

■ 新生儿会做什么？

新生儿似乎除了啼哭、吃奶、排泄和睡觉外

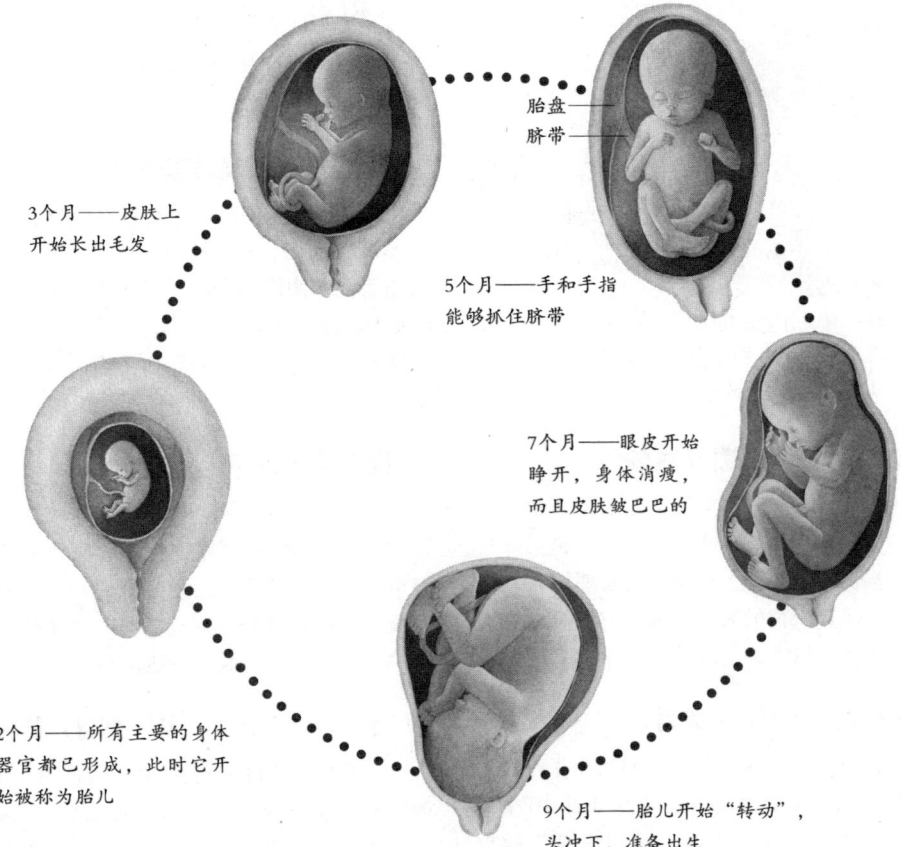

3个月——皮肤上开始长出毛发

胎盘
脐带

5个月——手和手指能够抓住脐带

7个月——眼皮开始睁开，身体消瘦，而且皮肤皱巴巴的

2个月——所有主要的身体器官都已形成，此时它开始被称为胎儿

9个月——胎儿开始"转动"，头冲下，准备出生

↗ 刚开始，微小的胎儿在子宫内有充足的空间，可以自由飘浮，但随着其不断生长，空间越来越显得局促，因此胎儿必须弯曲脖子、后背、手臂和双腿。

无事可做。刚开始,婴儿一天可能要睡大约20个小时,然而也会做各种各样无意识或反射性的动作——会抓住碰到手的物品,会转向碰到脸颊的物品。如果因高声的喧闹受惊,婴儿会放声啼哭;当膀胱和肠道充满时,会立即排空。

■ 婴儿何时开始学步?

普通婴儿大约1岁时就会走路。大多数婴儿按照同样的顺序学做更为复杂的动作,但学会的时间有很大的差异。大多数婴儿在五六个月大时,就能自己坐起来,到七八个月大时在有人支撑的情况下可以站立,到八九个月大时可以爬行,大约满1岁时就会走路。

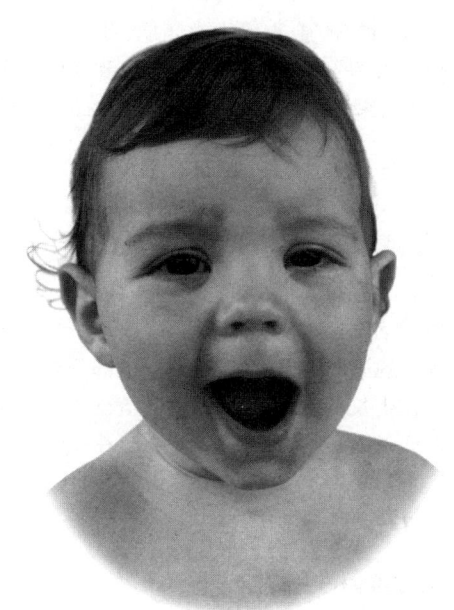

↗ 几周大时,婴儿就可以微笑,不到1岁就会大笑。一般而言,婴儿大约从10个月大时开始讲话。

学习词语的组织,到18个月大时,一般会说20个以上的词语。

■ 身体何时会发育完全?

大多数人到20岁左右时就不再长高,大约25岁时,肌肉会得到充分发展。然而,某些体育活动需要协调性、训练、思想上的准备以及简单的肌肉力量,因此有些运动员到30岁以上时才能达到运动生涯的巅峰。体重也因人而异,某些人体重会不断变化,一生中起起伏伏。

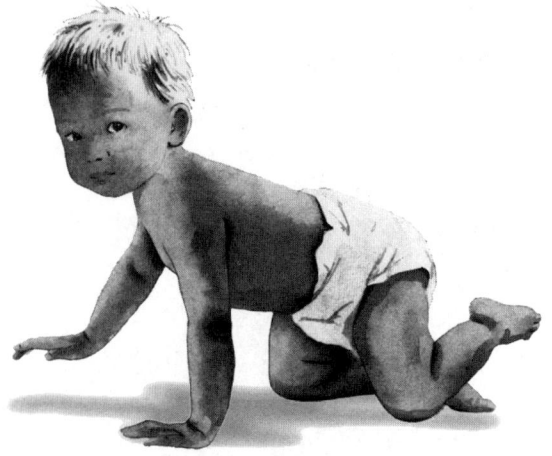

↗ 有些婴儿6个月大时学会爬行,然而某些婴儿从来不会爬行。学会走路前,婴儿可能利用其他方法移动,例如滚动或坐在地上拖着脚向前移动。

■ 婴儿何时的生长速度最快?

出生后的头一年是婴儿生长发育最快的时期,体重大约会增加至出生时的3倍。此后,生长速度逐渐减慢,9~12岁时,生长速度再次加快——这个快速生长的时期被称为青春期。在此期间,性器官得到快速发育。

■ 假肢为什么可以活动?

早在中世纪时期,法国外科医生布洛涅·巴雷(Ambroise Pare)就用弹簧和齿轮使人造胳膊和腿可以活动。今天,由计算机控制的塑料或金属四肢可以代替整条腿部或胳膊。甚至病人四肢的末梢神经都可以向假肢传达行动指令。

■ 我们为什么能够"看"到自己的骨头?

我们可以通过X光看到自己的骨头。1895年,德国科学家伦琴(Wilhelm Rontgen)首次发现X光可以穿透纸张、木头和肉体,但是不能穿透金属和骨头。在几个月后,医生们就开始利用X光对人体骨骼进行拍照。

■ 婴儿何时开始牙牙学语?

正如运动技巧一样,学习说话的过程对不同的婴儿而言有很大的差异。有些婴儿10个月大时就可以说"爸爸""妈妈"和"猫猫"这样简单的词汇,而许多婴儿可能到十三四个月大时才开始形成词汇。婴儿大约十四五个月时开始

■ 什么是人体扫描？

1972年，英国科学家戈德弗里·豪斯菲尔德（Godfrey Hounsfield）研发出电脑控制X线断层摄影（CT）扫描仪，可以利用它对人体内部进行拍照。人们利用CT扫描仪拍摄到数以万计的大脑和人体照片，并组成3D图像供医学研究。

■ 为什么超声波能检查身体？

在过去的几年中，可以产生三维立体图像的超声波仪器被开发出来。在这些仪器中，通过在病人体表移动探头，或者转动插入的探头，可以得到一些二维的图像。然后，通过专门的电脑软件，二维的扫描再被合成为三维图像。

三维图像能够使我们对被检查的器官进行更好的观察，而且最好可以被用于以下检查。

恶性与良性肿瘤的早期检查。

前列腺肿瘤的早期检查。

检查结肠与直肠肿块。

为可能的活组织检查检测乳房病损。

观察胎儿发育情况，尤其是面部及四肢的畸形发育。

观察各个器官内部或者胎儿的血液流动情况。

多普勒超声波基于多普勒效应。当反射超声波的物体移动的时候，回声的频率会发生变化；当向靠近探头的方向移动的时候，声波的频率会升高，反之则降低。频率变化的程度决定于物体移动的速度。多普勒超声波对回声频率的改变进行测量，从而可以计算出物体移动的速度。多普勒超声波多用于测量心脏和主要血管中血液流动的速度。

超声波在很多情况下都可以发挥作用，包括产科学与妇科学、心脏病学和癌症的检测。超声波的主要优势在于可以避免使用射线而检查某些部位。同时，超声波检查比X光检查和其他放射性照相技术所耗费的时间要少很多。

■ X光机是如何使身体"透明"的？

X光机是现代医学上非常有用的一个工具，它能让身体"透明"！X光技术让医生可以直接透过病人身体的组织来检查断骨、空腔以及吞下的异物。改良后的X光程序能够用来检查更为柔软的组织，例如肺、血管和肠。

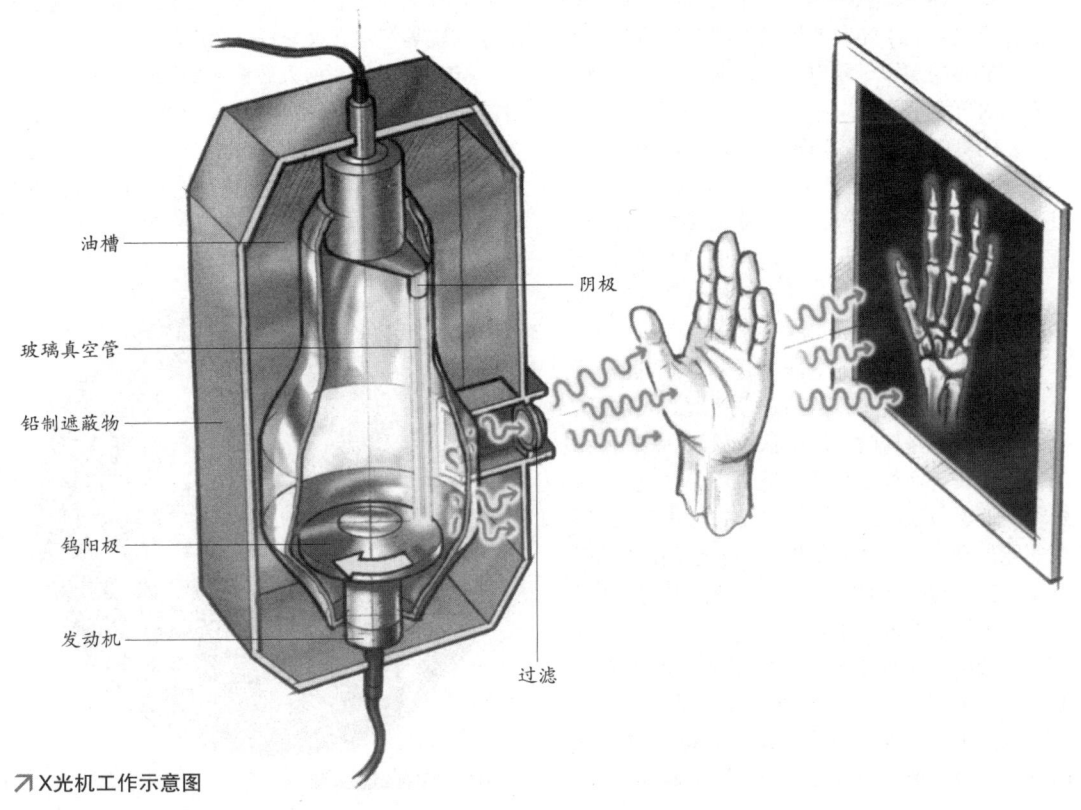

↗ X光机工作示意图

X光与可见光基本是一回事，它们都是由光子来传播的电磁波。而二者的不同在于，各自光子的能级是不同的，也就是表现出来的波长是不同的。

当光子与另外一个原子撞击的时候，原子通过把一个电子升级的方式吸收光子的能量。为此，光子的能级需要与两个电子位置之间的能量差相匹配。如果不是这样的话，光子便不能在轨道之间移动电子。

构成我们身体组织的原子能够很好地吸收可见光的光子。光子的能级正好匹配电子所处位置的能量差。无线电波的能量不足以匹配大多数的原子，所以它们正好能够穿越我们的身体。而X光的光子也不能与我们身体中的原子相匹配，因为它们含有过剩的能量。

X光的光子能够将原子中的一个电子撞击移位。光子中的一部分能量使电子与原子分离，剩下的能量使电子在空间中飞动。大一点儿的原子就是这样吸收X光光子的能量的。小一些的原子因为其电子所处的轨道间的能量差较低，极少可能吸收X光的光子。

我们身体中柔软些的组织是由小些的原子构成的，所以它们不能有效地阻隔高能量的X光光子。构成骨骼的原子相对大些，所以它们能更好地阻隔X光的光子。

X光机的核心是一对电极阴极与阳极，它们位于一个玻璃真空管中。阴极是一条加热的灯丝，就像旧的荧光灯中的一样。机器通过灯丝输送电流并把灯丝加热，热量把灯丝表面的电子溅射出去。阳极则是一个钨制的轮盘，把电子从管中吸了过来。

阳极与阴极之间的电压差是非常悬殊的，所以电子穿越真空管飞行的力量也很大。当加速的电子与钨原子碰撞时，原子低能量级轨道上的电子会被移位。而处于高能量级轨道上的电子会迅速移到低能量级轨道上，在这个过程中释放出多余的能量会形成一个光子。因为轨道间的能量差别很大，所以形成的这个光子含有的能量很高。这个光子就是X光光子。

即使电子不撞击原子，它也能够产生光子。原子核能够吸引高速电子使之改变原先的轨道。就好像彗星缠绕太阳一样，电子高速经过原子的时候，它会减速并且改变方向。这个制动的过程让电子丧失一些能量，释放出的能量便形成了一个X光光子。

X光产生过程中猛烈的撞击使X光机内部产生很多的热量。阳极旁边有一个转动的发动机用来防止其熔化。这样，电子束就不会总集中在一个固定的区域。真空玻璃管周围的冷却油也可以吸收热量。

厚厚的铅制遮蔽物包围在整个机器的周围。这层遮蔽物防止X光从机器的各个方向发射出去，使能量只能够从一个小小的窗口透出去。X光通过一系列的过滤措施，然后才投射到病人身上。

病人另一侧的照相机将拍摄下穿越病人身体的X光的图像。X光照相机与普通照相机的成像原理是一致的，不同之处在于X光发射出的并不是可见光，而是化学反应。

■ MRI是怎样把身体内部看清楚的？

你去医院检查身体，医生认为MRI（核磁共振成像）对于得出一个确切的诊断十分必要。你坐在那里，不明白MRI是什么意思。你的脑海里各种各样的问题和想法不停地涌现：做这种检查需要住院吗？它有害处吗？会疼吗？

MRI能提供一份人体内部的清晰图像。与其他成像系统相比，MRI所呈现的细节是无法比拟的。因为MRI检查能够根据不同的治疗需求量体裁衣，它成了诊断各种伤病的优选手段。通过改变检查参数，MRI系统可以使身体内部的组织呈

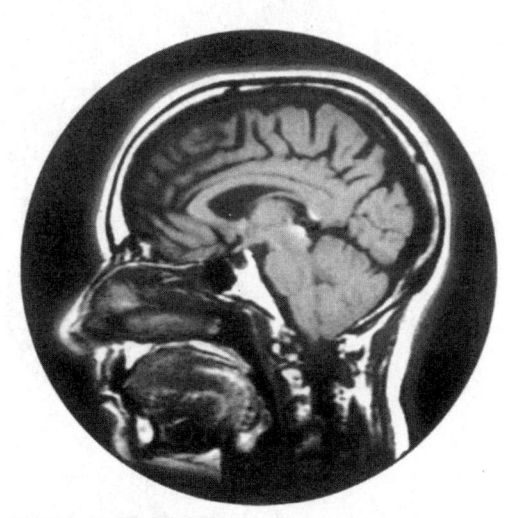

↗ 通过MRI看到的人脑

现不同的状态。这可以帮助阅读 MRI 的放射科医生来决定他们所看到的现象是否正常。我们知道，正常的组织会呈现出某一种结果；如果不是那样的话，可能就属于不正常的情况。

我们可以把一台 MRI 扫描仪想象成一个很大的核磁箱。从前面看，MRI 扫描仪很像一个由前面安装的巨大洗衣机（想想自助洗衣店里的那种）。尽管新型机器的体积正在变小，一台典型的 MRI 扫描仪的体积约为 2 米 ×2 米 ×（1.8～3）米。MRI 扫描仪在体积与形状上各有不同，新型产品的边缘是开放型的，但基本的设计是相同的。它有一个长的管状仓，是磁铁的内腔，位于整个箱体的中央位置（就好比洗衣机的舱门的位置）。

病人处于平躺的姿势，通过特殊的台面进入机器的内腔。至于病人是头部先进入还是脚部先进入舱体，以及病人进入舱体的位置，是由检查的类型所决定的。一旦身体所需要检查的部位处于核磁部位的中央位置，扫描就可以开始了。

为了理解 MRI 的原理，我们首先需要了解 MRI 中的核磁。MRI 系统中最重要的部分就是磁铁。通过两种量度之一可以给磁铁定级，它们分别是特斯拉和高斯。1 特斯拉相当于 1 万高斯。目前 MRI 技术中使用的磁铁在 0.5～2 特斯拉之间。为了说明这种磁力的惊人强度，我们想一下地球的磁场就知道了——地球的磁场不过才有 0.5 高斯！虽然在研究中，我们可以使用磁力达 60 特斯拉的磁铁，但高于 2 特斯拉的磁场在医学成像中是不可以使用的。

类似的数字能够帮助我们理解磁铁的力量，不过日常的事例同样很有帮助。或许你还没有认识到这一点，但是 MRI 扫描室可能是一个十分有害的环境。如果将一些看起来无害的物体带入这种环境，它们在瞬间之内就会变成危险的"炮弹"。受到超级强大的 MRI 的磁铁影响，一些小的金属物体如钉书钉、钥匙、钢笔，甚至剪刀和听诊器会飞跃整个房间。当然，你也不愿意把钱包带到这个环境里面。所有带有磁条的东西，包括你的信用卡和银行卡在内，会被大多数 MRI 系统消磁。

病人或者医护人员在进入 MRI 扫描室之前，他们必须经过严格的检查，防止将金属物品带进

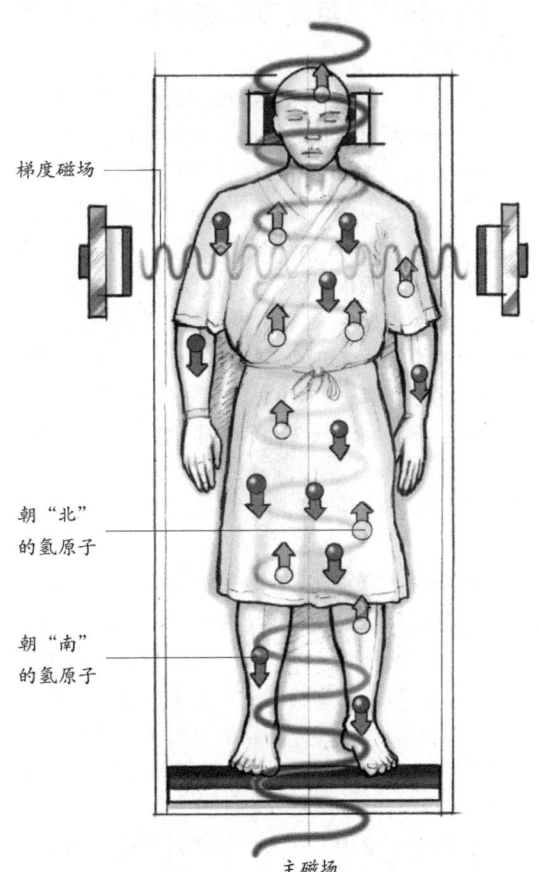

↗ MRI系统的磁场示意图

房间。通常，病人因为以前手术等原因会在体内留下金属针或者类似物体。MRI 的磁场会给这些病人带来难以预料的危险，哪怕是病人眼睛中的金属细小碎片也会带来严重的威胁。眼睛不像我们身体其他部分一样能够形成瘢痕组织。由于没有瘢痕组织的固定作用，一块存在于眼睛中 25 年的金属碎片和一块新的碎片的危险性同样大。起搏器也会带来危险，MRI 的磁铁会使起搏器停止工作或者损坏。因为危险性过大，一些病人便不可能接受 MRI 的检查。那样的话，他们可以使用替代性的成像方法（如 PET 扫描或者 CAT 扫描）。

目前，并没有将人体暴露于医学成像的磁场强度下有害的说法。但是，大多数的设备不会为孕妇做扫描检查。这是因为，目前关于强大磁力对于发育中的胚胎的生物影响还没有足够的研究。

■ PET扫描不用开刀就能检查身体的原因是什么?

在过去，检查人体内部通常的办法是探测性手术，但今天无须开刀就可以进行检查。这些方法包括X光、MRI扫描、CAT扫描和超声波等。

医生不开刀便可检查病人体内的方法是PET（正电子发射扫描术）。核医学利用各种医疗成像办法来进行诊断和治疗，其中包括PET扫描。

核医学成像技术利用放射性物质的不同特性来形成人体各个部位的图像。核技术包括：PET、单光子发射电脑扫描术、心血管成像和骨扫描。

核医学成像对于检测肿瘤、动脉瘤、各种组织的供血异常或供血不足、血细胞异常、器官功能不健全如甲状腺和肺部功能障碍，都十分有帮助。

PET通过检测放射性物质的射线来对身体成像。这些物质被注入体内，标记为放射性原子，如碳—11、氟—18、氧—15或氮—13。它们是由中子撞击正常的化学制剂来产生短寿命放射性同位素而形成的。当放射性元素与组织中的电子相撞时会放射出伽马射线，这些射线恰好被PET检测到。

在PET扫描中，病人会被注射一种放射性物质，然后平躺在平台上通过一个环形结构。这个结构当中含有环形的伽马射线检测阵列，上面有一系列的闪烁晶体，每一个晶体都与光电倍增管相连接。晶体将从病人体内放射出的伽马射线转化成光子，再由光电倍增管将光子转化并增幅成电信号。这些电信号经过电脑处理能够形成图像。随着平台的向内推移，这个过程也在重复，从而形成一系列关于所要检查的部位的切片图像。这些图像可以组合成人体的三维图像。

PET可以提供血液流动和其他生化反应的图像，这取决于被放射性标记的分子的种类。例如，PET可以显示大脑的葡萄糖代谢以及身体各个部分迅速变化的图像。虽然PET对于多种诊断都很有帮助，但是这种诊断中心数目并不多，因为它需要坐落于粒子加速器旁边，以便产生该技术所需的短寿命放射性同位素。

如果你见过PET扫描的话，会发现它很像大脑扫描。时间推移式PET扫描能让科学家看清楚大脑的哪个部分更为活跃，这项技术为人类对大脑功能的研究打开了新的视野。

■ 怎样通过人工呼吸来急救?

如何救助一名看起来失去知觉的病人呢？首先，我们要先确定病人是否真的失去了知觉。像唤醒熟睡中的人一样，我们应该呼唤病人，轻轻的摇晃他的身体来看有没有反应。我们也可以检查病人是否还在呼吸。如果对不是属于呼吸停滞状况的病人进行人工呼吸，反而是有害的。

如果无法唤醒病人，紧接着要做的事情就是拨打120。这样，在我们施行人工呼吸的时候，专业的医护人员就会在赶往现场的路上了。这一点十分重要，除了呼吸阻塞之外，人工呼吸并不能治疗引起呼吸停滞的其他病症。人工呼吸只能用来尽量维持病人的状况直到可以开展针对性的治疗。

进行人工呼吸之前，使病人平躺在一个平面上。如果病人是脸朝下的，在支撑他的脖子的同时将其移动到合适的位置。待病人平躺之后，可以按照规定的人工呼吸步骤开展救治。

气道：使气道畅通。

呼吸：施行口对口呼吸。

血液循环：开始胸部按压。

以上是针对无知觉的成人开展人工呼吸所需步骤的概要（针对婴儿及孩童的人工呼吸将采取不同的步骤）。

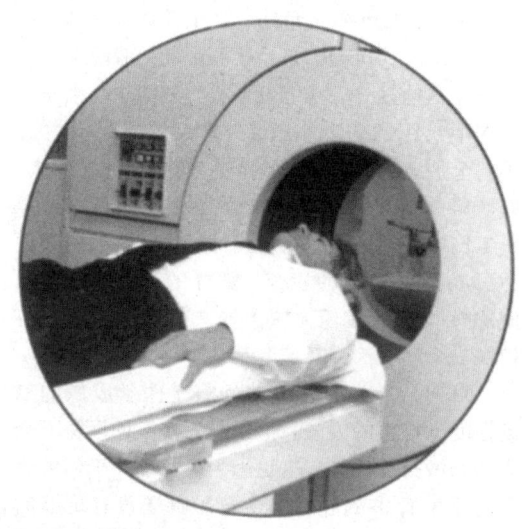

↗ PET扫描

人工呼吸与传染性疾病

很明显,人工呼吸是针对呼吸停滞病人的有效急救措施之一,它每年可以挽救成千上万的生命。但在大多数情况下,即使旁观者中有人掌握了人工呼吸的方法,病人还是得不到有效的救治。

为什么人们不愿意为陌生人施行人工呼吸呢?结果显示,大多数人害怕在口对口的呼吸过程中染上疾病。随着一些致命的传染性疾病的出现,比如通过体液传播的艾滋病,人们这种恐惧与日俱增。即使没有任何资料显示有通过实施人工呼吸而感染艾滋病的病例,但这种可能性仍然存在,哪怕非常微小。

为了减缓公众的恐惧心理,人工呼吸训练现在包含了各个步骤个人保护装置的使用。其中的一些设备如下。

★ 手套:避免接触病人的唾液和血液。

★ 个人呼吸面罩:这些可以为我们在实施人工呼吸的时候提供屏障,用来隔离唾液和黏液薄膜。

唯一的缺点是无论去什么地方,我们都需要携带人工呼吸的这套设备。大多数人都是突发呼吸停滞情况,因此我们不能预料到什么时候可能会用到这套装备。

当一个人昏迷的时候,舌头会放松,并且向后部卷起,从而阻塞气管。因此,在对失去知觉的病人实施人工呼吸之前,需要防止病人的舌头阻塞呼吸通道。下面是清理被阻塞气道的方法。

将手掌放在病人的额头上面并且轻轻按下。

用另外一只手将病人的下巴向前向上提升。

将病人的下巴提升到上下齿可以咬合的程度,但仍需保持口部微张。

将病人的头部向后方倾斜,提升其下巴,这样就能够防止他的舌头阻塞气道。

做完上述工作之后,我们应当再次检查病人是否能够呼吸。如果病人被异物阻塞了呼吸,你能看到他试图呼吸而引起的胸部起伏,但却看不到或者感觉不到有气体从其体内呼出。这样的话,我们还需要再采取额外的措施来清理病人被阻塞的气管,包括如下措施。

用力按压病人的腹部,使异物从病人的气管中被压出来。

试图用手将异物取出。

一旦病人气管中的异物被取出来,我们需要再次检查其呼吸情况。有些时候,只要气管中的异物被清除出来,病人即可自己呼吸了。如果病人可以自行呼吸以及挪动,我们便可以停止施行人工呼吸。如果病人仍旧无法进行呼吸,我们便需要对其施行口对口呼吸。

通过我们的肺部吸入空气,再以规律的间隔时间将这些空气强行吹入病人的肺部,这就是人工呼吸的原理。人工呼吸每次呼吸的长度(1.5~2秒/次)与正常的呼吸频率极为相近。然而,人工呼吸的过程却更像是吹起一个气球,而不像真正的呼吸。我们首先要深深地吸一口气,憋住后用口对准病人的口,然后用力将口中的空气吹进病人的体内。与此同时我们也捏住了病人的鼻子,所以吹进去的空气没有其他的选择,只能进入病人的肺部,肺部由于吸入了空气而体积膨胀。

口对口呼吸并不容易。通常情况下,我们胸部的肌肉推动吸气的过程。在人工呼吸的时候,我们的工作其实就是与病人放松的胸部肌肉相对抗。当他的胸部肌肉放松的时候,胸腔容量缩小,肺部处于紧缩的状态。作为救护者,我们需要用力地向病人口中吹气,来克服这种阻力。当病人的肺部充满了气体的时候,他的

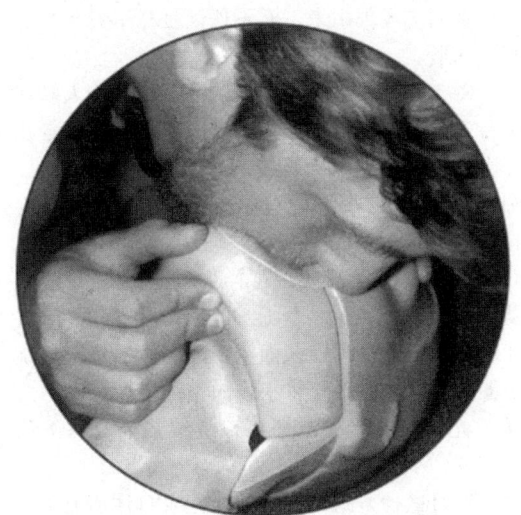

↗ 口对口呼吸

胸部就会隆起，我们可以清楚地看到这一变化。当我们把口从病人的口部移开以后，气体就会逸出，病人的胸部也将随之下降，肺部再次紧缩。和正常的呼吸一样，这将导致气体从病人口中呼出。

难道从另外一个人口中吹入的空气真的能为挽救一名失去知觉的病人提供足够的氧气吗？一般来讲，我们每次吸入的空气当中含有20%的氧气，其中的一部分被肺部吸收。我们吹入病人口中的空气当中一般含有15%~16%的氧气，这些氧气足够挽救一名失去知觉的病人。

当对病人实施两次口对口呼吸之后，我们需要检查一下病人是否出现脉搏，或者可以自行进行呼吸了。这将决定我们下一步要做的工作。

如果病人可以自行进行呼吸，并且出现了脉搏，我们应当停止施行人工呼吸，等待救援的到来。

如果病人不可以自行进行呼吸，但是有脉搏出现，我们应继续施行人工呼吸。

如果病人没有脉搏，我们应对其进行胸部按压，并与人工呼吸交替施行。

■ CAT扫描为什么能形成身体的三维图像？

CAT（电脑断层扫描术）扫描将传统的X光成像技术发展到一个新的层面。它将病人的体内以三维模式显现出来，而不仅仅是显示骨头与器官的外形。

CAT扫描机像一个巨大的环形箱。病人躺在平台上面，然后缓缓进入箱体。X光管被固定在一个可移动的圆环上面，环绕在箱子内部边缘。圆环还装备了一组X光检测器，与X光管正好相对。

发动机带动圆环，这样X光管与X光检测器就能环绕病人的身体运动。每次完整的环绕，能够扫描病人身体横截面窄窄的一段。每次环绕一圈之后，控制系统将平台向箱内继续移动，这样X光管与X光检测器可以继续扫描身体下面的部分。

通过这种方式，机器便能记录身体所有的X光切面。电脑调控X光的不同强度，从而可以更

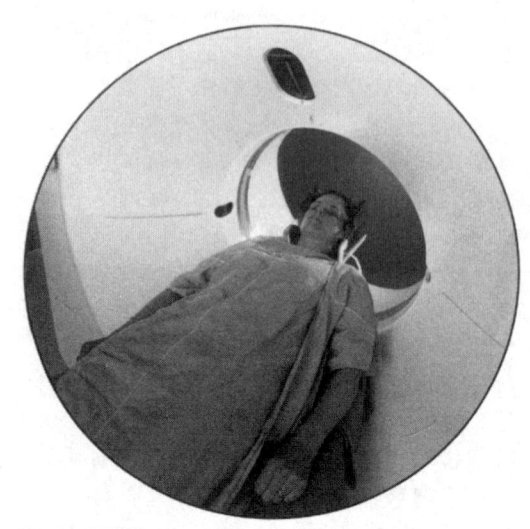
↗ CAT扫描仪

好地扫描身体不同种类的组织。当病人完全通过机器后，电脑将每次扫描所得到的信息进行合成，然后形成详细的图像。

■ 为什么矫正眼镜能矫正视力？

世界上一种最普通的，几乎随处可见的景象就是眼镜！一些人仅需要在看书时使用老花镜，而其他人则可能需要长时间佩戴眼镜。不论它可以使人们看清近处还是远处的东西，两片玻璃或塑料就可以使人的视力立即变好还真是令人惊讶。

许多视觉问题都在于眼睛无法将图像聚焦在视网膜上。以下是目前最为常见的几种问题。

近视：远处的物体看起来很模糊，这是由于图像通过晶状体与角膜后的焦点在视网膜之前造成的。近视可以利用凹透镜（近视镜）加以矫正，这种眼镜可以使成像的焦点后移。

远视：近处的物体看上去模糊不清，这是由于图像到达视网膜时还没有聚焦。远视可采用凸透镜加以矫正。双光镜片带有一个小附加成分，可以帮助远视的人阅读或做一些要离得很近才能完成的工作，例如缝纫。

散光：散光是由于扭曲而产生了第二个聚焦点。它可以由圆柱弧矫正。

眼镜可以用来矫正上述所有问题，还可以用来矫正复视（交叉眼）。眼镜可以通过移动图像来配合任性的双眼。矫正眼镜可以用来矫正像

差，把焦点调整到视网膜上面，或者弥补其他异常情况。

理解光通过弧形眼镜的最好方法就是把它和三棱镜联系起来。三棱镜一边很厚，透过它的光线将会向最厚的部分弯曲（发生折射）。

一个眼镜就好比两个圆形的三棱镜组合在一起，通过眼镜的光线通常会向三棱镜最厚的部分弯曲。为了制造一个凹透镜，最厚的部分——眼镜的基部，会处于边缘的位置，而最薄的部分——反射点将处于中心。这种形状把眼镜中央的光线向四周发散，并且把焦点前移。眼镜越厚，焦点向前移动的位置越远。

为了制造凸透镜，眼镜最厚的部分要处于中央，而最薄的部分位于边缘。光线向中央折射，聚焦点向后面移动。眼镜越厚，焦点的位置就越靠近眼镜。

在眼睛前放置正确类型及度数的眼镜可以调整焦点的位置，弥补眼睛无法将图像聚焦在视网膜上的不足。

眼镜的强度决定于它的材料和弧度。眼镜的强度用D（屈光度）来表示，它表明光的折射程度。屈光度越高，眼镜越强。屈光度前的加号或者减号表示眼镜的类型。

凸透镜与凹透镜可以结合，最终的眼镜类型是两者的代数和。例如，一个+2.00D眼镜加上-5.00D眼镜，得出：

[+2.00]+[-5.00]=-3.00 或者 3.00D 凹透镜。

大部分眼科医生的处方包含4部分。

基部（球面）强度与类型（凸或凹）。

圆柱体强度与类型。

圆柱体轴线倾向。

双焦面强度与类型。

眼科医生的处方的一种简单形式可能像下面这样。

2.25–1.50×127 凸 +2.00

它的意思如下面所示。

一个+2.25 D的球面弧（凸透镜）。

127度的一个–1.50 D的圆柱体（凹圆柱体透镜与基部弧相加）。

额外的+2.00 D的双焦面。

完整眼镜的度数是+2.25+(–1.50)=+0.75D，双焦面的度数是(+0.75)+(+2.00)=+2.75D。如果你还有疑问的话，OD指右眼，而OS指左眼。

验光中通常使用两种基本的眼镜形状。

球形眼镜就像被切掉一半的篮球，而且整个眼镜的弧形都是相同的。

柱状眼镜像从长度的方向被切开的管子。圆柱弧的脊柱（轴线）的方向决定了它的矫正方向。光线只能在这个方向上折射。圆柱弧通常用来矫正散光，因为轴线可以用来与角膜误差的轴线相匹配。

要制作眼镜，我们首先需要眼镜坯件。坯件由工厂制造并运往各个实验室，再制成眼镜的。眼镜的原材料被注入模子，它是直径约10厘米、厚度在2.5～4厘米间的圆盘。模子的底端形成球形。模子中可能含有弧度较大的一段，用来形成双焦面或渐进镜片。

矫正眼镜的材料可以是玻璃或者塑料，但如今塑料更为常见。虽然用于制造眼镜的塑料各不相同，但是制作过程基本一致。

实验室中病人的完整处方将

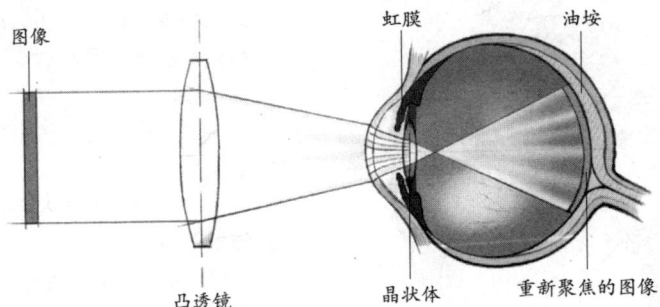

↗ 凹透镜示意图

↗ 凸透镜示意图

给出以下细节。

完成的眼镜必须具有总度数（用屈光度表示）。

焦面的度数和大小（如果需要的话）。

圆柱弧的度数和倾向。

光学中心和任何三棱镜的所需细节。

实验室技术人员挑选一个眼镜坯件，它具有合适的焦面以及接近所开处方度数的基部弧。然后，为了使度数与处方完全吻合，技术人员需要在眼镜坯件的背面再做一个弧形。

在大多数实验室中，它们的设备适合研磨凹弧形，所以技术人员通常挑选强度大的凸透镜坯件。

如果基部弧过强，眼镜的背面会被研磨成凹弧形，这样就能降低眼镜最终的度数。

除了使用金刚石切割以及一些细节之外，玻璃眼镜与塑料眼镜的研磨和抛光过程大致相同。坯件一般是由相对较软的玻璃制成的，而且必须经过回火，无论是利用化学物质还是热量，这样才能在插入框架之前增加它的强度。

人造心脏是怎样延续生命的？

心脏是人体的发动机，是人体一切生命现象的动力。从根本上讲，心脏保证氧气和血液在肺部和体内的循环。一天中心脏会排出9000升的血液量。像其他的发动机一样，如果不好好保护心脏的话，它也会坏掉，也就是所谓的心力衰竭。

2001年7月2日，心脏衰竭的病人有了新的希望，肯塔基州路易斯维尔市犹太医院的医生们实施了近20年来的第一例人造心脏移植手术。这次手术中所使用的由无机生物医药公司生产的非生物可植入替代型心脏是第一个完全独立的人造心脏，预期可以延长病人两倍的生命。

人造心脏的植入手术是个复杂的过程。医生不仅要切开并且取出病人自然的左右心室，还需要把一个陌生的物体植入病人体内。病人需要放置在人工心肺机上，然后还需要移开。医生需要进行上百次的缝合，以便使自然心脏剩下的部分和人造心室吻合。移植物将人造心脏和自然心脏剩下的部分相连接。移植物是一种合成组织，它使人造设备和病人自然组织相连接。

下面是路易斯维尔大学外科医生罗伯特·多灵描述的手术过程。

（1）医生将能量转换线圈植入病人腹部。

（2）胸骨被打开，把病人放置于人工心肺机上。

（3）医生将病人自然的左右心室移走，留下左右心房、主动脉和肺动脉。这一手术步骤会花费2~3个小时。

（4）将病人自然的左右心房和心房封套缝合在一起。

（5）一个塑料模型被植入病人胸部的正确位置，以填充心脏。

（6）移植物裁减成适合的尺寸，并且与主动脉和肺动脉缝合到一起。

（7）把人造心脏植入病人胸部。医生使用快速连接器——类似于夹子一样的物体，将心脏和肺动脉、主动脉以及左右心房相连接。

（8）将所有器械中的空气排空。

（9）把病人从人工心肺机上面移下来。

（10）手术工作组确保心脏在病人体内工作正常。

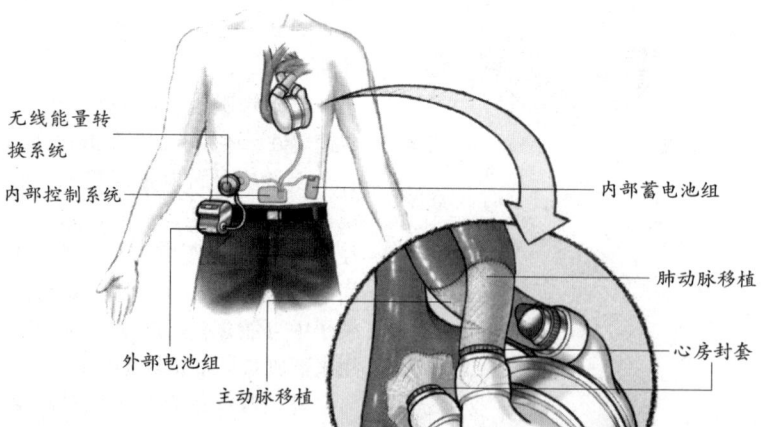

↗ 人造心脏示意图

生活万象

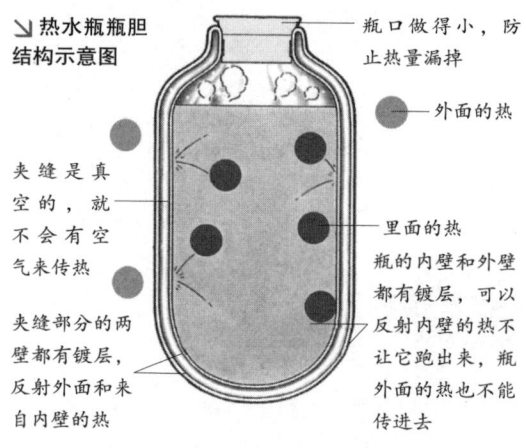

热水瓶瓶胆结构示意图

瓶口做得小，防止热量漏掉

外面的热

夹缝是真空的，就不会有空气来传热

里面的热

瓶的内壁和外壁都有镀层，可以反射内壁的热不让它跑出来，瓶外面的热也不能传进去

夹缝部分的两壁都有镀层，反射外面和来自内壁的热

为什么热水瓶能保温？

热水瓶能够保温主要应归功于热水瓶瓶胆的构造特征。通过仔细观察，我们发现，热水瓶瓶胆由两层薄薄的玻璃外壳组成，两层外壳之间是真空的，在瓶胆内侧还镀有一层薄薄的银。热水瓶瓶胆还有一个比它"身体"部分细得多的可以塞上软木塞的瓶口。正是这样的构造使热水瓶成了"心肠热，外表冷"的保温瓶。热水瓶中被灌入开水以后，由于热水瓶的结构，水的热量不能以通常方式进行传递。一是切断了热的对流。由于瓶颈较细，又被软木塞紧紧地塞住，因此热对流的唯一通道被切断。二是阻塞了热传导。与金属物品相比，空气的导热性能虽然比较差，但瓶胆中外面的热的热量仍然会通过玻璃外壳传递到瓶外的空气中去。可是，由于瓶胆有两层玻璃外壳，中间又被抽成真空，热传导的媒介物——空气变得非常稀薄，热传导的通道也被阻断。三是杜绝了热辐射。冬天，在太阳光下，正是太阳光的热辐射使我们感到比较暖和。由于热水瓶瓶胆被镀上了一层薄薄的银，银层的反射作用把辐射的热量挡在了瓶胆内部，这就使得热辐射的途径也被断绝了。由于上述原因，热水瓶才具有良好的保温性能。

为什么汤冷了以后味道会变淡？

就冷的汤而言，问题不在于盐放的多少，而在于汤本身缺乏足够的热量，所以其他调味料不足以挥发出来让鼻子闻到气味。

人对味道的感知不仅来自于味觉，也来自于嗅觉。鼻子能够闻出大部分调料的味道，因而如果从汤中升腾上来的蒸汽越多，也就是说从调味料中挥发出来的气态物质越多，感知到的味道浓度也就越高。冷的汤可因此能闻起来十分的平淡无味。

但是咸味是由舌头上的味觉感受器单独感知的。事实上，咸味是少数几种只能尝到不能闻到的味道之一。温度的变化对咸味感知浓度的高低根本没有影响。温度本身并非一个味觉刺激因素，味觉也不是单单由化学物质引起的。温度和细节上的原因也会影响到感受器的工作。举个例子，冰咖啡和热咖啡的味道和口感就大不一样。调料的挥发性也是一个影响因素，但是大部分的味觉，包括对食物温度和质地的感知是发生在舌头上的。

◎知识链接

长期以来，人们认为"煲汤时间越长，汤就越有营养"。对此，同济大学医学院营养与保健食品研究所进行了实验研究。他们选择了蹄膀煲、草鸡煲、老鸭煲，通过检测发现：蹄膀的蛋白质和脂肪含量在加热1小时后明显增高，之后逐渐降低；草鸡肉的蛋白质和脂肪含量在加热0.5小时后逐渐升高，蛋白质加热1.5小时、脂肪加热0.75小时可达到最大值；鸭肉的蛋白质在加热1小时后含量基本不变，脂肪含量在加热45分钟时升至最高值。长时间煲汤并没像人们所期望的那样使这三种汤中的营养有所增高。尤其是草鸡煲和老鸭煲，煲汤时间越长，蛋白质含量越低。

专家提醒：长时间加热会破坏煲类菜肴中的维生素；加热1~1.5小时，可获得比较理想的三种煲汤的营养峰值，此时的能耗和营养价值比例较佳。

为什么会产生美丽的烟花？

烟花就像小型的太空火箭且有同样的作用原理：它们燃烧大量的燃料，通常是被包裹在一个狭窄空间里的火药，它会在底部产生一个有效可控的爆炸。火药是由硝酸钾、木炭和硫黄组成的混合物。

一些烟花是射出来的，就像子弹从枪里射出一样，它们从一个叫发射炮的管子里射出，而当

生活万象

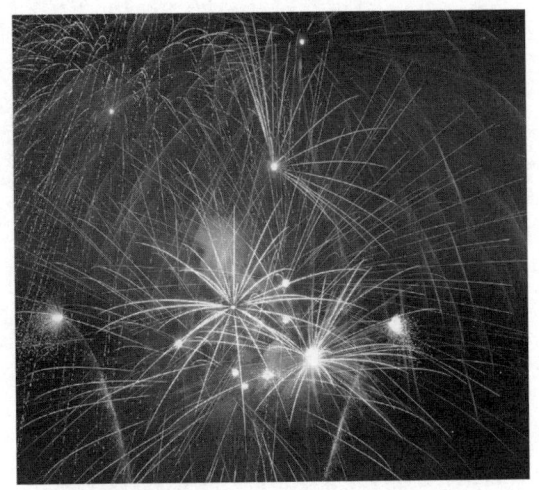
↗ 美丽的烟花

它们飞得非常高时就会炸出各种颜色。这种能释放出颜色的烟花叫礼花，它含有星状或小球状的化学物质。一个明亮的白烟花可能含有镁粒子，而一个红色烟花可能含有锶。烟花弹也含有一种"炸药"，它被填装在所有碎金属屑的中间，当炸药爆炸时，这些碎屑被抛射到天空各处，然后发出明亮的颜色。

轮转烟火其实就是不能离开地面的火箭烟花，因为它通常是中间被钉子定住的。想象一架被一根粗大、强韧的绳子系在埃菲尔铁塔顶端固定在地球上的喷气式飞机。如果它试图向一个方向飞行，它将不会飞得很远，因为绳子阻止了它。释放发动机产生的能量的唯一的途径就是绕着绳子的末端转圈圈，轮转烟火也是一样的。

烟花的化学原理远比它看上去的要复杂。烟花所产生的颜色可能是由于随着温度变化的炽热（光由热生，炽热比白热要温度低一些）也可能是由于发光现象造成的结果，这种发光的现象是能量被一个原子里的电子吸收使它兴奋并不稳定而产生的结果。当电子失去了这种过剩的能量，它就放射出一个光子，而光子的能量决定了你看到的光发出的颜色。

电冰箱为什么能制冷？

现在，大部分家庭中都有电冰箱，它给我们的日常生活带来很多方便。但是你知道电冰箱为什么能制冷呢？让我们在电冰箱的结构中寻找答案吧。

电冰箱可以分为制冷系统、控制系统和箱体3个部分。这其中最重要的是制冷系统，它主要由压缩机、冷凝器、干燥过滤器、毛细管和蒸发器等部分组成。它们围绕着压缩机，连接成一条循环的闭路：压缩机→冷凝器→干燥过滤器→毛细管→蒸发器→压缩机。在这个环路中循环流动的就是制冷剂。氟利昂是最常用的制冷剂，这样一来，我们就清楚了电冰箱的工作原理：压缩机运转，推动制冷剂进入制冷循环，制冷剂在蒸发器中吸收大量热量，从而带走冰箱中食物的热，最后通过冷凝器排到冰箱外，散发在空气中。电冰箱正是这样为我们服务的。

电冰箱的箱体隔热性能极好，它把电冰箱分隔为一个与外界隔绝的空间。电冰箱里一般包括冷冻室和冷藏室两部分，电冰箱的蒸发器设置在冷冻室，所以冷冻室里温度较低，冷藏室中的温度比冷冻室高一些。这样食品放入电冰箱中，就可以进行冷冻或冷藏了。

↗ 电冰箱能使食品长久地保持新鲜。

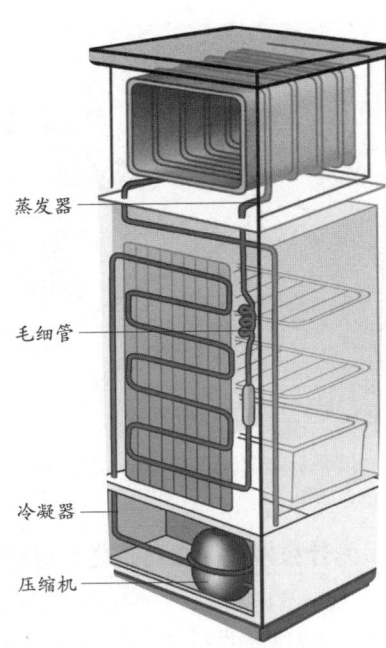
↗ 电冰箱结构示意图

由于氟利昂排放到大气中，会分解产生一些破坏大气臭氧层的成分，不利于环保，所以现在正在大力推广无氟冰箱。

为什么用微波炉煮食物时不能用金属器皿？

用金属烹调器皿盛放的食物，是绝对不可以直接放入微波炉进行烹调的。

一方面由于微波难以穿透金属，辐射到空气里的微波如果在传输途中遇到钢铁等金属就会如光束射到镜面一样发生反射，金属器皿内的食物就不能吸收微波，也不能被加热。

另一方面，微波不能穿透金属器皿，就只能在炉膛内反射，容易形成微波能量的高频短路，甚至会让发射微波的磁控管阳极产生高温，烧得发红，甚至损坏。

微波炉中使用的器皿应该用可以被微波穿透的材料制作，如玻璃、塑料、陶瓷等非金属。其实只要是对微波反射小、可以让微波穿透、耐热性能好、在高温下不会释放出有毒物质的，都能用于微波炉。由微晶玻璃制成的盛物器皿是最理想的，因为微晶玻璃的晶粒比陶瓷还细，对于微波的吸收少，而且又十分耐热。如果加热时间短，用纸质盛器也可以。

↗ 用微波炉加热既快又省电，还清洁卫生，不破坏食物中的营养成分，保持色、味俱在。

为什么用紫砂壶泡茶优于用别的器皿？

我国茶具发展有一个从陶到瓷的过程，明清时代，我国瓷器已经发展到光辉的顶峰。按理说，陶具应该不再那么突出了。但紫砂壶的里外都没

↗ 用紫砂壶泡的茶清香爽口，既可怡神又能清火。

涂釉，和瓷器不同，这就使壶壁保持着微小的气孔，既有透气功能，又不渗水，相比之下，瓷器几乎不透气。正是由于紫砂壶壁充满了这些小气孔，大大增强了它的表面吸附力，所以使茶叶中的芳香油在遇热时，挥发的速度比较慢，从而起到收敛和杀菌的作用。用紫砂壶泡茶，可以延缓茶水霉变发馊的速度，让茶水过夜都不坏。另外，砂质而多微孔的壶壁可以吸附茶汁，从而慢慢地积聚一些"茶锈"，吸收茶的香味，所以有时壶里即使没有放茶叶，只有清水，壶内也会有茶的余香。经验告诉我们，在瓷杯中沏的茶，两天之后就没有一点茶味了，而紫砂壶沏的茶在5天后仍然可感受到茶叶的芳香呢！

紫砂壶的优点不止如此，紫砂的传热性能弱，用紫砂壶泡茶，里面是滚水，外面摸着却不烫手。同时，它对冷热的应变性也相当好，在寒冬腊月用沸水冲泡也不必担心炸裂。另外，紫砂壶因为使用年代久远而显得陈旧，反而越显出晶莹光润。这些优点都是它所独有的，其他类型的茶壶远远不及。

为什么用不粘锅煎煮食物时不会粘锅底？

不粘锅是在普通锅的内侧表面涂覆了一层特殊的高分子材料而制成的。很多高分子化合物的化学性质都比较稳定，一般具有耐酸耐火耐腐蚀等特性。涂覆在不粘锅上的高分子材料，是被人们誉为"塑料王"的碳氟树脂——聚四氟乙烯，也就是通常所说的"特氟隆"。

在聚四氟乙烯中,没有一般高分子材料都含有的氢元素,而只含有氟和碳两种元素,而且氟原子和碳原子之间相互结合得很紧,因此它对外界的物质都"冷眼旁观",即使放在硫酸、硝酸、盐酸、盐水、王水(一种腐蚀性最强的混合酸)、烧碱中煮沸,它也不会变质,它的耐酸能力大大地超过了稳定性好的黄金。聚四氟乙烯的化学惰性特点,使其在原子能、航天、电子、电气、化工、机械、仪器、仪表、纺织、食品等各方面大显身手。在这里,将它涂在锅上制成不粘锅,只不过是小事一桩。

另外,用不粘锅炒菜时,不要用铁铲子,以防破坏不粘涂层。

◎ 知识链接

特氟隆会致癌吗?

所谓特氟隆(Teflon),是美国杜邦公司对其研发的所有碳氢树脂的总称(市面常见为杜邦注册的"特富龙"),包括聚四氟乙烯、聚全氟乙丙烯及各种共聚物。由于其独特优异的耐热(180℃~260℃)、耐低温(-200℃)、自润滑性及化学稳定性能等,而被称为"拒腐蚀、永不粘的特氟隆"。它带给我们的便利,最常见的就是不粘锅,其他如在衣物、家居、医疗甚至宇航产品领域等,应用甚广。

至于不粘锅,首先,氟涂料开始分解的温度在450℃以上,而家用锅一般不太可能达到260℃,油冒烟也就是150℃左右,200℃以上,菜就烧坏了。

醋泡过的鸡蛋为什么会变大?

因为在醋里浸泡过的鸡蛋不再和先前放在那里的鸡蛋一样了。当把鸡蛋放到醋里后,首先发生的变化是蛋壳表面起泡。在72小时后蛋壳会消失,而它的一部分可能会漂浮在醋上。但因为鸡蛋的内层薄膜没有被醋溶解掉,所以鸡蛋还能保持完整。

蛋壳是由碳酸钙构成的,当它和醋酸发生反应时,就会产生二氧化碳气体,也就是在鸡蛋表面看到的那些气泡。而裹着鸡蛋的那层膜并没有在醋中溶解,反而会变得更加有弹性。

鸡蛋的尺寸也变大了。这是由于渗透作用——醋中的水分通过外层的细胞膜进入鸡蛋内。这种运动的发生是因为水在鸡蛋内部比在醋中能溶解更多的物质,而水总是通过膜朝能溶解更多物质的方向运动。这就是为什么鸡蛋会变得更大的因素。

如果在实验之前把鸡蛋煮熟了也没关系。一个煮熟的鸡蛋将看起来更精致且有弹性,而一个没有煮过的鸡蛋看起来则是黏糊糊的,就像一个装了水的气球。

↗ 冷水泡过的熟鸡蛋

为什么刚煮熟的鸡蛋在冷水中浸泡后较容易剥壳?

除了少数几种物质以外,自然界中的物体都具有热胀冷缩的特性。但是不同的物质热胀冷缩的程度是不同的,甚至有的差异很大。鸡蛋也一样,具有热胀冷缩的特性。当温度剧烈变化时,蛋壳和蛋白之间的热胀冷缩的步调是很不一致的。在高温烧煮时,蛋壳受热快,蛋白传热慢,因此蛋壳膨胀的程度相对大一些。一旦浸入冷水时,蛋壳因为突然急剧受冷而收缩,可是蛋白还处在原来的温度而没有来得及收缩,于是,蛋壳就将一部分蛋白挤进蛋的空头处。当蛋白因温度降低而收缩时,体积的缩小使得蛋白脱离了与蛋壳的粘连,从而使蛋壳很容易被剥掉。

心急吃不了热豆腐,同样的道理,心急也剥不了烫鸡蛋。所以,我们在平时要注意耐心地揣摩事物的特点,找出解决问题的最佳突破口,一举成功,切忌心浮气躁。

为什么鸡蛋经水洗后容易变坏?

我们都知道,鸡蛋的蛋壳圆滚滚的,十分漂亮,然而把鸡蛋放在放大镜下观察,就会发现鸡蛋的本来面目——蛋壳上满是小洞洞。在刚生下来的鸡蛋的表面,有一层胶状物质,能够堵住鸡蛋壳上的这些小洞洞。可是这层胶状物能够溶于水,所以当你用水洗去鸡蛋上的污垢时,也一起洗掉了胶状物。这样一来,蛋壳上的洞洞就像打破了玻璃的窗子一样,细菌就会像"寒风"长驱直入,于是鸡蛋很快就坏了。

过去,养鸡的人家常常把刚生下来的鸡蛋放在石灰水里浸泡一会,这样鸡蛋就不容易坏了。这样做有两个原因:第一,石灰水本身能杀菌;第二,鸡蛋也在不断"呼吸",通过洞洞排出二氧化碳,这些二氧化碳一遇上石灰水,会立即生成白色的碳酸钙沉淀,堵住小洞洞,这样一来细菌就无法侵入蛋壳里,鸡蛋就不容易坏了。

■ 为什么剥掉壳的松花蛋上会有松花?

松花蛋上的松花,是经过一场化学反应"雕"成的。蛋白的主要化学成分是蛋白质。禽蛋放置时间一长,蛋白中的部分蛋白质就会分解成氨基酸。氨基酸的化学结构很有趣,它有一个碱性的氨基和一个酸性的羧基,因此,它既能与酸性物质作用,又能与碱性物质发生反应。人们在制作松花蛋时,特意在泥巴里加入了石灰、碳酸钾、碳酸钠等一些碱性的物质,这些物质会穿过蛋壳上的细孔,与禽蛋内的氨基酸发生化学反应,生成氨基酸盐。由于这些氨基酸盐不溶于蛋白,于是就以一定的几何形状结晶出来。漂亮的松花,正是这些氨基酸盐类的结晶体。而为什么松花蛋的蛋黄呈青黑色呢?这也是一场化学变化所造成的。蛋黄的主要化学成分是一种含有硫的

蛋白质结构

松花蛋

↗ 蛋类食品富含蛋白质

蛋白质。时间久了,蛋黄也会分解变成氨基酸,这些氨基酸会放出很臭的气体——硫化氢。蛋黄本身含有铁、铜、锌、锰等矿物质,硫化氢能够与这些矿物质发生化学反应生成硫化物。因为这些硫化物的缘故,蛋黄变为青黑色。不过,这些硫化物大都极难溶于水,所以,人体并不吸收它们。

■ 为什么玉米能被爆成爆米花?

玉米之所以能爆成爆米花,是因为在它内部的水分和干燥的外层间取得了微妙的平衡。玉米外层的果皮细胞比较硬而且渗透性相对较差,内层的细胞柔软且含有一定的水分。当玉米粒受热时,内部的水分就转变成蒸汽。内部压力增大到一定程度时,较硬的外层就会爆开,露出里面的淀粉。

其他食物的内部如果充满了柔软的淀粉,也可以像爆米花一样爆。比如土豆就是这样。如果烤土豆之前不在它相对结实的外皮上戳几个洞,它一样也会爆开来。

如果做爆米花之前把玉米粒外层的种皮去掉,水蒸气就会很快地散失掉,也就做不成爆米花了。如果玉米粒太干,就没有足够的水分爆开种皮;如果太湿,果皮又不足以保持住太多的水蒸气。园艺专家们建议,自家种植的用来做爆米

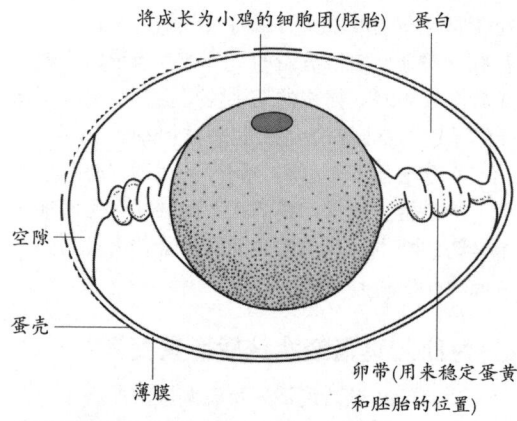

↗ 鸡蛋内部构造示意图

花的玉米粒应当是在玉米穗轴上完全成熟的才好，这时里面的糖分都转化成了淀粉。收割之后可能还需要对玉米做进一步的干燥处理，玉米粒中理想的含水量应当是在13.5%～14%之间。而且为了保持水分的平衡，最好是将其储存在气密性容器当中。

↗ 银制水壶

为什么古时候人们用银制品作餐具和疗伤？

古时候，人们就知道牛奶等食物用银碗盛放，可以保存较长时间而不变质。这是因为银会"溶解"于水，食物由银碗盛放时，其中的水会与极微量的银发生电离反应变成银离子。银离子有相当强的杀菌能力，每升水中只要有一千亿分之二银离子，就可以杀死其中的全部细菌。

银离子的杀菌功能，还用在消毒和外科救护方面。古埃及人早已知道，银片覆盖对伤口有治疗作用。后来又出现了用来包扎伤口的"银纱布"，用它治疗皮肤创伤和溃疡，效果很好。现代医学中，用1%的硝酸银溶液滴入新生儿的眼睛里，能够防治新生儿眼病。闻名中外的中医针灸，使用的也是小小的银针。

火焰为什么总是向上蹿？

在古代，人们弄不明白为什么火焰总是向上蹿的科学道理，常常把它与鬼怪和迷信联系在一起。实际上，火焰向上蹿是由于空气的流动引起的。由于热空气的密度比冷空气小一些，因此热空气就会上升，这样一来使得周围的冷空气就流过来补充。随着空气的流动上升，火焰就被空气引向上方，火苗就向上蹿。同理，在点燃一堆篝火时，由于大量热空气上升，四周冷空气迅速流过来补充，篝火熊熊燃烧、火苗上蹿的景象就产生了。

但是，为什么有时燃烧的火焰又会忽左忽右飘忽不定呢？这同样是空气的缘故，而不是像迷信人士所讲的那样与鬼怪有什么关联。一般情况下，当火焰四周没有风的时候，火焰是十分稳定的，这时候火苗上升的高度随着温度的升高而升高。但实际上，室外的气流由于受到各种因素的影响，总会出现一些不规则的流动，这些流动会干扰热空气上升的正常次序，从而使火焰在空气中变得不知道向哪个方向摆动才好，于是就出现了火焰摇摆不定的现象。

↗ 美丽的烛光

燃烧的油为什么不能用水扑灭？

假如油锅着了火或汽油桶、油罐着了火，千万不能用水去扑灭。因为这时用水不但不能灭火，反而会使火势变得更大。这是什么原因呢？原来，油锅起火时，由于油的密度小于水的密度，假如把水浇入油锅中，水会立即沉到油层下层，而油层却会往上浮，因此这时既无法隔绝空气，

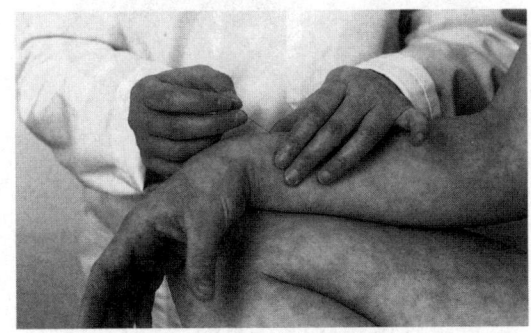

↗ 针灸治疗

神奇的针灸使用的就是小小的银针，针刺进生病部位的穴位可以活血通气，消除疼痛。

> ◎ 知识链接 ——
>
> 火焰一般分为三个部分。内层带蓝色，因供氧不足，燃烧不完全，温度最低，有还原作用，称内焰或还原焰。中层明亮，温度比内层高。外层无色，因供氧充足，燃烧完全，温度最高，有氧化作用，称外焰或氧化焰。
>
> 蜡烛的泪状火焰是热量造成空气流上升所致。热空气的密度比冷空气低，因此热空气会向上升。空气流在蜡烛火焰周围平稳流动，并将它聚拢成一点。
>
> 在失重状态下，这种"对流"的效应就不再发挥作用了，火焰的形状更像球形。

又不会使温度降低，所以油锅中的火根本不会被水扑灭。说不定油还会溢出油锅，在油锅外蔓延开去，油与空气接触的面积由此大为增加，火势反而会越烧越旺。

既然不能用水扑灭燃烧的油锅，那一旦油锅着了火，我们该怎么办呢？办法其实很简单，只要迅速盖上盖子，油和空气就会隔绝开来，火自然就会熄灭了。

假如油桶着了火，人们又该怎么办呢？我们可以看到，通常情况下，消防队员使用泡沫灭火器灭火，这是因为泡沫灭火器喷出的是大量的二氧化碳气体，这种既不会自燃、也不会助燃的气体又比空气重，很快地就会包围住油桶，油与空气便会隔绝开来，人们就可以及时地把火扑灭了。

■ 为什么木材燃烧后会留下灰烬？

为什么木材或者煤炭在燃烧后会留下很多灰烬呢？这是因为木材中含有一些矿物质，这些矿物质都是不能燃烧的，因此当烧掉木材中的有机物以后，这些矿物质就成为灰烬残留下来。

古代的树木埋在地下便生成了煤，碳和一些复杂的有机物是其主要构成成分，但也有一些矿物质和不少硅酸盐，因此煤块烧剩的灰烬要比木材多。而草本植物里也含有较多的硅酸盐和其他一些矿物质，因此像稻草、茅草这样的植物燃烧后留下的灰烬一般也比木材多。

值得一提的是，植物燃烧后，其生长时所吸收的钾元素仍存在于草木灰中，因此草木灰是一种非常不错的钾肥。

■ 为什么脱衣服时会有火花产生？

你有没有这样的经历，在干燥的季节里，当你关了灯脱衣服睡觉时，会听到一阵轻微的"嚓嚓"的响声，还可能清楚地看到衣服表面的小火花在闪烁。如果有这种情况出现，那么你穿的一定是用腈纶之类的合成纤维制成的衣裤。合成纤维是一种良好的绝缘体，同时具有极小的吸湿性，穿上由它制成的衣裤运动，织物之间就会产生摩擦。这种摩擦使一种物体失去电子而带上正电荷，同时另一种物体得到电子而带上负电荷。产生的电荷很难在化纤衣服上流动，所谓的静电便由此产生了。当其积累到一定的程度时便会形成放电现象，即发出响声并产生电火花。

↗ 熊熊燃烧的木材逐渐化为灰烬。　↗ 灰烬中含有丰富的矿物质。

↗ 摩擦后的橡胶气球带负电，毛衣带正电，不同性质的电相互吸引，所以气球粘在毛衣上掉不下来。

■ 为什么保鲜膜能使食品保鲜？

保证食物贮存过程中吸收氧气、呼出二氧化碳的通道的通畅，才能使食品新鲜、色艳，保持原有风味，不会腐烂变质。食品保鲜膜用于蔬菜、水果、熟食等包装，还可以防止食物在冰箱内串味、脱水干瘪。

保鲜膜为什么可对贮存在冰箱内的食品起到保鲜作用呢？要解答这个问题，就得先了解一下保鲜膜的材料。保鲜膜是一种高分子、具有保鲜性能，表现为有较高的透氧气和透二氧化碳功能的材料，它可以让食品得到适量氧气来进行通畅的呼吸，使贮存的食品保持新鲜。

保鲜膜有没有毒呢？这可能是人们最关心的问题。食品保鲜膜按材质分为聚乙烯（PE）、聚氯乙烯（PVC）、聚偏二氯乙烯（PVDC）等种类，PE和PVDC是安全的，PVC遇上油脂或高温时则会释放出有毒物质，随食物进入人体后会对健康带来影响，因此购买时要注意慎重选择。

总之，食物长期放在冰箱里会不新鲜，为了使贮存在冰箱里的食品色泽光洁、保持新鲜，在放置食品时，最好用保鲜膜包好后再存放进冰箱。这样，你就可以吃到新鲜的食物了。

■ 为什么要把牛奶制成酸奶？

牛奶有两个不足。一是牛奶中的蛋白质（主要是酪蛋白）容易凝固，婴幼儿喝后易在胃中凝结成块，不易消化和吸收。据测试，牛奶的凝块能力是50～90克，人的母乳因其所含的主要是白蛋白，所以其凝块能力仅为0～2克。二是牛奶中的乳糖易使成人产生腹胀感，有时甚至腹泻。因为动物乳中的乳糖必须在乳糖酶作用下才能消化。婴幼儿体内有比较活跃的乳糖酶，但随着年龄的增长，人体内乳糖酶的分泌能力逐渐降低，所以一些成年人喝了牛奶后，乳糖在肠道里，发酵并产生二氧化碳，从而引起腹部不适。

而把牛奶制成酸奶后就能避免这两个不足。因为在发酵的过程中发生了两个转化，即部分乳

↗ 保鲜膜包装的食品

糖转化成乳酸，牛奶中易凝块的β酪蛋白转化成不易凝块的γ酪蛋白。这两个转化不仅没有使牛奶的营养价值受到破坏，而且还使牛奶被人体吸收的程度大为提高，这样使得牛奶既适合于婴幼儿和青少年食用，对大多数成年人来说，也不会再有上面提到的那些麻烦了。

■ 为什么料酒能除腥味？

鱼有腥味，是由于它体内含有三甲胺。三甲胺是一种脂肪胺类的化合物，它和甲胺、二甲胺一样都臭气熏天。

胺类化合物存在于许多植物当中，如山楂花很臭，因为它的花蕊是大自然中的三甲胺"制造厂"。此外，在人的汗里，同样含有少量三甲胺。这就是为什么当人满身大汗时闻起来有些刺鼻的缘故。

为了除去鱼腥，人们在烧鱼的时候常常浇些料酒，这样效果就好多了。这是因为三甲胺总是"隐藏"在鱼的肉里，用一般的方法人们很难将

↗ 酸奶

↗ 烹制海鲜尤其少不了料酒。

它驱逐出去。但是酒里含有酒精，而酒精能够很好地溶解三甲胺，从而把三甲胺从鱼内清除出去。而且，酒精和三甲胺都很容易挥发，烧鱼时温度较高，没一会儿，鱼的腥味就被除掉了。

另外，料酒中还含有一定量的乙酸乙酯，它们具有很好的香味，也可以在一定程度上掩去鱼的腥味，所以料酒又是很好的调味佐料。

■ 为什么鱼、肉的汤遇冷会结成冻?

鱼、肉的汤遇冷结成冻不仅仅是因为温度低，其中还发生了一些化学变化。

让我们先通过显微镜观察一下鱼肉和猪肉吧！你会发现它们就像一捆捆甘蔗一样，是由蛋白质纤维束组成的。在纤维束与纤维束之间有如同绳子一般的结缔组织，它们把这些纤维束紧紧地连在一起。

结缔组织的主要成分是韧带质与生胶质，它们都是蛋白质。当人们用小火慢慢地炖鱼汤、肉汤时，韧带质发生的变化不大，而生胶质却与水发生了化学作用，被水解成了动物胶。

动物胶在较高的温度中能够溶解在水里，形成胶体溶液。但是，温度一低，即使还没到0℃，它就凝结成冻状。动物胶具有极高的营养价值，如果炖得时间长一些，它还会继续与水反应，进一步水解变成氨基酸。氨基酸味道很鲜，这就是为什么鱼汤、肉汤炖的时间越长，味道越鲜的原因。

■ 为什么茶和咖啡能提神?

当人们学习或者工作劳累的时候，常常泡上一杯茶或咖啡，喝完后，就会感觉头脑清醒，为什么茶和咖啡能提神醒脑呢？

原来，它们都含有咖啡因，咖啡因是一种生物碱，又名植物碱。这是一种白色针状的结晶，医学家通过药理实验发现咖啡因对中枢神经系统有较大的刺激作用。人喝了咖啡或茶以后，首先是增强了大脑皮质的兴奋度，减弱睡意，消除疲乏感，改善思维，使精神大为振奋；其次是运动中枢和循环中枢兴奋，从而使人全身轻松、精神大振。此外，茶叶中还含有一种叫茶碱的物质，它和咖啡因能扩张冠状血管和末梢血管，并有利尿作用。

↗ 冷却后的鱼汤会凝固成鱼冻，鱼冻含有丰富的维生素，可增强皮肤的弹性。

↗ 咖啡和茶能提神。

我们都知道，咖啡中含有咖啡因，但却很少知道茶叶中也含有咖啡因。事实上，茶叶不仅含有咖啡因，而且含量还很高。通常为 2%～3%，甚至 5% 以上。所以，一杯浓茶所含的咖啡因就有 0.1 克左右。人的爱好各不相同，有人习惯于饮茶，有人喜欢喝咖啡，有人既喝咖啡也饮茶。一般说来，二者都能提神，增强人的兴奋感。

■ 为什么最好蘸着盐水吃菠萝？

菠萝有一个好听的名字叫凤梨，它是一种多年生的草本植物，叶子呈剑状，密生，边缘常有利刺，是热带地区特别流行的水果。它原产于美洲的巴西，后来逐渐传到美洲中部和南部。那菠萝是什么时候传入我国的呢？我国大约是从 17 世纪开始引种栽培菠萝的。菠萝成熟之后，果肉是黄色的，汁水很多，富含营养，味道特别香甜可口。菠萝的果肉除了含有丰富的糖分和维生素 C 以外，还含有不少如苹果酸、柠檬酸等有机酸。菠萝成熟之后，果肉里的有机酸含量变少，糖分含量变多，香甜可口；但菠萝未成熟时，菠萝果肉里有机酸含量较多，糖分含量较少，味道较酸。

大家也许有过这样的经历，当你吃过没有蘸盐水的菠萝果肉后，口腔和嘴角就有一种麻木刺痛的感觉，这是怎么回事呢？这是因为菠萝果肉里还含有一种"菠萝酶"，这种酶能够分解蛋白质，刺激我们口腔黏膜和嘴唇的幼嫩表皮。而食盐能抑制菠萝酶的活动，因此，为了抑制菠萝酶对我们口腔黏膜和嘴唇的刺激，当我们吃菠萝的时候，最好先蘸蘸盐水，并且蘸过盐水的菠萝味道会更加香甜。

■ 车轮为什么都是圆的？

今天，人类所用的所有车辆、飞机都离不开圆圆的轮子。

为什么古人选择用圆形来作轮子的形状呢？有人也许会张口便答："这个问题还不简单，因为圆的轮子才能够不断地向前滚动啊！方的、长的或是三角形的轮子根本就滚动不了，不是吗？"

这话没有错，事实也是如此，但为什么只有圆可以滚动，圆有什么重要的性质呢？圆上任何一点到圆心的距离都是相等的。人们把这个相等的距离，叫作半径。这就是圆的重要性质。

当我们把车轮做成圆形，车轴安在圆心上时，车轮在地面滚动后，车轴离开地面的距离，一直保持为车轮半径。因此，车厢里坐的人，能够很平稳地被车子拉着走。假设车轮子变了形，轮缘这里凸出来，那里凹下去，也就是说从轮缘到轮子圆心的距离都不相等，那么，这种车子走起来，不但滚动困难，还会把坐车人的头颠昏，骨头颠散的。

↗ 菠萝香甜可口，去皮后要蘸过盐水吃味道才更好。

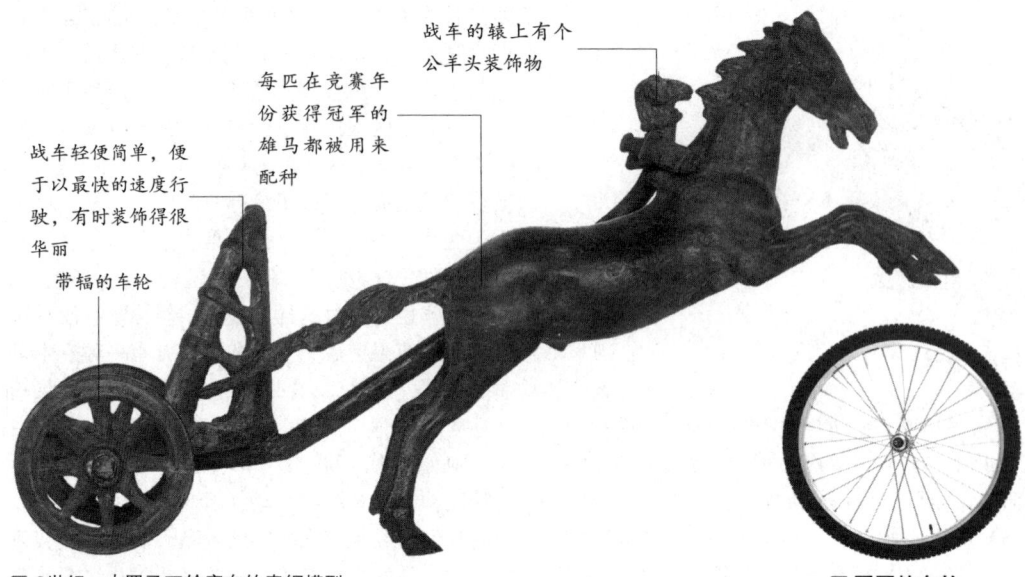

战车的辕上有个公羊头装饰物

每匹在竞赛年份获得冠军的雄马都被用来配种

战车轻便简单，便于以最快的速度行驶，有时装饰得很华丽

带辐的车轮

↗ 2世纪，古罗马双轮赛车的青铜模型。

↗ 圆圆的车轮

车轮做成圆形的，也还有别的原因，那就是当一样东西在地上滚动的时候，要比在地面上拖着走省劲得多，原因是滚动摩擦阻力比滑动摩擦阻力小。

■ 为什么汽车在高速公路上能够高速行驶？

高速公路与一般公路对车辆行驶速度的限制正好相反。一般公路的车速限制是60千米/小时以下，而高速公路则要求汽车达到110千米/小时以上。

为保证车辆能高速行驶，高速公路建造得坚固、耐用、平整、防滑，而且做成双向、宽阔、全封闭式。高速公路通常有4至8条行车道，往返各一半。中间设4~6米宽的"中央分隔带"，种植灌木或设置栏杆，一方面分开不同方向的通道，一方面防止夜间对面开来的汽车的车灯炫花司机的眼睛。公路两侧设有"紧急停车带"，供行驶中出故障的车辆临时停靠。

高速公路有专门的出入口，非机动车、老旧慢速的交通工具以及禽兽等不能进入高速公路。高速公路实行全线封闭，最外面用金属栅网阻拦。调整公路与其他公路交叉的地方设有"互通式立交"，汽车从这里进入或离开高速公路。这种互通式立交每隔50千米设置一个，里面有收费站、加油站、车辆维修站、休息室、商场等，还有起交通警察作用的"电子监控中心"，里面有闭路电视和有线、无线通讯设备。另外，每隔一定距离就要设跨线天桥或地下通道，供行人和自行车过"马路"。

另外，工程师们还在高速公路上用鲜明清楚的标志牌和路面标志作为"指挥棒"，给车辆指路。还常用直升机、电视摄像机或巡逻车来充当"耳目"，将监视的信息传送给监测中心的电子计算机，经过电脑分析处理，把确定的措施信息通过可变标志显示出来，以便司机采取应变措施。这样，车辆就可以在高速公路上高速安全的行驶了。

■ 消防车上的水枪为什么能喷出高速的水流？

物理知识告诉我们，当一定流量的流体经过管道时，管道直径大小与流体速度成反比，当管道直径大时，流体速度就小；反之管道直径小时，流体速度就大。所以，为了取得较大的喷出速度，消防喷水枪的出口直径都设计得比较小。

那么，为什么消防水枪喷出的水流又能射向高空呢？下面的例子也许可以给我们一些启示。当我们给球一个起始速度，使它滚上一斜坡时，球就会相应地在斜坡上达到一定的高度而停下来。这个停下的高度与球的起始滚动速度有关，一开始给球的初速度越大，那么它达到的高度就越高。

从消防水枪口能喷射出又急又高的水流也是这样一个道理。出口水流的速度愈大,则动能愈大,也就使水流射得愈高。所以说为了使水流射到高空,消防水枪出水口的水流必须很急,也就是说一开始给的速度必须很大。

我们明白了为什么消防车的水枪能够喷射出高速的水流的原因,还可以试着运用这些知识去解释类似的现象。

为什么汽车轮胎上有各种凹凸不平的花纹?

汽车轮胎并不是光滑的,表面有许多凹凸不平的花纹。而且轮胎不同,花纹的形状、宽窄也有很大的区别。这是为什么呢?

原来,车辆轮胎表面的花纹,是用来增加车轮与地面间的摩擦力,防止车轮在路面上打滑的。

起初,轮胎花纹仅是直线型的棱花,非常简单。后来,随着车辆载重量的加大和行驶速度的日益提高以及路面的改进,轮胎花纹逐渐多样、复杂起来。现在,车轮花纹习惯上分为通用、高越野性和联合式3大类,几何形状大体有纵向直线、横向直线、斜线、块形和混合式等5种。通用花纹也叫公路花纹,是使用最早最普遍的一种,如常见的公共汽车轮胎上纵向直线型和锯齿型花纹。高越野性花纹专供车辆在荒野及松软土地上行驶。联合式花纹的轮胎既能在硬性和沙砾路面上行驶,也能驶于松软、泥泞或冰雪路面上。我国地形复杂、公路路面质量差别很大,联合式花纹显得更为合适。

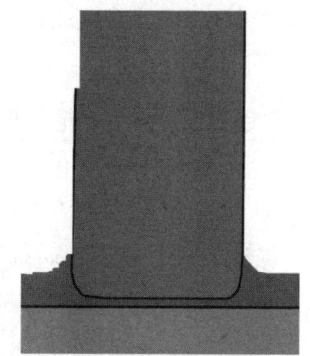
↗ 表面没有防滑纹的轮胎
轮胎和地面之间的摩擦很小,轮胎容易打滑。

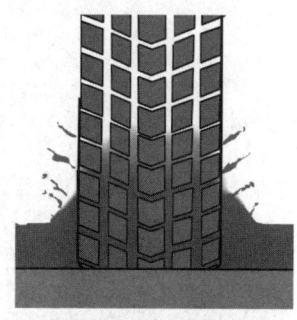
↗ 表面带防滑纹的轮胎
轮胎的花纹会增加轮胎与地面之间的摩擦,不容易打滑。

为什么液罐车都采用圆形车厢?

液罐汽车是用来运输易燃液体或其他特殊液体的,罐内必须留有一定空间,以防止液体受热膨胀产生过大的内应力而使罐体破裂,这一空间通常为罐体容积的5%,但是,车辆在行驶中会产生一定的跳动和机械振动,加之罐内留有的空间会引起液体的晃动,对罐内壁产生冲击。

如果罐体是圆形的,震动所产生的冲击就会沿罐体的圆周方向均衡地分散到罐壁上,而不会出现应力过于集中的现象,使罐体破裂。

如果罐体外形是集装箱那样的长方形,车辆震动时液体产生的冲击力容易造成应力集中,使得罐体的棱角部位承受的应力过大,从而产生破裂。

↗ 液罐汽车

↗ 水泥搅拌车

为什么自行车在夏天容易爆胎?

夏天,自行车在马路上疾行的时候,很容易爆胎。了解空气受热膨胀的道理,可以帮助我们避免这样的事故。

夏天气温很高,车胎里的空气受热膨胀后,不断地冲击着车胎,想跑出来。如果车胎里的空气打得太足,或者车胎上有磨损的地方,空气就会冲撞剧烈,把车胎挤破。

另外,夏天的早晨和中午,室内外温差较大,早上在家把车胎里的气打满了,到马路上一跑,

↗ 自行车是我们日常生活中一种普通的交通工具。它结构简单，方便实用，涉及很多物理知识，如杠杆、摩擦、压强、能量转化等力学、热力学及光学知识。其中夏天容易爆胎涉及的就是热力学知识。

车胎里的空气受热膨胀，便急着要找条路跑出来，最后只得把车胎挤破。

所以，在炎热的夏天，给车胎打气时要留有余地，不要把车胎里的气打得过足。

飞鸟为什么会对喷气式飞机造成威胁？

为什么飞鸟总是同飞机发生冲突呢？这是因为现在的飞机大部分都是喷气式飞机，这种飞机的发动机要从周围吸入大量的空气才能运转，所以它们的进气口都开得比较大，飞行起来，像张着的血盆大口，贪婪地把迎面的气流全部吞食进去。如果飞鸟正好在它的附近飞行，就会由于气流的原因而跟空气一起被吸进发动机里去。由于喷气式飞机飞行的速度非常快，飞鸟的身体虽然很柔软，但由于高速的撞击，它的破坏力还是很强大的。又因为喷气发动机的内部结构十分精密，飞鸟进去后，常常会严重地影响发动机的工作过程，甚至使发动机停止工作，使飞机丧失前进的动力，由此造成飞机失事。

此外，飞鸟对喷气式飞机的威胁，还表现在它与飞机外壳的直接碰撞。由于喷气式飞机高速飞行，这种撞击也会给飞机致命的打击。曾经有一只飞雁同一架以 600 千米 / 小时的速度飞行的歼击机在空中相撞，结果这只飞雁"破窗而入"，把飞行员撞昏过去。这样严重的直接撞击，虽然是不常发生的，但确实给高速飞行构成了极大的威胁。

在飞机上为什么禁止使用移动电话？

移动电话的使用方便了人与人之间的交流和沟通，可是，飞机上却禁止使用移动电话，这是为什么呢？我们先来看几个例子。

1996 年 7 月 11 日，中国南方航空公司的一架航班从上海出发，飞往广州。一路上都平平安安，可是，就当飞机接近广州，准备降落时，飞行员发现飞机进入着陆航道后，罗盘指示的航道不符合实际航道。调查后才明白，四五名旅客正在客舱里使用移动电话。他们一停止使用，飞机罗盘立刻恢复正常指示。

1998 年，"华航"一架由印度尼西亚飞往中国台北的班机在降落时坠毁，机组人员和乘客全部遇难。这是什么原因造成的呢？调查人员怀疑是由于有人在飞机准备降落时使用移动电话，干扰了飞机通信，从而导致了这次空难。

电磁波干扰对飞机是一种威胁。据国际飞行员联合会的一项调查报告统计，近年来，每年由电磁波干扰造成的飞行险情有 20 多起，而且在已发生的其他空难事故中，电磁波的干扰原因也不能排除。

遥控器为什么能遥控家用电器？

红外线遥控开关由红外线发射器和接收器两部分组成。我们拿在手里的遥控器就是发射器，

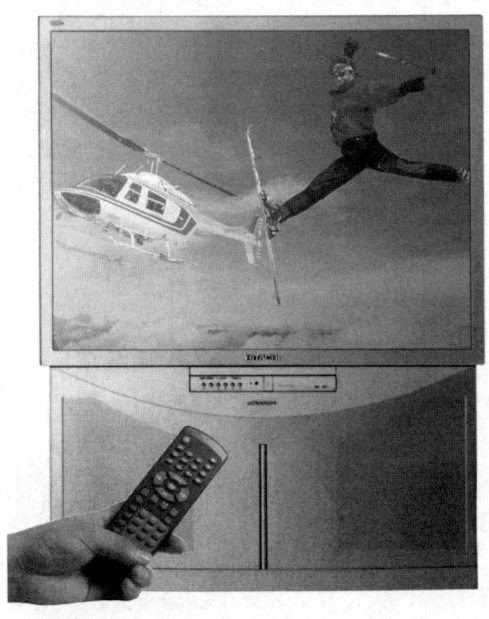

↗ 遥控器遥控电视

遥控器里主要包括调制器和红外线发射管，可以对10米以内的家用电器进行遥控。因此，我们遥控电器时，不能离得太远。那么，遥控器是如何工作的呢？首先，红外线发射管发射出一定波长的红外线，调制器则把低频控制信号"载"在红外线上。这些信号可不是普通信号，它们能控制开关。这样，从红外线发射器发射出来的红外线，就包含了控制信号。

我们了解了发射器，那接收器在哪里呢？红外线遥控开关的接收器一般被安装在家用电器的正面面板上，主要由接收管、抗干扰电路、解调器、开关控制器等部分组成。接收管是一种硅光敏三极管，它负责接收红外线，并且通过光电效应，将照射在它上面的红外线转变成电信号。抗干扰电路则负责鉴别和排除周围环境中会对红外线产生干扰的信号，以利于接收管对红外线的接收。解调器能将"载"在红外线上的低频控制信号"卸"下来，输送到开关控制器，使电源开关接通或断开。

遥控开关可以用来控制电源开关，也可以用来选择频道、调控音量的大小、电风扇调速、控制空调器的温度等，因此，即使躺在床上，也可以根据自己的需要对家用电器进行遥控。

■ 为什么移动电话会影响人体健康？

移动电话释放的电磁波所产生的热效应，会导致人体组织中的分子振荡为了做进一步的测定，科学家设计了一套测定实验。他们先制作了一个模拟人头，并在模拟人头的眼睛上安放温度测试仪器，然后在离模拟人头5厘米的位置放了一个移动电话。很快，模拟眼球的温度上升了0.5℃左右。

实验证明，温度随移动电话使用频率的上升而增高。移动电话发出的电磁波，还会对人体产生非热效应。它的危害能使人体染色体变异，而染色体变异又引起人体组织畸变，破坏人体正常的运行机制，也能使人体免疫力下降。

长期以来，我们一直生活在放射性物质所笼罩的环境中。放射是一种自然现象，它在我们的周围无时不在、无处不在，人类的本身就生活在它之中。对人类有用的放射性物质，我们可以加以利用，但是，对它所产生的副作用，我们应该予以重视。

↗ 手机方便了我们的生活，但它发出的电磁波辐射越来越危及我们的健康。

因此，一些专家呼吁那些身体机能稍差的人群要少用或尽可能不用移动电话。

■ 为什么使用含磷洗衣粉会污染环境？

洗衣粉中的磷类化合物能够与水中的钙离子、镁离子结合，降低水的硬度，从而使洗涤去污的效果得到提高，可是洗涤后却产生了许多的含磷废水。磷是大多数植物生长的营养物质，磷增多会导致水中的植物——藻类迅速繁殖。藻类一多，就会大量消耗溶解在水里的氧气，使水质恶化，鱼类大量死亡。这样，水体就发生了富营养化。

众所周知，藻类生长所需的最重要的营养元素是磷和氮。那么，限制氮元素，是不是就能阻止水体富营养化的发生呢？答案是不能。因为藻类可以直接从空气中吸收它所需要的氮元素，并且藻类死亡后，微生物会分解它们的"尸体"，释放出氮，其他的藻类又可以重新利用。

通过实验，科学家们了解到，要想防止水体发生富营养化，只能通过限制水体中的磷元素。

所以，限制使用含磷洗衣粉，就可以有效地控制水体发生富营养化的几率。

现在，我国每年有45万吨左右的磷酸盐排入江河湖海，使许多近海和湖泊都处于富营养化状态，例如从1990年到1996年七年间，渤海共发生了几十次赤潮，海里鱼类几乎全部死亡。

有些国家在20世纪80年代就已出台了洗涤剂"禁磷"的法规，日本、瑞典、加拿大等国均已实现了洗涤剂无磷化。在我国，太湖、杭州等地在1998年也开始"禁磷"，从而拉开了"绿色洗衣"革命的序幕。

↗ 洗衣粉洗干净衣服的同时，也会产生大量含有三聚磷酸钠的污水，它能使水质变软，进入河流后会造成污染。

■ 为什么在厨房晾衣服干得更快？

即使衣服的温度没有上升到沸点，水也仍然能从衣服中出来进入到空气中。任何在衣服里的单个的水分子都被其他水分子所吸引，同样也被构成衣服的分子所吸引。水分子会发现自己处在一个"黏滞"的环境中，这就意味着它很难从衣服中逃逸并进入空气中，但它还有足够的能量可以到处移动，和其他水分子交换位置。

热量可以被当成是一种分子所拥有的能量，而热量越高，它们所拥有的能量数值就越大，并且也越容易克服周围的黏性。例如在一个室温20℃的房间里，一些水分子可以有足够的能量克服来自于其他分子的吸引力，并可能完全从衣服中逃逸到空气中去。当这个过程继续进行时，留在衣服里的水分子将会越来越少，直到最后衣服中没有水分子为止。

如果温度超过20℃，那会使更多的水分子同时拥有足够的能量蒸发，因此衣服就将会干得更快。厨房的温度是房间中最高的，因此，晾衣服会干得快些。一些脱离衣服表面进入空气中的水分子可能会落回到衣服上并被再次粘住，这就是为什么在大风天里把衣服放在外面会有助于加速干燥的过程，因为风吹走了从衣服表面脱离的水分子，从而使它们回到衣服上的可能性减少。

■ 为什么用彩色胶卷能拍出彩色照片？

黑白电影的胶片的感光剂是卤化银。纯净的卤化银，只对蓝光特别敏感。如果将一些特殊的染料加入卤化银，就可以使卤化银分别对绿光或红光十分敏感。这些特殊的染料称为"增感染料"。随后人们又发明了"多层彩色胶片"：先在片基上涂一层"感红乳剂层"，即对红光敏感的感光乳剂，再涂一层"感绿乳剂层"，即对绿光敏感的感光乳剂，在最上面，涂一层"感蓝乳剂层"，即不增加感染料的感光乳剂，它只对蓝光敏感。

在拍摄时，各种颜色光线通过摄影机或照相机的镜头，落在多层彩色胶片上面。这些光线被分解，然后按照其中所含的红、绿、蓝三种原色的数量，分别于感红、感绿、感蓝乳剂层上感光。冲洗之后，彩色胶片上就出现了彩色。但是，这些色彩很奇怪：红色衣服变为青色，蓝天变为黄色，绿叶变为红色！

原来，这些彩色胶片要用彩色正片翻印后，才能变得正常，因此被称为负片。这样，红衣服才重现了鲜红的颜色，蓝天一片蔚蓝，绿叶一片翠绿。

↗ 彩色胶卷

灯泡发光的原因是什么？

世界上第一只真正的灯泡发明于19世纪70年代，与过去的油灯和火把相比，这是人类历史上的伟大飞跃。

现代灯泡是由很少的一些零件构成的。灯泡底部有两个金属触点，连接着电线的两端。从触点上伸进灯泡的两根硬质导线连接着细细的金属灯丝两端。灯泡的玻璃泡里充满了惰性气体如氩气。

当灯泡接通电源后，电流从一个触点流到另一个触点，然后流过导线和灯丝。当电子蜿蜒前进时，它们不时地与灯丝里的原子发生碰撞。每次撞击产生的能量带动原子发生振动，也就是电流将原子加热。

被束缚在振动原子中的电子能量会短暂地跃迁至较高的能级。当它们恢复到正常能级时，电子将多余的能量以可见光子的形式释放出来。

大多数金属在受热发出光前就会熔化。灯丝是由钨丝制成的，因为钨丝具有异乎寻常的高沸点。但是，钨丝也可能起火。在早期的灯泡中，所有的空气都被抽出，形成了一个近乎真空的区域。由于几乎没有气态物质的存在，物质不会发生燃烧。

不过，真空灯泡存在一个严重问题。在温度极高的情况下，偶尔会有钨原子发生振动，离开周围的原子。自由的钨原子按直线路径从灯丝中蒸发，附着在灯泡的内壁。当越来越多的钨原子不断蒸发，灯丝就会断裂。

在现代灯泡中，惰性气体（如氩气）有效地减少了钨原子的损耗。当钨原子蒸发时，它极有可能撞到氩原子，被重新弹回灯丝的固态物质中。

白炽灯把大部分的能量以携带热量的红外可见光子的形式释放出来。冷光源如荧光灯和发光二极管就不会浪费如此多的能量来发热，它们发出的大多数都是可见光。因此，它们正在慢慢地把这些古老的我们一直在用的灯泡淘汰。

荧光灯为什么能发光？

在办公室、家庭和街角，到处都可以看到荧光灯。虽然荧光灯随处可见，但大多数人对它们却一无所知。在这些白色的灯管里究竟发生了什么？它们是如何在温度不升高的情况下发出如此多的光呢？

荧光灯和普通的白炽灯功能相同，但原理迥异。在白炽灯如标准灯泡中，电流通过固体灯丝，产生的热量激发原子释放出可见光子。荧光灯的电流则流过等离子体，一种离子化了的气体，生成光子。

荧光灯的主要组成部分是密闭的玻璃灯管。灯管中含有少量的汞和压力极低的惰性气体，通常为氩气。需要说明的是，汞非常有趣，它会自然蒸发。灯管的内壁还涂有磷光粉。灯管的两端各有一个电极，每个电极都通过导线与电路相连。

在标准的快速启动荧光灯的电极中设计了灯丝，即连接电路的高电阻导线。当你打开荧光灯，两根电极丝同时受热，电子发生汽化。自由电子撞击灯管中的气体原子，使束缚电子变得松散。在缺少一个电子的情况下，每个气体原子都只带正电荷，变为离子。和电子一样，离子被吸引到带有相反电荷的区域。两个电极之间的电荷差导致了离子和电子在灯管内来回运动：气体变为导电的等离子体，电弧从等离子体中间穿过。

当带电粒子与汞原子发生撞击，撞击力可能会使原子中的一个电子被抬高到更高的能级。电子很快落回初始能级，将多余的能量以可见光子的形式释放出来。

被激发的汞原子释放出来的多是我们看不到

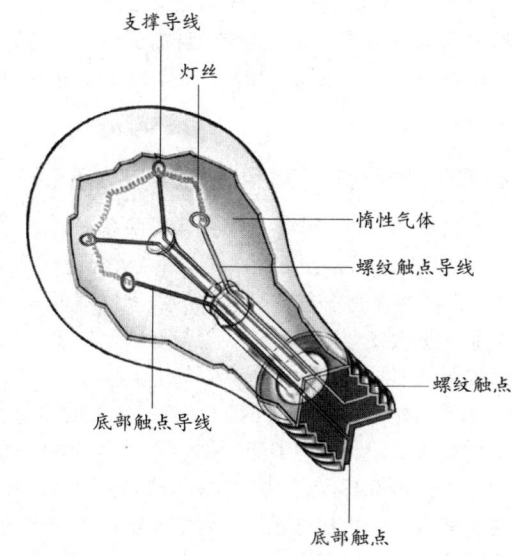

灯泡示意图

的紫外光子。为了提高使用率，荧光灯需要把紫外光转化为可见光。

这就是灯管中为什么要用磷光粉涂层的原因。磷是一种被激发时会发光的物质。当一个光子撞击一个磷原子的时候，一个磷电子就会跃迁至较高的能级，原子被加热。当电子回落到正常能级，就会以另一个光子的形式释放出能量。由于磷原子在加热时释放了一些能量，因此这个光子比最初光子的能量要少。

这些低能量的光子发出的光存于可见光谱中，磷发出的是我们可以看见的白色光。我们还可以通过将不同的磷光粉混合来制造出不同颜色的光。

传统的白炽灯使用热量来发光。它们也会发出少量的紫外光，但这些紫外光无法转换为可见光。因此，供给白炽灯的大量电能被浪费了。荧光灯利用了不可见光，而且产生的热量极少，因此效能更高。同时，白炽灯由于存在散热的过程，因此比荧光灯损耗的能量更多。总的来说，典型的荧光灯比白炽灯节能 4~6 倍。

在固体导体如电线中，电阻在特定温度下都是恒定的。在气体放电管如荧光灯中，电流会使电阻变小。这是因为有更多的电子和离子流穿过特定的区域，它们与更多的原子发生撞击，释放出电子，产生更多的带电粒子。在这种情况下，如果电压足够大，电流就会在气体放电管中自行流动。

荧光灯的镇流器用来控制散逸电流的增加。最普通的镇流器是磁性镇流器，工作原理与感应器类似。感应器通常包含一个绕在金属块上的线圈。当电流通过电线时，会产生一个磁场。把电线放在同心线圈中，磁场就会增强。

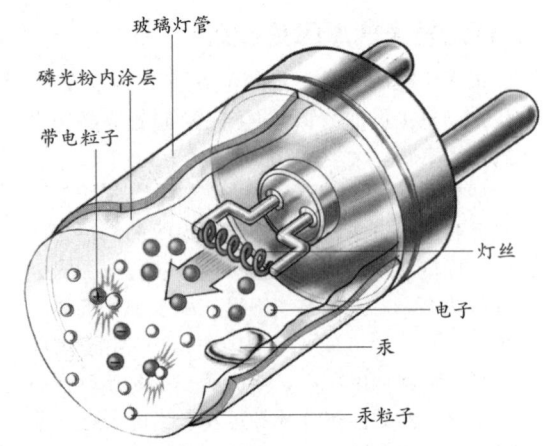
↗ 镇流器示意图

这种类型的磁场不仅会影响线圈周围的物体，也会影响线圈本身。线圈中的电流增大，磁场也会增强，产生与电线中的电流相抗衡的电压。简单说就是，电路（感应器）中缠绕的电线对通过线圈的电流的变化产生了反作用力。磁性镇流器中的变压器元件正是运用了这一原理来调节荧光灯中的电流的。

磁性镇流器以相对较低的周波率来调节电流，这样就会使荧光灯的灯光出现闪烁。同时，磁性镇流器的振动频率可能也很低。这就是为什么我们会听到荧光灯嗡嗡作响的原因。

现代镇流器在设计上使用了先进的电子学方法来更精确地调节电流。由于它们使用的周波率较高，灯光的闪烁和电子镇流器发出的嗡嗡声就不那么明显了。不同的荧光灯需要设计不同的镇流器来满足不同造型的灯管所需要的电流和电压。

荧光棒是怎样利用化学反应发光的？

自从 20 世纪 70 年代荧光棒发明以来，它就以易于携带、价格便宜而广受欢迎，并迅速流行。

和其他光源一样，荧光棒的发光原理也是单个原子被激发释放出光子。但与灯泡使用热量来激发原子不同，荧光棒利用的是化学反应。

荧光棒是一根存有两种液态化合物的棒子。在它被激活前，两种溶液分别装在两个不同的管中。荧光棒本身含有苯基草酸酯和染料溶液。在它中间有一个小玻璃瓶，瓶内装着被称为"激活剂"的过氧化氢溶液。

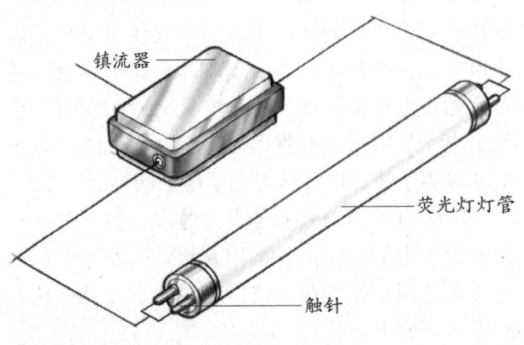
↗ 荧光灯示意图

生活万象

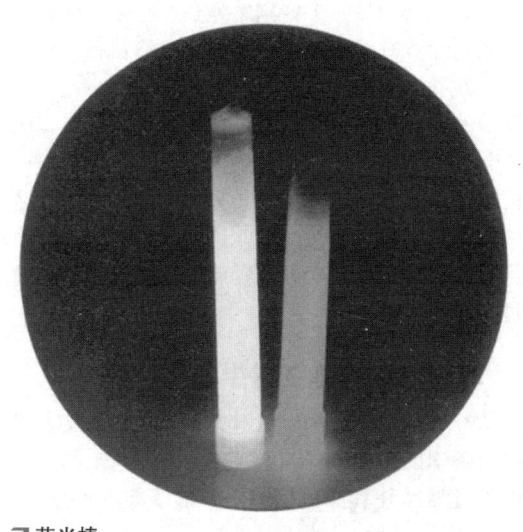

↗ 荧光棒

当荧光棒弯曲时，玻璃瓶被折断，两种溶液就会混合。两种化合物中的原子相互吸引，进行重新排列，形成新的化合物。

这一化学反应释放出大量能量。和白炽灯泡一样，这些物质中的原子被激发，电子跃迁至较高的能级，然后回落到正常能级。当电子回到正常能级时，会以光的形式释放出能量。这个过程叫作"化学发光"。

我们看一下具体的反应过程。

过氧化氢将苯基草酸酯氧化，形成一种叫作苯酚的化合物和不稳定的过氧酸酯。

过氧酸酯分解，形成更多的苯酚和环状过氧化合物。

环状过氧化合物分解，形成二氧化碳。

分解物将能量释放给染料。

染料原子中的电子跃迁至较高的能级，然后落回原位，以光的形式释放出能量。光的颜色是由染料的成分决定的。

根据所使用化合物的不同，这种化学反应可能持续几分钟或几个小时。如果将溶液加热，荧光棒发出的光会更强，不过持续时间很短。如果将荧光棒冷却，发出的光就会变暗。

■ 激光器靠什么发射激光？

激光器广泛应用于各种产品和技术。CD播放机、牙钻、高速金属切割机和测量系统中，都装有激光器。

激光器是一种用来控制被激发原子释放光子的方式的器械。"激光器"一词在英文里的是一种缩写，概括性地指出了激光器的工作方式。

激光和普通光比如灯光或阳光截然不同。激光有以下几个特性。

激光是单色光。激光只有一种特定的波长（一种特定的颜色）。激光的波长取决于电子回落到能量较低的轨道时释放出的能量的多少。

激光是连续的。激光是"有组织的"，每个光子都与其他光子同步运动。也就是说，所有光子的波阵面都会同步发射。

激光的方向性好。激光的光束密实、强烈而且集中，而手电筒发出的光则向各个方向散射。因此，与激光相比，手电筒发出的光非常暗淡而且分散。

激光器产生激光的方式可以解释激光的这些特性。

尽管激光器的种类很多，但它们都具有一些共同的属性。在激光器中，产生激光的介质被"泵入"，使原子进入激发状态。通常，由极强的光束或电荷将产生激光的介质泵入，形成一个由激发状态的原子组成的原子群（这些原子都带有高能量的电子）。要使激光器高效工作，必须有这样一个处于激发状态的原子组成的大原子群。一般来说，原子的能级会被提升到高于基态能级2级或3级的能级状态。这样，就会提高粒子数反转的程度。粒子数反转比是指处于激发状态的电子数与处于基态能级的电子数之间的比率。

产生激光的介质被泵入后，它就包含了一个原子群，原子群中的一些电子处于激发能级。被激发的电子比处于基态的电子能量要高。电子吸收了部分能量达到激发状态，同时它又将这部分

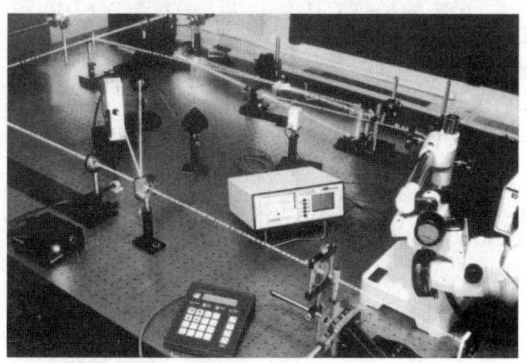

↗ 实验室中的激光器实验

激光器的类型

激光器有许多类型,这通常是由产生激光的介质类型决定的。激光器的介质可以是固体、液体、气体或者半导体。以下是一些最常见的激光器类型。

★ 固态激光器:在这些激光器中,发射激光的物质以固态矩阵的形式分布。

★ 气态激光器:氦和氦-氖气态激光器是最常见的气态激光器。这些激光器主要发出红色的可见光。二氧化碳激光器以红外线的形式发出能量,被用于切割坚硬的物质。

★ 准分子激光器:这些激光器使用活性气体(如氯气和氟气)与惰性气体(如氩、氪或氙)的混合气体。当激光器被电流激发后,会产生二聚物。当受到激光照射时,二聚物产生属于紫外线波长范围的光。

★ 染料激光器:这种激光器使用复杂的有机染料如罗丹明6G,这些染料作为产生激光的介质存在于液态溶液或悬浮液中。它们是可在较大范围内调节的波长。

★ 半导体激光器:又叫二极管激光器,它们并非固态激光器。这些电子设备通常体积很小,能耗很低。激光打印机和CD播放器中通常使用这种激光器。

能量以光子(光能)的形式释放出来。释放出的光子波长(颜色)取决于光子被释放时电子的能量状态。两个同样的原子,如果电子所处的状态相同,就会释放出同样波长的光子。

激光的独特属性是由于受激辐射而形成的。在普通的手电筒中,不会发生受激辐射;在手电筒发出的光中,原子释放光子是随意而无序的。而在受激辐射中,光子的发射是有规律的。

对于一个由原子释放出的光子来说,它的波长取决于激发状态和基态之间的能量差。如果这个光子(含有一定能量和位相)遇到另一个包含相同激发状态电子的原子,就会发生受激辐射。第一个光子激发第二个原子,发射出光子,光子的振动频率和方向与入射光子的频率和方向完全一致。

激光器的另一个特别之处是,在产生激光的介质两端各有一个镜子。具有特定波长和位相的光子在镜子上发生反射,因而会在产生激光的介质中间往复运动。在这一过程中,它们激发其他原子发射出光子。这样就会发生连带效应,很快就会出现许多具有相同波长和相的光子。激光器两端的镜子是半面涂银的,这就意味着这两个镜子只会反射一部分光,同时让一些光通过。通过的光就是激光。

怎样把绝缘体变成半导体?

半导体对我们的生活有举足轻重的意义。现代电子学就是在半导体的基础上发展起来的。在微处理器芯片和晶体管的中心部位都有半导体。任何与计算机相关的机器或使用无线电波的机器都离不开半导体。

今天,大多数半导体芯片和晶体管都是用硅制成的。你可能听说过"硅谷"或"硅经济",人们之所以会这么说,就是因为硅是任何电子或计算机设备的核心物质。

我们可以通过掺杂的方式来改变硅的性能,把它变成导体。所谓的掺杂,就是将少量的杂质掺进硅晶体中。有两种类型的杂质如下。

N型:在硅中掺入少量的磷和砷。磷和砷都包含了5个外层电子,因此,当它们掺入硅晶格时,空间就会不够。第5个电子没有可以结合的电子,就成为自由运动的电子。只需要很小一部分的杂质就可以产生足够的自由电子,使电流通过硅晶体。N型硅是一种很好的导体。N型硅中的电子带负电荷,这也就是为什么被称为"N"型的原因(N代表英文单词Negative,即带负电荷的)。

P型:在硅中掺入硼和镓。硼和镓都只有3个外层电子。当它们掺入硅晶格后,由于一个硅电子没有可以结合的电子,因而在晶格会中形成"空穴"。这些空穴可以导电。空穴可以从周围接收电子,把空穴推向别处。P型硅是一种很好的导体。

通过添加少量的N型或P型杂质,可以把硅晶体由性能优良的绝缘体转变为有效的(但导电性不是很强)导体,"半导体"就是因此得名的。

N型和P型硅本身并不奇特,但当我们把两种硅放在一起,那么交界面的性能就会变得非常有趣。

二极管是最简单的半导体设备，它可以使电流单方向流动。你可能在体育馆或地铁站里看见过那些供人们通过的十字转门，二极管就像一个供电子通过的单向十字转门。

二极管的用途广泛。例如，使用电池的设备通常含有一个二极管，可以在电池装反的情况下起保护作用。当电池偏置时，二极管可以阻止电流流出电池，这样可以保护设备中灵敏的电子元件。

在反向偏置的情况下，理想的二极管会阻止所有电流。有效的二极管通过的电流量为10微安，虽然不多，但还是不够理想。如果外加的反向电压足够大，交界面会被击穿，电流就会通过。通常，击穿电压比电流中可能的最大电压要大得多，因此两者是没有关联的。

在正向偏置的情况下，需要有少量电压作为二极管的工作电压。就硅而言，这种工作电压约为0.7伏。这一电压可以激发交界面的空穴电子进行结合。

虽然N型硅是导体，P型硅也是导体，但两者结合的产物却不能导电。N型硅中的负电子被电池的正电极所吸引。P型硅中的带正电的空穴被电池的负电极所吸引。由于空穴和电子都向错误的方向运动，因此没有电流流过交界面。

如果把电池翻转过来，二极管就能使电流正常流动。N型硅中的自由电子被电池的负电极所排斥。P型硅中的空穴被电池的正电极所排斥。在N型硅和P型硅的交界面，空穴与自由电子相遇，电子填补了空穴。原有的空穴和电子就不存在了，新产生的空穴和电子就会取而代之。这样，电流就会流过交界面。

当二极管由3层半导体而不是2层半导体组成，就会形成NPN或PNP型夹层晶体管。晶体管可以用作开关或放大器。

晶体管看起来像是背靠背放置的两个二极管。我们可以想到，由于背靠背放置的二极管会阻断两条电流的通路，因此没有电流可以流过晶体管。事实的确如此。不过，如果我们在晶体管夹层的中间层施加一个较小的电流，就会有一个较大的电流流过整个夹层。这样，晶体管就具备了开关的性能。一个较小的电流可以启动或关闭一个较大的电流。

硅片就是装有成千上万个晶体管的片状硅。使用晶体管作为开关，我们可以制造出"布尔门"；有了布尔门，我们就可以制造微处理器。

LED是怎样做到高效节能的？

LED（发光二极管）是电子世界里真正的无名英雄，它们功能繁多，广泛运用于各种设备中。

我们知道，电子在原子的传导带上运动，传导带的能级比空穴的要高。因此，如果电子要填补一个空穴，就会损失部分能量。和灯泡或白炽灯中被激发的电子一样，正在运动的电子会把这部分能量以可见光子的形式释放出来。

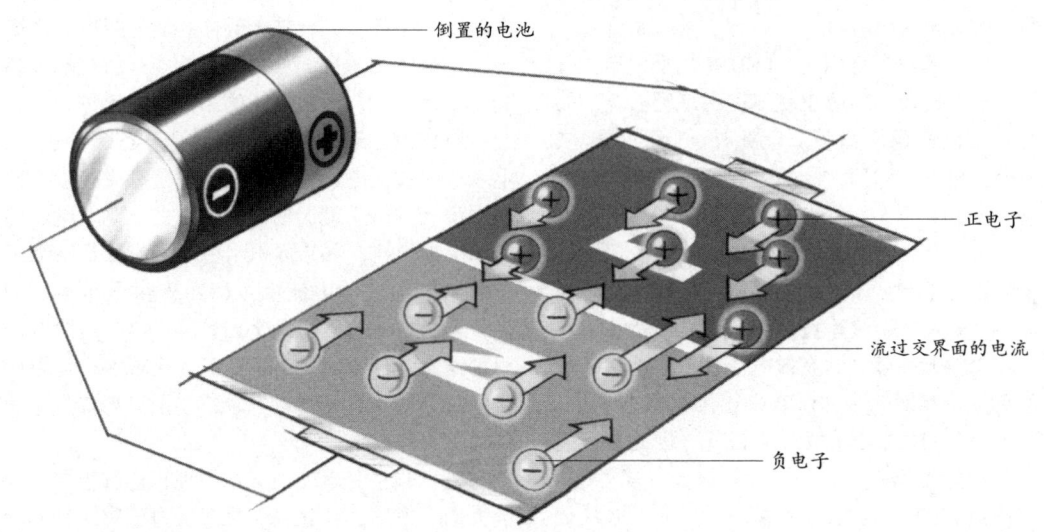

↗ 半导体中的电流形成示意图

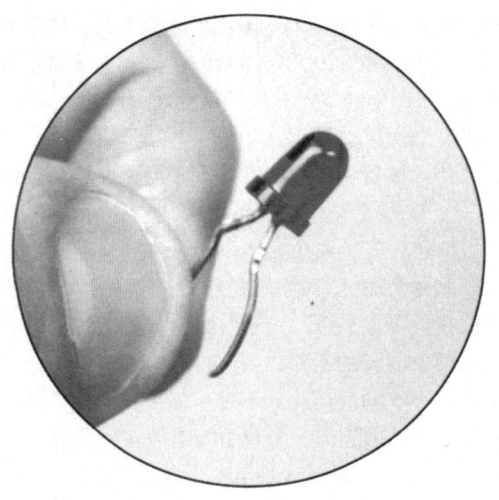
↗ LED

上述过程在任何二极管中都会发生，但只有当二极管由某种特定物质构成时，我们才能看到光子。在标准硅二极管中，原子的排列方式决定了电子运动的距离相对较短。因此，光子的频率也较低，我们无法看见——它发出的光属于光谱中的红外光部分。当然这并不是绝对的坏事，红外LED是用于远程控制和其他机器的理想设备。

可见发光二极管的材料的传导带与较低的轨道中间有一个较大的空隙。空隙的大小决定了光子的频率，即决定了光的色彩。

通常，LED中的二极管装在一个塑料灯泡内。这个灯泡把二极管发出的光集中在一个特定方向。绝大部分的光从灯泡的内壁发生反射，向着圆形的灯泡底部运动。

与传统的白炽灯相比，LED有几个优点。首先，它没有灯丝，因此也就不存在灯丝被烧坏的情况，所以使用寿命更长。此外，它的小塑料灯泡使其更持久耐用，同时也更适合现在的电子电路。

不过，LED主要的优点是高效。传统白炽灯在发光过程中产生了大量的热量。除非你把灯当作加热器来用，否则这些热量完全被浪费了，这就意味着很大一部分的有效电流都不能被用来产生可见光。相对来说，LED发出的热量非常少。由于大部分的电能都直接用于发光，因此对电能的需求就会大大减少。

目前LED在购买时比白炽灯要贵，但从长远来看，它会因为它的高效而为人们所青睐。

■ 为什么太阳能电池能将太阳能转化为电能？

在过去的几十年中，人们一直在谈论太阳能革命：当所有人都使用上来自太阳的免费电能时所发生的变革。太阳能的前景十分诱人：在晴朗而阳光灿烂的日子，太阳射到地球表面的能量约为每平方米1000瓦。如果我们能将这些能量全部收集起来，就可以轻松地向家庭和办公室提供免费的电能。我们今天所使用的太阳能电池正是要利用这种能源。

太阳能电池随处可见，从卫星到计算器许多地方都用上了太阳能电池。太阳能计算器不需要电池，有的甚至没有"关闭"键。只要阳光充足，这些计算器似乎就可以永远工作下去。在应急道路指示牌、电话亭、浮标或停车场里，人们使用较大的太阳能电池即太阳能电池板来为它们提供灯光。那么，这些电池是怎样将太阳能转化为电能的呢？

计算器和卫星上的太阳能电池是光电池或组件（由电路连接并固定在一个外框里的一组电池）。光电器件把阳光直接转化为电能。过去，光电器件基本上只在太空中使用，而现在情况却有所不同。现在的光电器件甚至可以为我们的家庭提供电能。那么，光电器件又是如何进行工作的呢？

光电池是由半导体这种特殊的材料制成的。目前，最常用的半导体是硅。通常，当光照射到电池上，一部分光会被半导体物质所吸收。也就是说，被吸收的这部分光所含的能量就会被转移到半导体中。能量使电子的结构变得松散，使它们可以自由移动。光电池通常都包含一个或多个电场，在这些电场的作用下，那些因光的吸收而自由移动的电子就会朝着某个方向运动。电子的流动形成电流，如果光电池的顶部和底部安装了金属触点，这股电流就可以对外供电了。比如说，这股电流可以给一个计算器供电。这股电流再加上电池的电压（由电池的一个或多个电场所产生），就是太阳能电池所能产生的全部能量（功率量）。

以上只是光电池的基本原理，还有很多其他的方面。下面，就让我们来深入地了解一种光电池：单晶硅电池。

纯硅的导电性很差，它所有的电子都被锁在晶体结构中，没有可以自由运动的电子。我们可以通过"掺杂"的方法，即在硅晶体中添加杂质，来改变硅的属性，把它变为导体。在硅中添加磷或硼，就会形成N型或P型硅。

当我们把N型和P型硅放在一起，会发生令人惊奇的变化。在二者的交界面，会形成一道屏障，进而形成电场，将两边分开。

要知道，每个光电池至少有一个电场。如果没有电场，电池就无法工作。当N型和P型硅接触时，就会产生这样的电场。在N型硅的一侧是一直在寻找空穴的自由电子，而在P型硅的一侧又有这样的空穴，因此瞬间就会出现强劲的电子流将这些空穴填满。

在电子填满空穴前，整个硅晶体的电荷呈中性。多余的硅电子与磷原子里多余的质子作用相互抵消。电子的空位（空穴）与硼原子里质子的空位作用相互抵消。但是，当空穴与电子在N型和P型硅的交界面混合后，这种中性电荷的状况就会被打破。那么，是不是所有的自由电子把所有的自由空穴都填满了呢？答案是否定的。如果情况真是这样，光电池就不会这么有用了。真实的情况是，自由电子和空穴混合并形成一道屏障，使N型硅一侧的电子想要穿过屏障到达P型硅的一侧变得越来越困难。

最终达到的是一种平衡状态，即形成一个电场将两侧分开。

其他太阳能电池材料

单晶硅并非唯一用来制造光电池的材料，人们也尝试使用多晶硅来减少生产成本。不过，用多晶硅制造的光电池没有用单晶硅制造的光电池效能高。人们还尝试使用非晶硅（无晶体结构），也是为了降低生产成本。其他用来制造光电池的材料还有砷化镓、硒化铟铜和碲化镉。

电场就像一个二极管，促使（甚至推动）电子从P型硅的一侧流动到N型硅的一侧，但不会发生相反的运动。这就像爬山：电子可以轻易地"下山"（到达N型硅的一侧），却无法"上山"（到达P型硅的一侧）。

因此，在这个作用类似二极管的电场中，电子只能单向移动。那么，当光照射到电池上，将发生什么呢？

当以光子形式存在的光照射到太阳能电池上，光能会把电子–空穴对拆开。

通常，每个带有一定能量的光子都会释放一个电子，形成一个自由空穴。如果这种情况发生在交界面附近，或者一个自由电子和一个自由空穴刚好运动到交界面的影响范围内，在电场的作用下，电子就会进入N型硅一侧，而空穴就会进入P型硅一侧。这样，中性电荷的状况就会被进一步打破。如果此时出现一条外部的电流通路，

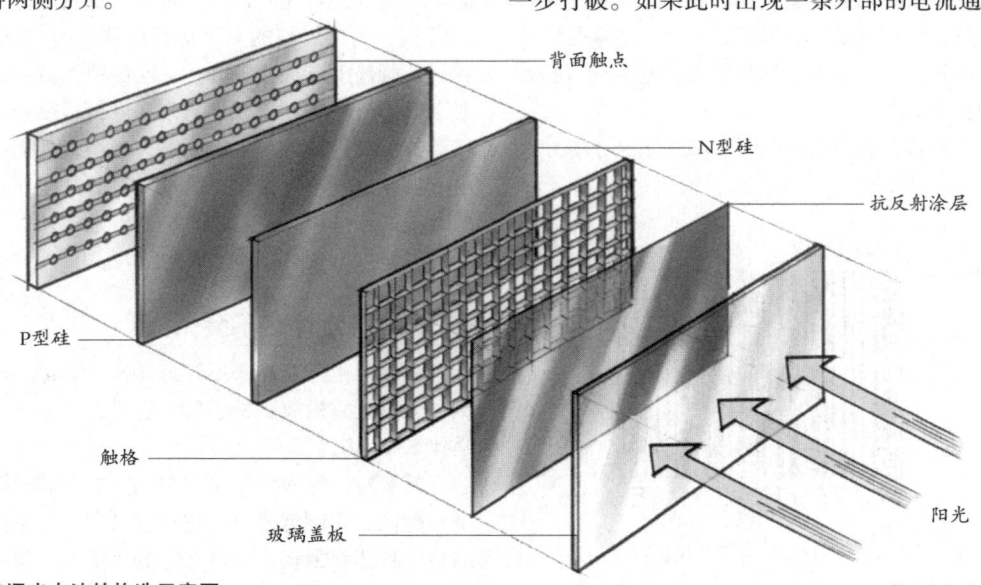

↗ 普通光电池的构造示意图

电子就会从这条通路返回它们初始的位置（P型硅的一侧）。在返回途中，它们会与在电场作用下到达该侧的空穴结合。电子的流动产生电流，电池的电场形成电压。那么，电流和电压就会产生电能啦！

硅是一种闪闪发光的物质，也就是说，硅的反射性很强。那些未被电池使用的光子会被硅反射回来。考虑到这种情况，人们在电池的顶部涂上了抗反射涂层，把由于反射造成的耗损降到5%以内。

生产太阳能电池的最后一个步骤是：安装玻璃盖板，防止电池与化学元素发生反应。光电池组是把一些电池（通常是36个）连接成组，产生有效的电压和电流，然后将电池固定在坚固的外框内，再在电池背面盖上玻璃盖板并装上正负电极。

■ 商品为什么要使用条形码？

条形码包括条码和数字码，条空组成条码，数字组成数字码。宽度不同的条和空，分别代表不同的字符，这些字符实际上包含了该商品的部分有关信息，例如其中有生产该商品的国家或地区代码、生产厂商代码、商品名称代码和检验码等。数字码和条码所包含的信息是一样的。出售商品时，只需要把条形码在条形码光电阅读器上轻轻划过，计算机就会按照厂商代码和商品代码从数据中找出销售价格，同时在库存中减去本次销售量，最后将品名、单价、数量、金额等等显示在收银机上，并用票据打印机将这些内容打印在销售票据上。

欧洲商品编号EAN编制出的商品码共由13位数字码以及与其相对应的条码组成。我国也于1991年制订了GB12904-91国家标准，根据它所印制出的通用商品条形码，其结构与EAN条码是一样的，开头三位数字代表国家或地区，接下来的四位是制造商代码，再后面的五位为商品名称代码，最后一位是校验码。另外，二五条码、交错二五条码、三九条码、库德巴条码等也很常见。

条形码作为辅助工具在实现现代化管理的过程中不可或缺，它经常被应用于超级市场、图书馆、书店、医院和各种库房管理中。有了它，结算、登录都变得快捷而准确。

■ 走马灯为什么能"自行"转动？

大家有没有见过一种叫"走马灯"的灯具？这种灯具一般都是用来装饰的，也能照明，还能给人们带来一种动感的艺术享受。

为什么这么漂亮的灯具却有一个如此奇怪的名字——走马灯呢？这是因为，假如在圆筒中间点上一支蜡烛或点亮一盏电灯，圆筒就会渐渐转动起来，而且越转越快。由于最初的圆筒上画着疾驰如飞的马匹图案，因此圆筒一旦迅速地转动就会给人以马匹奔驰的感觉，所以才称其为走马灯。

那么，走马灯为什么能"自行"转动呢？它们之所以能够在蜡烛点燃后或是电灯点亮后转动起来，是因为灯亮了以后，首先会加热圆筒内部的空气，而被加热的空气体积膨胀，密度减小，就会从圆筒上端徐徐上升。上端的风车就会被这股上升的气流带动着转动起来，圆筒也就会跟着转动。圆筒内部的热空气向上升起后，外面的冷空气就从下端补充进来。就这样循环往复，只要蜡烛或灯不熄灭，走马灯就会不停地转动。这便是它们能"自行"转动的奥秘所在。

■ 不倒翁为什么不会倒？

不倒翁十分有趣，不管怎样推，它都不会翻倒，就算把它横放，松手后它还是会立起来。这是什么原因呢？

其实对任何物体来说，如果它的底面积越大，重心越低，它就越稳定，越不容易翻倒。不倒翁的整个身体都很轻，只是在它的底部有一块较重的铅块或铁块，因此它的重心很低；另一方面，

条形码原理图

↗ 利用重力对物体的作用来制作的玩具

它的底面非常宽大而且平滑,当它倾斜向一边时,重心和桌面接触点不在同一条铅垂线上,重力的作用就会使它摆动。当不倒翁向左倾斜时,重心在接触点的右边,不倒翁就在重力作用下向右倒;当不倒翁向右倾斜时,重心又跑到接触点左边,不倒翁则向左倒。不倒翁倾斜得越厉害,摆动得就越显著。

摆动过程中能量会不断损失,当能量减少到零,重力作用线恰好通过接触点时,它就会停止摆动。不倒翁倾斜的程度越大,重心离开支点的水平距离就越大,重力产生的摆动效果也越大,使它恢复到原位的趋势也就越显著,所以不倒翁是永远推不倒的。

肥皂为什么能洗去污垢?

肥皂中的高级脂肪酸盐分子,是由长链的疏水基(亲油基)和短小的亲水基构成的。

肥皂在水中遇到油污分子时,高级脂肪酸盐分子中的亲水基会与水结合,而疏水基则会与油污分子结合。这样的组合会降低水的表面张力,显示出肥皂的一种表面活性能力。与此同时,高级脂肪酸盐的分子会在水里聚集成几十个分支的胶束。肥皂这种表面活性和胶束的功用,使它具有了很强的去污作用。

肥皂水将织物纤维润湿、渗透后,衣物上的污垢就被定向吸附到肥皂分子层上,经过搅拌和搓洗,污粒便会脱离衣物溶到水中,进一步产生乳化、分散、悬浮等现象,再用清水冲洗之后,污物就被水冲走,衣物就变得干净了。

为什么卫生球会消失?

防蛀的卫生球(樟脑丸)放在衣柜里,几个月后就没有了。其实卫生球并没有消失,人们打开衣柜时,有时会闻到一股很浓的气味,这是卫生球变成了气体。

↗ 樟脑结晶体

流体通过蒸发才能变成气体。卫生球是固体,为什么能直接变为气体呢?

一般情况下,固体分子的排列是有规则的,绝大多数的分子只能在自己的位置附近作无规则振动。但是,在固体表面,总有一些振动比较强烈的分子,它们挣脱邻近其他分子的吸引,跑到固体外面而成为气体分子。绝大多数的固体物质,只有极小部分能够变成气体跑掉,但卫生球则可以全部变成气体。它的分子充满衣柜的每一个角落,保证衣物不受虫蛀危害。

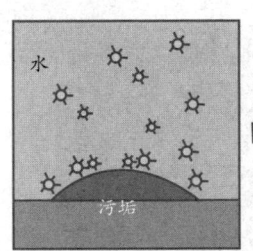

A.由于表面活性剂的作用,水渗入衣物

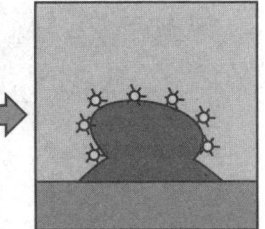

B.表面活性剂使污垢容易从衣物上掉下来

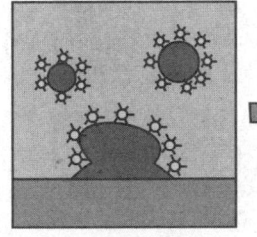

C.表面活性剂包围着污垢一起离开衣物

D.表面活性剂紧紧地包围着污垢

↗ 肥皂洗涤原理图

屋顶为什么常常被设计成三角形?

如果将三根木条用钉子钉成一个三角形木架,它的形状是不会改变的,这就是"三角形的稳定性"原理。

"三角形的稳定性"原理,在现代生活中有着十分广泛的应用。

最广泛的应用于建筑学上,我们常常看到许多高楼大厦和我们所住的房子的屋顶一般都是三角形。这是因为,屋顶两面是三角形的两个坡度面,有利于雨水的流动,而更重要的一点是利用了三角形稳定性中重心的作用。任何物体都有一个重心,如果物体的重心越出物体支撑点的范围,物体就会不稳甚至翻倒。要使三角架稳定,就应该使它的"头"落在它的中心,进而力就用在了它一个个三角形支架的"脚"上。

现代科学技术给建筑业注入了新的活力,一栋栋造型各异的大楼拔地而起,而"万变不离其宗",要使它更稳固,丝毫不动摇,还须用到三角形稳定性及其物体重心的作用。

为什么不同地域的房屋建筑风格也不同?

我国是一个幅员辽阔的国家,各地的房屋建筑呈现出各种各样的特点。

↗ 云南曼龙飞塔
曼龙飞塔又称飞龙白塔。外观如雨后春笋破土而出,参差有致,塔群造型优美,风格别致。

我国北方地区的房子一般都是平顶的,因为该地区雨水一般都比较少,因此不用顾虑雨水泄漏的问题;同时,人们还可以充分利用房子的平顶来晒东西,可谓一举两得。华北地区春季多风沙,因此那里的房屋多具有避风、挡沙的功能,北京的四合院便是一个典型的例子。四合院的四周都是房屋或围墙,因此尽管院外可能北风呼啸,院内却是微风轻拂。我国江南地区雨水充沛,因此房屋多建成尖顶形状,以利于雨水迅速下泄。

我国是一个多民族的国家,除汉族外,还有五十多个少数民族。各民族的生活习惯和宗教信仰都不一样,因此,各民族的建筑也呈现出自身的特点。如过去蒙古族过游牧生活,因此他们用蒙古包这类易于迁移的住房。

为什么打针前要推掉一点药水?

我们到医院打针时会发现,护士总是要先把针筒里的药水推掉一点,然后再注射。这里面有什么道理呢?

原来是为了保证治疗安全。当护士抽药水的时候,总是免不了要抽入一点空气,所以在打针前,一定要把空气从针筒里全部赶走,若不这样做,会把空气和药水一块儿打进身体里,给人体造成危害。

空气打到身体里,引起的后果与打入的量和打的地方有关系。注入空气的量愈多,影响也愈大,如果只有一点儿,那也许觉察不出有什么不适。比如打防疫针时,一般是将药水打在皮下或皮内,如果带点儿空气进去,除了感到比平常更胀痛一些外,一般不会带来更大的影响。空气若是误打入血管里去,那就比较麻烦了。因为打进去的空气会顺着血流一直向前跑,跑到口径较小的血管,空气泡挤不过去时就会形成一个栓子,像个瓶塞子似的堵在那里。这样就会阻碍血流,影响它输送氧气和养料,组织就会相应地出现低氧。

为什么点燃鞭炮会发出爆响声?

"爆竹声声辞旧岁",中国的小孩一般都有这种体会:凡是遇到像过春节这样的喜事时,家家户户都喜欢放鞭炮。各式各样的鞭炮有发出单响的,也有双响的,但几乎都穿着同样的红色"外套"。那为什么点燃的鞭炮能发出"嘭——啪"

的爆响声呢？脱去鞭炮的"红外套"，我们会看到一种黑色粉末，这便是其中的奥妙所在。

这种黑色粉末叫作黑色火药，它是用硫黄、木炭粉与硝酸钾（白硝）按一定比例混合制成的。点燃鞭炮的药线以后，里面的黑色火药烧着了，这时一个剧烈的化学反应便很快发生了：木炭、硫黄与硝酸钾作用，放出大量的热，生成二氧化硫、二氧化碳等多种气体。火药的体积猛增了1000多倍，以致外面那层紧裹着的草纸层终于受不了："啪"的一声，炸得粉身碎骨——鞭炮会响就是这个原因。

■ 寄信为什么要贴邮票？

19世纪初，一个名叫罗兰·希尔的英国教员偶然的发现导致了邮票的诞生。一天，他走在小镇的街道上，打算去买点东西，当他经过一户人家门口时，看见一位邮递员正在与一位姑娘争执，询问之下，原来邮递员将写着姑娘地址和姓名的信交给她时，姑娘拒绝收信，也拒绝支付邮资。希尔问她为什么拒绝收信，那姑娘回答说："我没有钱付邮费。"希尔见状，出于对姑娘的同情，就掏出钱准备为姑娘付邮费，并让她将信收下来。可是出乎意料的是，那姑娘不要希尔为她付钱，也坚决拒收信件。待邮递员走后，希尔问姑娘："既然我愿意为你付邮费，你为什么不要自己的信呢？"姑娘见希尔一片好心，便以实言相告："家里穷，付邮费是个不小的负担，我的未婚夫在军队里服役，这是他从部队寄过来的信。我们约好，只要他平安无事，就在信封上画个圈儿。我见了圈儿，就可以不收那封信了。"

希尔通过这件事发现这种由收信人付费的邮递收费方法有漏洞。于是，他就设想了一个由寄信人付费的办法：设计一个图案，让寄信人以与邮资相当的价格去买来这个图案贴在信上，邮递部门也凭此图案送信，这便是邮票的起源。希尔的这个办法于1839年经英国维多利亚女王批准实行。这种图案，是为了邮递而设计的，被称为"邮票"。世界上第一枚邮票，用的是维多利亚女王侧面头像图案，面值1便士。以后世界各国相继开始发行邮票。

↗ 贴上足额的邮票，信件就会被顺利地送到目的地。

■ 为什么危险的信号要用红灯来表示？

指挥交通的红绿灯中有红灯；汽车的尾灯、转向灯也用红灯；电影院、礼堂、体育场等公共场所的安全门上也用红灯，还有其他很多的地方都用红灯做标志。在众多色彩中，为什么人们偏偏对红色"情有独钟"呢？原来这里面包含着一个重要的光学原理。

太阳光即所谓的白光里面包含有红、橙、黄、绿、青、蓝、紫七种颜色的光，颜色不同，波长也各不一样。其中，红光的波长最长，有0.75微米，它能轻松地穿过小雨点、尘埃、雾珠等细小的微粒，并且不容易被散射。所以，即便在雨天、

↗ 第一枚邮票"黑便士"。它背面有黏胶标签。贴上它的信件可以送到英国任何地方。

雾天和沙尘天，行人和车辆照样可以看清红绿灯、尾灯和转向灯，从而避免了许多交通事故的发生。

■ 为什么除草剂能光除草不除苗？

农业生产中应用最多的是选择性除草剂，不同的农作物还需选择不同的除草剂。除草剂就像孙悟空一样长着火眼金睛，能准确地辨别杂草和庄稼。由于杂草和庄稼在形态上、生理上以及发育时期等方面存在着不同差异，因此我们可以利用这种差异对药剂所产生的不同的抵抗力来灭杀杂草。

近年来科技工作者运用高新技术改造了一种叫草甘膦的广谱除草剂，它只杀死杂草，不伤害庄稼，这又是怎么回事呢？这种除草剂是技术改造作物的成果。他们通过一系列的培养发现，将抗草甘膦的 EPSP 合成酶基因引入到烟草中，将草甘膦喷洒到烟草上使烟草具有抗草甘膦的能力，奇迹出现了：杂草被杀死了，但烟草却安然无恙，茁壮生长。

杂草会夺去其他植物的空间和生长所需要的养分

↗ 除草剂能抑制杂草的光合作用，从而除去杂草。

■ 为什么用锤子打不穿柔软的橡皮泥？

橡皮泥有一个有趣的历史。它最早是由詹姆斯·赖特于1943年发现的。赖特当时正在尝试研究一种制造人造橡胶的方式。他试着将硼酸和硅树脂油混合在一起，然后他得到了一种拉伸和弹跳力度比天然橡胶还强的东西。问题是没有人能为它找到一种用途。但在几年后一位广告经理听说了这个东西之后，他发现了它作为玩具的潜力，不久橡皮泥就成为一个轰动事物。它甚至被用于执行航天任务的"阿波罗8号"的太空舱中，用来阻止工具在太空船里飞来飞去。

橡皮泥的成分之一是二甲基硅油的聚合体，而这个聚合体是由长链分子组成。加入硼酸致使分子彼此附着在不同的点上，把一个液状聚合体转变为固体复合物。但二甲基硅油在橡皮泥中链接得不那么紧所以橡皮泥不易碎，也不会被锤子击坏，但轻微的压力却会刺穿它。

■ 为什么衣物会缩水？

这与包括棉、羊毛和亚麻在内的这些天然纤维的物理和化学性质有关。

纱线中单独的一条纤维是由长长的聚合物分子链或是一长串大分子所构成。自然状态下的这些分子链大都呈卷曲或皱缩状。在纺纱和编织之前，通常要对纤维进行预处理。预处理的第一步就是像梳理羊毛一样把纤维拉直。

可是被拉直的纤维却在试图恢复到原本的自然状态。从一个状态变化到另一状态需要越过一定的能障，甚至从高能级态转变到最低能级、最无序的状态也要消耗能量。洗烫过程中的高温为纤维提供了改变自身状态所需的能量，于是长长的聚合物分子链再度卷曲收缩在了一起。人造纤维的衣物比较不容易缩水，因为人造纤维的聚合分子链可以被制造者设计成任意的形状，于是人造纤维从一开始就处于拉伸状态。

■ 为什么清澈的水结成的冰总是浑浊的？

有三种很好的解释，所有恰当的例子都是在开始用一个障碍物挡住光束去路的时候产生的。

第一，冰块不是一个大的晶体，而是由很多的小晶体组成，而这为光线碰撞到晶体边缘发生衍射提供了大量的机会。衍射和折射之间有什么不同呢？衍射是光波在障碍物边缘发生弯曲的情况，而折射是光从一种介质射向另一种介质时发生的弯曲。

第二，空气中像二氧化碳、氧气和氮气这些气体在寒冷的天气里会更易溶解在冷水里，而在水冷到结冰的时候这些气体产生的气泡会被留在冰块里。它们可能是非常小的气泡，但对于折射光线来说它们仍然相当大。

生活万象

↗ 干净的雪反射光和热量比较多。

第三，即使在冰块内部，一小部分的液态水仍能保持溶解状态——这是另一种折光的机会。

将这三种情况放到一起，光就没有办法完全穿过冰块从另一边射出来。

不干净的雪为什么比干净的雪容易融化？

春天来了，天气回暖，冰雪开始消融。有些人会观察到，沾了较多的尘土的脏雪很容易融化，而那些洁白干净的雪却融化得较慢，这是怎么回事呢？

原因其实很容易找到。雪融化的快慢，决定于雪吸收到的热量的多少。脏雪能比干净的雪吸收到更多的来自太阳光的热量，因此脏雪往往比干净的雪升温快，更易融化。

任何物体在受到阳光照射时，都会吸收一部分光并从中吸收一部分热量，其余的光和热量则被物体反射出去。能够吸收光和热量越多的物体，看上去就觉得越暗、越黑；反之，如果一个物体反射光和热很多，看上去觉得明亮、洁白。

人们常常用"白雪皑皑"和"白茫茫一片"之类的词来形容冰雪的美丽。这是因为冰雪具有很强的反射本领，当光照射在干净的雪上时，反射的光和热量较多，雪不易融化。反之，脏雪看上去是黑糊糊的，色泽暗淡，不如干净的雪那么

↗ 脏的雪颜色暗，吸收较多的光和热，所以容易化。

白净亮眼，它们比干净的雪吸收太阳光和能量要多得多，因此，在受到阳光照射时，脏雪就比较容易融化。

为什么能人为地制造降雨？

云是由水汽凝结而成的。云可以分两种：全部温度或一部分温度低于0℃的云叫作"冷云"；全部温度在0℃以上的云叫作"暖云"。

冷云，由冰晶或冰晶与温度低于0℃的水滴混合组成。有时候，上部是冰晶和过冷却云滴，下部是温度高于0℃的水滴也能组成冷云。冷云一般很难人工降雨，但这并不是绝对的，只要云中有过冷却云滴，人工降雨就可以实现。

人工降雨通常是用飞机将催化剂送入冷云中，当冷云出现过冷却云滴和冰晶时，就会下雨了。

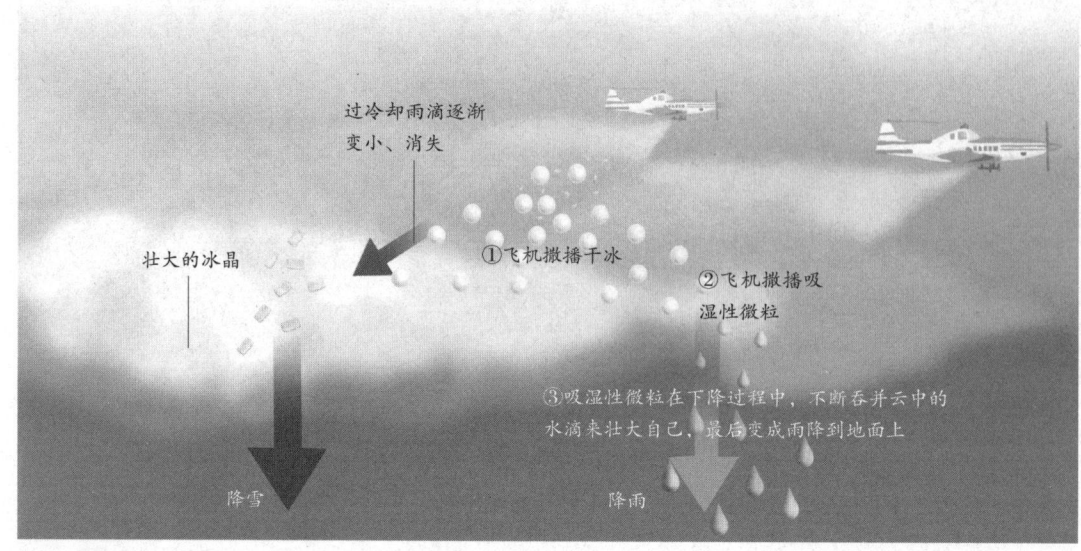

↗ 人工降雨

在自然界中暖云不下雨,要使暖云人工降雨,必须加吸湿性催化剂,例如食盐、盐水、氯化钙等。这些催化剂,可装在飞机、火箭、炮弹、气球上,然后人工将它们撒播在云层中。

珍珠为什么会发光?

珍珠是大自然赠送给人类的瑰宝。它一般孕育于水生的贝类动物中。当水下的寄生虫或砂粒等异物进入贝类的身体,贝类分泌的壳角蛋白和碳酸钙就会将其层层包裹起来。时间一长,光彩夺目的珍珠就形成了。人们之所以认为珍珠是无价之宝,就是因为它的光泽耀眼夺目。那么,珍珠为什么会闪闪发光呢?

珍珠的表面被一层光滑的胶质包着,这便是宝贵的珍珠层。人们称珍珠层中所含的各种成分为珍珠质,其中碳酸钙的含量占90%以上,除此之外还含有少量的有机质、一些金属元素和细微的水滴。正是由于这些固体和液体的微粒具有良好的折光性能,才使得珍珠在光线照射下发出熠熠闪动的珠光,显得晶莹可爱。

珍珠的色彩多种多样,一般可以分为白色、黄色、淡蓝色和粉红色4种,其中最为名贵的是粉红色珍珠。据研究,珍珠层中含有一种卟啉体,它是由蛋白色素卟啉和金属元素结合而成的,卟啉体中所含的金属元素不同,就会显示出不同的颜色。例如,粉红色珍珠中含有较多的钠、锌,黄色珍珠中则含有比较多的铜和银。除此之外,珍珠层中含有的卟啉体的多少不同,珍珠色彩也有深有浅。

玻璃窗在冬天为什么会结出冰花?

冰晶是六角形的,肉眼之所以看不出来,是因为它们彼此缠绕得非常紧密。

玻璃窗上的冰花,本来也应该是六角形的,但是当最初的冰晶凝结起来后,便开始逐渐向四

↗ 佩戴珍珠项链的王妃

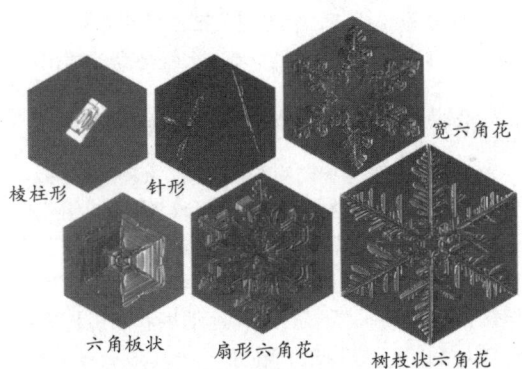

冰花的不同形状

棱柱形　针形　宽六角花
六角板状　扇形六角花　树枝状六角花

◎ 知识链接

20世纪90年代末，据称能产生更大压力的新型超级水枪问世。这种水枪是由布鲁斯·D.安德雷德发明的，具有瞬间增压功能。这套瞬间增压系统的主要部件是一个简单的水球，它的外观与气球类似，但材料要比气球坚硬得多。这种水枪的水泵和其他超级水枪的水泵相同，但水和空气被挤入了水球而非塑料水容器。如果给水球继续注水，水球体积就会变大，就像给气球打气时气球会变大一样。体积增大的水球想要恢复原来的形状，给水球中的水施加了很大的内压。当扳动扳机，打开通向枪管的通道时，水就会在这种内压的作用下喷射出去。与单纯依靠受压空气喷射水流的方式相比，这种方式喷射出的水流强度更大。

周扩展，这个时候情况就变得复杂起来。风力有时大有时小，玻璃有的光滑、有的粗糙不平，有的玻璃上积有污垢、有的一尘不染。这样，蒙在玻璃上的水蒸气就不均匀了，有的地方水蒸气可能积得多些，有的地方可能积得少些。当冰晶向四周延伸的时候，在水蒸气积聚多的地方，冰就结得厚些，在水蒸气积聚少的地方，冰就结得薄些，在冰结得特别薄的地方，受到热气或者压力的影响，薄冰又会立即融化，因此各种各样的花纹就形成了。就像画画一样，颜料用得多，画上的颜色就浓些，颜料用得少，画上的颜色就淡些，不着颜料的地方，就是画纸原来的颜色。于是，当冷空气遇到玻璃就结成形状图案各异的冰花。

■ 水枪是如何向外喷水的？

自问世以来，水枪很快就成为最受欢迎的夏日玩具之一。原因很简单：如果你是个孩子，或者在内心深处认为自己还是个孩子，那么在炎炎夏日里，还有什么比跟你的朋友、家人来一场水枪大战更加消暑的呢？

1982年，一位名叫罗尼·约翰逊的核科学家找到了解决这些问题的好办法。当时，罗尼正利用业余时间研究一种使用流水调节温度的新型热力泵系统。一天深夜，当他把一个热力泵机械模型安装到浴室的水池后，他惊奇地发现，此时水流的喷射强度变得非常大。就在那一刻，罗尼想到了水枪也可以利用压缩空气来为喷射水流提供压力。

为了实践这一想法，罗尼找到一位著名的发明家布鲁斯·D.安德雷德来帮忙。他们同心协力，制定了基本设计方案，这个方案也就成为了后来超级水枪的前身。

超级水枪的核心部件是水泵装置，但它的运动并不能把水射出水枪外，它的作用是在喷射前制造水压。早期推出的超级水枪是通过把空气直接挤压进单一水容器的方式制造压力的。随着挤压进的空气逐渐增多，空气的压缩程度不断提高，作用于水枪内部的压力也不断增大。

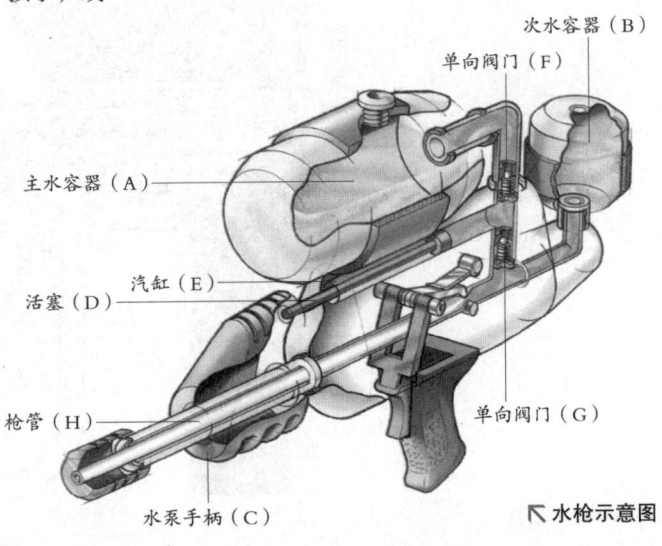

水枪示意图

主水容器（A）　次水容器（B）　单向阀门（F）　活塞（D）　汽缸（E）　枪管（H）　单向阀门（G）　水泵手柄（C）

后期的超级水枪是通过挤压水而非空气的方式制造压力。这种水枪有两个水容器（如图所示，水容器A和B），它们通过一组管道相互连接。首先，给主水容器（A）装满水。为了激发水枪进行喷射，要来回扳动水泵手柄（C）几次。水泵手柄连接着一个狭长的活塞（D），活塞在汽缸（E）内做往复运动。这种水泵与喷水枪的水泵类似，都是依靠相同的单向阀门系统来控制水的流向。第一个单向阀门（F）装在主水容器与水泵装置之间；第二个单向阀门（G）装在水泵与次水容器之间，伸进了水枪的枪管（H）中。

当你向外拉出水泵手柄，活塞向后运动，把水从它上方的主水容器推进汽缸，这就是水泵向上的运动过程。第二个单向阀门（G）阻止了水从次水容器（B）中流出。当你把水泵的手柄向里推，活塞向前运动，把水挤出汽缸，使它通过第二个单向阀门流进次水容器（B），这就是水泵向下的运动过程。第一个单向阀门（F）阻止了受压的水流重新流入主水容器（A）中。

水枪中的水之所以能保持在水枪之内，完全是靠了扳机装置。扳机是一个简单的杠杆，它保证了水枪供给系统的运作。一根连接着水枪供给系统的坚硬金属条把杠杆顶端紧紧地顶在通向枪管的伸缩塑料管上，使水无法通过。当你向后扳动扳机时，金属条弯曲，杠杆就会把塑料管松开。随着水道的开启，受压的空气把水喷出水枪之外。如果水枪内部的压力足够大，水就会高速喷出。

■ 彩弹枪发射彩弹的原理是什么？

自20世纪80年代问世以来，彩弹运动就一直风靡全球。彩弹爱好者们或自己组队或组建联盟，甚至还组织了彩弹锦标赛。尽管与篮球、足球等老牌运动项目相比，彩弹运动的发展仍然长路漫漫，但各种新型的彩弹运动场和彩弹比赛已经如雨后春笋般遍地开花了。与其他运动不同，彩弹运动需要特殊的装备。进行彩弹运动时，要有彩弹枪、一定数量的彩弹和防护面罩。

◎ 知识链接

最初，彩弹枪并不用于体育运动。第一支彩弹枪诞生于20世纪70年代，当时被用于林业和农业。护林人用彩弹枪为一些树做标记，比如为了研究或规划而做一些方便辨认的记号。农民也用彩弹枪来为牛做记号。

有时，一些护林人或农民也用彩弹枪相互射击来自娱自乐，由此诞生了彩弹运动。不过，真正的彩弹运动开始于1981年。当时，12个勇士使用一些林业用的彩弹枪发起了一场以夺取旗帜为目标的正规彩弹比赛。

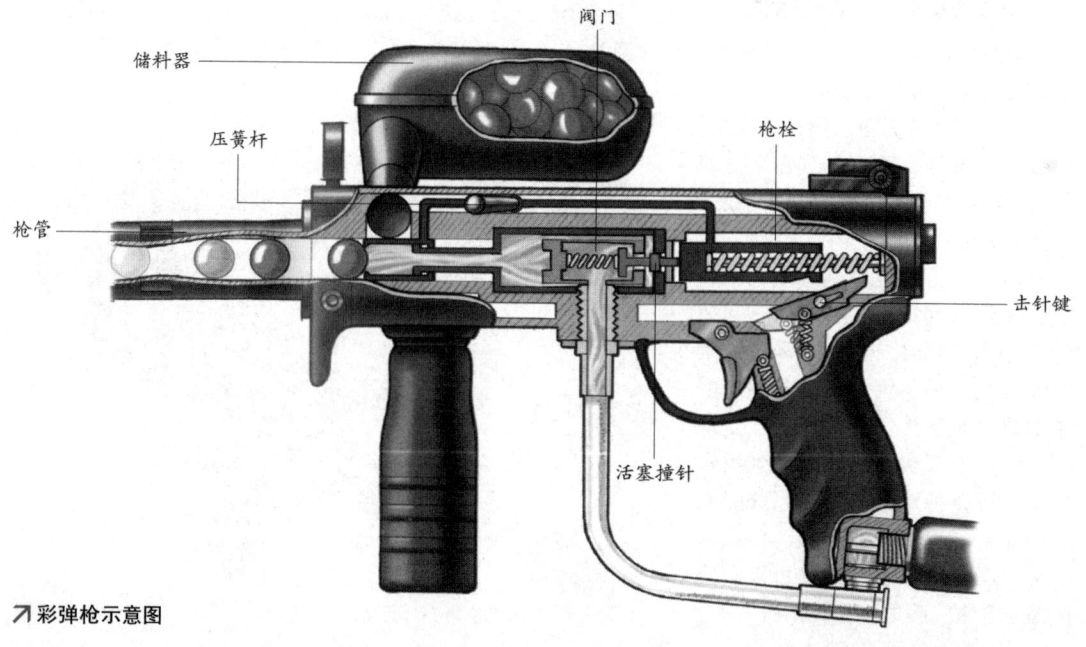

↗ 彩弹枪示意图

彩弹的基本结构与凝胶粒和沐浴油珠相同。彩弹由一粒圆形的胶囊构成,胶囊内部填充了有色液体,直径约为 1 厘米。这种颜料可以有多种颜色,对人体无害,可进行生物降解和溶于水。也就是说,当沾染到皮肤或衣服上时,可以完全洗掉。用一般力度握住这种胶囊完全没有问题,但如果把它扔向别的物体,它就会破裂。

彩弹枪能以大约 90 米/秒的速度将彩弹射出枪管。大多数彩弹枪依靠一种压缩气体源进行发射,比如一罐液态二氧化碳或压缩空气。

开始射击前,击针键把枪栓保持在待击发状态。此时,一颗彩弹会滑出弹药仓,落在彩弹枪的后膛(枪管后部的位置),被一个小钩钩住。

扣动扳机时,扳机触发击针键。击针键向后运动,打开枪栓。枪栓弹簧推动枪栓朝着气阀的方向向前运动。

当彩弹枪处于待击发状态时,带弹簧的活塞会挡住阀门与其他部分的通道。枪栓向前滑动,撞击活塞撞针。在撞击力的作用下,活塞挤压弹簧,打开了通向彩弹枪其他部分的气体通道。同时,枪栓前部推动彩弹向前运动,把弹药仓堵住。

枪栓撞击活塞撞针的瞬间,压缩空气被释放,从阀门室流向彩弹后部。空气的固有压力把彩弹推入枪管下方,进而射出彩弹枪。

活塞撞针的凸起部分在开始时会堵住气体流向彩弹枪后部的通道。但随着撞针继续向前移动,撞针的凸起部分就会把通道打开,使气体向后流动。这时,气压推动枪栓向后运动,击针键把枪栓重新锁定在待击发状态。当枪栓前部向后滑动时,弹药仓打开,又一颗彩弹滑下。彩弹枪就可以新一轮的发射了。

■ 为什么抛出去的溜溜球能够自动回到手中?

溜溜球是最受欢迎、经久不衰的玩具之一。早在 2500 多年前,古希腊人就开始玩陶制的溜溜球。也有证据表明,中国人在更早的时候就发明了类似的玩具。无论就哪种情况而言,溜溜球都拥有悠久的历史,是除玩偶之外最古老的玩具。

早期溜溜球的绳子都紧紧地系在轮轴上。现代的溜溜球在 20 世纪 20 年代从菲律宾传入美国,它的绳子是绕在而非系在轮轴上。这使得溜溜

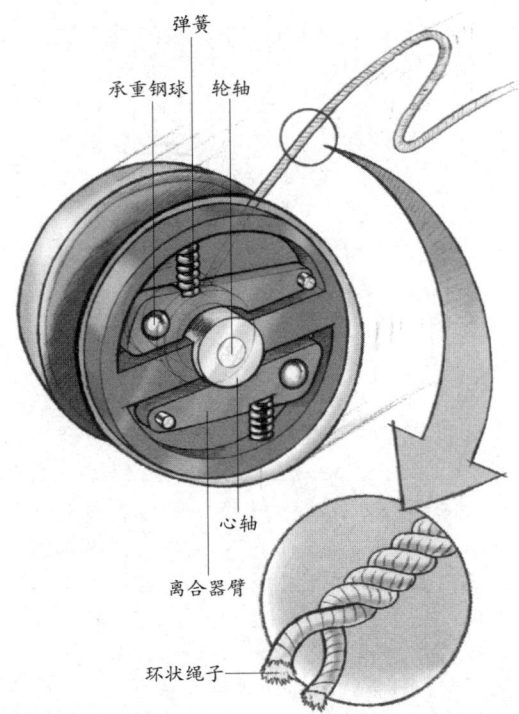

↗ 溜溜球示意图

球可以进行"睡眠":在绳子末端进行旋转,而不立刻转回来。

溜溜球的物理原理非常简单。当我们把溜溜球放在手掌上时,它就具有了一定的势能。溜溜球的势能有两种不同的形式。

溜溜球可以向上抛入空中,这使它具有重新落回地面的势能。

溜溜球的绳子绕在轮轴上,这样当轮轴上的绳子松开时,它就具有了可以进行旋转的势能。

松开溜溜球时,这两种势能转化为动能,溜溜球的线轴就会垂直落到地面(溜溜球的玩家也可以晃动手腕来加速其落地)。当溜溜球落地时,产生了一定的线动量(以直线形式存在的动量)。同时,绳子松开后,线轴发生旋转,产生角动量(旋转动量)。当到达绳子末端后,溜溜球就无法再下落了。但由于其具有大量的角动量,溜溜球还可以继续旋转。

这种旋转运动使溜溜球具有回转稳定性,即旋转物体可以不受旋转轴的影响。这一属性使溜溜球在转速足够快时,旋转轴可以与绳子保持垂直。

由于线轴不是牢牢系在绳子上的,因此松开线轴时,溜溜球可以自由旋转。溜溜球的玩家只

> ### 名字由来
>
> "溜溜"这个词和现代溜溜球的设计来自于菲律宾。与来自中国和古希腊的古老溜溜球不同，菲律宾的溜溜球（在本土哈加路语中，这个词的意思是出去、回来）拥有"睡眠"的功能。这种特殊的玩具可能是中国玩具的改装，也可能是菲律宾一种打猎武器的改进。不管怎么说，在菲律宾，这种玩具可以上溯到几百年前。
>
> 在20世纪20年代，一个名叫彼得·弗洛雷斯的菲律宾移民决定把溜溜球的设计带到美国去。他很快就取得了巨大的成功，在1929年，他把他的公司卖给了一个美国商人唐纳德·邓肯。邓肯为溜溜球注册了商标，在接下来的几十年里，他的公司成了最大的溜溜球生产商。1965年，美国联邦法院请求裁决溜溜球为普通产品，从而可以让普通公司生产溜溜球。

要把绳子稍稍抛出，就可以把溜溜球拉回来。拉力增大了绳子与轮轴之间的摩擦，轮轴会再次把绳子绕起来。当轮轴把绳子重新绕起时，就为绳子提供了摩擦力，使更多的绳子被绕起。

20世纪90年代，新款自动溜溜球问世。自动溜溜球的头号制造商 Yomega 公司在进行产品推介时，称这些溜溜球是"有头脑的溜溜球"。听起来这些溜溜球似乎真的具有一定的智商，它们准确地知道睡觉和起床的时间。不过，这里的"头脑"实际上是指一种离心式离合器。

和装有球状轴承的溜溜球一样，自动溜溜球里的绳子也不直接接触轮轴，而是绕在一个心轴上。轮轴装在溜溜球的两部分之间，旋转时从心轴的中间通过，但轮轴与心轴并不连接在一起。

当溜溜球转速较慢时，心轴与轮轴运转一致。离合器把轮轴与心轴固定在一起。离合器装在溜溜球的一个转盘中，包括两个带弹簧的金属臂。这两个金属臂一端承重，另一端与溜溜球的主体相连。当溜溜球处于静止状态或低速旋转时，弹簧向上挤压金属臂，阻止心轴运动。但当溜溜球旋转加快时，离心力会把金属臂承重的一端向外推出，阻止弹簧运动。这时金属臂把心轴松开，心轴和溜溜球的其他部分各自转动。

当你把溜溜球抛出时，它开始慢慢旋转。离合器被锁住，放松的心轴带动转盘旋转。当溜溜球的绳子快要接近末端时，溜溜球的转速变快，使得离合器把心轴松开。转盘的角动量使溜溜球继续旋转，但心轴可自行停止转动。最后，转盘的旋转也开始变慢，作用于金属臂上的离心力变小。当作用于承重端上的向外的离心力小于弹簧向内的作用力时，心轴上的金属臂就会收紧。此时，转盘的旋转运动重新从心轴开始，心轴把线重新缠绕，溜溜球就会回到你手中了。

■ 冲浪泳池是怎样做到无风起浪的？

现代文明不断对大自然进行着人工重塑。人们用人造圣诞树装饰房屋，佩戴假发，在人造草坪上嬉戏，用人造岩石搭建动物园的笼子。科学家们甚至发明了人造心脏！在人类对大自然的再造过程中，最独特的就是人造海岸，也就是我们熟知的冲浪泳池。这种人见人爱的水上娱乐设施十分清洁，是天然海浪的人工改良版本。冲浪泳池的水经过了净化，海滩是用混凝土浇筑而成的，海浪每过几分钟就击打一次，像时钟一样准时。

这种海浪运动可以通过以下几种方式进行仿制。仿制海浪需要准备一盆水，还要想出一种制造干扰的方法。比如，在水面上刮一股劲风，使用一支旋转桨轮（就像汽船上的一样），或使用摆动活塞。基本原理是：在某一点上击打水面，使能量向外扩散至周围水面。这和向池塘里扔一颗石子的道理是一样的。

用这个方法制造一些小小的水波非常容易，但要制造一些更大的适宜冲浪的波浪就比较困难了。这时就需要刮起强劲无比的大风，或者使用更大更有冲击力的摆动活塞。不过类似的设备往往效率很低，非常笨重，也很危险。因此，想要创造出效果很棒的水上娱乐活动，这些设备是无法胜任的。而水上公园通常是使用水泵系统制造海浪的。

典型的造浪机是通过向泳池底部倾倒大量的水来制造海浪的。当泳池的水面想要再次恢复平静时，就会有海浪向岸边涌去。因为水的自重很大，因此水面恢复平静需要一定的时间。此时如果继续倾倒更多的水，就会制造出规模更大、更具冲击力的海浪。

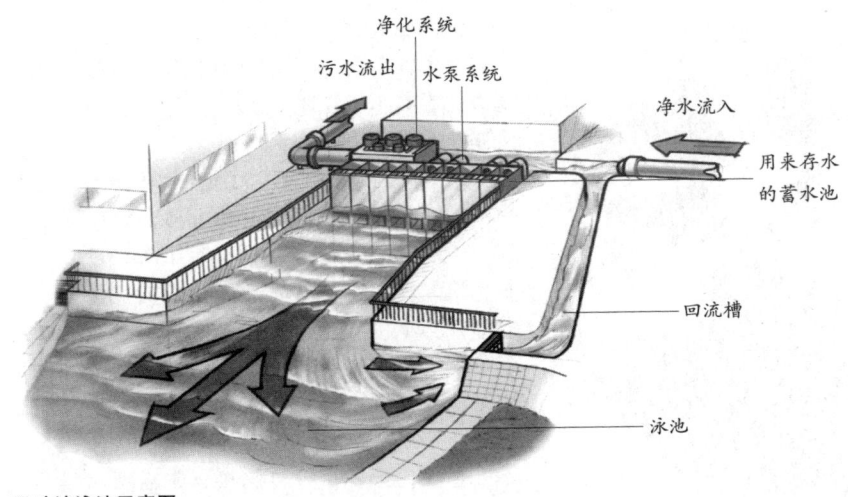

↗ 冲浪泳池示意图

制造海浪的原理很简单,实施起来却需要使用很多大功率的机器。典型的冲浪泳池有5个基本组成部分。

一个水泵系统。

一个用来存水的蓄水池。

一组装在蓄水池底部的放水阀门。

一个巨大而倾斜的泳池。

一个回流漕,从海岸区域通到水泵系统。

水泵系统包括:大功率的发动机、长传动轴和螺旋桨(作用于回流槽中所有水面下的水)。转动的螺旋桨把水从回流槽推进通往蓄水池的管道。

蓄水池由几个连接在一起的水槽组成,每个水槽都装有放水阀门。放水阀门由3部分组成。

底座:通到泳池底部的孔。

阀门板:紧贴阀门底座上方安装的宽条金属。

液压活塞:装在充满油的汽缸内部,与阀门板相连。

◎知识链接

忙碌的夏日,数以万计的人们会光顾冲浪泳池,但就算是最爱整洁的游客也会在泳池里留下一些污物和油脂。因此,水上公园需要配备一套24小时工作的净化系统来确保水质清洁。典型的净化系统是这样工作的:由大功率的水泵把水从水槽中抽出,送入净化系统,同时抽进清洁的水。水中的氯含量会经常进行检测,以确保泳池用水的安全性。

阀门板非常重,在没有外力作用的情况下,它会紧贴阀门底座。阀门板把蓄水池牢牢堵上,水就无法流出来了。这是因为阀门底座周围装有橡皮垫圈,有效地防止了阀门漏水。

液压活塞打开阀门板,蓄水池开始放水。蓄水池中的水穿过一个弯曲的通道,流入泳池。此时水流会撞到位于海岸边类似暗礁的物质上,这样就会形成造型优美、适宜冲浪的海浪了。

■ 电脑下棋时是怎样"思考"布局的?

电脑确实不会像人类那样"下"棋,也不会像人类下棋时那样进行思考。电脑是通过一组程序进行运算下出好棋的。随着电脑速度越来越快,它们通过计算得出的出招质量也越来越高。

在理解了国际象棋的基本规则之后,人就可以下棋了。如果你曾经观察过一个初学国际象棋的人,你会发现他刚开始下棋时能力往往十分有限。他每次输棋后都伴随着这样的一声惊呼:"哦,我怎么就没想到呢!"或者"我怎么就没看出来呢!"

每下一步棋,人们都会汲取一些经验,记忆不同的棋盘布局,发现一些新的技巧和策略,总的来说,就是琢磨一些细微的地方。随着棋艺的提高,棋手就会阅读一些书籍,探究著名棋手曾经用过的一些套路。

因此,对于人类而言,下棋的过程涉及大量高水平的抽象推理:通过视觉观察,记忆并联想棋子的布局,遵守下棋的规则,进行周到的思考甚至要运用心理战术!而电脑下棋就不需要上述的任何步骤。

当今的电脑下棋艺术奥妙多多,但所有的电脑下棋都涉及一个最为核心的简单原理:盲算。

假设在你的面前已经摆好了国际象棋的棋盘,每个棋手都有16颗棋子。假如让白子先行,

↗ 会下棋的电脑

白子可能的出棋招数有 20 种：可以把任何一个"兵"向前移 1～2 格，也可以用两种不同的方法走"马"。执白子的棋手会从 20 种出招套路中选择一种，然后出招。

对执黑子的棋手而言，选择是相同的：20 种可能的出招套路。他可以从中任选一种。

又轮到白子。这一步该走哪颗棋子取决于上一步。不过，面对当前棋局，白子还是有 20 种出招步骤，黑子也是一样，依此类推。

这就是电脑观察棋局的方法。电脑思考所有可能的出招步骤，然后把这些步骤列成一个大的树形图。

在这个树形图中，如白子先行，则有 20 种可能的出棋方式。黑子走完第一步棋后，有 $20 \times 20 = 400$ 种可能的布局方式。在白子走完第二步棋后，有 $400 \times 20 = 8000$ 种可能的布局方式。当黑子走完第二步棋后，有 $8000 \times 20 = 1.6 \times 105$ 种可能的布局方式。依此类推，如果把所有可能的出棋方式列成一个完整的树形图，那么总的布局方式就有 10120 种。可能有一点儿出入，但总之是一个非常大的数字。

任何一台电脑都不需要把整个树形图完整运算一遍，它要做的只是计算出 5 步、10 步甚至 20 步之后的棋局布局。假设每个布局可以有 20 种出棋方式，一个 5 层的树形图就包含了 3.2×106 种布局方式，一个 10 层的树形图则包含了大概 1013 种布局方式。电脑可以运算的树形图层数取决于电脑自身的运行速度，速度最快的电脑每秒可以计算并生成数百万个棋局布阵。

生成树形图后，电脑接下来需要对棋局走向进行估计。也就是说，电脑需要判断棋子如此布局是好是坏。电脑是通过其评价功能做出判断的，可能最简单的操作就是数出每一方拥有的棋子数量。如果电脑走白子，此时的棋局是白子 11 颗而黑子 9 颗，那么最简单的运算可能是 $11 - 2 = 2$。很明显，对下棋而言，这样的运算未免太过简单。一些棋子比另一些更有价值，因此这样的公式究竟对双方谁更有利也说不准。当程序员设计程序时，他们通过添加对中心的控制、"王"被将军的弱点、敌方"后"的弱点和其他各种参数，使评价功能日趋复杂。然而，无论这一功能变得如何复杂，最终都会被压缩为一个简单的数字，该数字会指出目前的棋局是好是坏。

■ 为什么电子游戏机能受到大众的欢迎？

家用电子游戏机，也就是我们熟知的电玩游戏机，是一种广受欢迎的娱乐方式。每年用来开发游戏机和游戏的投资都高达数十亿美元。许多家庭都拥有索尼的娱乐平台 PlayStation、任天堂

↗ 布局树形图

生活万象

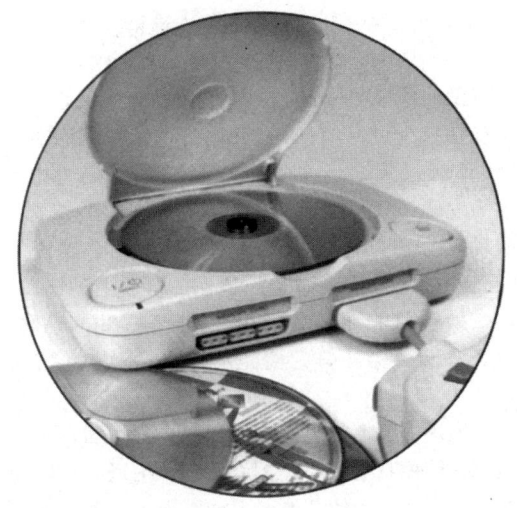

↗ 电子游戏机

64和微软的Xbox游戏平台。无论孩子还是大人，都会连续数小时坐在流行的电玩游戏机前玩电子游戏。

就本质而言，电子游戏机就是一台高度专业化的电脑。实际上，和许多台式电脑一样，大多数电子游戏机的基础也是CPU（中央处理器）。为了降低成本，大多数生产商使用的都是人们普遍使用的CPU，这样游戏机的价位就下降到人们可以接受的水平。

既然如此，人们也许会问："为什么不直接使用一台普通电脑而要买一个游戏机呢？"原因如下：

游戏机通常比电脑便宜得多。

把游戏安装到游戏机所需时间很短。

电子游戏机可以与其他娱乐设施融为一体。也就是说，它们与一般的电视和音响连接都非常容易。

不需要考虑兼容的问题，如操作系统、DirectX驱动、正确的声卡、配套的游戏控制器、解决方案等。

游戏开发人员对每个系统的部件都了如指掌，因此他们设计的游戏会充分发挥硬件的优势。

无论启动游戏还是玩游戏，需要了解的技术知识都比使用电脑要简单得多。大多数游戏机都是插上电源就可以使用。

大多数电子游戏机都安装了允许多人同时玩的游戏。而如果使用普通家用电脑，想要多人同时玩游戏，启动过程就要复杂得多。

■ 三维眼镜是怎样显示立体图像的？

三维眼镜能带给我们美妙的娱乐享受，但你可能会很惊讶，因为它的工作原理非常简单！

人类拥有奇妙的双目视觉系统，它能发挥作用是基于这样的事实：我们的两眼相距5厘米。因此，两眼可以从略微不同的角度观察世界，双目视觉系统正是根据这个差异在头脑中计算距离。尽管两眼看到的景象稍有不同，但人的大脑却能把它们联系起来。

如果你曾经使用过全景显示器，你就会认识到双目视觉系统的用途，此时每只眼睛都会看到一幅图像。这些图像是由从略微不同的角度拍摄同一图像的照相机提供的。由于每只眼睛看到的只是其中的一幅图像，你的双眼会自动把这些图像联系起来。

三维眼镜的工作原理其实与全景显示器的工作原理极其相似：当你戴上它观看三维电影时，不同的图像尽收眼底。屏幕所展示的实际上是两幅图像，你的一只眼睛看到了其中的一幅，另一只眼睛则看到了另外一幅。这一过程通常运用了两个系统。

偏振：放映三维影片的影院都对偏光镜片青睐有加，因为它可以进行色彩检视。两部放映机在屏幕上同步放映不同偏振的两幅图像。佩戴这种眼镜后，由于眼镜镜片的偏振不同，因此每只眼睛只会看到一幅图像。

红-绿或红-蓝：偏振无法在普通电视屏幕上实现，此时要用到红-绿系统。屏幕上同时展示了两幅图像，一幅是红色的，另一幅是绿色或蓝色的。眼镜上的过滤器让每只眼睛只看到一幅图像，其他的工作就交给大脑来完成。当你使用

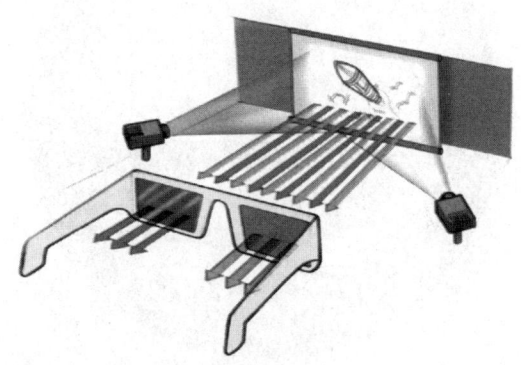

↗ 红-蓝镜片的三维眼镜示意图

色彩进行区分时,放映的不一定是彩色图像,因此图像质量不如使用偏振系统时清晰。

举例来说,在一套系统中,电视屏幕显示了两幅图像,一幅之后紧接着显示另一幅。特制的眼镜型液晶显示器会遮挡一只眼睛的视线,同时让另一只眼睛快速连续地观看图像。这套系统可以在普通电视上进行色彩检视,但需要购置特殊的设备。

■ 玩老虎机赢钱的奥秘是什么?

多年以来,老虎机的制作工艺可谓日新月异,传统的机械老虎机已经被更为复杂、由电脑控制的老虎机所取代。但游戏的内容还是一样的:玩家拉下拉杆,印有图案的转轮(通常是3列)开始旋转。赢钱还是赔钱取决于显示的图案与赔付线(可视窗口中间的那条线)是否一致。如果每一列都沿着赔付线显示了相同的表示赢钱的图案,就意味着玩家赢钱了(有时一些特定的图案也表示赢钱)。赢钱的数目,也就是老虎机支付的金额,取决于沿着赔付线显示的那个图案。

传统的老虎机(通常也被称为"独臂强盗")主要是依靠齿轮的转动和杠杆的配合进行运作。首先,硬币监测器会检测出硬币已被投入机器,然后打开制动器。老虎机的核心部件是支持转轮的金属转动轴。这根转动轴与拉杆相连,带动机器进行运转。制动系统可以使转轮停止转动,感应器则会把转轮的位置信息传递给支付系统。

↗ 老虎机的典型组合方式

以上部件可以按照多种方式进行组合,多年以来,老虎机的制造商们也尝试了各种组合方式。左下角的这幅图代表了一种典型的组合方式。

在这个设计中,3列转轮都安装在一根中心转动轴上。中心转动轴还支撑着与3列转轮相连的3个凹口盘。位于中心转动轴后面的第二根转动轴支撑着推进器(包含3个叶片的金属块)。推进器的叶片排成一排,顶住3个盘上的凹口。第二根转动轴还支撑着一组相互连接的制动器,即嵌进凹口盘凹口的齿状物,它们对转轮实施制动。

推进器和制动器都与弹簧相连,弹簧把它们锁定在待用状态。推进器在凹口盘后面,而制动器则托住凹口盘使其处于固定位置。

当玩家拉下拉杆时,老虎机就会按下面的步骤运转。

(1)拉杆带动挂钩转动,挂钩连着推进器,推进器被推向前方。

(2)装在推进器另一侧的挂钩钩住控制凸轮,带动控制凸轮向前转动。与控制凸轮连接的一组齿轮也随之旋转。弹簧把控制凸轮拉回原位,但齿轮组使这个拉动过程大大减速。此时,齿轮相当于一个机械减速器。

(3)控制凸轮把制动器从凹口盘拉出。推进器继续向前运转,推动制动器顶住凸轮盘上的挂钩。凹口把制动器固定住,使得凹口盘和转轮可以自由转动。

(4)拉杆继续推动推进器,推进器的叶片会短暂地推动凹口盘向前运动。当拉杆退回来时,它就会松开推进器。

(5)推进器的弹簧推动推进器快速向后运动。它的叶片撞击凹口盘上的凹口,带动转轮快速转动。

(6)上述过程发生时,控制凸轮也慢慢复归原位。当控制凸轮复位时,推动凸轮盘向后,使它松开制动器。由于不同的制动器都连着各自的挂钩,凸轮盘一次只能松开一个制动器。每个制动器都会向前弹起,锁入凹口,把转轮固定住。

(7)简单地说,每一列转轮都只有一个位置会让玩家赢钱。在这一设计中,赢钱凹口比所有输钱凹口都要深。当转轮停在赢钱的位置时,制动器就会与赢钱凹口咬合。换句话说,在赢钱的图案出现之前,制动器就会先行向前运动。当3

个制动器全部与赢钱凹口咬合时,就会形成机械联动,硬币遮板就会打开,把玩家赢的钱吐出来。(这只是一个简化的支付过程,老虎机可以通过多种方法决定转轮的位置。)

从玩家的角度看整个过程是这样的。
(1)玩家拉下拉杆。
(2)老虎机发出"咔咔"的声音,3列转轮开始转动。
(3)3列转轮突然依次停下,接着就会吐出来赢的钱(如果代表赢钱的符号排成了一行的话)。

每个部件逐次逐个停止转动,中间会造成时间间隔。如果第一列转轮停在头奖的位置,还要继续等待第二列转轮停止转动,看是否也停在头奖的位置,然后再等待第三列。如果3列转轮都显示了正确的符号,那么玩家就可以赢钱。支付系统决定着转轮的位置,并把相应的奖金从老虎机中吐出来。

传统的老虎机最终被电子老虎机所取代,不过它们的原理很相似。在电子老虎机中,由发动机带动转轮旋转,而电磁石则带动制动器运动。在过去的几十年中,电子老虎机几乎全部被电脑控制的老虎机所取代。

最先进的老虎机无论从外观还是感觉上,都与古老的机械老虎机相似,但工作原理却不同。每次拉动拉杆后,最终结果由装在老虎机内部的中心电脑控制,而不是由转轮的运动控制。

电脑使用步进电动机来带动转轮旋转,然后让它停在预先设定的位置。步进电动机由短数

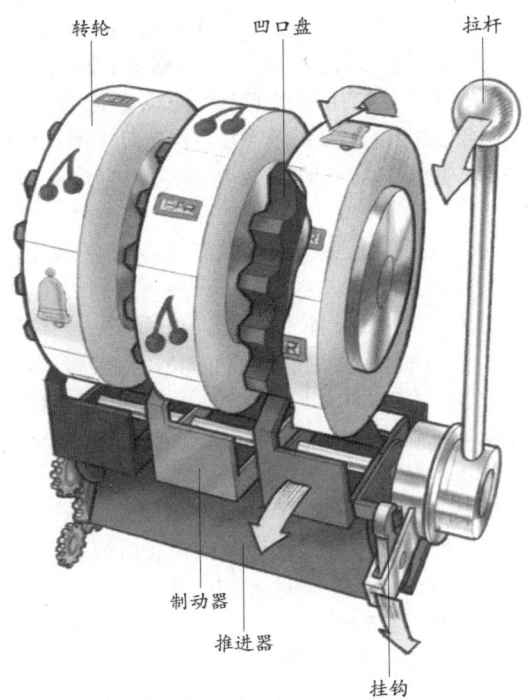

↗ 老虎机正面结构示意图

字脉冲驱动,这些脉冲会十分精准地、以固定增量或者说步进式地带动发动机运转。

尽管电脑会向转轮发出在某一位置停止转动的指令,但这并不意味着老虎机已预先设定了某一特定的出钱时间。电脑的核心部件,也就是随机数发生器,会确保每次拉下拉杆时中头奖的概率都是相同的。

无论什么时候打开老虎机,随机数发生器都能在1秒中之内把全部数字(主要是从1到几十亿的数字)生成成百上千次。在你拉动拉杆(或按下按钮)的瞬间,电脑就会记录随机数生成器生成的接下来的几个数字。然后电脑将这些数字输入一个简单的程序,从而决定转轮停下来的位置。

对于一部典型的3转轮老虎机来说,它的全部运转过程如下。

(1)玩家拉动拉杆,电脑记录随机数生成器生成的接下来的3个数字。第一个数字决定第一列转轮停止的位置,第二个数字决定第二列,第三个数字决定第三列。比如说,第一个数字是312769458。

(2)为了决定第一列转轮停止位置,电脑会用第一个随机生成的数字除以一个固定值。通常,

◎ 知识链接

支付线是什么

在有些老虎机中,玩家拉下一次拉杆,就会出现多条支付线。当赌注为最小值时,只有笔直穿过转轮的那条线才是有效支付线。如果玩家放进更多的钱,就可以在主支付线的上方或下方增加穿过转轮的水平线或对角线。

不管是否具有多条支付线,大多数老虎机都有多种赌注可选。当玩家开出的赌注为最大值时,头奖的金额才会最高。因此,博彩行家建议玩家每次都下最大的赌注。

老虎机会用32、64、128、256或512来除这个数字。在这个例子中，假设电脑用64来除这个数字。

（3）当电脑用固定值来除随机生成的数字时，会把商数的余数记录下来。在我们的例子中，312769458除以64的商数是4887022，余数是50。

（4）很明显，余数不能大于63或小于0，所以这次运算的最终结果只有64种可能的值。在一个大型的虚拟转轮上，这64种可能的值就代表了64个停止点。而在实际的转轮运转时，玩家只能看到11幅画面和22个停止点。电脑现在要做的就是把虚拟的转轮与实际的转轮对号入座。

（5）虚拟转轮上的64个停止点，每一个都与实际转轮22个停止点中的一个相对应。电脑可查询对应表，以便明确实际转轮该转动多少圈才能与虚拟转轮上的一个特定值相对应。由于虚拟转轮的停止点要远远多于实际转轮的停止点，实际转轮的某些停止点就要与虚拟转轮上多个停止点相对应。

■ 投币式台球桌的内部结构是怎样的？

台球是一种风行全球的室内运动。许多饭店、酒吧和小酒馆都设有台球桌，而且它越来越多地出现在私人住宅里。

过去，台球桌一直是用大型板岩制成的，上面还盖着布。板岩是呈蓝灰色的岩石，可以分割（自然分割）成宽而平整的层面。富含亚氯酸盐、

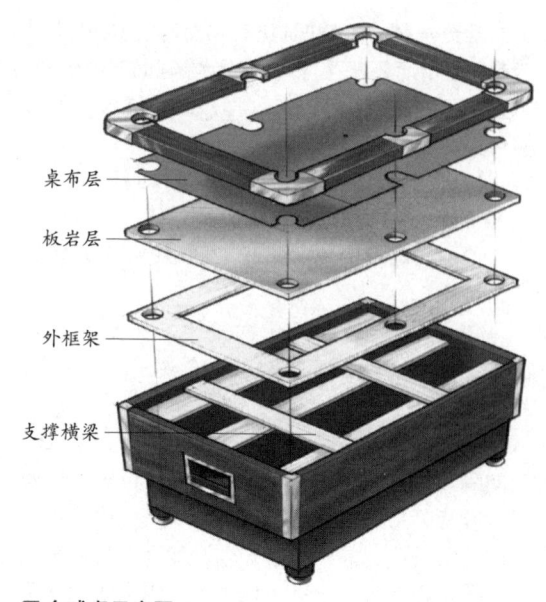

↗ 台球桌示意图

云母和石英的黏土沉积层（土及水底的碎石）受到积压，就形成了沉积岩石，即板岩。在积压过程中，在较薄的岩石层中的沉积物变硬，与成百上千自然形成的平整岩石层一起，共同形成了一种非常坚硬的岩石。

经过简单打磨，板岩的表面会变得非常光滑，这就是人们为什么会选板岩作为台球桌台面的原因。

用板岩制成的台面边沿经过打磨，可以放置球袋。供球落下的球洞也沿着边沿排列，这样，球桌的台面就可以与球桌外框的前部用螺钉固定在一起。

造价低廉的娱乐型台球桌一般不选用板岩作为台面，这种球桌包括以下部分。

薄板层或塑料层：硬质的合成材料，一般来说指蒙在刨花板上的薄板层或塑料层。

蜂巢状结构：在两块塑料板中间用硬质塑料制成的蜂巢状结构。

中密度纤维板：木材碎料经压制而成型的平整板材，也叫压制木材或刨花板。

非板岩台面存在的最大问题是：易卷曲，伸展性不好，无法保证台面在任何时间都非常平滑。不过，即使最高级的台面材料也不能保证一定能制造出一流的台球桌，除非有一个坚固的底座来支撑。

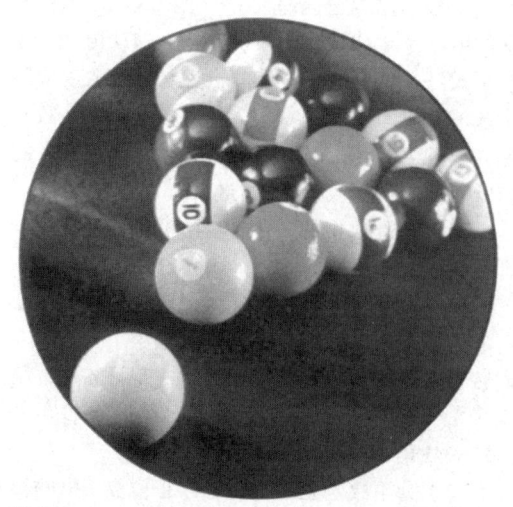

↗ 台球

首先，桌体要有一个大的矩形木质外框，通常由厚硬木板制成。由一根或一根以上的横梁和一根中梁对板岩台面进行辅助支撑。木框在转角处与金属托架或木质顶木相连。每个转角处都装有金属托架或木质顶木，它们被螺丝钉固定在硬木板上，形成非常牢固的外框架。

根据球桌的尺寸以及板岩台面的厚度和重量，支撑球桌的桌腿可以是 4 个、6 个或 8 个。一些带有设计者标志的球桌会用一个大型基座来代替桌腿。桌腿可以是中空的或实心的，当然实心的桌腿更好。桌腿可以仅延伸至球桌边框的底部，大多数专家建议实心桌腿应伸展到板岩台面的下侧，这样可以给台面提供最佳的支撑。

如果观察一张赢利性台球桌的内部，可以发现在球桌 6 个球袋内侧装有一组滑槽，每个滑槽都从球袋至台球的回路方向略微向下倾斜。当台球掉入袋中后，在重力的作用下，台球会沿着滑槽滚动到集球室，直线排列在集球室的凹槽中。在有人投入硬币、开始新的游戏之前，这些球会被锁在集球室中，可以透过一块透明的丙烯酸树脂片看到它们。把硬币放入投币口，扳上投币闸，杠杆随之启动，球就会滚出凹槽，进入台球桌底端一个较大的开阔入口区域。

在赢利性台球桌上，当球落袋时就会进入集球室。但主球怎么办呢？当一位球手不慎将主球击入袋中时（此举被称为"失误的击打"），需要把主球从桌底的入口区重新取回。大多数情况下，投币式的台球桌会使用两种类型的主球。

比普通球尺寸大一些的大号球，可以用半径测量器来区分。

磁力球，可以用磁力测量器鉴别。

大号球直径约为 6 厘米，比普通球约大 2 毫米。尺寸上的细微差别使主球在进入集球室之前就会被区分出来。较小的、标有数字的球可以通过测量器，而较大的主球则会直接穿过第二个滑槽，落入球桌一侧的通道口。

对于那些不喜欢使用尺寸略微大一点儿的主球的球手，还可以在投币式台球桌上使用一种磁力球。磁力球内部嵌有一块磁石。落入球袋的磁力球可以用磁力测量器加以区分。当磁力球通过测量器时，磁石就会击发偏转装置，使磁力球向着不同于其他球的方向运动，直至落入球桌一侧的通道口。

现在对于大多数投币式台球桌而言，大号球和磁力球可以交替使用，但两种球各有弊端。对于初级球手而言，体积较大些的球可能不会影响发挥，但它却可能扰乱一些高级球手的发挥，因为他们习惯使用普通的直径为 5.7 厘米的主球。同样，一些球手可能会注意到磁力球的磁性有时会导致球滚动的路线出现偏差。而且，因为磁力球内部装有磁石，如果台面较硬，磁力球会比普通球更加易碎。

弹球机的内部部件包括哪些？

1947 年，戈特列布发明了真正意义上的弹球机 Humpty Dumpty。从那以后，弹球机就让人们如痴如醉。在过去的时间里，不可胜数的新技术被运用到弹球机中，以此来吸引玩家。但游戏的目标一直没有改变，那就是得分以及防止球落入球道中。

最初的弹球机是纯机械的，但现代弹球机是一种电子和机械部件的奇特组合。弹球机都装有

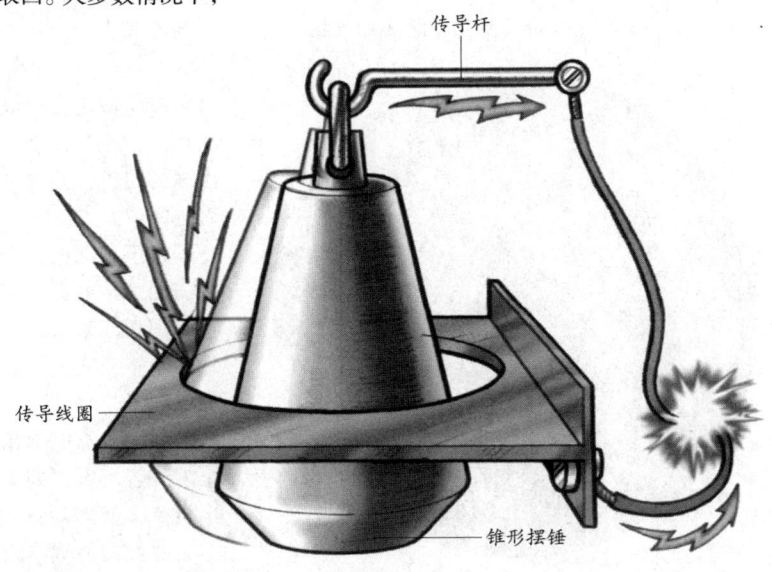

↗ 弹球机倾斜装置示意图

灯和液晶显示面板，有时还装有电视屏幕。同时，弹球机也装有机械的升降舵、缓冲器和开关。

弹球游戏的核心部件是升降舵和弹球。升降舵通常装在游戏区的底部，位于球道的正上方。升降舵推动球向着缓冲器的方向运动，滑入球桌另一端的滑轨中，这样就可以得分。有时，球桌上装有额外的升降舵会给玩家更多的选择。弹球机的两侧各有一个按钮来控制升降舵，它们可以将电流输入带动升降舵运行的大功率筒形线圈中。

弹球是一个直径约 3 厘米的钢球，重量为 80 克。在普通（不打蜡）桌面上，弹球的运行速度最高可达 145 千米/小时。对于传统的钢质弹球而言，它的磁性有时候也会派上用场，一些弹球机就是利用磁石把弹球吸引到游戏区的某个区域。在一些弹球机中，人们也使用陶制球，也叫强力球。这种球仅重 65 克，在桌面上运行速度更快，也不受一些游戏中使用的磁石的影响。某些多头弹球游戏通过同时使用磁力弹球和陶制弹球，把两种游戏风格混合起来。

弹球桌的后箱，即通常顶在墙上的水平部件，主要完成两项工作：存放游戏的主要电子元件和显示器，用灯光和艺术效果来吸引玩家。电动机械缓冲器和升降舵与装在后玻璃板后面的主控制板相连。在现代游戏中，控制器就是一个微处理器。一个只读存储器芯片存储了游戏所需要的全部信息。

从控制板到机器的其他部分之间的连接线长

↗ 弹球机游戏区的底部

◎ 知识链接

大多数业余弹球玩家对于如何在弹球游戏里得分可谓是一头雾水，他们的基本目标只是使球不落入球道中。不过，弹球行家就老练多了。

目前的得分将被记录在后玻璃板底座上的点阵显示板上，显示在所有得分选项和记录的中间。在大多数的游戏中，显示板会通过动画或文字指导你应该射向哪个滑轨或者该击打哪个目标，目的是得到最高的分数。

老练的弹球玩家会通过联合射击的方式得到最高的分数。这些射击包括用一系列特定的动作来激活头奖或某些得分装置，具体方式根据主题或弹球机的不同而有所不同。

度惊人，通常超过 800 米。这些线负责在主板与升降舵、缓冲器、目标和滑轨之间进行命令传输。

通常，在后箱内部还有另外两种电子元件。点阵显示板装在后玻璃板的底座上，分辨率通常为 128×32 或 192×64 像素。这个显示板负责向玩家传递信息，比如得分情况、如何增加得分或者怎样获得一场免费游戏等。20 世纪 90 年代以来，后箱中的扬声器取代了传统的鸣钟。现在，弹球发出的声音是数字的，当玩家得分时，弹球机会播放歌曲或发出提示音。

游戏区通常由木质底座构成，底座外刷了几层油漆和表面涂料。游戏区面向玩家的方向倾斜了 6°～7°。缓冲器、滑轨和升降舵都被用螺丝钉和胶水固定在游戏区。所有这些障碍物和目标物都与主控制板用导线相连，这样电脑就可以指出球的位置，并通过加分或启动特色项目的方式做出回应。

按下启动按钮之后，螺线管就会将球击入活塞前面的发射道。在有些机器上，还需要推入活塞，用活塞来击发球。而许多新款机器则只需按动一个按钮或激活某种主题装置，就可以启动击球。激活之后，球后面的筒形线圈就可以击球。筒形线圈也与电脑相连，这样如果一颗球被击出桌外或者玩家得到多击球的奖励时，玩家无须发出指令，就会有另一颗球被发射到游戏区。

测倾器是大多数玩家都见过的弹球机的组件之一。安装测倾器是为了确保玩家不会作弊，至少作弊次数不会太多。通过晃动弹球机，玩家能够影响球落入游戏区的轨迹，从而得到更多的分数。老练的玩家非常清楚如何晃动机器才能避免触动测倾器。测倾器由一个金属线圈组成，线圈中心悬挂着一个锥形摆锤。正常情况下，摆锤会悬起，这样就不会碰到线圈。

当机器被晃动时，摆锤就会靠近传导线圈的边缘。当摆锤碰到线圈时，电流就会通过线圈，一次倾斜就会被记录下来。根据机器的不同，玩家可能会失球也可能仅仅受到警告。大多数新式机器会警告两次，之后所有的升降舵就会停止工作，球就会落入球道中。

弹球机里也安装了监测由于猛烈撞击而造成倾斜的装置。猛烈撞击而导致的倾斜对弹球机是一种重创，这种撞击通常是指某人把机器抬起或使劲踢机器的前端。当这样的撞击被记录下来时，游戏就会终止。

■ 空手道选手为什么能够劈砖断木？

在从未练过空手道的旁观者眼中，空手道好像拥有神奇的超级力量。一个身高1.6米、体重为50千克的女空手道选手仅靠自己的身体，就可以在几秒之内把一个身高1.8米、体重90千克的男士摔倒。单就力量和身材而言，这位男士有很大的优势。但是，女空手道选手通过几个姿势优雅的出拳和踢打就占尽了上风。使用同样的技

↗ 较量中的空手道选手

巧，空手道行家能赤手空拳击碎厚厚的砖块和硬板。这是怎么回事呢？

一个空手道选手能把全身的力量聚集到身体一个较小的部位上。如果你把手摊开去推你的对手，推力就会透过手掌和手指散开。这样，推力就会分散到一个较大的区域，对手感受到的力量就没那么强劲。但是，如果你把手指紧紧并拢，只用手掌的一侧或仅用指尖去击打对手，相同的力量就会集中在一个较小的区域，这时产生的冲击力就会大得多。

空手道有很多出拳和击打的技巧，但大多数都是运用了这个简单的原理。如果把作用点集中在手或脚上某个较小的、通常是有骨头的部位，击打力就会集中在这个点上。空手道选手都会练习手和脚的力量，以便更有效地出拳和踢打。

空手道选手把全身的力量都集中在出拳和踢打上，这样就可以把力量发挥到最大。当你观看空手道比赛时，你会发现空手道选手经常转动他

技巧展示

空手道选手为了实践自己对出拳、踢打和阻挡的掌握程度，会模拟各种进攻场景。在套路练习中，空手道选手会用一套预先准备好的套路来对抗一组假想敌。对于空手道初学者来说，套路练习十分重要，可以帮助他们把技巧练得更加纯熟。

更多的空手道选手会选择练习对打，也就是一种自由拳击。他们也通过"击破"练习来加强自己的力量。通过大量练习并高度集中精神，空手道选手可以只用脚和手击碎木板和砖块。基本原理是：他们将全身力量集中在一个较小部位，把自己的四肢化做天然的凿子，打破物体原有结构的完整性。

击打点

↗ 空手道击打示意图

▲ 空手道选手正在练习空手道。

们的身体，在他们出拳时把力量从一条腿转移至另一条腿。这样，他们转动身体所产生的能量就会和手臂肌肉产生的能量汇集在一起，注入到每一次的击打中。空手道选手也会练习快速击打，以此提高每次击打的力量。

空手道最重要的元素之一就是完整而连贯地进行击打和踢腿。当你击打某物，如一块木板时，在手碰到木板前，你本能的反应就是减慢出手的速度，犹豫的原因是不想让自己的手受伤。空手道就是要克服这种犹豫的本能反应。空手道选手想象自己的拳头会穿过目标达到某点，比如木板的另一侧。为了使每次出手的力量达到最大，空手道选手最重要的是要做到一鼓作气。为了使自己在每次击打前都能全神贯注，选手们都会深吸一口气。当出拳或踢腿的刹那，他们才会把气呼出。

如果有人朝着你的胸口来一记直拳，你会感到拳头的冲击力，你宁愿躲过这记拳头或让它擦身而过。在空手道中，你的目标是用胳膊轻轻地拨开对手的胳膊（或腿，如果你的对手正在踢腿的话），这样你就可以避免被打中。

当你挡过对手的一击，对手自身的冲力就会扰乱他们自己的平衡。这样，他们就更容易遭到袭击，你就可以成功地把他们打倒或绊倒在地。你也可以抓住对手，把他们向前拖来增加他们向前的冲力。通过这种防御，空手道选手就可以将袭击者摔倒在地。在空手道中，摔跤并不是一个重要的动作，但它在其他武术形式尤其是在柔道和合气道中却非常重要。

为了保护自己免受攻击，空手道选手有特殊的进攻姿势。通常来说，当空手道选手站立时，一条腿在前一条腿在后。这使他们的身体偏向一侧，避免身体前部（最中心最关键的部位）遭到攻击，同时也能够很好地保持平衡。空手道选手把重心保持在相对较低的位置，这样对手想把他们击倒在地就更加困难了。

在空手道比赛中，双方选手都尽量使自己免受攻击，同时也在寻找对方防守的空当。通常，一个空手道选手在扰乱对方的进攻之后，也就是在对方防守最薄弱的时候，快速出击的成功率会比较高。

空手道的要领就是：集中注意力，观察周围的一切，当机会到来时紧紧抓住。

为了提高空手道水平，不管选手的宗教信仰如何，都要首先训练意志力。意志力中最基本的元素就是"气"。

"气"通常被定义为生命本身的能量。这种能量将所有生物连接在一起，给予每个人精神、身体以及心理的力量。随着空手道选手对自己身体控制能力的提高，他们也就会越来越关注身体里"气"的位置。

空手道选手可以把在空手道课程里学习的收获运用到生活的各个方面。空手道选手可以化解一记出拳，同样也可以化解其他非身体性打击（比如失业或受到侮辱）。空手道教会他们迎接机遇、化解危机。

水塔是怎样解决用水紧张这一难题的？

水塔是极其简单的装置。尽管水塔的外形和尺寸各不相同，但它们都是大型的、离地的水箱。水塔都很高，以此来提供压力，每米的高度可提供的压力为3千帕。一般的市政供水水压介于345~690千帕，主要的家电如洗碗机或洗衣机，需要的水压至少为138~207千帕。水塔必须足够高，才能满足一个地区所有民用和商用

◎ 知识链接 ——

住在加利福尼亚州日落海滩的人们，从1974年开始就不再使用水塔，但拒绝将其彻底淘汰。现在这个水塔里不再存水，而是住上了人！从20世纪80年代中期以来，在这栋3层楼高的"家"里，许多住户都可以尽情俯瞰周边海滩的美景。

生活万象

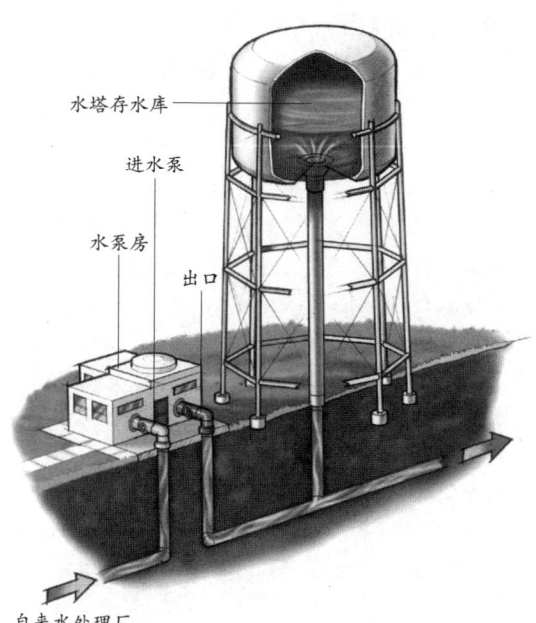

▲ 水塔示意图

水压的要求。因此,水塔一般都建在高地上,以便达到足够的高度来提供足够的水压。在山区,有时也可以用装在最高山上的简易水箱来代替水塔。

水塔的水箱通常都非常大。一般的嵌入式游泳池能装9万~13.5万升的水,而典型的水塔存水量可以达到它的50倍。通常,水塔的水箱能够容纳当地通过该水塔供水的居民区一天的用水量。一旦水泵发生故障,比如,发生了能源故障,水塔里的存水足够一天的全部用量。

水塔的好处之一就是水塔的使用使市政机构可以根据平均用水量而非高峰用水量来选择水泵。假设一个水泵站的平均用水量为每分钟2000升,一天中可能有某个时间段的用水量会超过这个量。比如,很多人都会在周一到周五的每天同一时间段起床,如早上7点钟,他们都会去卫生间、洗澡和刷牙等。因此,在7点左右,水的需求量可能达到高峰,即每分钟8000升。供水量为每分钟2000升的水泵与每分钟8000升的水泵,在成本上存在巨大的差异。有了水塔的存在,市政部门就可以购买每分钟2000升的水泵,而让水塔来处理高峰时段用水量的问题。深夜,当用水量几乎为零时,水泵可以添补差异,把水塔重新蓄满水。

■ 怎样利用内爆法拆除大型建筑?

你可以用一把大锤来砸倒一堵石墙;或使用推土机和落锤破碎机,轻松地推倒一座5层楼房。但如果想把一座大型建筑,如一座20层的高楼推倒,就需要动用大家伙了。爆破拆除可以安全高效地拆除大型建筑,是一种广泛采用的拆除方法。如果要拆除的建筑物周边还有其他建筑,我们可以只引爆这座建筑,让它自己倒塌。

爆破拆除的基本原理非常简单:如果要在一座大楼的某一点拆除它的支撑结构,位于这一点上方的部分就会向下掉落。如果上方部分足够重,就会把它下面的建筑结构砸塌。爆炸物只是引爆器,大楼最终是在重力作用下倒塌的。

负责拆除建筑物的爆破工将爆炸物分别装在大楼不同高度的几根支撑柱上,这样,大楼就可以在多点发生自行倒塌。爆破的主要问题是要控制好倒塌的方向。

最理想的情况是,爆破组使大楼向停车场或其他开阔区域的一侧倒塌。要推倒一座楼就像要砍倒一棵树。如果希望大楼朝北坍塌,爆破工就要先把放在大楼北侧的炸药引爆,就像如果希望树朝北倒下,就要朝北砍树一样。爆破工也可以把钢丝系在支撑柱上,让大楼按照预先设计好的方向倒塌。

如果该大楼周边的楼宇不在拆除范围内,爆破工就会实施真正的内爆拆除:使大楼垂直坍塌,落在自己的"足迹"(建筑物地基区域)上。

爆破工实施每次爆破的方式都有所不同,但基本思路都是要把大楼看作是由彼此独立的塔楼组合而成。爆破工放置炸药,使每一座"塔楼"都朝着大楼中心的方向倒塌,炸药的放置方式与

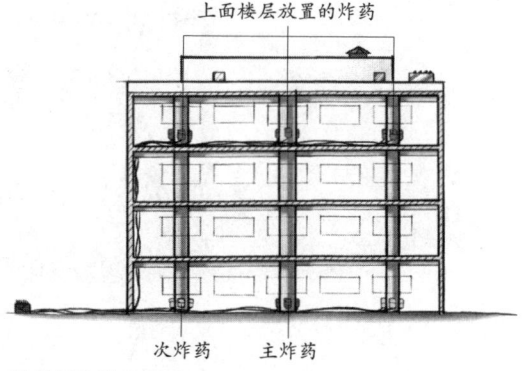

▲ 放置炸药示意图

使一座独栋建筑朝某一方向坍塌的放置方式基本相同。当炸药按照正确的顺序依次引爆时，不断落下的塔楼就会把下面的塔楼砸坍，掉落过程中形成的瓦砾就会集中在大楼的中心位置。另外，也可以先引爆位于大楼中心的支撑柱，这样，大楼就会朝着无支撑物的中心向内倒塌。

总的来说，爆破工会先引爆较低楼层的主要支撑柱，然后再引爆较高楼层的几处支撑柱。以一栋20层的大楼为例。爆破工会先引爆1层和2层的支撑柱，然后引爆12层和15层的。大多数情况下，引爆较低楼层的支撑结构已足以使楼宇坍塌，引爆较高楼层的支撑柱可以使建筑材料在掉落时变成小片落下。这样，爆破之后的清理工作就更加容易了。

当爆破工对如何实施爆破有了清晰的思路后，就该对大楼本身做一些准备了。首先，要搬出家具并清除垃圾。然后，拆除小组要拆除大楼内部的非承重墙。这样做的目的是增大每一楼层的爆破空间：如果这些墙完好无损，就会使大楼更加坚固，阻碍爆破的进程。拆除小组也会用大锤或钢刀将支撑结构凿松，以便其在爆破过程中可以更快地倒塌。

接下来，就该把炸药安放在适当的柱子上了。爆破工要根据支撑柱的构造和厚度，决定相应的炸药类别和数量。如果是实心支撑柱，爆破工会选用传统的甘油炸药或类似的炸药。爆破工要先在柱子上钻个小孔，然后放入炸药。炸药产生的冲击波会把混凝土震碎成小块。

> ◎ 知识链接
>
> 世界上没有一个地方开设"爆破工学校"。要成为一名拆除专家，唯一的方法就是在实践中学习。
>
> 有潜质的爆破工会选择在一家有发展前途的公司工作，直到对这个领域的一切了如指掌。在具备一定的经验后，他们可以选择继续跟随自己的老板，或自己创业，和那些曾经培训过他们的爆破工竞争。
>
> 可以理解，客户们都会对建筑物内爆拆除有所担心，所以他们倾向于雇佣一家有着优良业绩的拆除公司。因此，一家资质尚浅的新公司很难承接到大型的内爆拆除业务。
>
> 大约20家资质优秀的公司承揽了全世界几乎所有的大型内爆拆除项目。在这些公司中，爆破技术都是代代相传的。父母将技艺传授给自己的子女，子女们又把自己的子女培养成了小小爆破工。

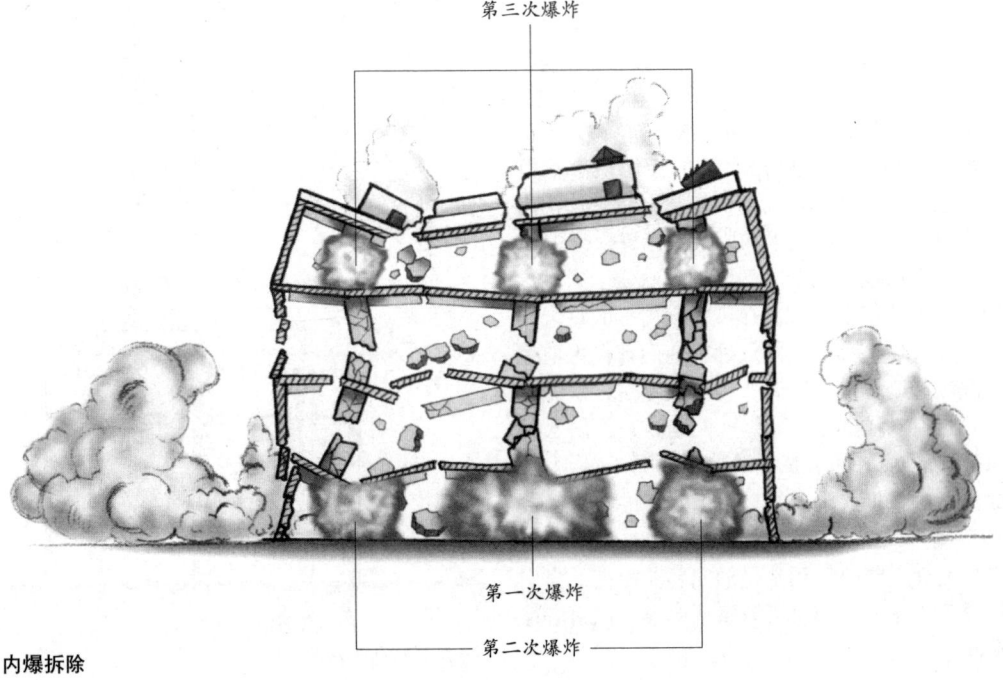

↗ 内爆拆除

对于钢支撑结构的大楼来说，爆破工通常会使用专用的爆破材料——环三亚甲基三硝胺，又称黑索今。以黑索今为主要原料的混合炸药，其爆炸速度可以高达 8230 米／秒。炸药并非要引爆整个支撑柱，炸药所产生的高速而集中的压力会把钢筋拦腰切断。爆破工也可以引燃钢支撑柱一侧的甘油炸药，这样就可以使其倒向预定的方向。

爆破工使用雷管来引燃甘油炸药或黑索今。许多现代的炸药都是通过猛烈的震动而非加热的方式来引爆的。爆炸所需要的这种震动是由雷管来产生的。

现在，爆破工一般使用电动起爆器来引爆雷管。电动起爆器的起爆管叫作引信，就是一根很长的电线。这根电线装在起爆器的底部，周围是一层炸药。起爆器与点火药直接相连，点火药又连接着主炸药。当电线通电（比如把电线连接到电池上）后，电阻使电线发热。热量把起爆器底部的易燃物点燃，随后点火药被引燃，同时引燃主炸药。

为了控制炸药爆炸的方式，爆破工对雷管进行了简单的改装，在引信与点火药之间放置了燃烧速度较慢的材料，以此来拖延雷管发生爆炸的时间。通过使用长度不同的延迟材料，爆破工就可以调节炸药发生爆炸所需要的时间。

为了减少爆炸时飞溅的碎屑，爆破工会在每根柱子周边包上链条围栏和土工织物。爆破工也会在已放置了炸药的楼层外侧包上布。

正确的平衡

爆破工们主要根据自己的经验和最初建造该座建筑物的建筑师和工程师提供的信息，来决定炸药的使用量。不过，大多数情况下，他们不仅仅依靠上述的数据。为了确保在支撑结构上放置的炸药不多也不少，爆破工会在几根支撑柱上进行实验性爆破。同时，为确保安全，这些柱子都会用挡板围起来。爆破工对不同的炸药进行测试，然后根据每种炸药的威力，来决定拆除支撑柱所需要的最少炸药量。爆破工只会使用必要数量的炸药，这样就会把飞溅的碎屑量降到最低，同时也降低了对临近建筑物造成损害的可能性。

在基础结构被提前砸松和所有的炸药都安装到位后，就该做最后的准备了。爆破工会对炸药做最后的检查，同时确认大楼及其周边区域已完全清理干净。令人惊讶的是，内爆拆除技术的爱好者们有时会不顾显而易见的危险，偷偷越过障碍物去近距离地观察爆炸的过程。考虑到爆炸产生的威力，所有的旁观者都必须与爆炸现场保持一定的距离。

当现场清理完毕后，爆破工来到起爆控制系统前，开始倒数。电动起爆器的控制器上有两个按键：一个标着"充电"，一个标着"点火"。倒计时即将结束时，爆破工持续按下充电键，直到指示灯亮起再松开。这样就储存了强劲的电流来激活起爆器。当起爆控制器充电后，倒计时结束，起爆工按下点火键（也仍然按着充电键），就会将电流注入电线，从而引爆雷管。

在大多数情况下，真正的内爆拆除只需要几秒钟时间。在许多旁观者看来，大楼倒塌的速度是整个内爆拆除过程中最不可思议的一幕。一座历经数月或更长时间建造起来的大楼，经历了100 年或更久的风雨洗礼后，怎么会像一座沙堡般轰然倒塌变成一堆瓦砾呢？

爆炸后，尘埃云升腾在瓦砾残桓之上，将周围的旁观者也笼罩其中。这种尘埃云会对住在爆破现场周边的人群造成危害。不过，爆破工指出，比起非爆破拆除后形成的尘埃所造成的危害，这种危害要小得多。如果工人们用大锤或落锤破碎机来拆除大楼，整个拆除过程可能会持续数周甚至数月。而如果大楼在瞬间倒塌，所有的尘埃聚集形成尘埃云，在空中停留的时间相对会短很多。

尘埃云消散后，爆破工会勘测现场，并观看录像来了解是否一切都按照计划进行。此时，必须确认是否所有的炸药都已被引爆，对未被引爆的炸药要进行拆除。

■ ATM是怎样进行资金结算的？

当手头现金不够时，你会到 ATM（自动提款机）上取钱。但是，你有没有想过，你是如何通过 ATM 来获得现金的呢？

假设你想从银行的 ATM 上取钱。银行每天都向 ATM 中放一定数量的现金。这就是说，当你从 ATM 中取钱的时候，你拿到的现金其实是银行放入的。

↗ ATM

你走到 ATM 前，插入卡，输入密码。卡可以告诉机器你的账户信息。ATM 将这一信息传输至主服务器，再由它将交易请求告知银行。

如果你要提取现金，主服务器会把电子资金从你的账户转移至主服务器账户。当资金完成转移后，主服务器会向 ATM 发送允许信号，即授权 ATM 支出现金。然后，主服务器会把你的资金通过自动票据交换所转至银行。也就是说，当你提取现金时，电子资金就会从你的账户转至主服务器账户，然后再转至银行。

现在，你已经了解了整个过程，但 ATM 的内部是如何运作的呢？

ATM 有两个输入设备：读卡器和键盘。读卡器可以获取储存在银行卡磁条上的账户信息。持卡人可以将请求交易的类型和金额通过键盘告知银行。同时，银行需要持卡人提供个人密码进行确认。

ATM 最重要的输出设备，也是它的心脏，是保险箱和出钞系统。对小型 ATM 而言，机器整个底部都是存放现金的保险箱。一个大型 ATM 存放的金额可以达到上百万元。每次交易的金额和其他相关信息都会被记录在案。

组成UPC的数字是怎样得到的？

如果你现在打开冰箱或食品储藏室，你会发现几乎每种包装上都印有 UPC（商品通用条码）。实际上，你从杂货店、百货商店或大卖场里购买的每件商品都在某个地方印有 UPC。你有没有想过这些条码来自何处、又是什么意思呢？

UPC 的思路来自 UCC（统一代码委员会）。制造商向 UCC 提出申请，要求创立 UPC 体系。该制造商用支付年费的方式获得了专营权。作为回报，UCC 发给制造商一个 6 位数的身份代码，并附上使用说明。印在包装上的 UPC 标志包括两个组成部分。

机读条码。

供人阅读的 12 位数字。

UPC 的前 6 位代表的是制造商的身份代码，后 5 位是产品代码。制造商要聘请一位 UPC 协调员，来负责分配产品代码、确保同一代码只能用在同一种产品上、停止使用已停产产品的产品代码等工作。总而言之，制造商售出的每件产品、用不同型号包装箱包装的产品和经过再包装的产品，都需要使用不同的产品代码。

UPC 的最后一位叫作核对数字。有了这个数字，扫描器就可以确认扫描的号码是否正确。下面我们用 639382000393 这个代码举例，来说明核对数字是如何对其他 11 位数字进行核对的。

（1）把这组数字中所有奇数位的数字（1、3、5、7、9 和 11）相加。

$6+9+8+0+0+9=32$

（2）将得到的这个数字乘以 3。

$32 \times 3 = 96$

（3）把这组数字中所有偶数位的数字（2、4、6、8 和 10）相加。

$3+3+2+0+3=11$

（4）将得到的这个数字与步骤（2）中的数字相加。

$96+11=107$

（5）要得出核对数字，就需要把步骤（4）

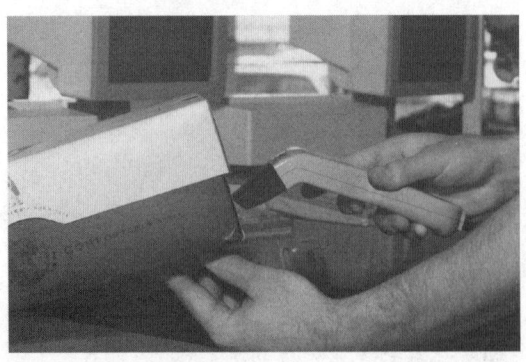

↗ UPC改变了我们的购物方式。

中得到的数字加上某个数字，得出一个可以整除10的数字。

107＋3＝110

（6）也就是说，核对数字是3。

扫描器每次扫描产品时，都要进行一次这样的计算。如果通过计算得出的核对数字与扫描器扫描得到的核对数字不符，扫描器就知道发生了错误，商品需要重新扫描。

UPC中没有包含价格信息。当收银台的扫描器扫描产品时，收银机会将UPC传输到商场的中央电子收款电脑上，对该代码进行查询。同时，中央电脑会将产品的实际价格传回。

通过这种方法，商场就可以根据需要调整价格，比如说要实行促销价。而如果产品的价格已记录在UPC中，价格就无法进行调整了。

■ 成品油是怎样提炼出来的？

在《巨人传》《无情大地补晴天》《世界末日》和《贝弗利山人》等影视节目中常会出现一些石油公司，同时，我们可以看到黏稠的黑色原油从地面或钻井台喷涌而出的画面。当你给汽车加油时，可能你会注意到汽油是透明的。除了汽油外，原油还可以制成其他产品，如蜡笔、塑料、燃油、煤油、合成纤维和橡胶等。那么，原油是如何提炼变为汽油和其他产品的呢？

炼油就是把原油分解成各种有用的物质。化学家通过以下步骤来炼油。

（1）把物体分解为不同成分（也叫馏分）的最古老、最常见的方法是利用沸点的差异。这一过程被称为"分馏"。我们要做的就是将原油加热直至沸腾，然后让蒸气凝结。

（2）为了生产出市场需要的产品，经分馏提炼出的许多成分都要求对其中的一些馏分进行化学加工以获得其他的馏分，这个过程被称为"转化"。举个例子，通过化学加工，可以将较长的链分成较短的链。这样，根据汽油的需求量，炼油厂可以把柴油变成汽油。

（3）去除馏分中的杂质。

（4）将不同的馏分（加工过的和未加工的）混合，制造出需要的产品。举例来说，不同链的混合物可以生产出具有不同辛烷值的汽油。

产品被原地储存起来，直到被运往不同的市场，比如加油站、机场和化工厂。除了制造原油

↗ 炼油厂

相关产品外，炼油厂也会认真处理在炼油过程中产生的废物，从而最大限度地减小对空气和水的污染。

■ 冲红灯摄像机是怎样拍摄汽车闯红灯的？

冲红灯摄像机可以收集相关部门所需要的一切证据，以此对闯红灯的人提起诉讼。这个系统在技术上有些复杂，但原理却非常简单。

在典型的配置中，数码相机被安装在立柱上，从不同角度对路口进行监控。当一辆车经过某一路段时，会有一个或多个触发器对其进行监测。电脑负责监控交通信号灯的周期。

在交通灯系统中运用的主要触发器技术是感应环线，即埋在路面下的绕成盘状的电线线圈。线圈连接着电源和测量器。通过电线的电流产生磁场，形成一个巨大的感应器。

感应强度取决于线圈的构造和成分。当车辆从线圈上方驶过时，车上的金属部件会改变线圈的感应系数。

测量器会时刻监控电路的总感应系数。当感应系数发生大幅变动时，电脑就知道有车辆从线圈上方驶过。

显示绿灯或黄灯时，电脑会忽略触发器的显示，也不会开启摄像机。直到显示红灯时，整套系统才会开启。

在大多数系统中，只有通过线圈上方的车辆以特定的速度行驶时，电脑才会开启摄像机。

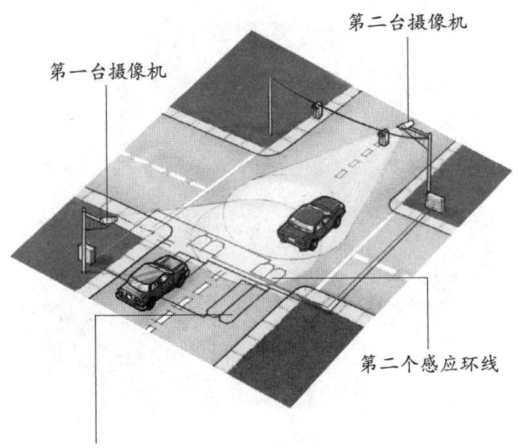

▲ 交通灯系统示意图

这些系统在每条车道都装有两个环状触发器。当两个触发器连续快速启动时，电脑就知道一辆车正在高速通过路口。如果出现一次以上的延迟，电脑就知道该车正在减速。

当车辆在红灯亮起之后触动了两个触发器，电脑就会自动进行拍照。第一张照片显示的是车辆正在驶向路口时的情景。在短暂的间隔之后，电脑会拍摄车辆通过路口的情景。电脑会根据车速来计算两张照片的间隔时间。电脑必须拍摄到当红灯亮起，车辆驶向路口和通过路口的这两张照片，这非常重要。

电脑会把相关信息附在照片上，包括时间、地点、车速和在红灯亮起与车辆通过路口之间的时间间隔。

怎样制造大屏幕电视？

如果你曾去过装有大屏幕电视的体育场观看比赛，你会发现，通过巨大而震撼的屏幕显示，观看比赛变得容易多了。大屏幕电视可以进行实时回放、播放特写或运动员的个人记录。在跑道、音乐会和广场这些大型公共场所中，常常可以看到大屏幕电视的身影。但是，你有没有想过，这些高达10~20米的电视是如何制造出来的呢？

20米高的大屏幕电视和普通电视的功能相同，也要接收视频信号，并将其转化为光线。普通电视使用的是CRT（阴极射线管），但CRT最高不超过1米。大屏幕电视则运用了另一种完全不同的技术。

为了说明普通电视是如何将视频信号转化为光线，让我们先来了解一下黑白电视的工作原理。

CRT中的电子束每次在屏幕上画一条线。当电子束在屏幕上移动时，小的磷光点被激活，这样就可以产生我们所见到的光线。

视频信号在屏幕上移动时，CRT中的电子束会识别其强度。

电压为0伏时的5微秒脉冲（水平回扫信号）会提示电子束重新开始画线。电子束从屏幕左侧开始画线，在42微秒内扫过屏幕。根据水平回扫信号，将产生不同的电压来调节电子束扫过屏幕的明亮度。

电子束在CRT正面下方画线，然后接收水平回扫信号，该信号会提示电子束应该开始在左侧上方角落重新画线。

彩色电视的工作原理也是如此，不过它使用3条分离的电子束和3个磷光点（红色、绿色和蓝色）与屏幕上的每个映像点对应。当电子束在屏幕上移动时，每个独立的彩色信号都代表了一个映像点的颜色。

当电子束在屏幕上画线时，电子束中的电子会击打屏幕上的磷光点。电子束里的电子激活小磷光点，以30帧/秒的速度在屏幕上快速画出480条线，这样我们就可以在屏幕上看到完整的动态画面。

CRT技术在室内使用的效果不错，但如果你把以它为主导部件的电视放在户外强烈的阳光下，你就无法看清屏幕上的内容了。同时，CRT屏幕的尺寸只有大约1米。我们需要运用另一种

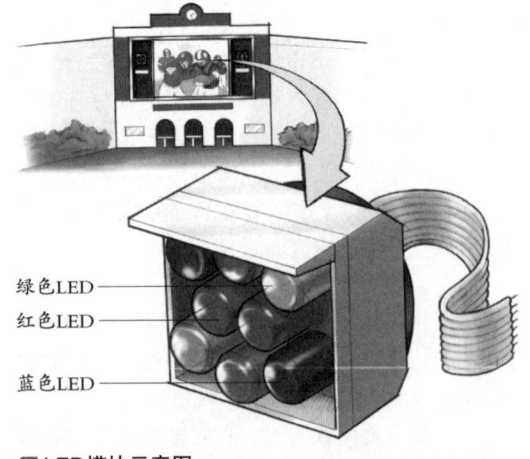

▲ LED模块示意图

技术来制造更大、更适合在户外阳光下观看的屏幕。

在体育场看到的大屏幕电视和家用电视有两个最大的不同之处。

首先，很明显，与家用电视相比，这种电视要大得多。它的高度约为 20 米，而非 0.5 米。

这种电视亮度极高，可以在阳光下观看。

几乎所有的户外大屏幕都采用 LED（发光二极管）来制造大尺寸、高亮度的画面效果。LED 其实就是一个个彩色小灯泡。现代 LED 体积很小，发光度极高，消耗的能量却极少。

对彩色 CRT 电视而言，所有的色彩都是通过与每个映像点对应的红色、绿色和蓝色的磷光点产生的。在大屏幕电视中，使用红色、绿色和蓝色的 LED 代替磷光点。大屏幕电视上的每个映像点都是一个小模块，其中包含 3～4 根 LED（红色、绿色和蓝色各 1 根）。在最大号的大屏幕电视中，每个模块都包含许多根 LED。这些模块的尺寸从 4～40 毫米不等。

生产大屏幕电视，需要将成千上万根这样的 LED 排列在矩形网格内。举例来说，一个网格可容纳约 640×480 个 LED 模块，也就是 30.72 万个模块。屏幕的最终尺寸取决于这些 LED 模块的尺寸。

为了对如此巨大的 LED 屏幕进行控制，要使用一套电脑系统、一套能量控制系统，还要有大量的电线。电脑系统对即将出现的电视信号进行监控，同时决定电视将启用哪些 LED 以及它们的亮度如何。电脑对亮度和色彩信号进行取样，根据每个映像点模块中 LED 的 3 种不同颜色，将这些信号转换成亮度信息。能量系统为所有 LED 模块提供能量，并对能量进行调节，以确保每根 LED 亮度都适中。

■ 洗车行是如何做到"旧"车进"新"车出的？

1914 年，两个底特律人开设了第一家洗车行——自动洗车行。此前许多人选择在家中洗车，但自动洗车行却因其快捷方便、费用低廉而具有家庭洗车无法匹敌的优势。

通常，洗车可分为无接触式和布摩擦式。所谓"无接触式"，是指依靠高压水柱和强效洗涤剂来洗车。实际接触到车辆表面的只有水和清洁液。所谓"布摩擦式"，是用软布在车表面来回移动。我们这里介绍的是布摩擦式洗车方式，不过无接触式洗车方式和它使用了很多相同的零部件。

这套系统的第一个部件是传送轨道。在传送轨道起始处，装有一个被称为"相关器"的设备。相关器其实就是一组滚轮，可以使车轮横向滑动，直到与传送轨道对齐。在大多数传送系统中，车辆停在传动带后面，车轮后都会弹出一些小的滚轮。这些滚轮推动车轮向前，滑动着通过隧道，即存放各种设备的长通道。

车辆进入隧道后，会通过一道红外光束和一个叫作监控眼的感应器。如果光束受阻，监控眼就会向数字控制系统发出信号，电脑就会启动自动洗车装置。通过测量信号被阻断的时间，数字控制系统就可以判断车辆的长度，并对系统做出相应的调整。

紧随监控眼后，大多数洗车行安装了预洗拱门。预洗拱门上装有数个小喷嘴，可以向整个车辆喷射一种特制的溶液。这种溶液把车辆浸湿，同时把车上的污物泡软。

许多洗车行还在靠近地面处安装了一套喷嘴，被称为"轮胎喷射器"。这些喷嘴可以喷射

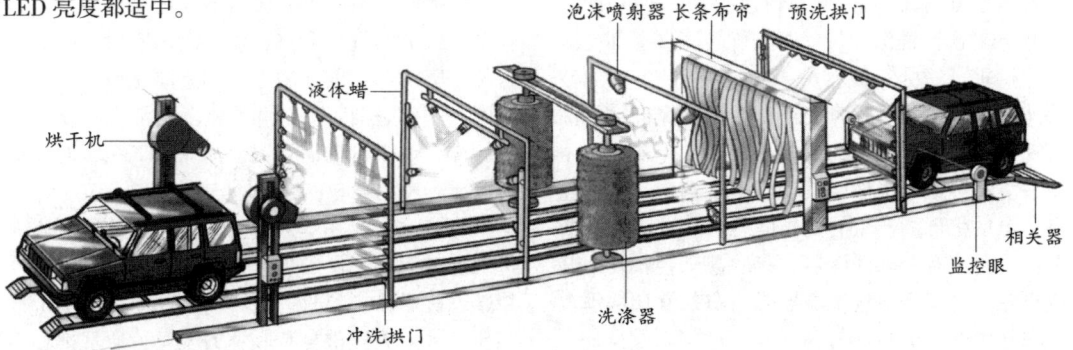

↗ 洗车行洗车程序示意图

□怎样回答：全球孩子最爱问的为什么

> ◎ 知识链接 ——
>
> 　　一个非常有趣的事实是，洗车行洗车所用的水要比你自己在家洗车用的水少得多。另外，在家洗车时，所有的化学物质和洗涤剂最后都被冲进了下水道；而洗车行则必须根据当地法规的规定，使用一定的设备对水进行处理。也就是说，在洗车行洗车通常会更加环保。
>
> 　　同时，为了节约用水，许多洗车行都会对水进行再利用。再利用的水通常被用于对车辆进行最初冲洗，并且会混合洗涤剂使用。重复利用的水也会被用于高压清洗机中。不过，洗车行绝对不会在最后的冲洗中使用这种水。

一种特制的溶液，专门去除制动器上的灰尘，并且使轮胎的黑色橡胶变得光亮。

　　许多洗车行用长条布帘来对车辆进行预洗。它是由一些长布条组成，悬挂在靠近隧道顶部的支架上。连接支架的电动转轴可以使支架做环形的上下运动。这种运动可使布条在车表面沿水平方向前后摩擦。

　　接着，泡沫喷洒器向车上喷射洗涤剂，使车辆被深层清洗泡沫所覆盖。泡沫喷洒器上的喷嘴和洗车行的大多数其他喷洒设备一样，都可以调节喷射的角度和喷射口的大小。泡沫是由化学清洁剂与水、空气混合而成。通常，泡沫喷洒器都装有不同的调节控制器，来决定这3种成分的准确混合比例。这些化学清洁剂通常也含有一些着色剂，从而使泡沫看起来更加鲜艳夺目。

　　洗涤器是一种大型的垂直滚筒，上面绑着数百个小布条。洗涤器转速很快，每分钟为100~500次。洗涤器带动布条旋转，直至其与滚筒保持垂直。尽管布条本身非常柔软，但当你被快速转动的布条碰到时，还是会感觉像被鞭子抽打一样。

　　洗涤器通常由液压发动机来带动，这样可以避免电动机可能产生的电击问题。在洗车行的两侧至少各装有一部洗涤器，有的甚至会安装两部或更多。当车辆通过洗涤器时，布条就会从垂直方向开始擦洗车的表面。

　　有些洗车行还装有环绕式的清洗机。这些短杆洗涤器可以在汽车前后移动，清洗车辆的垂直面。和洗车行的大多数机械设备一样，这些清洗机也是液压驱动的。洗车行通常只使用一台大型液压设备来连接所有的液压泵。

　　接下来，车辆将进入冲洗拱门。拱门上装有一组喷嘴，这些喷嘴会喷出清水来冲刷车辆在经过高压清洗机、洗涤器、长条布帘擦洗后的残余污物。一般的洗车行都装有多个冲洗拱门，在每个主要的清洁设备后都会装一个这样的拱门。

　　隧道中的最后一个冲洗拱门被恰当地称为"最后一冲"，通常使用清洁、非循环的水来进行冲刷，以确保车辆表面所有的污物都被彻底冲洗干净。

　　洗车行的标准装备之一就是上蜡拱门。洗车行使用的蜡具有防水涂层，与用手工打的蜡有很大不同。它们之间的主要区别是，洗车专用蜡可以用在车辆的玻璃、镀铬层、橡胶以及喷涂的塑料和金属表层等各个部位。同时，打过洗车专用蜡的车辆表层会留有一层薄薄的透明薄膜，无须再次擦拭。不过，与普通蜡不同，洗车专用蜡并不能对车辆表层提供保护，也不能去除或覆盖小的滑痕。

　　上蜡拱门有两种打蜡方式。第一种是使用泡沫喷射器来喷射液体蜡，最常见的是三头式泡沫喷射器。第二种是使用喷嘴来提供液体蜡，这里的喷嘴与冲洗拱门的喷嘴类似。

　　车辆经过液体打蜡后，接下来通常会通过冲洗拱门。不过，车辆经过喷涂泡沫蜡之后，通常要先通过另一组洗涤器和另一个长条布帘，之后才会进入冲洗拱门。

　　车辆经过彻底清洗后，就要进入自动洗车程序里的最后一个设备——烘干机。烘干机就像一个大型的吹风机，迫使大量空气运动并通过一组喷嘴。巨大的气流会将车辆表面迅速烘干。烘干机位于喷嘴口正前方的那一部分体积很大、又扁又圆，这就是消音器。和手枪上的消音器或消声器一样，烘干机的消音器会消除空气受压通过系统时所产生的噪音。

　　有些洗车行在车辆进行完最后的冲洗、还未进入加速车辆干燥的烘干机之前，还会提供一种特殊的化学品。与只提供车辆外部清洗的洗车行相比，大多数提供全套服务的洗车行通常把烘干机放置在较低的位置。这是因为，这些洗车行通常都有专门的工作人员负责用毛巾将车上所有的水用手工擦干。

■ 气雾罐是怎样喷出液体的？

无论喷漆、驱虫，还是给头发喷发胶，或许每天我们都会用到气雾罐。气雾罐的使用给我们的生活带来了很大的便利。

气雾罐的基本理念非常简单：使罐体中的一种液体处于高压之下，从而将另外一种液体从罐体中喷出。在介绍气雾罐的工作原理之前，我们需要知道流体以及流体压力的概念。

流体是指由自由流动的粒子组成的物质。它包括流动状态下的物质，比如水龙头中流出的水，同样还包含气态物质，比如空气。

液体中的粒子松散相连，它们运动时相对自由。而在气体中，粒子之间完全独立，并且处于持续运动的状态。简单来说，我们可以把气体中的粒子想象成高速运动的 BB 弹。它们之间不断地相互扩散，并且还扩散到容纳它们的容器壁里面。

单独运动的粒子的力量能够会聚成可观的压力。由于气体中的粒子是各自独立的，所以气体不像液体那样有固定的体积，因此能够向任意方向扩散。这样，气体就能够充满任意的开放空间。

气雾罐运用上述基本原理来完成一个简单

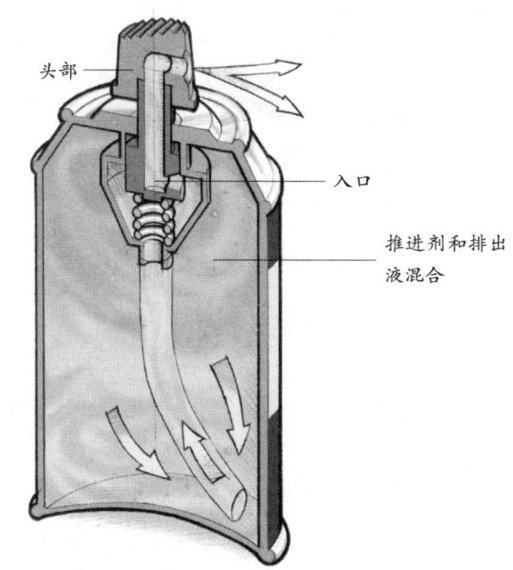

↗ 气雾罐罐体示意图

的目标：把液体从罐体中喷出来。罐体中含有一种常温下能够气化的液体（称为推进剂），还含有一种较高温度下才能够气化的液体（称为排出液）。排出液是我们所要使用的物质，如发胶或杀虫剂，使用推进剂可以使排出液排出罐体。

在大多数现代气雾罐中，推进剂与排出液都是以液体状态储存的。因为排出液在室温下是液体状态，它可以被直接注入罐体。推进剂则必须在罐体密封后以高压注入。即使推进剂的热量达到可以使它沸腾的程度，但是因为没有膨胀的空间，它仍会保持在液体状态。

这个图示展示了典型的罐体设计。长塑料管从罐体的底部伸到罐体顶部的阀门。阀门上面有一个小的、可以按压的头部，有一条很窄的管道穿越其中。这条管道从头部底端的入口通往顶端的喷嘴。一个弹簧把头部顶到上端，这样管道的入口就被密封住了。

当你将头部按压下去的时候，罐体通向外面的通道就被打开了，推进剂所受的压力立即减小。压力减小，推进剂便沸腾起来。粒子活动自由，在罐体顶端形成一层气体。这些受压的气体将液态的排出液以及一些液态推进剂一起喷出。

有些罐体，如喷漆罐，内部有一个球体。当你摇晃罐体的时候，晃动的球可以帮助推进剂与排出液相混合。当液体从喷嘴喷出的时候，推进剂迅速膨胀为气体。在一些设计中，这会使排出

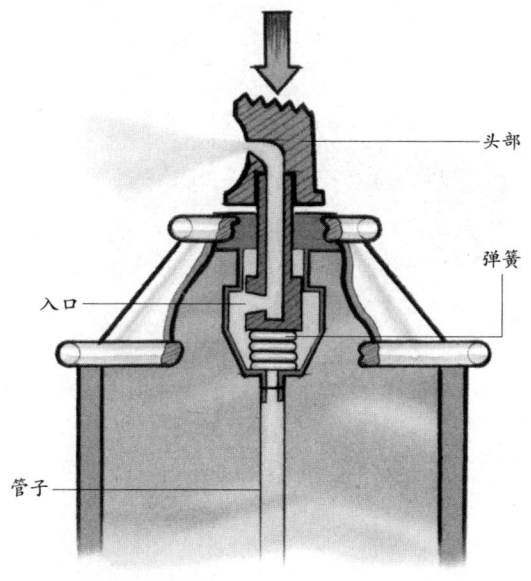

↗ 气雾罐头部示意图

液雾化：它将排出液变成细小的水珠，来形成均匀的喷雾。在其他设计中，蒸发的推进剂在排出液中形成气泡，引发泡沫（像刮胡膏）。被排出的排出液的连续性决定于：

推进剂和排出液的化学成分。
推进剂与排出液的比例。
推进剂的压力。
阀门系统的大小和形状。

■ 灭火器为什么能灭火？

灭火器是任何公共场所绝对必需的物品。它可能只是满是灰尘地靠在墙边，但是它能够在某一天拯救人的生命和财产。

正如我们所知道的，发生燃烧需要3种必要的因素。

燃料。
热量。
氧气（或类似气体）。

如果消除其中一种，火便会熄灭。所以，灭火器被设计用来消除至少上述一种因素。

在大多数火灾中，消除燃料不是可行的解决办法。例如，当房屋着火的时候，整个房子都是燃料，显然我们无法移除。

在大多数情况下，最好的消除热量的方法是向火上浇水。这会把燃料的温度降至着火点以下，终止着火的循环。然而，在不适合的情况下，水也是危险的。水可以扑灭木头、纸张或者纸板引起的火灾，但是对于电和可燃液体引起的火灾并不奏效。当电引发火灾的时候，用水灭火会导致触电。水还会让可燃液体飞溅，导致更加严重的后果。

所以，大多数灭火器会切断着火的氧气供给。换句话说就是，它们可以把火闷熄。一种比较流行的灭火材料是二氧化碳。二氧化碳比氧气要重，所以它能驱赶包围在燃烧物周围的氧气。二氧化碳灭火器在饭店十分常见，因为它们不会污染炊具和食物。

最为常见的灭火材料是由碳酸氢钠（普通小苏打）、碳酸氢钾（与小苏打相似）或磷酸二氢铵组成的化学干沫或者干粉。小苏打在70℃时就开始分解，释放出二氧化碳。除了化学反应之外，这些干沫或者干粉还可以像一层毯子一样包裹火苗。

◎ **知识链接**

灭火器根据它们所扑灭的火灾的种类而分级。

A级灭火器可以扑灭普通可燃物引起的火灾，如木头、塑料或者纸张。B级灭火器能够扑灭液体引起的火灾，如汽油或者油脂。C级灭火器可以扑灭电火灾。标有A、B、C的灭火器可以扑灭所有类型的火灾。D级灭火器十分罕见，它们可以为燃烧的金属灭火。看看你的灭火器上的字母和图画，看看它是属于哪种级别。

灭火器内部是一个装有水或者灭火材料的坚固气罐。当你按压气罐顶端的杠杆时，这些物质会被高压气体排出（通常是二氧化碳）。

在一个普通的灭火器中，被压缩的气体装在小气罐内，并处于大气罐的内部。气罐是密封的，这样气体才不会逸出。使用灭火器的时候，你把安全阀打开，然后按下操作杆。杠杆推动作用杆，作用杆会把弹簧瓣压下以打开通向喷嘴的通道。作用杆的底部有尖锐的物体，可以把装有密封气体的气罐刺穿。

被压缩的气体逸出来，对灭火材料产生向下的压力。这会使这些材料通过虹吸管猛力喷出喷

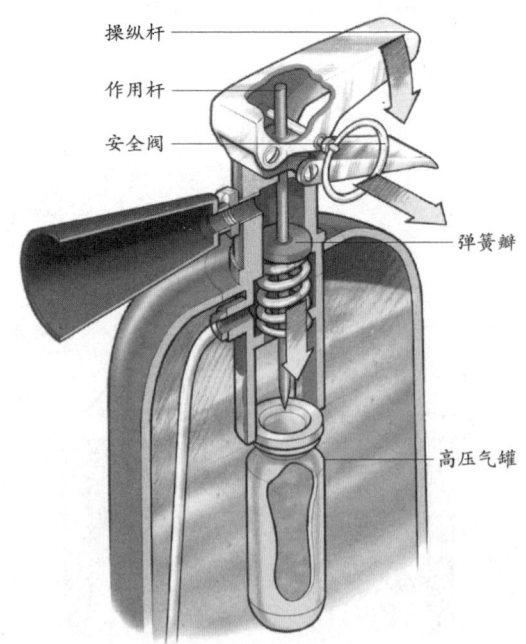

↗ 灭火器示意图

嘴。正确使用灭火器的方法是把它直接对准燃料，而不是火焰本身，而且需要左右来回喷洒。

大多数灭火器只含有少量的灭火材料，几秒钟就会使用完毕。因此，灭火器只能在用来扑灭火势相对较小、不会蔓延的火灾时才比较有效。要扑灭大的火灾，你需要大一点儿的设备例如消防车，以及知道如何使用它的专业人员。但是，对于房间或者汽车突然着火的情况，灭火器是无价的救命稻草。

■ 热水器能将水烧热的原因是什么？

或许你从来没有注意过，但是每天你都会使用 3~4 次热水器。每当你洗热水澡、洗盘子或者洗衣服的时候，你就是在不自觉地使用热水器技术。

在大多数家庭中，你会发现两种储水式热水器：燃气式或者电热式。燃气热水器像炉子上的水壶，容器底部的加热器将水加热。而电热水器则像一个电水壶，容器中的加热器将水加热。

热水器的一个好处是，当你使用容器中的热水时，它可以继续加热新进来的冷水。热水器使用"热量上升"的原理来将容器中的热水和冷水分开。冷水由管道注入容器底部，因为冷水的密度比热水的要大，它就会待在底部直至被加热。热水管的出水口在容器的顶端，这样只有最热的水才能够到达出水口。

热水器包含以下部分。

容器的钢制内部用来承装热水。通常这个容器可以容纳 150~220 升的热水。它必须能够承受水系统的压力，通常会达到 350~700 千帕（容器一般可以承受 2000 千帕的压力）。钢制容器内部加衬玻璃防止生锈。

容器周围绝缘。

容器底部装有排水阀门，以方便排水，当你需要移动热水器的时候会发现这很方便。

汲水管将冷水注入容器。这根管子使冷水从容器的顶端进入，再将其在容器底部放开。

容器顶端装有让热水流出的出水管。

恒温器可以控制容器中的水温。许多电热水器在每个加热器上都有独立的恒温器。

降压阀门，这是防止容器爆炸的重要安全措施。

阳极棒防止钢制容器腐蚀。

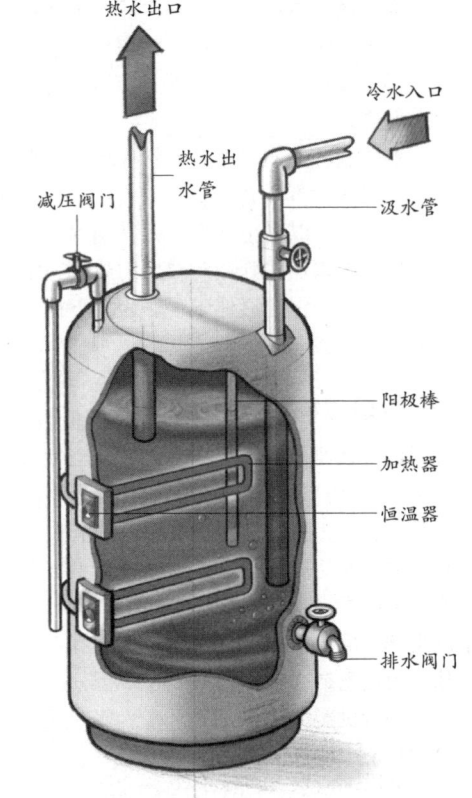

↗ 热水器工作示意图

顾客须知

大多数的美国家庭使用储水式热水器。但是，热水器并不是一劳永逸的。也就是说，如果你是一个房主，有时你不得不更换新的热水器。除了花销之外，还有其他问题需要考虑。

★ 容器的容量：从 75~300 升不等。

★ 燃料来源：如电、燃油、丙烷或天然气。

★ 能效比：数值越大，能量利用率越高。

你可以通过阅读能源指南标签来查阅热水器的能效比。年均消耗和第一小时利用率同样也包含在内。第一小时利用率对于你的选择十分重要，因为它是热水器在高峰时间一小时可提供的热水量的估算。需要注意的是，大容量热水器的第一小时利用率并不一定很高。

如果你的热水器是电热式的，两个加热器会把水加热。这些密集的加热措施就像你在电炉中看到的一样。如果是燃气热水器，容器底部的加热器将水加热。

恒温器控制容器的水温。通常你可将温度设置在48℃～82℃之间。建议你平时将温度保持在48℃～60℃之间，以防止烫伤，尤其当家里面有小孩的时候。把水加热到相对较低的温度也能够节约能量。通常，恒温器处于一块盖板下面，有按钮或者旋钮能够进行温度设置。

烘干机是怎样将衣物烘干的？

每周你可能要做两次这样的工作。当洗衣机工作完毕后，你打开盖子，抓起这些湿乎乎的衣服，然后扔进烘干机。你按动按钮，或者旋转开关，45分钟之后，这堆潮湿的衣物就会变成蓬松而鲜艳的干衣服。你知道这是空气和搅拌的结果，但是这个神奇的机器中到底发生了什么呢？烘干机最基本的理念是这样的。

你有一台机器。

你向箱子中注入温暖的空气。

你把其中潮湿的空气排干。

你搅动里面的衣物，使所有衣物的表面和温暖的空气相接触。

你或许知道潮湿的空气是从烘干机后面的洞排出去的。但是，空气是从哪里进来的呢？

这里所举的例子是门上有麻布屏风的那种烘干机。简而言之，下面就是空气进出烘干机的通道。

空气从烘干机的底部或后部进入。

空气通过加热器，然后进入滚筒。

空气进门后，通过麻布屏风。

空气通过烘干机前部的通风管道，进入风扇。

风扇把空气从烘干机后方的通风管道排出房间。

第一步，空气通过加热器。在电烘干机中，加热器是标准的镍铬合金丝，类似于烤箱或空间加热器。这种加热器耗电量大，大多数为4000～6000瓦。在燃气烘干机中，燃烧的气体提供能量。

加热后的空气通过滚筒中的衣物，然后进入门洞。空气通过门洞，然后从门下部一个大槽排出，这个槽通往麻布屏风。

这些空气通过麻布屏风，然后通向烘干机前面的排气管，从这里进入风扇。这个风扇是离心类设备：当它转动的时候，它把空气抛到外部，吸收中央的空气，然后将空气从烘干机后部的排气管排出。

如果你把烘干机外部的金属片移开，你会吃惊地发现滚筒里没有任何齿轮。其实，滚筒本身就是一个巨大的齿轮（更准确地说是滑轮），电动机为小滑轮提供动力。因为滚筒的直径与小电动机滑轮的直径相差巨大，所以根本不需要任何齿轮。

同样的电动机驱动风扇和滚筒。滚筒的滑轮用传送带与电动机的一个输出轴相连接，而风扇与另一个相连。

烘干机另外一件有意思的事是，它没有任何承托部分使之平稳旋转。那么，是什么承受了衣物的重量呢？滚筒位于两块坚硬而光滑的尼龙板上面，它们被固定在支撑结构上。这种构造使滚筒承受了潮湿衣物的很多重量，但相对摩擦却很少。

大多数的烘干机拥有旋转开关或者热量设置按钮。通过转动按钮至不同的方位，或者按压几个按钮，你可以控制整个过程，如烘干机的工作时间以及热量设置。

一个机械或者电动计时器控制烘干过程的长度。有些烘干机具有湿度开关，能够在衣物烘干后作出反应，然后停止烘干过程。

旋转开关和热量设置按钮共同控制某个时刻加热器的开关。

如果加热器完全关闭，那么只有冷空气吹进衣物之间。

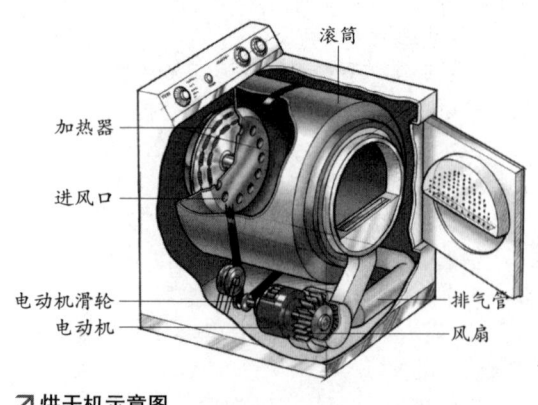

↗ 烘干机示意图

如果一个加热器打开,那么空气就会变得温暖。

如果两个加热器都打开,那么空气就会很热。

烘干机具备安全特点,这样能够防止过度烘干。在很多烘干机中,有两个温度关闭传感器。当这些传感器达到事先设置的温度时,它们就会断开连接,这样就可以关闭烘干机。

第一个传感器调控麻布屏风和滚筒。如果滚筒中的温度过高,传感器就切断电源,关闭烘干机。

但是,如果传送带断了怎么办?或者如果风扇受到阻塞,空气无法排出滚筒怎么办?这时候第二个传感器就开始发挥作用。

第二个传感器离加热器很近。无论出于什么原因,如果空气流通受到了阻碍,这个传感器周围的空气就会迅速升温,这将会触发传感器,使之切断电源。

腐化池是怎样处理废水的?

腐化池是隐蔽的,所以我们几乎没有注意过它。但是我们每天都要产生很多废水。例如,每天你要冲3~4次厕所,你需要洗澡、刷牙、洗衣服和碗盘等。一个4口之家每天很容易就能产生400~800升废水。它们都去哪儿了呢?

当你冲厕所或者在水池里面洗东西的时候,都会产生废水。为什么不直接把这些废水倒在屋外的地上或者附近的小溪里面呢?有3种问题让你不愿把这些废水直接排放到环境中。

它会发臭。如果将废水直接排放到环境中,它很快会散发臭气。

它含有有害细菌。人类粪便自然含有大肠杆菌以及其他可致病细菌。一旦水被这些细菌污染,它会危害健康。

它包含悬浮的固体颗粒和化学物质,会对环境造成危害。

(1)废水中含有氮和磷酸盐,它们会促进藻类的生长。藻类生长过度将阻碍阳光,从而使水污浊。

(2)废水中含有有机物,从而使环境中的细菌分解。细菌消耗了水中的氧气,会使鱼类因缺氧而死亡。

(3)废水中悬浮的固体颗粒使水混浊,从而影响鱼类的呼吸和视力。

藻类的增加、氧气的减少以及水的混浊,破

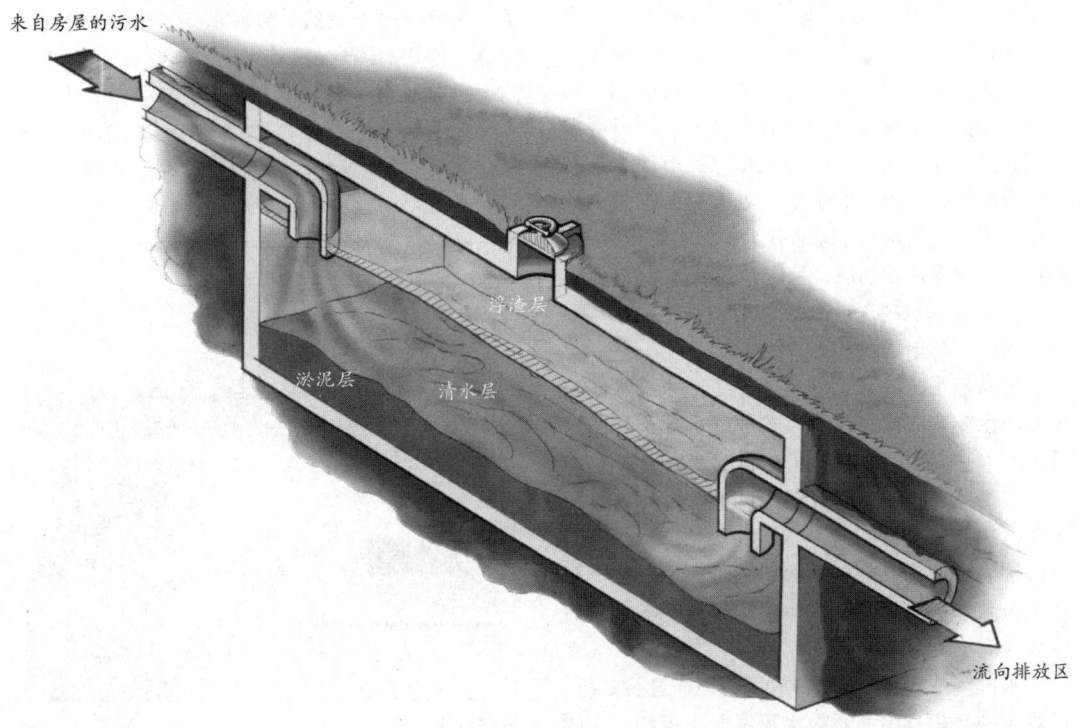

腐化池示意图

◎ **知识链接**

腐化池自然会产生气体（细菌分解废水中的有机物而产生），而且这些气体很难闻。你不会愿意早上站在浴缸闻到从管道传来的腐化池的味道。因此，浴缸具有环形管道，这样可以蓄水，并且防止气体流到房间。气流最终由通风口流出。如果你看看任何一个房间的房顶，你会发现有一个或多个通风口从屋顶伸出。

坏了生物在水中的生存环境。所有的鱼类、蛙类以及其他生命都将迅速消失。

没有人想住在发臭的环境中，到处充满了致命的细菌，而使水中生命无法生存。这就是为什么社区中会建设污水处理厂，并且用法律禁止将污水直接排放到环境中。但并不是所有人居住的社区中都有污水处理厂，那些社区中没有污水处理厂的人就需要依赖自家的腐化池系统了。

在农村地区，家家户户都相隔很远，这样建立下水道系统就会过于昂贵，所以人们建立了私人的污水处理厂。它们叫作腐化池。

腐化池简单来讲就是一个建在院子中的混凝土或钢制池子。这个池子大约可蓄水4000升。废水从池子的一端流入，再从另外一端流出。

典型的私人腐化池通常含有3层。所有漂浮的东西处在第一层，形成浮渣层。所有比水重的物质都会沉积，形成淤泥层。处于中间位置的就是相对干净的清水层。这部分水中包含细菌及氮、含磷化合物等化学物质，但基本上不含固体颗粒。

淤泥层越积越深。最后你使用腐化池抽送系统，利用卡车把淤泥抽出。

随着新水的进入，它就代替了原来的水。被代替的水就会流向排放区。排放区由穿了孔的管道组成，它们被埋在铺满了沙砾的地沟当中。

典型的排放区管道直径为10厘米。它被穿了孔，并且埋在1~1.5米深、0.6米宽的地沟中。沙砾铺满了地沟0.6~0.8米的底部区域，上面有灰土覆盖。水从管道的孔中渗出流入地沟，然后再渗入泥土。

水慢慢被吸收，并由排放区的地面进行过滤。排放区的面积是由地面吸水程度而决定的。在硬黏土区域，水分被吸收的很慢，排放区的面积就要大些。

腐化系统不需要其他能量，仅仅依靠重力的作用。水从房屋流向水池，然后从水池流到排放区。这完全是无源系统。

缝纫机为什么能穿针引线？

和汽车、轧花机以及过去300年间无数其他发明一样，缝纫所承担的工作耗费时间而且极其繁重，但缝纫机却把这项工作变得快捷而简单。通过缝纫机的发明，生产商们可以利用最少的花销造出成堆的高质量布匹。因为这项技术，世界上大多数人可以享用耐用并且做工很好的衣服，而在几百年前，这还是很奢侈的事情。

缝纫机像小汽车一样，在市场上有上百个类型，它们在价格和性能上千差万别。但和汽车一样，大多数的缝纫机都是基于一个基本理念造出来的。汽车的核心部分是内燃发动机，而对于缝纫机，则是线圈缝纫系统。

线圈缝纫的方法和手工缝纫的方法相差很远。在最简单的手工缝纫中，一段线被穿进针眼里面。裁缝把针和穿在上面的线穿过两片织物，从一端缝到另一端然后再回来。针从里向外穿过织物，把它们缝合在一起。

对于双手来讲，这份工作很简单，但让机器来做却十分困难。机器需要在织物的一面松开针，再从另外一面接过针来。然后它需要把整段线穿过织物，把针转过来，再做一遍同样的工作。对于简单的机器来说，这个过程过于复杂，难以操

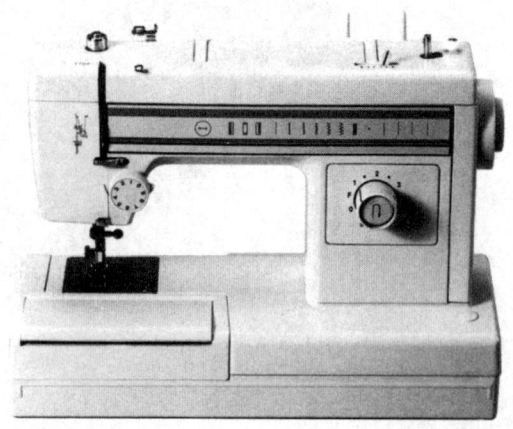

↗ 缝纫机

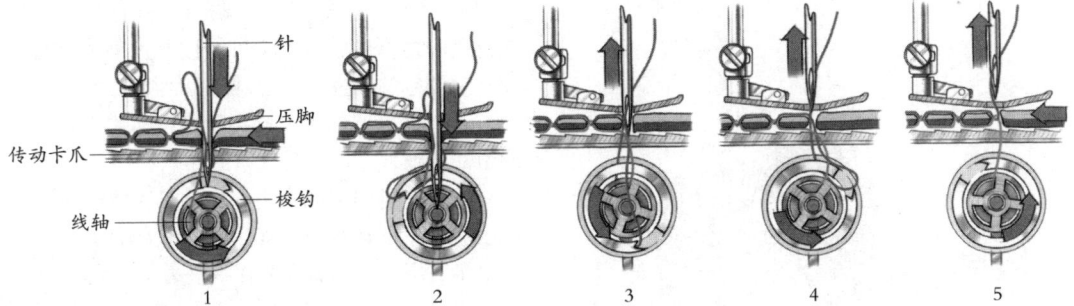

↗ 缝纫机缝纫示意图

控，而且即使是手工，也只能用短一些的线才能缝好。

然而，缝纫机只是把针穿过织物的一半。在缝纫机的针上，针眼就在针尖的后方，而不是在针的尾端。针被固定在针杆上面，针杆由电动机通过一系列齿轮和凸轮（后来主要通过凸轮）控制上下。

当针尖穿越织物的时候，它把一个线圈从织物的上面拉到下面。处于织物下面的机器抓住这个线圈，并把它缠在另外一根线上，或者同一根线的另外一个线圈上面。

常规的电动缝纫机是一件令人惊奇的机器。如果你把外壳打开，你会看到所有的齿轮、凸轮、曲柄以及皮带都是由一个电动机带动的。这些零件具体的匹配方式因机器的不同而不同，但是它们的工作原理大致相同。

电动机通过驱动带与驱动轮相连接。驱动轮带动上方长形的驱动轴进行转动，而驱动轴只与几个不同的机器零件相连接。

上方的轴转动皮带，带动下面的轴。

轴的末端转动曲柄，这使针杆上下运动。

曲柄同样可以移动紧线臂。

与针杆同步运动，紧线臂下降以产生足够的空隙，在织物下面形成线圈。然后，紧线臂提升以收紧梭钩释放出的线圈。

线从机器上面的线圈传出来，穿越紧线臂以及压线板装置。通过转动压线板装置，裁缝可以收紧穿越针孔的线。当缝纫薄一些的织物时，张力需要紧一些；在缝纫厚一些的织物时，张力可以松一点。位置较低的驱动轴的末端与转动梭子装置的斜齿轮组连在一起。因为梭子装置和针装置与同一个驱动轴连接，所以它们总是运动一致。

较低的驱动轴同样移动用来操纵传动卡爪装置的连接。每缝纫一针，连接就把传动卡爪前后移动一次。与此同时，一个连接还将传动卡爪上下运动一次。这两个连接同步工作，当传动卡爪按压住织物的时候，将其向前方推移，再抬起来松开织物。然后，传动卡爪在按下去之前向后移动，重复上一次的过程。

裁缝用脚踏开关控制电动机。开关对于压力十分敏感，所以裁缝可以通过调节开关所承受的压力来调节电动机的速度。

这项设计很酷的一点就是所有的东西都是连在一起的。所以当你按压踏板的时候，电动机以相同的速度带动所有的装置。这个过程绝对同步化，无论电动机转动的速度有多么快。

■ 真空吸尘器吸除灰尘的原理是什么？

吸尘器看起来像是很复杂的机器，但是普通的吸尘器只包含6个必要的零件。

进气口。

出气口。

电动机。

风扇。

多孔袋。

容纳所有其他部件的盒子。

当你插上真空吸尘器的电源，并且打开开关后，电动机将带动风扇转动。当风扇转动的时候，它把空气从出气口排出。风扇一边的微粒密度降低（从而气压降低），而另一边的微粒密度上升。在真空吸尘器中，气压降低的那一边，真空开

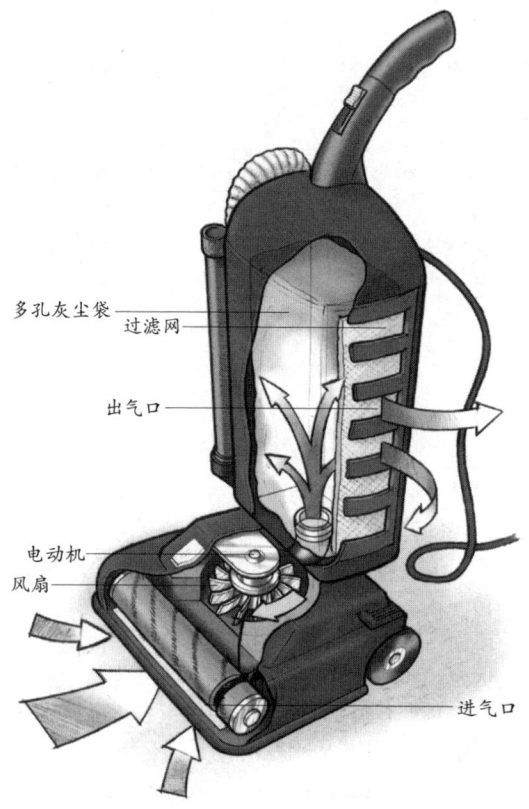

↗ 真空吸尘器示意图

（图中标注：多孔灰尘袋、过滤网、出气口、电动机、风扇、进气口）

始工作。气压的降低在真空吸尘器内部产生了吸力。因为真空吸尘器内部的气压低于其周围的气压，那么周围的空气就会通过进气口进入真空吸尘器内部。

只要风扇一直转动，并且通往真空吸尘器的通道是敞开的，通过进气口和出气口的气流就会持续不断。这个气流就像水流一样。运动的气体微粒与疏松的灰尘和堆积物相摩擦，如果堆积物足够轻而吸力又足够大的话，摩擦就能够把这些东西吸进吸尘器的内部。大多数的吸尘器在进气口都有旋转的刷子，它能够把地毯上的灰尘颗粒扫起来，从而使清理更加容易。

充满灰尘的空气通过出气口的时候，它需要穿越真空吸尘器袋。真空袋由多孔的织物（主要是布或纸）制成，起到空气过滤的作用。袋子上细小的孔足够空气微粒穿过，但是对大多数灰尘颗粒来说过小，很难穿过。当气流进入袋子的时候，灰尘和堆积物就沉积了下来。

你可以把真空吸尘器袋放置于进气口和出气口之间的通道的任何位置，只要保证空气通过它既可。在立式吸尘器中，真空袋是这个通道的最后一站：一旦空气得到过滤，它将流出吸尘器。在盒式吸尘器中，真空袋可能被放置于风扇的前面，这样空气一进入吸尘器就得到了过滤。

真空吸尘器的吸力取决于风扇的速度、空气通道的流畅程度以及进气口的面积。

为了产生强大的吸力，电动机需要快速转动风扇。如果电动机被损坏了或真空袋满了，又或者电量有限，风扇就会减速，吸力也会减弱。

受到阻塞是大多数真空吸尘器常见的问题。当堆积物在袋子中累积起来后，空气流通就会受到更大的阻力。因为阻力的增加，空气微粒运动的速度就会减慢。这就是为什么当你清理过真空袋后，真空吸尘器就会比清理之前更好的工作。

进气口的面积是最为微妙的变量。因为风扇的速度是恒定的，那么单位时间通过真空吸尘器的空气微粒的数量也是恒定的。无论进气口的面积如何，每秒钟同样数量的空气微粒都需要通过真空吸尘器。如果你把进气口的面积缩小，空气微粒运动的速度就需要加快以确保所有的微粒都在那段时间内通过。

当空气流动的速度增加的时候，压力降低。压力的降低转化成进气口更为强大的吸力。因为吸力的增加，窄小的真空吸尘器附件比宽阔的附件吸除的灰尘颗粒要重一些。

◎ 知识链接 ——

20世纪早期的中央真空系统把整个房间变成了一个吸尘器。地下室或房屋外面的电风扇通过墙壁中相互连通的管道产生吸力。为了使用这个吸尘器，你需要打开电风扇，并且在房间任意的管道出口处接上软管。灰尘被吸入管道，沉积在大的金属箱内，这个箱子几年才需要清理一次。这种吸尘器曾经非常流行，后来渐渐消失，但近年来在更为昂贵的住宅中有所再现。

怎样利用咖啡机在家里制作咖啡？

为了使水冲出咖啡，最简单的咖啡机利用了在密封的容器中加热水时产生的压力。这种机器的价格在50美元左右，此外还有专门为野营而设计的咖啡机。水压式咖啡机的工作原理都是相同的，所以我们就举野营式咖啡机为例来看看它的结构。

咖啡被装在漏斗形金属容器的内部，容器有一根管子，伸向容器的底部。把几百克的水注入容器，顶部拧紧。

当水在火上面加热的时候，容器内部的压力增加。压力释放的唯一渠道就是通过盛满咖啡的管子，冲向管子的顶部。

这样的机器有几个弱点。系统内部的压力取决于热水的温度。为了产生冲咖啡的足够大的压力，水的温度可能会超过制作咖啡的理想温度。

这就是为什么一些家用咖啡机还具有水泵的原因。

这种机器更加有意思，但是操作起来仍然十分简单。它包含下列部件。

容器：容器内盛着咖啡机里要用的凉水。它没有承受压力，也没有加热，是可以移除的。

水泵：水泵用高压把水从容器中吸到加热室中。

加热室：加热室是坚固的不锈钢结构，底部带有沟槽，内有加热器。电阻加热器其实就是一个线圈，与灯泡的灯丝或电烤箱非常相似，当通电的时候就会变热。在这样的电阻设施中，线圈被固定在石膏上，使其表面更加粗糙。加热室还具有一个单向阀门，可以使水由水泵流入加热室而不会回流。

手柄：手柄是咖啡机中可以移动的部分，它装着磨好的咖啡。在滤碗里面，有一个可以移动的屏幕，研磨好的咖啡放置在上面。滤碗的底部有两个出水口，做好的咖啡就从那里面流出来。

蒸汽棒：蒸汽棒用来加热各种咖啡中所使用的牛奶，并且使它产生泡沫。这个蒸汽棒和加热容器相连接。当使用者把阀门推到蒸气的位置时，加热容器中释放出的蒸气就会进入牛奶。

控制板：这种机器中的控制板包括开关旋钮、两个指示灯和一个控制阀门。一个灯用来指示机器打开，另一个用来指示加热室是否达到合适的温度。阀门能够使水流过过滤门中的咖啡，或者控制蒸汽棒中的蒸气。它还包括一两个微控制开关，用来控制水泵和加热器。

冰块是怎样在制冰器中制成的？

家用制冰器以前是以塑料冰盘的形式出现的。这个设备的工作原理一目了然：你把水倒进一个模子中放入冰箱，直到冰箱将其制冷冻上变成固体，然后就可以把冰块拿出来了。制冰器的工作原理和冰盘一样，只不过倒水和拿出冰块的程序都是完全自动化的，它就是冰块装配线。

大多数制冰器由一个电动机、一个电动水阀门和一个电热系统组成。制冰器和为冰箱提供能量的电路相连接，作为能量的来源。你还需要把制冰器和房间里的水管连接，来提供新鲜的水，用来制作冰块。电线和进水管都是通过制冷器后边的洞伸出来的。

当一切都准备就绪的时候，制冰器就可以开始工作了。一个简单的电路和一系列开关控制一切进程。

开始的时候，电路中计时开关直接把电通向电磁阀门，阀门只打开几秒钟的时间。它将模子里装满足够的水，模子是一个塑料容器，上面有几个凹槽。

模子装满水后，机器等待模子中的水结冰。这项工作由制冷器中的冷气来完成，而不是制冰器本身。制冰器拥有一个内部的恒温器，它可以调控模子中的水温。当温度达到某一个特定温度的时候，比如 −13℃，恒温器就会关掉电路中的一个开关。

↗ 简单咖啡机示意图

关上这个开关，能够让电流通过制冰器下方的加热线圈。当线圈升温后，它可以加热模子的底部，这样能够使冰块与模子的表面发生松动。

然后启动制冰器的电动机。电动机转动长形的塑料轴以及上面伸出来的一系列扇叶。当扇叶转动的时候，它们把冰块从模子中铲出去，并推到制冰器的前方。因为冰块是相互连接的，所以它们移动的时候呈单元式移动。

容器里的塑料凹槽和扇叶的形状是匹配的。当扇叶通过这些凹槽的时候，冰块被推到制冰器下面的收集盆里面。

转轴的底部有一个带有凹槽的凸轮。在冰块被推出制冰器之前，凸轮抓住关闭支杆并把它抬起来。当冰块全部出去之后，关闭支杆才会放下来。当关闭支杆到达它的最低点的时候，它会触动开关，使电流通向水阀并再一次加水，重复刚才那个流程。如果关闭支杆无法回到最低点，那是因为被冰块挡住了路，这个流程被中断了。这就使制冰器不能让制冷器完全填充冰块，这样的话它就会继续制造冰块，直到收集盆中所有的空间都被填满。

这个系统可以使制冰在家里有效实施，但它不能生产足够多的冰用于商业用途，例如饭店和旅馆的制冰自主销售。

要装配一个大型独立制冰器有很多办法，你

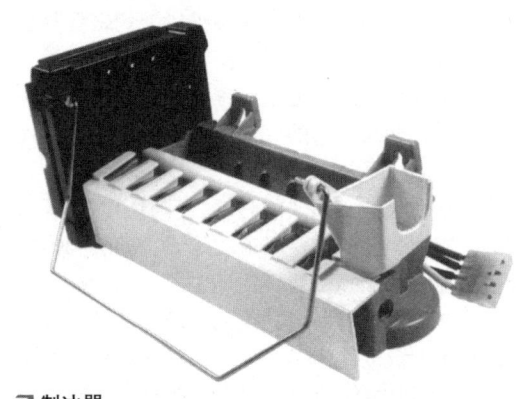

↗ 制冰器

所需要的只是一个制冷系统、水源和收集制好的冰块的一些方式。

最简单的一种专业系统之一是使用大型的金属冰块盘，而且直立放置。

制冰器拥有一个普通的压缩机制冷系统。冰盘的后方布满了热交换管，这使冰盘的温度能够降至 -16℃左右。

制冰器还有一个水泵，它把水从集水池中抽上来，然后浇在冰冷的冰盘上面。随着水流过冰盘，它渐渐上冻，在冰盘的四壁形成冰块。如果冰这样一层一层冻上，就会形成明冰。当突然间上水结冰的话，就像家用制冰器这样，那么得到的冰是雾冰。

在设定的一段时间中，制冰器打开连接热交换线圈的电磁阀门。打开这个阀门就改变了制冷剂的通道，管道和冰盘瞬间受热，使冰块松动。

显然，每一个冰块的凹槽都是倾斜的，这样才能让松动的冰块自己滑向下方的收纳盘。有些制冰器还拥有一个圆柱形的活塞，它能给冰盘一个推力，使冰块松动。

这种系统在饭店和宾馆中非常流行，因为它制作出来的冰块形状和体积都很标准。其他行业如百货商店和科研部门，需要小冰块来包装容易腐烂的东西。可以用刨冰机先生产出大块的冰，然后再用压碎器把它变成片状。

■ 怎样利用烤架烧烤食物？

木炭烤架的燃料源已经存在了至少 5000 年。谁也不知道是谁发现了木炭，或者哪个文明最早使用了它。木炭的遗迹在世界任何地方都曾被发现过，它甚至被用于对埃及木乃伊进行防腐处理！你可能

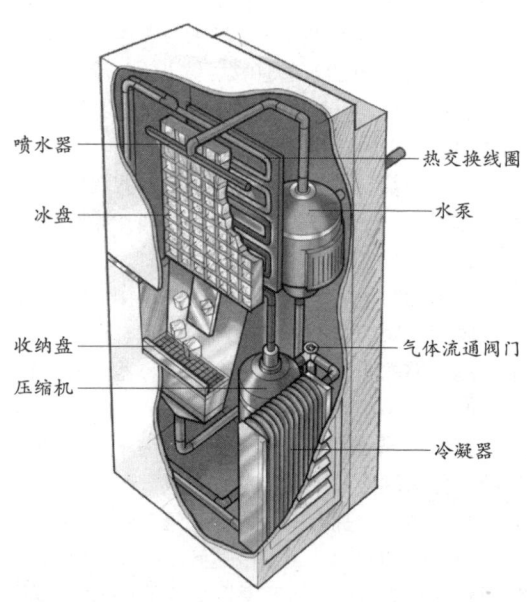

↗ 制冰器示意图

没有意识到,但木炭并不是岩石或者某种碳,实际上它是木头。

木炭是由木头在无氧密封的条件下燃烧而形成的。也就是,你拿来木头,把它放在密封的金属或黏土箱子里面,然后把温度升高到538℃。

为什么要这么复杂而不直接烧木头呢?新鲜的木头中含有很多水分,有时候水的重量占到了木头本身重量的一半还要多。过季的木头(砍伐了一两年的木头)或者窑中烘干的木头所含的水分要少得多。含水分较多的木头燃烧效率不高。同样,当树木还成活的时候,它的细胞内部含有大量的挥发性碳氢化合物。挥发性是指当这些物质燃烧的时候,它们会挥发。

当你把一块新鲜的木头放在火上面的时候,你所看到的烟就是这些挥发性碳氢化合物从木头中挥发所形成的。它们在149℃的时候开始挥发。如果温度足够高的话,这些化合物就会燃烧产生火焰。

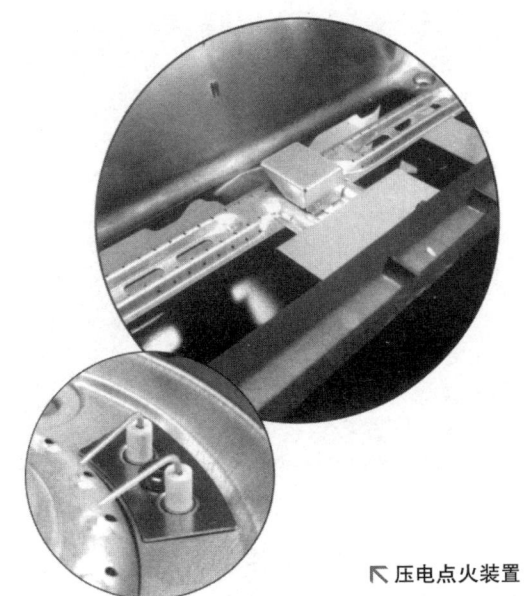

◥ 压电点火装置

但是,木炭燃烧的时候你看不到烟,那是因为木炭形成的过程中挥发性有机化合物都被清除掉了,树木细胞中只剩下纯碳和不可燃的矿物质。当你点燃木炭的时候,燃烧的是纯碳。它和氧气结合产生二氧化碳和燃烧最后剩下的灰,即矿物质。这个过程产生很多的热量,但是烟却很少,这使木炭成为非常适宜的烹饪燃料。因为它燃烧时不会产生普通木头燃烧时烟雾中的成分,因而不会污染食物的味道。

喜欢用烤架的人会激烈地争论木炭烤架相对于燃气烤架的优势,尤其是口味方面。木炭的确可以产生一种特殊的口味。对于很多人来说非常难以选择:燃气烤架方便,但木炭烤架制作出的食物的味道更好。

即使最简单的燃气烤架也要比普通的木炭烤架复杂。燃气烤架通常包含下列部分。

燃气源。

软管。

阀门。

调控器。

燃烧器。

启动装置。

工作台面。

烤架体。

炉罩。

烤架体把除炉罩之外的所有其他部件都装

↗ 烤架启动装置和温度控制装置

> ☐ 怎样回答：全球孩子最爱问的为什么

> ### 什么是丙烷
>
> 丙烷是石油中产生的，并且含有脂肪烃——只包含氢原子和碳原子的化合物。当石油在炼油厂经过处理的时候，不同长度的碳氢化合物链形成。这些不同长度的链被分开，再组合成不同的燃料。例如，可能得到碳氢化合物甲烷、丙烷和丁烷。甲烷有1个碳原子和4个氢原子（CH_4），丁烷有4个碳原子和10个氢原子（C_4H_{10}），丙烷有连在一起的3个碳原子和8个氢原子（C_3H_8）。

了进去。炉罩遮蔽着工作台面的表面，并且可以防止热空气外逸，这样就能够升高烤架内的温度。

燃气源通过主要的软管连接阀门。阀门控制着通往燃烧器的燃气量。大多数的烤架有两个主要的燃烧器，每个燃烧器各有一个阀门。燃烧器上面有一系列小孔，燃气从小孔中流出。

燃气烤架正常点火需要3个条件。

燃气。

氧气。

火花。

燃气是由丙烷气罐或者天然气管道提供的，氧气来自空气。但火花从哪里来呢？

烤架的启动装置通常叫作点火器，它提供了火花。烤架启动装置是一个按钮或者旋转开关，它能够产生电火花来点燃燃气。启动装置利用压电产生火花以点燃烤架。

一些晶体物质（如石英或者陶瓷）可以产生压电。当你给它们施加压力的时候，晶体内部会产生电荷分离和穿越晶体的电压，有时候电压非常高。例如，在烤架启动装置中，你所听到的爆破声是小弹簧锤撞击晶体，并在晶体表面产生上千伏的能量而发出的。

如此高的电压和汽油发动机中推动点火塞的电压相类似。晶体电压产生的电火花足够点燃烤架中的燃气。

燃烧器是所有实际燃烧的位置。它将氧气和燃气混合，并把它们分散在大片的面积上进行燃烧。每个燃烧器都有一对电极与启动装置相连接。

当启动装置的锤子跳开的时候，所产生的冲击引发电火花，电火花冲过电极点燃燃气和氧气的混合体。

大多数的燃气烤架是用金属罐装满液态丙烷气体。液态丙烷的优点在于它可以用罐子承装，而不需要像天然气那样需要用管子连通家里的气源。

为什么可以把液态丙烷装在罐子里，而天然气却不行？丙烷有一个很好的特性，当你压缩它的时候，它会在合理的压力下被压缩成液态（约为690千帕），而且会保持这个状态，直到被解压。这就意味着丙烷相对于天然气来说更易于储存在罐子中，因为天然气要达到1.9万千帕才能液化。因为天然气不容易被压缩成液态，它一般只以气体的形式通过专用的管道输送到每个家庭。

液态丙烷的另一个好处在于，相对于天然气，它含有更多能量。烤架的烹饪能力是以英国热量单位（Btu）来衡量的。1Btu热量能够把0.45千克水加热到0.56℃。1立方米天然气含有3.5万Btu的热量，而1立方米丙烷含有大约9万Btu的热量。烤架一般从2万~5万Btu不等。更高的Btu率表明烤架更大，工作台面也更大。

虽然液态丙烷烤架很常见，但天然气烤架也是可以购买的。一般来讲，如果你打算把烤架直接与固定的气管（如家庭里的）相连接的话，或者天然气是你所居住社区里使用的，你会选择天然气烤架。通过观察两种烤架管道连接燃烧器的方式，就可以区分出天然气烤架和液态丙烷烤架。天然气烤架上的管子大约是丙烷烤架的两倍，喷嘴也有同样的区别。

■ 灭虫器是怎样杀死蚊虫的？

灭虫有很多不同的方法，但传统的电灭虫器对于灭蚊子起不了太大作用。因此，电灭虫器还会释放无毒性不含杀虫剂成分的蚊子引诱信息素。

蚊子容易被人类的汗液和二氧化碳所吸引，所以一些灭虫器就利用了这一点，释放出二氧化碳、引诱剂和水分。蚊子被这种混合物吸引，就钻进网中，脱水死亡。制造商声称所有的蚊子都会在6~8周内死亡，因为可以产卵的母蚊子被消灭了。

生活万象

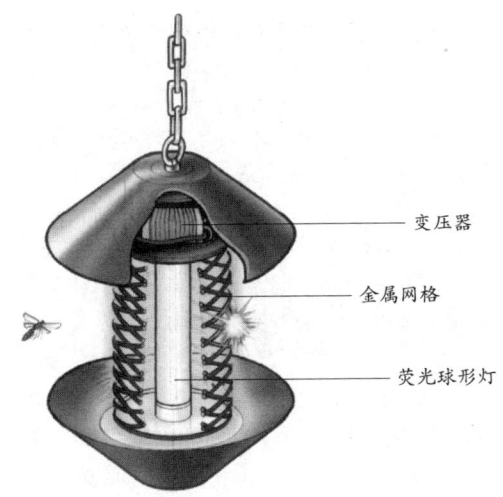

↗ 灭虫器工作示意图

还有一种灭虫器所使用的化学物质据说可以阻碍蚊子的嗅觉。制造商认为阻碍蚊子呼吸二氧化碳的功能，能够减少蚊子降落和叮咬的概率。

■ 怎样利用锁来保护安全？

锁有不同的形状和大小，并且设计的形式多种多样。我们可以通过一种简单、具有代表性的锁看到开锁的过程，这种锁叫作轴销和转壁型设计。

像这种类型的锁，基本就是一个谜。钥匙的任务就是立即找到这个谜的谜底，所以拥有锁的人并不需要自己去揭开这个谜。而试图开锁的人不得不艰难的去解这个谜团。

轴销和转壁型设计是如今最常见的谜团之一。在美国，基本每家门上都安装了这种锁。家庭和办公室安有门把手锁和呆锁的也用这种锁。这种设计具有3个基本部分。

外部中空的圆柱体。
内部圆柱体（转壁）。
一系列轴销。

不同长度的轴销成对出现。每一对都位于轴上，并且穿过转壁，绕过柱销，伸到外部圆柱体中。轴上部的弹簧保持轴销位于柱销的恰当位置。

当钥匙被插入的时候，每对轴销中底部的轴销完全进入到柱销的内部，而上部的轴销一半处于柱销中，另一半处于外壳中。上部轴销的位置确保柱销不会转动，并把柱销和外壳连接在一起。

谜面是这样的：你怎样将轴销推上去，而且每个轴销上升的位置恰好，从而使转壁可以转到外部圆柱体的内部？

当你把钥匙插进去的时候，它的凹凸处将轴销对向上推到不同的水平。如果不匹配的钥匙推动轴销的话，大多数轴销仍然会一部分处于柱销内部，另一部分处于外壳里面。而匹配的钥匙会把每对轴销推到足够的高度，这样所有上部的轴销都处于外壳里面，而底部的轴销都位于柱销里。既然没有轴销再把柱销和外壳联系在一起了，柱销就可以自由移动，我们就可以转动转壁了。转壁的转动可以使呆锁的门闩开合，或者也可以松开门把手锁上的把手。

在没有钥匙的情况下，要揭开轴销和转壁型锁的谜团，我们不得不手工把每个轴销都推到合适的位置。这并不难，除了一点儿就是锁眼太小，你看不到里面是什么情况。一个有经验的锁匠能够不用看，只凭触觉就能移动轴销，使用的工具也很简单，就是鹤嘴镐和扳手。

鹤嘴镐是薄薄的长形金属，末端呈弧形（类似于牙医使用的牙签）。扳手是坚固的扁形金属。最简单的扳手就是平头的薄改锥。

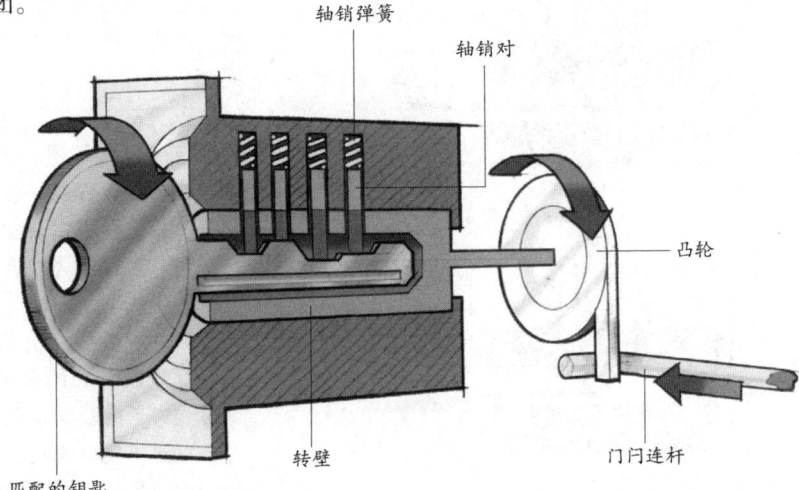

↗ 轴销和转壁型锁示意图

开锁的第一步要把扳手插入锁眼,并把它按旋转钥匙的方向进行旋转。这会转动柱销,从而使它轻微脱离外壳,并且在轴销轴上产生突起,使轴销相互产生张力。

在向柱销施加压力的同时,把鹤嘴镐插进锁眼,开始提起轴销。这个工具可以把每对轴销提起,使上部的轴销完全进入外壳,正如匹配的钥匙所产生的效果一样。

在做这一工作的时候,利用扳手施加压力。当轴销归位的时候听到轻轻的喀哒声,这是上部轴销回落到轴上的突起发出的声音。突起保持轴销嵌入外壳,这样它就不会再落回到柱销上面。通过这种方式,使所有上部的轴销都移动到恰当的位置,直到它们都被推回到外壳里面,而所有的底部轴销处于柱销里。这个时候,转壁就能够自由转动了,我们就可以把锁打开了。

开锁的另外一项技术是侧面进针。侧面进针没有真正的开锁那么精确。要进入一把锁,我们需要从柱销的后部插入一个宽头的鹤嘴镐,称为

> **锁与法律**
>
> 开锁的技术对于锁匠来说是必备技能,因为这可以让他们在不损坏锁的前提下打开一把锁。开锁技术在小偷当中并不普遍,主要因为有很多更简单的方式破门而入(如往后面的窗户里扔砖头)。在大多数情况下,只有需要掩盖痕迹的入侵者,比如间谍或者侦探,才会费力去开锁。

耙子。然后,快速把耙子拔出来,这样它就会撞击通道上所有的轴销。当耙子出来以后,你用扳手转动柱销。当它们上下运动的时候,一些上部的轴销会恰好落到转动柱销所产生的突起中。通常,锁匠会先用侧面进针的方法,然后再单独打开剩下的轴销。

钉子枪发射钉子的原理是什么?

钉子枪是一种力量很大的机器,可以在瞬间把钉子钉到木头里面。显然,钉子枪能够节省你原本打算使用锤子的时间。

气体钉枪的设计十分简单,用压缩气体推动与支杆或叶片相连接的大活塞。如果枪膛内有钉子,叶片就会把钉子推出枪体。当你扣动扳机时,阀门就会打开,压缩气体就会流出。如果放松扳机,压缩气体就会被活塞堵住,另外一个阀门将会打开,这样高压气体就会冲出活塞室使活塞可以归位。

现在最新的一种钉子枪是点火钉枪。这种可携带的钉子枪与汽车中的活塞发动机的原理是相同的。

点火钉枪与气体钉枪非常相似,区别在于驱动活塞的压力来源。点火钉枪内部充满了可燃气体,一块滑板释放一些这种气体,使气体进入活塞头上方的燃烧室。燃烧室中的风扇使气体蒸发,并把它和其他气体混合。火花塞点燃气体,而后产生的爆炸将活塞推向下方。

当活塞滑动到原来的位置之后,一个阀门会打开释放废气。风扇还会帮助废气排出燃烧室。这时候钉子枪就准备完毕,可以钉下一个钉子了。

点火钉枪和发动机所做的工作差不多,只是它使用滑板,而不是常规的阀门来释放气体,排出废气。

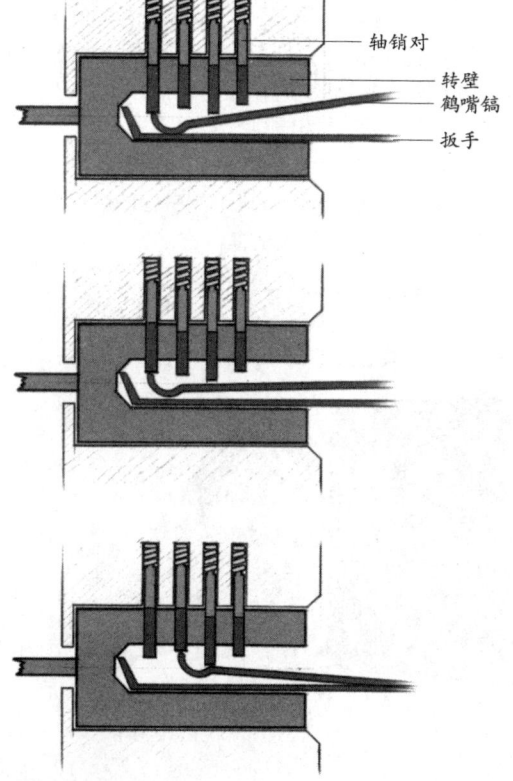

↗ 开锁示意图

生活万象

空气中含有一定量的水蒸气，它的含量决定于该空气的温度：空气温度越高，水蒸气的含量也就越大。较低的相对湿度意味着空气比较干燥，在该温度下本可以含更多的水分。

例如，如果在25℃的时候，每立方米空气中可以承载22克水，这时的相对湿度是100%。如果只含有11克水，那么相对湿度就是50%。如果空气中不含水，那么相对湿度是0%。

相对湿度很大程度上影响着我们感觉上的舒适程度。如果相对湿度是100%，那么水就不会蒸发，这是因为空气中的水分已经饱和。我们的身体需要水分蒸发来降温。这样，我们所感受的温度就会比实际的温度要高，因为汗液一点儿也不会蒸发。相对湿度越低，皮肤上的液体越容易蒸发，我们感觉就会越凉爽。在低相对湿度下，相同的温度给人的感觉要比在高相对湿度下凉爽一些，因为我们的汗液很容易蒸发。低相对湿度的缺点就是让人感觉十分干燥。

低湿度对人类至少有3种影响。

使皮肤和黏膜干燥。如果你的房间湿度很低，你的嘴唇会干裂，皮肤也会皲裂，早上起床后嗓子干疼。（低湿度也会让植物和家具干燥。）

增加静电，大多数人不喜欢每次触摸金属物品都产生火花的感觉。

让人感觉比实际的气温要低。

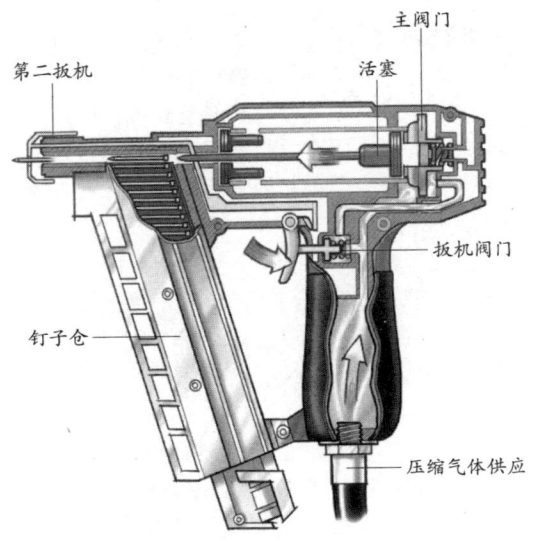

↗ 钉子枪示意图

大多数现代钉子枪都拥有第二个安全扳机，防止人们意外发射钉子。使用的时候，你需要扣下主扳机，冲着钉子表面按下第二扳机。

像手枪一样，压力钉枪以高速发射钉子，速度可达427米/秒。使用你的锤子可能会伤到手指，使用压力钉枪将会让你十分安全。

加湿器通过什么方式增加空气湿度？

空气的相对湿度影响我们感觉的舒适度。但湿度是什么？相对湿度又是相对什么而言呢？

湿度是指空气中的水汽量。如果你洗过热水澡之后站在浴室中，你可以看到空气中悬浮的水汽，或者如果你在大雨之后站在户外，你所处的环境湿度也很大。如果你站在沙漠的中央，两三个月没有下过雨，或者假如你在潜水时利用呼吸器进行呼吸，那时你就在体验低湿度。

天气与湿度

这就是为什么冬天的时候我们在房间里感觉干燥的原因。假设室外的温度是0℃，相对湿度是100%，即每立方米空气在该温度下可含水量最大为5克。现在，你把这1立方米空气带入室内，并将它加热至25℃，这时候相对湿度仅有23%。

空气中5克水/22克可能含量=23%相对湿度

如果室外的空气温度降低，这种情况会更加糟糕。这就是为什么建筑物内受热的空气让人感觉干燥的原因。只要外部气温低于冰点，室内的相对湿度就会低于20%，除非你采用其他措施增加湿度。在天气干燥的几个月中，加湿器的使用可以使人体保持在舒适的湿度之中。

↗ 加湿器

311

因为加湿空气要比加热空气花费更少，一个加湿器可以为你节省很多金钱。

为了让室内的舒适度最佳，并且保持我们的身体健康，45%的相对湿度是最理想的。在这种湿度条件下，人体感觉到的温度和实际气温是一致的，并且皮肤和肺部也不会干燥。

大多数的建筑在没有辅助措施的时候是达不到这种湿度的，所以它们需要一些加湿器来平衡相对湿度。

■ 等离子显示器是怎样利用等离子气体成像的？

20世纪90年代，一种新型电视平板显示器开始在商场上架。这些电视能够达到很高的亮度、拥有生动的图像，并且大部分厚度在15厘米以下。等离子显示器，一种最酷的新式平板显示技术，利用由自由活动的离子和电子形成的等离子气体来成像。

等离子显示器的本质与荧光灯发光原理相同。一个等离子显示器含有数百万个小型彩色荧光灯，它们共同形成图像。等离子显示器的每个像素的成像都由红色、绿色和蓝色这3种不同颜色的荧光灯来实现。和荧光灯一样，它通过一股

↗ 等离子显示器

> ◎ 知识链接
>
> 大多数等离子显示器并不是技术层面上的电视，因为它们没有类似电视的调谐器。电视调谐器是用来接收电视信号（比如经过光缆传输的信号）并将其解码后转化成为视频图像的装置。
>
> 与液晶显示器一样，等离子显示器只是一个用来显示标准视频信号的显示器。要在等离子显示器上收看电视，你需要为它接入一个含有电视调谐器的设备，如一台录像机。

电流对气体（氙气和氖气混合物）加压来制造等离子。被加压的等离子中的原子释放出不可见紫外线光子，这些光子刺激磷光物质来释放可见光。

等离子显示器的每一个像素都由两块玻璃板间的小槽构成。长电极也同样被玻璃板夹在中间，在槽的两侧。定址电极沿后玻璃板设置于槽后面。透明电极则沿前玻璃板进行排列。

两电极全部延伸至整个屏幕。该显示电极采取水平排列，而定址电极则采取垂直排列。它们共同形成了基本隔栅。

为了将某特定槽中的气体电离，等离子显示器的电脑向电极通电，使电流在这个槽相交。它在一小部分空间做每秒几千次的电离活动，并依次电离各个槽的气体。

当交叉电极被通电时（在电极之间会产生电压差），一股电流会穿过槽中的气体，产生紫外线光子。

等离子显示器中的磷光体被光子激活后便会产生彩色光。每一个像素都由3个独立的子像素槽构成，每个子像素槽都有自身颜色的磷光体。一个子像素含有红色磷光体，一个子像素含有绿色磷光体，另一个子像素含有蓝色磷光体。这3种颜色能够混合起来产生像素中的所有颜色。

通过调节电解槽电流脉冲的方式，控制系统能够增大或减小每个子像素颜色的密度，以产生上百种不同组合的红、绿、蓝色。利用这种方式，控制系统能够创造出可见色谱中的全部颜色。

■ 2月份为什么一般只有28天？

公元前46年，罗马皇帝儒略·恺撒开始制订阳历时，最初规定每年共有12个月，单月是

两千多年来，人们已经习惯了这种规定，所以一直沿用下来。世界各国的历法研究者，已经提出很多改良历法的方案，想使历法变得更合理。

正月十五为什么要挂红灯笼？

唐朝末年的农民起义军领袖黄巢率领着六十万大军攻打都城长安。由于黄巢带兵很严，起义军纪律严明，沿途受到百姓们的热烈拥护和爱戴。

大军来到长安城外，正赶上年底。为了了解城内情况，黄巢亲自化装进城去打探消息。黄巢进城的消息被官兵知道了，大队禁卫军涌上街头搜捕他。危急时刻，一家店铺的主人让黄巢躲进了铺子里的柴堆，从而躲过了灾难。

临走时，黄巢对店主人说："你赶紧告诉城里的百姓们，正月十五在门口用纸扎个红灯笼挂上。"黄巢说完，来不及解释，便匆匆离开了。

881年初，黄巢的大军攻进了长安城。他命令军队：凡是门口挂着红灯笼的人家，一律不许骚扰惊动。城里的百姓家家门口都挂着红灯笼，因此没有一家受到惊动。从此以后，人们为了求得平安，每逢正月十五就在门口挂红灯笼。正月十五挂红灯笼也就成了吉祥、安全的象征。

恺撒像
恺撒（公元前100～前44年），他在击败对手庞培后成为罗马帝国的统治者，并以征服高卢以及对其所指挥的战役的精彩描述而闻名于世。

大月，31天；双月是小月，30天。2月份是双月，也应该是30天。但这样的话，一年就不是365天，而是366天了。因此必须设法从1年中扣掉1天。

从哪个月里扣掉1天呢？

当时，按照罗马习俗，许多死刑都于2月份执行，因此人们把2月看成一个不吉利的月份。既然一年里要扣去1天，那么就在2月份扣好了，让这个不吉利的月份少1天。所以，2月份就变成了29天。这就是儒略历。

继儒略·恺撒之后，奥古斯都做了罗马皇帝。他发现儒略·恺撒是7月份出生，7月份是大月，有31天。奥古斯都自己是8月份出生，8月份偏偏是小月，只有30天。为了表示与儒略·恺撒具有同等的尊严，奥古斯都就下令把8月份也改为31天。同时也改了下半年的其他月份。9月份和11月份，由原来的大月改为小月；10月份和12月份，由原来的小月改为大月。这样就又多出一天来，该怎么办呢？仍然从不吉利的2月份内扣掉。所以，2月份就只有28天了。

正月十五观花灯 明　选自《宪宗行乐图》

为什么有腊月二十三送灶王爷的习俗？

传说在汉朝时，有个人叫阴子方。他待人忠厚老实，又十分孝顺父母。他每天一大清早就起来，给全家人烧早饭。这一年腊月二十四的早晨，他像往常一样早早地起了床，到灶间里去点火。突然间，一个长着长长的白胡子、身披金光的灶王爷从灶墙里飘然而下。阴子方见了,连忙跪下,向灶王爷磕头,并且询问灶王爷有什么要求。灶王爷说:"你们全家勤劳、团结,我没有什么要求,今天,我要上天到玉帝那儿报告一年的工作。"虽然灶王爷是这么说,但虔诚的阴子方仍然宰了家里唯一的一头羊,献到了灶王爷面前,请灶王爷享用。灶王爷十分喜欢阴子方的恭敬,就暗暗帮助他们一家。从此,阴子方一家的日子就越过越好,变成了远近闻名的富户。

阴子方祭灶王爷变富的故事,一传十,十传百,乡亲们都知道了。大家都纷纷跟着祭起灶神,以祈求灶神也让他们富起来。从此,灶王爷成了每年腊月二十四上天向玉帝报告人间善恶的神了。为了让灶王爷上天报告时只报好不报坏,人们就在他上天的前一天(腊月二十三)用丰盛的酒菜来祭拜他,有的人家干脆在祭品中还加了一盘麦芽糖,让灶王爷吃了以后将嘴巴粘住,使他上天去时索性免开尊口。还有的人家扎了漂亮的纸马、纸轿,焚化后让他享用。

↗ 观竞渡 清 《端阳故事图册》

赛龙舟是端午节的主要习俗。相传古时楚国人因不舍屈原投江死去,许多人划船追赶拯救。之后每年五月五日划龙舟以纪念。

在流放中,屈原带着满腔的激情踏遍了沅江、湘江一带,写下了《离骚》《九歌》《国殇》等许多不朽的诗篇。他还寄希望楚王能回心转意,重新振兴国家。然而,令他痛心的是,他看到的只是国家政治越来越腐败,人民的生活越来越痛苦。

公元前278年,秦军攻破了郢都,楚国灭亡了。屈原悲愤之极,写下了长诗《哀郢》。满腔热血无以报的屈原,跳入汨罗江中,将生命献给了他热爱的楚国。

屈原跳江正是阴历五月初五。当地的百姓纷纷将米用苇叶包着,扔到水里去祭奠这位伟大的爱国者。以后人们就在每年的阴历五月初五,也就是端午节,划龙舟、包粽子以祭奠屈原。

■ 壮族人为什么要过歌圩节?

每年三四月间,我国广西壮族自治区的人们,都要过"歌圩节"。歌圩节实际上是年轻小伙子和姑娘们的节日。每到此时,壮族小伙子和姑娘们穿着节日盛装,一批批聚集到圩场,他们或者互相用山歌问答,或者互相抛接绣球,或者成双成对,漫步于桃红柳绿的溪边、河畔,说着甜蜜的悄悄话,互赠定情的信物……

有关歌圩节的形成,在壮族人中,流传着这样一个故事:很久以前,有一位聪明美丽的壮族

↗ 祭拜灶王爷

民间传说中的灶王爷,每年腊月廿三人们都要祭拜他。

■ 端午节为什么要划龙舟、包粽子?

历史上的楚国一度十分强大,但后来日渐衰落了。正直的屈原上书新继位的楚顷襄王,请求顷襄王任用贤才,疏远奸佞,训练军队,加强国防。但是,顷襄王却听信谗言,革去了屈原的官职,将他放逐到夔地。

生活万象

农历三月三又称"三月三歌节"或"三月歌圩",是壮族的传统歌节。图为三月三歌节中盛大的千人竹竿舞。

姑娘,她有着百灵鸟一般的歌声,常常引得四村八里的乡亲们都来倾听,但是没有一个人的歌声能与她匹对。直到后来,来了一个砍柴的小伙子。他担着柴担与姑娘对歌,居然与姑娘对唱了一天一夜,两人不分胜负。结果姑娘和小伙子相爱了。

这件事被寨里的头人发觉了,他也喜欢美丽的姑娘。于是,他下令让狗腿子将小伙子抓起来毒打了一顿,将他赶出了寨外;同时又逼着姑娘与自己订了亲。姑娘想念心上人,就每天到寨外的山坡上唱歌。小伙子听到了姑娘的歌声,隔山用歌声与姑娘商定:在晚上与姑娘到山上相会,然后双双跳下了悬崖……

壮族人举行的歌圩节就是为了纪念这对恋人忠贞不渝的爱情,在每个他们殉情的季节,大家就聚集起来,让有情人尽情地唱出自己心中的情与爱。

■ 为什么要把"福"字倒贴?

相传明朝刚刚建立的时候,一个除夕,明太祖朱元璋打扮成一个商人,到街上去看热闹。他见到街上各家各户都喜气洋洋地在门口挂门神、贴对联,准备过年。开始,朱元璋很高兴,觉得人们的生活终于安定了,出现了太平繁荣景象。可是,他又转念一想,觉得百姓们有今天,都是他的功劳,大家过年庆祝应该有一点表示才对,于是,心情又由晴转阴了。贴身的太监一下子就揣摩出朱元璋不高兴的原因,就建议,让他颁旨要京城百姓家家户户用红纸写一个"福"字贴在大门上。因为红色代表"朱",再写上"福"字,不就是给皇上歌功颂德了吗?朱元璋很欣赏太监的机灵,就御批照办了。

到了新年,一群禁卫军就挨家挨户地去检查,发现一户人家因不识字,把福字贴倒了。他们马上把这家的主人抓起来用铁链锁到宫中,请皇上发落。朱元璋一听怒发冲冠,刚要下令以欺君之罪斩首,一旁的军师刘伯温却拦住了,他道:"福字倒贴好!这不是福'到'么?大吉大利,皇上赶快赏赐他吧。"朱元璋听了,马上转怒为喜,真的奖赏了这户人家。直到现在,一些家门、店门上还将大红"福"字倒过来贴呢。

■ 傣族人为什么要盖高脚竹楼?

三国时,蜀国丞相诸葛亮因为七擒孟获,带兵来到了傣族人居住的地方。他教他们种植水稻、烧山开荒、用牛耕地。从此,傣族人的生活富足起来。传说后来诸葛亮带兵要离开的时候,傣族人个个依依不舍,诸葛亮就把自己的帽子留下来,并"嘱咐"头人,有危险时不妨打开看一看。

过了几年,因为人口越来越多,人们住在低矮的又闷又潮湿的茅草棚里,再加上蚊虫和其他毒虫的叮咬,于是瘟病流行起来了,成百上千的人病死了。大家不禁恐慌起来。这时,头人想到了诸葛亮留下的帽子,就找出来,打开一看,只见上面写着:"防虫咬,住得高;想命长,水冲凉!"

人们恍然大悟。原来,用水冲凉就可以减少疾病。可是,住得高必须盖高房子,谁都没有盖过高房子,这高房子找谁盖呢?忽然,有个做过木工活的小伙子道:"丞相留下他的帽子,一定也是有道理的。我们就按照帽子的样子盖高房子吧!"这句话提醒了大家。大伙就照着诸葛亮帽子的样子,盖起了高脚的竹楼。人们住进去一试,又干燥、又通风、又凉爽,真是舒服极了。

傣族人为什么要过泼水节?

阳历的四月上旬是傣历的新年,也是傣族人的泼水节。为什么傣族人有过泼水节的传统呢?

相传很早以前,傣族地区来了一个凶残的魔王,他经常到傣族的寨子里去烧杀掳掠。尤其是见到傣族的姑娘美丽非常,更是一个拖一个,整整抢了12个傣族姑娘。这些美丽、善良的傣族姑娘恨死了残暴的恶魔,可是又没有办法。

一天晚上,其中最小也是最美的一个姑娘,故意装作十分顺从、一副讨好的样子对魔王说:"大王的本事真是大极了,没有人能伤害你,我可以安心地跟你过好日子了。"

魔王听了心里特别舒服,就说:"其实我也有害怕的地方,你可千万别告诉别人呀!如果有人拔下我的头发勒一下我的脖子,我的头就会掉下来!"

第二天,这个姑娘就悄悄将魔王的弱点告诉了其他的姑娘。她们商量要除掉这个魔王。到了晚上,等魔王睡着以后,她们便来到身边,拔下他的一根头发迅速朝他脖子上一勒,果然,魔王的头就滚落到了地上!

姑娘们高兴得刚要拍手,突然,掉在地上的魔头着了火。为了不让大火烧毁村寨,姑娘们只好把他抱在手上。时间长了,魔头腐败发臭了。村寨里的人们都赶来向姑娘们泼水,以冲洗掉魔头留下的臭味,直到魔头最后成了一堆白骨。

↗ 泼水节是傣族最隆重的节日,节日清晨,傣族男女老少就穿上节日盛装,挑着清水,先到佛寺浴佛,然后就开始互相泼水,互祝吉祥、幸福、健康。图为傣族泼水节的热闹场面。

生活万象

↗ 节日中的白族人民

从此，傣族人每逢新年，总要举行一次泼水盛会，以纪念这12名勇敢善良的傣族姑娘。

■ 彝族人为什么要过火把节？

每年农历六月二十四，我国西南地区的彝族人都要举行传统的"火把节"。过节这天，广场上用干柴、松枝垒起塔形的柴堆，一根三四丈高的翠木竖在堆中央，木头顶上挂着一串串红花。男女老少在晚饭后都手执火把到广场点燃柴堆，在锣鼓声中围着熊熊烈火唱歌、跳舞。

为什么彝族人要过火把节呢？传说很久以前，彝族有个叫朵阿惹恣的青年，他力大无比，天上的大力神硬要与朵阿惹恣比武，于是两人在一片广阔的山坡上展开了一场较量。朵阿惹恣与大力神在山坡上斗了整整三天三夜，终于战胜了大力神，把他摔倒在山坡上。大力神失败后，恼羞成怒，从香案里抓起了一把香灰，变了无数会飞的蝗虫，飞到地里祸害庄稼。英雄朵阿惹恣让人们找来松枝，扎成火把，点燃后将蝗虫统统烧死了。

朵阿惹恣与大力神比赛摔跤的日子是农历六月二十四，因此，每年这天，彝族人都要点燃火把举行摔跤、跳舞等娱乐活动，以此纪念英雄朵阿惹恣和庆祝丰收。

■ 白族人为什么要喝"三道茶"？

居住在我国云南省苍山脚下、洱海之滨的大理地区的白族人，喜欢喝"三道茶"。他们不光自己家人爱喝，更用它来招待客人。

"三道茶"是讲述一种煮茶和饮茶的方式。

第一道茶：把一只洗净的陶罐先架在炭火上烤热，然后取一把苍山上出产的上等绿茶放进罐内烤，边烤边翻动，直至茶叶微黄开始冒出香气，然后将事先煮开的沸水倒入，罐内立即冒出白色的泡沫和烟雾，待茶水澄清后倒出饮用。这道茶品起来苦而清香，沁人心脾。

第二道茶：将红糖、核桃仁片和乳扇（用奶酪风干后制成）加入第一道茶中，调匀后饮用，甜醇可口，带奶膻味。

第三道茶：在第二道茶里，再加入蜂蜜、花椒，香醇甜蜜又略带辣味，饮后令人回味无穷。

三道茶不但口味不同，饮后还能给人以人生启迪，使人对生活作哲理性的思考：第一道茶让你先尝尝生活中的苦滋味，但是苦中也有清香也有乐；第二道茶让你体会生活的苦尽甘来，让你欣然面对生活；第三道茶让你更深入地体会生活中的甜酸苦辣、人生百味，从而悟到生活的艰辛和人生的全部内涵。

傈僳族为什么要过刀杆节?

农历二月初八是傈僳族的传统节日,叫刀杆节。刀杆节在傈僳语中被称为"阿堂得",意思是爬刀杆。

刀杆节傍晚,刀杆场上锣声声,篝火熊熊。几个年轻小伙子赤着双脚,在火海中时而跳跃,时而翻滚前进,无数红亮的火星被溅起。还有的小伙子双手捧起火炭,蒙在脸上闪电般地擦"洗"一下,手中搓揉着浑圆的火球,毫不在意。

第二天早晨,"刀杆"就被绑在了草坪中央——20多米高的两根树杆并排竖着,中间用36把锋利的长刀做横档,刀口向上。在欢呼声中,闯过"火海"的大汉,穿着大红袍,戴着布帽,飞快地跑向刀杆,踩着刀刃,一个跟着一个地爬上去,两只手紧握着上层档上的锋刃,直到杆顶。

相传刀杆节出自明代。麓川土司勾结外寇,兵部尚书王骥奉命三征麓川,因为傈僳族将士英勇杀敌,叛乱终于平息了。王骥虽是汉人,却尽心尽力帮傈僳族兄弟建设边卡,改良耕地,保护森林,饲养牲畜,让傈僳族人民有吃有穿。为保卫疆土,王骥还从傈僳族男人中挑选壮汉,操练武艺,抵御外乱。就在这时,皇帝听信谗言,说王骥要造反,把王骥召回京城,并于二月初八用毒药把他害死。傈僳族兄弟为纪念王骥,把二月初八定为刀杆节,纪念他为傈僳族人民所做的一切。

东南沿海居民为什么要敬奉妈祖?

在中国东南沿海,妈祖是人们崇奉的护航女神。相传妈祖出生于公元960年,是福建省莆田县湄州岛的一个武将的女儿。因为出生时听不到她的啼哭声,所以取名叫林默娘。聪明善良的默娘跟着一位高僧学到了踏海不沉的法术,15岁的她就经常划着小船在海上巡回,为渔船引路,救护乡亲。

在她28岁那年,一天,她听说有艘深夜返港的渔船被暴风雨打翻了,于是,她立即去营救。渔民们都获救了,可是她自己因为过于劳累,上岸不久就死了。乡亲们为了纪念舍己救人的林默娘,为她塑像立庙,尊她为妈祖神。

后来出现了许多妈祖显灵救人的传说。有人说妈祖经常身披红衣,在海上巡游救难;有的说,

↗ 妈祖像

妈祖是中国东南沿海广受敬奉的女神。传说她能驱邪通灵,济世活人,且能预知天气变化,使渔民免遭台风袭击的危险。人们非常感激她,把她奉为神女。

遇上海难高呼妈祖,海面上便会有鸟或灯火出现指引方向。宋、元、明、清的历代皇帝还曾先后封她为夫人、天妃、天后。

现在,我国台湾岛上有300多座妈祖庙,规模最大的在云林县北港镇,也被称为朝天宫、圣庙。每到农历一至三月,来自全岛各地的进香团络绎不绝,人数多达数十万,尤其在三月廿三妈祖诞辰前后,香客最多。

为什么苗族人要过花山节?

每年正月初三的花山节是苗族人的传统节日。过节那天,在寨中的场坪上,先是几个青壮年男子举行爬花杆的比赛,然后是尽情地唱歌、跳舞,接着还举行赛马、耍刀、射箭等活动。寨民们边看比赛边饮酒,一直欢聚到深夜。姑娘小伙子们则大多趁机成双成对地找个僻静的地方谈情说爱……

美丽的花山节是怎样形成的呢?传说很久以前,在苗家人聚居的桃花山上,有个桃花寨,寨里有个勤劳、美丽的桃花姑娘。追求桃花姑娘的小伙子很多,可是姑娘偏偏爱上了寨里只会打猎、种地、吹芦笙的憨哥。但是在两人张

灯结彩举行婚礼的那天晚上,一群强盗将桃花姑娘抢走了。憨哥愤怒得像头狮子,发誓要找回自己心爱的姑娘。憨哥历尽千辛万苦,并按山神爷的指点,边打猎边制成了一件百鸟衣。大年三十的晚上,他来到一座山寨的街上,边吹着芦笛边向人乞讨。

桃花姑娘就是被这个寨子里的头人抢走的。为了讨姑娘的欢心,头人命家丁叫那个吹芦笙的叫花子去他家吹奏。憨哥看见头人身后愁眉苦脸的桃花姑娘,一切都明白了。吹着吹着,忽然他取弓搭箭,猛地向头人射去。在头人倒下的当儿,他上前救走了桃花姑娘。憨哥穿上百鸟衣,带着姑娘像轻快的鸟儿一样一阵风似的飞走了。

正是正月初三,憨哥带着桃花姑娘飞回了桃花寨,寨里的乡亲们摆出米酒庆贺。大家又唱又跳,表演了各种各样的娱乐节目。直到夜深以后,憨哥才带着桃花姑娘飞走了。为了纪念憨哥和桃花姑娘,每年正月初三就成了苗家的"花山节"。

■ 为什么蒙古族要过"那达慕"?

"那达慕"在蒙古语中是"游乐"的意思。"那达慕"大会是蒙古族传统的节日,大会在成吉思汗时期就已经出现了,它是从蒙古族的宗教祭神活动中演化而来的。到了明清时期,已经在蒙古族人中广为开展了。现在,蒙古族人一年中最盛大的节日就是"那达慕"大会了。

蒙古族人一向以放牧为生,他们随着牲畜的放牧而在草原上迁移。到了每年阴历的六七月份,牛羊正肥,牧民们也纷纷将蒙古包固定下来,宰牛杀羊,准备庆祝一年的丰收,然后度过一个较长的冬季。于是,就在牧民的集中居住区召开"那达慕"大会,举行他们最拿手的体育娱乐活动:赛马、射箭、摔跤、拔河、球类比赛,现在文化生活丰富了,还有歌舞、电影、演戏、棋类等各种活动。除了传统的体育、娱乐外,近年来集市贸易、农副产品展销等商业活动,也是不可少的。这给"那达慕"大会增添了新色彩。

■ 瑶族为什么有赶鸟节的传统?

相传很久以前,湖南江华瑶族聚居的山林十分茂密,林中繁衍了大量的鸟雀,有山雀、野鸡、斑鸠……这些鸟雀以田里的五谷为食,瑶民辛勤种植的玉米、稻子、高粱等作物很快就被鸟雀啄食得干干净净,瑶民年年有种无收,只能靠吃野菜生活。皇帝听说这种情况后,颁下圣旨:谁人治理鸟害,赏岭九架,免税九年。圣旨虽然传遍了九山九岭九十九寨,但谁也想不出好办法。这时,盘云寨有个叫细妹的瑶家姑娘想出一个好办法。细妹聪明伶俐,天生有一副好嗓子,她只要向着山林歌唱,鸟雀就羞得不敢开口,歌声住了,鸟雀们还为歌声所迷,久久在天空盘旋,不愿离去。二月初一那天,细妹带着一帮青年男女来到山林唱歌,一路唱一路引着鸟儿们来到了白头山,鸟儿被歌声迷醉,一醉就是半年,等到醒来飞回瑶山,地里的粮食已经收得干干净净。这一年,九山九岭九十九寨没遭鸟害,都得到了好收成。

听说鸟害被治理了,皇帝十分高兴,嘉奖下来,盘云寨的山主盘阿肚谎称是他家的画眉把瑶山的鸟雀引开了,骗取了皇帝的赏赐。第二年正月的最后一天,皇帝派使臣请盘阿肚赶鸟。盘阿肚带着笼中画

↗ 摔跤

眉进山赶鸟，任凭盘阿肚搅得笼中的画眉乱蹦乱跳，鸟儿们却丝毫不为所动。使臣十分恼怒，知道是盘阿肚搞鬼，于是砸烂了他的鸟笼，收回了皇帝的赏赐。

第二天，正是二月初一，在细妹的带领下，九十九寨的耕山人又唱起了赶鸟歌，这样瑶山又获得了丰收。使臣了解实情后，回京禀报皇帝，皇帝便高兴地把瑶山赐给了细妹。后来，为了纪念细妹赶鸟的功劳，江华的瑶家人就将农历二月初一定为赶鸟节。

以后，每逢二月初一这天，不论晴天下雨，方圆五六十里的瑶族青年都要聚集在白头山对歌。他们身着瑶族的节日盛装，头扎彩帕，脚穿绣花鞋袜。在白头山上的绿树丛中，到处都能见到对歌的瑶族青年，他们或两男两女，或四男四女，对坐在青草坪、岩头上，依偎在松树下，甜蜜地对唱情歌、山歌、猜字歌、谜子歌。从日出唱到月亮升起，渴了，喝一捧清泉；饿了，吃几个糍粑。鸟雀忘了归巢，唱歌人不想回寨，直唱到夜露湿透头帕，才男送女、女送男，走一程唱一程，依依不舍地告别。今天，赶鸟节已成了瑶族的"情人节"。

当山上的青年们忙着对歌、寻觅意中人时，老人们则在家中把连夜打好的糯米糍粑捏成铜钱大小，戳在竹枝上，插在神堂或堂屋门旁，任凭小孩与鸟雀取食。这种糍粑叫作"鸟仔粑"，说是鸟雀啄了糍粑，就会把嘴黏住，再不会糟蹋五谷了。晚上，瑶家人开始过寨串火塘，品尝各家的米酒和"鸟仔粑"。全寨子人祈求新的一年平安和顺，到秋天时能有个好收成。

圣诞节时小孩为什么要在门口挂长袜子？

传说，在俄国的一个村子里，有一对善良的夫妻，夫妻俩生了3个女儿。3个女儿都很美丽、温柔又善良。但是，没多长时间，她们的母亲身患重病，离开了人世。

转眼间3个女儿就到了该出嫁的年龄。然而，连吃饭穿衣都成问题，她们哪来的钱为自己准备嫁妆呢？她们的父亲为这事愁得每天晚上都睡不着觉。

圣诞节来临了，姑娘一家仍然是一贫如洗。她们没有钱买过节的东西，只好洗完衣服，将湿衣服挂在壁炉的烟筒边烘烤，自己上床去睡觉了。这时圣诞老人经过这里，十分同情姑娘们，就从烟筒里投下了许多金币。金币顺着壁炉的烟筒正好落在3个姑娘的3只长袜子里。第二天早晨她们起来看见3只袜子里满满的金币，高兴得跳起舞来。

姑娘们终于与自己所爱的人结婚了。她们在圣诞节的时候从长袜子里得到礼物的事情，也被传了出去。孩子们也期待着圣诞老人能送给他们一份礼物，就都在自家的门口挂只长袜子，而且愿望一般是不会落空的，他们常常会收到玩具、糖果、水果和贺卡等可爱的礼物——当然这是爱他们的人送来的。

为什么迪士尼乐园会成为孩子的天堂？

迪士尼乐园是一个适合全家人共同游玩的全方位的游乐园。美国著名的动画艺术家沃尔特·迪士尼在20世纪50年代创建了世界上第一个迪士尼乐园。

沃尔特·迪士尼创作的米老鼠、唐老鸭等动画形象获得了巨大的成功，这使他产生了建造一座游乐园的设想，五年后在洛杉矶的郊区第一座迪士尼乐园正式开放了。

↗ 快乐圣诞节

圣诞节前夕，小孩子们都把袜子挂在自家门口，希望得到圣诞老人的礼物。

这座游乐园面积有76万平方米，里面有50多个游乐中心，有60多台节目。它将现代科技同艺术、历史文化知识和惊险、趣味性有机地融为一体。节目不但有"儿童世界""幻想戏院""太空山""海底航行""雪山旅游""动物世界""热带雨林"，还有"古街道""林肯纪念馆""全景电影馆"，以及极其刺激的"海盗船""鬼屋"等等。游客可以乘老式敞篷火车穿越原始森林、山洞、峡谷、桥梁，观赏沿途各种真真假假的动物和景观。

进了迪士尼乐园，大人小孩都可以尽情地游玩，它吸引了越来越多的世界各国的游客。

为什么非洲人喜爱葫芦？

在非洲，人们的生活好像离不开葫芦。清晨，妇女们顶着葫芦去打水；傍晚，人们喝着装在葫芦里的鲜奶和酒围着篝火跳舞。而给舞伴奏的，仍然是一种用葫芦做成的乐器——人们叫它"多音葫芦"。人们在亲人分别、恋人定情结婚时，还是选用了葫芦作为礼品互相赠送。

是什么原因让非洲人这样喜爱葫芦呢？

传说很久以前，在非洲的一条小河边，住着一对姐妹。父母临终前叮嘱姐姐要照顾好妹妹，直到她找到一个满意的丈夫、成了家为止。因为他们知道，姐姐不但长得漂亮，人也精明，妹妹长得丑，而且太老实。但是，姐姐心眼不好，没有遵从父母的嘱托，妹妹在家只能吃剩饭、穿破衣，还经常挨打骂。一天，姐妹俩一起到小河边，看见水面上漂来一只金色的大葫芦。葫芦说："要发财，快上来！"姐姐听了，抢着跳上了大葫芦。结果葫芦一个翻身，姐姐就沉到水里了。妹妹一见急了，连忙想跳上大葫芦去救姐姐，结果她一踏上葫芦，那葫芦立刻就载着她飞快地顺流而下，将她带到了一处金矿。妹妹在那里采到了许多金子，终于过上了幸福的日子。

从此，在非洲，葫芦就成了美好、善良的象征，人们都特别喜欢它。

西方人为什么避用数字"13"？

西方人在生活中处处避开"13"这个数字，认为它凶险不祥。旅馆12楼上面便是14楼，宴会厅里14号桌紧挨着12号桌，扑克牌的每种花式有13张，但从11点起，就以J、Q、K代替，想方设法不使13这个数字出现，其中的原因来源于《圣经》故事。

相传耶稣在进食最后的晚餐时，跟门徒说他们中的一个人出卖了他。这时大家发觉第13人犹大脸色惊恐，原来是犹大为贪图钱财，使耶稣受难。人们因为憎恶犹大的原因，就把"13"看成不吉利的象征。

↗ 门徒们悲伤地抬着受难的耶稣

美国人为什么要过感恩节?

感恩节是北美庆贺丰收的民间节日。美国的感恩节定在每年11月的第四个星期四。

1600年以前,英国有一批清教徒与国教的想法不同,受到官吏的迫害,出逃到荷兰。但在那里他们同样受到教会的歧视。1620年9月,为了摆脱宗教与政治上的迫害,102名英国清教徒搭乘"五月花号"木船,于当年11月21日到了美国马萨诸塞州的普利茅斯。因为人地生疏,缺衣少食,再加上严寒和疾病,只有50个移民活了下来。他们在当地印第安人的帮助下,学会了打猎和种植,经过辛勤劳动,终于获得丰收。

这些移民为感谢上帝赐予的大丰收和增进同印第安人的友谊,于1621年秋天用火鸡、玉米、红薯、果品等制成佳肴美食,大摆筵席。当时应邀前来助兴的有90名印第安人,他们带着鹿和火鸡等礼品,一连欢庆了三天。白天设宴,举行体育活动,主要有摔跤、赛跑、射箭,夜晚燃起篝火,歌舞狂欢。如此年复一年,逐渐成了固定的节日。1795年美国第一任总统宣布感恩节被定为全国性节日。但直到1941年,美国国会才将节日日期确定下来。

每逢感恩节,美国全国放假三天,散居外地的人,都在这个时候赶回家团聚,还有成千上万的人前往普利茅斯游览。烤火鸡和南瓜馅饼是感恩节必备的传统食品。虽然现在饮食有了变化,但烤火鸡和南瓜馅饼仍是必备的。人们将火鸡肚内填满核桃仁、玉米渣、香肠、红莓、葡萄干等馅,让烤火鸡成了一道经久不衰的美食。

十字架为什么会成为基督教的标志?

基督教的标志是十字架。凡有基督教的地方,就必定有十字架。

十字架原来是古罗马帝国残酷的杀人工具。在拉丁文里十字架是叉子的意思。它的形状就像汉字的"十"字,由两根木料交叉而成。古罗马统治者就是用它来处死奴隶、革命者或没有公民权的外乡人。受刑者的双手被平伸钉在横木上,双脚并叠钉在直木的下端,然后木架会被竖起来,受刑者便活活地流尽鲜血,痛苦死去。因此,最初的十字架是血的凝聚、泪的控诉。

传说耶稣也是被钉死在十字架上的。耶稣死后,十字架就成了他所创立的犹太教拿撒勒派信徒们的信仰标志。这时的十字架,是为了纪念耶稣,也是对当时统治者无言的声讨。后来,十字架的象征意义发生了根本的变化,成了圣洁的信物、福音的象征,被教徒们称为"十字架的福音"。

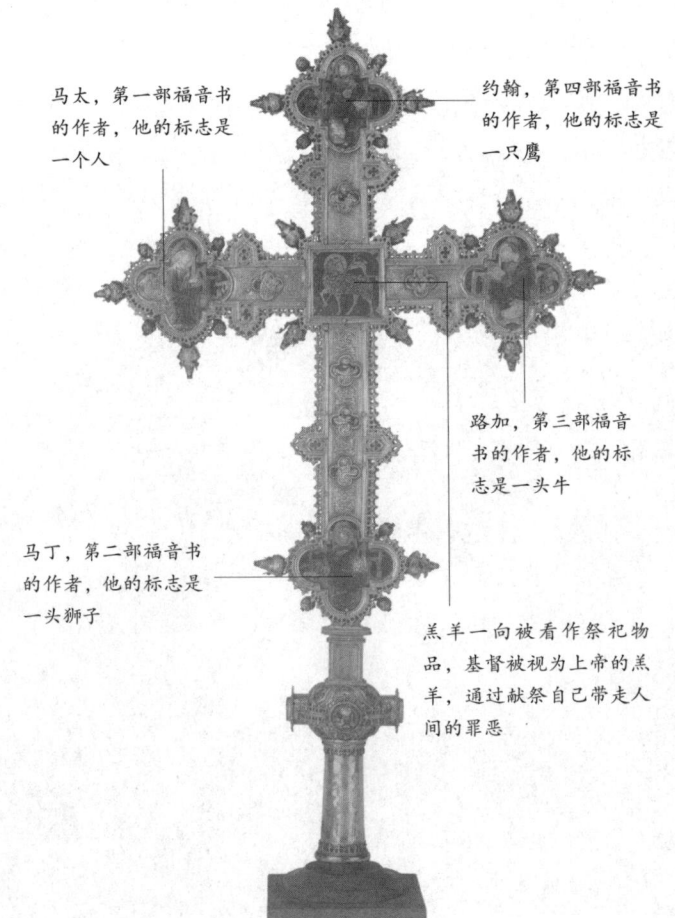

马太,第一部福音书的作者,他的标志是一个人

约翰,第四部福音书的作者,他的标志是一只鹰

路加,第三部福音书的作者,他的标志是一头牛

马丁,第二部福音书的作者,他的标志是一头狮子

羔羊一向被看作祭祀物品,基督被视为上帝的羔羊,通过献祭自己带走人间的罪恶

↗ 刻有圣经主题的十字架

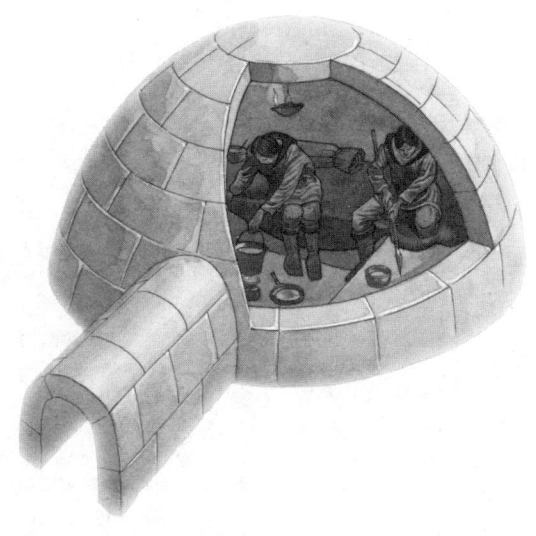

世界各地

亚洲的最高点和最低点在哪里？

亚洲拥有地球的最高峰——珠穆朗玛峰，也拥有陆地最低点——死海。事实上，十大高峰（海拔均在8000米以上）都位于喜马拉雅山，而且喜马拉雅山也是亚洲最大的山脉。亚洲还有广阔平坦的草原和一望无际的沙漠等等，而地球陆地的最低点便位于死海，其水面低于海平面400多米。

哪个大洲人口最为密集？

有7亿多人口生活在欧洲，而欧洲的面积仅仅略大于大洋洲，这就使其成为相对自身面积而言人口最为密集的大洲。人口最为密集的区域从英国的东南部起，斜穿法国北部并延伸进入荷兰，该区域每平方千米约有410人。而在北美洲的美国每平方千米仅有大约27人。

↗ 每逢夏季，地中海沙滩上便人满为患，此时大部分欧洲度假者都蜂拥至海边。

世界上最大的雨林在哪儿？

位于南美巴西、秘鲁和玻利维亚境内的亚马孙雨林占地600万平方千米以上，那里是1500多种鱼、22000多种植物以及数目巨大的昆虫、

↗ 蜘蛛猿只是亚马孙雨林中发现的众多哺乳动物中的一种。

鸟类、爬行动物和哺乳动物的家园。当地居民和科学家从亚马孙雨林中发现并使用的药用植物就多达2000种。雨林中还发现了黄金、钻石和橡胶等自然资源。

为什么说北美洲经历着最为严酷的气候？

北美洲有着最为恶劣的飓风和最厚的积雪，而且那里还是地球上夏天最炎热的地方之一。1998年的"米奇"飓风风速达290千米/小时，造成1.1万人丧生、9.3万多座建筑被摧毁。据记载，该洲最厚的降雪为11.5米，这是1911年在加利福尼亚州测得的数据；同时，位于加利福尼亚的死谷最高气温可达57℃。此外，每年平均有800场龙卷风横扫美国，例如堪萨斯州、密苏里州、艾奥瓦州和内布拉斯加州都会受到龙卷风袭击。

为什么印度通常被看作一个次大陆？

印度为一个次大陆（南亚次大陆）的主要组成部分，其人口约占世界总人口的1/5。南亚次大陆由印度（人口已超过10亿）、巴基斯坦、孟加拉国、不丹、斯里兰卡、尼泊尔以及马尔代夫

7国组成。印度有14种主要语言以及400多种其他语言和方言。在过去的5000年间,这片土地多次被入侵,由于移民在这里定居,形成了一种多元化的文化。印度孕育了世界上最为流行的宗教之一佛教。这里气候炎热,然而季风会带来强降雨,并且常常导致洪水泛滥。

什么是禅院?

禅院是一个简洁的户外空间,里面包含有天然物质、质朴的颜色和干净的线条设计,从而营造出一种宁静平和的氛围。禅宗是佛教的一个宗派,约从公元500年起在中国发展,约在公元1100年传入日本,对日本文化产生了深远影响,而且已经在西方国家得到广泛传播。

僧伽罗人居住在哪儿?

僧伽罗人居住在斯里兰卡这个印度次大陆南部的小岛上。斯里兰卡约有72%的人口为僧伽罗人,主要信仰佛教。斯里兰卡最大的少数民族为泰米尔族,其祖先来自南印度,而且大部分信仰

↗ 很多斯里兰卡人受雇于种植园从事采茶。茶是斯里兰卡主要的出口物资之一。

印度教。从1802年到1948年,斯里兰卡一直都是英国的殖民地,直到1972年都被称作锡兰。僧伽罗语和泰米尔语是该国两大官方语言,而茶叶是其最有利可图的出口产品之一。

亚洲为什么会拥有世界上几个最富有的国家?

亚洲的财富很大部分来源于以制造业为主的国家(例如日本、中国、韩国、马来西亚和印尼)和石油生产国(例如沙特阿拉伯、文莱和科威特)。以制造业为主的国家人口众多,其中很大部分人工资收入很低,因此亚洲的人均收入要低于欧洲和北美。以石油致富的国家人口较少,因而其人

均收入较高。世界上最富有的两个统治者当属沙特阿拉伯的国王和文莱的苏丹。中东的储油量占世界储油总量的65%以上。

紫禁城在哪里?

紫禁城是中国北京古老的皇室庭院。紫禁城呈方形,四周由护城河和城墙包围,中间有众多宫殿。这些宫殿曾是帝王的御用场所。

↗ 北京的故宫曾是帝王的私人庭院,对人民大众以及外国来客而言都很神秘。北京是中国的首都,也是一座有着悠久历史的古都。

谁生活在紫禁城内?

中国皇帝及其家庭。紫禁城可谓一座小型城市,它于1406年开始动工修建,皇帝和其家庭生活在皇宫内,任何外来人员都不得入内。北京故宫现在已作为博物院向公众开放。

唯一横跨欧亚两大洲的是哪座城市?

土耳其的伊斯坦布尔横跨欧亚两大洲。它地跨博斯普鲁斯海峡的两岸,而博斯普鲁斯海峡是欧亚两大洲的分界线。该城市位于欧洲部分的面积是亚洲部分的1.5倍。伊斯坦布尔曾名拜占庭(从公元330年起)和君士坦丁堡,而君士坦丁堡是东罗马帝国的首都。1453年被土耳其人占领后,这里便更名为伊斯坦布尔。

谁建立了新加坡?

新加坡于1819年由斯坦福德·拉斐尔先生建立。他将曾经的小渔港建成英国的贸易基地,随后这里发展兴盛并成为马来半岛南部一个小共和国。新加坡是一个重要的港口,现在也是繁忙的贸易中心。这里大部分人为华人和马来人。

非洲最大的城市在哪儿？

埃及的开罗是非洲最大的城市，人口达700万以上。非洲大陆上的其他著名城市包括阿尔及尔（阿尔及利亚）、拉各斯（尼日利亚）和约翰内斯堡（南非）等。与北非的其他城市相似，开罗市内建有伊斯兰清真寺、露天集市以及高耸的现代建筑。非洲全境的城市都在迅速扩张，这是因为人们大量离开乡村到城镇谋求工作的缘故。

非洲最宝贵的矿藏是什么？

黄金、钻石、煤、石油和天然气是非洲宝贵的矿藏，分布于非洲不同的地方。南非盛产黄金、钻石、煤和钴，阿尔及利亚、利比亚和尼日利亚出产石油和天然气，塞拉利昂也发现了钻石矿，而在赞比亚发现了储量丰富的铜。此外，非洲还出产铁矿石、锡、铝土和锰。

非洲最高峰是什么山峰？

乞力马扎罗山是坦桑尼亚境内的一座休眠火山，海拔5895米，是非洲最高峰。它虽紧邻赤道但山顶仍终年积雪。它的斯瓦希里语名为"乌呼噜"（Uhuru），意为"自由"。

非洲沙漠面积有多大？

这块炎热的大陆约有40%为沙漠。赤道横穿非洲中部，大部分地方终年炎热。非洲拥有巨大的河流和湖泊，然而其大部分地区都非常干燥，以致沙漠广布。撒哈拉沙漠是世界上最大的沙漠，它横穿北非。非洲西南部还有较小的纳米布沙漠和卡拉哈里沙漠。

马赛人居住在哪里？

马赛人生活在东非的肯尼亚，他们一贯以牧牛为生。马赛男人以仅持长矛即可捕猎狮子的技术而闻名。很多非洲国家拥有众多部落，仅肯尼亚一国就约有50个，其中包括基库尤人的部落，它是肯尼亚最大的部落。

什么是"雷声中的烟雾"？

维多利亚瀑布是非洲最负盛名的瀑布，它的非洲名为"mosi-oa-tunya"，意为"雷声中的烟雾"。"雷声中的烟雾"指赞比西河水奔涌至陡峭的岩

↗ 图中这段维多利亚瀑布名叫"魔鬼瀑布"。它的命名者是一位探险家，他游历了非洲很多地区，并在地图上标识出了该大陆不同的地方。

壁时飞溅而起的水雾，并因其隆隆声遥远处即可听到且似雷声而得名。该瀑布有108米高，1500米宽。

何为祖鲁族人？

祖鲁族人是生活在南非的一个民族。在19世纪初期，祖鲁族人是一个很小的部落，主要以牧牛为生。一个名叫夏卡的酋长曾带领一支强大的军队抵抗前来掠夺其土地的布尔人（荷兰殖民者）。1879年，祖鲁族人在祖鲁之战中败给英荷联军。今天，祖鲁族人都是南非共和国的公民。

↗ 来自南非的祖鲁族战士身穿传统的战袍，一手持短矛，一手拿牛皮盾。一组祖鲁族战士被称为一个"impi"。

非洲部分地区为什么闹饥荒？

饥荒由干旱或内战所致。受干旱影响严重的地区有时一两年都不降一滴雨。农民们依赖季节性降雨种植农作物，而降雨缺乏就意味着土地干旱、植被死亡，以致当地人粮食供给严重不足。内战也是导致饥荒的原因之一，因为内战打乱了耕作和贸易的规律，增大了某些地区闹饥荒的可能性。

非洲的野生动物园为什么如此重要？

游客们蜂拥而至野生动物园观赏种类繁多的野生动物，因而旅游业成为非洲国家的主要收入来源之一。狮子、长颈鹿、犀牛、大象、河马和羚羊等等都可以在横跨非洲的野生动物保护区内见到，保护区可使动物们免遭偷猎者的毒手——这些偷猎者会为了象牙射杀大象，为了犀牛角捕杀犀牛。过去人们常去非洲探险以捕捉"大猎物"，现在这些"大猎物"中很多都濒临灭绝，因而要在野生动物园中对其进行保护。

↗ 在南非、坦桑尼亚和肯尼亚野生动物园，游览的旅客会发现许多大型的猫科动物，例如图中的猎豹。

是哪位非洲黑人领袖为结束种族隔离制度而战？

纳尔逊·曼德拉，他为结束种族隔离制度而战，结果入狱 26 载。种族隔离制度是南非实行的一种社会制度，将黑种人和白种人隔离开来。1964 年，曼德拉作为 ANC（非洲国家议会）的一名高级成员而被判入狱。1990 年，南非总统德·克勒克释放了曼德拉。

廷巴克图在哪里？

廷巴克图是非洲国家马里境内撒哈拉沙漠南部一个古老的贸易城市。它的名字意为"布克图的地方"，据传说，一个名叫布克图的奴隶曾留在那里看守主人的货物。廷巴克图曾经富有而繁盛，是依靠骆驼运输黄金和盐横穿撒哈拉沙漠的商旅休息的驿站。

欧洲的边界在哪里？

欧洲三面环海（北部、西部和南部），东与亚洲接壤。欧亚两大洲之间有天然的陆地屏障为界，这便是俄罗斯境内的乌拉尔山脉和里海。欧洲和非洲大陆之间以直布罗陀海峡相隔，该海峡位于非洲的摩洛哥和欧洲的西班牙之间。

斯堪的纳维亚包括哪些国家？

斯堪的纳维亚是北欧一个地区，这个地区拥有共同的地理和历史。位于斯堪的那维亚地区的国家包括挪威、瑞典、丹麦、芬兰和冰岛，而冰岛是大西洋上的一个小岛。斯堪的纳维亚国家以其海湾地形（挪威）、湖泊（瑞典）、森林（芬兰）、繁忙的渔港（丹麦）以及炎热的春季（冰岛）而闻名。

欧洲最大的国家是哪国？

俄罗斯地域广阔，横跨欧亚两大洲。从严格意义上说，俄罗斯只有一部分属于欧洲。即便如此，俄罗斯仅位于欧洲部分的面积就达 470 万平方千米，有欧洲第二大国家乌克兰 7 倍之大。随后便是法国、西班牙和瑞典。

为什么说荷兰人曾在海洋里生活？

荷兰一词意为"低地国家"，该国地势非常低，因而修建了海堤或海渠以阻止海水淹没陆地，还将海水从受淹地区抽出，将碱性的沼泽地改造为

↗ 商人们修建了 100 多条运河，贯穿荷兰的阿姆斯特丹市。

肥沃的农田。这种改造过来的土地被称为开拓地。荷兰约有40%的土地是围海造田而来，其中有25%用于建造房屋和公路。将一片土地上的水抽干并使其适于耕作和建筑大约需要8年的时间。

不列颠群岛由几个国家组成？

不列颠群岛由两个独立的国家组成：英国和爱尔兰。英国由大不列颠岛（岛上有英格兰、苏格兰和威尔士）和北爱尔兰（爱尔兰岛的一部分）组成。

克里姆林宫在哪个城市？

克里姆林宫是俄罗斯首都莫斯科中世纪时的中心，那里曾经是沙皇的城堡。那里第一个木制堡垒始建于800年前，现在外围的城墙可追溯至15世纪初。克里姆林宫周围兴建了很多大教堂和宫殿。1917年，克里姆林宫成为前苏联政府的总部，该政府于1991年解体。

直布罗陀岩山在哪里？

直布罗陀岩山是一个岩石地界标，位于西班牙北部地中海和大西洋的汇合之处。约有3万人居住在直布罗陀，这里一直由阿拉伯人和柏柏尔人-摩尔人以及西班牙人控制，直到1713年，才根据条约归至英国的管制之下。西班牙想要回直布罗陀，但是当地人投票坚持归属英国。

↗ 直布罗陀岩山是一块426米高的巨大石灰石。直布罗陀曾经是重要的海军基地，现在已成为旅游胜地。

欧洲最小的国家为哪国？

梵蒂冈是欧洲同时也是世界上最小的独立国家，它是世界天主教中心。梵蒂冈城的居民仅有1400人，然而不仅有自己的警力，还有教皇的护卫军——瑞士卫兵，他们身穿传统的制服。梵蒂冈有自己的国歌、邮票、钱币、国旗以及广播电台。

为什么要创立欧盟？

欧盟是由众多欧洲国家自20世纪50年代起根据签订的一系列经济协议发展而来的，其缔造国包括法国、德国、意大利、荷兰、比利时和卢森堡。随后有很多国家加入欧盟，到目前为止，欧盟已有27个成员国，并拥有自己的议会。某些成员国还通用同一种货币（即欧元）。

欧洲的哪个城市曾经是罗马帝国的心脏？

意大利的罗马曾经是罗马帝国的心脏。2000多年前，罗马人占领了欧洲大部分地区，将其法律和文化强加于受其统治的人民身上，这对后来的欧洲历史产生了巨大的影响。某些古罗马建筑的遗迹，例如罗马圆形大剧场和万神殿今天仍然屹立在意大利的首都罗马。

↗ 罗马圆形大剧场曾是古罗马最大的竞技场，高49米，直径为157米，内部可容纳8万名观众。

北美最大的国家是哪国？

加拿大占地997万多平方千米，是北美最大的国家。美国仅次于加拿大，占地937万平方千米，然而加拿大的人口仅为美国总人口的11%。加拿大与其南部邻国美国共有6400千米长的国界线。落基山脉从加拿大向南部延伸近5000米，一直深入美国境内。

4位美国总统的石头雕像在哪里？

在美国南达科他州南部的布莱克山上，一位名叫加特森·鲍格勒姆的雕刻家在拉什莫尔山的花岗岩上雕刻了4位美国总统的头像。每个头像约有

18米高,在近100千米外仍可辨认。拉什莫尔山国家纪念碑的雕刻工作始于1927年,一直持续到20世纪60年代才竣工。

↗ 拉什莫尔山国家纪念碑上雕刻的4位总统分别为(从左到右)乔治·华盛顿、托马斯·杰斐逊、西奥多·罗斯福以及亚伯拉罕·林肯。

纪念谷在哪儿?

纪念谷位于美国西部犹他州和亚利桑那州的接壤处。在纪念谷可以看到美国某些最壮观的景象。千万年来,巨大的砂岩峭壁被风雨侵蚀,呈现出奇特的景观,这使纪念谷成为拍摄西部电影的理想场所。

↗ 红色的岩石从平坦的纪念谷拔地而起,达几百米之高。纪念谷位于犹他州和亚利桑那州的交界处。

尼亚加拉瀑布在哪儿?

尼亚加拉瀑布位于加拿大和美国交界的尼亚加拉河中段,高特岛将瀑布隔成两部分:位于加拿大一侧的马蹄瀑布和位于美国一侧的美国瀑布。马蹄瀑布宽792米,高51米;美国瀑布宽305米,高约54米。大部分(约85%)河水从马蹄瀑布倾泻而下。每年有数以百万计的游客前往瀑布参观,使这里成为一个旅游胜地。

阿兹特克人和玛雅人是何许人?

阿兹特克人是约公元1300年起生活在今天的墨西哥的一个土著民族,阿兹特克人建造了一个名叫特诺奇蒂特兰的城市,这里便是今天墨西哥城的所在地。1521年,西班牙人征服了阿兹特克人,并摧毁了他们的神殿。玛雅人是中美洲和墨西哥印第安人的一支,主要从事农耕,他们兴建了巨大的石头建筑和金字塔神殿,冶炼金和铜,使用一种象形文字,并创立了自己的历法。每一个玛雅王国都有一个完全由石头建造的首都。公元250年左右至公元900年,是玛雅文化的发展鼎盛时期,此后急速衰落,到1492年哥伦布发现美洲大陆之前,这个民族已经集体消失。

↗ 奇琴伊察是中美玛雅人一个古老的圣地,位于今墨西哥境内。玛雅人在自己的城市内建了许多阶梯状金字塔式的神殿。

巴拿马运河在哪儿?

巴拿马运河于1914年开通,为大西洋和太平洋之间的海运提供了一条捷径。巴拿马运河有81千米长,可使船只免去从南美南端绕行的麻烦并可缩短12000千米以上的行程。该运河横贯巴拿马地峡开凿,该地区当时丛林密布,气候炎热。

加勒比海因何得名?

当西班牙探险者于1492年从欧洲到达新大陆时,将发现众多岛屿的那片海称为"加勒比海",

而"加勒比"取自当地居民加勒比人。加勒比人是定居在我们今天称之为"西印度群岛"的众多岛屿以及南美大陆的土著人。在当初的几年之内，加勒比人不是死于战争、沦为奴隶就是感染欧洲人携带来的病毒而死。今天的加勒比人大多是非洲和欧洲人的后裔。

■ 格陵兰岛因何得名？

当斯堪的纳维亚人航海中初次见到该岛屿尤其是绿色的草地时大受鼓舞，于是定居下来，并称这里为 Green Land，意为绿色的土地。这也鼓舞了其他人追随而来在此定居。今天，大部分格陵兰岛都呈白色而非绿色，这是由于整个岛屿几乎都被冰雪覆盖的缘故。在夏天，也只有海岸边才有少量的绿色植被。

■ 谁是美洲最早的居民？

北美洲最早的居民为印第安人和因纽特人，其中因纽特人的祖先大概于最后一个冰河世纪前从亚洲来到这里。当欧洲人于16世纪入侵时，印第安人为了保卫家园曾进行了顽强的抵抗。今天的印第安人还不足北美总人口的1%。今天的北美人大多是非洲、亚洲和欧洲人的后裔。

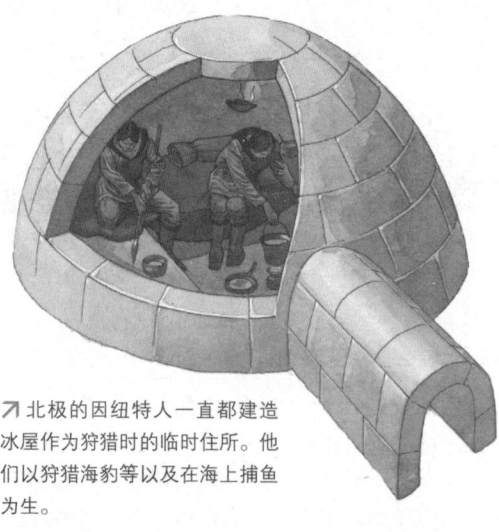

↗ 北极的因纽特人一直都建造冰屋作为狩猎时的临时住所。他们以狩猎海豹等以及在海上捕鱼为生。

■ 拉丁美洲指哪里？

"拉丁美洲"一词用以指墨西哥、中美洲和南美洲。这里大部分居民都说西班牙语或葡萄牙语，而这两种语言都由欧洲的拉丁语发展而来。自15世纪晚期起航海至美洲的殖民者或探险家带来了这两种语言并使之广泛传播，然而某些土著人的语言还是幸存了下来。现在很多拉丁美洲的习俗还投射出西班牙或葡萄牙的影响。例如，南美很多居民都信仰天主教——欧洲的传教士使当地人改信天主教，然而之前信仰的宗教的某些痕迹还存留在当地的习俗和仪式上。

■ 阿根廷最大的城市是哪个？

阿根廷最大的城市是其首都布宜诺斯艾利斯。该城市的人口达1000万以上，是个繁忙的港口。它始建于1536年，当时是拉普拉塔河的一个港口，在西班牙语中意为"顺风"。布宜诺斯艾利斯以其宽阔的街道和广阔的广场（例如五月广场）而闻名。在阿根廷，很多人从乡村搬到城镇（例如布宜诺斯艾利斯）居住以追求更多的就业机会和更高的工资待遇。

■ 人们为什么要游览马丘比丘？

南美洲最奇特的景观当数马丘比丘失落的城市，它于15世纪由印加人建造。16世纪，印加帝国被西班牙人占领，这座高居安第斯山上的梯形城市便成为印加人最后的避难所之一。那里有石屋、宫殿和军营，而在城市周围沿山坡开垦有梯田。这座城市后来被遗弃和遗忘，直到1911年才被美国考古学家再次发现。

↗ 马丘比丘遗址位于秘鲁库斯科市西北部2000多米高的山上。

↗ 基督救世主的巨大雕像正从科科瓦多火山顶峰鸟瞰里约热内卢。里约热内卢于1565年由葡萄牙人建立,已成为巴西第二大城市,拥有南美主要的一个海港。里约热内卢以音乐、海滩和活力四射的狂欢节而闻名。

在哪里可见到棒糖山?

棒糖山是一座可以远眺里约热内卢且形状怪异的山——里约热内卢是巴西仅次于圣保罗的第二大城市——因其形状像过去销售的一种圆锥形硬糖而得名。在科科瓦多火山——横跨瓜那巴拉湾的另一座巅峰——屹立着一座30米高的雕像"基督救世主",这座雕像在城市的大部分地区都可以看到。

大部分南美洲人生活在城市还是乡村?

约有75%的南美洲人生活在城市。很多城市拥挤不堪,例如巴西的圣保罗有世界上最差的贫民窟,然而,也有很多南美城市人口稀少。极少有人生活在高峻的安第斯山上或亚马孙热带雨林,即使政府鼓励定居也无济于事。

哪个国家是世界上最大的羊毛生产国?

澳大利亚是世界上最大的羊毛生产国。世界上1/4的羊毛都是从澳大利亚牧羊场的羊身上剪下来的。澳大利亚内陆面积广大、气候干燥,但牧草丰富,是放牧的理想场所。澳大利亚约有1.5亿只羊,有些牧羊场面积可达1.5万平方千米。出产羊毛最多的羊为美利奴羊,这个品种的羊原产于西班牙,能够在干旱的气候条件下生存。

南极洲的现状如何?

南极洲这块冰雪覆盖的大陆由于气候恶劣而荒无人烟。南极洲于1773年由库克船长首次发现,但是直到20世纪才由罗阿尔德·阿蒙森和罗伯特·斯科特首次到达南极。20世纪50年代,曾有一支大陆探险队横跨南极洲。今天,那里有众多科学家研究气候、地质和野生动植物。南极洲受国际条约的保护免遭开发,该条约主张该大陆只可为科学研究之用。

波利尼西亚在哪儿?

波利尼西亚是太平洋上的一片区域。太平洋上的岛屿多达3万个,其中3个主要岛群分别为西部的美拉尼西亚、北部的密克罗尼西亚以及东部的波利尼西亚。波利尼西亚的海域面积最广,其最东边的岛屿为复活节岛,该岛与新西兰相距6000千米以上。

↗ 复活节岛以公元900~1600年间雕刻的50吨重的石像而闻名。该石像雕刻的缘由还是一个谜。

什么是艾尔斯岩石?

艾尔斯岩石是澳大利亚北部领土上一个红色砂岩标志物。它约有2.4千米长、1.6千米宽,底部周长达8千米。该岩石从沙质平原上拔地而起,有335米高。土著居民认为该岩石有神性,因而在那里的洞穴内绘制了壁画。欧洲人于1872年首次见到该岩石。

"几维人"生活在哪儿？

新西兰人被昵称为"几维人"。一种名叫几维、无法飞翔的鸟是新西兰的民族象征之一，而"几维"一词也是一种对新西兰人的友好称呼。新西兰大约有6000万只羊、800万头牛，这使新西兰成为羊毛、肉类和很多奶制品的主要出口国之一。此外新西兰还是几维果（一种当地水果）的主要生产国。

习俗如何变化？

有些习俗和节日历史悠久，最初的用意有时已被遗忘。万圣节前夕是一个与冬季和黑暗开始有关的古老节日，中世纪的基督教信徒则使之成为一个宗教节日（11月1日），今天的美国和英国的基督教信徒仍在庆祝这个节日。然而今天，万圣节前夕也是年轻人装扮成鬼怪大玩"不请客就捣蛋"游戏的夜晚。

哪种语言使用人口最多？

标准汉语或称普通话是使用人口最多的语言。然而讲英语的国家最多，英语已传播至每一个大洲。语言会在讲述的过程中不断变化和丰富，新的词汇层出不穷。如果一种语言不再被使用，就会销声匿迹。拉丁语是古罗马人的语言，现已极少使用，然而人们仍在阅读和研究拉丁文写成的书籍。语言最初是从基本的音节缓慢发展而来的，语法、词汇和语音模式都随着语言的结构发生变化。

饮茶在哪儿是一种礼仪？

在日本，饮茶是一种重要礼仪，得严肃对待。这种礼仪被称为"茶道"，是一种有着严格规则的正式礼仪，通常会在特定的房间内进行。茶用特殊的器皿泡制而成，倒入碗中供每位客人饮用。

↗ 日本的茶道通常都在正式的场合下进行，例如宴请重要的外国宾客或者作为婚宴的一部分。人们此时要穿着最好的服装，而且在餐饮后通常会有演讲。

每个人都要保持镇定安静，意图就在于在简单平常的行为中发现优雅和深意。

为什么世界各地的习俗存在差异？

习俗因国家或文化而异。世界上某些地方，例如泰国，在主人家里盘腿被视为侮辱性行为。在巴西，向当地人用拇指和食指做"O"形手势是一种挑衅行为，而在很多地方，这表达的是满意的含义。

不同语言间有联系吗？

大部分语言都有归属的语系，但是也有特例，例如巴斯克语——该语言在西班牙北部地区使用。人们曾认为韩语与其他任何语言都没有联系，但是经常会有争论说它属于阿尔泰语系。英语是从"印欧"母系语言演化而来的，属于该语系的日耳曼语支，与英语属于同一语支的还有德语、荷兰语以及瑞典语。威尔士语属于凯尔特语支，而法语和西班牙属于诺曼语支。

世界奇迹

↗ 摩索拉斯陵墓。"摩索拉斯"一词的含义渐渐演化为"巨型陵墓"。

■ 摩索拉斯陵墓在哪里？

这是一座大理石陵墓，约于公元前353年修建于哈利卡那苏斯（位于今天的土耳其西南部）。它是专为波斯帝国一个省的统治者摩索拉斯修建的。这座美轮美奂的陵墓由来自希腊的建筑师和雕刻家共同完成，高高的陵墓顶上（离地面40多米）是摩索拉斯王驾驶战车的雕像。

■ 宙斯为什么被称为万神之神？

宙斯被尊为万神之神，古希腊人认为他生活在奥林匹斯山上。奥林匹斯山上雄伟的宙斯神像高12米（真人的6倍大小），由象牙和黄金雕刻而成。人们经常参观宙斯神庙，瞻仰宙斯神像。宙斯神像约于公元前435年由古希腊最伟大的雕刻家菲迪亚斯雕刻而成。

■ 哪座灯塔被称为奇迹？

位于埃及亚历山大市的法罗斯灯塔。这是一座修建在岛上的巨型塔楼，可作为灯塔指引船只进出港口。灯塔高122米，工人们保持灯塔顶上的火焰一直不熄灭，以照亮海面。它屹立在那里已约有1500年之久。

■ 哪个神被供奉在以弗所的神庙？

希腊女神阿耳特弥斯。在今日土耳其西海岸的以弗所城矗立着一所宏伟的大理石神庙，里面供奉着阿耳特弥斯。在希腊神话中她是万神之神宙斯的女儿，她不仅是分娩之神，还是狩猎女神。

↗ 空中花园想象图。当时人们可能从幼发拉底河上抽水灌溉空中花园梯形平台上种植的花草树木。

■ 空中花园为什么最具神秘色彩？

这座花园可能位于伊拉克的巴格达附近。花园建造400年后，有位牧师在作品中将它描述得好似金字形神塔，梯形平台上种有树木和其他植物。有个故事中讲到国王尼布甲尼撒二世因为爱妻思念多山家乡的一草一木，于是兴建了这座空中花园以博爱妻一笑。

■ 哪个奇迹被当作废品变卖？

屹立于爱琴海上罗得岛港口的一尊巨型铜像，它是太阳神赫利俄斯的雕像，约有27米高，被称为"罗得岛巨人雕像"。建造师使用石块和

↗ 宙斯神庙中的宙斯坐在黄金宝座上，佩戴着黄金饰物，十分高大传神。

世界奇迹

↗ 罗得岛人建了一尊巨型雕像以纪念他们于公元前3世纪初击退入侵者的胜利。

铁条支撑中空的雕像。公元7世纪初，即地震使巨人像倾倒800年后，雕像里的铁被当作废铁变卖了。

■ 为什么要修建大金字塔？

金字塔是作为埃及国王的陵墓而建的。埃及人认为人死后会在另一个世界继续生活，因此大金字塔内设有墓室，墓室内安放着国王的遗体，随葬的有国王在另一个世界可能会用到的各种物品。胡夫王的金字塔内密闭的墓室中满是金银珠宝。

■ 罗马人为什么认为修建金字塔纯属浪费钱财？

古罗马人为埃及金字塔的宏大而震撼，但他们认为这是家产万贯、奴隶无数的埃及国王无所事事的表现。罗马人一般将钱财花费在建造公路等有意义的工程上。

■ 共有多少座金字塔？

今天，在埃及的尼罗河畔可以见到35座金字塔遗迹，其中最著名的当属矗立在首都开罗市附近吉萨城的3座巨型金字塔。这3座金字塔是分别为埃及3位非常有权势的国王修建的。这3位国王分别为胡夫王、哈夫拉王以及门卡拉乌拉王。

■ 金字塔是如何修建的？

古埃及人没有机械，也没有铁制工具，因而他们只能利用铜凿子和铜锯切割巨型石头。大部分石头取自附近的采石场，但也有石头由船只沿着尼罗河运送而来。成群的工人沿着长长的由土和砖铺就的斜坡运石头，金字塔便是这样缓缓升高的。最终，在金字塔的外层再砌上白色的石头，这样金字塔在沙漠炙热阳光的照射下便闪闪发光了。

■ 只有埃及存在金字塔吗？

不是，在美洲也有金字塔。古代墨西哥和中美洲的人民修建了顶部有庙宇的阶梯形金字塔，墨西哥特奥蒂瓦坎古城的太阳金字塔的规模比埃及的大金字塔还要大。这座巨型金字塔已有1500多年的历史。古代南美的秘鲁人也修建过金字塔。

■ 什么是阶梯金字塔？

古埃及的第1座金字塔于公元前2650年为国王佐瑟修建，它被称为阶梯金字塔，因为它沿层层巨大的台阶逐渐增高。阶梯金字塔位于孟斐斯古城遗址上。后来的金字塔表面都砌上了石头，于是每个面都变得很光滑。不过今天金字塔的表面看起来已经被磨损和侵蚀得很粗糙了。

↗ 古埃及的阶梯金字塔看上去很像修建于美索不达米亚（即今天的伊拉克）的金字型神庙。金字塔下是由地道、走廊和房间构成的迷宫。

■ 希腊人为什么要修建庙宇？

但凡有希腊人定居的地方都会修建庙宇以供奉他们信仰的众神。每个神庙内都有一个特定的神像，人们来到神庙向神敬献礼物或祈求神的帮助。祭司们负责照看神庙内的神像。

庞贝古城为什么会在炙热的灰烬中消失？

一个名叫庞贝的古罗马港口，它位于火山脚下不远处。公元 79 年，维苏威火山突然爆发，炙热的岩浆夹杂着石块和灰烬如暴雨般降落到庞贝。岩浆和灰烬将古建筑保留了下来，所以今天你还能在庞贝古城遗址的街道上穿行。

卫城在哪里？

卫城位于希腊雅典一座山上坚实的平台上。"卫城"一词意为"高耸之城"。很多希腊古城都围绕卫城修建，卫城成了人们在国家遭入侵时的避难之所，而且最神圣的建筑大多都修建在卫城上。其他希腊城市有的也建有卫城，但以雅典的卫城最为著名。在卫城顶上，雅典人修建了宫殿和神庙，最著名的神庙——帕特农神庙的遗迹还依然屹立在那里。

哪根罗马圆柱讲述了一段历史？

屹立于罗马的图拉真纪念柱。它是一根高大的石头圆柱，于公元 113 年建起，以纪念罗马帝王图拉真征服达奇亚。圆柱内有螺旋形的楼梯，而外侧覆以雕刻的图画，讲述罗马军队是如何在图拉真的率领下攻占达奇亚（现在的罗马尼亚和匈牙利）的。

罗马人为什么要修建水道？

是为了让城镇得到淡水供应。罗马工程师设计修建了管道和拱形桥（拱形桥也称为架高的水道），将山间溪流的水引入城市。罗马最著名的水道当属加尔桥，约于 2000 年前建造于法国南部。它共有 3 层，最上面一层引水。

罗马圆形大剧场为什么得名？

罗德岛巨人雕像是世界七大奇迹之一，所以人们用其名字来命名任何巨大的事物（Colossus 一词意为巨像，衍生出了"类似于巨像的东西"的含义），所以罗马圆形大剧场被命名为

↗ 帕特农神庙坐落于卫城顶上。希腊人认为雅典娜女神正在此注视着雅典城。

colosseum。古罗马人将圆形大剧场挤得水泄不通，巨大的座席区分成80个部分，有梯子和隧道供角斗士和野兽进入角斗场。而大竞技场这个罗马战车的赛道比圆形大剧场还要大，可容纳5万人。

■ 古人为什么要建造圆形石阵？

可能是出于宗教的缘故。某些石阵可能被用做日历来标注季节的更替——古人认为可以在研究太阳和星星月亮活动的基础上用石头的位置确定日期。石阵也可以用做巨大的地图，人们为了重大的仪式会聚集在此。

■ 蛇丘在哪儿？

位于美国俄亥俄州的林地。它看似一条巨大的蛇在盘绕着，但实际上是一座土丘。这座闻名遐迩的蛇丘建造于2000多年前，另外还有成百上千类似的土丘。这些土丘是由北美的土著人堆砌而成的，很多土丘都是墓地，然而修建其他非坟墓的土丘的原因还是一个谜。位于美国伊利诺伊州的僧侣土丘高30米，占地面积达10个足球场那么大，而且所有的工程都是手工完成的。

■ 为什么史前巨石阵让人们着迷？

这是因为没有人能真正确定它是如何建造的。2000多年前，英国人不辞辛苦建造了一座圆形石阵，工程约从2800年前起分阶段在索尔兹伯里平原上动工。巨石阵的建造完全依赖人力，任务之艰巨绝对令人难以想象。石头是如此沉重（有些重达50吨），以至于拖动一块石头就可能需动用500个男劳力。相邻的石头上会横放一块石头或一根梁木。毋庸置疑，巨石阵是出于宗教庆典目的而建的，而且已经成为了古老仪式的一部分。史前巨石阵堪称英国最著名的纪念碑之一。

■ 哪个太平洋岛屿拥有最奇异的雕像？

在太平洋中部的复活节岛上矗立着600多座人形石像，大部分看似抬头凝视着远方。这些石像雕刻于公元900~1600年间。某些石像重达50吨，据传说这些石像的头部是由乘船从南美来此的"长耳族"人雕刻的。

■ 为什么万神殿顶部有个圆洞？

万神殿是古罗马最引人注目的建筑之一，是哈德良国王（公元117~138年）统治时期修建的一座神庙。万神殿是古代世界最大的圆形建筑，高180多米，直径达156米，由80个拱门支撑。顶部有一个圆形屋顶，直径达43米。圆形屋顶的顶部没有完全封闭而是留有一个圆洞，以便阳光和空气进入神殿。

↗ 万神殿是一个引人注目的工程壮举，其顶部的圆洞可透光透气。

■ 沙漠谜图在哪儿？

在南美的秘鲁。为何秘鲁的纳斯卡人要在沙漠中镂刻出长长的线条、几何图形以及动物和鸟类的轮廓目前还是一个谜。勾勒出的轮廓如此巨大，以至于只能从空中才能看清楚，然而它们是

↗ 古纳斯卡动物线条图中有蜘蛛和蜂鸟(上图)的形象。有些线条长达120多米。

↗ 爱德华一世的城堡中，例如图中的康威城堡，是那个时代的建筑奇迹。

许多世纪前的人们完成的，那时还没有热气球和飞行器。有一个理论认为，纳斯卡人于1500多年前镂刻出这些线条用以标记他们观测到的太阳和星星的运动轨迹。

■ 梅登城堡是什么人建的？

梅登城堡是铁器时代的英国人建造于小山丘上的一个堡垒。2000多年前，凯尔特人群居或以部落为单位生活在一起，为了保护自己以及饲养在农场的牲畜，他们在山顶上修筑了防御工事以巩固村庄的防守，有些段的城墙高达6米。多西特的麦顿（Mai Dun）（凯尔特语，意为"伟大的山丘"）或称梅登城堡是最大的山丘堡垒之一。公元43年，罗马人入侵英国后占领了梅登城堡。

■ 骑士城堡是骑士建的吗？

骑士城堡是十字军战士修建的一座雄伟的城堡。十字军东征期间（1096～1291年），双方都在修建城堡，而每一方都倾尽全力攻占敌方的城堡，于是城堡通常会几易其主。十字军建造的城堡中保存最为完好的当数骑士城堡，它三面城墙高耸，一面有护城河环绕。它有一个要塞，四周都是陡峭的岩壁，岩壁表面非常光滑，难以攀越。

■ 谁修建了英国最坚固的城堡？

诺曼底人和紧随其后的中世纪的英国国王。1066年诺曼底人征服英国之后，诺曼底的男爵建造了一座拥有护堤和外墙的坚固城堡——护堤是个土堆，在土堆的周围又建了外墙和围栏。后来，爱德华一世（1272～1307年任英国国王）占领了威尔士后，下令修建巨大的石头城堡以使威尔士人屈服于他的统治。15世纪初，大炮结束了城堡时代。

■ 哪座城堡坐落于火山之上？

苏格兰的爱丁堡。城堡所在的火山——人称"城堡岩石"，为死火山。公元前850年前，爱丁堡就有人居住。11世纪初，国王戴维一世在爱丁堡建立了法庭，爱丁堡这个城市由此开始发展。戴维还在城堡内修建了一个小礼拜堂，专用于缅怀自己的母亲玛格丽特。该礼拜堂是现在幸存的建筑中最为古老的。

■ 红堡在哪儿？

在印度的德里市，城堡因其砂岩垒砌的墙壁为红色而得名。砂岩墙壁有20多米高。红堡于1639年由印度的莫卧儿国王沙贾汉下令开始建造，城墙内建有国王沙贾汉的皇宫、花园、军营以及所有重要的政府建筑。

■ 津巴布韦城在哪儿？

在中非的津巴布韦。它周围建有防御工事，是非洲最让人难忘又最负盛名的古代遗迹之一。津巴布韦城的城墙为花岗岩堆砌而成。历史学家认为，该城堡于公元1000年后由修纳人建造，而津巴布韦一词在修纳语中意为"石头房子"。人们认为津巴布韦城的修建历时漫长——开始于1200年，结束于1450年。

■ 哪座宫殿是为将军修建的？

并非所有的宫殿都为国王或王后的宅第，英国的布伦海姆宫就是为马尔伯勒公爵所建。马尔伯勒是英国最著名的军人，安娜女王为犒赏马尔伯勒公爵战败法国人，下令为其建造了此宫殿。宫殿名取自他所打的胜仗之一——布伦海姆战役。后来，布伦海姆宫里诞生了另一位英国名人，那就是温斯顿·丘吉尔。

■ 白金汉宫的历史有多久？

来到白金汉宫，大部分游客都会参观宫殿的正面并拍照留念。白金汉宫的历史最早可追溯至1703年，后经多次扩建和翻修，因而它仍是一座相当新的宫殿。它最初为白金汉公爵的私宅，18世纪由国王乔治三世买下。自1837年起，它成为维多利亚女王在伦敦的宅第，自此，它一直是国王或王后在伦敦的住所。

↗ 尽管白金汉宫主要用于举办女王举行的很多正式社交活动，但它的部分区域已向参观者开放。

■ 冬宫在哪儿？

在俄国的圣·彼得堡。冬宫远在俄国北部靠近波罗的海的地方，于1754~1762年间作为皇族的冬季行宫而修建——城外另一座城堡则用做皇族的夏季行宫。俄国沙皇想使冬宫胜过西欧的任何一座皇族建筑，因此极尽奢华。

↗ 圣·彼得堡于1703年由沙皇彼得大帝建造，他想将这里作为俄国的新首都（代替莫斯科）。

冬宫现在已经成为一座艺术博物馆，名字叫作埃尔米塔什博物馆，那里拥有世界上最多的艺术珍藏——有近300万件艺术作品展出。

哪个皇帝下令修建有1300个房间的宫殿？

法国国王路易十四于17世纪初下令修建该宫殿。路易十四野心勃勃，他想超过所有的国王建造最大的宫殿。1661年，在巴黎郊外的凡尔赛他的新宫殿开始建造。他的宫庭必须大，因为其宫廷内有2万人之多。

谁是生活在白宫的第一任总统？

居住在白宫的第一任总统为约翰·亚当斯。位于华盛顿特区的白宫是世界上最著名的建筑之一，它是美国总统的住所。它最初于18世纪90年代建造，1814年被烧毁，并于同一年重建。多年来，不同总统都对白宫进行过改造。白宫共有132个房间，其中包括总统的办公室。

中国人为什么要修建万里长城？

中国的万里长城是为保卫中原、抵制入侵者而修建的。公元前200多年，中国皇帝秦始皇下令修建城墙以将边界上原有的城墙连接起来，将常来袭扰的邻近民族阻止在外。长城沿山脉、丘陵、高原以及沙漠的边缘绵延6400多千米。长城城墙高9米，城墙上建有望塔，供守卫巡逻。长城的某些段落现在已成为废墟，有的已经消失，然而它依然是世界上最伟大的奇观之一。

罗马最长的长城叫什么？

哈德良长城（因罗马皇帝哈德良而得名）。它东起泰恩河上的沃尔森德，横跨英国北部的山脉，西至索尔威湾的鲍尼斯。公元2世纪20年代，罗马传奇将士修建了此长城，用以控制罗马人统治的不列颠和北方的交通往来并阻止北方部落南下。该长城最初修建时有2～3米厚，117千米长。

双子塔在哪儿？

在马来西亚，它是该国的象征。美国是19世纪初第一个建造摩天大楼的国家，后来世界各国都在竞相修建高耸入云的摩天大楼。1996年，双子塔从吉隆坡拔地而起。该建筑高452米，是一座88层的办公楼。

比萨斜塔为什么出名？

12世纪50年代，意大利比萨市新建的钟楼在建造一半时就开始倾斜，因为塔下的土壤非常

↗ 万里长城是有史以来最长的建筑。

松软。到 14 世纪初竣工时，钟楼的倾斜已经非常严重，现代工程师正奋力抢救以确保钟楼不至坍塌。这座倾斜的钟楼高 56 米，是意大利最著名的旅游名胜之一。

世界最大的宗教建筑是哪座？

世界上最大的基督教堂为罗马的圣·彼得大教堂，然而印度教神庙吴哥窟在规模上则更胜一筹。吴哥窟于 12 世纪初由柬埔寨的高棉人修建，周遭有护城河环绕。整座建筑长 1500 米，宽 1400 米，中心有 5 座塔楼，其中最高的达 70 米。吴哥窟周围的护城河长 6 千米。这座印度教神庙于 15 世纪初被废弃。

哪座神庙内供有500尊佛像？

印度尼西亚爪哇岛上的婆罗浮屠佛教神殿。该神殿修建于 8 世纪初，约于 1000 年前被废弃，在 20 世纪初期又得到重建。它是在小山丘上开凿后用石头建造而成的。婆罗浮屠佛教神殿内供有 500 尊佛像和几千个其他雕像。神殿内的装饰风格显示出与波斯、巴比伦以及古希腊风格的渊源（自 1972 年起，神殿内的 80 万块石头全部被一扫而空）。

埃菲尔铁塔建造的目的是什么？

用以庆祝法国革命胜利 100 周年。最初古斯塔夫·埃菲尔宣布他计划在巴黎修建一座铁塔时得来的是人们的一阵哄笑，但是他做到了。埃菲尔铁塔的建造耗时 2 年，于 1889 年建成，它由 1.2 万个部分通过铆钉固定组合而成，高 300 多米，直到 1930 年之前，始终是世界上最高的建筑。

英国著名的教堂有哪些？

可能首先要数伦敦的圣保罗大教堂。雷恩·克里斯托佛爵士修建的圣保罗大教堂取代了毁于 1666 年大火的中世纪大教堂，与之媲美的还有威斯敏斯特教堂（11 世纪 40 年代由英国国王爱德华下令兴建）和约克大教堂（英国最大的中世纪大教堂）。很多人还会去参观坎特伯雷大教堂（可以追溯至 11 世纪 70 年代）和索尔兹伯里大教堂（拥有英国最高的尖顶，高达 123 米）。世界上最大的教堂（尽管不是最大的礼拜堂）为中世纪风格的圣约翰大教堂，它位于纽约市。

↗ 圣保罗大教堂在第二次世界大战（1939~1945年）中的大轰炸中幸存下来。

最后的印加人秘密生活在哪里？

在高高的安第斯山上的马丘比丘和其他要塞。西班牙人于 16 世纪初征服了印加，然而他们从未能占领印加的最后据点。城墙环绕的印加城马丘比丘位于秘鲁南部城市库斯科附近的群山

↗ 埃菲尔铁塔是一座很别致的建筑，今天，它仍然是法国最著名的标志性建筑之一。

↗ 西班牙人从未发现印加人的最后堡垒马丘比丘。今天,这里每年接待50万游客。

环抱之中,直到 1911 年美国冒险家海勒姆·宾厄姆首次发现,马丘比丘才得以为世人所知。"马丘比丘"在当地语言中意为"古老的山"。

■ 萨顿骺宝窟的地下埋葬着什么?

萨顿骺宝窟埋葬着 7 世纪统治英国东英吉利亚的国王。他是一位名叫雷德沃尔德的有权有势的国王,被安葬在 27 米长的木船上,该船位于一条深沟内。随他安葬的有衣物、武器和财宝,将他的"船舶之墓"填得满满的。1939 年,考古学家在萨顿挖掘后才发现这座船舶之墓。

■ 谁的历程被一座巨型拱门铭记?

一些美国先驱者。位于美国圣路易斯的大拱门是一座倒 U 形拱门,它屹立于密西西比河畔,用以纪念 19 世纪 40~70 年代成千上万名移民成群结队乘马车前往西部安家落户。

■ 谁安葬时有兵马俑随葬?

大约公元前 210 年去世的中国皇帝秦始皇。古代中国的统治者在死后仍想继续其人世间的生活,因此当秦始皇死后,他的坟墓内满是兵马俑。1974 年,巨型皇陵的一部分被打开后,考古学家惊奇地发现了兵马俑。

■ 哪位古埃及法老的坟墓中藏有赤金面具?

法老图坦卡蒙。他约于公元前 1347 年成为埃及法老,但在 18 岁时英年早逝,被安葬在国王谷。1922 年,英国考古学家霍华德·卡特发现了他的坟墓。坟墓内琳琅满目的财宝达 5000 多件,其中包括衣橱、项链、战车、刀剑、鸵鸟羽毛、模型船、玩具以及罐装的珍贵油类。

艺术娱乐

氏族部落为什么崇拜动物?

在远古时期,氏族部落是人们活动的基本组织形式。这个部落内部的所有人员,都是由同一个祖先传下来的,他们之间有着血缘关系。部落里的所有人员分工协作,有的组织打猎,有的负责采摘果实,并平均分配获得的食物。氏族部落的生产力十分低下,人们对自然环境的认识也非常有限,甚至还停留在愚昧无知的状态中。部落成员的宗族观念并不成熟,祖先的祖先究竟是从哪里来的,他们也无从得知,于是就有了各种各样的解释。他们最为相信的一种解释是,他们与自然界里的某种动物有着亲缘关系,一定是自然界中的某种动物孕育了他们的祖先。于是他们就用占卜等方式选择一种动物作为自己崇拜的对象,并且将这种动物的形象刺在身上,描在部落的旗帜上,作为本部落的象征和标志,也希望这种动物能保佑自己部族的繁衍和强大。

这种氏族部落对指定动物的崇拜就叫作图腾崇拜。最早统一我国中原各部族的黄帝部落以熊为图腾,称为有熊氏。黄帝曾统率过以罴、貔、貅、貙、虎为图腾的其他5个部落与炎帝作战。

为什么龙是中华民族的象征?

5000多年以前,我们的祖先还处于氏族社会阶段。那时各部落作为图腾来崇拜的都是凶猛的动物。夏是中原地区一个较大的部落,蛇是它的崇拜对象。后来,许多部落都慑于夏的威力,被迫屈服了。于是夏将其他部落的图腾也吸收过来,这样夏部落的蛇就长出了角、鬃、爪子和脚,经过历史的演变,就逐渐变成了我们现在看到的龙的样子。

在数千年的中国古代社会的发展历程中,龙的形象不断为人们所肯定和完善。皇帝作为世俗社会的最高统治者,也希望能借助"龙"来巩固统治,因此号称"真龙天子";老百姓将龙作为自己民族的象征,盼望它能呼风唤雨,给大家带来风调雨顺的年景和幸福生活。随着时间的推移,龙在中国人的心目中,成了权力的象征,成了炎黄子孙自尊、自强、自信、自豪的象征,成了中华民族信仰和凝聚力的象征。

为什么说"六艺"是古代教育的一次改革?

西周灭了商朝之后,继承了商朝的教育体制,又结合新的时代环境,建立起政教合一的官学教育体系,形成了比较先进的"六艺"教育。

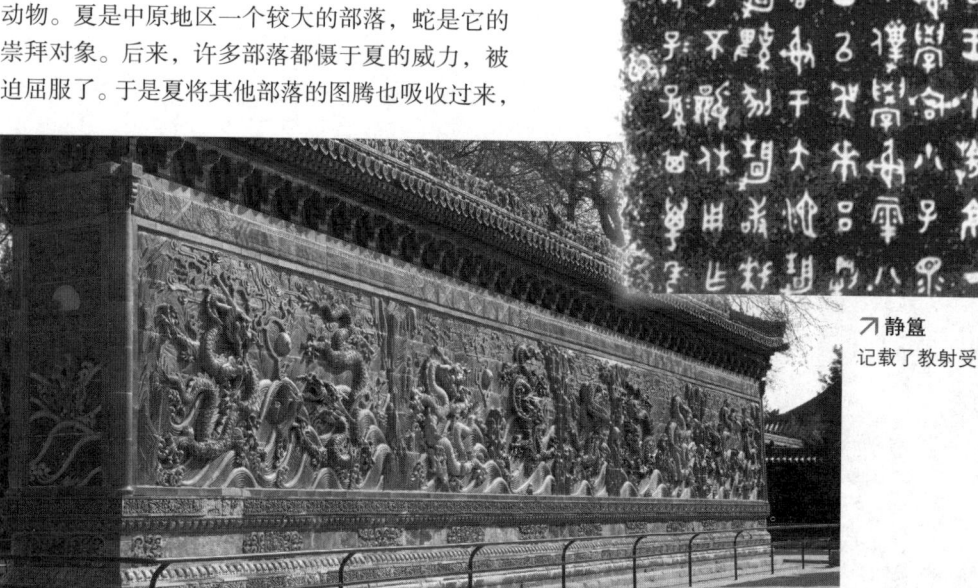

↗ 静簋
记载了教射受赏之事。

↗ 北海九龙壁

西周官学分为国学和乡学。国学专为贵族子弟设立，内容是以礼、乐为中心，以射、御、书、数为辅的六艺教育。礼教是有关政治、宗教、法律、伦理道德、规范礼仪等知识的教育，在六艺教育中占有核心地位。乐教主要学习宗教祭祀方面的音乐舞蹈知识，核心是张扬等级观念。射御是一种综合性的教育，包括道德情操、内心志向和技艺的培养。书数是有关读写算的知识教育。六艺教育的特点是学在官府、官师合一。春秋战国末期，周王室渐衰，私人学堂逐渐兴起、官学没落，中国古代教育的一次重大改革正在来临。

四大类乐器分别是什么？

乐器主要分管乐器、弦乐器、打击乐器和铜管乐器。管乐器和铜管乐器通过孔向空管内吹气演奏；弦乐器则在空盒上绷紧几根弦，演奏者用琴弓或琴拨拨动琴弦；打击乐器例如鼓和铙钹都是用槌、木棍或手敲打出声的。

最伟大的作曲家是谁？

就谁是历史上最伟大的作曲家，人们还没有达成共识。很多音乐爱好者将莫扎特（1756～1791年）、贝多芬（1770～1827年）和巴赫（1685～1750年）列入他们的最爱。这些音乐天才著名的作品包括巴赫的《勃兰登堡协奏曲》、贝多芬的《欢乐颂》和《第五交响曲》以及莫扎特的《小夜曲》。

为什么莫扎特被誉为"音乐神童"？

奥地利作曲家莫扎特（1756～1791年），出生在一个音乐世家，父亲是一位经验丰富的小提琴演奏家。莫扎特3岁开始学习钢琴，4岁就能记谱，5岁便开始作曲，6岁和姐姐一起跟随父亲到欧洲旅行演出，轰动了欧洲，被誉为"音乐神童"。

这位早熟的天才，在受到王公贵族的种种厚爱和赞赏的同时，也饱尝了贵族社会对他人格的蔑视和侮辱，身心一次次遭受着沉重的打击。后来，莫扎特终于辞去宫廷乐师的职位，不再任人摆布，勇敢地成为奥地利第一位不依附权势的自由作曲家。

莫扎特只活了35岁，却留给世人近50部交响曲、22部歌剧和各种形式的协奏曲50部，还有许多的室内乐、独唱、合唱作品，莫扎特在世界文化史上留下了光辉的一页。

为什么帕尔曼会成为小提琴王子？

1964年，19岁的伊扎克·帕尔曼，在世界著名的爱德加·列文垂特国际小提琴比赛上，以其精湛的演奏技艺获得最高奖，被誉为"小提琴王子"。

事实上，这位王子并没有"白马王子"那样幸运的生活经历。1945年出生在以色列特拉维夫的帕尔曼，4岁时因患小儿麻痹症而丧失独立行走的能力，成为终身残疾。然而帕尔曼并未屈服于命运，他以顽强的毅力学习小提琴，终于脱颖而出。

帕尔曼拖着残疾之身，在世界各地举办100多场音乐会。怪不得有人发出这样的感慨：除了演奏小提琴时所必须具备的斗牛士一样的坚强神经、和尚修行时的集中注意力外，帕尔曼还有像马戏团的小丑一样的乐观、开朗的性格。

如今的帕尔曼已跻身于当代十大小提琴家之列。他曾自信地说："我的'麻痹症'仅仅是在腿上。"

肖邦为什么要求把心脏送回祖国？

肖邦（1810～1849年）是波兰最伟大的作曲家、钢琴家。在20岁时肖邦来到法国巴黎。在

巴赫　　　　　莫扎特

贝多芬

↗ 以上3位伟大的作曲家都同时为小型音乐团体和大型管弦乐队作曲。

↗ 肖邦像

此期间，他在钢琴演奏和音乐创作方面都取得了惊人的成就。在巴黎的岁月，正是肖邦的祖国波兰饱受沙皇俄国摧残的年代。作为对这一时期生活的反映，肖邦此时的很多作品都体现了他对被侵占的故国家园的怀念之情，表现出他渴望民族独立和忧国忧民的博大胸怀。乡愁国恨，时常在他的作品里流露出来。所以肖邦后来严词拒绝沙俄授予他"俄国皇帝陛下首席钢琴家"的职位，表现出一个爱国艺术家的高尚人格和民族气节。1849年，肖邦在巴黎病逝。临终前，他再三交代亲人将他的心脏送回祖国，以安慰他那颗漂泊的赤子之心。

肖邦的音乐具有鲜明的个性和独树一帜的浪漫抒情风格，旋律激昂雄壮、气势磅礴，和声色彩丰富，他被称为"浪漫主义的钢琴诗人"。

■ 是谁写下了最长的歌剧？

最长的5部歌剧（每部歌剧都持续5个小时以上）都是由20世纪的德国作曲家理查德·瓦格纳写成的，瓦格纳最长的歌剧为《上帝的曙光》。歌剧是戏剧的一种，演员以歌唱的形式表演，与情节、对白或场景相比，音乐发挥着更为重要的作用。歌剧约于1600年在意大利首次上演。

■ 一个管弦乐队最多由多少件乐器构成？

现代管弦乐队约有100名成员共同演奏。管弦乐队分为4大部分：木管乐器（竖笛、长笛、双簧管和低音管）、铜管乐器（大号和小号）、打击乐器（鼓、铙钹和铃）以及弦乐器（小提琴、中提琴、大提琴和低音提琴）。

历史上最大的管弦乐队共有987件乐器，于1872年在美国的波士顿演出。

■ 谁是第一批走红的摇滚明星？

第一位摇滚巨星是埃尔维斯·亚伦，他有94首金曲和40张金唱片；20世纪60年代，披头士（甲壳虫）乐队开始了他们的音乐生涯，成为历史上最受欢迎的组合；第一个唱片销量突破百万的独唱歌手为歌剧演唱家恩里科·卡鲁索。直到20世纪初，流行音乐还只在现场演唱或演奏时才能听到，但录音可追溯至19世纪80年代，它改变了人们倾听音乐的方式。是广播和录音产业共同缔造了"流行产业"，使它于20世纪40年代随着第一张流行音乐唱片的产生正式起步。

■ 雕塑家的工作是什么？

雕塑家是制作雕塑作品的艺术家，他们在木头、石头或金属上创作。雕塑中最常用的两个技巧便是雕刻和铸造，现代雕塑家还可以通过拼凑废料、塑料甚至纸张创作出艺术品。印第安人在美国南达科他州雷暴云砧山的岩石上雕刻的名为"疯马"的雕像完工时应有172米高——该雕像20多年前就开工，至今还未完成。

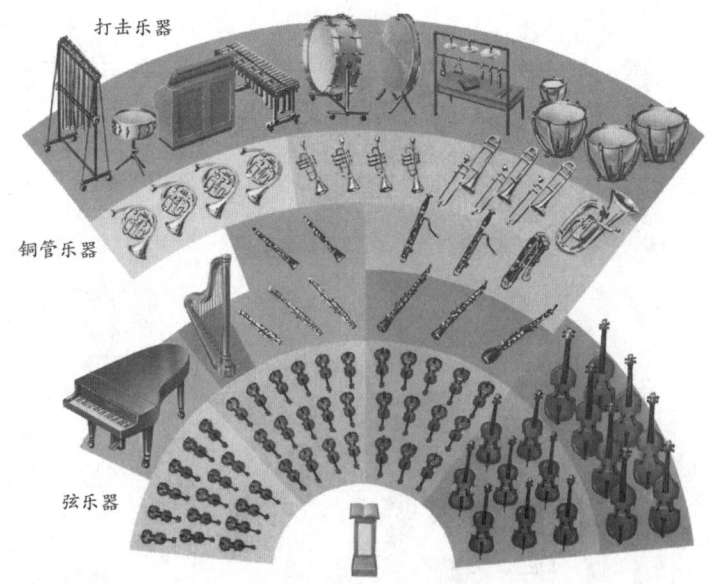

↗ 交响乐管弦乐队的乐器在指挥面前呈弧形分组排列——弦乐器位于最前方，随后为管乐器，最后是打击乐器。

■ 最早的画家使用哪种颜料？

12000 多年前，石洞壁画的画家使用的颜料是用日常材料——例如有色土壤、黏土、动物脂肪、烧火后留下的煤灰木炭以及植物的根部——制成的，他们描绘捕捉到的猎物，例如野生山羊、牛和鹿。这些画家并非使用画笔而是用手指作画，有时还会特意留下手掌的印记作为签名。

■ 达·芬奇为什么要画鸡蛋？

达·芬奇 14 岁时跟委罗基俄学画，可他既不教达·芬奇画画的技法和理论，也不让他临摹名画，只让他照着一个鸡蛋画。开始时，达·芬奇还觉得很新奇，就仔细观察这个鸡蛋，认真地将它画了下来。委罗基俄也帮他认真地修改，纠正画得不对的地方。第二天，达·芬奇的老师又拿了一个鸡蛋让他画。他觉得有点乏味，但又不敢违背老师的意见，还是比较认真地画了下来。可接下来，一连两个星期，达·芬奇每天的任务就是换一个鸡蛋画。达·芬奇实在不耐烦了，心想：整天画这么个圆东西，有什么意思呢？他就越画越草率，画到后来，一个鸡蛋就变成了一个圆圈圈。委罗基俄把达·芬奇叫去，语重心长地对他说："孩子，做任何事情都要先练习细致和耐心。你别小看几个鸡蛋，细心观察的话，每个鸡蛋的大小、形态都是不同的。画画的基本功就是要仔细观察人和事物的特点和差异。"

老师的话让达·芬奇大受震动。从这以后，达·芬奇就耐下心来学习画画，后来终于成为闻名于世的画家和雕塑家。

■ 毕加索是何许人？

毕加索是 20 世纪最成功的画家之一，他于 1881 年出生于西班牙，于 1973 年去世。起初，他以传统和现实主义的风格绘画，后来改以破碎的几何图形绘画——这种绘画风格称为立体主义。他很著名的一部作品名叫《格尔尼卡》，描绘的是 20 世纪 30 年代在西班牙内战中受苦受难的人民。

■ 什么是壁画？

壁画即绘制在墙壁上的画。在古埃及，众多艺术大师合力绘制大型壁画。不同的材料用以调配出不同的颜色，如炭生黑色，赭石生红色和黄色，蓝铜矿和孔雀石生绿色和蓝色。中世纪和文艺复兴时期，壁画是欧洲最受欢迎的装饰形式，壁画艺术家在潮湿的石膏上作画，因而他们的动作必须麻利。他们先画个草图，依照草图在石膏上勾勒出轮廓，然后用画笔着色，随着石膏干燥变硬，颜色也就附着在墙壁上了。

↗ 达·芬奇的名画《蒙娜丽莎》
这幅画成画于1503～1506年间，达·芬奇描绘了一个奇异的女子，她身着华丽的服饰，梳着时髦的贵族发型，有着丰满的体态，绯红的双颊和一双令世人称赞不已的手，她的表情端庄又逸着性感，高贵又不失妩媚，其微笑最令人费解，被后人称为神秘的微笑。

↗ 如图中这样的壁画是从埃及国王和王后的坟墓中发现的。这幅壁画描述的是尼罗河畔的狩猎场景。

什么是制陶业？

制陶业是使用黏土制作精美陶器的艺术。制陶工人制作日常器皿（例如大口杯和盘子）的历史已有 5000 多年，陶器的代表作品有陶瓷碗、希腊和中国产花瓶以及赤土头像和全身像。最精美的瓷器约于 1300 年前首先由中国制作出来。

为什么把唐代上釉的陶器称作"唐三彩"？

唐三彩是一种上了釉的陶器，是中国特有的一种工艺品。所谓三彩并不限于三种颜色，而以青、绿、黄三色为主的制品最为珍贵。因为它盛行于唐代，所以又称唐三彩。

唐三彩在古代是死者的殉葬品。据考古发现，日常用品、动物、人物俑等都是常见的三彩制品。陕西西安曾出土 3 件三彩骆驼载乐俑，是现今发现的唐三彩中的精品。观看这一彩俑，只见骆驼昂首嘶鸣，一方彩色毛毯披挂在双峰之间，驼背上坐着 4 位高鼻深目、满脸胡须的外国人，各持乐器仿佛在尽情演奏。这件取材于"丝绸之路"盛况的作品，从一个侧面反映了唐代对外交往的活跃。骆驼、少数民族乐俑，使唐三彩具有浓郁的西域风情。

↗ 唐三彩骆驼载乐俑

什么是维多利亚风格？

维多利亚女王于 1837～1901 年在位，因此维多利亚时代的人生活在新工业革命时期。维多利亚时代的人率先拥有了工厂生产的窗帘、椅子、

↗ 维多利亚时期起居室的设计是供人们静坐、阅读和消遣的场所。

地毯和家用小器具，因而他们的居家风格让现代人看来眼花缭乱。他们喜欢陈放很多绘画和装饰物，房间内满是桌椅、灯具、书柜和书架，其服装看起来较厚重，多采用暗色系。

时装产业始于何时？

20 世纪由工厂生产的服装开始销售后，穷人可以购买到时尚服装的廉价仿制品，在这之前，有钱人总是会购买雅致的服装，引领时尚以让他人追潮。到了 20 世纪，可可·香奈儿和克里斯蒂安·迪奥创立了时尚"作坊"，设计独一无二的服饰。到 20 世纪六七十年代，时装风行一时。今天的设计师和超级模特都可以与流行歌星和电影明星一样为大众熟悉。

↗ 20 世纪，贵妇所穿的服装会被新开的时装作坊仿制，然后廉价销售给普通百姓。

■ 谁最先使用了家具?

最先使用家具的可能是古埃及人——我们是从他们在坟墓中放置桌椅板凳而得知的。1754年,托马斯·齐本德尔在英国编制了第一本家具目录《绅士和家具设计指南》,目录中含有他销售的家具的图画,于是18世纪晚期大量设计的家具都被称为"齐本德尔式"家具。但其实"齐本德尔"一词只是用来描述一种风格,大多数情况下与齐本德尔本人毫不相关。

■ 第一批摩天大楼建于何处?

1871年的大火摧毁了美国城市芝加哥的很多主要建筑,大火后在这里建造了第一批摩天大楼。第一座摩天大楼是10层高的家庭保险大楼。使摩天大楼成为可能的技术支持包括钢筋的使用和电梯的发明——使用钢筋可以从内部支撑高楼大厦,而电梯的发明意味着人们无需爬楼梯就可以到达顶楼。

↗ 很多摩天大楼,例如中国香港的摩天大楼,有的有200多层。人们还在不停地计划建设更高的摩天大楼。

■ 世界上给人印象最深刻的是何建筑?

很多人都会提议说是印度的泰姬陵。印度的莫卧尔国王沙贾汉为了纪念1629年因难产而死的爱妻,想为她修建设计最精美的陵墓,于是2万多名劳工和艺术家耗时20年共同完成了泰姬陵的建设。这个圆顶建筑是用白色大理石建成的,坐落在砂岩平台上。

■ 世界上最著名的歌剧院在哪儿?

澳大利亚的悉尼歌剧院自从1973年首次营业后就成为悉尼港口内世界知名的标志性建筑物。歌剧院是剧院的一种,专用于歌剧演出,而悉尼歌剧院也有其他用途,例如艺术表演等。它设计独特,屋顶的形状看似一艘大船正要从水上扬帆起航。该建筑由丹麦建筑师约翰·伍重设计。

■ 为什么说自由女神像是美国的象征?

在纽约港口伯德罗埃岛上,矗立着一尊面对大西洋的女神像,女神右手拿着象征自由的火炬,左手拿着象征《美国独立宣言》的书板,因而被称为自由女神,成为美国的象征。

铜像是法国雕刻艺术家巴托尔第的作品。1876年,美国独立100周年时由法国政府赠送给美国。

1885年6月,分装成210箱的自由女神像,在美国军舰护航下由法国的一艘轮船运到纽约港,一年多以后铜像安装完毕,当时的美国总统克利夫兰参加了揭幕典礼。等到最后装好日夜不灭的照明系统,则已在30年以后。1916年12月2日,灯钮由当时的美国总统威尔逊打开,从此壮丽的自由女神像在纽约港口永放光芒。

■ 为什么罗马的城徽是狼?

作为凶残象征的狼为什么会成为罗马这座文明城市的城徽呢?这其中有一个神奇的传说。

公元前8世纪时,特洛伊城失陷,特洛伊王子埃内亚逃到意大利,他的后代侬多米尔被弟弟阿穆留斯篡夺了王位并被赶出城邦,儿子被杀死,女儿西尔维亚被逼充当女祭司。西尔维亚却偷偷地和战神玛尔斯结婚,生了一对孪生子。阿穆留斯得知这事后,便杀死西尔维亚,并将孩子装进箩筐里,扔进台伯河。

箩筐被搁浅在浅滩上,婴儿的啼哭声引来了一只母狼,将他们衔回山洞,以自己的乳汁精心喂养。后来这对婴儿被一位牧羊人发现并带回家去,起名叫罗慕洛和勒莫斯。兄弟俩长大后,练成一身高强武艺,杀死了阿穆留斯,把王位交还给外公侬多米尔。他俩还到自己获救的台伯河边建立了一座新城,以罗慕洛命名,即现在的罗马。

以后人们为了表达对古罗马历史的深厚感情,用青铜雕塑了一尊狼像,又做了两个吮吸奶水的婴儿雕像放在母狼的腹下,这个具有纪念意义的雕刻,就成为罗马的象征。

为什么称戏曲演员为"梨园弟子"？

唐明皇李隆基精通音律，喜欢欣赏歌舞，他在皇宫里养了大批乐工和戏曲演员。有时唐明皇自己也登台与演员们一同演出。有一次，唐明皇与演员们排戏排得兴趣正浓，丞相来请他回去批阅一批紧急文书。唐明皇无奈，只得跟丞相回去。丞相取出文书，唐明皇提起朱笔就批，批完就又匆匆忙忙地赶去排戏。

过了几天，丞相赶到唐明皇排戏的地方，说："陛下，不好了，上次批的文书出了大错。"

原来，唐明皇匆忙之中，将应该批到天竺（印度）国的文书批到琉球国去了。这样的错误，实在是有伤天朝的威严，唐明皇拉不下面子，便将责任全推到了戏班子身上，气急败坏地下令：从今以后，将戏班子的人员全部统统赶出京城！

丞相最了解皇帝的脾性，因此没有将戏班子逐出京城，而只是将他们秘密地迁到了御花园的一处梨园里。到了第二年春天，唐明皇果然又嚷嚷着要看戏。丞相就将皇帝请到了梨园里。此时，梨园里梨花盛开，芳香四溢。唐明皇边看戏边欣赏梨花，一下子兴致大发，命小太监取来笔墨，提笔写下了"梨园弟子"四个字。从此，"梨园弟子"便成了戏曲演员的代称。

为什么龙套是戏曲舞台上不可缺少的角色？

在戏曲演出中，皇帝要有太监伴驾登殿，官吏要有衙役跟随升堂，将帅出征有校尉护卫，寨主坐寨有喽啰呼拥……而扮演太监、宫女、衙役、校尉、士卒、喽啰等的演员之所以被称为龙套，就因为他们都穿着圆领对襟大袖的龙套衣。龙套是戏曲中的一种角色行当，也是我国戏曲艺术的一大特征。

在表演中国戏曲时，时间的变化、场地的更换，都通过人物活动来表现，在台上则采用以少胜多和虚拟化的表现手法。一般以4人为一堂龙套，一二堂龙套即可代表千军万马，烘托声势。在台上跑一二个圆场，就算行程千百里，所以俗语说："三五步行遍天下，七八人百万雄兵。"戏曲舞台上常用的这种简洁而独特的表演手法，表现来去、出入、行路、追逐、站班、摆驾、护卫、守候、行军、会阵等内容。

↗ 清代茶园内的戏台

为什么邓肯被誉为"现代舞之母"?

伊莎多拉·邓肯,爱尔兰籍美国舞蹈家,是旧金山一个贫寒家庭出生的孩子。她最初的舞蹈生涯并不很成功,但凭借对艺术锲而不舍的精神,最终使她获得了成功。21岁的邓肯在大英博物馆里研究古希腊艺术时大受震动和启发,她摒弃古典芭蕾传统程式束缚,创造了听凭本能和灵感即兴起舞的自由舞。动作自然,形式自由,强调人体的解放,是邓肯自由舞的特点。最令人称道的是,她成为与传统舞蹈清规戒律决裂的范例。

邓肯认为"假定不从人体唤醒美感,便没有舞蹈艺术"。她称自己的舞蹈"是自己的灵魂在美的感召下的自由表现"。邓肯曾于1905年赴俄国演出,她舞姿变幻多端,衣裙飘飞,世界舞坛为之震惊。邓肯从此被称为"现代舞之母"。

哪个国家的芭蕾舞最著名?

俄国,那里诞生了很多杰出的舞蹈家,其中包括瓦斯拉夫·尼金斯基、鲁道夫·努里耶夫和安娜·巴甫洛娃,那里还拥有世界著名的芭蕾舞团,在世界各地进行演出。然而,芭蕾舞并非起源于俄国。17世纪初,芭蕾舞在法国第一次作为一种艺术形式被确立下来,而正是在那个时候设计出芭蕾舞中的五个基本姿势。著名的芭蕾舞剧包括《吉塞尔》《天鹅湖》和《睡美人》等。

↗ 经典芭蕾舞中使用双脚向外打开和足尖站立的舞步,芭蕾舞演员必须具有匀称的身材和结实的肌肉。

为什么舞蹈被称为"艺术之母"?

人类是什么时候有了舞蹈的呢?至今尚无定论。而在人类初始阶段是靠什么将动作保存流传的呢?那时文字还没有发明,有关情况根本无法记载,录像摄影等记录保存的科学方法也是根本不可能的。但是,从欧洲某些史前洞穴壁画中已出现裸体的舞蹈形象来推断,史前时代舞蹈已有较高程度的发展。因而,舞蹈几乎和人类同时诞生的观点为大多数艺术史家所认同。

在原始社会中,专门的舞蹈者并不存在,有的只是集体的创造与活动,参加者是全民族的成员。大家聚在一起跳舞,是为了庆贺劳动的收获,或是欢庆战争的胜利。作为人类社会中最早创造的艺术形式之一,舞蹈被誉为"艺术之母"。

↗ 交际舞

为什么芭蕾女演员要用足尖跳舞?

芭蕾的美是与芭蕾女演员的足尖舞技紧密相连的,"像云一般的柔和,像风一般的轻盈",是人们形容芭蕾的足尖舞的经典话语。

事实上,芭蕾舞刚刚出现的时候并不用足尖跳舞,直到18世纪法国女舞蹈家卡玛戈,为了将她两腿在空中快速击打"弹足"的高难度技巧充分表现出来,才开始在演出时穿短裙和软底鞋。

1832年3月12日,芭蕾舞剧《仙女》由意大利明星玛丽·塔里奥尼在巴黎歌剧院首次演出,在演出中,演员们不再穿着传统芭蕾掩臂缚颈、

351

↗ 一名年轻芭蕾舞演员练习站立姿势。

遮盖人体线条的服装，女主角改而穿上短袖袒颈的白色轻纱裙，并首次用足尖鞋跳舞。塔里奥尼以足尖轻轻掠过地面，轻盈得似空中飘浮的一朵云，仙女西尔菲德含情脉脉的神情被表现得如梦如幻，令人倾倒。芭蕾女演员用足尖跳舞的历史由此开始，塔里奥尼因此获得法国文豪雨果的赠书题词"献给您那神奇的足，献给您那美妙的翼。"玛丽·塔里奥尼由此被誉为"脚不沾地的芭蕾仙女"，白色纱裙也从此成为芭蕾女演员的标准服饰。

■ 木偶表演有多久的历史？

木偶表演是最早的娱乐表演形式之一，几个世纪以来，牵线木偶一直深受人们的欢迎。英国海边胜地的传统娱乐项目之一便是木偶戏表演——表演者藏在后面的小房间内仅仅利用双手和声音进行表演。其他形式的木偶表演也作为电视节目而走红，而某些电脑生成的形象几乎活灵活现。

■ 最先去剧院的是什么人？

第一批去剧院的是古希腊人，会有数以百计的希腊人聚在一起坐在山坡上观看悲剧和喜剧。希腊剧场多为碗状场所，环绕圆形舞台的是器乐演奏者所在的区域。罗马人建造的石头剧院则能够容纳4万人一同观看喧闹的喜剧。世界上最著名的戏剧作家是英国的威廉·莎士比亚（1564~1616年），他的戏剧在世界各地的舞台上盛演不衰，而他在伦敦的"环球剧院"现在也已得到修复。

■ 最著名的无声喜剧演员是谁？

查理·卓别林（1889~1977年）是最著名的电影明星之一，也是最早的电影明星之一。卓别林最早在伦敦音乐厅的舞台上作为喜剧演员拜师学艺，然后他到了美国，出演了《大独裁者》、《摩登时代》等影片，因滑稽表演而名声大震。他在喜剧上的成功使他成为无声电影的代名词。

↗ 查理·卓别林穿宽松裤、戴圆顶硬礼帽、手拿拐杖的"小鬼"角色已世界闻名。

■ 为什么莫里哀会死在舞台上？

莫里哀挚爱戏剧这门艺术，他把自己的一生都奉献给了它，并为后人留下了许多脍炙人口的优秀作品。1673年2月17日，这位大师最终倒在了他心爱的舞台上，与世长辞。

↗ 莫里哀像

莫里哀(1622~1673年)，他既继承了古典主义文学的优秀因素，又叛逆了古典主义的神圣法规。

这天，巴黎的天空阴沉沉的，一场大雪即将来临，而皇家大剧院外却热闹万分，人头攒动。原来今天晚上，大师莫里哀的新作《心病者》

将在这里首演,而主角阿尔贡的扮演者正是大师自己。

可几天前莫里哀受了风寒,加上连日排演的辛劳,他的肺病越来越严重了。可是,莫里哀不肯休息,坚持演出照常进行。这部戏剧中的主角是一个没病装病的人;莫里哀带病勉强演出,在台上眉头总是皱着,抚摸着剧痛的心胸,不停地剧烈咳嗽,观众认为他的演出惟妙惟肖,热烈的掌声不断响起。当演出到戏剧高潮的时候,只见这位主角痛苦得浑身打战。忽然,他仰面大笑一声,便倒在台上,口吐鲜血,四肢冰凉,再也起不来了。剧团里的人赶紧将他送回家里。4个小时后,这位戏剧大师停止了呼吸,终年51岁。

■ 为什么说四大悲剧代表了莎士比亚的最高成就?

在莎士比亚的所有作品中,四大悲剧代表了其最高的艺术成就。

《哈姆雷特》这部悲剧作品,通过对丹麦王子哈姆雷特为父复仇而遭毁灭的故事的描写,揭示了人文主义理想与英国黑暗现实之间的不可调和的矛盾,是一曲悲壮的资产阶级人文主义的颂歌。《奥赛罗》是莎士比亚抨击新兴资产阶级极端利己主义的一部作品。

《李尔王》的主人公李尔王是一个专制独裁的昏君,因刚愎自用遭受了一场悲剧。作者通过对李尔王的针砭,揭露了资产阶级在资本原始积累时的利己主义和对权势、财富的贪欲。《麦克白》则揭示了个人野心的腐蚀作用,心理描写是这一作品的突出特色。

除了四大悲剧,莎士比亚还写了为人熟知的悲喜剧《罗密欧与朱丽叶》,这部浪漫的作品讲的是一对青年恋人为了追求自由的爱情,不顾世仇,违抗父命而以死殉情,莎士比亚在剧中寄寓了自己的反封建思想。

■ 第一个马戏团出现于何时?

在古罗马,马戏团被叫作"stadium",这个英文单词现在有"露天大型运动场"的含义。18世纪70年代,菲利普·艾斯特雷在英国第一次上演了马戏表演,19世纪初,周游各地演出的马戏团开始深受人们欢迎。一个马戏团中通常有马、野生动物、杂技演员和小丑等。最著名的马戏团当数林林兄弟马戏团和巴纳姆贝里马戏团(这个马戏团是两家马戏团合并而来的,拥有当时最大的马戏蓬)。

↗ 莎士比亚故居
位于英国中部埃文河畔风光秀丽的斯特拉福小镇。

为什么说活动照是电影的前身?

活动照相是电影的前身。1878 年,为了证实马在奔跑的时候,它的四蹄是同时离开地面的,美国摄影师梅勃里奇在跑马的路边盖起了两间间隔距离相等的小屋,每间屋内分别安装一台照相机,拴着快门的绳子横拉在路中央。当马跑过时,每碰断 1 根绳子,快门被按一下,便拍下 1 张照片。这以后他又增加到采用 40 架照相机连续拍摄。1880 年,这些连续拍摄的照片被放在幻灯机上放映,1 匹快速奔跑的马便从一张张静止的图画中跃然而出。

9 年以后,爱迪生发明了"电影视镜"。不久以后,法国里昂照相器材厂主卢米埃尔兄弟制成了当时最好的活动电影机。1895 年 3 月 22 日,卢米埃尔兄弟首次在巴黎科技大会上放映了自己摄制的影片《卢米埃尔工厂的大门》,并于 12 月 28 日公开放映,这一天就成了电影诞生日。

↗ 卢米埃尔兄弟于19世纪90年代在法国首次进行电影放映。

电影是如何发展而来的?

电影于 20 世纪初发展而来,第一部重要的电影是 1915 年 D.W. 格里菲斯的史诗巨片《一个国家的诞生》。早期的电影是无声的,对白都以文字投射到银幕上,通常情况下,钢琴家会在电影中演奏适合情景的背景音乐。20 世纪 20 年代末开始出现有声电影。

世界电影业的中心在哪儿?

尽管电影是法国人发明的(这主要归功于卢米埃尔兄弟),国际电影产业却是在美国诞生的。电影制片人们发现阳光灿烂的加州是拍摄电影的理想场所,于是到 20 世纪 20 年代,好莱坞就成为"电影之都"。好莱坞内有众多摄影棚,里面满是特技师、剧作家、化妆师、服装设计师、背景建造师、制片人和导演。

↗ 贝弗利山上的"好莱坞"标志告诉游客他们已经到达世界电影业的中心。

人们首次观看电视是何时?

第一个电视画面于 1924 年由约翰·洛吉·贝尔德制作而成。然而,进入电视时代后,最初只有很少的人家拥有电视机,而且电视画面也是黑白的。今天,卫星和光缆能在全世界范围内提供数百个频道,人们可以连续不间断地观看电视节目。

美国为什么要设立奥斯卡金像奖?

奥斯卡奖是由美国电影艺术与科学学院颁发的美国最高的电影荣誉奖,也是当今全世界范围内影响最大、历史最长的电影奖之一。

1929 年 1 月,美国电影艺术与科学学院为了"促进电影艺术与科学以及发展人类文化",决定设立一个"学院奖"(奥斯卡奖的正式名称)。这年 5 月 16 日首次颁奖典礼在好莱坞的罗斯福饭店举行,共颁发了 15 尊金像。

青铜镀金像是一位手握长剑、屹立在一盘电影胶片上的健美勇士的形象,开始没有名称。直到 1931 年,当一个新来的学院女秘书看到这尊铜像时,惊呼使她想起了叔叔奥斯卡,一位记者立即将她的话报道出去,从此,"奥斯卡金像"便成了这个人像的名称。奥斯卡金像奖由此正式得名。

艺术娱乐

↗ 奥斯卡金像奖杯

除 1930 年、1933 年外，奥斯卡金像奖自第一届以来都是每年举行一次。按规定，对上一年度的影片和演职员在每年 3 月左右进行评奖。奥斯卡颁奖仪式是美国好莱坞的一个盛大节日。

■ 拍板是做什么用的？

拍板是电影或电视摄影棚内用来标注一个镜头开始或结束的工具。电影通常都不是按照故事的发展顺序拍摄的，导演、编剧、摄影人员和演员常以最合时宜的顺序进行拍摄，如可能是依明

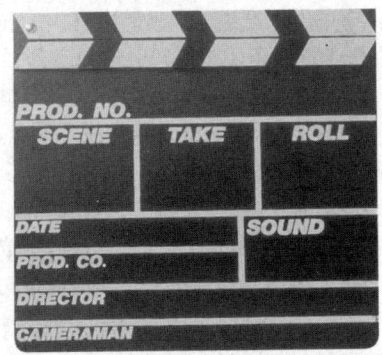

↗ 每个镜头的详细信息都填写在拍板上，开拍前会将它举到摄影机前。

星档期安排和天气适宜程度决定的。一段完整情景的拍摄事先可能需要拍多个镜头，最后，所有的镜头经过剪辑连接到一起，必要时还要裁减掉某些镜头以形成最终的电影。

■ 制片人和导演有何区别？

在电影业中，制片人筹集制作新电影所需的资金并组织财务，而导演则负责电影的拍摄。导演会告诉剧组如何放置摄像机，并指导演员按照剧本的要求进行表演。然而，就电视而言，制片人可能同时扮演导演的角色，即由拍摄连续剧或电视节目的电视公司出资。

■ 人们在什么时候第一次应用句号和逗号？

中世纪的修道士和抄写员们制造出了精美的手写彩色书稿。为了使手稿更加便于阅读，抄写员们将字与字间隔开来，利用大、小写字母并引进一套标点符号系统，其中就包括句号和逗号。

■ 清末为什么会产生"谴责小说"？

清朝末年，清政府腐败无能，国势衰微，民族危机严重。具有改良思想的小说家通过小说来抨击时弊，在小说中寄予挽救国家的主张，这一时期出现的小说就被称为"谴责小说"。《官场现形记》《二十年目睹之怪现状》《老残游记》《孽海花》四部作品被誉为清末四大"谴责小说"。

《官场现形记》是李宝嘉的作品。书中通过对一群封建官僚贪污昏庸、媚外卖国、丑态百出的描写，讽刺了晚清官场的腐败。

《二十年目睹之怪现状》的作者是吴趼人。小说采用第一人称，记录了许多社会上的怪现象。

刘鹗的《老残游记》暴露了当时官吏的残暴昏庸。

《孽海花》的作者曾朴，以状元金雯青和名妓傅彩云（赛金花）的故事为线索，在作品中穿插了大量官僚、文人的秘闻轶事，从侧面反映了同治初年到甲午战争失败约 30 年间的社会状况，揭露了清末黑暗的政治局面。

■ 什么是彩色稿本？

手抄本既可以采用手工印刷，也可以由修道士抄写——他们用漂亮的彩色图案装饰书页，而

355

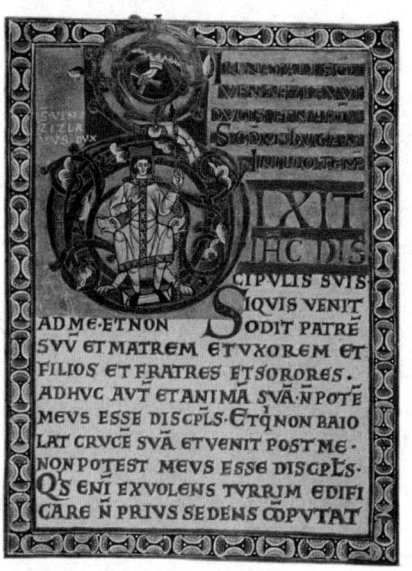

↗ 中世纪彩稿需要花费很长时间才能完成，这是因为彩稿都是手抄的而且抄写时必须加倍小心。

且通常会用花体字母开始一页的书写。15世纪40年代才开始使用活版印刷术，而在这之前，大部分的图书复制都是由欧洲的修道士完成的。今天，古老的彩色稿本，例如《凯尔经》和《霍利岛福音》都是无价之宝。

■ 哪位著名的小说家公开表演他的作品？

查尔斯·狄更斯（1812～1870年）。他是位极有天赋的业余演员，会在公共场合表演他的畅销小说中的情景。狄更斯被誉为英国最伟大的小说家之一，接连撰写出很多代表作，其中包括《尼古拉斯·尼克贝》、《大卫·科波菲尔》以及《远大前程》。

↗ 狄更斯年幼时历尽磨难，这让他永难忘怀，即使成为成功的作家后仍如此。

■ 小说中最著名的侦探是谁？

夏洛克·福尔摩斯，这是由英国作家柯南道尔（1859～1930年）创作的嘴叼烟斗的名侦探。福尔摩斯和他的朋友华生医生破解了包括众多抢劫和谋杀案在内的谜案。他最终在与劲敌（犯罪天才莫里亚蒂教授）的最后对决中被"杀害"，然而在广大读者的强烈要求下又"复活"了。

■ 刘易斯·卡洛尔最著名的是哪部作品？

《艾丽斯漫游奇境记》。刘易斯·卡洛尔（1832～1898年），英国牛津大学的数学家，有着丰富的想象力并陶醉在文字创作中。他喜欢给孩子们讲故事，并写出了两部经典的童话作品：《艾丽斯漫游奇境记》（1865年）和《艾丽斯魔镜之旅》（1872年）。

■ 哪个小女孩在战争期间坚持写日记？

安妮·弗兰克，这个德国小女孩生活在躲藏和恐惧之中，她所写的日记被视为那些在第二次世界大战期间被屠杀的人的感人独白。安妮的全家都是犹太人，要逃出德国以躲避纳粹的迫害，于是举家搬迁到荷兰，然而1940年德国侵占荷兰后，他们再次陷入险境。安妮和她的妹妹、父母以及4个朋友藏在一座办公楼后的附属楼内。她每天都写日记，记录自己的想法，然而在1944年，她的全家及朋友们还是都被发现并被抓捕。

■ 为什么把《荷马史诗》称作"英雄史诗"？

《荷马史诗》包括《伊利亚特》和《奥德赛》两部分，是欧洲文学史上最早的优秀作品，对后世欧洲文学的发展产生了深远的影响。

《伊利亚特》和《奥德赛》取材于公元前12世纪至公元前11世纪间的特洛伊战争，描写了希腊联军与特洛伊军长达10年的战争的全过程。特洛伊战争故事经过一代代口头相传，在公元前9世纪至公元前8世纪形成了文学作品。以此为基础，盲诗人荷马经过整理润色，最后写成了两部情节完整、风格统一的史诗。作品通过对古代英雄的日常生活和战时生活的描述，鲜明地反映了氏族社会繁荣时期的景象。

《伊利亚特》描写的是斯巴达人和特洛伊人

▶ 荷马吟诵史诗图

图中诗人荷马端坐在树下，正在向众人讲故事，荷马生卒年代大约从公元前750年至前650年，可能出生于爱奥尼亚的一个城市。

的战争故事。斯巴达人使用木马计，里应外合攻下特洛伊城。

《奥德赛》则描述了希腊联军将领、伊大卡国王奥德修斯在战争结束以后，从海上漂流回乡的10年间的经历。

两部作品虽然反映的内容各有所侧重，但作品共同的特点在于作者都以简洁鲜明的笔触，刻画出令人崇敬的英雄形象，因此被称作"英雄史诗"。

■ 古希腊人为什么以雅典娜的名字命名首都？

在古希腊传说中，智慧和力量之神雅典娜是天神宙斯的女儿。早先，她被认为是主宰乌云、雷电、丰产的女神，逐渐地她又成为科学的保护者和传播者。传说她将驯马役牛、制车造船的技术传授给人们，还将犁耙、纺锤和织机赐予人间。而作为传说中神笛的发明者，她被认为是音乐的保护神；她还赐予人间法律，设立人间法庭用以保护城市，维护社会秩序，因而又称她为护城女神。

雅典娜还被称作女战神。在奥林珀斯诸神一起与提坦神作战时，她将一个战败的提坦神的皮剥下蒙在盾牌上，而且，她也曾与巨神吉伽斯战斗过。

雅典娜智慧英勇，在古希腊被视为人们的偶像。因此古希腊人就以她的名字命名首都——雅典。

■ 普希金为什么会死于决斗？

作为俄国最杰出的诗人和作家，普希金为什么会与人决斗呢？

1831年2月，普希金同比他小13岁的娜塔丽亚结婚。娜塔丽亚是个少有的美人。她喜爱玩乐、跳舞，处处要出风头。一个法国人名叫丹特士的，天天围着娜塔丽亚转，流言飞语很快就传遍了整个圣彼得堡。

1836年底，普希金先后收到了3封侮辱他的匿名信，甚至连普希金的朋友也收到了语言污秽的匿名信。普希金忍无可忍，决定与丹特士进行决斗。

娜塔丽亚被普希金的决定吓坏了。她流着眼泪走到普希金面前，双膝下跪，声泪俱下地说："亲爱的亚历山大·谢尔盖耶维奇，千万不要去！我求求你。这样你会死的……我永远爱你……"说着，她伸出双手，把普希金的身体紧紧抱住。

可普希金用右手缓缓地推开了痛哭的娜塔丽亚，普希金毅然参加了决斗，不幸受伤不治身亡。

■ 巴尔扎克为什么要拼命写作？

奥诺瑞·巴尔扎克，1799年出生于法国西部的都尔城。巴尔扎克决意要做一个文学家，为此和家里发生了矛盾，于是他离开富裕的家庭，独自在外面生活，专门从事写作。

巴尔扎克在贫民区里看到了劳动人民的苦难，也听到了他们对资本主义社会的咒骂和抗议声。在那里，他接触了形形色色的社会人物，看到了资产阶级追求金钱的种种丑态——尔虞我诈，生死搏斗。他每天跑图书馆，夜以继日地读书，创作也开始走向成熟。

巴尔扎克每天都通宵达旦地写作，他吃了晚饭以后，只睡四五个小时，然后在半夜12点钟起床写书，一天工作十六七个小时。

尽管巴尔扎克拼命写作，仍然偿还不清他的巨额债务，他只得奋笔疾书，日夜不停……

■ 果戈理为什么将创作的原稿付之一炬？

果戈理是俄国19世纪现实主义文学大师，他的作品《死魂灵》《外套》《钦差大臣》等，对俄国文学的发展产生了巨大影响。而他对于作品严谨的创作态度更是受人称道。

↗ 果戈理像

果戈理（1809～1852年），19世纪俄国批判现实主义文学的杰出代表和奠基人。

有一次，果戈理刚刚写好一个新剧本，请著名诗人切科夫斯基提意见。年老体弱的切科夫斯基有午休的习惯，听着听着便睡着了。见此情景，果戈理立即停止朗诵，对着睡着的诗人说道："我是来听取你的意见的，而你的瞌睡就是最好的批评。"说完，他就把原稿扔入火中。

小说《死魂灵》第一部刚出版，整个俄国为之轰动，人们开始期待第二部的问世。但是，由于在第二部的创作过程中果戈理改变了原来的写作意图，他对写完的章节感到很不满意，于是就将原稿全部烧掉重写。就这样，经过反复修改，用了10年时间，《死魂灵》第二部才完成。可是，果戈理写完最后一页后，仍然觉得这是一部失败的作品，于是又毅然将它付之一炬。所以，后人无缘读到他的《死魂灵》第二部，只留下对他谨严的创作态度的感慨。

■ 凡尔纳为什么被称为"科学幻想之父"？

凡尔纳是19世纪法国著名的科幻小说家。他早年学习过法律，后来专门从事文学创作。凡尔纳一生写了60多部科学幻想小说，例如《环游月球》《海底两万里》《从地球到月球》《格兰特船长的儿女》《神秘岛》《地心游记》等，它们所描写的内容，后来有许多被实现和证实。因此，凡尔纳被后人称为科学幻想之父，还有人称他"穿着拖鞋的室内旅行家"。

例如，在1870年的时候，虽然人类已经具备了进行大规模机械生产的能力，但是对月球的认识还处于神话传说的阶段。但是法国科学幻想小说家凡尔纳却大胆地写了一部名叫《环游月球》的小说，较为详细地描写了人从地球飞到月球上去探险的过程。100年以后，美国的"阿波罗"登月宇宙飞船真的实施了人类第一次登月计划，这与凡尔纳在书中描绘的情形十分相似。

↗《环游月球》封面

这部异想天开的作品一经发表，就轰动了法国。

凡尔纳著作中的有些故事能被科学证实不是他有什么"特异功能"，而是因为他平时勤奋好学，研究了大量的有关科学的资料，也就是说，他的幻想是建立在科学事实的基础上的。显然，凡尔纳在进行"幻想"之前，肯定是进行了一番"苦想"的。

■ 英国最著名的文学姐妹是谁？

勃朗特三姐妹，她们在约克郡的霍沃思村长大，和兄弟及身为牧师的父亲生活在一起。三姐妹都成为小说家，但起初他们是以男性笔名发表作品的。夏洛特·勃朗特（1816～1855年）写了有关家庭女教师的《简·爱》；艾米丽·勃朗特（1818～1848年）的《呼啸山庄》写了一段热情似火的罗曼史；最小的妹妹安娜（1820～1849年）则是《王德弗尔大厅的房客》的作者。

↗ 勃朗特三姐妹。从左到右分别为：安娜、艾米丽和夏洛特。

罗穆卢斯和瑞摩斯为何许人？

罗马传说讲述了罗穆卢斯和瑞摩斯两个双胞胎兄弟——他们于公元前 753 年建立罗马——的故事。婴儿时，兄弟俩被邪恶的叔父投入台伯河，幸好被一只母狼所救，后来，一个牧羊人将他们抚养长大。瑞摩斯后来被杀害，然而罗穆卢斯成为罗马第一位国王。罗马人喜欢传说演绎的历史，但事实上，罗马城是由坐落在七座山上的几个小村庄发展而来的。

是谁在讲述世界毁灭的故事？

欧洲的斯堪的纳维亚人。据挪威神话所说，诸神、巨人和怪兽之间开战导致了世界末日的来临。诸神领袖——独眼欧丁神带领他的战士们从英烈祠（欧丁神接受阵亡英雄灵魂的殿堂）出发对阵邪恶之敌。在这场相互屠杀中，所有人都未能幸免，诸神居所仙宫也被大火摧毁。然而从"上帝的曙光"中诞生了一个新的世界，有两个在乾坤树的树枝间藏身的人爬了出来，重新开始了生命的轮回。

何时发明了文字？

最早的文字发现于 5000 多年前苏美尔的乌鲁克城的废墟上，这种文字是用尖头工具在柔软的黏土上刻成的。闪族人采用象形文字（描摹物体的图画）书写。古代中国人也发明了一种符号象形文字，到 18 世纪初，已出现 4 万多个汉字。

谁是亚尔古英雄的领袖？

亚尔古英雄是由来自希腊的 50 名海员和英雄组成的队伍，他们由国王埃宋的儿子伊阿宋领导。伊阿宋率部开动阿尔戈号船去寻找神话中所说的金羊毛——一只金羊的皮毛悬挂在树上，一只可怕的巨龙守在旁边。亚尔古英雄们历经千难万险，最终在巫婆美狄亚的帮助下才到达目的地。他们打败了巨龙，带着金羊毛胜利而归。亚尔古英雄的历险故事建立在希腊海员讲述的探索地中海和黑海的故事的基础之上。

圣诞老人叫什么名字？

圣尼古拉斯。他是 5 世纪时的一位主教，有

↗ 伊阿宋和他所带领的亚尔古英雄们在航行中遇到的其中一个危险便是撞岩，所谓撞岩是像自动门一样开开合合挡着黑海入口的岩石，它可以摧毁从中间穿行的任何事物。

关他的经历很少有人知晓,唯一知道的可能就是他生活在小亚细亚地区(今天的土耳其)。而有关圣尼古拉斯的传说和他的奇闻轶事则广泛传播,他已成为广受欢迎的圣人和俄罗斯的守护神。在荷兰语中,尼古拉斯(Nicholas)被写做"Sinter Claes",当荷兰人移民到美国后就将"Sinter Claes"改写为"Santa Claus"(意为圣诞老人)。在德语中,尼古拉斯又被称为"Father January"或"Father Christmas"(二者都意为圣诞老人)。

谁发明了印刷术?

木刻版印刷术发明于距今2000多年前的中国。人们在木块上面雕刻文字,然后在凸出的文字上涂上墨水,再压印到纸张上面。现代印刷术使用可移动的金属铅字,这项技术始于15世纪40年代。当时德国人约翰·古登堡(Johannes Gutenberg)进行了活字印刷机的研发工作。

印刷如何使文化发生革命?

15世纪40年代,约翰尼斯·古登堡发明了活字印刷术。印刷术的发明使图书变得廉价,与此同时还带来了拼写和标点的规范化。图书以各国语言(日常用语)进行印刷,例如采用英语、法语、德语而非只用拉丁语印刷,小说、杂志和报纸甚至信件订购的目录全都采用机械印刷。于是,知识得到更广泛的传播,人人都有机会获得知识。

什么是口述文化?

口述文化即通过语言而非文字进行传承的文化。例如,凯尔特人在罗马人占有英国前就是通过口口相传来传承它的历史、民间故事和宗教信仰的,因为凯尔特人有自己的语言,但没有发明文字。口头文化存在于世界很多地方,而且很多世界著名的史诗故事就是口头讲述的,如荷马的《伊利亚特》和《奥德赛》便由希腊人一代一代口头传承,直到后来才被付诸文字。

↗ 凯尔特游吟诗人在为国王吟唱,他们在传播历史的同时还创作出当时涌现的英雄人物的故事。

体育运动

□ 怎样回答：全球孩子最爱问的为什么

■ 为什么运动分为有氧运动和无氧运动？

人的生命活动需要能量，这些能量来源于体内的糖、脂肪和蛋白质三种营养素，这些营养素好比是人体的"燃料"，在体内经过复杂的生物化学过程释放能量。

人的进餐虽然是定时的，氧气却是一刻不停地呼吸进来。一般情况下，如进行学习、慢跑等轻体力劳动时，氧气的供给充足。人体内的营养素如葡萄糖发生有氧代谢，此时1克葡萄糖能产生约16千焦的能量，代谢产物是二氧化碳和水。

人在剧烈运动时，需要的能量大大增加，此时，由于氧气供给不足，就会发生无氧代谢。这也是人体的一种生理过程，用以快速产生能量，以形成爆发力（如100米冲刺）。这种无氧锻炼，可以发掘人体的潜能，提高竞技体育的成绩。但是，无氧代谢的快速供能降低了"燃料"的利用率，此时，1克葡萄糖只能产生不足1.5千焦的能量，而且代谢产物是乳酸。剧烈运动后肌肉酸痛就是肌肉中乳酸积累的结果。

■ 为什么奥林匹克运动会以五色环为标志？

奥运会比赛开幕时，赛场的旗杆上就会升起一面有五色环标记的旗子。为什么会有这个五色环呢？奥林匹克运动会的这个五色环标记是"奥运之父"顾拜旦男爵设计的。1914年，顾拜旦男爵在巴黎召开的第六次国际奥林匹克代表大会上，展示了他设计的国际奥林匹克运动的徽记图案。图案由五个不同颜色互相套接的圆环和"更快、更高、更强"的格言构成，五个圆环分别为蓝、黑、红、黄、绿五种颜色，包括了当时奥运会所有参加国国旗的颜色。这个徽记得到了这次代表大会的批准，成为奥林匹克运动的代表性标记物。

↗ 五色环标志

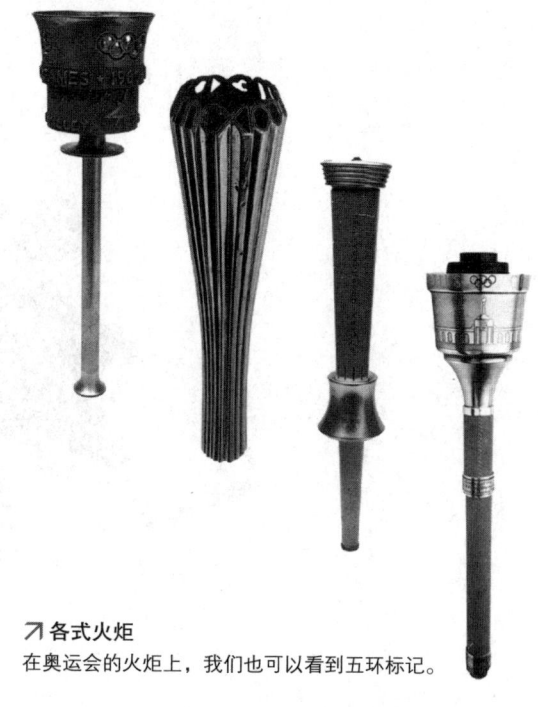

↗ 各式火炬

在奥运会的火炬上，我们也可以看到五环标记。

1979年，国际奥委会的出版物《奥林匹克杂志》中正式指出："根据奥林匹克宪章，五色环象征着五大洲的团结，象征着全世界运动员以公正、坦率的比赛和友谊精神在奥林匹克运动会上相聚。"所以，五色环中的蓝色环代表欧洲、黄色环代表亚洲、黑色环代表非洲、绿色环代表大洋洲、红色环代表美洲的说法也是有根据的。

■ 为什么要在奥运会上点燃圣火？

奥林匹克运动会的开幕式都举行点燃"圣火"的仪式，由该届奥运会的主办国派本国最优秀的运动员前往希腊的奥林匹亚去迎接圣火。奥林匹亚有一座宙斯神庙，取圣火时，庙宇的长老用聚焦镜聚焦太阳光点燃橄榄枝，然后这支点燃的橄榄枝由身着古装的希腊少女交给迎接圣火的外国运动员。火炬迎接回国后，由本国的运动员一一接力传递直到运动会开幕式的圣火台。整个运动会期间，圣火一直燃烧，长明不灭。

在希腊神话中，宙斯为了能永远统治人类，故意不给人类火种，人们只能茹毛饮血。善良热心、同情人类的普罗米修斯趁太阳车经过高加索山时，在太阳车上点燃了橄榄树枝，把火种留给了人类。但是，他的行为触怒了宙斯，宙斯把他用铁索绑在高加索山上,让秃鹰每天都去啄食他的肝脏,使他受尽折磨。

今天,当人们自己享受文明生活,举行全人类的体育比赛时,也用点燃圣火来纪念这位以自己的苦难为人类带来了幸福与光明的使者。

人类为什么要举办奥林匹克运动会?

奥林匹克运动会起源于古希腊。古希腊包括很多城邦国家,各城邦经常举行各种运动会。有些运动会为了祭神,带有浓厚的宗教色彩。由于城邦间不断征战,所以就需要战士有强健的体魄,有些运动会还具有军事锻炼的性质。运动会期间,发生战争的交战双方都必须宣布停战,因此,运动会又象征着和平。古希腊规模最大的运动会是在雅典西南360千米的奥林匹亚村举行的,奥林匹克运动会因此得名。

公元前776年举行了第一届古代奥运会。罗马帝国入侵希腊后,由于罗马皇帝狄奥多西信奉基督教,禁止其他教派的一切活动,因此运动会被废止,举办运动会的建筑物也被烧毁。到建筑物被废止时,古代奥运会一共举行了293次。

1888年,法国教育家顾拜旦建议恢复奥林匹克运动会,参加的运动员不限于希腊人,任何国籍、种族、肤色的人都可以参加比赛。1894年在巴黎成立国际奥林匹克委员会,并于1896年4月6~15日举行了第一届现代奥运会,举办地选择在雅典。此后奥运会每4年举行一次,每次会期不超过16天,四年的周期被称为"奥林匹亚特"。因故不能举行的奥运会的届数照算。

为什么要召开世界大学生运动会?

世界大学生运动会素有"小奥运会"之称,是由国际大学生体育联合会主办的,只限于大学生参加的世界综合性运动会。

1923年法国多尔举行了最早的国际性大学生运动会。后来华沙、罗马等地也进行过这类比赛,但参加的国家不多,项目也很少。第二次世界大战期间,大学生运动会中断举行,直至1947年才得以恢复。1957年,法国为了庆祝全国学联成立50周年,在巴黎举行了国际大学生运动会和国际文化联欢节,与会的30多个国家的代表一致同意定期举行世界大学生运动会,并原则上规定每两年举办一届。运动会共设田径、游泳、跳水、水球、体操、击剑、网球、篮球、排球等9个项目,主办国有权再增加一项。

为什么比赛中禁止使用兴奋剂?

1904年,在美国举办的第3届奥林匹克运动会的马拉松比赛中,美国运动员汤马斯·希克斯跑到中途时,感到体力不支,教练拿出事先准备好的兴奋剂给汤巴斯·希克斯服下,结果汤马斯·希克斯立刻健步如飞,一举夺得了冠军。

比赛结束后,其他国家的运动员认为服用兴奋剂严重违反了体育比赛中公平竞争的原则,对此行为提出了强烈抗议,但是,由于当时国际奥委会没有关于禁止使用兴奋剂的规定,抗议无效。

1961年,罗马奥运会的自行车比赛中丹麦运动员詹森因服用大量兴奋剂而突然死亡。国际奥委会由此作出规定:禁止在任何比赛中使用兴奋剂,违反该规定的运动员将被取消比赛成绩并给予禁赛。

↗ 体育比赛不只是胜负,更重要的是公平与友谊。

谁是站在冲浪板上的第一人？

太平洋波利尼西亚岛上的居民是享受冲浪运动的第一批人。最早有关人类冲浪的记录是在 1779 年的夏威夷，夏威夷人使用 5 米多长的滑板。1962 年，澳大利亚举办了首届世界冲浪锦标赛。

最快的游泳姿势是哪种？

游泳比赛的 4 种姿势（蛙式、仰式、自由式和蝶式）中，以自由式最快，其次是蝶式。在游泳比赛中，有些比赛规定使用自由式，然而所有顶尖游泳选手其实也都一定会选择自由式。19 世纪游泳选手最广泛使用的游泳姿势是蛙式和侧式，1952 年，蝶式才得到官方认可并在比赛中允许使用。

第一位滑水的人是谁？

第一位进行滑水运动的是一位叫拉尔夫·萨缪尔森的美国人。他于 1925 年在明尼苏达州尝试着借助汽船的牵引利用滑水板在水面上"行走"，此后这项运动开始在欧美等发达国家迅速普及开来。20 世纪 40 年代，成立了滑水运动的国际组织——国际滑水联盟，并开始举办国际性滑水比赛。

哪项团体运动吸引着最多的观众？

世界上最受观众喜爱的运动是足球，各大洲都有人在踢足球和观看足球比赛。足球运动历史悠久，然而直到 19 世纪才以规则、联盟和职业球队使足球运动井然有序。国际组织国际足球联合会于 1904 年成立。每 4 年举行一次的足球世界杯是最大的国际足球赛事。

↗ 所有的游泳姿势都要求手臂和腿部的肌肉发挥力量。图中的游泳选手采用的是蝶式。

什么是"三体船"？

"三体船"即有 3 个船体的帆船。三体船和双体船是由太平洋上的浮体独木舟发展而来的，在第一次游艇比赛中，三体船的外表可能使对方选手感到震惊，这场比赛是 1661 年在英国国王查理二世和弟弟约克公爵詹姆士之间展开的。最早的游艇是由荷兰的帆船发展而来的。

皮艇和划艇的区别是什么？

皮艇用的是两头带桨叶的桨，而划艇用的是一头带桨叶的桨。现代的皮艇运动起源于北美的爱斯基摩人和其他本地人用来运输东西的小船，而划艇起源于美洲印第安人使用的独木舟。从 1936 年起，皮划艇运动开始列为奥运会正式比赛项目。现代的皮划艇较之以前的小船和独木舟，无论在材质还是构造方面都有了很大的改进。

↗ 三体船中间的船体上有桅杆和全体船员所在的船舱，其他两个船体用于船只在高速行驶时加强稳定性。

棒球手投球的速度有多快？

棒球手投球（球的重量为 148 克）的速度高达 160 千米/小时。改为现代规则的棒球比赛于

体育运动

↗ 棒球运动的接球手身穿防护衣以抵挡球的冲击力。

1846 年首次在美国的新泽西举行，然而类似的多回合比赛很早以前就在英国举办。职业棒球协会于 1871 年建立，而国家棒球联盟于 1876 年建立。美国两大联盟的胜利者——国家冠军和全美冠军每年都会在世界七大棒球赛中相会。

■ 哪个英国国王曾是专业网球手？

以打网球而闻名的君主是英国的亨利八世，他年轻时是宫廷内举办的皇室网球比赛的专业球手。该运动后来传到宫廷之外，于是 19 世纪初"草地网球"的规则起草出来。第 1 届温布尔登锦标赛——最古老的"大满贯"——于 1877 年举办。温布尔登最成功的男子网球手为比约·博格（男单五连冠）和皮特·桑普拉斯（男单七连冠）。马丁娜·纳夫拉蒂洛娃于 2003 年赢得了她的第 20 个单打冠军，平了由比利·简·金保持的女子获胜纪录。

■ 哪项比赛在铁丝网内进行？

美式橄榄球的比赛场地都用铁丝网围起来。这项运动于 19 世纪由大学的学生发展而来，是在足球和橄榄球基础上的创新。每队有 11 名球员，每支队伍为赢得超级碗杯而战。超级碗杯每年举行一次，参赛双方为两大联赛的冠军，两大联赛分别由国家橄榄球联盟和美国橄榄球联合会组织举办。

■ 第1届高尔夫比赛在哪里举行？

第一次提到高尔夫是在 1457 年颁布的苏格兰法律中，该法律禁止这项运动。很早以前就有人做类似于高尔夫的运动，而最古老的高尔夫锦标赛是英国公开赛，于 1860 年首次举行。打高尔夫的目标是尽可能以很少的杆数将球推入球洞。

■ 美国和日本为什么要把棒球定为"国球"？

棒球运动起源于美国，1839 年，世界上最早的棒球比赛就是在美国纽约的古柏思镇举行的。后来，美国人又成立了世界上第一个棒球俱乐部，制定了第一套竞赛规则。美国总统还于 1910 年正式批准棒球为美国"国球"。

日本是另一个视棒球为"国球"的国家。日本 1 亿人口中有 6000 万"棒球人口"。日本人崇拜的英雄、"世界棒球之王"王贞治，还创造了 868 次"本垒打"（本垒打就是将球击到 76.24 米的本垒打线外而安全得分）的世界纪录。

■ 为什么说短跑是最早的奥运会项目？

公元前 776 年，希腊举行的第一届古代奥林匹克运动会只有短跑一个项目，赛程是一"圈"，长度为 192.27 米。当时的比赛十分简单，不计时间，第一个跑到终点的人就是优胜者。裁判由手执皮鞭的贵族担任，抢跑犯规者则遭到无情的鞭笞。

古时候的比赛不讲究姿势与技术，凭体力就能取胜。1896 年举办的第一届现代奥运会上，百米短跑的起跑姿势仍是各种各样、稀奇古怪。直到 1936 年的第十一届奥运会，短跑的起跑姿势才统一成为蹲踞式，运动员站到了起跑器前。

1894 年诞生了最早的 100 米跑正式纪录，成绩是 11 秒 2。经历了百余年后，2009 年 8 月 17 日，牙买加短跑选手博尔特才将世界纪录提高到 9 秒 58。

■ 为什么把田径称为"体育运动之母"？

田径运动一向被称为"体育运动之母"。人类远在上古时代，为了生存，每天都要走或跑很长的距离，跳过沟壑等各种自然障碍，追捕动物，采集果实，还要使用石块、树枝同野兽搏斗。人们不断地重复这些动作，久而久之就形成了走、跑、跳、投等各种技能，这就是田径运动的雏形。

□怎样回答：全球孩子最爱问的为什么

↗ 赛跑选手冲过终点线时会将头部伸向前方，以便更清楚地显示出获胜者是谁。

人类社会的进一步发展使得战争的规模越来越大，走、跑、跳、投等成为训练军队，培养勇于作战、体魄强健的士兵的主要手段，并逐渐形成了这些项目的比赛，后来又出现了各种场地、设备和器材。经过一代代的发展，田径在1896年第一届现代奥林匹克运动会被列为正式比赛项目。

田径运动的项目主要可分为田赛和径赛。通常把用高度和远度计算成绩的赛跑、竞走项目称为径赛。除此之外，田径还有跑、跳、投组成的全能运动项目。现在列入奥运会的正式田径比赛项目有47项，它们大都有自己的世界纪录。

田径最主要的世界大赛有奥运田径赛、自1977年起的世界杯田径赛、自1983年起的世界田径锦标赛、世界田径黄金大奖赛。

为什么田径比赛要逆时针跑？

田径比赛时，运动员都是沿逆时针方向跑。出现这种情况的原因是什么呢？

古代的田径赛没有转弯跑这一方式。古代奥林匹克运动会上，赛跑是在一条长192.27米的直线跑道上进行，中长跑比赛则在直线跑道上进行来回跑。

19世纪中叶，英国人首次在田径比赛中模仿赛马比赛，以右转弯跑的方式进行比赛。1864年牛津大学和剑桥大学的校际运动会，就采用了这种新的比赛方式。

1896年，在希腊首都雅典举行的第一届现代奥林匹克运动会，便采用是这种英国式的"右转弯"跑。1912年正式成立的国际田径比赛联合会规定"赛跑的方向，必须要以左手内侧为准"，即"右转弯"变成了"左转弯"。

许多科学家认为，人的两条腿中，左腿是"支撑腿"，右腿是"运动腿"。按逆时针方向跑，左腿可以支撑住人的重心，这样就有利于运动员心脏的保护和比赛技能的正常发挥。

马拉松长跑的距离为什么是42.195千米？

公元前6世纪中叶，波斯在亚洲的伊朗高原上兴起。为了进一步扩大版图，波斯国王发动了侵略希腊的战争——希波战争。

许多城邦都迫于压力向波斯屈服，但雅典和斯巴达决心抗战。

波斯军队在雅典城东北的马拉松平原登陆后，雅典政府立即派出一万步兵前往阻击。带兵

↗ 斐力庇底斯从马拉松跑回雅典后不久就倒地而亡。

将军巧妙地布置了作战队形，主力放在两翼，非主力放在中央。战斗打响后，尽管波斯军从中部突入了雅典军的队伍，但其两翼却被击垮，被雅典军包围。在腹背受敌的情况下，波斯军无法抵抗，只好狼狈逃走，这就是历史上的马拉松战役。

雅典军充满胜利的喜悦，派出通讯员斐力庇底斯向雅典城报捷。斐力庇底斯为了尽快完成这一光荣使命，一口气奔跑了几十千米，抵达了雅典人聚集的广场，他喊出"我们得胜了！"后便倒地身亡。1896年在雅典举行的第一届奥林匹克运动会为了纪念这件事，设立了一个新的竞赛项目——马拉松长跑。比赛的起点是马拉松战场，终点是雅典，赛道的测定距离是42.195千米。

■ 为什么会产生障碍跑运动？

障碍跑最早起源于英国，是长跑与跨越障碍相结合的运动项目。19世纪初，英国人想把越野跑搬到运动场上来举行，于是，篱笆、栅栏、水坑等人工障碍物出现在运动场上。障碍跑在1900年的第2届奥运会上被列为正式比赛项目，但直到1954年才确定规则，规定障碍跑全程为3000米，跑道上则设置5个障碍架和1个水池。

运动员在障碍跑时体力消耗很大，为了节省体力，他们一般采用速度较慢的踏上跳下法跨栏。体力好的运动员一般是前程采用跨栏跑的方法跨栏，后程采用踏上跳下法跨栏以节省时间。

↗ 男子跨栏选手必须干净利索地跨过至少1米高的跨栏。

■ 为什么把中长跑运动员称为"飞毛腿"？

中长跑运动是在古希腊最先兴起的。2500多年前古希腊的山崖上曾刻有这样三句话："如果你想健壮，跑步吧！如果你想健美，跑步吧！如果你想聪明，跑步吧！"

公元前776年举行的第一届古代奥运会的短跑比赛的距离是192.27米，后来赛跑的距离逐渐成倍加长，发展为中长跑比赛。

近代中长跑运动的起源地是英国。18世纪初的英国，有些穷人为了挣钱糊口，经常在一些重大的节日里为观众表演赛跑，距离越长，收费越多。群众对这种职业性长跑产生了极大兴趣，许多不为赚钱的人也加入了长跑者行列。

中长跑在1896年第一届现代奥运会上被列为正式比赛项目，它是中距离跑和长距离跑的合称，800米和1500米属于中距离跑，3000米到10000米之间属于长距离跑。

■ 为什么接力赛被称为"田径四重奏"？

田径比赛中唯一的集体项目是接力。它由四个人分跑相同的距离，通过接力棒的传递和集体的努力，从而获得胜利，有"田径四重奏"的美誉。

接力最早起源于非洲土著人搬运货物，后来传入欧洲，几十千克重的货物被简化成一根小木棍，这也就是现在比赛中使用的接力棒。接力成绩的好坏不但取决于每个队员的奔跑速度，更取决于队员之间的密切配合和传接棒的技术。

接力的项目有很多，正式比赛一般设置4×100米和4×400米。此外，还有群众体育活动中常见的团体接力、迎面接力和异程接力等。

1977年10月挪威的特隆赫姆举行了世界上人数最多、距离最长的接力赛，全程共有1607人参加，距离近1万千米。

■ 为什么4×100米接力赛的百米成绩好于百米赛的成绩？

百米跑时，任何一个运动员都不可能在起跑时就出现最高速度，他需要30米左右的加速区以完成加速过程，从而出现最高速度。4×100米接力跑则为运动员达到最高速度提供了这一条件。

4×100米接力跑中，第二、三、四棒选手都有一段预跑区和接力区，其中预跑区是10米，接力区有20米。因此，只要运动员预跑技术和接棒技术发挥得好，那么，从第二棒起的每个运动员都能在他们的起点处达到最高速度，而不

怎样回答：全球孩子最爱问的为什么

↗ 男子接力赛跑

像第一棒运动员那样，在百米中去经历一段长达30米的加速过程。因此，除了第一棒运动员的成绩不会超过他百米跑时的最佳成绩外，第二、三、四棒运动员都有可能超过他们各自的百米跑成绩。

▇ 为什么会出现竞走运动？

虽然竞走和赛跑都属于径赛项目，但它们有着明显的区别。赛跑时，运动员双脚可以同时离地，而且允许膝关节弯曲。竞走时，运动员的脚跟应先与地面接触，单脚支撑与双脚支撑相互交替，即竞走过程中不允许两脚同时腾空；而且，不论单脚支撑还是双脚支撑，脚从着地到离地时，膝关节都不许弯曲，因此，竞走看起来似跑非跑。

竞走起源于英国。1867年，第1届竞走比赛在英国举行。此后，美国的惠斯通在26天内走了2413千米，平均每天行程93千米，成为世界上最著名的竞走运动员。竞走在1908年的奥运会上正式成为比赛项目，当时的比赛距离分别为3500米和10英里。后来，直到1956年，竞走比赛的距离几经变化才正式固定为男子20千米和50千米两项。现在得到国际田联正式承认的女子竞走比赛则有5千米和10千米两项。

▇ 第1届汽车赛在哪里举行？

第1届汽车赛于1895年在法国举行，埃米尔·莱瓦索尔以刚过24千米的平均时速驾驶汽车就赢得了本届比赛的胜利。该比赛从巴黎开始，到法国南部城市波尔多后再折回巴黎，全程1178千米。国际汽车大奖赛于1906年也在法国首次举办，现在该赛事在世界各地巡回举行。与1895年相比，今天的国际汽车大奖赛的赛车速度提高了10倍以上。

▇ 最著名的自行车赛是哪个？

环法自行车赛。这项赛事于1903年首次举办，它是规模最大的自行车赛事，比赛全程共计21天。每一赛段都有单独的冠军产生，然而只有总成绩领先者才能获得黄色领骑衫。自行车赛始于1868年，第1届世界锦标赛于1903年举行。自行车赛自1896年第1届现代奥林匹克运动会后成为正式比赛项目。

↗ 自行车赛包括在室内、险峻赛道以及户外公路上举办的赛事。图为公路自行车赛场景。

▇ 什么是摩托车高速赛道赛？

高速赛道赛又称为泥地赛车。第1届现代高速赛道赛于20世纪20年代在澳大利亚举行，而第1届国际高速赛道锦标赛于1936年举行。其他形式的摩托车赛（例如摩托车越野赛）在"天然的"户外公路上进行，而高速赛道赛则在椭圆形赛道上进行——每场比赛共进行4圈，4名选手在急转弯处滑行而过。

■ 拉力赛和汽车赛之间有何区别？

拉力赛中，汽车间隔一定的时间相继出发，并记录下每个赛段所用的时间。而在汽车赛中，几辆汽车排成一列从起跑线上一齐出发并沿着环形赛道（分直道和环道）行驶。拉力赛全程达几千千米，前后历时数天。拉力赛通常在荒芜的地方举行——东非和撒哈拉沙漠都举行过拉力赛，最著名的拉力赛当数蒙特卡洛拉力赛。汽车赛则包括在不同国家举办的国际汽车大奖赛、美国印第安纳波利斯500汽车赛以及法国的勒芒24小时汽车赛。

■ 哪种球类运动的球移动速度最快？

冰球运动中，橡胶质冰球可以以高于160千米/小时的速度前进。16世纪初，荷兰就在进行一种冰球运动，然而现代冰球运动起源于19世纪的加拿大。每个冰球队由6名队员组成，比赛分3节，每节持续20分钟，比赛中允许换人。

■ 古罗马人蜂拥至圆形大剧场看什么比赛？

古罗马人观看的比赛并非现代意义上的运动而是血腥的表演——表演过程中，动物和人之间进行搏杀。人们争相观看角斗士与野生动物之间的搏斗，甚至还有模拟狩猎和模拟海战的表演。表演时，整个剧场人满为患。

■ 是谁最早打马球的？

马球最早约于4000年前在中亚和波斯的牧马人之间展开，马球中使用的球有时可以用被杀的敌人的头颅替代。现代马球运动起源于19世纪60年代。马球在274米长的场地内进行，选手骑着马挥动球棍击球，比赛的目标是使球从对手球门柱之间穿过而得分。

■ 为什么篮球又被称为"筐球"？

篮球运动最早是从1891年开始的，只有100多年的历史。世界公认的篮球运动的创始人，是美国的一位名字叫奈史密斯的体育教师。奈史密斯从当地儿童把皮球投向桃筐的游戏中得到启发，发明了一种新的球类游戏，称为"筐球"。

奈史密斯带领他的学生进行"筐球"游戏时，把2个直径为36厘米的圆桶形的篮子钉在两端的栏杆上，18名学生分成两组进行比赛。学生们对奈史密斯发明的这种游戏十分感兴趣，并把它叫作"篮球"。

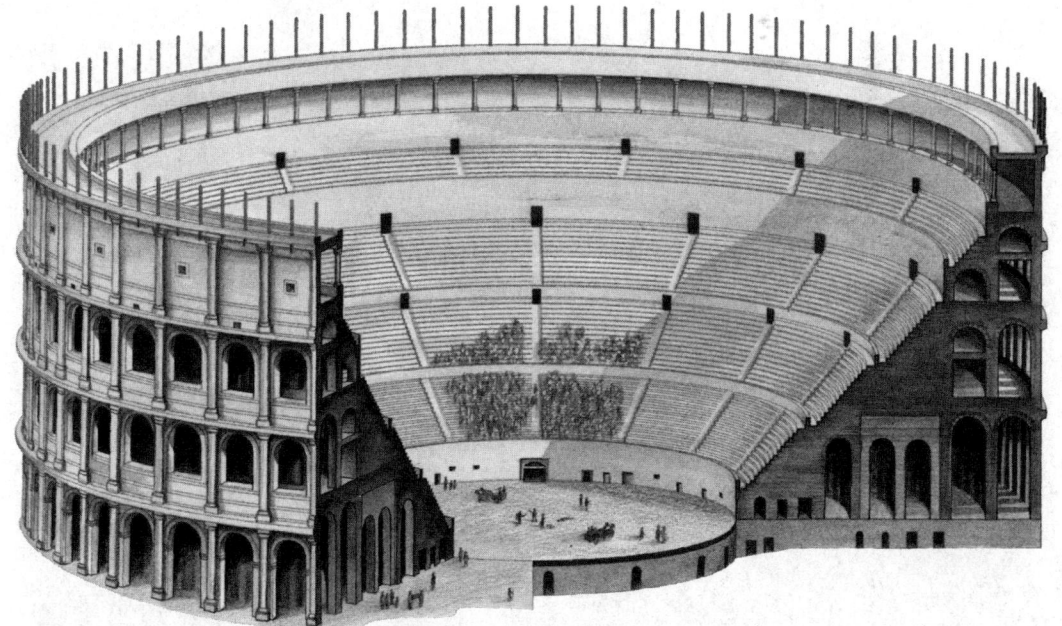

↗ 在罗马的圆形大剧场内，观众坐在绕场地呈圆形排开的座位上，座位呈阶梯状逐渐升高。建筑本身由混凝土建成，而混凝土正是由罗马人发明的。

"篮子"起先是有底的,每投进一个球,都要爬上去取出球,很不方便。由于日晒雨淋,篮子变漏了,投进去的球掉了下来,人们觉得这样更方便,于是篮筐就逐渐发展成现在这个样子。篮球刚被发明时,并没有篮板,人们投篮时如果投不中,球就会飞出很远,比赛也会因此中断,于是就又用一块板挡在篮筐后面,形成原始的篮板。

篮球运动已经得到了迅速的普及和发展,成为现代社会中最为重要的体育运动项目之一。

为什么把排球称为"空中攻防战"?

"排球"的英文原意是空中击球。由于在比赛时运动员按排站立,所以在我国称为排球。它起源于美国。1895年美国人威廉·摩根创造了排球运动的雏形,人们站在网球场球网两侧,把篮球内胆之类的球托来托去,同时不限击球次数。由于排球比赛双方只许在空中击球攻防,球落地即为守方失球,所以称为"空中攻防战"。

排球运动于1905年传入我国,最初时每队上场16人,前后站4排,每排4人;1923年远东运动会将其改为3排,12人;1927年又改为9人,而后在我国流行了很长时间,直到1950年才改为现在的6人制。

为什么把足球称为"世界第一运动"?

足球号称"世界第一运动"。有一次尼日利亚正打内战,球王贝利去那里比赛,交战双方为此停战两天,足球的魅力由此可见一斑。足球比赛场地为长方形,世界杯足球赛决赛阶段比赛场地为105×68米,一般比赛场地长为90~120米,宽为45~90米。球门的宽度是高度的3倍,两个门柱相距7.32米,横梁下沿距地面2.44米。

世界足球运动在20世纪50年代之后经历了三次革命性的变革。1953年匈牙利人突破了沿用20多年的WM式传统打法,采用四前锋(三三四阵型),开创了进攻为主的局面,震动了世界足坛,这被称为第一次变革。五年以后,巴西人发展了新的技术、技巧,创造了四二四阵形,确立了新的后卫踢法,攻守趋于平衡。此后出现的基本特点与四二四式相同的四三三式及其变体,力量分配时更侧重于防守,这是第二次变革。70年代中期荷兰开创了全攻全守的打法,即除守门员之外的10名队员都要参与进攻和防守。这一战术打破了阵式对队员的束缚,对队员的身体素质、技术、战术和意识品质、战斗作风等提出了更高要求,充分调动和发挥了队员的积极性和才能,被誉为足球运动史上的第三次革命。

↗ 排球运动

乒乓球为什么又被称为"桌子上的网球"？

19世纪末的英国伦敦，一天有两个网球迷在一家饭店吃饭。饭后两人觉得无聊，随手拣起一个酒瓶塞子，用桌上的雪茄烟盒当球拍，模仿网球的样子在桌子上对打起来。他们玩得挺高兴，觉得这比打网球方便得多，就热心地把它介绍给别人。很快，英国流行起来这种"桌子上的网球"。

原始的乒乓球的打法简直就和网球差不多，人们用动物皮蒙在缩小了的网球拍子上当球拍，用硬而轻的胶质实心球当球。直到胶皮拍被英国人古德发明以后，乒乓球运动才前进了一大步。一天，古德在参加完一场乒乓球赛后，回家的路上去药店买药，在柜台旁见到用来找零钱的胶皮盘子，顿时联想到乒乓球拍。回家之后，他便着手改进球拍。第二天，他用"新式武器"继续参加比赛，对手一下子就被打得落花流水。古德先生的胶皮球拍也成为轰动一时的新闻。

1926年，伦敦举办了第一届世界乒乓球比赛。此时，乒乓球运动已经完全从网球运动中脱胎出来了。不过，直到今天，英文中的"乒乓球"一词的直译，还是"桌子上的网球"。

为什么足球比赛有罚"点球"的规则？

足球比赛起初没有罚"点球"这一规则。比赛中，防守队员常常在禁区内采用绊人、拉人、推人甚至踢人等恶劣手段以避免被进攻队员攻破球门。

这些手段影响了进攻队员发挥射门技术，干扰了比赛的正常进行，同时也容易伤害进攻队员。

当时，爱尔兰的一位名叫约翰·麦克佩纳蒂的足球专家和一位名叫约翰·麦克亚里历的商人认为：防守队员在禁区内不惜采用恶劣的手段破坏对方的进攻是不道德的，必须有一种严厉的惩罚，约束守方队员的行为。于是，他们向爱尔兰足球总会递交了题为《关于足球规则的补充规定》的建议书，提出了罚"点球"的建议。

反复讨论后，爱尔兰足球总会采纳了他们的建议，并明文规定了这一规则。

新规则出现后，很快被其他国家的足球协会接受。此后，足球比赛中的罚"点球"规则，一直沿用至今。

登山为什么被称为"勇敢者的运动"？

1786年的阿尔卑斯山下，一位名叫巴卡罗的山村医生想要来一次探险，同时，一位名叫巴尔玛的青年人也有相同的念头，两人随即决定去征服勃朗峰——阿尔卑斯山的主峰。

精心准备后他们开始登山。他们经过艰苦的努力，终于爬上了海拔4180米的勃朗峰，这在当时简直就是奇迹。因此，人们后来把他们登上勃朗峰的这一年作为登山运动的诞生年。

↗ 罚"点球"

↗ 登山运动是一项向自然挑战的运动。

此后登山运动得到了蓬勃的发展。1865 年,英国人文培尔等登上了阿尔卑斯山脉的另外一座高峰——玛达布隆峰。这座山峰在瑞士境内,通向山峰的路上有一条陡峭的岩壁,高达 1420 米,平均坡度为 65 度,个别地方甚至达到 90 度,攀登的难度极大。登上玛达布隆峰后,文培尔等人立刻被人们视为了英雄。

之后,越来越多的人们进行登山探险的活动,一座座高山被人类征服。但是,登山运动是一种十分危险的运动。登山过程中,要和大自然较量,还伴随着各种危险,许多优秀的登山者在登山中丧失了生命。因此,登山运动员必须具备非凡的勇气和毅力,登山运动也被称作"勇敢者的运动"。

为什么跳高会有多种过杆姿势?

跳高是人类挑战地心引力的运动项目。相传中世纪欧洲的骑士们把跳高列为必修技能。1864 年田径比赛中正式加入跳高这一项目。1864 年英国人柯奇用"跨越式"姿势过杆,跳过了 1.70 米的高度。后来,法国人蒙纳德进一步发展了跳高技术,发明了"剪式"跳法。美国人勃特 1908 年就是采用"剪式"第一个越过 2 米大关。

20 世纪初,美国人霍林首先创造并采用"滚式"跳高,跳过了 2.01 米。后来又出现了"俯卧式"跳高,英国人奥里布里顿在 1936 年用这种方法跳过了 2.07 米。我国优秀运动员倪志钦在 1970 年 8 月 11 日,采用"俯卧式",以 2.29 米的高度打破了沉寂 7 年之久的男子跳高世界纪录。1968 年,美国运动员福斯贝里在第 19 届奥运会上用首创的"背越式"夺走了男子跳高金牌,他的奇特姿势轰动全世界。

↗ 背越式跳高

↗ 前苏联名将布勃卡

为什么说撑杆是撑杆运动的关键?

撑杆跳高的成绩与运动员使用的撑杆关系很大,撑杆的发展革新不断提高了这项运动的成绩。最早使用的木杆,重 6~8 千克,一直使用到 1906 年,那时撑杆跳高的最好成绩仅为 3.78 米,由美国人萨姆萨创造。1905 年,欧洲人从中国和日本进口了比木杆轻、弹性好的竹竿,使得撑杆跳高的成绩突飞猛进。1912 年,美国人赖特用竹竿跳出了国际田联正式承认的第一个世界纪录,4.02 米。此后,共有 10 人 16 次用竹竿创造世界纪录,其中 1942 年是最后一次,成绩为 4.77 米,竹竿时代到此结束。

1930 年后,钢杆和铝合金杆先后出现。但使用它们成绩提高缓慢,仅刷新过两次世界纪录:一次为 4.78 米,一次为 4.80 米,因而使用时间不长。20 世纪 60 年代后,目前使用最广的"尼龙杆"出现了。这种杆是一种新型的玻璃纤维杆,重量仅约 2 千克,弹性特别好,又称"弹性杆"。此后,撑杆跳高的成绩大幅度提高。1963 年,美国的斯登贝格第一个突破 5 米大关,跳过了 5.08 米。世界撑杆跳高在 20 世纪 80 年代进入明星时代。法国运动员维涅隆，3 年内将世界纪录从 5.72 米提高到 5.83 米。1994 年，前苏联名将布勃卡则将世界纪录从 5.83 米提高到 6.13 米。

为什么把跳远称为徒手飞行？

跳远是最古老的竞技项目之一。考证表明第一次的跳远正式比赛在公元前 708 年举行。当时的跳远设施只是把地面刨松，然后在前面放上一块充当起跳板的木板，非常简陋。后来才出现了避免落地时产生伤害事故的沙坑。

英国运动员麦切尔 1864 年创造了第一个有记载的男子跳远世界纪录，成绩是 5.48 米。十年后爱尔兰选手兰恩第一个跳过 7 米，成绩是 7.05 米。1931 年，日本选手南部中平将纪录提高到 7.98 米。南部中平经常去动物园观察动物跳跃，猴子起跳时两臂用力上举，落地前两腿上屈，着地瞬间双腿前伸，他从这些动作中得到启示，创造了"悬挂式"跳远技术。1935 年，美国黑人运动员欧文斯，将跳远运动水平提高了一大截，跳出了 8.13 米的优异成绩。直到 25 年后的 1960 年 5 月，美国另一名黑人运动员波士顿才打破他的这一纪录。1968 年 10 月的第 19 届奥运会上，美国人比蒙跳出了 8.90 米的惊人成绩，这一纪录保持了 23 年。直到 1991 年 8 月，美国运动员鲍威尔才在东京世界田径锦标赛上创造了该项目新的世界纪录：8.95 米。

为什么跳水有"空中芭蕾"之称？

跳水运动员身轻如燕、飞转似轮，跳水运动也因此素有"空中芭蕾"之称。

跳水运动起源于中国。唐朝时就有人爬上船的桅杆往水中跳，以显示勇敢和水中技艺。19 世纪，在峡谷或桥梁上进行的跳水运动在欧洲出现。1871 年的英国跳水比赛上，美国选手乔森从 46 米高的桥梁顶端跳入泰晤士河，获得冠军。1904 年的第 3 届奥运会把跳水列为比赛项目，此后人们开始日益注重发展入水前的空中姿态和动作，跳水水平越来越高。

跳水比赛设男、女跳板跳水和男、女跳台跳水 4 个项目。跳板的一端固定，另一端有弹性，高度有 1 米和 3 米两种，正式比赛的高度多为 3 米。跳台的高度有 5 米、7.5 米和 10 米三种，正式比赛的高度为 10 米。

↗ 双人跳水

↗ 优美的入水姿势

为什么花样游泳被称为"出水芙蓉"？

花样游泳既是体育，又是艺术，它是体操技巧和舞蹈动作的结合。"花样"动作可以分为四大类，包括芭蕾腿形、海豚形、翻滚与旋转等。

音乐是花样游泳的最重要的因素，配乐可以选用进行曲、民间舞曲、古典乐曲或者现代乐曲。无论怎样选择乐曲，运动员都要能理解并表现出乐曲的内涵。只有这样，才能保证音乐、动作编排和运动员的表演和谐一致。

花样游泳的历史很短，第二次世界大战前才开始兴起于德国和英国。当时运动员把漂浮、转体等动作同队形变化结合起来，在音乐的伴奏下表演各种优美的造型。1956 年，花样游泳被确认为正式比赛项目。1973 年，世界游泳锦标赛上第一次出现了花样游泳比赛。

花样游泳比赛有两种。第一种是比赛单人基本技术的规定动作，不需音乐伴奏；第二种是自选动作，配以音乐伴奏。两者得分之和作为比赛成绩。现在俄罗斯、西班牙、中国和日本是这项比赛水平较高的国家。

为什么柔道被日本列为"国技"?

柔道是一种格斗对抗性的运动。比赛时,两人徒手、赤足,通过把对手摔倒在垫子上或使对手的背着垫达30秒钟为胜,也可通过拿住对手肘关节或绞住对手的颈动脉,迫使对手认输。

柔道中,"柔"指技术上讲究刚柔相济,以柔克刚,最有效地利用对手的力量摔倒对手,"道"指培养运动员的道德品质。

相传中国拳术在明朝末年传到日本后,发展成为柔术,并产生多种流派。19世纪末,日本人把中国拳术同日本武技相结合,同时糅合了各柔术流派的长处并不断改进,创立了柔道。

1951年,国际柔道联合会由日本、法国等12个国家发起成立,其总部现设于日本东京,有会员国110多个。"柔道之国"日本把柔道视为"国技",列为中小学男生的必修课。1964年5月在日本东京举行的第18届奥运会上柔道被列为正式比赛项目。除奥运会柔道比赛外,重大的国际柔道赛事还有国际柔道公开赛、世界柔道锦标赛和世界杯柔道比赛。1980年美国纽约还举行了第一届女子柔道锦标赛。

↗ 柔道比赛

柔道比赛是按体重分级进行,男、女各分8个级别。其中无差级是任何体重的运动员都可以参加的比赛的级别,因此被认为是水平最高的级别。

相扑运动为什么会在日本兴盛?

相扑是日本流行的一种摔跤运动,被称作日本的国技。比赛时两名力士徒手裸体,只系一条护裆肚带,以使对手除两脚外的身体任何部位着地或触及界外地面为胜。相扑比赛没有时间限制,如比赛双方筋疲力尽,仍然没有分出胜负时,行司(日本相扑裁判员)可宣布比赛暂停,待选手休息后再继续进行比赛,直到决出胜负。

相扑运动已有1000多年的历史,我国秦汉时期的"角抵"与日本的相扑运动很相似。晋代则出现了"相扑"一词,相扑运动在唐、宋、元、明各朝代十分盛行,如《水浒传》燕青打擂台的情节中,对相扑比赛就有详细的记述。但到了清朝中叶,相扑运动逐渐消失。

日本的相扑运动,始传于4世纪,8世纪开始盛行于民间。日本天皇每年农历七月七日,总要观看相扑比赛。19世纪后期日本出现了职业性的相扑比赛,称职业相扑选手为"大相扑"。相扑运动员统称为力士,按其运动成绩可分为"序之口""序二段""三段""幕下""十两""前头""小结""关胁""大关""横纲"等十个等级。其中横纲既是相扑选手的最高称号,也是他们的终身荣誉称号。

为什么体操运动员赛前要在掌心上抹白粉?

体操比赛中,运动员以其矫健的身姿和精湛的技艺令人叹为观止,给人以力量和美的享受。体操运动员在器械上做运动时,常常要在手掌和器械上抹一些白色的粉末。那么,这种白色粉末是什么?他们为什么要抹这种白粉?

这种白色粉末的化学名字叫"碳酸镁",人们通常习惯称之为"镁粉",它是一种白色粉状固体,质量很轻,吸湿作用很强。体操运动员在比赛时,手掌心常会冒汗,这对比赛非常不利。因为湿滑的掌心会减少摩擦力,使得运动员握不住器械,影响动作的质量,甚至会使运动员从器械上跌落,出现失误丢分甚至受伤。碳酸镁能吸去掌心的汗水,还会增加掌心和器械之间的摩擦力,从而有利于运动员握紧器械,提高动作的质量。

另外,有经验的运动员还能够利用抹"镁粉"的片刻时间,松弛自己紧张的心情,把要完成的动作程序和要领在脑子里预习一遍,以做好充分的竞赛准备,保证最佳水平的发挥。

世界历史

最早的人类骨架于何时被发现?

1974 年,一具雌性南方古猿的近乎完整的骨架在埃塞俄比亚境内被发现,科学家将这个猿人称为"露西"。她的身高仅及现在的 10 岁小女孩,然而 300 万年前她去世时约有 40 岁。在坦桑尼亚发现的足迹化石也证明南方古猿像现代人一样可以直立行走。

人类何时开始制造工具?

200 多万年前。东非发现的史前人类遗迹周围有打磨后边角锋利的小鹅卵石和岩石。最早使用工具的人被称为"直立人",这是个拉丁语词,意为"手巧之人",这些早期人类使用石器工具杀死动物并切开其肉和皮毛。

火如何改变人们的生活?

人们利用火驱赶猛兽、保暖和烤肉。最早使用火的是直立人,他们生活在 50 多万年前,可以熟练地制造工具。他们还学会了如何摩擦树枝或敲击燧石点火以及如何保留火种。没有火,人就无法在冰河世纪天寒地冻的环境中存活下来。

人类如何捕猎猛犸象?

史前人类齐心协力一同捕猎猛犸象等巨型动物——猛犸象是现代大象的有着巨大体型的近亲。一群猎人会将猛犸象向多沼泽地带、悬崖边

↗ 猎人利用火惊吓猛犸象,将其驱赶至陷阱后再使用带有石头尖的木矛杀死它。

或猎人事先设好的陷阱内驱赶以便更容易地杀死它们。猛犸象不仅能提供肉,还有脂肪、皮毛、象牙和骨头可以利用:皮毛可用来制作衣服取暖,象牙和骨头可制造工具和帐篷的支架。捕猎其他动物例如驯鹿也可以获得兽皮、骨头和鹿角。

谁在洞穴的岩壁上绘画?

在欧洲大约发现了 100 多处岩洞壁画,其中最早的可以追溯到公元前 25000 年。在非洲和澳大利亚同样也发现了岩石壁画。这些岩石壁画是创作于史前文明人类之手,他们用一种天然颜料描绘出动物图案和人们狩猎时的场景。

↗ 石器时代的人类生活在山洞中。他们利用火取暖和做饭,火焰还能照亮洞穴供艺术家在墙壁上作画。

↗ 冢内的墓室里安放着死者的尸体和随葬物品，例如武器、衣物和珠宝。

■ 什么是"冢"？

冢是古代的坟墓，通常由木头或石头建造，上面覆盖有土壤和草皮，地下是墓室。英国有多达4万个冢，大部分冢的一头要比另一头高，而且起源于石器世代。最大的冢有100多米长，青铜器时代后期和铁器时代的冢通常为圆形或圆锥形。建造冢的古人相信人死后仍需要有自己的物品，如在英国萨福克郡的萨顿，一位东盎格鲁的国王于公元7世纪初被安葬在冢下的一艘木船内——这个冢于1939年被考古学家挖掘出来。

■ 最大的古代都市在哪里？

已知最大的古代城市是位于现在土耳其境内的加泰土丘古城。在公元前6250年时，那里的居民已经超过了6000人。人们用泥砖砌成大约一层楼高的房屋用来居住。这种房屋没有门，他们用梯子爬到屋顶，再通过屋顶上的一个圆洞进入屋内。

■ 早期人类食用哪些东西？

在加泰土丘，人们的食用品有肉类、水果（如苹果）、坚果和蔬菜。此外，那里的人们还利用棕榈树：它们的果实可以食用，它们的树干用来做木料，它们的叶子可以用来覆盖屋顶或者编成绳子、席子和鞋子。

■ 早期的人类饲养牲畜吗？

早在公元前10000年前，人们就开始驯养野狼。它们成为最早的猎狗，用来帮助人们狩猎。那时，野生的绵羊、山羊、牛和猪都可以当作牲畜来饲养。

■ 早期的人类种植什么样的庄稼？

早期的农民种植野生小麦和青稞。后来经过把野生小麦和一种草杂交，人们得到了一种新型的、种子更加饱满的小麦。农夫们把这些种子用石头碾碎，再把得到的面粉和少量的水混在一起，创造出了一种新食品——面包。

■ 早期的村庄是什么样的？

在欧洲，最初的村庄就是许多房子修建在封闭的栅栏里面。木制房屋的墙上用泥土加固，屋顶用干草覆盖，栅栏里面有专门种植蔬菜和饲养牲畜的场所。

■ 为什么中国人称自己为炎黄子孙？

5000多年前，我国的黄河流域居住着许多民族部落，他们之间为争夺有限的资源经常发生战争。

东部部落首领蚩尤与原来居住在黄河中游的共工部落之间发生了激烈的战争。共工打不过蚩

↗ 炎帝像
炎帝神农氏带领中原地区人民脱离渔猎生活方式，创立了中国式的农耕生活方式。

↗ 黄帝像
黄帝统一中原地区，建立了最初的部落联盟。很多神话般的发明就是在其统治期间完成的。

尤，一怒之下，他撞倒支撑天体的不周山，使得天体崩坍，土地陷落，洪水泛滥，导致生灵涂炭。蚩尤率领部落民众躲开了大洪水，占领了共工的地盘，接着又去抢夺炎帝的领地。炎帝也敌不过蚩尤，就去西北请来了与自己同族的黄帝部落进入中原与蚩尤大战。结果，黄帝打败了蚩尤。

黄帝想借着士气正旺，趁机统一中原地区。但是，炎帝是不肯放弃中原这块宝地的。为了争当中原的主人，炎帝和黄帝兵戈相向，接连打了81仗，黄帝终于战胜了炎帝。后来，黄帝又征服了许多小部落，统一了中原。

炎帝和黄帝是中国有史以来两个最大部落的首领，所以，后人就将炎帝和黄帝看作是中华民族的祖先，中华民族也就被统称为炎黄子孙。

为什么大禹治水能够成功？

传说尧在位的时候，中原大地发生了特大的洪水灾害。为解除人们的痛苦，尧派禹去治水。禹率领大批助手，走遍了全国闹水灾的地区，根据获得的资料，制定治水的计划。他决定采用疏导的方法把洪水引入大江大河，然后归入大海。

他背着测量用的工具，不顾暑热冬寒，不顾雨雪泥泞，攀登无数高山，足迹踏遍神州大地，日日夜夜奔走在治水工地上。他3次路过自己的家门，甚至听到自己刚出生的儿子的哭声，都没空进去看一下。禹辛勤工作了整整3年，带领百姓开辟了九州的道路，疏通了9条大河，整治了9个大湖泊，凿通了九座大山，终于治好了洪水，安定了九州。他还教百姓在低湿的地方种水稻，在水泽中养鱼，使原先洪水泛滥的地方成了鱼米之乡。

禹治好了洪水，为民立了大功，舜对禹的品德和能力十分满意，就决定让他继承自己的帝位。禹继位后改国号为夏。

盘庚为什么要迁都？

汤建立商政权之后，先后有20余个子孙即位称王。等到盘庚即位后，商政权势力已经衰微。盘庚善于观察形势，认为国家再这样统治下去，形势岌岌可危，应当想出一个行之有效的办法来缓和社会矛盾。他认为最好的办法就是迁都，到殷地开垦荒地，建设新的安定局面。

首先，殷地的土地比较肥沃，在那里建设都城有利于发展农业生产。其次，迁都以后，一切都可以从头做起，可以缓解奴隶主和奴隶之间的矛盾。最后，迁都可以避开反叛势力的威胁，统治就可以稳定些。

公元前1300年，盘庚将首都迁到了殷，历史上称为"盘庚迁殷"。

为什么把对立的事物称为矛盾？

春秋战国时，楚国和秦国发生了大规模的战争。精明的商人看到制作兵器有暴利可图，就纷纷做起了兵器生意。

当时长矛和盾牌是士兵使用的两种最主要的武器。长矛是用来进行刺杀的，盾牌是用来防卫身体的。一天，一个专营长矛和盾牌的商人在楚国都城郢的一条大街上摆起了摊子，摊上竖着大捆的长矛，放着大摞的盾牌，他先取过一支长矛，高声吆喝道："我的长矛是世界上最锋利的，可以刺破任何盾牌！"说完，他还举起手中的矛舞了一番。

↗ 禹王治水图　版画
禹三过家门而不入，最后他带领众人治好了洪水，禹也赢得了百姓的爱戴。

经他这么一吆喝，前来围观的人就渐渐多了起来。一个青年人拿起摊上的盾牌看了看，那商人赶紧放下手中的矛又吹起他的盾牌："我的盾牌是用上等的牛皮制成的，坚韧无比，任何长矛都别想刺破它！"

这时，人群中一位老人笑眯眯地说："那么，用你的矛刺你的盾，结果如何呢？"这位商人一时语塞，羞得恨不得钻到地缝里去。

从此，人们就将两件互相对立的事物叫作"矛盾"。

为什么重耳会流亡？

重耳是晋献公的儿子。晋献公宠爱一个叫骊姬妃子，他想把骊姬生的儿子奚齐立为太子。后来晋献公年纪大了，想到嗣立的问题，便狠了狠心，将原来的太子申生杀了。

申生一死，晋献公另外的两个儿子重耳和夷吾都感到性命难保，便都逃到别的诸侯国避难去了。

晋献公死后，夷吾回国夺取了君位。夷吾感到留着重耳是个祸患，便想除掉他，重耳不得不到处逃难。重耳在晋国时很有声望，一批有才能的大臣都愿意辅佐他。

重耳先后在狄国、卫国、齐国、楚国和秦国流亡，公元前636年，秦国的大军护送重耳渡过黄河，收复了晋国。从此，流亡了19年的重耳在晋国当上了国君。这就是晋文公。

曹刿为什么能够战胜强大的齐军？

公元前684年，齐国大将鲍叔牙率领齐军进攻鲁国，鲁庄公任命曹刿为将军，带领军队迎击齐军。

曹刿率领鲁军刚摆好阵势，齐军就擂响战鼓，曹刿果断地向传令官下达命令："坚守阵地，不许出击。违令者斩！"齐军见鲁军丝毫未动，也担心有诈，就退了回去。

鲍叔牙见鲁军不肯迎战，就命令再次击鼓。然而，鲁军仍然不予反击。鲍叔牙以为鲁军害怕了，就下令再次击鼓进攻。然而，当齐军冲到鲁军阵地前时，曹刿却一声令下，战鼓齐鸣。鲁军直扑齐军，齐军在鲁军的突然打击下，阵势大乱，丢盔弃甲溃不成军。鲁军大获全胜。

战斗结束后，鲁庄公问曹刿战胜齐军的诀窍在哪里？曹刿说："士气是决定战争胜负的主要

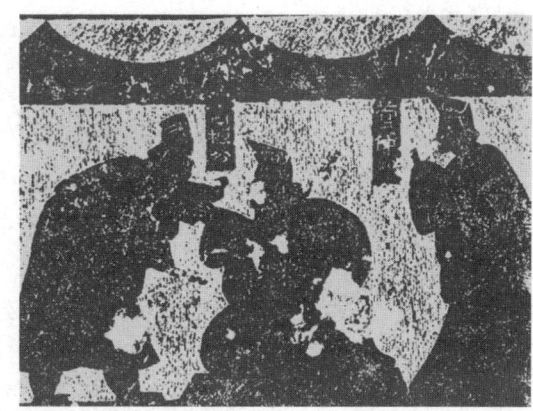

↗ 曹子劫桓石像图
描绘了曹刿不惧危险，力斗齐桓公的场景。

因素。擂第一声鼓时，士气最高，以后就逐渐衰弱。等敌人三鼓后士气低落时，我军才擂响战鼓向它进击，没有不胜的道理。这就叫'一鼓作气'！"

孙武为什么要斩杀吴王的两个宠妃？

孙武是我国历史上著名的军事家，他所著的《孙子兵法》流传甚广。吴王很赏识他，请他上殿讲解兵法。孙武说："讲解兵法，不如演练兵法。"可是吴王手里暂时没有可以直接调用的士兵，孙武就让300名宫女分成两队演习。宫女们第一次到练兵场操演，感觉像做游戏一样好玩，根本不听他的号令。孙武就命令吴王的两名宠妃约束好部下，否则按军法处置，但仍不见效。孙武大怒，不顾吴王求情，将两个队长斩首示众。

孙武再次下令操练时，宫女们已俨然有序了。于是吴王拜孙武为上将军，由他统率吴军打败了强大的楚国。

孔子为什么要周游列国？

孔子名叫孔丘，字仲尼，是鲁国陬邑（今山东曲阜东南）人。

鲁定公当上国君后，只顾天天吃喝玩乐，不管国家政事。孔子想劝说他，他躲起来不见孔子。这件事让孔子感到很失望。孔子的学生说："鲁君不办正事，咱们还是另投明主吧！"

打那以后，孔子离开鲁国，带着一批学生周游列国，开始向国君们宣讲他的政治主张。可是，那个时候，大国都忙于争霸，小国都面临着被吞并的危险，整个社会正在发生变革，又有谁会接受孔子的一套恢复周朝初年礼乐制度的主张呢？

↗ **孔子讲学图　清**
此图表现了春秋时期孔子在杏坛讲学的情景。图中孔子端坐讲授，弟子们在周围恭敬地聆听。作品因是宫廷绘画，所以特别讲求用色和整体结构。

他先后到过卫国、曹国、宋国、郑国、陈国、蔡国、楚国。这些诸侯国的国君都将他拒之门外。

孔子在列国奔波了七八年，碰了许多钉子。晚年时，他还是回到鲁国，把精力放到整理古代文化典籍和教育学生上面。

■ 齐桓公为什么重用宿敌管仲？

公元前685年，齐襄公去世，他的两个儿子公子小白与公子纠同时从国外赶回齐国去争夺王位。当时管仲是公子纠的老师，他为了辅佐公子纠登上王位，就决心除掉公子小白。管仲亲率骑兵追赶公子小白，并用弓箭向公子小白射击。当时只听"啊"的一声惨叫，小白就口吐鲜血倒了下去。其实，公子小白只是受了点皮外伤，他装死蒙骗过了管仲。管仲看见公子小白落马而死，就带着部下掉转马头离开了。小白麻痹了管仲的追兵，抢先回到临淄，继承了王位。这就是历史上有名的齐桓公。

齐桓公夺取了王权，立刻处死了公子纠，又下令将管仲从鲁国抓回来。这时，齐桓公的老师鲍叔牙劝他道："管仲射您一箭只是出于各为其主的需要。他是一个天下奇才。如果您能赦免并重用他，他会帮您得到整个天下！"

齐桓公听了鲍叔牙的劝告，放弃了个人恩怨，亲自到郊外迎接管仲，并任命他为相国，处理国

↗ **《管子》书影**
《管子》一书托名管仲所作。大约是战国及其后的一批零碎著作的总集，汉代刘向编订时为86篇，今存76篇。内容庞杂，是我们了解春秋早期社会经济状况及管仲政治经济思想的重要文献。

家大事。从此,齐桓公知人善任、胸怀广阔、不计私仇的名声就传开了,齐国因此得到了许多人才,管仲也辅佐齐桓公成了春秋五霸之首。

勾践为什么能够报仇雪耻?

公元前494年,吴越两国在太湖大战,吴国大败越军,越王勾践被迫带着妻子和大臣范蠡去吴国做人质。在吴国期间,曾经贵为越王的勾践忍辱偷生,为吴王做下人做的工作,比如牵马、喂马等。在夫差生病时,勾践甚至替他尝粪便以辨别病情。越王谦卑低贱的行为终于使吴王放松了警惕,以为他不会再有叛逆之心。3年后,勾践取得了吴王的信任而被放回了越国。

勾践其实是很有抱负的君王,回国后,他念念不忘在吴国所受的屈辱,一心渴望东山再起。他晚上睡在柴堆上,还在柴堆上面挂一个苦胆,每天早晨起床穿衣时,总要去舔一下苦胆,尝尝它的苦味,这就是历史上著名的"卧薪尝胆"的故事。

勾践一面卧薪尝胆,磨炼意志;一面又在国内发展生产,实行有利于人民的政策,赢得了民心,积蓄了大量的财富;他还在太湖中秘密训练军队,储备作战武器。勾践还将越国的两名美女西施和郑旦献给吴王,使夫差整日荒淫无度,沉湎于美色之中,不理朝政。

5年后,越国的实力就大大地超过了吴国。越王勾践亲率大军征伐吴国,打败了吴军主力。又过了4年,越军终于攻下了吴国的都城,杀死了夫差,灭吴国。

↗ 越王勾践卧薪尝胆图

经过10多年的忍辱负重,养精蓄锐,越王勾践终于灭掉了吴国,成为春秋时代最后一个霸主。

孟母为什么三次搬家?

孟子(名轲),是我国历史上著名的思想家、教育家。他幼年丧父,母亲靠纺纱织布维持生活。为了不让孟轲跟淘气的孩子玩耍而耽误了学业,孟母决定把家搬到一处安静的地方。

可是,新搬的地方隔壁是个铁匠铺,小孟轲竟学铁匠玩起打铁来了。于是,孟母再次搬家。这次,她干脆搬到了郊外的荒野之处,她以为荒郊野外的,没有人为的干扰,儿子就能专心念书了。没想到,清明节时,荒野里一下子来了许多上坟扫墓的人。小孟轲又经不起诱惑,偷偷地溜出家门去观看,并且学着大人的样子用小树枝挂纸钱、烧香、磕头。

孟母一气之下第三次搬家。这回她将家搬到了一所学校边上,将儿子送进学校拜师读书。可是枯燥乏味的学习环境使小孟轲忍耐不住,逃学了。孟母将儿子拖到织布机旁,拿把剪刀"咔嚓"将自己织的布剪断了,说:"不肯读书的人将来长大了就和这剪断的布一样,是无用的东西!"

孟轲幡然悔悟,明白了母亲多次搬家的良苦用心,从此发愤读书,心无旁骛,终于成为我国历史上著名的大学问家,这就是"孟母三迁"的故事。

扁鹊为什么不给蔡桓公治病?

扁鹊是战国初年著名的医生。有一次,扁鹊见到了蔡桓公,他观察了蔡桓公的气色后说:"大王有病在皮肤部位,及早治疗就会没事,否则病情会加重。"蔡桓公却不当回事地说:"谢谢你,先生,我身体很好。"然后就客气地叫人送走了扁鹊。又过了几天,扁鹊又见到蔡桓公,对他讲:"大王有病在血脉,不马上医治的话还会加重。"蔡桓公仍然不当回事,心想他只不过是想在我面前炫耀一下自己的本事而已。因此扫了扁鹊一眼,挥手让手下把他送走了。又过了几天,扁鹊再次见到蔡桓公,说:"大王的病不能再拖了,已经侵入肠胃了。"蔡桓公还是不把扁鹊的话放在心上,他自言自语道:"这些医生都沽名钓誉,似乎看谁都有病。"他再次挥手打发走了扁鹊。大约过了几十天,扁鹊再次见到了蔡桓公,他一句话也不说,扭头就走。蔡桓公觉得很奇怪,便派

□怎样回答：全球孩子最爱问的为什么

↗ 神医扁鹊

扁鹊（约公元前407～前310年），今河北省任丘县人。扁鹊首创中医望、闻、问、切四大诊法，首次把中药制成丸、散、膏、丹、汤剂，医学理论被整理成《难经》。

人去问扁鹊，扁鹊说："蔡桓公的病一开始在皮肤，熨贴一下就完全可以治好；在血脉的时候，用针灸也可以治疗；而后到了肠胃，还可以用药酒、汤剂来治疗；现在蔡桓公的病已经侵入骨髓，无药可救了，我再劝他也没用了。"说完，他背起行囊离开了蔡国。果然，没过几天，蔡桓公就死了。

▓ 为什么墨子可以攻破鲁班的云梯？

战国初期，楚国的国君楚惠王为了恢复楚国的霸权地位，整顿军队，准备进攻宋国。

楚惠王手下有一个很有本领的工匠叫公输般，是鲁国人，后来人们称他为鲁班。

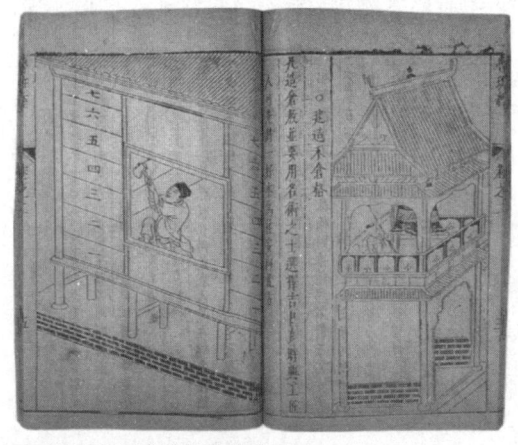

↗ 《鲁班经匠家镜》营造家具图

公输般替楚王设计了一种攻城的工具，比楼车还要高，看上去似乎高得能够触到云彩，所以叫云梯。楚惠王一面叫公输般抓紧制造云梯，一面准备向宋国进攻。

楚国想进攻宋国的事，引起了许多人的反对，其中有一个人叫墨子。他听说楚国要利用云梯去攻打宋国，就赶快跑到楚国去，一直奔走了十天十夜，终于到了楚国的都城郢都。他先去劝说公输般不要帮助楚惠王攻打宋国，又拜见楚惠王，墨子诚恳的语言打动了楚惠王的心。接着，他又从身上解下系着的皮带，围在地下当作城墙，又拿几块小木板当作攻城的工具，叫公输般来演习一下，比一比本领。公输般采用一种方法攻城，墨子就用一种方法守城。公输般采用了九套攻法，墨子守城的高招都一一将其破解了。就这样，墨子通过自己的智慧，阻止了一场战争。

▓ 楚霸王为什么要在乌江自刎？

楚汉相争说的就是项羽和刘邦为了谁当皇帝而发生的争斗。战争初期，项羽实力强大，兵强马壮。刘邦知道以自己的力量无法与项羽抗衡，就向项羽表示自己愿意安心留在巴、蜀一带，不再回中原与他相争。项羽果然放松了对刘邦的戒备。

随着时间的推移，形势越来越有利于刘邦。随后，楚汉战争的决战时刻来临了。

这天晚上，项羽从睡梦中惊醒，听到四周都是楚歌，便以为刘邦的汉军已经在他完全没有防备的情况下占领了楚国。

当天晚上，项羽跨骑乌骓马，带领800子弟向外突围。汉军发现后紧追不舍。等到了淮河时，项羽的手下还剩下100多人了。到了东城，还剩下28人。项羽叹道："这并不是我打不过他们，而是天叫我亡啊！"

项羽把仅有的28人分成4队，率领他们冲向汉军。他们一直往南跑去，来到了乌江，恰巧乌江亭长的小船停在岸边。他劝项羽到江东继续称王，可项羽却苦笑着说："我在江东带领8000子弟渡江起兵，如今他们一个都没有回去，我一个人又有何颜面见江东父老呢？"说完，他将乌骓马送给了亭长，又同追上来的汉兵激战起来。项羽受了十几处伤，最后拔剑自刎了。

赵武灵王为什么要胡服骑射？

公元前325年，赵武灵王即位。当时，赵国国势衰落，常受到强国的欺侮。

赵武灵王是个有志气的人，决心要改变落后挨打的局面。他重用肥义、楼缓等有经验的大臣，请他们出谋划策。而且，他还在服装和打仗方法上加以改革，向胡人学习先进的军事经验，即改穿胡服，学骑马射箭，增强军队的战斗力。在当时，骑兵是最有战斗力的兵种，不出一年，赵武灵王就训练出一支作战勇猛，武艺高强的骑兵部队。赵武灵王首先发动了讨伐中山国的战争，用了四五年工夫，便占领了中山国大部分领土。

赵武灵王的军队继续推进，直打到距离中山国都城只有40千米的地方，吓得中山国国君赶忙逃到齐国去避难。从此赵国威名远扬，军威震慑天下。中原各国，甚至强大的秦国也不得不对赵国另眼相看。

商鞅为什么能够推行新法？

公元前359年，秦孝公任用商鞅开始变法。

为了让百姓看到国家执行新法的决心，商鞅让人在京城的南门口竖了一根木头，并在旁边贴了一张告示："将此木扛到北门者，赏金十两。"

↗ 商鞅像

商鞅（约公元前390~前338年），战国中期著名的思想家、政治家、军事家、改革家。

不一会儿，南门口围了一大堆人，大家议论纷纷，就是没有一个敢上去扛木头的。

商鞅知道老百姓对改革还心存疑虑，还不相信他下的命令，就把赏金提到50两。没有想到赏金越高，看热闹的人越觉得不近情理，仍旧没人敢去扛。

正在大伙儿议论纷纷的时候，忽然有人喊了一声"我来试试"，就从人群中跑了出来。这是一个青年人，他把木头扛起来就走，一直扛到北门。商鞅立刻吩咐侍卫，赏给扛木头的人50两黄澄澄的金子，以示奖励。这件事立即传了开去，整个秦国都为之轰动。老百姓说："左庶长的命令不含糊。"

商鞅知道，他的命令已经起了作用，就公布了他起草的新法，并先后进行两次大规模的改革。几年后秦国成为战国七雄中实力最强的国家，为统一中国打下了良好的经济和军事基础。

为什么李冰父子要修筑都江堰？

公元前256年，秦国蜀郡因连年发生自然灾害，致使当地饥荒四起，人民生活困苦不堪。昭襄王任命水利专家李冰为蜀郡太守，由他来修建蜀地水利工程，以帮助人们抵御天灾。李冰上任后，立刻对蜀郡各地的农田水利情况作了全面的考察。

经过研究，他决定凿通玉垒山，引水分洪。与此同时，他还决定在江中筑坝分流，以便在平时也可将江水引向东边，灌溉东部的大片农田。为了实现这个宏伟的计划，李冰发动蜀郡群众，组织了近10万余民工。这些民工在李冰父子的带领和指挥下，开山凿石，修堰开渠，经过数年的艰苦奋战，终于建成了中国历史上有名的都江堰水利工程。

荆轲为什么要刺杀秦王？

公元前227年早春的一天，在凛冽的寒风中，有一支队伍从燕国国都蓟城出发向咸阳方向走去。这是燕国的太子丹在为出使秦国的燕国使者荆轲送行。队伍一直到了易水河边才停了下来。太子丹为荆轲敬酒饯行，高渐离为荆轲击筑送行。荆轲接过酒杯一饮而尽，并且和着筑声唱起了悲壮的歌："风萧萧兮易水寒，壮士一去兮不复还！"

荆轲此行是以出使秦国的名义去刺杀秦始皇，从而阻止秦国吞并燕、魏等6个中原国家。此行不论成败与否，荆轲必死无疑，因而一种悲壮的气氛在送行的人群中弥漫着。

荆轲到了秦国后，秦王在大殿召见了他。他先向秦王献上了秦国正在通缉的秦将樊於期的首级，然后，又向秦王指明燕国将向秦国进贡的土地。他捧着燕国的地图与秦王一起慢慢打开。当地图卷打开到最后时，荆轲一把抓起藏在地图里的匕首，猛地向秦王刺去，秦王逃到大殿上绕着铜柱躲避。由于荆轲的助手秦舞阳吓破了胆，不敢上前相助，荆轲寡不敌众，最后被秦王和赶上来的武士杀死了。荆轲的胆识和气概长久地被人们所景仰，他也成为燕赵大地上众多慷慨悲歌之士的代表人物。

■ 为什么秦始皇被称为"千古第一帝"？

秦王嬴政吞并了六国，统一中国。他觉得自己的功绩就是古代传说中的三皇五帝也比不上。于是，他决定用一个比"王"更尊贵的称号。后来，他决定采用"皇帝"的称号，因为是中国第一个皇帝，就自称为始皇帝。

全国统一后，秦始皇决定废除分封的办法，改用郡县制，把全国分为36个郡，郡下面再设县。在秦始皇统一中原之前，各国的文字是不一样的，秦始皇规定了统一的文字，有力地促进了各地的文化交流。这叫作"书同文"。后来，秦始皇又规定了全国统一的度、量、衡制度。

为了防御北方匈奴的入侵，秦始皇又将原来燕、赵、秦三国北方的城墙连在一起，这就连成了后来举世闻名的万里长城，成为我们中华民族古老文明的象征。

秦始皇为中华民族的统一和中华文明的传承做出了不可低估的贡献，因此被称为"千古第一帝"。

↗ **秦始皇像**
秦始皇(公元前259～前210年)，秦王朝的创建者，中国历史上第一个封建皇帝。

■ 为什么要修筑万里长城？

秦始皇统一中国以后，为了防止北方匈奴的侵犯，就派大将蒙恬带领30万军队，在全国范围内征集几十万青壮劳力，用了10年时间，修筑了西起甘肃临洮、东至辽东的长城。这座长城横贯当时秦朝的北方边境，全长近1万里。到了西汉初期，匈奴趁着中原地区连年战乱，大举侵犯。汉武帝即位后，派大将卫青、霍去病打退了匈奴的进攻。随后，修复了秦朝修建的旧长城，并且将长城从西部的临洮向西北延伸到了玉门关。

明朝初年，明太祖朱元璋为了防止北部蒙古族的进犯，又派大将军徐达率军修建长城。徐达不但整修了原有的长城，还增修了许多敌楼、关隘和烽火台。著名的长城关隘居庸关、雁门关、山海关，都是明朝时期建筑的。明朝修筑了近200年的长城，终于完成了东起鸭绿江畔辽宁虎山，西至甘肃嘉峪关的全长8851.8千米、驰名世界的万里长城。

历经千年而不倒的万里长城已经成为中华民族的象征和骄傲。

↗ **明长城**

■ 刘邦为什么能够赢得天下？

汉高祖刘邦赢得楚汉战争后，在洛阳南宫举行酒宴。席间，他向群臣问道："诸位将军都来说说，我之所以能取得天下的原因是什么？项羽之所以失掉天下的原因又是什么？"大将高起、王陵回答说："陛下派人攻城掠地，与诸将同享利益。项羽却不这样，他对有功的人嫉恨，对贤能的人猜忌，这是他失掉天下的原因。"高祖说："你们只知其一，不知其二。谈到运筹帷幄之中，

↗ 刘邦像
刘邦(公元前256~前195年),西汉开国皇帝。

"决胜千里之外,我不如张良;镇守国家,安抚百姓,供给粮饷,保持运输粮道畅通无阻,我不如萧何;统率百万大军,战必胜,攻必克,我不如韩信。这三位都是英雄豪杰,而我对他们委以重任,放手让他们去干,这才是我取得天下的原因。项羽有范增,却不能对他信任,这就是项羽被我打败的原因。"

为什么有"汉武雄风"之说?

公元前140年,汉武帝刘彻继承皇位,他是我国历史上很有作为的皇帝,开疆拓土,建立了不朽功勋,后人将他统治的这段时期称为"汉武雄风"。

汉武帝平定了闽越、南越、东越,使居住在江淮的越人与汉人融合,成为西汉政府的属民。随后,汉武帝又统一了西南夷,使现今西南地区(贵州、四川)的大部分地区归入了中国的版图。最重要的是,汉武帝以武力反击匈奴,派大将卫青、霍去病连年征讨匈奴,虽然汉朝用兵损失巨大,但是匈奴的势力被驱赶到了比较偏远的地区,保障了汉朝北部边境的安全。此外,汉武帝还用兵朝鲜,征服当地贵族,设立四郡。在汉武帝的统治下,西汉王朝成为当时世界上疆域最广阔、势力最强大的国家。

汉武帝为什么要独尊儒术?

汉武帝为了巩固君主独裁统治,必然要选择加强学术思想的统一。他接受了董仲舒的建议,罢黜百家,独尊儒术,结束了战国以来百家争鸣的局面。

汉武帝实行的"罢黜百家,独尊儒术"的思想统一政策,对于加强中央集权的封建专制是有积极作用的,但是它把战国以来学术自由、思想自由的文化气氛彻底消除了,这就严重禁锢了人们的思想。后来,各个封建王朝的统治者又不断发展儒家学说,使它更适合于维护封建统治的需要。中国封建社会两千多年来停滞不前,同汉武帝实施的"独尊儒术"是有一定关系的。

↗ 汉武帝刘彻像
刘彻(公元前156~前87年),中国历代皇帝中第一个使用年号的皇帝。

为什么王昭君要远嫁匈奴?

汉元帝时期,国泰民安,社会生产得到极大的恢复,国力也强盛起来。匈奴在这几十年的汉匈战争中衰弱了,为了生存,他们主动表示要与汉朝和亲。为了边境的安宁,汉元帝决定与匈奴和亲,于是准备在皇宫中选派一名宫女以公主的身份嫁给匈奴单于呼韩邪。

↗ 昭君出塞 清
西汉的和亲政策使汉朝和匈奴得以长期和睦相处,汉匈民族在政治、经济、文化上有所沟通并相互发展,边境安宁,百姓免遭战乱之苦。

汉元帝正在为没有人报名而着急的时候,有个叫王昭君的宫女愿意远嫁匈奴。于是,元帝就下令封她为公主,让她在长安与呼韩邪择日成亲。王昭君在出塞之前,拜见了汉元帝。王昭君的美貌、端庄、贤淑使汉元帝惊呆了。他非常后悔,怎么能将这样的美人拱手送给别人呢?然而,圣旨已下,汉元帝悔之晚矣!

汉元帝事后一查问,才知道画师毛延寿利用画像的机会向宫女们勒索。王昭君因不愿贿赂他,他才故意将她画丑,因此失去了受元帝宠幸的机会,汉元帝不由得大怒,下令杀了毛延寿。王昭君到了匈奴以后,劝导匈奴单于停止战争,发展生产,学习文化,从此使汉朝的北部边境60多年没有战争。

张骞为什么要出使西域?

公元前138年,为了联合大月氏共同对付匈奴,汉武帝委派张骞为特使,率一百多人的使团出使西域。但是,张骞的使团出了阳关不久,便被匈奴抓了起来。张骞被关押了10年之久,他终于找准机会逃了出去,到了大宛国,然后再从大宛到了康居国,最后历经艰辛到达了大月氏国。可是,大月氏已不想再与匈奴作战了。张骞只得再从大月氏国来到大夏国(今阿富汗)。在大夏国,张骞了解到了许多地理知识和世界各国的情况。从大夏返回时,张骞从昆仑山北麓穿越新疆、甘肃,终于回到了长安。

张骞出使西域,虽然没有达到联合大月氏的目的,却打通了一条通往西域的通商之路。汉武帝对此十分高兴,封他为"博望侯"。公元前119年,张骞第二次出使西域。这次,张骞率领庞大的马队,带了中国的丝绸、茶叶等特产,从西域各国换回了毛毯、貂皮、骆驼,以及葡萄、黄瓜、芝麻等商品。在通商的同时,中国与西域之间的文化也得到了交流。张骞开拓的从长安到西域各国的通商之路成了联系东西方文化的要道,人们将它称作"丝绸之路"。

为什么把刘秀重振汉室称为"光武中兴"?

汉光武帝刘秀镇压了赤眉军以后,南北各地还存在着许多割据势力。

建武八年(公元32年)光武帝刘秀亲自率领征南大将军岑彭、大司马吴汉等西征陇蜀。大军压境,隗嚣的军队或逃或降,未战而先损兵过半。隗嚣向公孙述求救。正在刘秀挥师西进之时,洛阳附近的颍川发生兵变,刘秀连夜东归,命征南大将军岑彭平定陇蜀。隗嚣、公孙述这两支割据势力,受到岑彭的沉重打击,最后终于被刘秀所灭。

刘秀和他的大将连年征战,消灭了各地的割据势力,使社会经济重新得到恢复和发展。因此,后人把刘秀重振汉室,叫"光武中兴"。

汉朝使者苏武为什么要去牧羊?

公元前100年,汉武帝派中郎将苏武为大汉使者出使匈奴。匈奴单于企图说服他们投降,但苏武宁死不从。单于见苏武一身正气,坚决不肯低头,就命人将苏武押送到北海去牧羊。苏武手持象征汉朝使节的旌节,来到茫茫的北海,渴了吃一把地上的积雪,饿了用皮带、草根充饥,冷了偎着羊群取暖。他望着天空中年年南飞的群雁,盼着有朝一日也能像大雁一样重归故土。

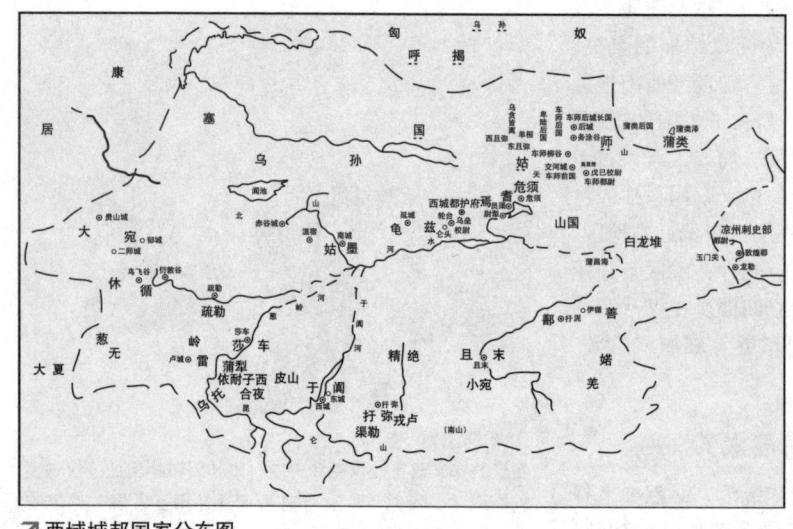

↗ 西域城邦国家分布图

19年后，汉朝又派使者出使匈奴。得知苏武不辱汉朝使者的使命，在荒无人烟的北海牧羊19年的事迹后，汉使非常感动，就去对单于说："我们汉朝皇帝射到一只大雁，雁足上系着一张纸说苏武仍被你们关在北海牧羊……"匈奴单于大吃一惊，觉得天意难违，他不能再扣留苏武了。19年的牧羊生活使苏武的须发全白了。回到长安那天，城内城外许多官员和百姓都出来迎接他，他们看到这个19年未归的使者虽然须发苍苍，但却仍然高举着那根已经脱了穗子的旌节，都无不被他的爱国气节所感动，人群中响起一片啜泣之声。

■ 班超为什么要投笔从戎？

汉光武帝建立了东汉王朝后，让大学问家班彪整理西汉的历史。班彪有两个儿子，一个叫班固，另一个叫班超，还有一个女儿叫班昭。班彪在几个孩子幼小的时候，就教他们学习文学和历史。

班彪死后，汉明帝任命班固为兰台令史，继续完成他父亲整理历史书籍的事业，就是著《汉书》，班超跟着他哥哥做抄写工作。哥俩都很有学问，可是性情和志趣不一样，班固喜欢研究百家学说，致力于著作他的《汉书》。而班超却不愿意皓首穷经地在案头写东西。

当班超听到匈奴不断地掳掠边疆的居民和牲口时，气愤地说："大丈夫应当像张骞那样到塞外去立功，怎么能在书房里呆一辈子呢？"就这样，他放弃文案工作，去立战功了。

■ 刘备为什么要三顾茅庐？

刘备的祖上是汉朝的皇族，从东汉末起事20多年来，他因为胸怀宽广而赢得不少天下豪杰的仰慕。他四处寻访人才，召集了许多文臣武将。徐庶向他推荐人称"卧龙"的诸葛亮时，说这人是个了不起的人才，但要刘备亲自去请他来。刘备求贤若渴，就决定亲自去拜会诸葛亮。

经过三次拜访，诸葛亮才把刘备等人迎接到屋里，开始讨论天下大事。诸葛亮分析了时局，提出了著名的《隆中对》。

刘备听后大喜，于是请诸葛亮出山辅佐自己。从此诸葛亮成为刘备的主要谋士，也成为刘备集团中举足轻重的人物，为蜀政权立下了汗马功劳。

↗ 三顾茅庐图
刘备礼贤下士，三顾茅庐，终于得到了诸葛亮这位人才。

而《隆中对》也就成为指导刘备集团进行斗争的思想纲领。

■ 诸葛亮为什么要七擒孟获？

后主刘禅即位之后不久，南蛮王孟获便带领10万蛮兵，不断侵掠蜀国边境。225年，诸葛亮亲自带领50万人马前去征讨。

南蛮王孟获听说蜀兵南下，就带兵迎战，蜀将王平以诈败之计打败孟获，并让事先埋伏好的大将魏延在一狭窄的山路活捉了他。

孟获被押到大帐里，口口声声不服诸葛亮，诸葛亮

↗ 孟获像

立即让人给孟获解开绑绳，放他回去。

孟获回寨以后，因两个洞主与诸葛亮作战，打了败仗，孟获把他们痛打了一顿。这两人一怒之下，带了100多个南兵，冲进孟获的营帐，把喝醉了的孟获绑了起来，献给了诸葛亮。

诸葛亮见孟获仍摆出一副不服的样子就又放了他。这样捉了放，放了捉，前后捉了孟获七次。

当第七次擒住孟获时，诸葛亮又给他解了绑，送到邻帐饮酒压惊。孟获感动得流下了眼泪，他来到诸葛亮面前，跪倒在地上说："丞相天威，南人永远不再造反了。"

■ 李世民为什么会发动玄武门之变？

唐朝刚刚建立不久，李世民和皇太子李建成之间，就为争夺皇位展开了激烈的斗争。

为了削弱李世民的势力，李建成和李元吉绞尽脑汁。凡是有调动兵马的机会，他们总是想方设法把李世民的部将调离。这样，他们之间由明争暗斗发展到了兵戎相见的地步。

这时，正好突厥入侵，李建成便和李元吉策划，先夺了李世民的兵权，等出征的时候再把他杀掉。消息很快便传到李世民那里，他急忙找来长孙无忌、尉迟敬德商量对策，大家都主张立即动手，先发制人。

当天夜里，李世民进宫去控告李建成和李元吉，揭发他们在后宫胡作非为。高祖大吃一惊，说："有这样的事吗？"李世民说："不但如此，他们还想谋害我。如果他们得逞，儿就永远见不到父皇了！"说完便哭了起来。高祖说："你讲的事情，关系重大，明天你们一同进宫，我要亲自审问！"

第二天一早，李世民让长孙无忌等人带了一支精兵，埋伏在玄武门内。守卫玄武门的将领叫常何，原来是李建成的心腹，事先已被李世民收买过来了。他见李建成和李元吉走进玄武门，便迅速将大门关闭。

李建成和李元吉下了马，走上临湖殿。李建成眼光向周围一扫，发觉周围的气氛有点反常。他扯一下齐王的衣袖，转身飞快走下石级，翻身上马，奔向玄武门。这时，只听有人喊道："太子、齐王，为什么不去上朝？"李建成回头一看，不是别人，正是对头李世民。李世民对准李建成一箭射去，先把李建成射死了。李元吉急忙向西逃去，也被尉迟敬德一箭射下马来。

当他们兄弟三人火并的时候，唐高祖正带着大臣、妃子在海池中乘船游玩。听到太子、齐王被杀，高祖十分难过，吩咐游船靠岸。

不过，事已至此，唐高祖只好听从宰相萧瑀的话，命令各路军队都接受秦王李世民的指挥。三天之后，唐高祖李渊立李世民为皇太子，国家军政大事一律由太子处理。又过了两个月，唐高祖被迫让位，自称太上皇。李世民当上皇帝，就是唐太宗。

■ 惠能为什么能够得到禅宗五祖的衣钵？

东禅寺的禅宗五代祖师弘忍活到了72岁，感到自己来日不多，就想着将自己的衣钵传给后人。他让寺里的一千多个和尚每人作一首偈，看谁能认识到佛的本性，就将衣钵（象征权力的袈裟和钵头）传给谁，大家心里想，衣钵传人非五祖弟子神秀莫属。神秀也是心里乐滋滋的，转身在走廊的墙上写下了这样一首偈："身是菩提树，心是明镜台，时时勤拂拭，勿使惹尘埃。"众人看了以为高深，没想到一位在后院干杂活的和尚惠能，当即和了一偈："菩提本无树，明镜亦非台，本来无一物，何处惹尘埃。"

看了神秀的偈，五祖知道他还没有认识佛性。但看了惠能的偈以后，五祖很是震惊，觉得此人悟性非凡，决定将衣钵传给他。但他怕节外生枝，当即脱下鞋子，抹掉墙上字迹，很是冷漠地说了一句："这首偈写得不怎么样。"

此夜三更，惠能依约来到五祖住处，五祖以袈裟将两人裹在一处，密授惠能《金刚经》，又将顿教法门和本宗衣钵传给他，五祖最后对惠能交待说："你现在就是六代祖师。务必好好保护法衣，普度众生，使本门佛法得以发扬广大。"还亲自把惠能送到九江浔阳驿。

三年后五祖辞世。而与五祖此后再未相见的惠能，为了保护衣钵，不顾艰难，16年后终于在广州的法性寺扎根悟佛，收徒讲经，创建了佛教的南宗。

■ 玄奘为什么要去西天取经？

玄奘的原名叫陈祎，洛州缑氏（今河南偃师缑氏镇）人，是长安大慈恩寺的和尚。他从13岁出家做和尚起，就认真研究佛学。后来他到处拜师学习，很快就精通了佛教经典，被尊称为三藏

↗ 唐玄奘取经图 元 王振鹏

法师（三藏是佛教经典的总称）。玄奘发现原来翻译过来的佛经有很多错误，就决定到天竺去学习佛经。

629年（一说627年）他从长安出发，通过玉门关，穿过沙漠，越过雪山冰河，经历了千辛万苦，通过西域各国进入了天竺（古印度）。

玄奘进入天竺的那烂陀寺，跟着有名的戒贤法师学习。5年后，玄奘已成为那烂陀寺中一流的高僧。

天竺摩揭陀国的戒日王为玄奘开了一个讲学聚会，邀请了18个国王和3000多个高僧，会议开了18天，大家都称赞演讲的精彩。最后，戒日王宣布讲学圆满成功。

645年，玄奘带着600多部佛经，回到长安。从此，他就专心地翻译从天竺带回来的佛经，他还与弟子将他的游历合编成一本《大唐西域记》，至今仍广为流传。

为什么铁木真被尊称为"成吉思汗"？

铁木真，出生于蒙古孛儿只斤氏族，曾祖合不勒统一了蒙古尼伦各部。"铁木真"蒙语的意思是"精钢"，他在28岁时被拥戴为"汗"，成为尼伦部落的首领。

铁木真首先对部落的组织形式进行了改造，以巩固自己的权力和地位，然后便开始了统一蒙古各部的战争。1205年，铁木真经过20年征伐统一了蒙古各部，在次年的翰难河大会上，被推为蒙古大汗，尊称为"成吉思汗"。此后，蒙古国在铁木真的领导下，不断地扩张疆域，四处征战。1227年，铁木真因长年征战而病逝。

马可·波罗为什么要游历中国？

提起马可·波罗几乎无人不知，这位伟大的意大利旅行家写了一本巨著，即著名的《马可·波罗游记》。它开阔了欧洲人的眼界，成为欧洲人认识中国的窗口。那么，马可·波罗为什么要游历中国呢？

原来马可·波罗的父亲尼哥拉·波罗是个商人，马可6岁的时候，尼哥拉和马可的叔叔玛飞到东方去经商，恰好见到了蒙古帝国的忽必烈大汗。忽必烈很高兴地招待了他们，并要求他们回国后向罗马教皇转达自己的问候，还要求教皇派贤人到中国来交往。尼哥拉等回到威尼斯后，因为新教皇还未选出，便赋闲在家，天天向小马可讲述在东方旅行的见闻，引起了马可的浓厚兴趣，他一再要求父亲和叔叔带他到中国去。

转眼间10多年过去了，尼哥拉终于见到了新教皇，便将忽必烈的要求说了。新教皇写了一封信，又准备了许多礼物，让尼哥拉再去拜见忽必烈。这样尼哥拉和玛飞便带着已经17岁的马可，于1271年再次踏上了去往中国的旅途，并且终于见到了忽必烈。

↗ 马可·波罗的父亲和叔叔向忽必烈敬献礼物。

郑和为什么要下西洋？

"靖难之变"后，朱棣夺得帝位，史称明成祖，而建文帝不知去向。

为了寻找建文帝的行踪，更为加强与海外各国的联系，永乐三年（1405年）六月，明成祖朱

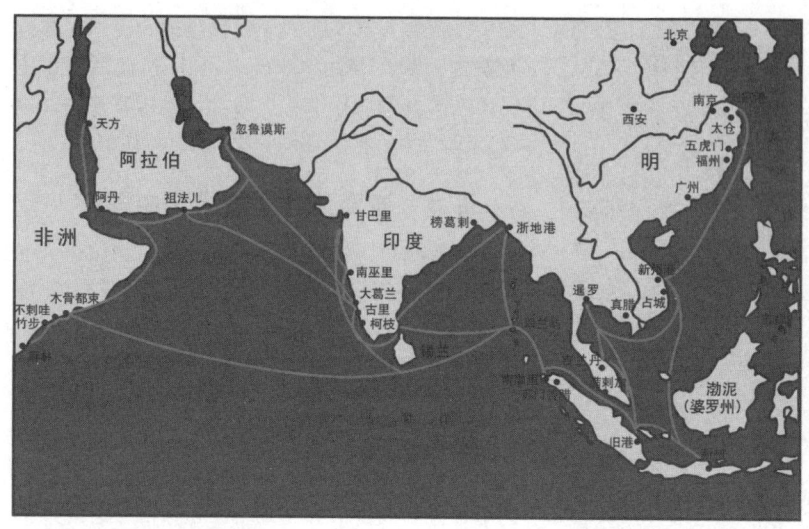

↗ 郑和七次下西洋路线图

棣正式派郑和为使者，出使"西洋"。从1405年到1433年将近30年里，郑和出海7次，总共到过印度洋沿海30多个国家，最远还到了非洲的木骨都束国(今索马里的摩加迪沙一带)。在当时的技术条件下，郑和出海次数之多以及船队的航行距离之远，无疑是世界航海史上的伟大壮举。郑和7次下西洋加强了中国同亚非国家的友好，还促进了与各国之间的经济、文化交流。

郑和是我国古代伟大的航海家，他第一次打开了从中国到东非的航道，他的航行比哥伦布首航美洲大陆早87年，比达伽马绕过好望角到达印度早93年，比麦哲伦到达菲律宾早116年，他是世界航海事业的伟大先驱。

郑成功为什么能收复台湾？

明朝末年，朝廷腐败无能。荷兰侵略者趁机霸占了我国台湾，台湾人民不堪其扰，英勇反抗，但遭到荷兰侵略军的镇压。

为了驱逐荷兰殖民者，建立抗清根据地，郑成功决心收复台湾。顺治十八年(1661年)三月，郑成功率领25000名将士，分乘几百艘战船，从金门出发，直取台湾岛。

台湾人民得知郑军攻入，大喜过望，纷纷提供情报、物资，支援郑军作战，狠狠打击荷兰侵略者。

荷兰侵略军遭到惨败，不敢应战。他们一面偷偷派人到巴达维亚(今爪哇)去搬救兵，一面

派使者到郑军大营求和，声称只要郑军肯退出台湾，他们宁愿献上10万两白银作酬劳。郑成功丝毫不为所动，派兵猛攻赤嵌城，并形成长期包围之势。荷兰侵略军最终只好投降，于1662年初无条件撤出台湾。

郑成功收复了我国神圣领土台湾，成为我国历史上杰出的民族英雄。

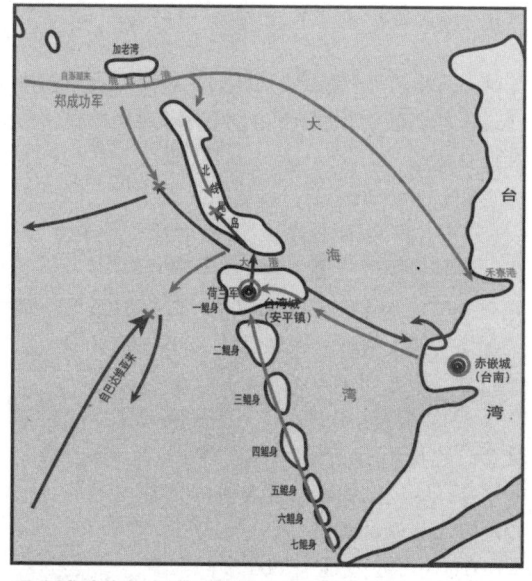

↗ 郑成功收复台湾示意图

戚继光为什么能够打败倭寇？

明朝晚期，宦官专权，政治腐朽，边防松弛。一些日本的海盗商人乘机和中国的土匪、奸商勾结，在我国东南沿海地区烧杀抢掠，当地百姓不堪其苦，怨声载道，仇恨地称这些海盗为"倭寇"。

1553年，大批倭寇在江苏、浙江沿海登陆，一路抢掠了几百个村庄和几十个城市。山东将领戚继光被调去浙江防守。他一到那里，就从当地农民中招募了一批士兵，对他们进行了在海上、水上、沼泽地里作战的专门训练，以对付倭寇。

戚继光训练的"戚家军"纪律严明，战斗力强，刚与倭寇交手，就将江、浙沿海的倭寇打得纷纷逃窜。倭寇的主力向南逃到了福建和广东沿海，戚继光乘胜赶到福建，大批倭寇又逃到了福建宁德城外的横屿岛上。率军赶到的当天晚上，戚继光探知从宁德到横屿的海水很浅，就下令士兵乘退潮时

↗ 戚继光像

戚继光（1528～1588），明朝伟大的民族英雄、军事家。

用稻草填海铺路，硬是在一夜之间带领戚家军将盘踞在岛上的两千多倭寇全部消灭。接着，戚继光又挥师广东，倭寇在广东的最后据点兴化也被攻下了。至此，祸害一时的倭寇势力终于被肃清，我国东南沿海又恢复了平静。

■ 李自成为什么能够推翻明王朝？

李自成生于明朝末年，从小家境贫寒，对当时农民的苦难感受深切。长大以后的李自成侠肝义胆，与当地农民一道投奔了高迎祥率领的农民起义军。

李自成作战勇敢，又有谋略，成了高迎祥的得力助手，起义军将士们称之为"闯将"。后来，高迎祥在作战中被俘牺牲，起义军就拥李自成为首领，并称他为"李闯王"。

1639年，河南大旱，李自成到那里招募义军，很快就发展了几十万人。经过五年征战，1644年，李自成在西安建立大顺政权，接着又率领大军攻入北京，崇祯皇帝被迫自杀。明王朝统治至此结束。

■ 努尔哈赤为什么要创立八旗制度？

自努尔哈赤起兵之后，军队日益壮大。为了加强对军队的管理，1601年，努尔哈赤开始创立八旗制度。八旗制是在牛录制基础上建立起来的，1牛录为300人，5牛录为1甲喇，5甲喇为1固山，每1固山旗帜的颜色都固定。当时满洲军共有4个固山，旗帜分黄、白、红、蓝4种颜色。万历

四十三年（1615年），满洲军又一次扩大建制，增设镶黄、镶白、镶红、镶蓝4个固山，所以总共有8个固山，6万人。固山即满族语"旗"之意，所以八固山的建立就是"八旗制度"的开始。全体女真人都编入八旗之中，实行军政合一。每旗的首领都由诸王贝勒担任，称为"旗主"，"旗下"为一般的百姓。"旗下"平日农耕渔猎，国家有事则征召效力。在八旗制度下，旗主对旗下进行统治，努尔哈赤则高居为八旗的首领。

■ 康熙为什么是历史上最有作为的皇帝之一？

康熙皇帝，全名爱新觉罗·玄烨，是顺治皇帝第三子，1661年，8岁的玄烨即登上皇位，在位长达61年。这位中国历史上在位时间最长的皇帝，被后人尊称为"康熙大帝"，其文治武功古今罕见，显赫辉煌：平定三藩，统一台湾，两克雅克萨，三征准噶尔，开拓疆域；对文化高度重视，政治局面清明，形成了中国封建社会最繁荣的局面。

康熙在位期间，也是中西方文化交流最活跃的时期。他关注西方科学的发展，并且亲自学习和了解西方科学知识，推动了中国科学技术的发展。

■ 土尔扈特部落为什么能回归祖国？

土尔扈特是我国蒙古族中的一个古老的部落，明朝末期，西迁到伏尔加河下游。后来，沙俄向他们的居住地扩张势力，土尔扈特受到沙俄的压迫和控制。

1771年初，土尔扈特首领渥巴锡决定带领族人回归祖国。17万部众跟随着他们的首领，只用十多天的时间，就跨过了千里草原，渡过了乌拉尔河，来到了哈萨克草原。在这里，他们遭到哥萨克骑士的追击。9000名担任后卫的土尔扈特勇士奋勇抵抗，在敌众我寡的形势下，众勇士与追兵展开了生死搏斗，全部惨烈牺牲。渥巴锡率领大队人马继续东进，经受了寒冬、酷暑、病疫的重重磨难，历经8个月，终于回到了祖国母亲的怀抱。

■ 为什么林则徐力主严禁鸦片？

鸦片俗称大烟，是从罂粟果实汁液中提炼加工而成的白色粉末。它有止泻止痛的功效，可作

药品，但其中含有大量麻醉人的毒素，会使人产生飘飘欲仙的感觉，长期吸食就会使人变得面黄肌瘦、精神委靡。清朝末年，外国奸商以和平经商为幌子，将大量的鸦片倾销到中国，致使中国白银大量流失。

鸦片的泛滥成了当时严重的社会问题，"禁烟"已是当务之急。当时的两广总督林则徐，力主禁烟，他在给道光皇帝的奏章中说："如不禁烟，几十年后，中国再无可战之兵，再无可征之银。"道光皇帝当即任命林则徐为钦差大臣，去广东查禁鸦片。

到任后，林则徐立刻在广州开展了轰轰烈烈的禁烟运动，他下令查封了停泊在黄埔港的外国商船，勒令他们交出鸦片，严厉惩办了那些与外国鸦片贩子勾结的贪官和奸商。1839年6月，林则徐下令在广东东莞县的虎门海滩当众销毁了收缴的1183000多千克鸦片。这就是历史上有名的"虎门销烟"。

↗ **林则徐像**
林则徐（1785～1850年），清末伟大的爱国主义者。

《辛丑条约》是如何签订的？

中日甲午战争后，中华民族危机加重，1900年爆发了自发的义和团反帝爱国运动。英、美、俄、德、法、意、日、奥八国联军入侵中国，并向北京进犯，镇压义和团。7月19日沙俄哥萨克骑兵攻入天坛。

7月21日凌晨，慈禧太后与光绪皇帝等皇室人员，换便衣乘马车仓皇逃离京城，一直逃到西安。为了能早日"体面"回京，她命令庆亲王奕劻回京会同直隶总督李鸿章与各国交涉议和。慈禧太后在议和谈判期间不断地讨好列强，还以光绪帝的名义下罪己诏。

1901年8月15日《辛丑条约》签订，中国赔款白银4亿5千万两，这笔费用相当于清政府12年的收入总和。《辛丑条约》的签订，标志中国完全沦为半殖民地半封建社会。

为什么会爆发"五四运动"？

1918年11月，第一次世界大战结束，德、奥等同盟国成为战败方。第二年元月，各战胜国在法国巴黎凡尔赛宫举行"和平会议"，拟定对战败国的和约。中国曾宣布对德作战，理应是战胜国之一。北洋政府也派出了陆宗祥等5人为全权代表出席巴黎和会。

但在会议上，美英法等国无视中国是战胜国的事实，竟然决定将德国在山东的一切权益交给日本，北洋政府由此放弃了废除"二十一条"的要求。

巴黎和会上中国外交失败的消息传到国内，举国愤怒。1919年5月4日，北京学生在天安门集会，高呼"外争主权，内惩国贼"和取消"二十一条"的口号，爆发了一场规模空前影响深远的五四爱国运动，揭开了中国新民主主义革命的序幕。

谁制定了第一部法典？

制定世界上第一部法典的国王是巴比伦的第六任统治者汉谟拉比，他生活在大约3500年前。他起草了一系列法典以统治他的公民，例如调节贸易和税收。汉谟拉比法典的制定是为了维护其统治秩序，帝国后来的统治者（如亚述国的国王）也效仿他的法典。

巴比伦城位于何处？

巴比伦城是底格里斯河和幼发拉底河之间一座巨大的城市，而这两条河流所在的地区主要在今天的伊拉克。人类文明从河流附近发展起来，

↗ 尼布甲尼撒二世为巴比伦增添了新的建筑，例如图中的伊什塔尔门，其上面以蓝色的瓦片做装饰，并以伊什塔尔女神的名字命名。

因为在肥沃的土地上，农民才可以生产产品与邻近地区的人们进行贸易。巴比伦两个最伟大的国王分别是制定法律的汉谟拉比和征服者尼布甲尼撒二世，后者为爱妻建造了空中花园以慰其思念多山家乡之苦。空中花园成为世界七大奇迹之一。

最早的城镇什么样？

最早的城镇四面有城墙环绕，房子由泥砖建造而成。我们所知的最古老的两个城镇（都是由考古学家发现的）分别为以色列的耶利哥和土耳其南部的加泰土丘，1万多年前，人们就生活在这样的城镇里。现在这里都已是一片废墟，然而考古学家从中发现了陶器、纺织品和墙壁的碎片，其中墙壁上涂有灰泥并有绘画。

谁最早发明了文字？

最古老的文字可追溯至大约公元前3500年，起源于伊拉克的某个地区，那里在古代被称为苏美尔。闪族人在广阔的美索不米亚平原上建立了众多城市，例如艾力都、乌鲁克和乌尔。他们用锋利的工具在泥板上书写，最初用图画符号，随后用音节符号书写。

图坦卡蒙是何许人？

图坦卡蒙是埃及的法老，公元前1351年去世的时候年仅18岁。他的陵墓建于"国王谷"（而非在金字塔内），里面藏有令世人惊异的宝物（与其他陵墓不同的是，没有盗墓者来此盗墓）。法老图坦卡蒙的陵墓于1922年由霍华德·卡特带领的考古队开启。

↗ 法老图坦卡蒙的金面具是其陵墓中众多宝物之一，这件宝物尘封了3000多年。

为什么尼罗河对埃及人如此重要？

尼罗河是非洲最长的河流，尼罗河水使生活在炎热干燥地区的埃及人民从事农业成为可能。由于山上的雪融化后会抬高水位，所以每年尼罗河洪水都会泛滥。洪水泛滥会形成肥沃的冲积平原，于是人们可以在上面种植大量的农作物并开凿了水渠将尼罗河水引入田地。埃及人还是世界上最早使用船只（当时的船被称为三桅小帆船）的人，他们乘船沿着尼罗河来往于临近的农场和城镇。

埃及人崇拜的是什么神？

埃及人崇拜很多神，他们崇拜自己所居住的城市或地区的地方神，最大的地方神是阿蒙——太阳神。埃及人崇拜的其他神还有猫神贝斯特、学识之神透特、丰饶之神和冥界之王奥里里斯、司生育和繁殖的女神伊希斯、天空之神霍鲁斯以及导引亡灵之神阿努比斯等。

谁是埃及最伟大的勇士国王？

拉美西斯二世，他于公元前1289～前1224年任埃及国王。拉美西斯带领埃及军队与好战的希泰族人不断作战，于1275年在卡叠什为争夺叙利亚的控制权而进行了一场大规模战役。拉美西斯在尼罗河畔的阿布辛拜尔修建了一座神庙，在这座岩石盖的神庙外矗立着伟大国王的巨大雕像。20世纪60年代由于阿斯旺水坝的修建，为使神庙免遭水淹，遂将其搬迁。

印度文明何时繁盛起来？

于公元前2500～前1500年之间。印度文明出现于印度河流域即今天的巴基斯坦地区。印度文明曾一度非常繁盛，但后来逐渐走向没落，洪水泛滥和外来入侵可能是主要原因所在。

摩亨佐·达罗什么样？

摩亨佐·达罗是古印度河流域两大城市之一。摩亨佐·达罗的城市呈整齐的网格状分布，城市里有4万人生活在泥砖建造的房屋内。房屋内的浴室与城市的排水沟以及一个大型公共浴室相连，这个大型公共浴室可能是宗教仪式期间公众用于沐浴的场所。印度河流域另一个主要城市为哈拉帕。

亚历山大为什么如此伟大？

亚历山大建立了一个广阔的帝国，于公元前336年成为希腊北部马其顿的国王。他建立了众多城市，其中包括埃及的亚历山大。亚历山大精力旺盛，战败波斯人后又启程攻占印度，若不是筋疲力尽的战士祈求他返程，他甚至会横穿印度。亚历山大于公元前323年逝世，年仅32岁。

希腊最伟大的哲学家是谁？

苏格拉底、柏拉图和亚里士多德，在过去的2400年里，他们的思想一直影响着人们。最早的是苏格拉底（公元前470~前399年），他讲授真理和美德的重要性，而他最后在敌人的胁迫下自杀身亡。他的朋友兼学生柏拉图（公元前427~前347年）在雅典建立了一个学园。亚里士多德（公元前384~前322年）是柏拉图学园的一个学生，后来他也建立了一个学园。

↗ 亚里士多德来自希腊北部，他的学说涉及科学、政治、艺术和宗教。

何为特洛伊战争？

特洛伊战争是一场持续10年的漫长战争，它的故事在希腊诗人荷马的《伊利亚特》一诗中有讲述。公元前1600年到公元前1100年，希腊由迈锡尼人所统治，荷马的史诗中讲述了约1200年前迈锡尼人是如何毁掉特洛伊这个位于小亚细亚地区的堡垒城市的。希腊军队佯装弃城返家，实际上，他们将一部分战士埋伏在木马内，而特洛伊人将木马拖入城内。希腊战士深夜爬出木马，为军队打开城门，从而赢得了战争的胜利。

什么是米诺斯文明？

大约公元前3000年到公元前1100年的希腊文明被称为米诺斯文明，这是以传说中名叫米诺斯的克里特国王的名字命名的。克里特岛克诺索斯皇宫的遗址显示出到公元前15世纪初毁灭（可能是地震所致）前那里曾存在过丰富多彩的文化。皇宫于1899年被英国考古学家阿瑟·埃文斯发现。

↗ 米诺陶的黄金头像。根据传说，希腊人必须将7对童男童女送到克里特岛作为献给名叫米诺陶的人身牛头怪物的贡品。

帕特农神庙里供奉什么神？

帕特农神庙是雅典最壮观的神庙。公元前5世纪初，雅典人建造了神庙和神殿以供奉卫城山上的诸神。帕特依神庙有70多米长，大约18米高，里面供奉着一座雄伟的雅典娜女神神像。雅典娜是智慧女神，也是雅典的守护神。

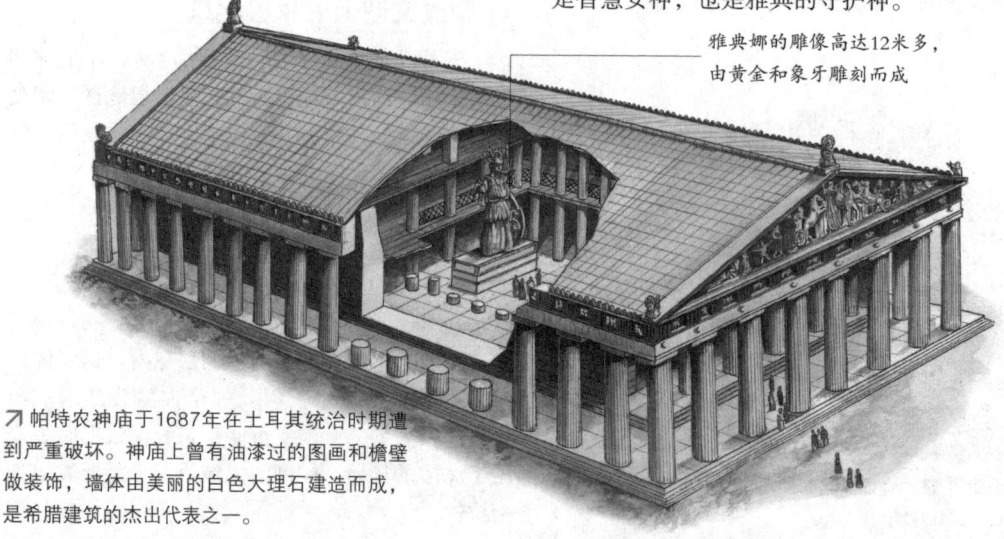

雅典娜的雕像高达12米多，由黄金和象牙雕刻而成

↗ 帕特农神庙于1687年在土耳其统治时期遭到严重破坏。神庙上曾有油漆过的图画和檐壁做装饰，墙体由美丽的白色大理石建造而成，是希腊建筑的杰出代表之一。

罗马人如何掌权？

最初的罗马人是来自意大利中部的农民，他们通过与邻近地区的人作战逐步掌握了权力。他们发展了罗马城，建造了高大的建筑和神庙，并最终统治了整个罗马。征服希腊后，罗马人接受了很多希腊习俗和希腊人信仰的诸神。罗马最初为共和国，公元前27年时转变为帝国并由奥古斯都任皇帝。

罗马于何时建立？

传说罗马是由罗穆卢斯和瑞摩斯于公元前753年建立的。罗马人陶醉在故事的神奇中，然而实际上罗马是从台伯河附近七座山丘上的一群部落村庄发展而来的。罗马最初是由国王统治的，公元前509年最后一个国王被驱逐出国，罗马转变为共和国。罗马社会分为公民和非公民（或称奴隶）两大阶层，最繁重的工作都是由奴隶完成的。

罗马军队为什么会如此强大？

罗马军队受过良好训练，比他们面对的任何敌人都训练有素。最杰出的罗马部队是由大约5000名步兵组成的军团，他们冲入战场时先投掷长矛，然后用盾牌护身用短刺刀杀。罗马士兵被训练到可以一整天行军、筑路修堡垒以及在河上游泳。罗马军官通常都是政治家。

什么是罗马庄园？

罗马庄园是附有地产的乡间宅第，庄园内可以生产谷物、酒、肉、水果和蔬菜。有些庄园内建有高大的房屋，四周墙壁涂有油漆，还设有浴室和中央地下供暖设施。富有的罗马人为自己在乡下和海边建造了庄园作为度假的去处。

↗ 图拉真圆柱上的浮雕向我们展示了罗马将士的着装以及赴战场时使用的装备。

什么是"网人"？

"网人"是罗马角斗士的一种，角斗士即经过训练在圆形竞技场上搏斗的奴隶。罗马统治者为使公民得以消遣，为他们上演了奢侈的但通常很残忍的表演。角斗士间或角斗士与野兽间会展开搏斗。角斗士分很多种，其中的"网人"几乎不穿戴任何盔甲，其武器只是一张网和一杆三叉戟。

↗ 角斗士在圆形竞技场内搏斗，那里聚集着数以千计的观众。手拿网的角斗士要尽力用网将对手缠住。

为什么说"条条道路通罗马"？

罗马公路由军队建造用以确保在帝国周围步行的军队能够快速行军，马或牛拉的货车可以快速将粮草运到目的地。罗马人是杰出的工程师，他们为修建一条新公路会进行极为细致的测量，从而确保他们修建的公路能将广阔帝国的各个部分都与罗马城连接在一起。他们还发明了混凝土，并利用它建造公路，因此罗马的公路经久耐用，很多公路今天依然能看到。

诺曼底人为什么要入侵英国？

诺曼底公爵威廉于1066年在国王爱德华去世后率军到达英国，因为爱德华也许诺将王位传给他，然而英国人却选择了将军哈罗德·古德文森为国王。于是双方于同一年在黑斯廷斯附近交战。威廉获胜，成为英王，人称"征服者威廉"。说法语的诺曼底人从英国贵族手中夺走土地，建立城堡以保护他们的领地并预防任何叛乱。

是谁签署了大宪章？

英国国王约翰。大宪章是对约翰的统治倍感气愤的贵族要求享有的权利的清单。1215年，他们迫使约翰签署大宪章，并承诺对内服从他的统治。大宪章成为现代政府发展的一个里程碑。

↗ 英国国王约翰在泰晤士河畔的兰尼米德签署大宪章。

是谁修建了美洲的金字塔？

美洲中部的古人，包括特奥蒂瓦坎人和玛雅人。玛雅人约于公元200~900年处于他们最为强大的时期，他们建造了诸如蒂卡尔这样的城市和类似金字塔的巨大神庙。玛雅城中央有一座类似金字塔的高大神庙，神庙周围有特殊的场地，其中包括比赛的球场。玛雅人研究月亮、太阳和星星，创造了美洲最早的文字，并创立了20进制的数字体系。

印加帝国是怎样灭亡的？

1532年，西班牙的弗朗西斯科·皮萨罗率领军队征服了南美的印加人。当时西班牙人发现印加人正在进行一场内战，于是他们俘虏了印加皇帝阿塔瓦尔帕，并索要黄金和白银的巨额赎金。后来，西班牙人还是杀死了印加皇帝，成为横跨太平洋海岸大部分地区的印加帝国的主人。最后的印加人在山上的要塞坚持抵抗了许多年。

为什么某些美洲土著人要用活人进行祭祀？

阿兹特克人和美洲中部的其他民族会杀人作祭品以祈求神的帮助。阿兹特克人崇拜太阳，认为它是"生命的赐予者"，他们相信如果不以活人做祭祀，他们的庄稼将无法丰收，于是他们将人的心脏和血液用做奉献给太阳神的食物。

阿兹特克人最钟爱的运动是什么？

阿兹特克人做一种与篮球极为类似的球类运动。玛雅人也如此。该球类运动在四周有墙环绕的场地内进行，球场可能有60米长，而且通常与神庙相邻。有些历史学家认为这种比赛的获胜者最终要被作为祭品献给神，因为他们是最优秀的。

什么人征服了墨西哥？

荷南·考特斯，他是一名西班牙战士和探险家，于1519年登陆并最终征服了墨西哥。生活在那里的阿兹特克人相信考特斯是他们的羽蛇神回到了他们身边，因为他们的日历显示那是特殊的一年，因此他们前来迎接荷南·考特斯和他很小的一支军队。然而，他们很快就被西班牙人的枪炮和战马所震醒了，两年后，考特斯征服了墨西哥。

谁赢得了阿金库尔战役的胜利？

1415年，英国国王亨利五世赢得了这场战役的胜利。亨利率军穿过英吉利海峡，在阿金库尔打败了兵力数倍于己的法军。法国国王允许亨利娶自己的女儿为妻，成为王位的继承人。然而亨利于1422年便去世了，未能成为英法两国的国王。

↗ 法国骑兵骑马向位于阿金库尔的小部英国军队进军，结果却遭到亨利五世的弓箭手的攻击。

世界历史

↗ 哥伦布和他的三艘船——"圣玛丽亚号"、"尼娜号"和"平塔号"。哥伦布说服了西班牙的费迪南德国王和伊丽莎白王后赞助他的航行。

■ 哥伦布到达的是印度吗？

不是。1492年，意大利海员克利斯朵夫·哥伦布相信他已到达印度或中国，然而实际上他发现了"新大陆"。他的计划虽然是向西而非向东航行，不幸的是，他当时使用的地图并不准确，而且地图上从未提及美洲，因为当时欧洲的地理学家对美洲还一无所知。

■ 哪位英国女王终身未嫁？

伊丽莎白一世，她于1588年成为英国统治者。她是国王亨利八世同其第二任妻子安娜·博林所生的女儿。女性统治者会按世人期待的那样嫁为人妻，因此很多国王和王子都前来求婚。尽管受到大臣希望其结婚并生育王位继承人的压力，伊丽莎白还是不肯与他人分享她的权力，因为一旦嫁给外来的王子，她就会被国民所冷落。于是，她终身未嫁。当1603年伊丽莎白女王去世时，她的外甥——苏格兰国王詹姆士六世（1566~1605年）成为英国国王詹姆士一世。

■ 是谁派舰队入侵英国？

西班牙国王菲利普，16世纪初时，他统治着欧洲最强大的国家西班牙。菲利普是天主教徒，也想让身为清教徒的英国人皈依天主教。1588年，他组建了一支号称"无敌舰队"的大型舰队入侵英国以推翻女王伊丽莎白一世的统治。西班牙军队在英国登陆，然而却遭到英国海军的顽强反击并被暴风雨驱赶向北。伟大的无敌舰队最终以失败告终。

■ 是谁摧毁了英国的教会制？

国王亨利八世，他于1509~1547年在位。亨利与罗马主教在自己与第一任妻子（他结过6次婚）离婚的问题上发生争执。当时天主教堂正面临要求宗教改革的"改革者"的压力，为了顺利离婚，亨利宣布自己为英国教会的首领，并封闭了英国的天主教修道院，教会的土地被赐给国王的拥护者。即使如此，亨利仍保留着之前主教赐予自己的"信仰守护者"的称号。

■ 库克航行至哪里？

詹姆士·库克（1728~1779年）是一名英国航海家，他进行了3次大规模远航，曾到达太平洋。他在澳大利亚和新西兰的海岸边进行过探索，还到达了南极洲的边缘。库克后来被夏威夷的岛上居民杀害。

是何原因导致了英国内战的爆发？

英国内战是以国王查理一世和议会就皇权、宗教和税收的争论为导火索的。战争于1642年起一直持续到1651年，最终，议会军打败了保皇党军。1649年，查理一世被判处叛国罪并被处死。他的儿子力图重获王位，但于1651年战败。1660年，他最终复辟并成为国王查理二世。

伦敦于何时几乎被烧为灰烬？

1666年，城市内一座中世纪建筑起火，火势迅速蔓延，导致成千上万的房屋化为乌有。当时，伦敦没有正规的消防设施，因此人们除了逃跑对大火几乎束手无策。后来，人们试着在着火的房屋周围清理出隔火区，才使火势渐渐停止蔓延。

克莱夫是何许人？

罗伯特·克莱夫控制着英国的东印度公司，而该公司于18世纪初在印度与竞争对手法国发生冲突。自1600年起，英国、荷兰和法国三国的商人就争相控制亚洲和欧洲之间的贸易。克莱夫在与法国的冲突中获胜后，于是印度的莫卧儿国王丧失了对东印度公司的大部分权利。东印度公司直到1857年为止一直都统治着印度。

美国为什么要宣布独立？

美洲殖民地的人民受够了要缴纳税款却在英国议会没有发言权的不公正待遇。1775年，英国和美洲殖民地之间开战。1776年，美国宣布独立，并成立了美利坚合众国。在法国的帮助下，美国于1783年在大陆军总司令乔治·华盛顿的领导下赢得了战争的最后胜利。

什么是工业革命？

工业革命是18世纪中期开始于英国的巨大变革。人们开始搬迁至城镇并进入工厂工作，在工厂内有由水力或蒸汽带动的新式机器。到19世纪30年代为止，仍在使用蒸汽火车向码头运送原材料、煤和工业制成品。

拿破仑·波拿巴是何许人？

拿破仑（1769～1821年）是法国军队的一名军官，他出生于科西嘉岛，是法国革命的拥护者，打了很多胜仗，然而却未能以强大的海军打败英国。1799年，他夺得法国的统治权，1804年成为法兰西帝国的皇帝。1812年，他率军入侵英国，然而这场战役却带来了灾难性的后果，最终，他战败并在外流亡6年后去世。

滑铁卢战役有何标志性意义？

1815年6月18日，欧洲联军在滑铁卢（属比利时）彻底击溃拿破仑的军队。而此前一年，拿破仑放弃了法国的王位。他离开法国逃往厄尔巴岛，但是很快又返回法国，重整旗鼓准备最后一搏。在滑铁卢战役中，他被英国威灵顿公爵和普鲁士布吕歇元帅率领的联合军队击败。之后他被流放到大西洋中的圣赫勒拿岛。

哪场战争导致美国内战？

因奴隶制度引发的美国内战（1861～1865年）。北方联盟和1860年选举产生的总统亚伯拉罕·林肯反对奴隶制度，而南方联邦则想保留黑人奴隶在种植园中劳作的制度并试图从整个国家中分离出来。于是，一场残酷的内战便拉开了

↗ 在1757年的普拉西战役中，大象也作为坐骑参战。这场战役以克莱夫和其东印度公司的胜利告终。

帷幕。战争最后以北方联盟的胜利告终，但战争结束5天后，林肯被暗杀。

■ 第一次世界大战为什么被称为第一次现代战争？

第一次世界大战（1914~1918年）中采用了新式武器，改变了战争的性质。这些武器（例如大炮、机关枪、带刺铁丝网、毒气和飞机）的使用意味着这场战争具有巨大的破坏力，也更加可怕。仅仅一场战役，例如索姆河战役（1916年）就使100多万士兵丧生。

■ 大萧条指什么？

大萧条是20世纪30年代给西方发达国家带来重创的一场经济危机。从1929年起，纽约股市崩盘，银行和金融机构倒闭，数百万人失业。危机使成千上万的家庭由于支付不起房租而流离失所，很多人的积蓄也一扫而光。恐慌随后在欧洲蔓延开来，工厂不断地解雇工人。直到1933年以后世界经济才渐渐复苏。

■ 为什么把独裁统治称为"法西斯"？

"法西斯"这个名词最早出现在2000多年前的古罗马。当时，国家最高长官——执政官出巡时，有24名随从，随从扛着一束用皮带捆扎的笞棒，中间插着一把锋利的战斧。这束笞棒就是"法西斯"，象征着暴力和权威，它是罗马国家最高权力的标志。

1933年1月30日，法西斯独裁统治者希特勒走上纳粹党卫军大会。

德国纳粹集中营中饱受折磨的囚犯，一个个瘦骨嶙峋。

到第一次世界大战后，墨索里尼在意大利建立了"法西斯党"党派，进而夺取了国家政权。墨索里尼对外扩张侵略，对内实行恐怖的独裁统治，因此，这种思想和主张被称为法西斯主义，这样的政权也就被称作法西斯政权。后来，德国也推行法西斯主义，日本推行军国主义，挑起了第二次世界大战。

法西斯主义是一种最野蛮、最反动的政策，是资本主义社会发生严重社会危机时所推行的反民主政策。"法西斯"作为恐怖、独裁统治的代名词被人们痛恨，随着第二次世界大战的结束，法西斯主义彻底崩溃了。

■ 为什么盖世太保成了杀人魔窟的代名词？

盖世太保是专门为希特勒的法西斯政党服务的，是德国秘密警察组织的音译，它是庞大的德国警察机构的一部分。

盖世太保成立于1933年6月，最初的头目是戈林，后来由希姆莱掌管，戈林成了名义上的领袖。1934年以后由海德里希负责，这是一个魔鬼一样凶残的人，在他的领导下，盖世太保几乎成了杀人魔窟的代名词。

作为秘密的政治警察，盖世太保享有不受法律限制的特权。它可以未经审判就对公民采取拘留、警告、逮捕，直至送进集中营等措施。而对于纳粹党的政敌，他们往往采取暗杀的手段。

第二次世界大战爆发后，盖世太保参与制造了多起国际阴谋。1939年9月1日为德国侵略波兰制造借口的格莱维茨电台事件，就是盖世太保一手炮制的。随着法西斯德国在欧洲的推进，盖世太保也把它的势力范围扩展到了整个欧洲。它负责清洗所有在思想上与纳粹政治为敌的人，尤其是在波兰。另外，还参与了大规模屠杀犹太人的行动。

为什么说慕尼黑会议出卖了弱小国家？

1938年9月29日至30日，英国首相张伯伦、法国总理达拉第以及德国和意大利的法西斯头子希特勒、墨索里尼在德国的慕尼黑举行了一次奇怪的会议。按照4国签订的协定，没有参加会议的捷克斯洛伐克必须在10天内把自己的苏台德地区及其设施无偿地移交给德国。这是英、法一手炮制的出卖弱小国家的阴谋。

捷克斯洛伐克是一个多民族的国家，苏台德地区居住着300多万德意志人。英、法两国幻想以出卖捷克斯洛伐克的利益，与德国妥协。软弱的捷克斯洛伐克政府被迫接受了协定。

慕尼黑会议并没有换来和平，反而助长了德国法西斯的侵略气焰。1939年3月，协定的墨迹还未干，德国便占领了整个捷克斯洛伐克。

↗ 1938年9月，英、法、德、意在慕尼黑举行会议，签订阴谋瓜分捷克斯洛伐克的《慕尼黑协定》，图为希特勒（左二）与张伯伦（左一）在一起。

↗ 1938年的伦敦机场，张伯伦公开吹捧《慕尼黑协定》。

为什么斯大林被称为"铁打的人"？

斯大林原姓朱加施维里，出生于俄国格鲁吉亚的哥里城，15岁就参加革命，因而被学校开除，走上了职业革命家的道路。他先后七次被捕，六次被流放。最后一次，他被流放到冰天雪地的北极圈附近。1905年，他第一次和列宁见面，列宁称赞他"坚如钢铁"，建议他化名斯大林。"斯大林"在俄文中是"钢铁"的意思，从此，"斯大林"成了他正式的姓。

1917年，斯大林来到首都彼得格勒，当选为党的政治局委员和革命军事总部成员，面对帝国主义的武装干涉和国内反动势力发动的叛乱，斯大林接受列宁的委托，到最关键的战线指挥作战，不断取得胜利，保卫了新生的革命政权。1924年列宁逝世后，斯大林一直担任俄共（布）党的总书记等职务。在处于帝国主义包围的国际环境中，他领导前苏联人民捍卫和建设了世界上第一个社会主义国家。1941年，法西斯德国发动突然袭击，斯大林又领导前苏联人民和前苏联军队进行了艰苦卓绝的战斗，取得了卫国战争的伟大胜利。

为什么说斯大林格勒保卫战是二战欧洲战场的转折点？

斯大林格勒现名伏尔加格勒，位于前苏联南部伏尔加河西岸，是重要的交通枢纽。1942年7月，一场举世瞩目的大血战在这里上演。

1942年7月17日，斯大林格勒保卫战打响。德军凭借优势兵力和精良的武器装备不断突破苏军防线，在9月13日进入市区后，战斗达到了白热化的程度。守卫斯大林格勒的军民在斯大林"决不后退一步"的命令下，与德军展开了殊死搏斗，直到最后仍然牢牢地控制着沿河的狭长地带和重要据点，希特勒军队始终未能完全占领这座城市。

英勇的斯大林格勒守卫者们牵制了大量的德军，为反攻赢得了时间。11月19日，苏军开始反攻，形成了对德军的包围。经过激战，到1943

年2月2日全歼被围德军33万人,斯大林格勒保卫战以苏军的最后胜利而告终。从此,法西斯德国再也无力进行大规模战略进攻,被迫转入战略防御,预示了它最后的灭亡。

日军为什么要偷袭珍珠港?

1941年12月7日,一支由6艘航空母舰和14艘战舰组成的庞大的日本舰队,经过12天的秘密航行,来到位于夏威夷群岛的美国太平洋舰队基地附近。

夏威夷时间7时49分,183架日本轰炸机飞临珍珠港上空。瞬时,震耳欲聋的爆炸声四处响起,火光冲天,8时40分,又有170架日机进行了第二次狂轰滥炸。措手不及的美军被炸沉、炸伤主力舰20余艘、飞机300多架,死伤3600多人,太平洋舰队主力几乎全部被毁。

偷袭珍珠港是日本策划已久的一次行动。日本企图侵占菲律宾、印度尼西亚等亚洲和太平洋国家,建立"大东亚共荣圈",由此与力图把自己的势力伸入到这一地区的美国之间发生矛盾。

珍珠港事件使第二次世界大战的范围进一步扩大。12月8日美国对日宣战,参加到世界反法西斯战争的阵营中来,成为世界反法西斯斗争中的一支重要力量。

罗斯福为什么下令制造原子弹?

第二次世界大战正进行得十分激烈的时候,一个十分惊人的消息在世界科学界传开——法西斯德国正在研制原子弹。当时,美国集中了世界上著名的大科学家西德拉、爱因斯坦、迈特纳等,他们担心法西斯德国会利用这种威力巨大的武器残害人类。于是大家希望美国政府组织力量,抢在法西斯德国之前研究制造原子弹,并设法破坏德国人的研究计划。

经过反复考虑,罗斯福总统终于接受了他们的建议,秘密成立了一个以格罗夫斯将军为首的代号为"S-11"的特别委员会,委员会建立了进行核研究的实验室,同时,美国也向欧洲战场派出了代号叫"阿尔索斯"的特别行动小组,1944年春,根据小组提供的情报,美军袭击并彻底捣毁了希特勒设在德国小镇黑兴根的原子研究基地。

1945年7月16日5时30分,世界上第一颗

↗ 罗斯福像
罗斯福(1882~1945年),美国历史上唯一一位坐在轮椅上、连任四届的总统。

原子弹在美国新墨西哥州爆炸成功。科学家们一共制造了三颗原子弹,另外两颗,就在同年8月6日和8日,投放到了日本的广岛和长崎。

为什么说雅尔塔会议在二战期间很重要?

雅尔塔会议于1945年2月4~12日在前苏联克里米亚半岛上的雅尔塔举行。英、美、苏三国政府首脑丘吉尔、罗斯福和斯大林参加了会议。

三国达成分割德国的协议,决定战后由盟国

↗ 雅尔塔会议的三巨头
丘吉尔(左)、罗斯福(中)和斯大林(右)。

分区占领德国、德国必须交付战争赔偿以及彻底消灭德国军国主义和纳粹主义。

会议期间，美苏之间达成了远东问题的雅尔塔秘密协定。罗斯福迫切希望前苏联出兵对日作战，企图以牺牲中国的权益作为前苏联出兵的条件。美苏达成妥协：欧洲战争结束后，两三个月内前苏联对日作战；维持外蒙古的现状，库页岛南部及邻近岛屿交还前苏联；大连港国际化；前苏联租用旅顺为海军基地；中东和南满铁路由苏中共同经营；库页岛南部及千岛群岛归属前苏联。这一协定严重损害了中国的利益。

会议决定美、英、法、苏、中五国为安理会常任理事国，规定实质性问题常任理事国一致同意的原则等。

雅尔塔会议对制裁德国、打败日本及战后建立国际秩序等起了积极作用，但也形成了战后世界分裂为两大集团及苏美之间冷战的雅尔塔体制。

■ 为什么说诺曼底登陆是世界历史上规模最大的两栖登陆？

第二次世界大战进行到1944年后，随着前苏联军队的胜利，英美联军决定在西线开辟第二战场。1944年6月6日，人类战争史上规模最大的两栖登陆战开始了。美国第四师首先于早晨6时30分开始登陆，紧接着，英国第二集团军也开始登陆……与此同时，大批伞兵在德军的后方空降。

德军将领们连忙调兵抵抗，并请求希特勒调两个精锐的坦克师增援诺曼底，可希特勒正在睡觉，没有人敢打扰。希特勒醒来时，已是下午3时，盟军登陆部队早已深入陆地好几千米，大批坦克、火炮和后续部队也源源不断地登陆。到7月5日，盟军登陆部队已超过100万。希特勒精心策划的"大西洋铁壁"被一举突破，德军从此陷入前苏联和英、美联军的东西夹击之中。

■ 为什么把美国总统府称为"白宫"？

白宫的取名来源于美国第一任总统华盛顿和他妻子的一段爱情生活。1759年，27岁的军官华盛顿奉命去威廉斯堡执行任务，途中在好友张伯伦的家里遇见了一位叫马赛·卡斯蒂斯的年轻女子。华盛顿被她高雅的谈吐和美丽的面容深深地吸引住了。两人越谈越投机，直到黑夜降临，华盛顿还不想与卡斯蒂斯小姐告别，便在朋友的庄园里过了一夜。

第二天，华盛顿依依不舍地告别了卡斯蒂斯小姐，奔赴威廉斯堡。恰巧卡斯蒂斯小姐的家就在威廉斯堡附近，这是一座被左邻右舍习惯称为"白屋"的白色建筑。从此，华盛顿就经常与卡斯蒂斯小姐在白屋约会，两人的感情发展迅速，很快就正式结了婚。

独立战争胜利后，华盛顿当选为美国第一任

↗ 美国白宫

总统。为了纪念当初他在白屋与妻子的那段美好的爱情生活，华盛顿提议将正在建造的总统府定名为"白宫"。1800年，总统府落成，但又在美英战争中被英国人烧毁了。1817年美国政府重建总统府；1902年，美国总统罗斯福才正式将它重新定名为"白宫"。

为什么把美国称作"山姆大叔"？

"山姆大叔"是美国的别称。据说在1812年，美国和英国为争夺殖民地而打得不可开交，当时，美国纽约州特罗伊城有一个牛肉商，专门负责向美军提供牛肉。他的名字的两个英文单词的第一个字母分别是U和S，所以特罗伊城的居民都叫他"山姆大叔"。美国政府采购部门在收购他的牛肉时，都要在牛肉箱上盖一个"US"的符号作为标记，正好跟他名字的英文缩写一样，后来这件事传开了，"山姆大叔"便慢慢成了美国的别称。

到19世纪30年代，漫画家开始把"山姆大叔"形象化，画成一位蓄有长头发和山羊胡子，戴着星条高帽，穿着燕尾服的老人。1961年，美国国会通过决议，确认"山姆大叔"是美国的象征。

为什么要成立联合国？

联合国于1945建立，是为了解决第二次世界大战后可怕的全球争端。20世纪30年代，一个名叫国际联盟的机构没能阻止德国的阿道夫·希特勒而爆发了战争。1945年，50个国家的领导人和代表在美国旧金山举办的会议上起草了联合国宪章，宪章建立在中国、英国、美国和前苏联的提议的基础之上。

为什么鸽子和橄榄枝被当作和平的象征？

根据《圣经》中记载，亚当和夏娃的后代——人的私欲和恶德越来越膨胀，使人与人之间尔虞

◎知识链接

把鸽子作为世界和平的象征，并为世公认，当始于毕加索。1940年，法西斯匪徒攻占了法国首都巴黎。当时毕加索心情沉闷地坐在他的画室里，这时有人敲门，来者是邻居米什老人，手捧着一只鲜血淋漓的鸽子，老人向毕加索讲述了一个悲惨的故事。

原来老人的孙子养了一群鸽子，平时他经常用竹竿拴上白布条作信号来招引鸽子。当他得知父亲在保卫巴黎的战斗中牺牲时，幼小的心灵里燃起了仇恨的怒火。他想，白布条表示向敌人投降，于是他改用红布条来招引鸽子。显眼的红布条被德寇发现了，惨无人道的法西斯匪徒把他扔到了楼下，惨死在街头，还用刺刀把鸽笼里的鸽子全部挑死。

老人讲到这里，对毕加索说道："先生，我请求您给我画一只鸽子，好纪念我那惨遭法西斯杀害的孙子。"毕加索怀着悲愤的心情，挥笔画出了一只飞翔的鸽子——这就是"和平鸽"的雏形。

1950年11月，为纪念在华沙召开的世界和平大会，毕加索又欣然挥笔画了一只衔着橄榄枝的飞鸽。当时智利的著名诗人聂鲁达把它叫作"和平鸽"。由此，鸽子才被正式公认为和平的象征。

↗ 1945年6月26日，50个国家在签署联合国宪章。不久后，波兰也签署了宪章，成为联合国的第51个成员国。

我诈、互相残杀，做出伤天害理的事情。上帝知道以后，非常生气，决心将这些充满恶行的人类统统毁灭掉。

上帝下了决心以后，忽然发现一个严格按照上帝的训诫做事的老实、善良的人，他叫挪亚。他的三个儿子没有误入歧途。于是，上帝就叫挪亚和三个儿子预先造了一只方舟，然后让挪亚带着自己的妻子及三个儿子、儿媳躲到船上去。还允许他将地上的鸟兽、昆虫各带一对上船。挪亚一家老小上了方舟后，上帝连降40天的大雨，滚滚的洪水淹没了一切，船下所有的生灵都毁灭了。雨停后七个月，挪亚的方舟才在亚拉腊山上停了下来。挪亚从船上放出一只鸽子，以便了解一下陆地是否露出了水面。鸽子在傍晚时飞回来了，而且嘴里还衔来了一支橄榄枝。挪亚由此知道洪水已经退了，因为橄榄枝上长出了新叶。于是，他带领一家人及鸟兽、昆虫上了陆地，又在大陆上重新生活和繁衍后代……

由于这个故事，人们就把鸽子和橄榄枝当作人类和平与安全的象征。

■ 为什么要创立"红十字"会？

1859年6月的一天，瑞士人让·亨利·杜南去巴黎办事。此时正是奥法战争期间，亨利·杜南经过战场时，看到有四万余名死伤者横陈战场，血流成河。善良的亨利·杜南联络了镇上的居民，到战场上救护伤员，挽救了许多生命。后来，他写了一本书，呼吁以人道主义对待战争中的伤病员，准许医护人员进入战场救护伤员。1863年2月9日，亨利·杜南在日内瓦发起成立了"伤兵救护国际委员会"。同年10月底，又在日内瓦召开了国际会议，有英、法、德、瑞士等16个国家参加。讨论通过了《给战场上伤员以人道主义》的决议，要求各国成立战场救护委员会，让救护车及医护人员中立化。会议还决定以瑞士国旗图案为委员会的标志，以感谢亨利·杜南的工作和东道主国瑞士的大力支持。因为瑞士国旗的图案是红底白十字，所以决定将委员会的标志定为白底红十字，这就是红十字会的由来。

■ 什么是冷战？

冷战即美国及其同盟和前苏联等社会主义阵营之间的猜疑和暗战。冷战开始于1945年第二次世界大战结束后，双方互不信任，每一方都力图开发杀伤力大的武器，例如氢弹。直到1991年前苏联和"华约"组织解体后，美苏两大集团长达40多年的"冷战"才宣告结束。

↗ 红十字会的工作人员周游世界，到遭遇战争、干旱、饥荒或洪灾的地区提供住宿、食物和医疗等方面的援助。